현장 중심의

# 학습장애아동 교육

# 현장 중심의 **학습장애아동 교육**

발행일 | 2009년 5월 18일 1쇄 발행
2010년 7월 19일 2쇄 발행

저자 | Barry Edwards McNamara
역자 | 김용욱, 변찬석, 우정한, 김남진, 이창섭, 이근용, 박정식
발행인 | 강학경
발행처 | (주)시그마프레스
편집 | 송현주
교정 · 교열 | 민은영

등록번호 | 제10-2642호
주소 | 서울특별시 마포구 성산동 210-13 한성빌딩 5층
전자우편 | sigma@spress.co.kr
홈페이지 | http://www.sigmapress.co.kr
전화 | (02)323-4845~7(영업부), (02)323-0658~9(편집부)
팩스 | (02)323-4197

인쇄 | 해외정판사　　　제본 | 세림제책

ISBN | 978-89-5832-664-9

**Learning Disabilities**
Bridging the Gap Between Research and Classroom Practice



※ 책값은 뒤표지에 있습니다.

*Learning Disabilities*

현장 중심의

# 학습장애아동 교육

Barry Edwards McNamara 지음

김용욱 · 변찬석 · 우정한 · 김남진 · 이창섭 · 이근용 · 박정식 옮김

Σ 시그마프레스

# 역자 서문

우리나라의 경우 학습장애는 1994년 특수교육진흥법의 개정 이후 공식적인 특수교육서비스 대상 범주로 인정받았고, 이후 15여 년이 지나 왔다. 현재 학습장애 학생의 출현율을 살펴보면 비록 조사시기와 조사기관에 따라 차이는 있지만, 다른 어느 장애영역보다 높은 것으로 보고되고 있다. 그럼에도 불구하고 학문적으로 학습장애의 개념과 정의를 포함한 진단 · 판별 및 교수방법 등은 불분명하고 혼란스럽다. 더욱 심각한 현실은 학교 현장에서 학습장애 학생을 가르치는 교사들이 이들에 대한 충분한 지식과 준비 없이 그저 떠안고 있는 형편이고, 심지어는 '학습장애'란 용어조차 생소해 한다는 것이다. 이러한 현상은 여러 가지 원인이 있겠지만 학습장애가 학습부진이나 학습지진과 혼동되고, 정신지체와 정서장애와도 공통된 특성이 있어 따로 분류하기가 쉽지 않다. 무엇보다도 학습장애에 대한 진단기준의 모호성과 절대적인 이해 부족이 그 주요 요인으로 지적될 수 있다. 이 책은 이러한 문제점을 조금이라도 해소하고자 발간하였다.

이 책은 학습장애를 가르치는 특수교사는 물론 통합학급을 담당하는 일반교사에게 학습장애 학생의 특성과 이들이 무엇을 요구하는지, 그리고 이들을 효율적으로 가르치기 위해서는 무엇을 어떻게 해야 하는지 등에 대해 설명하고 있다. 또한 이 책의 원서 제목(Learning Disabilities : Bridging the Gap Between Research and Classroom Practice)에서 알 수 있듯이 현재 학습장애에 관하여 학문적으로 연구되고 있는 것을 어떻게 현장에 적용하고, 현장과 이론 사이의 격차를 좁혀갈 수 있는지에 대한 방안을 제시하고 있다. 따라서 이 책은 대학생뿐만 아니라 대학원생의 교재로써 사용될 수가 있고, 현장 교사에게는 참고서적으로 충분히 활용될 수 있을 것으로 사료된다.

이러한 목적으로 이 책은 전체를 16개 장으로 구성하였다. 먼저 제1~4장은 학습장애 역사, 정의, 특성과 주요 원인 등을 다루었고, 제5~8장은 학습장애의 의뢰과정과 판별 및 배치에 관해 설명하였다. 조기 연령부터 성인기까지의 연령 및 학교 급별에 따른 특정한 학습장애에 관한 것은 제9~11장에 기술하였고, 마지막으로 제12~16장은 말하기, 읽기, 쓰기, 수학 등 특정한 학습영역에 따른 학습장애를 나누어 설명하고 이에 대한 교수·학습 전략을 제시하였다.

번역서를 집필하면서 동시에 우리나라의 실정을 첨삭하고자 애를 썼으나, 의도대로 되지 못했다. 이러한 점이 아쉬우나, 후일 이 책을 바탕으로 우리의 문화와 실정에 맞고 학교 현장에도 적합한 책을 만들 것을 기약하며 감히 이 책을 내놓는다. 아무쪼록 여러 선배님들과 후학들의 아낌없는 비판과 지도를 부탁하며, 이 책의 출판을 위해 도와주신 (주)시그마프레스 사장님과 모든 직원들에게 감사를 드린다.

2009년 4월

역자 일동

# 저자 서문

학습장애 학생들의 교사가 되는 것은 흥미 있는 시간이다. 다음을 고려해 보자.

- 학습장애 학생들의 수는 빠르게 증가하고 있다.
- 학습장애 학생들은 학교에서 대부분의 시간을 일반교육교실에서 보낸다.
- 일반교사들과 특수교사들 간에는 전문가 협력을 위한 많은 기회들이 있다.
- 미국 장애인교육법(IDEA)의 재인준은 학습장애 학생들의 판별에 변화를 가져 왔다.
- 학습장애 학생들을 위한 연구 기반은 빠르게 증가하고 있다.

학습장애 분야는 1962년 시작 이래로 극적으로 변해 왔다. 이 시기는 정책과 실제에 대한 논쟁, 불일치와 혼동으로 표현될 수 있다. 학습장애의 다 학문적인 분야는 학급교사가 압도될 수 있을 정도의 많은 정보를 생성한다. 특정한 접근에 대한 현재의 사고는 무엇인가? 이 책은 이러한 많은 정보에 대한 이해를 통하여, 교사들이 가장 유용한 정보에 기초하여 교실에서 학생 지도를 할 수 있도록 하고자 한다.

이 종합적인 교재는 유아기부터 성인기까지 학습장애인들의 삶을 통하여 그들의 특성과 요구에 대처하고자 한다. 이 책은 학습장애 학생들의 교사가 되는 것에 관심이 있는 대학생과 대학원생을 위한 책이다. 또한 학습도움실, 특수학급, 통합학급 같은 다양한 교육적 배치에서 학습장애 학생들을 지도하고 있는 일반교사와 특수교사에게 적합하다.

이 책의 제1~4장은 학습장애의 정의와 특성 및 이 분야의 초기 단계뿐만 아니라 학습장애의 원인과 기본적인 심리과정 장애를 다룬다. 제5~8장은 의뢰 전 실제, 학습장애의 판별, 협력과 교육적 배치에 대해 다룬다. 유아기부터 성인기까지의 특정한 시기에 대해서는 제9~11장에서 논의된다. 마지막으로 구어, 읽기, 문어와 수학과 같은 특정한 학업적 장애, 사회·정서적 및 행동적 측면들이 제12~16장에서 다루어진다.

## 이 책의 특징

이 책의 각 장은 시작 부분에 학습목표 그리고 끝 부분에 요약 및 숙고와 논의를 위한 발판이 제시되어 있다. 이러한 특징들은 학습자들이 각 장에 대한 이해를 점검하고, 그들의 실제에 대해 숙고하며, 그들의 학습을 교실 밖으로 확장하도록 한다. 이 책의 전반에 걸쳐 생활에 대한 정보를 제공해 주는 밝게 강조된 부분들이 있다(최상의 실제, 실제적 고려, 교사를 위한 함의). 이 책의 핵심은 교사들이 교실에서 그들의 생활과 학생들의 생활에 영향을 주는 공공정책, 옹호 및 과학에 대한 영향을 결정할 수 있는 실제적인 방법에 있다.

이 책은 학습장애 학생들을 지도하는 교사들의 실제적인 요구를 다룬다. 주의력결핍과잉행동장애(ADHD), 행동중재계획 및 학습장애의 사회·정서적 측면들을 철저하게 다룬다. 학생의 의뢰와 중재에 대한 보기들을 사용하여 의뢰 전 실제를 논의한다. 특정장애에 대한 모든 장들이 특징, 사정과 중재를 기술하는 형식을 사용한다. 장애인교육법(IDEA)의 재인준이 학습장애 학생들의 교사들에 대한 영향을 강조하여 논의된다. 마지막으로 통합교육의 개념과 적용, 협력과 다양성이 이 책의 전반에 걸쳐 강조된다.

학습장애 분야는 공공정책, 자기주장과 학문의 합류로부터 도출되었다. 여러분이 내가 그랬던 것처럼 이 동적인 분야에 열정적이고, 여러분의 학급 실제가 가장 유용한 정보에 기초하길 희망한다.

# 차 례

## 4 | 주의력결핍 과잉행동장애와 기본적 심리과정 장애 73



## 5 | 의뢰 전 중재 전략 105

## 6 | 학습장애 판별 131



## 7 | 동료, 가족 및 사회와의 협력 165

## 9 | 취학 전 학습장애 아동 215



## 10 | 중 · 고등학교 학습장애 학생 235

# 1 정의, 특성 및 현재의 이슈

학습장애란 무엇인가?
학습장애의 정의
학습장애에 관한 최근의 정의
정의의 주요 요소
성취 · 지적 기능 불일치
중추신경계 요인
학교에서 학습장애는 어떻게 정의되는가?
출현율
학습장애 학생들의 특징
최근의 이슈
요약
숙고와 논의를 위한 발판

**학습목표**

이 장을 학습한 후 여러분은 다음을 할 수 있을 것이다.

- 학습장애를 정의할 수 있다.
- 학습장애의 정의와 관련된 주요 논쟁들을 이해할 수 있다.
- 학습장애 학생들의 주요한 특징들을 알 수 있다.
- 이 분야의 최근 논쟁들을 탐색할 수 있다.

만약 친구, 직장동료나 가족이 "학습장애가 무엇인가요?"라고 묻는다면 여러분은 어떻게 대답할 것인가? 학습장애는 가장 잘 알려진 특수교육 분류이므로, 많은 사람들이 그것에 대해 들어보았거나 읽어보았거나 또는 학습장애로 분류되는 학생을 아는 것은 그렇게 놀랄 일이 아니다. 따라서 학습장애를 정의할 것을 요구받는다면 어떻게 대답할 것인가? 여러분은 2004년 미국 장애인교육법(Individuals with Disabilities Education Improvement Act : IDEA)에서 찾을 수 있는 연방정부의 정의를 인용하거나 학습장애의 특성을 기술할 수 있지만, 여전히 학습장애가 무엇인지는 정확해 보이지 않는다. 그러나 대부분의 학문 분야에 있어 정의는 아주 정확해 보인다. 예를 들어 사회학은 …에 대한 학문이고, 역사학은 …에 대한 학문이라고 할 수 있는 것과는 대조적으로, 학습장애는 학문, 자기주장, 그리고 공공정책, 약간의 정치학이 결합된 학제적인 접근이다. 따라서 이 분야에 직면한 기본적인 문제들, 예를 들면 정의, 사정, 배치, 교수 실제 등에 대한 합의를 찾는 것은 사실상 불가능해 보인다(학습장애의 정의에 관한 실제적 고려 참조). 이 중 아마 가장 해결하기 어려운 이슈는 정의에 관한 것이다. 만약 학습장애를 정확하게 정의할 수 없다면, 우리는 학습장애가 무엇인지 어떻게 알 수 있겠는가? 우리가 어떻게 학습장애를 판별하겠는가? 우리가 어떻게 학습장애에 대한 연구를 하겠는가? 우리가 이 분야에서 가장 적절한 실천적인 방안들을 어떻게 기술하겠는가? 부모, 교육자 그리고 정책 입안자들이 어떻게 서로 의사소통하겠는가?

이러한 관심사와 이외의 다른 관심사들이 이 장에서 해결될 것이다. 학습장애의 정의에 관한 논의와 더불어 이 장은 학습장애 분야의 최신의 이슈들을 논의함은 물론, 학습장애를 가진 학생들(이하 학습장애 학생들)의 특성을 기술할 것이다. Wiederholt(1974)는 30년 전에 "학습장애의 정의에 관한 문제는 가까운 미래에 해결될 것 같지 않다."라고 예언했다(p.146). 학습장애의 정의에 관한 최근 전문 도서에서의 논의는 1974년에 그랬듯이 오늘날에도 그 말이 사실임을 나타내고 있다.

### 학습장애의 정의에 관한 실제적인 고려

인터뷰는 잘 되었다. 그런 다음 갑자기 특수교육 책임자는 이런 간단한 질문을 하였다. "당신은 정신지체아가 학습장애도 가질 수 있다고 생각하나요?" 면담자는 "아니요."라고 아주 빠르게 대답했다. "왜냐하면 학습장애 아동들은 평균의 지적 능력을 가지기 때문에 정신지체 학생들은 이 분류에서 제외됩니다." 그 후로 저자가 무엇이 학습장애이고 무엇이 학습장애가 아닌지에 대한 논의를 끝없이 한 것을 제외하고, 나머지는 모두 확실하지 않았다. 한 학생이 왜 정신지체와 학습장애를 동시에 가진 것으로 분류될 수 없는가? 이것은 특정한 장애라기보다는 개념에 대해 더욱 치중된 것인가? 저자가 이 직업에 종사한 지 35년이 지난 오늘날도 같은 논의가 계속되고 있다.

## 학습장애란 무엇인가?

**학습장애**란 용어는 너무 일반적이어서 많은 사람들은 그것을 학습문제나 학교 부적응과 유사하거나 동일한 것으로 받아들인다. 사실 이것은 특별한 진단적 범주에 속한다.

학습장애는 가장 이질적인 특수교육 범주로 일컬어져 왔다. 정의에 관한 검토를 통해 이질성은 문화적이고 언어적인 다양성보다, 인구 속에서 발견되는 광범위한 범위의 학업적 결함에 대한 언급이라고 제시되었다.

1990년에 Hammill은 1982~1989년에 발간된 28권의 학습장애 관련 저서들을 검토하였다. 거기에는 모두 11개의 서로 다른 정의가 논의되고 있었다.

## 학습장애의 정의

### Kirk와 Bateman

Samuel Krik는 널리 이용되고 있는 책인 『특수아동교육(Educating Exceptional Childeren)』(1962, p.263)에서 학습장애란 용어를 정의했기 때문에 자주 '학습장애의 아버지'라고 언급된다.

> 학습장애는 대뇌기능장애 또는 정서 및 행동장애 때문에 발생한 심리적 장애로서 구어, 읽기, 쓰기, 산수, 다른 학교 과목에서 하나 또는 그 이상의 지체나 장애 또는 지연된 발달 등과 관련되어 있다. 이것은 정신지체나 감각손상 또는 문화적, 교수적인 요인에 의한 결과가 아니다.

이 용어는 1년 뒤에 Krik(1963)가 **지각장애**를 가진 아동들의 부모 회의에서 사용하면서 확산되었다. 그의 연설로 인해 부모들은 학습장애의 개념에 대해 고무됨으로써 지금은 미국 학습장애협회(Learning Disabilities Association of America : LDA)로 바뀐 학습장애아동협회(Association for Children with Learning Disabilities : ACLD)를 결성하였다. 초창기 그의 제자였던 Babara Bateman은 3년 뒤 다른 정의를 규정하였다. Krik가 학습에 영향을 미치는 과정과 학습장애의 원인에 대한 논의를 계속한 데 반해,

Bateman은 원인을 무시하고 우선적으로 아동들에게 초점을 맞추었다(Hammill, 1990). 그녀의 정의에서 가장 주목할 만한 점은 수행과 잠재력 간의 불일치를 포함시켰다는 것이다(Hallahan & Mercer, 2002). 비록 뜨거운 논쟁이 있었음에도 불구하고, 이 부분은 계속해서 학습장애의 정의에서 가장 큰 쟁점이 되고 있다.

### 미세뇌기능장애 : 학습장애 아동에 관한 국가 프로젝트

미국 연방정부는 Easter Seal 연구재단과 더불어 학습장애의 정의에 대한 연구를 위해 2개의 특별위원회를 설립했다. 특별위원회 I (주로 의학 전문가)과 특별위원회 II(주로 교육자들)는 각각 정의를 개발하였다. 특별위원회 I (Clement, 1966)은 99개의 미세뇌기능 장애(Minimal Brain Dysfunction : MBD)에 관한 증상과 징후를 목록화했다. 그중 10개는 최근 학습장애로 분류되는 학생들의 특징들과 매우 유사하다. 그것들은 다음과 같다.

1. 과잉행동
2. 지각장애
3. 정서 불안정
4. 일반적인 협응 결함
5. 주의집중장애
   짧은 주의집중 범위
   주의산만의 지속
6. 충동
7. 기억과 사고의 장애
8. 특정 학습장애
   읽기
   셈하기
   쓰기
   철자
9. 구어와 학습상 장애
10. 분명하지 않은 신경학적 신호와 뇌전도(EEG)의 불규칙

특별위원회 I은 미세뇌기능장애(MBD)를

> 경도에서 중도의 범위에 해당하는 어떤 학습 또는 행동장애를 갖고 있으며, 일반적인 지능의 평균에 가깝거나, 평균, 또는 평균 이상의 아동들에게 영향을 미치는 장애로, 중추신경계의 기능상 편차와 관련되는 것으로 정의하고 있다. 이와 같은 편차는 지각, 개념화, 언어, 기억, 주의집중 조절, 충동, 또는 움직임 기능 등에서 손상의 다양한 조합에 의해 더욱 명확해진다.
>
> 이와 같은 이상은 중추신경계의 발달과 성숙에 결정적인 기간 동안 유전자의 변칙성, 생화학적 불규칙, 출산기의 뇌손상 또는 다른 질병 또는 상해와 잘 알려지지 않은 원인으로부터 발생한다(Clement, 1966, pp.9~10).

특별위원회 II는 단일 정의에 동의할 수 없었기 때문에, 2개의 정의를 제안했다(Hallahan & Mercer, 2002). 이와 같은 정의들은 하나가 특정한 잠재적인 과정들을 인용했다는 점에서는 조금의 차이는 있다. 그들은 양쪽 모두 잠재력과 수행의 불일치 개념, 중추신경계 기능장애의 가능성을 포함하고 다른 원인들은 제외한다.

### 국가장애아동자문위원회

Samuel Kirk가 의장인 이 위원회는 학습장애의 정의를 다음과 같이 정의하였다.

> 특정 학습장애(Specific Learning Disabilities : SLD) 아동들은 구어와 문어를 이해하거나 사용하는 것과 관련된 기본적인 심리과정에서 한 가지 또는 그 이상의 장애를 보인다. 이 장애는 듣기, 사고하기, 말하기, 읽기, 쓰기, 철자 또는 산수에서 나타날 수 있다. 이 장애는 지각장애, 뇌손상, 미세뇌기능장애, 난독증 및 발달상 실어증과 같은 조건들을 포함하지만, 시각, 청각 또는 운동장애, 또는 정신지체, 정서장애, 환경적, 문화적, 경제적 실조를 주된 원인으로 하는 학습문제들은 포함하지 않는다(NACH, 1968, p.34).

Hammill(1990)은 "이 정의는 의심의 여지없이 학습장애에 대한 중요한 정의로, P.L. 94-142로 통합된 1967년 미국 교육부 정의의 기본이 된다(p.75)."라고 언급했다. 실행 가능성에 대한 논쟁에도 불구하고, 이 정의는 장애인교육법에서 채택한 정의와 근본적으로 같은 정의로, 2004년 장애인교육법(IDEA)에도 똑같이 남아 있다. 정서적 불안정은 학습장애의 원인으로 더 이상 언급되지 않는다는 것, 그리고 사고 결함이 포함된다는 점에서 Kirk의 원래 정의와 다르다. 정의에서 주목해야 할 점은 오직 아동기에만 학습장애를 적용시켰다는 것이다. 나중에 부모와 전문가들은 학습장애에서 배제된 성인과 성인기에 대해 이의를 제기하고 아동기 이후에까지 확장된 개념으로 발전시켰다.

### 노스웨스턴 대학교

미국 교육부(U.S. Office of Education)는 학습장애 정의에 관한 문제 해결을 돕기 위해서 노스웨스턴 대학교에 연구소를 설립했다. Kass와 Myklebust(1969)는 연구소의 연구 결과를 발표하였다. 노스웨스턴 대학교의 정의는 다음과 같다.

- 학습장애란 특별한 교육 기술이 요구되는 근본적인 학습 과정에 있어 한 가지 또는 그 이상의 중요한 결함에 대한 언급이다.
- 학습장애 아동들은 일반적으로 구어, 읽기, 문어, 수학과 공간 정위에서 한 가지 또는 그 이상의 영역에서 기대되는 것과 실제 성취 사이의 결함을 나타낸다.
- 학습장애는 감각적, 행동적, 지적, 정서적 장애, 또는 학습 기회의 부족에 의한 주된 결과를 언급하는 것은 아니다.
- 주요한 결함이란 교육과 심리학에서 수용되어진 진단적 과정의 용어로 정의된다.
- 근본적인 학습과정은 지각, 통합, 그리고 언어적이거나 비언적인 표현을 포함하는 최근의 행동 과학과 관련된 것이다.
- 중재를 위한 특수교육 기법이란 진단적인 절차와 결과에 근거한 교육적인 계획을 의미한다(Kass & Myklebust, 1969, pp.378~379).

기대와 수행의 불일치는 다시 도입되었으나 원인에 대한 언급은 없었다. Hammill (1990)은 이 정의가 1976년 연방정부 정의의 기초를 형성한다고 했다.

### 미국 교육부(1976)

연방정부의 정의는 다음과 같다.

특정 학습장애는 만약 아동이 하나 또는 그 이상의 영역에서 성취와 지적 능력에 있어서 심각한 불일치가 있다면 발견될 것이다—구어적 표현, 문어적 표현, 청해 능력, 독해 능력, 기본적인 읽기 기술, 수학 계산, 수학적 추론, 철자법. '심각한 불일치'란 연령과 이전의 교육

> 적 경험들을 고려하여, 열거된 항목들 중 하나 또는 그 이상의 영역이 기대되는 성취 수준 이하에 존재할 때로 정의된다(USOE, 1976, p.52405).

**심각한 불일치**라는 용어가 도입되었을 때, 연방정부는 그것을 50% 불일치라고 했고, 공식을 제시했다. 이 개념은 널리 수용되지는 않았고, 극심한 반대에 부딪혔(Hammill, 1990). 불일치에 대한 개념의 논쟁은 계속되었다(Bradley, Danieson, & Hallahan, 2002 참조). 개정된 장애인교육법 2004는 더 이상 학교가 학생을 학습장애로 분류하기 위하여 심각한 불일치를 공식화하는 것을 요구하지 않는다. 그러한 분류를 하기 위해서, 학교는 "학생이 수행과 지적 능력 사이에 심각한 불일치 여부를 고려하지 말아야 한다(614[b][6](A))." 미국 상원의회의 보고는 이와 같은 변화의 근거를 제공한다.

> 위원회는 아동이 수행과 지적 능력 사이에 심각한 불일치가 있는지를 고려하는, IQ-성취도 불일치 공식은, 장애인교육법상에서 적합성 결정을 위해 필요한 것이 되어서는 안 된다고 믿는다. IQ-성취도 불일치 공식이 일관된 그리고 교육적으로 의미 있는(예를 들면, 신뢰롭고 타당한) 방법으로 적용될 수 있다는 근거는 없다. 더구나 이와 같은 접근은 가난하거나 문화적 그리고 언어적으로 다른 배경에서 살고 있는 아동들이 실질적으로는 경험의 부족으로 인하여 검사에서 어려움을 보일 때, 이것을 내재된 지적인 제한성을 갖고 있는 것으로 잘못 판단할 수 있게 한다(S. Rept, 185, 10th Cong., 2nd Sess. 26, 2003).

### 미국 교육부(1977)

학습장애에 대한 1977년 미국 교육부의 정의는 학습장애 아동들을 보다 정확하게 판별할 수 있도록 발달되었다. 정의는 다음과 같다.

> '특정 학습장애'라는 용어는 언어, 즉 구어와 문어의 이해와 사용에 포함된 기본적 심리과정에서 한 가지 또는 그 이상의 장애를 의미하며 듣기, 말하기, 읽기, 쓰기, 철자법, 수학 계산을 하는 데 불완전한 능력을 보일 수 있음을 의미한다. 이 장애는 지각장애, 뇌손상, 미세뇌기능장애, 난독증 및 발달적 실어증과 같은 조건들을 포함하지만, 시각, 청각, 운동장애, 정신지체, 정서장애, 환경적, 문화적, 경제적 실조를 주된 원인으로 하는 학습장애 아동들은 포함하지 않는다(USOE, 1977, p.65083).

이 정의의 주요한 목적은 학교 기금과 연방 기금 프로그램을 안내하기 위한 것이다. 따라서 가장 널리 사용되면서 가장 대중적인 학습장애 개념이다(Mercer & Pullen, 2005).

### 미국학습장애연합위원회

미국학습장애연합위원회(The National Joint Committee on Learning Disabilities : NJCLD)는 학습장애 분야의 국내 모임 대표들을 포함한다. 이 모임은 미국 말·언어·듣기협회(American Speech-Language Hearing Association : ASHA), 학습장애협의회(Council for Learning Disabilities : CLD), 학습장애아동국(Division for Children with Learning Disabilities : DCLD), 국제읽기협회(International Reading Association : IRA), 미국학습장애협회(Learning Disabilities Association of America : LDA), 미국학교심리학자협회(National Association of School Psychologists : NASP), 그리고 국제난독증협회(International Dyslexia Association : IDA, 전 Orton Dyslexia Association)를 포함한다. 미국학습장애연합위원회(NJCLD)의 원래 정의는 1981년에 제안되었으며, 1988년에 수정되었다.

이 정의의 주요한 차이점은 '생애 주기에 걸친' 학습장애, 그리고 학습장애는 다른 장애와 '동시에 일어날 수 있는' 개념임이 포함되어 있다는 것이다. 비록 학습장애아동국(DCLD)이 기권하고 미국학습장애협회(LDA)가 반대하여, 자신들만의 정의를 만들기는 하였으나, 이것이 미국학습장애연합위원회(NJCLD)의 공식적인 정의이다.

### 학습장애통합위원회

보건복지부(Department of Health and Human Services)와 교육부 내 12개 기관의 위원회에 의해 1987년에 생긴 학습장애통합위원회(The Interagency Committee on Learning Disabilities : ICLD)의 정의는 특정 학습장애에 사회적 기술의 결함을 추가했다. 이것은 학습장애 분야에서 계속적인 논쟁의 주된 이슈이다. 사회적 기술이 포함되어야 하는가? 만약 한 학생이 사회적 기술 학습장애로 분류된다면, 사회적 기술 이외에 다른 영역에서의 학습장애는 없는가? 제16장은 이 주제와 관련된 추가적인 정보를 제공한다.

## 학습장애에 관한 최근의 정의

> '특정 학습장애'는 언어, 즉 구어와 문어의 이해와 사용에 포함된 기본적인 심리 과정에서 한 가지 또는 그 이상의 장애를 의미하며, 듣기, 말하기, 읽기, 쓰기, 철자 또는 수학계산을 하는 데 불완전한 능력을 보일 수 있다. 이 장애는 지각장애, 뇌손상, 미세뇌기능장애, 난독증, 발달적 실어증 같은 조건들을 포함한다. 이 개념은 시각적, 청각적, 운동장애, 정신지체, 정서장애, 환경적, 문화적, 경제적 실조의 주된 결과로 인한 학습장애 아동은 포함하지 않는다(34 C.F.R.§300.7).

이 정의는 근본적으로 P.L. 94-142, 1975년의 전장애아교육법과 같고, 2004년 재인준된 장애인교육법에 포함되어 있다. 그리고 이 정의에 대해 상당히 불만족스러운 점이 있음에도 불구하고 Mercer, Jordan, Allsopp 및 Mercer(1995)는 조사된 주 교육국의 71%가 이 정의의 주요 구성요소를 사용하고 있음을 발견했다. 그러나 학습장애에 대한 연방정부의 정의를 근본적으로 개선해야 할 필요성을 논하거나(Fletcher et al., 2002), 보다 일반적인 정의를 만들 것을 원하는 사람들도 있다(Shaw, Cullen, McGuire, & Brinckerhoff, 1995). 표 1-1은 위에서 논의된 정의들을 요약해 놓은 것이다.

## 정의의 주요 요소

학습장애는 (a) 최소한의 평균적 지적 능력, (b) 성취와 잠재력 사이의 심각한 불일치, (c) 정신지체, 정서장애, 감각장애, 문화적 차이, 또는 학습기회 부족을 주된 요인으로 하는 학습상 어려움 제외, (d) 어려움의 근원으로서 중추신경계 기능장애를 가정한다. 특히 다른 언어적, 문화적 환경을 갖고 있는 학생들은 지적 능력을 결정하는 문제와 관련하여, 성취도를 지적 능력 및 교실 수업과 결부시킬 때 특정 학습장애의 진단에서 종종 제외된다.

지적 기능은 특정 학습장애의 정의와 진단에 결정적인 요소이다. 정의에 의하면 학습장애가 있는 개인은 최소한 평균의 지적 능력을 보여야 한다. 따라서 지적 능력은 학생의 수용할 만한 학업성취도 수준을 측정하는 잣대가 된다. 그러나 쉽게 정의되는 개념과 일반지능의 측정할 수 있는 영역에 대해 비판이 없는 것은 아니다.

**표 1-1 학습장애의 정의**

| 제안 | 핵심 구성요소 |
|---|---|
| Kirk(1962) | • 지체, 지연 또는 심리과정에서의 장애<br>• 대뇌 기능손상 가능성<br>• 다른 요인 배제 |
| Bateman(1965) | • 원인 무시<br>• 아동에 초점<br>• 불일치 개념의 도입 |
| 특별위원회 Ⅰ과 Ⅱ(Clement, 1966) | • 특별위원회 Ⅰ(주로 의학적)<br>• 특별위원회 Ⅱ(주로 교육적)<br>• 중추 신경계 기능장애 가능성/불가능성<br>• 다른 요인 배제 |
| 국가장애아동자문위원회(1969)<br>노스웨스턴 대학교(1969) | • 불일치 개념의 지속<br>• 더욱 교육적인 지향<br>• 특수교육 기법의 언급<br>• 원인을 언급하지 않음<br>• 오직 아동에 초점 |
| 미국 교육부(1976) | • 심각한 불일치의 도입<br>• 명확한 불일치가 보이는 부분의 목록화 |
| 미국 교육부(1977) | • 이전 정의보다 더 정확<br>• 이전 용어들 포함<br>• 가장 대중적으로 사용됨 |
| 미국학습장애연합위원회(1981) | • 생애 주기에 따른 학습장애 개념 소개<br>• 다른 장애와 동시적으로 일어날 수 있음 |
| 미국학습장애협회(1986) | • 장애 유형의 예를 제공하지 않음<br>• 공존하는 조건을 포함하지 않음 |
| 학습장애통합위원회(1987) | • 사회적 기술 추가<br>• 공존하는 조건의 다양한 범위 인식 |
| 미국 교육부(1977) | • 평균적인 지적 능력 가정<br>• 심각한 불일치<br>• 제외되는 원인<br>• 중추신경계의 기능 장애 |
| 미국 교육부(2004) | • 1977과 유사<br>• 학생은 지적 능력과 학업적 기능 사이의 불일치를 보일 필요 없음 |

## 성취 · 지적 기능 불일치

학습장애에 관한 정의는 더 이상 일부 영역에서의 학업 성취도와 지적 잠재력 간의 유의미한 불일치를 필요로 하지 않는다. 그러나 얼마나 많은 주들이 이 불일치의 개념을 사용할지는 두고 볼 일이다. 불일치의 정도는 주마다 다르기 때문에, 같은 검사에서 같은 점수를 받은 학생이 한 주에서는 특정 학습장애가 있는 것으로, 다른 주에서는 장애가 없는 것으로 규정되는 것이 가능하다. 이런 일은 같은 주의 지역 학군들 사이에서도 발생할 수 있다. 경제적으로 더 풍족한 학군은 작은 불일치를 가진 학생을 위한 서비스를 제공할 것이다. 성취와 지적 수행 사이의 불일치는 검사도구가 표준화된 곳의 사람들과는 기본적으로 경험이 다른 학생들을 대상으로 시행된 검사에 의해 만들어졌다. 따라서 이러한 검사의 결과는 잠재적 성취를 보여 주는 정확한 수치가 아니다(Salvia & Ysseldyke, 1975). 이것은 다양한 문화적, 경험적 배경을 가진 학생들이 학습장애로 의심될 가능성이 있는 도시 지역에서 중요한 문제이다. 더구나 본래 학업적 영역들에서의 사정은 검사 항목들이 수업시간에 정확히 가르쳐진 것들을 반영한다는 것을 가정하고 있다.

## 중추신경계 요인

중추신경계 기능장애에 대한 가정은 특정 학습장애 진단에 있어서 가장 관찰하기가 어려운 요건일 것이다. 중추신경계의 기능장애는 증명하기가 어렵기 때문에, 특정 학습장애는 학생의 학업 저하의 주요 원인으로 감각장애, 정신지체, 정서장애, 문화적 차이, 또는 경제적 실조를 제외하여 정의되고 있다.

도시 빈민층과 문화적으로 다른 학생들은 모국어가 영어가 아니며, 학습의 기회가 없었기 때문에 표준적인 인구들을 대상으로 사용되는 것과는 다른 사정 도구가 사용되어야 하며, 특정 학습장애의 진단은 매우 복합적인 과정이어야 한다. 그럼에도 불구하고 이러한 아동들은 흔히 학습장애로 분류되었다. 사실 평가자가 도시지역에서 문화적으로 다른 학생들과 표준적인 인구들 간에 적절한 비교를 고려하지 않을 때, 그리고 사회 · 문화적, 교수적 요소들을 고려하지 않을 때, 문화적으로 다른 학생들을 학습장애를 가진 것으로 분류하는 것은 상대적으로 쉬운데, 정의에 의하면 그러한 분류는 제외시켜야 한다.

일반적으로 주된 문제는 최소한의 평균 지적 능력을 가지고 있으면서 감각 수용, 지적 능력, 정서적 적응, 문화적 · 경제적 요인들에서의 주된 결함도 없으나, 전형적인 방법을 통해 특정 유형의 정보를 배우지 못하는 비전형적인 학습자를 분류하는데 있다. 이 문제는 넓고 다양한 도시 지역에서 악화된다. 많은 보기들에서 이러한 지역의 평가자들은 이러한 질문에 직면하게 된다. "어떠한 실수의 유형이 가장 편안하다고 느끼는가—많은 수의 학생들이 학습장애를 가지지 않음에도 불구하고 학습장애를 가진 것으로 분류될 수 있는 거짓 긍정인가 또는 다수의 학습장애 학생들이 특별한 교육적 서비스를 받지 못하는 거짓 부정인가?"

## 학교에서 학습장애는 어떻게 정의되는가

MacMillan과 Saperstein(2002)은 "학교에서 사용한 학습장애 개념과 당국의 정의에 분명하게 표현된 학습장애의 개념은 현저히 다르다(p.319)."라고 말했다. 따라서 학습장애 학생을 담당하고 있는 교사로서, 여러분은 연방정부의 정의와 꼭 들어맞지 않는 학생의 상황을 발견할 수도 있다. 여러분은 여러분이 기대했던 것보다 학습장애 학생들의 지적 수준이 낮은 것을 알게 될 것이며, 환경적, 문화적, 언어적 요소가 낮은 성취도에 기여함을 발견할 수 있고, 중추신경계 장애의 증거는 없음을 알게 될 것이다. 이것은 특별히 여러분이 문화적, 언어적으로 다양한 도시환경에서 근무한다면 더 명백할 것이다. Gottlieb, Gottlieb 및 Trogone(1991)은 뉴욕에 거주하고 있는 학습장애 학생들은 외곽지역 학교의 학습장애 학생들과 매우 다르다는 것을 발견했다. 뉴욕에서는 90%의 학습장애 학생들이 어떤 형태의 공적 서비스를 받았으나, 거의 대부분의 학생들이 낮은 성취도를 보였으며, 그들 부모의 44%는 영어가 모국어가 아니었다.

앞서 언급했듯이 학습장애는 특수교육 분류들 중에서 가장 이질적이다. 모든 집단을 만족시키는 정의는 결코 없을 것이다. 학습장애 분야의 전문가들은 종종 의학적 모델을 적용시키는데, 과학은 공공정책을 특장 짓고 공공정책은 실제에 영향을 준다. 확실히 만약 이 모델이 정확했다면 피할 수 있었을 잘못된 단계들도 많이 있었다. 학습장애는 과학, 공공정책, 정치, 옹호의 시너지를 통한 분야이다. 학습장애는 판별, 분류와 교수의 과정을 유효하게 하려는 실증적인 경험적 시도를 통해 올바른 방향으로 나아감에 의심의 여지가 없다. 그러나 아직도 많은 것이 행해져야 한다.

학교 관계자들은 연구자들과는 다르게 학습장애의 정의를 규정하는데, 그 결과는 '무분별한 분열'이다. MacMillan과 Saperstein(2000, p.326)은 다음과 같이 말했다.

> 부분적으로 학습장애에 대한 학교 판별과 연구자 판별 사이의 불일치에 의해 연구와 실제 사이에 '무분별한 분열'이 있다. 공립학교 관계자는 연구팀을 외적인 집단으로 인식하는 반면에, 연구팀은 학교 관계자를 충분한 지식이 없는 집단으로 본다. 실질적으로 연구 결과들은 실제적인 정보를 제공하지 않는다. 왜냐하면 연구자들은 '학습장애' 집단으로부터 자료를 가져오는데, 이 학습장애 집단은 학교 관계자들이 '학습장애'로 판별한 학생들이기 때문이다. 의약에서의 유추는 우리의 관점을 분명하게 할 수 있다. 당뇨병 치료에 대한 연구는 의사에게 정보를 제공한다. 왜냐하면 연구자와 실제 의사들이 누가 당뇨병 환자인지에 대해 동의하였기 때문이다. 학습장애에 대한 주제를 연구하는 연구자들과 학습장애 학생들에게 서비스를 제공하는 실천가들 사이에는 누구를 학습장애로 볼 것인가에 대한 동의가 없기 때문에, 결과적으로 연구는 실제에 대해 정보를 제공하지 않는다.

이와 같은 갈등이 해결될 때까지는 연구와 실제 교실의 수행 사이에는 불일치가 계속될 것이다. 장애인교육법 2004가 학교에서 실행됨에 따라, 교사들은 연구와 교실 실제 간의 차이를 연결하는 데 중요한 역할을 해야 할 것이다.

## 출현율

앞서 언급했듯이 학습장애에 대한 많은 정의가 제안되어 왔다. 그리고 여전히 합의점에는 도달하지 못할지라도 주요한 부분들에 대해서는 동의하고 있다. 정의에 관한 논쟁은 학습장애 학생들의 분류를 상대적으로 어렵게 하는 듯이 보인다. 그러나 사실은 반대다. 학습장애로 분류되는 학생들의 수는 계속적으로 증가해 왔다. 2001년에 208만 명의 학생들이 학습장애로 판별되었다(미국 교육부, 2002). 이것은 전체 특수교육 대상자의 50%에 해당하고, 다음은 언어장애로 19%를 차지한다.

## 남학생 대 여학생

학습장애 학생들의 대부분 교사들은 여학생보다 남학생이 학급에서 다수를 차지한다고 한다. 학습장애가 여성보다 남성에게 더 잘 일어나는가? 1998년 인권청(Office of Civil Rights : OCR)의 조사에 의하면 학습장애의 70%가 남자 아동이라고 한다. Smith (2004)는 남성과 여성의 비율이 동등하다고 제안하는 연구와 상관없이, 남자 아동들이 학습장애를 6배에서 105배 더 가진 것으로 분류될 것 같다고 말했다. 기대 이하의 성취 부진을 보이는 여자 아동들은 남자 아동들만큼 빨리 그리고 자주 학습장애로 분류되지는 않을 것이다. Mercerd와 Pullen(2005, p.27)은 성별 차이에 대한 의학적, 성숙적, 사회학적 가정의 예를 제공한다.

### 의학적 요소

1. 남성은 여성보다 태아 또는 태아 이후의 기간 동안 생물학적으로 뇌손상을 입기 쉬운 것으로 보인다.
2. 일반적으로 남성은 여성보다 출생 시 체중이 무겁고 머리가 크기 때문에, 출산 중에 뇌손상을 입을 위험이 더 크다.
3. 남성은 여성에 비해 1배 그리고 1.5배에서 3배 정도까지 많은 두부 손상을 경험한다.
4. 남성은 특히 좌뇌(언어와 읽기성취와 관련된)가 취약한데, 왜냐하면 면역체계의 발달 이상은 남성 호르몬인 테스토스테론의 과다와 연관되어 있기 때문이다.

### 성숙적 요소

1. 출생에서 사춘기까지 남성은 여성보다 성숙이 느리다.
2. 남성의 뇌 보호초(protective sheath)는 여성보다 느리게 성숙한다.
3. 주의집중 및 언어와 연관되는 대뇌피질의 신경 성숙은 남성이 여성보다 더 늦게 일어난다.

### 사회학적 요소

1. 남성의 느린 성숙은 학업 준비의 부족과 저학년에서의 낮은 수행의 결과를 나타낸다.
2. 교사들은 남학생이 여학생보다 학습에 더 많은 문제들을 보인다고 생각하기 때문에, 사정과 판별에 있어서 남학생에 대한 편견이 있다.

## 학습장애와 소수 민족

국가연구위원회(National Research Council : NRC)는 '특수교육과 영재교육에서의 소수 민족 학생(Minority Students in Special and Gifted Education, 2002)'에 관한 보고서에서, "1975년 제정된 연방법은 장애아동, 소수 인종/민족 아동에게 무상의 적절한 교육을 제공할 것을 각 주에 요구함으로써, 불균형적으로 많은 수의 아동들이 서비스를 받기 위해 판별되어 왔다(p.1)."고 전했다. 이것은 전형적으로 경도 정신지체와 정서장애와 같은 범주의 발생률을 높였고, 이에 비해 낮지만 학습장애의 발생률도 증가시켰다. 국가연구위원회가 보고한 인권청(OCR, 1998)의 자료는 모든 인종/민족은 백인들보다 학습장애로 분류될 위험이 크고, 경도 정신지체로 분류될 가능성이 더욱 높다고 지적하고 있다. 계속되는 논의 경향에서 국가연구위원회(NRC)는 학습장애 범주를 위한 인권청의 국가 예상은 아시아, 태평양 섬 주민들을 제외한 모든 인종/민족 집단 아동들의 위험성에 급격한 증가를 포함하고 있다고 언급한다. 학습장애 인구에서 흑인이나 히스패닉이 현저하게 차지하고 있지 않다는 점이 흥미롭다. 그러나 모든 인종/민족의 증가 비율은 확연하다.

이것은 학습장애 불균형의 문제에 관한 논의를 일으키지 않는 이유일 것이다. 예를 들면 Harry(2002)는 "수십 년 동안 학습장애는 중간 계층의 아동들에게 해당하는 것으로, 또한 이들은 거의 백인종으로, 그들 가족과 지역사회 환경 그리고 그들 자신의 언어와 일상적 기술을 고려할 때 기대되는 학업 성취도 이하에 위치해 있었다(p.77)."라고 말했다.

교사들 특히 도시지역에 있는 교사들이 고려해야 할 몇 가지 이슈들이 있다. 즉 각 주마다 그리고 도시지역과 외곽지역에 상당한 차이가 있다는 것이다. 예를 들면 뉴욕에서 부모들과 교사들에 의한 의뢰 경향을 조사했을 때, Gottlieb 등(1991)은 교사들에 의해 의뢰된 328명의 학생들 중 백인은 15.5%, 흑인 42.2%, 그리고 히스패닉은 42.1%였다고 한다. 교사들이 백인 학생들보다 흑인이나 히스패닉 학생들을 더 의뢰할 가능성이 95%였다. 다음의 '미국 뉴욕 특수교육 실제에서의 실책(Special Education practices in New York Faulted by U.S.)'이라는 제목이 붙은 뉴욕타임스 1997년 5월 31일자 기사를 살펴보자.

> 연방정부는 지난 밤 뉴욕 시 학교 사무국에게 특수교육 분야에서 흑인과 히스패닉의 높은 불균형을 줄이거나 또는 소송에 직면하여 결국 수천만 달러의 연방정부의 지원을 폐기해야 할 것이라고 경고했다(p.1).

소수 민족의 학생들이 많은 것은 사실이라고 기사는 덧붙였다. 또한 특수교육을 받는 120,000명의 학생들 중 약 75% 정도가 '학습장애' 또는 '정서장애'로 분류되어 특수교육을 받았다는 점도 언급하였다.

뉴욕 시 교육청과 인권청 간의 합의는 학교 관계자 연수와 부모 훈련을 포함한 일련의 교정적 절차들을 통하여 이러한 문제들을 해결할 것이다. 이 기사는 이 동의에 정통한 변호사의 말을 통해 마무리하고 있다. "이 사건이 중요한 이유는 특수교육 내 소수 민족 학생들에 대한 문제를 연방정부가 간과했던 것이 아니라는 메시지를 미국 전역의 지역 학군들에 전달했다(p.22)."

학습장애로 규정된 소수 민족의 학생들이 너무 많고, 학습장애의 진단과 정의에 관한 문제들은 전통적인 특수교육의 사정과 교수에 심각한 변화가 필요함을 요구한다. 이러한 변화를 통하여 전문가들이 문화적, 언어적 다양성과 학생들이 지식을 나타내고 증명하는 방법에 영향을 미치는 요소들에 적절한 관심을 가질 수 있어야 한다. 특히 문화적, 언어적 다양함으로 규정되는 대도시 지역에서는, 교육적 사정, 교육과정 계획, 교사 훈련, 그리고 부모와의 상호작용 등에서 민감성을 다양함의 문제와 결합하는 것이 매우 필요하다.

## 학습장애 학생들의 특징

지금까지 연방정부와 전문가 그룹 그리고 부모 모임에 의해 공표된 정의를 살펴보았는데, 여러분은 교실에서나 가정에서 학습장애 학생은 어떻게 보이는지 궁금할 것이다. 다른 저성취 학생들로부터 학습장애를 구분 짓는 특징은 무엇인가? 이 집단의 이질성 때문에, 학습장애를 하나의 유형으로 기술하기는 어렵다. 오히려 문헌에서는 다수의 특징들을 기술했고, 조합하여 비교적 잘 수용되는 특징들을 제시한다(Lerner, 2006; Mercer & Pullen, 2005; Smith, 2004; Wong, 2004).

## 운동 문제

학습장애 학생들은 소근육이나 대근육을 사용하여 과제를 하는 데 어려움이 있다. 소근육 과제에는 손이나 손가락을 사용하는 것이 포함되지만, 대근육 기술은 팔, 다리 운동이나 몸의 더 큰 근육을 포함한다. 학습장애 학생들은 블록이나 퍼즐, 또는 구슬을 가지고 노는데, 숟가락, 포크, 또는 나이프 사용에, 그리고 모양과 사물을 색칠하거나 따라 그리는 데 어려움을 경험한다. 그들의 필체는 형편없고, 운동장이나 체육관에서 협응을 필요로 하는 활동에서 어려움을 느낀다. 부모들은 학습장애 아동들이 종종 사물에 부딪치거나 넘어지거나 어색하다고 말한다.

## 지각장애

많은 학습장애 학생들은 지각적인 과제를 수행하는 데 어려움을 보인다. 지각장애는 크게 청각적 그리고 시각적인 2개의 범주로 나눌 수 있다.

**지각**은 환경으로부터 정보의 해석이다. 만약 정보가 우리에게 듣기를 통해 전달된다면, 그것은 **청지각**을 말한다. 만약 시각으로 온다면, 그것은 **시지각**으로 알려져 있다.

대부분의 정보는 정확히 시각이나 청각이 아닌, 오히려 2개의 조합이다. 학습장애 학생들은 지각 요소의 조합에 어려움을 겪는다. 예를 들면 학습장애 아동들은 비슷한 글자(b를 d로, w를 m으로)를 변별하거나, 또는 유사한 단어(was를 saw로), 또는 다소 시끄러운 환경에서 누군가가 말하는 것을 이해하는 데 어려움을 겪는다.

학습장애에 대한 초기 연구에서, 학생들은 그들의 지각장애로 인하여 많은 문제에 직면했었다. 후속 연구는 이러한 논쟁들을 뒷받침해 주지 못했으나, 일부 학습장애 학생들에게 이러한 결함이 있다는 것은 명백하다.

## 주의집중장애

대략 학습장애 학생들의 1/3 정도가 주의력결핍 과잉행동장애(Attention Deficit Hyperactivity Disorder : ADHD, 제4장 참조)를 가지고 있다. 학습장애 학생들의 대다수가 주의력결핍 과잉행동장애로 진단되는 것은 아니다. 그들의 주의집중 어려움은 학습 과정과 연관되어 있다. 예를 들면 그들은 하나의 과제를 계속하거나, 강의를 듣거나, 책을 읽을 때, 무엇이 중요하고 무엇이 중요하지 않은지를 결정하는 데 어려움을 느끼고,

특정한 과제에 주의를 유지하는 것도 어렵다. 이것은 주의력결핍 과잉행동장애처럼 항상 일어나는 것은 아니나, 특정한 과제들과 관련될 수 있다. 전문가들은 많은 학습장애 학생들이 주의집중에 문제가 있기는 하지만 2/3 정도는 심각하지 않고, 주의력결핍 과잉행동장애로 진단될 만큼 자주 일어나지 않는다고 믿는다.

### 기억장애

학습장애 학생들은 기억에 문제가 있다. 이와 같은 문제들은 30~60초가량 지속되는 단기기억(Short Term Memory : STM)과 관련된다. 만약 한 사람이 환경으로부터의 정보에 주의집중하지 않는다면, 이것은 단기기억에 저장될 수 없을 것이다. 분명하게 이것은 많은 학습장애 학생들에게 일어나는 일이다. 만약 우리가 주의집중한다면 정보는 단기기억에 도달하고 장기기억(Long Term Memory : LTM)으로 전달된다. 예를 들면 당신이 파티에서 누군가를 소개 받았고, 이름을 기억하기 위해 아무것도 하지 않았다면, 결과적으로 당신이 다음 주에 그 사람을 다시 보았을 때, 당신은 그 사람의 이름을 기억하지 못할 것이다. 그러나 만약 당신이 처음 소개 받았을 때 이름을 기억하기 위해 심리학자들이 부르는 **시연** 과정과 같은 무엇인가를 했다면, 당신은 그것을 장기기억으로 보냈을 가능성이 높고 그 사람을 보았을 때 이름을 회상할 수 있을 것이다.

기억은 완전히 이해할 수 없는 복잡한 과정이다. 그러나 학습장애 학생들은 이러한 영역에서 지원이 필요하다는 것은 분명하다.

### 언어장애

학습장애 학생들은 언어의 수용, 처리와 표현에 어려움을 겪는다. 이러한 문제들은 학습장애 학생들의 약 절반 이상에서 일생 동안 지속되고 유지되는 것으로 나타났다. 예를 들면 수용언어의 어려움은 특정한 소리, 단어, 또는 문장을 이해하는 데 어려움을 보이거나, 언어의 구조를 이해하는 데 어려움을 보이는 것을 포함한다. 수용언어의 문제는 항상 표현언어의 문제로 나타난다. 만약 학생들이 들은 것이 무엇인지 이해하지 못한다면, 그들은 그것들을 표현하는 데 어려움을 느낄 것이다(입력은 출력에 선행한다). 일부 학습장애 학생들은 올바른 단어 구사에 어려움을 갖고 있으며, 종종 어떤 것을 말하거나 설명하는 데 있어 빙빙 돌려서 말한다. 다른 학생들은 언어의 문법(구문론)에 어려움이 있다. 그들은 단어의 정확한 순서나 명사와 동사의 정확한 구조를 사용하지 못한다. 또 다른 학생들은 그들이 살고 있는 세상에 대해 말할 수 있는 것이 거의 없다. 그들은 자발적으로는 거의 말이 없고, 요구했을 때도 거의 말을 하지 않는 경향이 있다.

### 사회적 지각장애

사회적 지각이란 사회적 상황에서의 제약들을 이해하는 것으로 정의될 수 있다. 이것은 많은 학습장애 학생들에게 주요한 문제이다. 많은 부모들과 교사들은 학습장애 학생들이 친구를 사귀는 데 어려움을 겪는다고 한다. 그들은 적절하지 않은 시간에 적절하지 않은 것을 말하며, 충동적인 말을 한다. 이러한 것들은 사회적 지각 기술에 어려움이 있는 학생의 특성 중 일부이다.

### 정서적인 문제

정서적 문제가 학습장애와 관련된다는 것은 그리 놀라운 일이 아니다. 학습장애 아동들은 다른 아동들처럼 성공하길 원하며 학교에 온다. 그들은 종종 그들의 노력이 충분하지 않다는 것을 깨닫는다. 학습장애를 인정하지 못하는 교사와 부모는 학습장애를 인식하지 못할 수 있고, 발견되지 않은 학습장애는 사회·정서적 어려움을 야기하게 할 수도 있다. 그러한 학생들은 행동장애 또는 심각한 정서상의 문제를 가지고 있지는 않다. 그러나 많은 전문가들은 어떠한 상황이 선행하는지를 발견하는 것이 어렵다는 것을 안다.

이와 같은 모든 특성들은 책 전반에 걸쳐 더욱 자세하게 논의될 것이다.

### 학업적 및 교수적 특성

취학 전에 학습장애 아동을 확인하는 것은 어렵다. 아동을 학교 실패의 위험에 처하게 하는데는 다양한 변수들이 있는데(제3, 4, 9장 참조), 학습장애와 다른 장애를 구분하기는 어렵다(Bender, 2004). 더욱 아동이 유치원에 입학하기 전에 장애인교육법 2004의 분류를 적용하기 위한 연방 또는 주의 요건이 없다. 제9장은 이러한 학습장애의 특정한 학업적 특성들에 대해 논의할 것이다.

초등학교에서 학습장애 학생들은 정의에 의해 구어, 문어, 읽기, 수학에 있어 어려움을 나타낸다. 특별한 학업적 및 교수적 특성들과 중재들은 이와 같은 영역들에 따라 제공될 것이다(제12장과 제15장 참조). 중 · 고등학교 학습장애 학생들에 대해서는 독특한 이슈들이 있기 때문에, 이들에 대한 학업적 및 교수적 특성들은 제10장에서 다루게 될 것이다.

## 최근의 이슈

어떤 연구자들은 학습장애 분야는 항상 유동적이라고 말한다. 정의는 변화하고, 판별 과정도 다양하며, 교수적 접근은 종종 유행하기도 하고 유행이 지나기도 한다. 그러나 학습장애 학생들을 담당하고 있는 교사로서 여러분은 이러한 쟁점들에 대해 앞서(또는 뒤처져) 있을 수 있다. 여러분은 학생들의 요구에 부합할 필요가 있다. 이 영역에서 처음부터 자기반성적, 자기비판적 접근은 주목받았고, 이와 같은 상황이 곧 바뀔 것 같지는 않다. 그러나 여러분의 연구에 영향을 미칠 것이므로 여러분이 최근의 이슈들을 아는 것은 필수적이다. 최근의 공공정책 그리고 학습장애에 대한 연구에 기초하여 여러분이 직면하게 될 이슈는 무엇인가? 이 부분은 그러한 이슈들에 대해 간단히 논의할 것이며, 이 책 전체를 통하여 상세해질 것이다.

### 학습장애의 판별

얼마동안 판별 과정에 대해 불만이 있었다(Bradely et al., 2002; Siegel, 1989; Torgesen, 1979; Ysseldyke, 1983, 2005). 여러분이 읽었던 학습장애에 관한 쟁점을 고려하면 그리 놀라운 것도 아니다. 이 분야는 다양한 정의들이 있으므로 실행을 위한 많은 방법들이 제안되었고, 분류를 위한 특별한 기준이 세워졌다(Hammill, 1990; Learning Disability Roundtable, 2002).

장애인교육법 2004의 새 규정은 더 이상 지적 능력과 학업 성취도 사이의 불일치로 학습장애를 결정하는 것을 요구하지 않는다. 몇 개의 접근들은 불일치 모델을 대신하기 위해 제안되었다(Donovan & Cross, 2003; Fletcher et al., 2002; Vaughn & Fuchs, 2003). 이 중 가장 크게 논의되는 접근은 중재반응(responsiveness to intervention)이다(Learning Disabilities Research and Practice, 18(3), 2003 및 The Journal of Learning Disabilities, 38(6), 2005의 특별 연재 참조).

이 시점에서 이러한 접근들의 활용에 관한 지속적인 연구가 필요하다. 장애인교육법 2004는 15개 주에 불일치 모델을 활용하지 않고 학습장애를 정의할 방법에 관한 제안서를 제출할 것을 요구하였다. 이것은 더 많은 학생들이 학습장애로 분류되는 것을 의미하는가? 이것은 학생들의 미래에 어떤 영향을 줄 것인가? 그들은 최근 학습장애로 분류된 학생들과 유사한가? 학습장애 학생들을 판별하는 새로운 방법에 관한 지속적인 연구는 새로운 해답들과 문제들을 제공할 것이다. 이 분야에 대한 더 자세한 정보는 제6장에서 제공할 것이다.

### 불균형

특수교육의 중요한 문제는 학습장애로 분류된 불균형적인 다수의 소수 민족 학생들이다(Artiles & Ortiz, 2002; Donovan & Cross, 2002; Losen & Orfield, 2002). 이 논쟁은 소수 민족 집단에 초점을 맞추고 도시의 특수교육 환경에서 주된 관심사이다(McNamara, 1999). 도시에 살고 있는 문화적으로 그리고 언어적으로 다양한 학생들은 조심스럽게 구성된 교육적 중재가 필요할 수 있다. 그들을 학습장애로 분류할 필요가 있느냐 하는 것도 문제다. 만약 여러분이 도시의 교사라면, 이것은 여러분의 수업 실제에 영향을 줄 것이다. 판별 과정이 개선됨에 따라 판별 과정을 점검하고 새로운 절차가 문화적, 언어적으로 다양한 도시의 학생들이 학습장애로 분류될 가능성을 높일지, 아닐지를 평가하는 것은 중요하게 될 것이다(이 논쟁에 대한 논의는 제3, 5, 6장 참조).

### 연구와 교실 실제 사이의 차이 연결하기

학습장애 학생들을 위한 효과적인 수행의 강조는 새로운 것이 아니다(Lyon, 2005 참조). 그러나 **과학적으로 근거 있는**(scientifically based)이란 용어가 100번 넘게 사용된 아동낙오방지법(No Child Left Behind Act)을 통해 힘을 얻었다. 거기에는 학습장애 학생들을 위한 효과적인 교수에 관한 더욱 더 큰 데이터베이스가 있다(Gersten, Schille, & Vaughn, 2000; Swanson, 2000; Vaugh, Gersten & Chard, 2000).

이러한 자료를 교실 실제를 특징 짓기 위해 사용하는 것은 도전적이다(Crockett, 2004). 학습장애의 역사는 연구와 실제 사이의 분열에 대한 충분한 정보를 제공한다(이 부분에 대한 논의는 제2장 참조). 학문과 자기주장, 그리고 실제의 역할들은 좀 더 통합될 필요가 있다. 학문적으로 실제에 근거한 최근의 합의는 계속될 것인가? 다가올 수년간 이것은 '최신'의 쟁점이 될 가능성이 높고, 여러분이 가르치는 것과 가르치는 방법에 영향을 미칠 것이다. 여러분의 교수를 특징지을 증거를 제공할 것이고, 여러분이 그것의 효과를 평가할 수 있게 할 것이다.

계간 학습장애(Learning Disability Quarterly 27[2])의 특별판 「학습장애의 미래(the Future of Learning Disabilities)」에서 Lloyd와 Hallahan(2005)이 언급한 것처럼 "비록 학습장애에 대한 논쟁은 계속될 것이지만, 그것은 효과적인 교수를 위한 경험적 토대를 촉진하는 모델을 대표할 것이다(p.135)." 분명히 지금은 학습장애의 교사가 되기 위해 흥미로운 시점이다.

## 요약

이 장은 '학습장애란 무엇인가?'에 관해 초점을 맞추었다. 이 물음은 간단히 대답할 수 없다는 것이 분명하다. Kirk의 초기 정의에서부터 최근의 장애인교육법 2004 정의까지 다수의 정의가 제시되었고, 모든 이해 관계자들이 수용할 수 있는 정의를 만드는 데 있어서 복잡함도 보여 주었다. 현재는 미국학습장애연합위원회(NJCLD)와 연방정부의 정의가 널리 받아들여지고 있다. 연구가 계속됨에 따라 논의는 계속될 것이다. 또한 이 장은 학습장애 출현율과 학습장애로 분류되는 학생들의 특징에 대한 정보도 제시하였다. 학습장애 학생들의 교사로서 여러분은 학습장애 특징이 매우 다름에도 불구하고, 거기에는 공통되는 핵심이 있음을 알게 될 것이다. 마지막으로 이 분야의 최근 이슈들이 제시되었다. 살펴본 바와 같은 학습장애의 역사와 특성으로 인해, 이러한 이슈의 목록은 점진적으로 변화할 것이다.

## 숙고와 논의를 위한 발판

1. 학습장애를 정의하라.
2. 일반교사를 인터뷰하고 그들에게 다음을 질문하라. "학습장애란 무엇인가?" 그들의 답이 얼마나 정확한가? 그들의 정의에 큰 차이점이 있는가?

3. 특수교사들을 인터뷰하고 그들에게 다음을 질문하라. "학습장애란 무엇인가?" 일반교사들과 특수교사들의 답이 얼마나 다른가?
4. 학습장애가 있거나 또는 없는 학생의 부모들을 인터뷰하고 그들에게 학습장애의 정의에 대해 질문하라. 그들의 답은 무엇인가? 그 답은 비슷한가 또는 그렇지 않은가? 그 답은 교사들과 다른가? 정의는 얼마나 정확한가?
5. 여러분은 다수의 부모와 전문가에 의해 수용될 만한 학습장애에 관한 정의가 있을 수 있다고 생각하는가? 그렇다면 그 이유는? 그렇지 않다면 그 이유는?
6. 교실에서 나타나는 학습장애의 주된 특성들을 기술하라.
7. 학습장애 학생들이 있는 교실을 참관하라(특수학급 그리고 통합학급 모두). 남학생이 여학생보다 많은가? 그렇다면 그 이유는 무엇이라고 생각하나? 이러한 성별 차에 관해 교사들에게 질문하라.
8. 현재의 이슈들에 관해 교사와 인터뷰하라. 책에 열거된 이슈들과 같은가? 유사점과 차이점은 무엇인가?

# 2 학습장애의 역사

학습장애의 역사
연방정부의 인식과 자금지원
옹호
21세기 학습장애
요약
숙고와 논의를 위한 발판

**학습목표**

이 장을 학습한 후 여러분은 다음을 할 수 있을 것이다.

- 학습장애의 초기 토대를 이해할 수 있다.
- 현재까지 학습장애 분야의 변천을 이해할 수 있다.
- 학습장애 학생들을 위한 연방정부의 발의권을 알 수 있다.
- 학습장애 분야의 발전에 있어서 옹호의 역할을 이해할 수 있다.
- 옹호와 과학 간의 관계를 이해할 수 있다.

여러분은 아마도 "왜 내가 학습장애 역사에 관하여 알아야 하나? 나는 그냥 이러한 아동들을 어떻게 지도하는지를 알고 싶다."라고 생각할 것이다. Wiederholt (1974)는 학습장애의 역사를 조사하기 위한 간결한 원리를 제공했다. "우리가 과거를 참고와 안내의 기준으로 이용하지 않는다면, 학습장애 연구자들은 그들이 앞서 선구자적 역할을 한 분들의 연구를 대신 확장하고 교정해야 할 때 과거 오류를 다시 범하거나 전문적인 선각자들의 공헌을 재발견할 수 있다(p.103)." 명백하게도 Wiederholt의 고전적 역사 진술 이전에 이 분야의 많은 변화가 있어 왔지만, 조심스럽게 던진 그의 말은 30년 전과 마찬가지로 지금도 적절하다. 학습장애는 1960년대 초반에 나타나지 않았다. 토대연구의 상당부분은 1800년대에 일어났는데, 그때는 유럽과 미국에 있는 의사, 심리학자 및 교육자들이 이 분야의 현재 지도자들에게 영향을 끼친 틀을 제공하였다. 아마도 어떤 사람들이 학습장애의 존재에 대해 의문을 갖는 지금은 그 어느 때보다도, 이 분야에 대한 역사적 조망을 위한 필요성이 중요하다. 여러분이 매일 이용하는 많은 교수적 실제가 이 분야의 초기 발달적 단계에 뿌리가 있음을 여러분은 인식하게 될 것이다.

## 학습장애의 역사

학습장애는 특수교육 분야에서 비교적 새로운 범주이다. 그러나 Hallahan과 Mercer (2002)는 "그것의 개념적 토대의 기원은 다른 장애범주만큼 오랫동안 지속되고 있거나, 비교적 오래 지속되고 있다(p.1)."고 지적한다. 학습장애의 역사는 일반적으로 합의된 단계 또는 기간으로 분류된다(Hallahan & Mercer, 2002; Lerner, 2003; Mercer & Pullan, 2005; Myers & Hammill, 1990; Wiederholt, 1974). Hallahan과 Mercer가 2002년에 쓴 '학습장애 : 역사적 조망(Learning Disabilities : Historical Perspectives)'에서 오늘날까지 가장 면밀한 역사적 조망을 제공한다. 그들은 이 분야의 역사를 다섯 기간으로 구분한다(그림 2-1 참조).

| 유럽 토대 기간 | 미국 토대 기간 | 출현 기간 | 과도 기간 | 전개 기간 |
|---|---|---|---|---|
| 1800~1920 | 1920~1960 | 1960~1975 | 1975~1985 | 1985~2000 |

**그림 2-1 학습장애의 역사적 시각표**

## 유럽 토대 기간(1800~1920)

학습장애의 토대가 되었던 초기 연구는 의학적 분야에서 일어났다. 연구자들은 뇌 생리학과 뇌기능 간에 관련성(뇌 행동연구)을 발견하고자 애를 썼다. 전형적으로 이것은 가장 흔히 언어 기능에서 관찰되는 곤란을 겪는 사람에 대해 시체 해부하는 것을 포함한다. 이런 관련성을 처음 조사한 Franz Joseph Gall은 특정한 뇌 부위(좌 측두엽)의 결함으로 인한 결과임을 지적하였는데, 이는 현재 브로카 실어증으로 불리는 상태이다. Wiederholt(1974)는 많은 사람들이 엉터리로 간주하였던 골상학 분야(이것은 행동이 뇌형태의 결과로 믿는다)와 부분적으로 연관됨에 따라 그의 견해가 널리 수용되지 않았음을 지적한다.

그 이후(1820년대) John Baptistc Bouillaud는 뇌손상을 입은 사람에 대해 검시를 수행함으로써 Gall의 연구를 계속하였다. 그는 뇌의 어떤 부위가 특정한 운동 및 언어 기능을 통제한다고 가정하였다. 아마도 많은 교사들이 들어왔던 최초의 연구자는 Paul Broca(1879)인데, 그는 말을 책임지는 뇌의 부분(좌 전두엽)을 밝혔다. 여러분은 뇌졸중으로 인해 언어가 느리고 어려우며 더듬게 된 사람을 본 적이 있을 것이다. 이것은 브로카(Broca) 실어증이다. 다른 형태의 실어증은 Carl Wernicke(1874)에 의해 밝혀졌다. 베르니케(Wernicke) 실어증(좌 측두엽의 손상으로 인한)은 유창하지만 언어 이해력이 없고 의미 없는 말을 하는 것으로 특징을 짓는다. 이러한 장애를 가진 사람들은 흔히 의사소통이 곤란하고 좌절을 경험하며, 일상생활 품목에 대한 '무의미' 단어를 이용한다. 뇌졸중을 겪고 있어서 의사소통을 효과적으로 할 수 없는 어떤 사람은 빗(comb)을 원하면서 그것을 미광(gleam) 또는 또 다른 무의미 단어로 말할 수 있으며, 그것이 단어가 아니라는 것을 또는 함께 의사소통하고 있는 사람이 자기가 말하고 있는 것을 알지 못한다는 것을 깨닫지 못한다. 제12장은 유사한 장애를 나타내는 학습장애 학생들의 실례를 제공한다.

이 기간 동안, 수많은 연구자들은 읽기장애를 연구하기 시작하였다(Hallahan & Mercer, 2002). Broadbent(1987), Kussmaul(1877) 및 Morgan(1896), Hinshelwood(1917)는 읽기영역 이외에 다른 어떠한 장애도 없으며 명백하게 정상적인 지적 능력을 가진 사람들을 관찰하면서 보고하였다. Hinshelwood의 저서인 『선천적 단어 맹(Congenital Word Blindness)』(1917)은 이 영역에서 고전적인 것으로 간주되는데, 그의 연구결과에 대한 정보를 제공하였다. 두 가지 주요 결과는 다음과 같다—남성이 여성보다 더 많이 병에 걸리며, 읽기장애는 유전적으로 물려받는다. Hinshelwood는 단어에 대한 시각적 기억에 훈련과 집중적인 개별 교수를 강조하였다.

### 미국 토대 기간(1920~1960)

Hallahan과 Mercer(2002)는 이 기간을 두 가지 영역의 연구로 구분한다.

언어 및 읽기 장애
지각, 지각·운동 및 주의력 장애

언어 및 읽기 영역에서의 주요 인물은 Samuel Orton, Grace Fernald, Marion Monroe 및 Samuel Kirk이다.

**Samuel Orton.** Orton은 아마도 읽기영역에서는 미국에서 최초의 연구자였다. 그의 이름을 따서 명명된 단체(Orton 학회, 이후 Orton 난독증 연구회로 그리고 현재 국제 난독증협회)는 강력하고 영향력 있는 전문가와 부모 단체로 유지되고 있다. Orton은 읽기장애를 가진 학생들에 초점을 둔 신경병리학자였다. 그의 고전적 저서인 『아동의 읽기, 쓰기 및 구어 문제(Reading, Writing, and Speech Problems in Children)』(1937)는 그의 연구결과를 보고한다. 그의 주요 이론 중 하나는 대뇌지배력에 관한 것이었다. 그는 읽기장애를 가진 학생이 우세한 뇌의 반구에서 지배력을 확립하지 못했다고 믿었다. 그러므로 읽기를 할 때, 우세하지 못한 반구로부터 정보가 나올 것이다. 예를 들면, 학생이 was로 읽기보다는 오히려 saw로 읽을 것이다. 대조적으로 유능하게 읽는 학생은 확립된 지배력으로 정확한 단어를 읽을 것이다. Orton은 이러한 현상을 단어 수준에서뿐만 아니라, 개별적인 철자(예 : d 대신 b)와 단어의 음절에서도 관찰하였다.

Orton은 그의 연구대상에서 관찰한 반전을 기술하기 위해 비틀어진 또는 혼합된 음절의 사용으로 언급되는 **스트레포심볼리아**(strephosymbiolia)라는 단어를 만들어 내었다. 후속연구는 Orton의 주장을 지지하지 않았으나, 그가 발음 중심접근법(phonics)과 다감각 훈련에 대하여 강조하였기 때문에 그의 영향력은 여전하다(제13장 참조). Orton 접근법은 또한 Orton-Gillingham 접근법(다감각적 발음 중심 방법의 기술에 대해서는 Gillingham & Stillman, 1970을 참조)이라고도 불리는데, **Orton 조직** 접근법 산하에 있는 **Wilson 읽기 프로그램**과 같은 다른 접근법들만큼 인기가 지속되고 있다.

**Grace Fernald.** Fernald는 로스앤젤레스 임상학교, 캘리포니아 대학교에서 일했으며 (Fernald & Keller, 1921), 읽기에 대한 다감각적 접근법을 개발하였다. Orton의 접근법과는 달리, Fernald 접근법(제13장 참조)은 발음 중심접근법(phonics)이 아니라 전체 단어에 초점을 두었다. Fernald의 고전적 교재인 기본적 학교 교과목에서의 치료적 기법(Remedial Techniques in Basic School Subjects, 1943)은 클리닉과 UCLA의 실험 학급에서 그녀가 경험한 것을 기술하고 있다.

**Marion Monroe.** Marion Monroe는 Orton 박사의 연구 동료로서 일하였다. 그녀의 저서인 『읽을 수 없는 아동들(Children Who Cannot Read)』(1932)은 그녀의 방법과 진단적 기법으로 실험한 결과를 기술한다. 그녀는 읽기장애를 가진 학생을 판별하는 하나의 방법으로 실제 성취도와 기대되는 성취도 간의 차이를 측정하는, 불일치의 개념을 소개한 공로자로 생각된다(Hallahan & Mercer, 2002). 이 접근법은 진단적 · 처방적 지도의 선구자였다. Monroe의 연구는 학급에서의 지도에 직접적 영향을 미쳤다.

**Samuel Kirk.** Kirk는 학습장애의 아버지로서 인정받고 있다. 흥미로운 이야기는 대학원 학생과 청소년 연구소의 강사로서의 Kirk 경험에 관하여 Hallahan과 Mercer(2002, pp.13~14)가 보고한 것인데, 그 경험이 그의 생활과 특수교육 영역에 어떻게 변화를 주었는지를 기술하고 있다.

> 이 학교에서 나는 오후에 가르치고 방과 후에는 레크리에이션 업무를 담당하였다. 저녁에는 간호원을 도와 남자아동들을 침대에 눕혀 그들이 그곳에서 머물고 있는지를 보았다. 유명한 청소년 연구소로부터 이런 아동들 중 한 아동의 임상기록을 읽으면서, 나는 그 아동이 나의 심리학 과정에서 이전에 결코 들어보지 못한 '단어 맹'으로 명명된 것을 알게 되었다. 그는 10세의 읽지 못하는 아동으로 IQ가 82로 기록되어 있었다. 이 임상기록은 Marion Monroe

> 의 읽기장애에 관한 모노그래프(Monroe, 1928), 선천적인 단어 맹에 관한 Hinshelwood의 저서(1917), 그리고 Fernald의 운동 방법을 인용하였다. 이러한 참고문헌을 읽은 후에, 나는 그 아동이 졸릴 것으로 생각되는 저녁 9시에 그 소년을 지도하기로 정하였다. 이 소년은 열심히 공부하였고, 매일 저녁 정해진 시간에 침대로부터 조용히 빠져나와 두 기숙사 방 사이에 있는 조그만 공간에서 나를 만났는데, 실제로는 소년의 화장실 복도이다. 이러한 합의를 함으로써, 우리는 책임 간호사가 9시 이후에 소년이 침대로부터 나오지 못하도록 나에게 지시를 내렸기 때문에 둘 다 규정을 위반하고 있다는 것을 알았다. Boston Tea Party와 같은 기분으로 그리고 정중한 불복종의 결말을 앎으로써, 나는 그 원인이 착하였기 때문에 기회를 가지고 그 지시를 위반할 것을 결정하였다. 나는 읽기장애 사례를 처음으로 지도하는 경험이 학교에서가 아니라 클리닉에서, 또 소년의 연구소에 있었음을 흔히 진술한다(Kirk, 1976, pp.242~243).

읽기장애를 연구하는 것에 더하여, Kirk는 특정한 장애를 더욱 특별하게 사정하기 위한 절차를 개발하였다. 이후에 이 분야의 출현 기간 동안에, Kirk는 **학습장애** 용어를 만들어 낸 공로자로 생각되었다.

유럽의 영향력은 이 기간 동안에 여전히 현저하였는데, 그 이유는 Kurt Goldstein, Henry Werner 및 Alfred Strauss와 같은 이 분야의 선구자들이 미국으로 이주를 하였기 때문이었다. 영향을 끼친 동시대의 다른 연구자들은 Laura Lehtinen, William Cruickshank와 Newell Kephart였다.

Goldstein은 1차 세계대전 동안 뇌손상을 입은 군인들을 치료한 병원에서 의사로 있었다. 그는 이러한 사람들이 지각적으로 손상되고 산만하며 고집스럽다는 것에 주목하였다. 많은 유사한 특성들은 이후에 학습장애 학생들을 기술하기 위해 이용되었다. 그의 선구자와는 달리, Goldstein은 뇌기능을 어떤 장소에 국한시키는 데 관심이 없었으며, 오히려 그는 전체 그림(**형태심리**로 언급되는 접근법)을 보았다.

Werner와 Strauss는 Goldstein의 연구를 계속하였으며 그것을 아동들에게 적용하였다. 내재적(유전적)과 외재적(뇌손상) 정신지체에 대한 그들의 고전적 연구는 이들 두 집단을 위한 차별화된 교수로 이끌었다. 그들은 특정한 환경적 조정과 지도 방법을 논의하였다. 그들의 고전 서적들(Strauss & Kephart, Vol.2, 1955;56 Strauss & Lehtinen, 1947)은 학습장애 학생들의 모든 교사들에게도 필독서였다. 가끔 Strauss 학급으로 언급되는 주의산만이 없는 환경은 여전히 많은 특수교육 장면에 존재한다.

Goldstein이 Werner와 Strauss의 연구에 영향을 미친 것과 마찬가지로, 이들 연구자들은 William Cruickshank의 연구에 영향을 끼쳤다. Hallahan과 Mercer(2002)는 Cruickshank가 정신지체 아동과 정상 지능을 가진 아동, 즉 '그들 중 다수가 오늘날 학습장애로 판별될 아동' 간에 가교 역할을 한 것을 의미한다(p.19). Cruickshank의 초기 연구는 시라큐스 대학교에서 뇌성마비를 가진 학생들을 대상으로 행해졌다. 그의 연구 결과에 근거하여, 이들 학생들을 지도하기 위한 하나의 권장사항은 주의산만이 없는 환경이었다. 메릴랜드주 몽고메리 카운티에서 행해진 혁신적인 시범 예비연구의 결과는 뇌손상 및 과잉행동 아동을 위한 지도방법(Cruickshank, Bentzen, Ratzeburg, & Tannhauer, 1961)으로 출간되었다. Cruickshank와 그의 동료들은 집중적인 사례연구와 교사를 위한 특정한 권장사항을 제공하였는데, 여기에는 교사가 주의를 산만하게 하는 옷, 보석 등을 착용하는 것을 삼가야 한다고 제안하기까지 하면서, 학급이 어떻게 조직화되어야 하는지를 포함한다.

## 출현 기간(1960~1975)

여러분은 1960년대 초가 학습장애 영역의 시작을 나타낸다고 생각할지 모른다. 그러나 이 분야의 토대가 훨씬 더 일찍 이루어졌다는 것은 앞선 논의로부터 분명하다. 명백하게도 이 기간의 핵심 사건은 Samuel Kirk에 의해 1962년과 1963년에 정의된 **학습장애**(learning disabilities)용어의 도입이었다. Kirk은 입문 교재인 『특수아동교육(Educating Exceptional Children)』(1962)에서 그 용어를 처음으로 정의하였으나, 넓은 수용을 얻어낸 공로자로 생각되는 것은 부모 단체에 그가 발표한 것 때문이었다. 부모들은 그들의 새로운 국가적 단체를 위한 명칭에 대해 Kirk 박사의 도움을 요청하였다. Hallahan과 Mercer(2002, pp.22~23)는 그의 소견을 인용한다.

> 나는 우리가 아동에게 준 명칭이 우리를 만족시키지만, 아동 자신에게는 거의 도움이 되지 않는다는 것을 얼마 동안 느껴 왔다. 우리는 어떤 상태에 대해 기술적인 이름을 줄 수 있다면 만족하는 것 같다. 이것은 우리에게 종국의 만족감을 준다. 우리는 아동에게 뇌손상, 정신분열, 자폐, 정신지체, 실어증 등 어떤 이름이나 명칭을 줄 수 있다면, 그 대답을 안다고 생각한다. 앞서 지적한 대로 '뇌손상'이라는 용어는 훈련을 위한 관리 관점으로부터 우리에게 거의 의미를 지니지 않는다. 그것은 아동이 영리한지 또는 우둔한지, 과잉활동적인지 과소활동적인지를 나에게 말하지 않는다. 뇌성마비, 뇌손상, 정신지체, 실어증 등의 용어는 실

제로 분류 용어가 아니다. 만약 진단에 의해 우리가 어떤 형태의 치료, 관리, 또는 교정으로 이끄는 방법으로써 아동의 사정을 의미한다면, 어떤 점에서는 그것들이 진단적이지 않다. 아동이 뇌손상으로 지명되는 것은 아동이 왜 뇌손상인지 또는 아동이 어떻게 그런 식으로 이해했는지를 실제로 우리에게 알려 주지 않기 때문에, 그것은 기본적인 원인이 아니다.

최근에 나는 사회적 상호작용에 필요한 언어, 말, 읽기, 연관된 의사소통 기술의 발달에 장애를 가진 아동 집단을 기술하기 위해 '학습장애'라는 용어를 사용해 왔다. 이 집단에서 나는 맹이나 농과 같은 감각적 장애를 가진 아동을 포함하지 않는다. 왜냐하면 우리는 농과 맹을 관리하고 훈련하는 방법을 가지고 있기 때문이다. 나는 또한 이 집단에서 일반화된 정신지체를 가진 아동을 제외시킨다(Kirk, 1963).

Kirk의 연설에 동기 유발되어, 부모들은 즉각적으로 학습장애 용어를 수용하였으며 학습장애아동협회(Association for Children with Learning Disabilities : ACLD)를 만들었다. 현재는 미국학습장애협회(Learning Disabilities Association of America : LDA)로 알려져 있으며, 일반적으로 미국에서 가장 크고 가장 영향력 있는 학습장애 부모 단체로 인정받고 있다.

출현 기간은 또한 초등학교에서 시작하여 모든 수준의 학습장애 학생들을 위한 교육 프로그램의 급증에 의해 두드러지게 보일 수 있다. 대부분 이들 학생은 특수학급(self-contained classroom)에서 교육을 받지만(모든 특수교육 학생들은 함께 집단을 이룬다), 학습도움실 모델(resource room model : 학생들이 일반교육 학급에서 교육을 받고 학습도움실에서 보충 지도를 받는다)이 표면화되기 시작하였다(McNamara, 1989). 이 기간 동안 권장된 특정한 중재는 기초가 되는 심리학적 처리과정 장애에 두드러지게 초점을 두었다(제4장 참조).

Kirk가 Illinois 심리언어능력검사(ITPA; 1968)의 개발로 이러한 과정을 사정하기 시도한 것은 성공적이지 못하였다. 이 검사는 널리 이용되었지만, 불완전한 심리측정 특성과 의문의 여지가 있는 훈련과정으로 인하여 인기를 잃었다(Hammill & Sarsen, 1974 참조). 그러나 이 과정은 학습장애 분야에서 중요하였는데, 그 이유는 "이 과정은 학습장애 아동이 개인내차를 가지고 있다는 개념을 강화하였으며… 그리고 가끔 진단적 · 처방적 지도로 불리는 교수를 안내하기 위해 사정을 이용하는 개념을 강조하였기 때문이다(Hallahan & Mercer, 2002, p.28)."

Doris Johnson과 Helmer Myklebust는 노스웨스턴 대학교의 클리닉에서 학습장애 아동들에게 맹아동을 대상으로 한 Myklebust의 연구를 적용하였다. 그들의 교재인 『학습장애 : 교육원리와 실제(Learning Disabilities : Educational Principles and Practices)』(1967)는 여전히 학급교사에게 다양한 형태의 학습장애 특성과 가치 있는 교육적 중재에 대한 생생한 기술을 제공한다. 시각 및 시각 · 운동 이론가들은 학습장애 분야에 주요한 영향을 미쳤다. Kephart, Frostig, Gilman, Barsh, Doman 및 Delacato와 같은 연구자들은 학습장애 학생을 위한 학급에서 계속되어온 많은 부분에 영향을 미쳤다.

Newell Kephart의 『학급에 있는 지진아(The Slow Learner in the Classroom)』(1960, 1971)는 이 접근법을 보급하는 데 큰 기여를 하였다. Kephart는 운동발달이 시각발달에 앞선다는 것과 운동적 감각은 피드백을 제공한다는 것을 믿었다. 이 지각 · 운동의 조화는 그의 이론에 있어서 핵심이었다. 불행하게도 이 이론은 실제로 받아들여졌으며 연구자들이 Kephart의 연구결과에 의문을 가지기 시작했을 때까지 전국적으로 이용되었다(Hammill & Larsen, 1974).

Marianne Frostig, Gerald Getman 및 Raymond Barsh와 같은 다른 연구자들은 학급에서 이용될 수 있는 훈련 프로그램을 개발하였다. Kephart의 이론과 마찬가지로, 그들의 이론도 그러했다. 그러나 불행하게도 많은 교사들은 그 이론이 효과적인지 증명도 하지 않고 학급에서 이용하였다.

Glen Doman과 Carl Delacato(Delacato, 1959, 1963, 1966)는 흔히 지각 운동 이론가의 범주에 속하지만, 그들은 이러한 관점에서 간주되지 않아야 한다. 그들의 신경학적 조직화에 관한 프로그램은 연구의 결여와 수용될 수 없는 촉진기법의 이용을 포함하는 수많은 이유로 널리 비평을 받았다(더 많은 정보를 위해 Robbins & Glass, 1968 참조). Doman과 Delacato는 심지어 부정적인 연구결과에도 불구하고 부모들을 격려하여 그들의 프로그램에 아동들을 등록시키기 위해 의문시되는 기법을 이용하였다.

### 과도 기간(1975~1985)

미국 교육부는 1977년에서 1982년까지 학습장애 학생들을 위한 교육적 중재를 경험적으로 확인하기 위해 5개 연구소에 지원을 하였다. 그 연구소는 컬럼비아 대학교 교육대학, 시카고의 일리노이 대학교, 캔자스 대학교, 미네소타 대학교, 버지니아 대학교에 위치하였다. 주목할 것은 경험적으로 중심이 된 프로그램의 개념이 관심시가 된 것은 1970년대 중 · 후반까지는 아니었다. 학습장애 용어가 1963년 일반 대중에게 처음으로 소개된 시점으로부터 1970년대 중반까지, 많은 학습장애 학생들은 그 가치가 충분히 증명되지 않은 교육적 실제를 이용하는 교사들에 의해 교육을 받았다. 어떤 사람들은 심지어 최상의 실제에 대한 입증이 확산되는 오늘날에도 이것이 마치 사실인 것처럼 주장한다. Hallahan과 Mercer(2002, pp.34~37)는 그 초점과 핵심 인물을 기술한다.

**컬럼비아 대학교 교육대학.** N. Dale Bryant 박사는 정보처리과정에 초점을 두는 연구소장이었다. Margaret J. Shepherd 박사는 기억과 학습기술에 관한 연구를 수행한 팀을 이끌었다. Jeanette Fleishner 박사와 그녀의 동료들은 수학에 초점을 두었다. 읽기의 세 영역이 연구되었는데, (a) 기초 읽기와 철자는 Bryant 박사가 이끌었으며, (b) 본문과 독자의 상호작용은 Joanna Williams, (c) 읽기 이해는 MacGinite와 그의 팀에 의해 연구되었다.

**일리노이 대학교.** Tanis Bryan 박사와 그녀의 동료들은 학습장애의 사회적 · 정서적 측면에 초점을 두었다(제16장 참조). 이에 앞서서는 학습장애의 이 영역에 대한 연구가 거의 이루어지지 않았었다. Bryan과 그녀의 동료들은 이 영역에 대한 종자 연구를 수행하였고, 계속하여 학습장애에 관한 논의의 선봉이 되도록 유지하고 있다.

**캔자스 대학교.** Donald Deshler 박사는 캔자스 대학교의 연구소에서 소장으로 일하였으며 학습장애 청소년에 초점을 두었다. 일리노이 팀의 사례와 마찬가지로, 이들 집단에 대한 연구 증명이 거의 없었다(제10장 참조). Deshler와 그의 동료들은 학습전략 교육과정을 개발하였는데, 이것은 학습장애 청소년의 교육에 주요한 영향을 미쳤다. 그들은 또한 응용 연구에 관여하여 교사 친화적이 되도록 효과적인 방법을 논증하였다.

**미네소타 대학교.** 미네소타 대학교의 James Ysseldyke 박사와 그의 동료들은 두 가지 영역에 초점을 두었는데, 학습장애 학생의 판별과 교육과정 중심의 사정이다. 그들의 연구결과는 다소 논란이 되고 있는데, 그 이유는 그들이 학습장애 학생과 다른 저성취 학생을 구분할 수 없다는 것과, 언제 중재가 제공되어야 하는지에 관한 그들의 신념 이외에도 특수교육 서비스가 비효과적이라고 제안하였기 때문이다. 학습장애 학생의 판별에 관한 그들의 연구결과는 어느 정도 이 분야에서 논의를 초래하였다(Kavale, Fuchs, & Scruggs, 1994; McKinney, 1983; Ysseldyke, 2002). 교육과정 중심의 사정에 관한 연구는 그것이 전형적인 표준화 검사보다 효과적이고 더욱 더 유용하다고 지적한다.

**버지니아 대학교.** 학습장애 학생들의 주의력 문제는 Kaniel Hallahan 박사가 이끄는 이 연구소의 초점이었다. 이들 연구자들은 초인지 문제를 연구하였으며 인지행동적 중재를 개발하였다. 덧붙여서 버지니아 대학교의 John Lloyd 박사와 그의 동료들은 학업적 전략의 이용을 연구하였다.

5개 연구소는 이 분야에 정보를 보급하는 데 특히 생산적이었고 학급에 상당한 영향력을 행사하였다. 이 기간 동안에 Hallahan과 Mercer(2002)는 직접교수(Engelman, Becker, Hanner, & Johnson, 1978, 1988)가 상당히 효과적인 것으로 밝혀졌음에 주목하였다. 이 접근법은 교수전략에 계속적으로 영향을 미쳤다. 이 기간 동안에 이 분야는 확립될 수 있는 경험적 연구결과의 실체를 개발하면서, 증명보다는 이론에 의해 더욱 동기화되었던 접근법으로부터 벗어나는 주요 변화를 경험하였다.

### 전개 기간(1985~2000)

학습장애의 정의에 대한 불만족은 계속해서 학습장애 분야를 괴롭혔다(제1장 참조). 연구는 5개 연구소에서 진행되었으며, 현재의 실제에 대하여 강한 영향력을 계속 행사하였다. Hallahan과 Mercer(2002)가 이 기간을 전개 기간으로 특징짓는 동안, 음운처리 과정(제13장 참조)과 신경생리적 원인(제13장 참조)에 대한 연구소의 연구와 같이, 한층 더 단결을 제공하는 연구 영역들이 있었다. 이 분야를 계속해서 괴롭히는 문제점은

**표 2-1 학습장애 분야의 영향력 있는 사람과 사건**

**유럽 토대 기간(1800~1920)**
- Gall
- Bouillaud
- Broca
- Wernicke
- Broadbent
- Kussmaul
- Moran
- Hinshelwood

**출현 기간(1960~1975)**
- Kirk
- Myklebust와 Johnson
- 지각 운동 이론가

**과도 기간(1975~1985)**
- 컬럼비아 대학교, 사범대학
- 일리노이 대학교
- 캔자스 대학교
- 미네소타 대학교
- 버지니아 대학교

**전개 기간(1985~2000)**
- 학습장애 정의에 대한 불만족
- 판별에 대한 불만족

판별, 불균형성 및 증거 중심 실제의 필요성이다. 표 2-1은 학습장애 분야에서의 다양한 발달 기간을 통해 영향력 있는 사람과 사건에 대한 신속한 참조를 제공한다.

## 연방정부의 인식과 자금지원

출현 및 과도 기간 동안 연구와 프로그램 개발이 공존하게 된 것은 연방정부의 개입 때문이었는데, 연방정부의 학습장애에 대한 인식은 학습장애 분야의 성장에 비판적이었다. 입법뿐만 아니라 자금의 투입을 통하여, 학습장애는 인정받고 믿을 만한 특수교육 분류로서 확립될 수 있었다. 그림 2-2는 1969년 특정 학습장애법으로부터 2004년 장애인교육법의 재인준에 이르기까지 학습장애 분야에 영향을 미친 연방정부 입법을 위한 일정표를 제공한다.

### P.L. 94-142 이전

많은 사람들은 P.L. 94-142(1975년 전장애아동교육법)를 학습장애가 특수교육의 한 범주로 인정하도록 한 주요 법률제정이라고 일컫는다. 그러나 1975년 이전에 국회의 몇 가지 법들은 학습장애 분야를 국가적 차원에서 인정할 수 있게 도움을 주었다(Hallahan & Mercer, 2002; Martin, 2002). 첫 번째는 1969년 특정 학습장애 아동법(Specific Learning Disabilities Act)이었다. 이것은 학습장애 아동들을 위한 모델 프로그램이 자

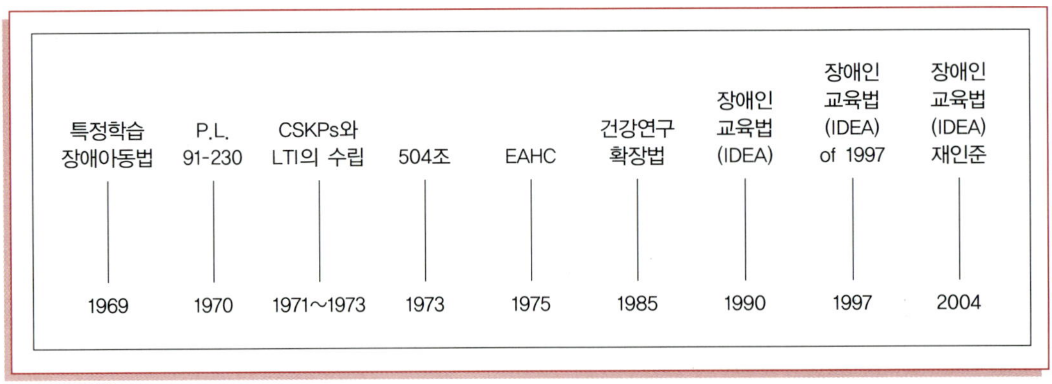


**그림 2-2 연방정부 입법을 위한 시각표**

금 지원을 처음으로 받게 하였다. 1966년의 장애아동교육법(EHA)은 학습장애 범주를 포함하지 않았으나, 현존하는 '기타 건강장애' 범주 아래 학습장애 학생들의 교사를 전문대학 및 대학교에서 훈련할 수 있도록 자금을 제공하였다(이러한 결정에 포함된 정치계의 설명은 Martin, 2002를 참조). Edwin Martin 박사는 그 당시 장애아동 교육부(Bureau for the Educationally Handicapped : BEH)의 부소장이었다. 그 명칭은 이후에 특수교육 프로그램국으로 변경되었다.

1970년, P.L. 91-230은 장애학생을 위한 연방정부 보조금 프로그램을 통합시켰고, Part G에서 (교사훈련, 연구 및 모델 프로그램을 위한) 학습장애를 위한 자금을 제공하였다.

연방정부 수준의 두 가지 다른 시작은 비교적 새로운 분야에 자금을 제공해 주었다. 1971년부터 1973년까지, 43개 주는 학습장애 학생들을 위한 서비스 시범 프로젝트(Services Demonstration Projects)를 시작하였다. 이 기간 동안 학습장애의 지도력훈련기관(Leadership Training Institution)이 애리조나 대학교에 설립되었다. 그것은 학습장애와 관련된 수많은 주제에 관한 증빙서류를 제공하였다. Wiederholt(1974)는 또한 지도력훈련기관(LTI)의 직원들이 이 분야의 전문가들에게 자문 서비스를 제공하였다는 점에 주목하였다.

## 1975년의 전장애아동교육법

특수교육 서비스를 명령하는 연방정부의 법률 제정은 비교적 새롭다. 1975년 전장애아동교육법(P.L. 94-142로도 언급됨)의 통과로 인해, 특수교육적 요구를 지닌 모든 아동들은 무상의 적절한 공교육을 제공받아야 한다. 1975년 이전에, 제공된 서비스의 양과 질은 아동이 사는 지역에 따라 차이가 있었다. 어떤 주들은 프로그램이 있었지만, 다른 주들은 프로그램이 없었다. 특수한 요구를 지닌 아동들의 어떤 가족들은 그들의 아동이 필요한 교육적 서비스를 받을 수 있도록 다른 주나 다른 지역사회로 이사를 하였다. P.L. 94-142의 통과로 이끈 국회청문회 동안, 특수교육 요구를 가진 모든 아동들 가운데 절반은 어떤 형태의 서비스도 제공받지 않고 있는 것으로 밝혀졌다.

3~21세 장애학생들이 특수교육 서비스를 받을 수 있도록 보장하는 연방정부 입법의 통과로 국가적 의식이 향상되었다. 그러나 지역 학군들은 장애를 가지지 않은 3~5세 연령집단을 위한 학교 프로그램이 없을 경우, 이들에게 서비스를 제공하도록 요구

하지 않았다. 1986년 P.L. 99-457은 3~5세 연령 집단의 모든 장애아동들에게 이러한 서비스를 확장시켰다. P.L. 94-142의 네 가지 주요 요소는 다음과 같다.

- 교육에 대한 권리
- 무상의 적절한 공교육에 대한 권리
- 비차별적인 평가에 대한 권리
- 정당한 절차에 대한 권리

**교육에 대한 권리.** 대부분 부모들은 그들이 5세 아동을 유치원에 데리고 가서 등록시키는 것이 당연하다고 생각한다. 그러나 P.L. 94-142 이전에, 특수한 요구를 지닌 아동의 부모들은 이러한 기본적 권리를 갖지 못했다. 그들은 그들의 이웃과 같은 학교 세금을 납부하였고 교육을 위해 사용되는 연방 및 주정부의 세금에 대한 몫은 같았지만, 그들의 아동들이 교육을 받게 하는 것을 기대할 수 없었다.

많은 학교들은 특수교육 학생을 위한 교육을 제공할 수 없다고 느꼈다. 그들은 학교 관계자, 시설, 또는 설비를 갖추지 않았다. 더욱 이러한 이슈는 교육의 가치와 교육을 구성하고 있는 것과 관계가 있다. 심하게 지체된 아동, 학습장애 아동, 농·맹 아동, 또는 자폐성 아동은 교육을 받아야 하는가?

또한 의문시되는 것은 교육의 정의였다. 그것은 학업적 기능의 습득으로 정의되어야 하는가? 그렇다면 그러한 기능들을 결코 습득하지 못하는 아동은 어떻게 된 것인가? 전장애아동교육법(EHA)의 통과를 둘러싼 청문회는 전문가, 부모 및 이 쟁점의 온갖 방면에 있는 법률가를 위한 주안점을 제공하였다. 결론은 만약 어떤 학군에 있는 어떠한 아동이라도 교육을 받을 권리가 있다면, 모든 아동은 그러한 권리를 갖는다는 것이다. 개별 아동의 요구가 틀림없이 고려되어야 한다. 아동은 교육을 받아야 하고, 적절한 교육적 계획을 개발하는 것은 지역 학군의 책임이다. 모든 아동이 교육을 받아야 한다는 인식은 그러한 교육의 질에 관한 규정을 준비하게 했다.

**무상의 적절한 공교육에 대한 권리.** 특수교육 학생들을 위한 교육은 그들의 요구에 적절해야 하고 그들 부모에게 비용 없이 제공되어야 한다. 만약 대부분 적절한 배치가 언어치료, 물리치료 및 심리서비스와 같이 아주 다양한 서비스 지원을 갖춘 특수학교라면, 학생은 거기에 배치되어야 한다. 법의 정신은 명백하다—모든 아동은 교육을 받을 권리가 있으며, 이러한 권리는 부모의 경제 능력에 의해 강요되지 않아야 한다.

모든 특수교육 학생이 적절한 교육을 받도록 보장하기 위하여, P.L. 94-142의 저자들은 개별화교육프로그램(IEP)의 포함을 요구하였다. 개별화교육프로그램의 체제는 학군에 따라 차이가 있으나 항상 다음 사항을 포함하여야 한다.

- 관심영역에 있어서 학생의 현재 수행 수준
- 연간 및 단기목표
- 제공될 특수교육 서비스와 학생이 일반교육에 참여할 정도
- 프로그램의 개시를 위해 계획된 날짜와 그러한 서비스의 예상되는 기간
- 어떤 목표가 충족되고 있는지를 결정하기 위한 일정과 평가절차에 대한 기술

개별화교육프로그램의 중요한 요소는 최소 제한적 환경의 진술이다. 학교는 아동이 **주류**(mainstream)에서 교육을 받아야 하는, 즉 일반학급 교수를 받아야 하는 정도를 기술해야 한다. 법은 매우 명백하다. "장애아동은 가능한 최대한 비장애 또래아동들과 함께 교육을 받아야 한다고 진술한다." 최소 제한적 환경 진술의 요점은 모든 아동이 서비스 연속체를 가지고, 그들의 학업적, 사회적, 신체적 요구와 일치하는 환경에서 학습할 권리를 가진다는 것이다. 개별적 요구를 위해 제공함으로써, 법의 조문과 정신이 준수된다.

**비차별적인 평가에 대한 권리.** 과거에는 영어를 말하지 못하는 학생들은 영어로 평가되어 그 평가에 근거하여 특수교육 학급에 배치되었다. 이런 일은 더 이상 일어날 수 없다. 학생은 그들의 모국어로 평가되어야 한다. 그 이외에도 만약 학생이나 학생의 가족이 영어를 하지 못한다면, 그들 부모가 참여하는 모든 학교 회의에 필요한 모든 문서화된 정보는 그들의 언어로 번역되어야 한다. 만약 학생의 의사소통 양식이 수화라면, 마찬가지로 유효하다. 모든 평가를 수화로 하기 위해서는 통역사가 있어야 하고, 만약 부모가 통역사를 필요로 한다면, 학교는 비용 없이 통역사를 제공해야 한다. 이러한 모든 규정은 학생이 비차별적인 과정을 이용하여 의뢰되고, 판별되며, 또 특수교육장면에 배치되는 것을 보장하기 위해 수립되어 왔다.

아동은 부모의 동의 없이는 평가될 수 없으며, 만약 부모가 단지 영어로 하는 어떤 평가가 아동에게 부당한 것으로 느껴지면 아동의 일차적인 언어로 평가를 요구할 수

있다. 검사를 단순하게 번역하는 것으로는 불충분하다. 오히려 평가자는 학생의 언어적, 문화적 요구를 인식해야 하고, 이러한 서비스가 제공되도록 보장하는 것은 지역 학군의 책임이다.

**정당한 절차에 대한 권리.** 부모들은 다음의 권리를 가진다.

- 모든 학교 기록을 검토한다.
- 사정 절차(기초가 되는 검사)를 검토한다.
- 평가를 거부하거나 허락한다.
- 평가의 결과를 통보받는다.
- 공적 비용으로 독립적인 다른 의견을 제공받는다.
- 다학문적 팀 회의에 참가한다. 지역 학군의 결과에 동의하지 않는 부모는 공정한 청문회라고도 언급되기도 하는, 정당한 절차 청문회를 위한 권리가 주어진다. 일반적으로 법은 다음 사항을 명문화한다.
  - 부모는 무상이나 저비용으로 법적 또는 다른 관련 서비스를 통보받아야 한다.
  - 편견 없고 정당한 청문회 직원(학군에 의해 고용되지 않은)이 사례를 재검토할 것이다.
  - 부모는 문서화되거나 주제가 기록된 사실적 소송절차 기록을 가질 권리를 가진다.
  - 부모는 비용 없이 수화 또는 가정에서 사용하는 언어의 통역사를 가질 권리를 가진다.
  - 부모는 변호사나 다른 전문가를 대리로 내세울 권리가 있으며, 청문회에 또 다른 사람을 동반할 수 있다.
  - 부모와 그들의 변호사는 지역 학군으로부터 온 직원을 반대 심문할 수 있다.
  - 제시되는 모든 정보는 청문회 이전 적어도 수업일 5일 전에 공유되어야 한다.
  - 부모는 요청한 후 45일 이내 청문회를 통보받을 것이다. 그들은 교육위원에게 결정을 탄원할 수 있다. 아동은 모든 절차가 마칠 때까지 현재 배치된 곳에 남게 된다.

## 장애인교육법

장애인교육법에 앞서, 국회는 1985년의 건강 연구 확장법인, P.L. 99-158을 통과시켰는데, 그것 또한 학습장애 분야에 영향을 미쳤다. Cannon(1997)은 이 법에 대한 간결한 기술을 제공한다. P.L. 99-158은 전국건강협회장이 학습장애(아동 중추신경계 이상 포함)에 관한 연방정부 연구 우선권, 활동 및 연구결과를 재고하고 사정하기 위하여 학습장애통합위원회(ICLD)를 설립하도록 지시하였다. 이 명령은 더 나아가서 학습장애통합위원회에게 그 위원회의 활동에 관하여 국회에 보고하도록 요구하였으며, 또 그 보고서에는 학습장애에 의해 영향을 받는 사람들의 수와 그런 사람들을 기술하는 인구통계학적인 자료를 포함하도록 요구하였다−원인, 진단, 치료 및 학습장애의 예방에 관한 최근 연구결과의 기술, 그리고 학습장애에 대한 연구의 효과성을 향상시키고 그들의 진단, 치료 및 예방에 관한 정보의 보급을 개선시키기 위한 입법 및 행정적 조치를 위한 권고.

1990년 국회는 장애인교육법, P.L. 101-479를 통과시켰는데, 그것은 P.L. 94-142(1975년의 전장애아동교육법-EHA)를 재인준한 것이다. P.L. 101-479는 적어도 언어와 관련된 것이 아니라 중요한 추가사항을 많이 포함하였다. **장애**(disability)라는 용어는 **장해**(handicapped)를 대신하였고 '학생 먼저'라는 용어를 옹호한다. 그래서 **학습장애학생**(learning-disabled student)이라는 용어를 사용하기보다, 이 법은 우리가 **학습장애를 가진 학생**(student with learning disabilities)을 사용하도록 기술한다. **개인**(individuals)은 **아동**(children)을 대신한다. 이 법은 또한 장애인교육법하에 서비스를 받을 자격이 있는 두 가지 범주의 학생들을 추가한다−**자폐증**을 가진 학생과 **외상성 뇌손상**을 가진 학생. 추가적으로 이 법은 학교가 장애를 가진 청소년을 위한 전환계획을 제공하도록 요구한다. 이 마지막 규정은 이 책의 좀 더 뒤에서 논의될 것이다(제11장 참조). 장애인교육법은 또한 영아와 유아를 위한 프로그램을 강조하였다.

## 1997년의 장애인교육법

장애인교육법는 1997년에 재인준되었다(P.L.105-476). 이전 재인준과 마찬가지로, 이 법의 정신은 손상되지 않은 채 남아 있으나 변화되었다. 특수아동협회(CEC)는 간행물 CEC Today(1999년 4~5월)에서 1997년 장애인교육법의 중요한 사건을 요약하였다. 학습장애와 주의력결핍 과잉행동장애와 관련된 것들이 지금 기술될 것이다.

**다른 건강장애.** 주의력결핍장애(ADD)와 주의력결핍 과잉행동장애(ADHD)는 결과적으로 '다른 건강장애' 범주 하에 특수교육 서비스를 받을 자격을 가질 수 있다. 이것은 주의력결핍 과잉행동장애가 처음으로 장애인교육법에 특별히 기록된 것이다.

**보조기기와 지원.** 보조기기와 서비스는 일반교육 장면에서 장애를 가진 아동이 최대한 적절하게 장애가 없는 아동과 교육을 받을 수 있도록 제공되어야 하는 보조기, 서비스 및 다른 지원을 포함한다. 몇 가지만 예를 든다면, 이것들은 컴퓨터, 일대일 보조원 및 청각훈련을 포함할 수 있다.

**서비스 계획.** 학교는 일반교육 장면에서 장애를 지닌 아동을 위해 특수교육, 관련 서비스, 보조기기 및 서비스를 위한 자금을 이용할 수 있는데, 그것은 장애를 지니지 않은 아동들이 서비스로 인해 우연적인 혜택을 받을지라도 가능하다.

**조정.** 학교와 주정부 교육기관은 부모와 학교가 조정을 통해 그들의 차이를 해결할 수 있도록 절차가 수립되고 이행되는지를 확실히 보장하여야 한다.

**개별화교육프로그램.** 1997년 장애인교육법은 새로운 개별화교육프로그램 요건을 추가하였고 현존하는 요건들을 확장시켰다. 개별화교육프로그램은 다음을 포함하여야 한다.

- 아동의 현재 교육적 수행수준에 대한 기술. 아동의 장애가 일반교육 교육과정에 참여하는데 어떻게 영향을 미치며 어떻게 진보하는지를 포함한다. 유치원 아동을 위해서, 이 진술은 장애가 적절한 활동에 아동이 참여하는 데 어떻게 영향을 미치는지를 기술하여야 한다.
- 측정 가능한 연간목표의 진술. 이것은 다음과 관련한 기준이나 단기목표를 포함한다.
  a. 아동의 장애로부터 오는 그 요구에 부합하게 하고 또 아동이 일반교육 교육과정에 참여하고 진보할 수 있도록 아동의 요구에 부합시키기
  b. 아동의 장애로부터 오는 다른 교육적 요구에 부합하기
- 특수교육, 관련 서비스 및 아동에게 또는 아동을 위해 제공되어야 할 보조기기에 대한 진술. 그런 진술은 또한 아동이 일반교육 교육과정에 참여하고 진보하는 데 필요한 어떠한 프로그램 수정이나 학교 교직원을 위한 지원을 포함하여야 한다. 특별 교육과정이나 다른 비학업적 활동에 참여하는 데, 그리고 비장애 아동들과 함께 교육하고 참여하는 데

필요한 것들을 포함하여야 한다.

- 아동이 일반교육 학급에서 비장애 아동들과 함께 참여하지 않을 범위
- 아동이 사정에 참여하는 데 필요한 전체 주 또는 지역 학군의 사정 운영에 대한 어떤 수정
- 만약 아동이 사정 또는 일부 사정에 참여하지 않는다면, 왜 그 사정이 적절하지 않으며 아동이 어떻게 사정되어야 하는지를 설명하는 진술
- 서비스의 시작과 수정, 횟수, 장소 및 기간을 위한 예상 날짜
- 아동의 학습과정에 초점을 둔 (14세에 시작하여 매년 갱신된) 아동의 전환서비스 요구. 이것은 적절할 때 (16세 또는 그 이전에 시작하는) 필요한 연결에 대한 관련 기관의 책임을 포함해야 하며, 아동이 주정부 법하에 성년에 이를 때 자신에게 전가되는 권리에 대해 알려 주어야 한다는 진술
- 연간목표에 대한 아동의 진보가 측정되는 방법 및 아동의 진보가 학년 말에 그 목표를 아동이 성취할 수 있게 하는 범위
- 적어도 비장애 아동들의 부모가 소식을 듣는 만큼 자주 장애아동의 부모가 정기적으로 그들 자녀의 진보사항에 대해 소식을 듣게 하는 방법

**개별화교육프로그램 팀에 부모를 포함시키기.** 각 지방교육기관(LEA)이나 주 교육기관(SEA)은 장애아동의 부모가 자기 아동의 교육적 배치에 대한 결정을 내리는 어떤 집단의 구성원이라는 것을 보장하여야 한다.

**개별화교육프로그램 팀에 일반교육교사를 포함시키기.**

- 만약 아동이 일반교육 환경에 참여하거나 참여할지도 모른다면, 개별화교육프로그램 팀은 적어도 학생의 일반교육교사(이하 일반교사) 중 1명을 포함하여야 한다. 그 교사는 아동의 개별화교육프로그램 개발, 검토 및 수정에 참여하여야 한다. 일반교사는 또한 아동을 위해 제공되어야 하는 어떠한 보조기기, 프로그램 수정 및 학교 관계자를 위한 지원뿐만 아니라, 아동을 위한 적절한 행동중재와 전략을 결정하도록 도움을 주어야 한다.

**개별화교육프로그램에 접근.** 장애아동의 개별화교육프로그램은 개별화교육프로그램 이행에 책임이 있는 모든 특수교육교사(이하 특수교사), 관련 서비스 제공자 및 다른 서비스 제공자뿐만 아니라 모든 일반교사에게 접근 가능해야 한다.

- 각 교사는 아동이 받을 개별화교육프로그램과 편의시설 및 지원을 이행하는 것과 관련된 자신들의 특정한 책임을 알아야 한다.

**장애인교육법의 재인준.** 2004년 12월 3일, George W. Bush 대통령은 P.L. 108-446에 서명을 하였다(장애인교육법 2004의 간단한 입법 역사에 대해서는 표 2-2 참조). 장애인교육법 1997의 기본 구조와 누구나 갖는 권리 보장이 남아있지만, 주목할 만한 변화가 있다. 국회의 국회연구서비스(CRS) 보고서(Apling & Jones, 2005)는 그 변화를 다음과 같이 요약한다.

- '매우 자격이 있는(유능한)' 특수교사의 포괄적 정의 그리고 모든 특수교사가 자격을 갖추어야 한다는 요건
- 서류작업과 기타 비교육적 활동을 감소시키는 것을 목적으로 하는 규정(예 : 서류작업 감소 예비조사 프로그램)
- 집이 없거나 그 밖의 매우 이동성이 있는 주민의 일원인 장애아동을 위해 특수교육과 관련 서비스를 보장하는 것을 목적으로 하는 포괄적 규정
- 전체 주의 활동에 위한 증가된 기금과 증가된 요건
- 주정부가 고비용 장애인교육법 서비스를 제공하는 지방교육기관(LEAs)을 지원하기 위해 '위기 공동관리'를 설립하고 유지하기 위해 장애인교육법 기금을 이용하도록 하는 재인준
- 장애아동을 동등하게 치료하고 참여하도록 보장하기 위해 일방적으로 사립학교에 배치시킨 부모에 대한 요건의 수정
- 1965년의 초등 및 중등 교육법(ESEA)에 있는 것들의 요건들을 조정하기 위해 주와 지역의 사정에 아동의 참여를 위한 개정된 주의 수행목표와 요건(아동낙오방지법 : NCLBA)
- 연방정부 장애인교육법 보조금의 연간 증가로 특수교육의 어떤 경비를 상쇄할 수 있는 자격을 가진 지방교육기관의 권한

**표 2-2 장애인교육법 2004의 간단한 입법 역사**

- 2003년 4월 30일, 하원의원들은 H.R. 1350을 251 : 171로 통과시켰다.
- 2004년 5월 13일, 상원은 H.R. 1350에 법안(S. 1248)을 통합시켰으며 95 : 3으로 S. 1248 대신에 H.R. 1350을 통과시켰다.
- 회의 위원들은 2004년 11월 17일 법안(H. Rept. 108-779)에 대한 보고서를 제출하였다.
- 하원은 2004년 11월 19일 397 : 3으로 회의보고서에 동의를 하였다.
- 상원은 2004년 11월 19일 만장일치로 회의보고서를 승인하였다.
- Bush 대통령은 2004년 12월 3일 법안에 서명하였다(P.L. 108-446, 장애인교육법 2004).

- 현재 장애인교육법에 자격이 되지 않는 교육적 요구를 지닌 아동의 미래 요구를 감소시키거나 제거시키는 것을 목표로 한 '조기중재 서비스'를 위한 지방 장애인교육법 보조금을 어느 정도 이용할 수 있는 지방교육기관의 권한
- 절차적 보호장치에 대한 주목할 만한 변화. 이것은 다음을 포함한다. 정당한 절차 공청회에 앞서 정당들이 그들의 논쟁을 해결하도록 조장하는 결의안 회기의 추가. 태도 표명 결정에 관한 개정된 검사. 장애아동을 일시적으로 대안적인 교육 장면에 배치할 수 있는 학교의 능력에 새로운 범주–다른 사람에게 심각한 신체적 상해를 범해온 곳–의 추가
- 절차에 따르는 것이 아니라, 학생의 수행에 초점을 둔 조정에 따르는 주요 변화
- 2세 이하의 영유아 서비스를 위한 Part C의 서비스를 확장시킬 수 있는 권한

## 학습장애에 대한 영향

이상에서 언급된 변화 이외에도, 학습장애를 지닌 학생, 그들의 부모와 교사들에게 영향을 미칠 특정한 변화들이 있다. 장애인교육법 2004의 대부분 규정은 2005년 7월 1일 시행되었다. 학습장애를 지닌 학생의 교사들에 대한 주요 변화 가운데 한 가지는 그러한 학생들이 판별되는 방법이다. 지적으로 기능하는 학업 성취도의 수립은 더 이상 요구되지 않는다. 장애인교육법 2004(Section 1414 [b][6])는 학교가 "아동이 구어표현, 기본적 읽기기능, 읽기이해, 수학적 계산, 또는 수학적 추리에서 성취도와 지적 능력 간에 심한 불일치를 가지고 있는지를 고려하도록 요구하지 않을 것이다."라고 진술한다. 상원보고서 185(108th Cong., 2d Sess. 26, 2004)는 이 변화에 대한 원리를 진술한다(CRS Report, 2005, p.21).

> 위원회는 아동이 성취도와 지적 능력 사이에 심한 불일치가 있는지를 고려하는 IQ–성취도 불일치 공식이 장애인교육법하에서 적합성을 결정하는 데 필요조건이 되어서는 안 된다고 믿는다. IQ–성취도 불일치 공식은 일관적이고 교육적으로 유의미한(예 : 신뢰롭고 타당한) 태도로 적용될 수 있다는 증거가 없다. 더구나 이 접근법은 빈곤하게 살거나 문화적으로 언어적으로 다른 배경을 가진 학생에게는 특히 문제가 있는 것으로 발견되어 왔다. 그런 학생은 그러한 검사에서 갖는 곤란이 실제로는 경험이나 교육적 기회의 결여로 인해 나타날 때 내적인 지적 한계를 가진 것으로 잘못 판정될 수 있다.

장애인교육법 2004에서의 변화에 관해 자주 질문하는 것에 대한 반응으로, 미국학습장애센터(National Center for Learning Disabilities : NCLD)(2005)는 국회가 IQ와 성취

도 불일치 접근법에 대한 타당성이 결여된 것을 인식하여 학습장애의 존재를 지적하는 다른 요인들의 이용을 지지하였다는 것을 주목하였다. 과거와 마찬가지로, 학교는 학습장애가 존재하는지 아닌지를 결정하기 위해 다양한 사정 절차를 이용하도록 요구되었다. 포함되는 것은 학생이 과학적 연구에 기초한 중재에 반응하는지를 결정하는 것이다(제6장 참조). 그러나 이것은 조장되는 하나의 선택행위이다. 미국학습장애센터(NCLD)는 이 접근법이 특수교육을 받는 불균형적으로 많은 소수민족 학생을 감소시키도록 도울 수 있다는 것에 주목한다.

장애학생들의 교사에게 직접 영향을 미칠 또 다른 변화는 개별화교육프로그램의 개발과 실행이다. 기준점과 단기목표를 위한 필요조건은 더 이상 없다. 그러나 교사의 목표는 여전히 측정 가능해야 하고, 학교는 여전히 연간목표를 향한 진보를 측정하기 위한 단기목표와 기준점을 이용할 수 있다.

서류작업을 감소시키고 개별화교육프로그램 과정을 간소화하기 위해 변화가 조금 있었다. 만약 부모와 학교가 동의하면, 개별화교육프로그램 팀을 재소집하기보다는 오히려 서면으로 이루어질 수 있다. 또한 3개년 개별화교육프로그램의 개발을 가능하게 했다. 이것은 학교에서의 전형적인 전환시점(자연적인 전환시점)을 따르도록 작성될 것이다. 15개 주까지 3개년 개별화교육프로그램을 이용하도록 제안서를 제출할 수 있으며, 시범 프로젝트(예비조사)를 위해 선정된 그런 주들은 부모들에게는 요구적이 아니라 그것을 선택할 수 있도록 하여야 한다. 또한 만약 학생의 진보가 불충분하다고 여겨지면, 재검토가 매 3년보다 더욱 자주 있어야 한다.

학습장애 학생의 교사에게 영향을 미칠 하나의 변화는 매우 유능한 교사(§602[10])에 대한 새로운 정의인데, 그것은 아동낙오방지법(NCLB)의 내용에 동조한다. 모든 특수교사들은 학사학위를 가져야 하고, 주에 의해 완전하게 자격을 받아야 하거나 동등한 자격을 소유해야 한다. 새로운 정의는 한 가지 또는 그 이상의 핵심 학업적 과제를 장애학생에게 가르치는 사람과 같은 다양한 범주의 특수교사를 위한 특정한 요구사항을 제공한다(이 주제에 관한 더욱 특정한 정보를 위해서는 Apling & Jones, 2005를 참조).

이 절의 시작에서 주목한 다른 변화들은 아마도 교사에게 직접적으로 영향을 미치지 않을 것이다. Smith(2004)는 "많은 경우 실제는 비교적 유사하게 남을 것이다(p.318)."라는 것을 주목한다. 그러나 모든 변화는 학생에게 무상의 적절한 공교육을 제공하는 데 있어서 중요하다. 심지어 교사가 적응해야 하는 특정한 이슈나 기금할당을 책임지지 않는다 할지라도, 그들은 모든 장애인교육법 2004의 새로운 규정이 이행되는 방법에 부응해 나갈 필요가 있다. 주교육기관과 지방교육기관(학교들)이 정책과 절차를 개발하기 시작하면서, 해석에 대한 질문과 이슈가 있을 것이다. 과거와 마찬가지로 특정 규정에 관한 법률 고소도 있을 것이다. 시간이 지남에 따라 더욱 명백한 해석이 나올 것이다(다음 절 참조).

**실제적 고려 : 여러분이 장애인교육법 2004에 관해 알아야 할 필요가 있는 것.** 특수아동협회(CEC) 특수교육행정가(CASE) 분과협회는 장애인교육법 2004에 관한 간략한 요약을 제공한다(http://www.casecec.org/idea/short_summary.htm).

**무상의 적절한 공교육에 대해 장애학생의 시민권을 보호한다.**

- 미국 교육부 장관과 주정부 교육기관에게 학교가 표준에 부합하지 못할 때 적응 정도를 측정하고 제재를 부과하는 데 더욱 큰 힘과 새로운 도구를 줌으로써 규정을 크게 강화한다.
- 주가 계획을 개발하고 목표를 수립하며 또 그것이 무상의 적절한 공교육, 전체적 감독, 전환 서비스 및 불균형적인 소수민족 대표에게 전달하는 데 부합하도록 요구한다.
- 논쟁 해결과 정당한 절차에 합의한다.
- 공청회 직원의 훈련을 위한 능력 표준을 수립한다.

**장애인교육법은 학생, 부모, 교사, 학교행정가 및 학군을 위해 일하게 한다.**

- 부모와 학교가 정당한 절차 공청회의 요구 이전에 관심사를 해결하도록 새로운 기회를 제공하고, 조정이 언제든 가능하다는 것을 명확히 함으로써 부모와 학교가 차이점을 해결하도록 격려한다.
- 부모와 학교에게 학기동안 개별화교육프로그램 팀을 재소집하고 개별화교육프로그램을 통합하거나 재평가 회의를 장려하지 않고, 아동의 개별화교육프로그램을 약간 변화시키는 데 그들이 동의하도록 허용함으로써 보다 큰 융통성을 제공한다.
- 원격회의, 비디오 회의 및 다른 대안적 참여수단의 이용을 허용함으로써 개별화교육프로그램 회의에 부모 참여를 증가시킨다.
- 부모훈련연구소를 통한 불만 해결과 정당한 절차로 부모를 돕기 위한 증가된 자원을 제공한다.
- 주가 평가를 위한 일정표를 수립하는 정책이 없다면, 초기평가가 의뢰 60일 이내에 이루어지도록 요구한다.

- 부모훈련연구소가 부모와 학교 간 협력과 초기 효과적인 논쟁 해결을 개선시키는 데 초점을 두도록 격려한다.
- 장애학생을 대상으로 일하는 특수교사와 기타 학교 관계자들이 학생들에게 교수를 제공하는 데 필요한 기술과 지식을 소유하고 있는지를 확실시하기 위하여, 오로지 초보 특수교사를 훈련하는 데 초점을 둔 고등교육 기관을 위한 새로운 장학 프로그램을 만드는 등 준비, 전문적 연수 및 지원을 강화한다.

### 유아기로부터 고등학교 졸업에 이르기까지 모든 단계에서의 질적 서비스와 교수를 제공한다.

- 자녀가 5세까지 조기중재 서비스를 계속할 수 있는 선택을 부모에게 주는 제도를 주정부가 만들 수 있도록 허용하는 등, 장애를 가진 영유아 및 유치원생을 위한 조기중재 및 유아 특수교육 프로그램을 유지한다.
- 학대를 받고 방치되며 약물에 노출되거나 가족폭력을 경험한 영유아가 조기중재를 위해 의뢰되도록 요구한다.
- 학교가 IQ-성취도 불일치 모델을 이용하는 데 제한되지 않는다는 것을 명확히 함으로써, 학생이 특정 학습장애를 가지고 있는지를 결정하는 데 새로운 접근법의 개발을 허용한다.
- 일반교육 환경에서 성공하기 위해 추가적인 학업 및 행동지원을 필요로 하는 유치원에서 고등학교까지 비장애 학생을 위한 포괄적인 교육지원제도를 개발하기 위해 장애인교육법 기금을 15%까지 사용할 수 있도록 지방교육기관에 권한을 준다.
- 지방교육기관이 높은 요구를 가진 아동에게 무상의 적절한 공교육(FAPE)을 제공하도록 보조하기 위해 주정부 차원의 위기 공동출자 기금을 수립한다.
- 주목할 만한 장애를 가진 학생을 위해 학교가 단기목표를 제공하도록 요구하고, 모든 학생들을 위해서는 연간 개별화교육프로그램 목표에 부합하는 데 아동이 어느 정도 진보하였는지, 어떻게 그 진보가 측정되고 있는지를 부모에게 분기별 보고서를 제공하도록 요구한다.
- 아동의 개별화교육프로그램에 있는 학업성취도와 기능적 수행을 강조한다.
- 실제적인 전환서비스와 계획이 16세에 시작하도록 요구함으로써, 전환서비스(학생이 고등학교 이후 생활을 위한 계획을 시작하도록 돕는 활동)를 위한 규정을 단순화한다.
- 부모와 학생을 중등과정 이후의 활동으로 학생의 전환을 돕기 위한 장기목표에 집중시키기 위해, 15개 주정부가 장애아동을 위한 3개년 개별화교육프로그램을 개발하도록 선택권을 제공한다.
- 맹 또는 기타 장애학생을 위해 교재나 다른 자료들을 학교가 한곳에서 모두 제공할 수 있도록, 미국 교수자료접근센터(National Instructional Materials Access Center : NIMAC)의 수립을 제공한다.

- 여전히 중등학교에 있는 장애학생에게 주정부 직업재활제도의 개입을 강화한다.
- 특수교사가 아동낙오방지법(NCLB)에 있는 유능한 교사 요구조건에 부합하도록 새로운 융통성을 제공한다.
- 주정부의 아동발견 책임을 명확히 하고, 부모나 보호자 개입을 단순화시키며, 학교 간의 조정을 개선시킴으로써 노숙자, 입양아 양육 및 기타 청소년에게 지원계획과 서비스를 개선한다.

#### 훈육을 개선시키고 안전을 보장한다.

- 모든 아동에게 권리와 안전을 보장하면서, 학교가 법을 집행하도록 체제를 단순화시킴으로써 현재의 훈육규정을 개선한다.
- 훈육조치가 고려될 때 아동의 행동이 장애의 결과인지 또는 그들 개별화교육프로그램의 부진한 시행 때문인지를 학교가 결정하도록 요구한다.
- 미래의 행동문제를 예방하기 위하여 10일 이하 훈육을 받은 학생에게 학교가 기능적 행동사정을 수행하고 행동 서비스를 주도록 요구한다.
- 훈육을 받은 학생이 일반교육과정에 참여하고 그들의 개별화교육프로그램 목표에 부합되도록 학교가 서비스를 계속 제공하도록 요구한다.
- 잠정적인 대안적 교육 장면의 질을 개선시키는 동안 학교에서 행동지원을 개발하고 강화하기 위한 새로운 프로그램을 수립한다.

#### 장애인교육법을 초등 및 중등교육법과 통합시킨다.

- 타당하고 신뢰로운 대안적 사정제도에 관하여, 또 어떻게 대안적 사정이 주의 내용 표준에 맞추어 조정되는지에 관한 국가적 연구를 제공한다.
- 지방교육기관이 주의 학업적 내용 표준이나 확장된 표준에 맞추어 조정된 대안적 사정을 포함하는 주 또는 전체 학군 사정에 장애학생의 수행을 측정하도록 보장한다.
- 장애아동이 조정을 한 정규적 사정을 해야 하는지 또는 그런 결정을 운영하는 주의 표준과 일치하는 조정을 하지 않은 사정이나 대안적 사정을 해야 하는지를 결정하는 데 개별화교육프로그램 팀의 역할을 명확히 한다.
- 관계자의 준비와 자격을 아동낙오방지법(NCLB)에 부합하도록 한다.

학습장애 학생들과 그들의 교사에게 영향을 미칠 특정 영역은 다음과 같다.

- 학습장애 분류의 적합성
- 학습장애 판별과 적합성을 위한 교수적, 중재 기반의 접근법 이용
- 개별화교육프로그램 회의 참석에 대한 융통성

- 다년(3년)의 개별화교육프로그램
- 개별화교육프로그램의 단기목표를 위한 필요조건 없음
- 매우 유능한 교사 되기

### 학습장애 학생들을 지도하는 데 영향을 미치는 기타 입법

**1973년 재활법**(Rehabilitation Act)**의 504조**(P.L. 93-112). 504조는 장애인을 수용하기 위해 연방정부의 기금을 받는 기관을 요구한다. 이것은 특수교육 법률이 아니라 오히려 모든 학생을 위한 시민권리 법률이다. 장애는 '하나 또는 그 이상의 주요한 생활 활동을 실제적으로 제한하는 어떠한 신체적 또는 정신적 결함(걷기, 이야기하기, 보기, 듣기, 말하기, 숨쉬기, 학습하기, 일하기, 연주, 수작업, 배열하기, 뻗기, 머물기 등이 포함된다)'으로서, 장애인교육법 2004에서 보다 더욱 광범한 용어로 정의된다. 만약 학생이 504조 하에 장애를 가진다면, 학교는 조정계획(Accommodation Plan)을 개발하도록 요구된다. 이것은 확장된 시간, 필기자 및 검사를 위한 분리된 장소를 포함할 수 있다. 학습장애 학생들의 교사로서, 여러분은 학업적으로 고군분투하지만 학습장애로 분류되지 않은 주의력결핍 과잉행동장애로 진단된 학생을 지도할지도 모른다(제4장 참조). 인권청(OCR)의 교육부(1989, p.8)는 장애를 가진 사람의 인권을 보호하는 504조하에서 학교를 위한 요구사항 목록을 제공한다. 학교는 다음을 하여야 한다.

- 서비스를 충분히 받지 못한 모든 장애학생들을 연례적으로 판별하고 찾아낸다.
- 장애의 본질이나 심각성에 관계없이 '무상의 적절한 공교육'을 각 장애아동에게 제공한다. 이것은 비장애인의 요구가 충족되는 것과 같이 적절하게 장애인의 개별 교육적 요구를 충족시키도록 고안된 일반교육 또는 특수교육, 관련 보조기기와 서비스를 제공하는 것이다.
- 장애학생들이 최대한 적절한 정도로 비장애 학생들과 교육을 받도록 보장한다.
- 학생을 잘못 분류하거나 잘못 배치함으로써 올 수 있는 부적절한 교육을 피하기 위하여 비차별적인 평가와 배치 절차를 수립한다.
- 부모와 보호자들이 그들 자녀들의 평가와 배치에 관한 결정에 유의미하게 참여하도록 절차적 보호장치를 수립한다.
- 장애아동들이 비학업적 및 교육과정 이외의 서비스와 활동에 참여할 수 있는 동등한 기회를 제공한다.

**1990년의 미국장애인법(ADA).** 미국장애인법은 교육 이외의 다양한 장면에서 장애인의 인권을 보호한다. 차별에 대한 법률 고소를 신청하기 위해 미국장애인법을 이용하고 있는 주의력결핍 과잉행동장애를 가진 성인에 대한 내용이 U.S. 뉴스와 월드리포트, 뉴욕타임스 및 뉴스위크에 보도되어 왔다(더 많은 정보를 위해 제11장 참조).

**2001년의 아동낙오방지법(NCLB).** 아동낙오방지법은 1965년의 초·중등교육법의 최신 판이다. 이것은 2002년 1월 George W. Bush 대통령에 의해 법에 서명된 것이다. 네 가지 주요 구성요소는 다음과 같다.

1. 결과에 대한 책무성
2. 교사 질 개선
3. 교수 방법과 자료에 대한 연구로 입증된 효과성
4. 부모를 위한 영향력, 정보 및 선택권(Cortiella & Horowitz, 2004)

아동낙오방지법의 많은 구성요소들은 장애인교육법 2004의 재인준에 포함된다. 주 정부들은 학생의 진보를 측정하기 위한 연간 측정 가능한 목표를 특정화하도록 요구된다. 학생들은 경제적 지위, 인종, 민족, 장애, 제한된 영어능력 및 읽기와 수학능력에 의해 그 구성요소가 나누어져야 한다. 그들은 2014년까지(3~8학년 학생들의 연간 검사로) 수학, 읽기 및 과학 능력을 증명하여야 한다. 매우 유능한 교사, 입증된(과학적으로 근거가 있는) 교수방법, 부모 권리, 공립교육 선택 및 지방교육 보고서와 결합된 이러한 요구조건들은 모두 어떠한 아동도 낙오자로 남아서는 안 될 것이라는 것을 보장한다.

학습장애와 관련된 수많은 전문적 기관들(학습장애 특수아동협회 분과, 국제난독증 협회, 학습장애협회 및 미국학습장애센터)은 '아동낙오방지와 특정 학습장애 학생'이라는 주제로 2002년에 성명서를 공식화하였다. 그들은 특정 학습장애(SLD) 학생들의 요구를 인정하면서 책무성의 필요성을 인식한다. 그들의 진술은 다음과 같다.

> 우리는 특정 학습장애 학생들이 아동낙오방지법에 완전한 참여와 동등한 책무성을 제공받아야 한다고 믿는다. 이들 학생들은 아동낙오방지법이 다음과 같은 초점을 둠으로써 실현화될 수 있는 충분한 혜택을 요구하고 받을 가치가 있다.

- 특히 초기 학년에 읽기/언어 과목 및 수학 영역에서 학생 성취도 높이기
- 읽기를 포함한 핵심적인 학업적 과목에서 일반교사의 질 향상시키기
- 특수교사와 특수교육보조원의 질 향상시키기
- 학교가 모든 학생들의 성취를 책임지도록 하기 위해 적절한 조정으로 모든 학생들이 주 사정에 참여하도록 요구하기
- 분리된 하위집단 자료를 통하여 위기 학생 집단의 성취에 대한 대중의 인식 강화하기
- 교사 자격에 대한 지방 보고서 카드와 정보를 통해 부모참여와 대중의 인식 확대하기
- 부진한 수행을 보이는 학교에 있는 학생의 부모가 보조 서비스를 이용하도록 하거나, 부모들이 자녀를 그 지역에서 더 높은 수행을 하는 학교에 전학하도록 허용하는 것과 같은 선택권 증가시키기

우리는 학교가 장애학생을 위해 '아동낙오방지법(NCLB)을 이행하는 데 도전을 받을 것이라고 인식하지만, 이들 도전은 충족되어야 한다. 예를 들면 2003년 12월 9일에 발효된 아동낙오방지법 규정은 학군이 대안적 표준에 근거한 대안적 사정을 이용하여 모든 학생들의 1%까지 사정하도록 허용한다. 이것은 한 주의 일반교육 사정제도에 참여할 수 없는 학생들을 학교가 심지어 조정을 해서라도 포함할 수 있도록 충분한 융통성을 제공할 것이다. 이러한 제한된 예외는 주에 적합한 융통성을 제공한다.

미국 교육부는 특정 학습장애 학생들이 적절한 연간 진보(Adequate Yearly Progress : AYP)를 충족하기 위한 최대한의 기회를 가질 것을 보장하도록 주가 요구할 기술적 보조, 안내, 수용 능력, 정보, 자원 및 기타 지원을 제공해야 한다.

우리는 행정부와 국회가 둘 다 모든 학생들에게 그들의 참여를 유지하기 위해 계속적인 헌신을 성원한다. 초기 단계의 아동낙오방지법이 이행되면, 우리는 그것이 규정이든 법령이든 간에 특정 학습장애 학생을 위해 아동낙오방지법이 지니고 있는 혜택을 양보할 어떠한 조치도 반대한다. 대신에 우리는 주, 학군 및 학교가 어떠한 아동도 낙오되어서는 안 된다는 것을 보장하기 위한 도전에 응할 것이라고 기대한다.

아동낙오방지법에 대한 비판이 있다는 것을 주목해야 한다. 모든 규정이 손상되지 않고 남게 되고, 어떠한 아동도 낙오되지 않도록 할 것이라는 기대를 충족시킬지는 시간이 말해줄 것이다.

## 사례 법

법령과 사례 법이 어떻게 학습장애 분야에 영향을 미치는가? Herr와 Bateman(2003)은 세 가지 영역에 초점을 둔다.

1. 평가, 적합성 과정
2. 개별화교육프로그램과 무상의 적절한 공교육
3. 최소 제한적 환경(LRE)

평가, 적합성과 관련된 학군과 부모간의 대부분 소송은 학생이 학습장애를 가지고 있는지의 여부와 관계가 있다. 불일치에 관한 논란과 이 조건에 대한 명확한 정의의 결여로 인하여, 저자들은 "법이나 학습장애 실제가 이느 것도 다른 것에 긍정적으로 영향을 미치지 못했다(p.60)."는 것을 믿는다.

학습장애 분야는 전문가가 무엇이 요구되는지를 크게 자각하고 있다는 점에서 개별화교육프로그램과 무상의 적절한 공교육에 관련된 이슈에 의해 영향을 받아 왔다. 그러나 이것은 학생이 적절한 서비스를 제공받고 있다는 것을 반드시 의미하지는 않는다. 배치와 더 최근의 방법론에 관한 사례들은 법정에서 다루어지고 있다.

마지막 영역인 최소 제한적 환경에서, 대부분 사례들은 부모들이 사립학교 등록금에 대한 변상을 요구하는 것과 관련되어 왔는데, 그들은 공립학교가 그들 자녀의 요구를 충족시키지 못한다고 느끼고 있다. 결과들은 혼합되어 있으며 이들 결정의 복잡성을 반영한다.

Herr와 Bateman(2003)은 학습장애에 대한 특정 사례의 영향이 "크고 가끔 모순적이다(p.70)."라고 결론짓는다. 장애인교육법 2004가 학교에서 이행되면서, 추가적인 사례들은 대부분 판별과 방법론에서 실제에 영향을 미칠 것이다(장애인교육법 사례와 이슈에 대한 완전한 목록에 대해서는 Herr & Bateman, 2003, 부록 401을 참조).

## 옹호

Kirk가 부모 집단에게 학습장애 용어를 이용하도록 제시할 때부터 현재까지, 옹호는 이 분야의 발전에 중요한 역할을 해 왔다. 1963에 학습장애아동협회(ACLD)가 (지금은 미국학습장애협회-LDA임) 창립되면서 옹호와 공공정책 간의 강한 관계 그리고 옹호와 과학 간의 보다 약한 관계가 시작되었다. Scruggs와 Mastropieri(2004)는 이 분야가 과학보다는 옹호의 산출물이 더욱 많다는 것에 주목한다. Brigham, Gustashaw 및 St. Peter Brigham(2004, p.206)은 이들 둘 사이에 차이점에 관한 유용한 조망을 제공한다.

특수교육은 매우 참신한 직업이고, 그것은 여전히 옹호에 뿌리를 두고 밀접하게 동조한다. 그러나 과학은 여러 가지 면에서 옹호와는 다르다. 옹호자가 확신해야 하는 것과는 달리, 과학자는 의문으로 남아 있어야 한다. 과학자는 증거가 지지하는 것이 무엇이지를 단지 말할 것이며, 반면에 옹호자는 완전한 지식이 없는 상태에서 행동해야 한다. 과학적 증거는 공정하고 의도적으로 과학자의 개인생각으로부터 배제되지만, 옹호는 '바로 가까이에서 그리고 개인적인' 태도로 활동한다. 과학적 이해는 획득하기 더욱 힘들고, 믿을 수 있는 사람의 옹호에 근거한 실제는 변화에 매우 저항적일 수 있다. 우리는 확실히 옹호자를 비방하지 않는다. 우리는 우리의 전문성이 방금 기술한 환경 하에서 옹호에 근거하고 있음을 이해한다. 그러나 특수교육 분야가 성숙할수록 그 미래는 옹호로부터 과학적 증거에 의한 정당화로 전이하는데 달려 있을 것이다. 특수교육에서 옹호자의 역할은 없어지지 않았고 또 그렇게 될 것 같지 않다. 그러나 우리는 옹호자와 과학자 간에 그려지는 구분이 존재한다고 기대한다. 왜냐하면 만약 과학자가 확실하고 옹호자가 의문에 차 있다면 우리는 진실로 길을 잃게 될 것이다.

## 21세기 학습장애

Hallahan과 Mercer(2002)의 학습장애 분야의 철저한 역사적 고찰은 초기 1800년대부터 현재까지의 고찰을 망라한다. 경험적으로 타당화된 실제에 대한 강조는 수년 동안 이 분야에 명백하였다(Vaughn & Linan-Thompson, 2003). 그러나 연방정부의 결과에 대한 증가된 강조(아동낙오방지법—NCLB와 장애인교육법 2004—에서)는 가까운 장래에 이 분야를 특징지을 수 있을 것이다. Chard(2004)가 주목한 대로, "최근의 정치적 수사학은 과학적인 읽기 연구에 기초한 실제를 촉진시킨다(p.215)." 아동낙오방지법이 요구하고 정치적 분위기는 강요하기를, 판별, 배치 및 중재에 있어서 모든 우리의 실제는 경험적으로 타당화된 연구결과에 근거되어야 한다는 것이다.

이 분야는 초기 단계부터 기나긴 여정을 해 왔으나, 그 존재를 계속적으로 타당화해야 한다. "학습장애 학생들을 위한 특수교육에서 특수가 무엇인가?"라는 질문에 대답하기 위해 Vaughn과 Linan-Thompson(2003, p.145)은 다음을 진술한다.

대부분의 학습장애 학생들을 위해, 그것은 교육과정이 아니다. 학습장애 학생들은 그들의 비장애 동료들과 마찬가지로 뛰어난 처리과정과 문제해결 기술을 포함하는 교육과정에 근접하여야 한다. 그들의 요구가 일반교육만으로는 거의 충족되지 않는다고 할 때, 특수한 것이어야 하는 것은 교수의 제공이다. 학습장애 학생들은 그들이 교수적 요구를 가지고 있는 영역과 밀접하게 관련된 명백하고 체계적인 교수로부터 혜택을 가진다. 학생들이 얼마나 많은 추가적 교수를 필요로 하는지, 얼마나 철저하고 어떤 형태로? 연구자들이 집단크기, 기간 및 강도와 같은 변인들이 얼마나 상호작용하는지에 관한 증거를 계속 수집함으로써, 핵심적 이슈는 학교가 어느 정도 학습장애 학생들을 위한 특수교육을 이행하고 유지할 수 있을 것이다.

증거에 기초한 실제가 여기에 있다는 인식은 "학교에서 과학의 지지 : 현대 학교에서의 효과적인 제도의 전달 촉진(Supporting Science in the Schoolhouse : Fostering the Delivery of Effective institution in Contemporary Schools—Part 1"(2004, 37[3])라는 제목으로 **학습장애저널**(Journal of Learning Disabilities) 특별 시리즈에서 주목되었다. 이러한 이슈에서, Crockett(2004, p.190)은 실제와 연구를 연결시키기 위한 네 가지 생각을 논의한다.

1. 교육적 문제를 해결하기 위해 우리가 아는 최선의 수단으로서 과학에 의지한다.
2. 학습장애 학생들을 위한 교수적 결정에 우리가 성취하고자 기대하는 것을 명확하게 구체화한다.
3. 학생 수행을 개선시키기 위해 우리가 가지고 있는 최선의 도구인 교수에 의존한다.
4. 능력 있고 관리하는 인력을 양성하고 유지한다.

그리고 이러한 생각을 이행하는 데 많은 장벽이 있는 한 실제로 다른 대안이 없다. Scruggs와 Mastropieri(2004)가 지적하듯이, "과학적인 실제는 최상의 실제와 꼭 같다. 우리는 이러한 장벽을 극복해야 하고 학습장애 학생들을 위한 최상의 정책으로 과학적 실제를 계속적으로 촉진시켜야 한다(p.276)."

## 요약

이 장은 초기 1800년대 토대로부터 현재까지 학습장애 분야의 역사에 초점을 두고 있다. 그것은 동시대의 지도자의 기여뿐만 아니라, 이 분야에서 선구자의 주요 연구 노력을 조사였다. 이 분야의 연구와 일차적인 개발 활동 이외에도 연방정부의 개입이 탐구되었다. 이 분야를 인식하고 기금을 제공하는 데 있어서 연방정부의 역할은 지나치게 강조될 리가 없다. 2001년의 아동낙오방지법뿐만 아니라 장애인교육법의 2004년 재인준이 논의되었다. 이들 법은 둘 다 다가올 수년 동안 지도 실제를 관리할 것이다. 마지막으로 이 장은 이 분야의 옹호 구성요소를 논의하였다. 명백하게도 연구와 프로그램 개발, 연방정부의 법률제정, 그리고 기금 및 옹호의 중요성을 이해하는 것은 21세기에 학습장애 분야를 이해하는 데 꼭 필요하다.

## 숙고와 논의를 위한 발판

1. 학습장애 분야에 대한 Wiederholt(1974)의 역사적 견해를 읽어 보라. 이 분야는 이 책이 쓰여진 이후 어떻게 변해 왔는가?
2. 여러분이 초등학교에 있었던 때로 돌이켜 생각해 보라. 여러분의 학급에 학습장애 학생이 있었는가? 그들이 학습장애로 분류되었는가? 그들은 분리 학급에서 배웠나요?
3. 학습장애 성인들과 이야기하라. 그들의 교육은 오늘날 받을 수 있는 것과 어떻게 차이가 있는가? 이런 사람이 학습장애를 가졌다는 것을 언제 처음으로 실감했는가? 부모의 반응은 무엇이었나요?
4. 학습장애 학생들의 부모와 이야기하라. 연방정부의 법률제정은 그들 자녀의 교육에 어떻게 영향을 끼쳤는가? 그들은 부모 조직체의 구성원인가?
5. 학습장애 학생들의 교사 몇 명에게 학습장애의 역사에 대해 아는 것이 중요하다고 생각하는지를 질문해 보라. 왜 또는 왜 아닌지?
6. 여러분은 학급에서 과학적으로 기초한 중재를 제공해야 하는 압력을 어떻게 처리할 것인가? 여러분은 어떤 것이 효과적이고 어떤 것이 효과적이지 않은지를 어떻게 알 것인가?
7. 학습장애에 관한 전문적 조직체의 모임에 참석하라. 최근의 주제는 무엇인가? 여러분은 학급에서 무엇을 적용할 수 있는가? 여러분은 연구와 실제 간의 차이를 어떻게 연결할 것인가?

# 3 학습장애의 원인

학습장애의 원인은 무엇인가?

출생 전, 출생 시, 출생 후 발달과 관련된 요소

의학적인 원인

신경학적 기능 진단

유전적 원인

논쟁적 접근

요약

숙고와 논의를 위한 발판

**학습목표**

이 장을 학습한 후 여러분은 다음을 할 수 있을 것이다.

- 학습장애의 원인을 확인하는 데 있어 복잡성을 이해할 수 있다.
- 원인과 관련된 출생 전, 출생 시, 출생 후의 요소들을 이해할 수 있다.
- 학습장애의 의학적 원인을 알 수 있다.
- 신경학적 기능을 진단하는 방법을 알 수 있다.
- 학습장애의 유전적 원인을 알 수 있다.
- 쟁점이 되는 접근법에 대한 부모의 취약성을 이해할 수 있다.

역사적으로 학습장애를 가진 학생들은 신경학적으로 손상되었다고 가정한다. 진단과 처치가 더 강조되는 최근에 Torgesen(2004)은 "교육에서 분리된 분야로 (학습장애의) 궁극적인 완성은 그것을 제공받는 사람들에게 있어 뇌 병리학의 범위와 관련된 질문에 대한 대답을 찾는 것에 의존한다."라고 믿는다(p.25).

애덤의 부모는 그의 읽기 무능력에 대해 걱정했다. 애덤은 세 자녀 중에서 가장 어렸고, 다른 두 아이들은 학교에서 잘했다. 부모는 대학교를 졸업했고 좋은 직업을 가졌다. 그들의 아이들에게서 학업 실패는 결코 문제가 되지 않았다. 애덤의 언어 발달은 그의 형제들보다 느렸지만, 그의 부모는 그 원인을 가장 어린 아동이기 때문이라고 생각했다. 애덤의 운동 기능은 좋아 보였으나, 채색과 가위 사용에 약간의 어려움을 겪었다. 애덤이 유치원에 들어갔을 때, 책읽기가 어렵게 될 것이라는 것은 명백했다. 간단히 말해 그는 학급의 동료들을 따라 갈 수 없었다. 애덤의 유치원 학급에는 다양한 능력의 아동들이 있었으나, 애덤은 가장 어려움을 겪는 학생 중의 1명인 것처럼 보였다. 애덤의 부모가 교사와 애덤에 대한 문제들을 의논했을 때, 교사는 애덤이 잘 하고 있다고 부모를 안심시켰다. 그러나 이것이 애덤의 성취에 대한 부모의 근심을 가라앉히지는 못했다. 부모는 애덤을 대학병원으로 데리고 갔고, 그곳에서 자세한 심리교육적 평가를 받았으며 부모의 의심은 확인되었다. 애덤은 학습장애로 진단되었다.

이런 상황이 일어날 때, 부모가 묻는 가장 첫 번째 질문 중의 하나는 "학습장애의 원인은 무엇입니까?"이다. 교사들은 원인과 관련된 질문에 대한 대답이 학생들을 가르치는데 도움이 되지 않을 것이라는 것을 알고 있음에도 불구하고, 학습장애의 원인에 대해 알고 싶어 한다. 여러분은 애덤의 부모가 원인에 대한 질문을 할 때 어떻게 대답할 것인가?

학습장애의 정확한 원인은 알려지지 않았다. 이것은 "왜?"라고 질문한 많은 사람들을 실망시킨다. 그러한 문제는 태어나기 전(출생 전), 태어나는 동안(출생 시), 또는 태어난 후(출생 후)에 많은 것이 일어날 수 있기 때문에, 장애가 발생한 시기를 정확하게 지적하는 것이 실질적으로 불가능하다. 더욱 어떤 아동들은 이러한 단계들에서 상당한 어려움을 경험하나 아직은 학교 관련된 문제들은 가지고 있지 않다.

이 장은 학습장애의 다양한 원인 그리고 학습과 뇌에 관련된 최근의 연구결과를 소개할 것이다. 그것을 읽은 후에 여러분은 애덤의 부모가 한 질문에 더 좋은 대답할 수 있을 것이다.

## 학습장애의 원인은 무엇인가?

학습장애의 원인론과 관련된 다수의 가설들이 있지만, 대부분은 사실상 의학적이다. 이 분야는 학습장애의 의학적 모델에 의존하는 긴 역사를 가지고 있고(제2장 참조), 따라서 의학적인 원인을 찾는 데 지나치게 의존했다. 학습장애의 분야에서 이러한 관점은 특히 아동낙오방지법(NCLB)과 미국 장애인교육법의 통과와 더불어 이동하게 되었다. 이러한 두 가지 법률은 원인보다 결과와 학교에서 직접적인 교육을 위한 책무성에 초점을 맞춘다. 최근 특정 학습장애의 정의와 관련된 의회 논의에서, 일부 하원 의원들은 학습장애의 정의에 '의학적으로 발견된'이란 문구의 포함을 원했음에 주목하는 것은 흥미롭다. 즉 어떤 의학적인 증거가 없다면 특정 학습장애도 없다. 그러한 법률은 무효가 되었고 미국 장애인교육법(2004)의 재인준에 포함되지 않았다.

유능한 전문가인 여러분은 만약 원인이 교수에 직접적으로 영향을 주지 않는다 할지라도 학습장애의 원인론에 대한 정보를 알 필요가 있다. 여러분은 학생들에 관하여 의사로부터의 보고서를 받을 수 있고, 의사들의 관점에서 기본적인 이해를 해야 한다. 또한 뇌와 관련된 연구와 학습장애 진단 방법, 특히 읽기장애 진단 방법에 대한 많은 연구가 계속 진행되고 있으므로, 모든 교사들은 이러한 결과에 뒤떨어지지 않고 알아야 한다. 학습장애의 진단과 관련된 다른 요소들, 예를 들면 잠재적인 심리과정 장애 그리고 가난과 같은 학습장애의 초기 지표가 제4장과 제9장에서 각각 논의된다.

## 출생 전, 출생 시, 출생 후 발달과 관련된 요소

이러한 요소의 논의와 관련된 하나의 문제는 발달의 각 단계에 부딪히는 어려움이 학습장애 뿐만 아니라 다양한 장애의 원인이 된다는 것이다. 또한 많은 아동들이 이러한 문제들의 일부를 경험하나 아직 학교에서의 문제는 가지고 있지 않다. 여러분은 이러한 요소들에 대해 알고 있어야 하고 해석하는 데 신중해야 한다.

### 출생 전 요소

국가연구위원회(National Research Council : NRC)와 의학연구소(Institute Medicine : IM, 2000)는 미래의 학습에 대한 어려움과 태아 합병증의 가장 공통적인 원인이 알코올 소비, 마약 사용, 그리고 흡연이라고 지적한 초기 아동기 발달에 대한 보고서를 발행했다. 태아알코올증후군(Fetal Alcohol Syndrome : FAS)은 1000명 중 1명씩 발생한다. 이러한 아기들은 성장 지연, 안면 변화, 그리고 중추신경계 기능장애를 가지고 있다. 이것은 임신 동안 알코올 사용의 극단적인 징후이다. Donovan과 Cross(2002)는 이 영역에 대한 연구가 제한적이라고 언급했다. 그러나 학교와 관련을 가지고 있는 인종적, 민족적 집단에서 차이인 것으로 나타났다. 태아알코올증후군의 출생 발생률이 백인보다 흑인사이에서 10배나 높다고 진술한 국가연구위원회 보고서에서 인용된 것처럼(Donovan & Cross, 2002), 보도에 따르면 임신 동안 알코올 소비율은 백인, 라틴 아메리카인과 아시아인, 태평양 섬 여성보다 아메리카 인디안, 알래스카 원주민과 흑인 여성이 더 높은 것으로 나타났다(Abel, 2002).

흡연 또한 태아를 학습장애의 위험에 놓이게 한다. 국가연구위원회/의학연구소(2000)와 국가연구위원회(2002)는 경도의 주의집중 문제, 인지적 영향, 낮은 수용언어 점수, 그리고 기억 과제에 대한 열등한 수행을 인용하면서, 어머니의 흡연과 학습 문제 사이의 관계에 대한 자료를 제공했다. 국가연구위원회는 다른 어떤 사회적, 민족적인 집단 사이보다 아메리카 인디언, 알래스카 원주민 사이의 흡연이 더 높다고 보고한다. 아시아인, 흑인, 그리고 라틴 아메리카 여성이 백인 여성보다 임신 중 흡연율이 더 낮다고 보고했다.

코카인 사용의 영향이 잡지, 신문, 텔레비전 프로그램과 같은 대중 매체에서 논의되었다. 국가연구위원회/의학연구소(2000) 보고서에 의하면 코카인 사용으로 인한 문제들은 저출산, 비정상적인 뇌전도(Electroencephalograms : EEGs), 과민성, 낮은 사회적인 상호작용 비율과 증가된 충동성을 포함한다. 특수교육 관련 소수민족 대표에 의한 국가연구위원회로부터 나온 보고서(Donovan & Cross, 2002)는 마약의 불법적인 현상 때문에 연구 수행이 어렵다고 지적했다. 또 다른 문제는 코카인이 종종 알코올과 담배와 함께 사용되기 때문에 원인 분석이 혼동된다는 것이다.

학습장애를 가진 개인에 대해 실시한 분석(Duane, 1989; Galaburda, 1988; Hynd, Marshall & Gonzalez, 1991)은 언어와 관련된 뇌 영역의 구조에 대한 이상을 발견하였다. 이러한 연구에서 기형은 임신 5~7개월에 발생한다고 주장한다. Smith(2004)가 지적한 것처럼 만약 그것이 출생 후에 발생한다면, 뇌는 보상받을 수 있을 지도 모른다. 이것은 흥미로운 연구이지만, 학습장애의 원인을 분명히 하는 데는 거의 영향을 미치지 않는다.

## 출생 시 요소

출생 과정에 발생하는 문제들은 출생과 이후의 발달에 영향을 미친다. 이러한 것들은 미숙, 무산소증(산소의 부족), 장시간의 출산 그리고 의학적 기구로부터 손상(Mercer & Pullen, 2005) 등을 포함한다. 그러나 이러한 어려움이 반드시 학습장애의 원인이 되지는 않는다. 앞에서 진술된 것처럼 출생 과정에 어려움을 가진 대다수의 아기들은 반드시 학습장애를 가지지 않는다. 이러한 점에서 직접적인 원인으로 관련된 것은 아직까지 확실한 것이 없다(Bender, 2004, p.56).

저체중 출생은 학습장애의 원인으로 연구되었다. 한편으로 증거는 대다수의 이러한 아기들이 정상적인 학업성취를 보인다고 주장한다. 또 한편으로 그들은 집단으로 정상체중 출생 아기들보다 더 많은 신경발달적 문제와 행동적 문제를 경험한다. Stanton-Chapman, Chapman 및 Scott(2001)는 1989년에서 1990년 사이에 태어나고 1996~1997학년에 플로리다 공립학교에 입학한 약 250,000명 아동들의 기록을 조사한 플로리다 초저체중 출생(Very Low Birth Weight; VLBW, 2lb=0.9kg 이하) 아동들의 기록을 연구했다. 초저체중 출생은 미래 학습장애의 확실한 예언자가 되었다. 저체중 출생은 사회문화적인 상황에서 관찰되어야 할 필요가 있다. 저체중은 다른 사회적, 민족적 그룹에서 보다 흑인들이 더 일반적이다(종종 약 2배 정도 발생). 또한 소득과 저체중 출생 사이에서 관련이 있다. 국가연구위원회/의학연구소(2000) 보고서는 저체중 출생률은 줄어들고 있었지만 최근 신생아에 대한 기술 발달과 백인 여성 사이에서 쌍둥이 출산이 증가되었기 때문에 늘어났다고 보고했다.

## 출생 후 요소

비록 뇌의 가소성에 기인한다 할지라도 학습문제와 관련된 가장 일반적인 출생 후 요소는 뇌손상이고, 손상의 결과가 학습문제에 영향을 미치고 있는 것으로 알려지고 있다(Mercer & Pullen, 2005). 생애 초기 단계에서 영양 부족은 심각한 문제를 초래할 수 있다. 이러한 요소는 보통 가난, 부족한 학교 교육과 방치가 함께 일어나기 때문에 연구하는 것이 어렵다(Sigman & Whaley, 1990). 연구의 한 축은 어린이에게 철분 부족을 지적한다. Donovan과 Cross(2003, pp.108, 111)는 Eysenck와 Schoenthaler(1997)와 Sigman과 Whaley(1998)의 연구로부터 다음과 같은 결론을 도출했다.

1. 혈류 속에 있는 비타민과 미네랄의 부족한 수준은 아동의 IQ를 감소시키고, 아동에게 표준적인 식이요법의 보충은 비언어적인 IQ를 유의미하게 증가시킬 수 있다.
2. 어린 유아에게 보충의 지속적인 효과는 운동기술과 관련이 있다(Politt et al., 1994). 유아의 운동기술은 개발도상국 아동들의 훗날 인지능력을 예측한다(Sigman & Whaley, 1998).
3. 아동이 어릴수록 보충의 효과가 더 크다. 십대가 넘어가면 효과가 거의 없다.
4. 미국에 있는 아동들의 약 20%는 플라시보 그룹에서의 검사·재검사에서 +9 포인트의 IQ 증가와 함께 보충에 반응했다. 그러나 적당한 수준의 비타민과 미네랄을 제공받은 아동은 식이요법의 효과가 없었다. 그 효과는 저소득층 아동들에게 가장 높게 나타났다.
5. 무기염류 보충의 영향은 1년 동안 계속되는 것으로 증명되었고 더 오래 지속될 수 있다.

납 중독은 학습문제의 원인과 관련되었다. 페인트와 가솔린에서 납 사용이 감소되는 동안 도시에 있는 아동들의 납 중독 수준은 더 높은 경향이 있다(참조 자료 : 연구의 자세한 개관을 위해 국가연구위원회의 보고서, 특수교육과 영재교육을 받는 소수민족 학생, 2003).

가난과 같은 환경적 요소는 출생 전 빈약한 보살핌, 저체중 출생, 그리고 부족한 영양섭취에 기여한다는 것은 분명하다. 가난한 아동들은 학습장애가 되든지 또는 그렇지 않든지 간에 학교 학습과 관련된 문제를 갖고 있다(환경적 요소들이 소개될 때 학습장애 진단과 관련된 문제에 대한 더 많은 정보를 위하여 제6장 참조).

## 의학적인 원인

### 간단한 신경해부학

Smith(2004)에 의하면 전문가들은 "학습장애는 인간의 뇌가 구성되고 기능하는 방법에 대한 신경학상의 차이에 기인한다."고 동의한다(p.54). 그러므로 간단한 신경해부

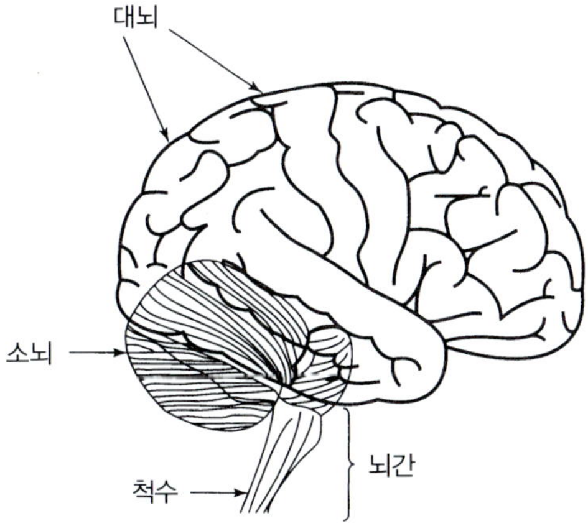


**그림 3-1 뇌**

학과 뇌 기능에 대한 이해는 학습장애 연구에 도움이 된다(Bender, 2004; Mercer & Pullen, 2005; Sousa, 2001). 뇌는 뇌간, 소뇌, 대뇌의 세 가지 중요한 영역을 가지고 있다(그림 3-1).

**뇌간(뇌줄기).** 뇌간(brain stem)은 뇌의 가장 아랫부분에 위치하고 호흡, 심장 박동, 그리고 생명 유지 기능의 책임을 맡고 있다. 뇌의 가장 오래되고 가장 원시적인 부분이다. 이 영역은 감각 입력과 운동 산출을 통제한다. 또한 각성과 주의집중에 대한 책임을 맡는다.

**소뇌.** 소뇌(cerebellum)는 감각 입력을 수용하고 통합하며 대부분의 운동신경계를 통제한다. 소뇌는 평형, 자세와 걷기에 대한 책임을 맡는다.

**대뇌.** 대뇌(cerebrum)는 우리를 인간으로 만들어 주는 뇌의 부분이다. 모든 포유동물이 이 영역을 가지고 있으며, 인간에게서 가장 완전하게 발달되고 고등 수준 기능에 대한 책임이 있다. 대뇌는 반구 사이에 의사소통을 가능하게 하는 신경섬유의 다양한 연결망인 뇌량(변지체)에 의해 연결된 좌우 2개의 반구로 나누어진다. 일반적으로 우반구는 신체의 왼쪽에 있는 대부분의 기능을 통제하고, 좌반구는 오른쪽에 있는 대부분의 기능을 통제한다. 이것은 신경교차(cross-wired)나 측면교차(cross-lateral) 배열이라고 불린다. 제2장에서 많은 것은 편측성(laterality)의 개념으로 만들어졌다. Orton

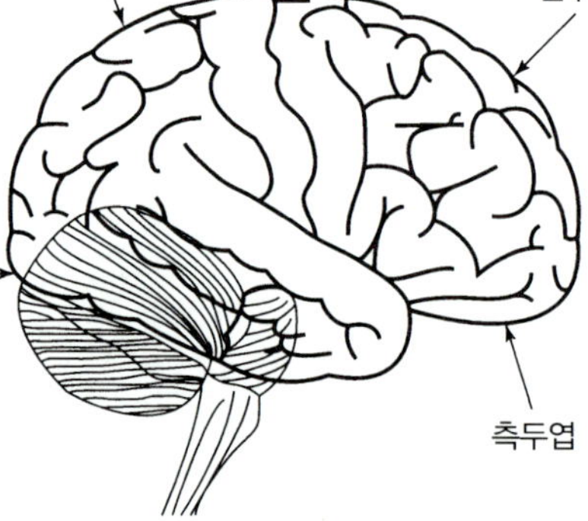


그림 3-2 반구엽

은 반구 지배력의 부족이 읽기와 쓰기 문제의 원인이 된다고 믿었다. 그리고 이 이론이 반박되는 동안, 일부 교사는 손 지배력(혼합 지배)의 부족이 학습장애에 대한 이유라고 믿었다. 반구들은 서로 완전히 독립적이지는 않다. Mercer와 Pullen(2005)은 중앙신경계의 전체적인 기능은 편측성과 우월성보다 중요한 관심사라고 언급했다.

**반구엽.** 뇌는 또한 반구엽(hemispheric lobes)으로 나뉜다. 각각의 반구는 측두엽, 전두엽, 두정엽, 후두엽의 네 가지 엽을 가지고 있다. 측두엽은 청각 기억에 대한 책임을 가진다. 전두엽은 추상적인 사고, 신체 움직임과 구어를 통제한다. 두정엽은 다른 신체 부분으로부터 오는 촉감을 통제한다. 그리고 마지막으로 후두엽은 시각과 시지각에 대한 책임을 맡고 있다. 앞에서 진술한 것과 같이 뇌량은 각 반구에서 비슷한 엽사이의 상호작용을 가능하게 한다(그림 3-2).

## 신경학적 기능 진단

### 신경학적 검사

신경학적 검사는 다른 나라보다 미국의 일부지역에서 종종 더 많이 이용된다. 신경학자는 중추신경계의 기능에 관한 훈련된 의학 전문가이다. 전형적인 신경학적 검사는 학습에서 학생의 어려움을 설명할 수 있는 '약한 신경학적 신호'를 배제하거나 배제하지 않을 것을 시도한다. Mercer와 Pullen(2005)은 검사의 중요한 구성요소를 설명할 때, Kandt(1984), Schor(1983), 그리고 Shaywitz와 Shaywitz(1988)를 인용한다.

Mercer와 Pullen(2005)은 신경학적 검사의 타당성이 불확실하다는 것에 주목한다. Smith(2004)는 강하고 약한 신경학적 신호 검사는 학습 문제를 예측하거나 설명하는 데 있어 효과가 없다고 진술한다(p.75). 그리고 부모가 그들의 아동이 신경학적 검사를 받아야하는지를 묻는다면 여러분은 어떻게 반응할 것인가? 일반적으로 부모는 소아과 의사의 조언을 받아들인다. 부모는 검사의 장단점을 심사숙고할 필요가 있다. 그것은 교육 목적을 위해 도움이 될 정보를 제공하지는 않으나 걱정을 완화시킨다. 발작 또는 종양과 관련된 걱정을 제거할 수 있다. 아동의 뇌가 손상되었다는 사실은 걱정이 되지만, 자동적으로 학습장애가 수반될 것이라는 의미는 아니다. 뇌는 가소성이 있고 종종 손상을 보완할 수 있다(Smith, 2004, p.75). 학교에서 문제를 갖지 않는 많은 학생들은 약한 신경학적 신호를 보인다.

## 신경 진단 검사

초기 학습장애 역사에서 학습장애에 대한 의학적 기초를 찾고자 시도하는 부모와 학교 관계자들은 뇌전도(EEG)로 신경학적 검사를 보충했다. EEG 이외에 의사가 뇌 기능을 검사하기 위해 사용할 수 있는 다섯 가지 검사가 있다－뇌전기활동도(Brain Electrical Activity Mapping : BEAM), 컴퓨터축상단층(X선)촬영(Computerized Axial Tomography scan : CAT-scan), 양전자방출단층촬영(Positron Emission Tomography scan : PET-scan), 자기공명영상(Magnetic Resonance Image : MRI), 기능적 자기공명영상(functional MRI : fMRI)(Bender, 2004; Mercer, Pullen, 2005; Sousa, 2001).

- 뇌전도(EEG) : 뇌에서 전기적인 활동을 기록한다. 전극을 두피의 여러 부분에 테이프로 붙이고 활동의 연속적인 기록을 표시한다.
- 뇌전기활동도(BEAM) : EEG에 의해 제공된 정보가 컴퓨터를 활용하여 구조화된 이미지로 나타난다.
- 컴퓨터단층촬영(CAT-scan) : 여러 각도에서 많은 X선을 사용하여 뇌의 구조를 측정한다. 방사선과 의사에게 뇌 사진을 제시하고 다양한 활동 수준을 확인하게 한다.

- 양전자방출단층촬영(PET-scan) : 방사성 포도당 동위 원소는 혈류를 통해 뇌로 들어간다. 환자가 다양한 과제를 수행할 때, 혈액의 흐름이 기록되고 뇌의 특정한 부분을 확인할 수 있다.
- 자기공명영상(MRI) : 뇌 조직에서 특정하게 측정할 수 있는 변화를 기록하기 위해 자기장을 만든 신경촬영(비방사성). 이러한 변화는 방사선과 의사가 뇌 부분들의 모양과 위치를 볼 수 있도록 무선주파수와 컴퓨터의 증강에 의해 측정된다.
- 기능적 자기공명영상(fMRI) : 뇌를 통한 혈액의 흐름을 측정한다. 학생(아동 또는 성인)이 읽기와 같은 과제를 수행하는 동안, fMRI가 관계되는 뇌 영역을 확인한다. 유능한 학습자의 결과와 비교함으로써, 연구자는 뇌 기능에서 효율적 또는 비효율적인 특정한 영역을 확인할 수 있다.

기능적 자기공명영상은 신경 진단 검사로써 자주 인용되었다(정확한 검토를 위해 Shaywitz & Shaywitz, 2003 참조). 난독증을 가진 학생들을 검사할 때, Shaywitz와 Shaywitz(2003)는 '읽는 동안에 올바르게 작동시키는 좌반구 후두부 뇌 시스템'의 실패를 관찰하여 숙련된 자동적인 읽기를 책임지는 곳은 왼쪽 후두골 영역임을 확인했다(p.524). 난독증을 가진 학생은 전두엽과 우반구에 과도하게 의존한다. 저자들은 그들의 발견을 지지하기 위한 증거의 결집을 인용하면서 "기능적 자기공명영상은 뇌에서 인지체계의 검사를 위한 다른 모든 종류의 기능적 뇌 영상을 대신한다."고 언급했다(p.22).

요약하면 신경 진단적 기술은 학습장애의 진단을 위한 커다란 가능성을 가진다. 그러나 어떤 이들은 "학습장애의 원인을 이해하기 위해 크게 기여를 하지 않았다."고 믿는다(Bender, 2004, p.57). 다른 사람들(Miller, Sanchez, & Hynd, 2003; Shaywitz & Shaywitz, 2003)은 특히 읽기에서 학습장애에 대한 신경학적 기초를 지지하기 위한 증거의 큰 영역이 있다고 믿는다. 이것은 흥미로운 연구의 영역이고, 지속적인 연구는 장애의 원인을 밝히는 것을 도울 수 있다.

## 유전적 원인

연구자들은 학습장애의 유전학적 원인을 검사했고(Raskind, 2001; Wood & Grigorenko, 2001), 거기에서 어떤 학습장애는 유전적 문제에 기인될 수도 있다는 개념을 지지하는 증거가 나타났다. 만약 부모가 읽기장애를 가지고 있다면, 아동이 읽기장애를 가질 확률은 30~50%이다. 이 비율은 남자 아동들이 더 높다(Smith, 2004). Scarborough(1990)는 가장 중요한 위험 요소 중의 하나로서 가족력을 언급했다. 형제들은 난독증의 위험을 40% 가지고 있다(Pennington & Gilger, 1996). Thompson과 Raskind(2003)는 이 영역에 대한 연구에서 실질적인 진보를 인용하면서 읽기장애와 쓰기장애의 유전적 영향에 대한 그들의 검토를 결론지었다. 그들은 인간 게놈 프로젝트가 유전학 연구에 대한 유용한 정보와 강력한 통계적 방법을 제공했다는 것에 주목한다. 현재 1, 2, 6, 15, 18번 염색체는 읽기 및 쓰기장애와 관련되고 있다.

쌍둥이 연구들은 유전학과 학습장애 사이의 관련성을 검사했다. 일란성 쌍둥이는 같은 유전적 조직을 가지고 있는 반면 이란성 쌍둥이는 그렇지 않다. 연구는 일란성 쌍둥이가 이란성 쌍둥이보다 학습장애를 가질 확률이 더 높다(Smith, 2004; Thompson & Raskind, 2003)고 지적했다.

또한 환경이 학습에 영향을 미친다는 인식은 중요하다. Smith(2004)는 학습장애에서 유전적 관련성에 대한 증거에도 불구하고, 유전자에 의하여 제공된 것이 환경에 의하여 변경될 수 있음을 인식하는 것이 중요하다고 언급한다(p.80). 이것은 문화적으로 그리고 언어학적으로 다양한 학습장애 학생들이 있는 도시에서 근무하는 교사에게 특별히 중요한 메시지이다. 국가연구위원회 보고서 「특수교육과 영재교육을 받는 소수학생(Minority Students in Special and Gifted Education)」(2002)은 생물학적 요소와 환경적 요소 사이의 이분법이 인위적이라고 언급했다. 가난의 역할이 도입될 때 이것은 가장 명백하다. 보고서는 빈곤과 관련된 문제들이 분명히 학습장애 영역에 영향을 미친다고 주장한다. 빈곤, 인종, 언어, 그리고 문화와 같은 환경적 요소가 똑같이 도입됨에 따라 원인론과 관계가 있는 논쟁은 흐려지게 된다. 그러나 그것들은 무시될 수 없다. 만약 여러분이 도시에서 가르친다면, 신경환경적 요소들은 교실에서 여러분의 일상생활에 영향을 미칠 것이다.

## 논쟁적 접근

학습장애의 원인에 대한 탐색은 전문가와 부모들을 연구에 의해 지지되지 못했던 접근법들을 사용하도록 이끌었다. 어떤 사람들은 시각의 결함이 학습장애를 발생시킨다고 제안하고 다른 사람들은 알레르기나 비타민 부족을 지적한다. 여러분은 부모가 허구로부터 사실을 분류하도록 돕기 위해 그러한 이론들을 이해할 필요가 있다. 부모는 신뢰롭고 타당한 증거 없이 성공을 주장하는 다양한 전문가들로부터 상처받기 쉽다. Mcnamara와 Mcnamara(1993)는 알려지고 있는 세 가지 접근법을 언급했다.

1. 광과민성 훈련
2. 시각 훈련
3. Feingold 식이요법

### 광과민성 훈련

이 접근법은 학습을 방해한다고 제안된 광과민성을 위해 적당한 색 렌즈를 사용하는 심리학자 Helen Irlen(1983) 박사에 의해 개발되었다. 지각과 학습장애를 위한 Irlen 연구소는 미국 전역에 걸쳐 많은 도시에 지점을 두었고, 광과민성증후군(Scotopic Sensitivity Syndrome : SSS)을 나타내는 학생들을 선별한다. 광과민성증후군의 특성은 매우 광범위하다. 광과민성증후군은 두통, 쓰라리고 가려운 눈, 건조한 눈, 피로 그리고 단어가 2개로 보이고, 움직이며, 흐리게 그리고 사라지는 증상들을 포함한다.

Irlen 박사는 광과민성증후군을 가진 사람들은 그들의 눈을 문지르고, 지나치게 깜짝거리며, 사시이며, 종종 그들의 눈을 크게 뜨며, 책을 가리고, 읽기 자료를 눈 가까이에 두며, 한쪽 눈을 가리며, 한 단어씩 읽고, 그들이 읽는 곳을 유지하기 위해 손가락을 사용한다고 주장한다. 개인이 특별히 채색된 렌즈에 잘 반응한다고 결정된다면, 그 사람은 그런 안경을 착용하도록 조언 받는다.

지금까지 이러한 접근법을 지지하는 경험적인 연구는 없다. 지금까지 제공된 결과는 개별 사례연구나 환자의 추천서에서 있다. 이러한 처치는 확실한 과학적 증거에 의하여 지지될 수 있을 때에 학습장애 아동들의 부모에게 추천될 수 없다(Fletcher & Martinez, 1994).

## 시각 훈련

학습에 영향을 주는 시각적 어려움을 가진 학생들은 읽을 때 앞쪽으로 움직이고, 읽는 위치를 알기 위해 손가락을 사용하며, 줄을 건너뛰며, 단어를 건너뛰며, 구두점을 무시하기도 하고, 공을 채색하는 것에 어려움을 겪으며, 주의집중 범위가 짧고, 읽을 때 쉽게 피로하며, 단순히 분량이 적은 책을 읽으며, 또는 독해에 어려움을 가진다. 일단 진단이 이루어지면, 학생들은 (검안사로부터) 안구 운동과 눈과 손의 협응에 대한 훈련을 받는다.

학습장애 분야에서 대부분의 전문가는 읽기가 단순한 시각적 과제가 아니라는 것과 학습장애가 시각의 결함에 기인하지 않는다는 것을 믿는다. 그러므로 이 접근의 제안자가 제안한 것처럼 시각 훈련은 학습장애를 치료할 수 없다. 광과민성 훈련과 마찬가지로 시각 훈련이 효과가 있다고 제안하는 확실한 증거도 없다.

시각 훈련을 둘러싼 논쟁에는 긴 역사가 있다. 학습장애, 난독증, 시각에 대한 정책적 진술은 미국소아과학회(American Academy of Pediatrics), 미국사시소아안과학회(American Association of Pediatric Ophthalmology and Strabismus)에 의해 1992년에 승인되었고, 미국안과학회(American Academy of Ophthalmology)는 난독증과 학습장애를 위한 안구 또는 시각적 원인이 알려지지 않았고 효과적인 시각적 처치가 없다고 언급했다.

## Feingold 식이요법

1975년에 Benjamin Feingold 박사는 그의 베스트셀러 『당신 아이는 왜 과잉행동인가?(Why Your Child Is Hyperactive?)』를 출판했다. 알레르기 전문의로 임상적 관찰에 기초한 그의 이론은 식품첨가물이 과잉행동과 학습장애를 일으키는 원인이 된다는 것이다. 그의 해결책은 간단한 식품첨가물을 제거하는 것이다. Feingold 박사는 카리스마 있고 설득력 있는 연설가였고 부모들은 그에게 반응했다. 그가 식이요법을 제안했을 때, 많은 사람들은 그들이 먹었던 음식과 먹은 음식이 어떻게 그들에게 영향을 미치는가에 대해 관심을 가졌다. 곧 Feingold 연합회는 미국 전역에 걸쳐 나타나게 되었다. 다음은 Feingold가 제거할 것을 추천한 식품의 목록이다.

**그룹 1**

| | |
|---|---|
| 녹색 후추 | 복숭아 |
| 승도 복숭아 | 탕헤르 오렌지 |
| 오렌지 | 모든 차 |
| 서양 자두와 말린 자두 | 토마토 |

**그룹 2**

인공적인 맛을 포함하는 식품

| | |
|---|---|
| 구워진 상품(빵 제외) | 아이스크림 |
| 음료 | 조미료 |
| 캔디 | 젤라틴 |
| 추잉껌 | 잼 |

**그룹 3**

인공적인 색깔을 포함하는 식품

파랑 1번과 2번, 초록 3번, 빨강 3번과 40번, 노랑 5번과 6번. 두 가지 음식 색깔은 각 하나의 상품에 사용하도록 제한되어야 한다. 핫도그는 오렌지 B, 오랜지 표면을 위해 시트러스 빨강 2번

**그룹 4**

방부제를 포함하는 식품

디부틸히드록시톨루엔(Butylated Hydroxy Toluene : BHT)
부틸히드록시아니솔(Butylated Hydroxy Anisole : BHA)

**그룹 5**

천연의 살리실산염을 포함하는 식품

| | |
|---|---|
| 아몬드 | 커피 |
| 사과 | 오이와 피클 |
| 살구 | 커런트 |
| 체리 | 포도와 건포도 |
| 정향 | |

비록 부모가 식이요법으로 주목할 만한 성공을 보고했다 할지라도, 지역사회는 그것의 효과성에 대해 과학적으로 상당한 의심을 표현했다. 환자들은 그것이 영향을 미쳤다고 말한다. 연구자들은 혹시 영향이 있더라도 조금만 입증되었다고 말한다. 연구들

은 실행이 부족하다고 비난 받았고, 부모들은 빠른 치료방법을 찾는다고 비난 받았다. 잘 통제된 연구들은 식품첨가물이 98~99% 아동들에게 과잉행동을 유발함을 발견하지 못했다(Bender, 2004).

Mercer와 Pullen(2005)은 학습장애의 '치료법'으로 건강식품 사기 행위를 찾아내는 방법에 대해 Worrall(1990)을 인용하면서, 추가적인 논의의 여지가 있는 치료법으로서 메가비타민(megavitamin)요법과 반 멀미(anti-motion sickness) 약물치료를 지적했다. 다음의 질문은 논의의 좋은 시작이다(p.59).

1. 이론은 문제나 조건을 다루기 위한 논리적 관계를 가지고 있는가? 간단하게 그것은 상식적인 기준을 충족시키는가?
2. 이론이나 치료법은 관련된 대부분의 지식과 일치하는가? 해부학, 심리학, 의학과 같은 분야에서 알려진 지식 내에서 이해되는가?
3. 객관적인 증거는 얼마나 합리적인가? 연구는 통제집단이나 플레시보 처치 집단을 포함하는가? 치료법은 연구에서 독립적인가? 통계적 비교를 하기에 충분히 큰 집단인가? 연구는 몇 편이나 되는가?

다른 연구자들도 마찬가지로 논쟁의 여지가 있는 치료법에 대해 언급했다(Silver, 1995). 여러분의 교육경험에서 분명한 것은, 동일하게 논쟁의 여지가 있는 학습장애의 다른 가능한 원인 요소들을 만날 것이다. 매우 많은 부모들은 학습장애 아동들을 돕기 위한 노력에 상당한 시간과 돈을 쓰지만 결과 때문에 실망하게 된다. 그들은 또한 과학적으로 증명된 중재에 쓰일 수 있는 귀중한 시간을 잃어버린다.

## 요약

이 장은 학습장애의 원인으로 언급되는 환경적, 의학적, 유전적 요소들을 다루었다. 명확한 것은 의학과 신경심리학의 분야에서 나온 많은 낙관적인 보고서들이 있지만, 우리가 학습장애의 특정한 원인을 확인하기에는 거리가 있다. 그러나 Cutting과 Denckla(2004)가 주목한 것처럼 행동적, 뇌영상, 유전학인 방법론에 대한 발전과 함께, 많은 인지적 약점을 가진 학생을 위하여 효과적이고 증명된 학교 기반 처치 결과의 최종목표를 가지고, 다음의 수십년은 인지의 복잡성에 대한 깊은 이해와 학습장애의 다른 형태의 깊은 이해를 가져와야 한다. 곧, 학습장애의 원인에 관한 애덤의 부모에 대한 우리의 반응은 그들이 듣기 원한 것이 되지 않을 수도 있다. 즉, 그것은 알려져 있지 않다. 그리고 연구자가 가능한 원인에 대한 조사를 계속하는 동안, 우리는 원인론과 관련된 현재의 결과를 이해하도록 계속 노력해야만 한다.

## 숙고와 논의를 위한 발판

1. "학습장애의 원인이 무엇입니까?"라고 묻는 부모에게 어떻게 반응해야 할까?
2. 신경학적 검사를 위해 아동을 데리고 온 부모와 인터뷰하라. 부모의 기대에 부합하였는가? 아동의 교육에 어떻게 영향을 주었는가?
3. 학습장애의 높은 발생률을 유전적 장애에 근거한 「학습장애 연구와 실제」라는 특별한 간행물을 읽어라(19[3], August 2004). 동료와 그것을 토의하라. 여러분의 반응은 무엇인가? 그들의 반응은 무엇인가?
4. 학습장애의 검사를 위한 의학적 시설을 살펴보라. 의학적 검사는 교육적 검사와 어떻게 다른가? 교수의 결과는 무엇인가?
5. 여러분은 학습장애 아동들을 위해 논쟁의 여지가 있는 처치를 사용한 부모들을 어떻게 설득할 것인가?

# 4 주의력결핍 과잉행동장애와 기본적 심리과정 장애

지각
주의집중
주의력결핍 과잉행동장애
기억
인지적 과정
정보처리과정
교수를 위한 함의
요약
숙고와 논의를 위한 발판

### 학습목표

이 장을 학습한 후 여러분은 다음을 할 수 있을 것이다.

- 기본적 심리과정 장애를 조사하는 원리를 이해할 수 있다.
- 주의집중과 기억, 인지 과정을 이해할 수 있다.
- 주의력결핍 과잉행동장애(ADHD)의 특성, 진단 및 처치를 알 수 있다.

알리시아는 시지각적 문제로 인해 기하학에서 어려움을 겪고 있다. 론은 과제를 회피하려 하였는데, 왜냐하면 청각적 정보를 간단하게 처리할 수 없기 때문이다. 아론의 주의집중 문제가 그의 기억이나 회상에 영향을 미치는지는 분명하지 않다. 이상은 여러분이 학습장애 학생을 설명할 수 있는 이유들 중 몇 개의 예일 뿐이다. 학업 영역의 학습장애를 설명하는 장애의 기저에 있는 심리과정, 즉 지각, 주의집중 및 기억을 살펴보는 것이 당연하다. 학습장애 분야의 초기 단계에서는 과정 접근이 주를 이루었다. 학생들의 학업기술을 증진시키기 위해 개별 과정들을 훈련시키는 것(특히 지각적 훈련)이 학습장애 분야의 특징을 정의하는 것 중의 하나였다. 주목할 수밖에 없는 연구 분야는 과정 접근을 멈추게 하였으나 기저 과정의 개념은 여전히 학습장애 정의의 주요 요소이다. 이 장에서는 이들 과정들을 검토하고 관련 연구를 개관하며, 교수적 함의에 대해 논의한다. 또한 여러분이 교사로서 학습장애와 주의력결핍 과잉행동장애 동반한 학생을 만나게 될 것을 고려하여 주의력결핍 과잉행동장애에 대해 부가적으로 논의한다.

---

Torgesen(1998)은 학습장애아들의 '독특한 전문적 정체성'(p.16)은 특별한 심리학적 과정의 정의와 치료교육으로부터 왔다고 말했다. 학습장애 분야의 역사(제2장 참조)에서도 나타나 있듯이, Kirk, Frostig, Kephart와 같은 초기의 학습장애 분야 개척자들은 각각의 특정한 심리언어적 과정 또는 지각 과정에 초점을 두었다. 초기의 비판(Mann, 1979; Mann & Phillips, 1967)은 과정 훈련이 기초 학업기술로 전이되지 않았음을 지적하는 많은 연구들에 의해 제기되었다(이 비판에 대한 상세한 논의는 Myers & Hammill, 1990 참조). Torgesen(2002)은 학습장애 분야에서 심리학적 과정을 논의하는 것은 시기상조였을 수도 있으며, 우리는 1960년대 후반과 1970년대 초반부터 큰 진보를 이루었다고 하였다.

> 기본 심리과정의 발달에 대한 이해뿐만 아니라 똑같은 학습기회하에서도 학습결과에 차이를 보이는 아동들의 심리과정 한계를 정의하는 것도 진보하였다. 이러한 진보의 원인은 정보처리 패러다임, 즉 인간 행동을 연구하고 설명하는 방식이 이 기간 동안 성숙되었으며, 이것은 인간의 학습과 행동을 이해하기 위한 방법론과 이론적 구조에 크게 기여하였다(p.569).

이 새로운 지식은 학습에 영향을 미치는 심리학적 과정(주의, 기억, 인지)의 평가에 더 새로운 관심을 이끌었으며, 이러한 연구는 계속되고 있다. 그러나 우리는 초기에 감각적 훈련이 경험상의 증거가 없음에도 불구하고 널리 이용되었던 것과 같이 시류에 편승하여 똑같은 실수를 하지 않도록 주의해야 한다. McGrady(2002)는 우리가 아직 본질적인 심리학적 과정에 대한 입증된 분류를 가지고 있지 않고 있으므로 신중할 것을 강조하였으며, Torgesen(2002)은 "학습장애 아동들이 가진 본질적인 심리학적 과정에서의 약점을 신뢰성 있고 타당하게 측정하기 위한 기초가 학교에 광범위하게 적용하도록 권장할 만큼 충분하지 않다(p.591)."고 지적하였다. 우리가 이들 심리과정에 대한 정의와 치료 방법을 더 잘 이해하려면 이 분야에 대한 기초 연구가 더 필요하다.

## 지각

학습장애 분야에서 초기 연구자들은 근육운동 학습(걷기, 한 발로 뛰기, 두 발로 뛰기, 던지기 등)은 말하기와 읽기, 쓰기와 같은 높은 수준의 학습 방법에 전제되어야 한다고 믿었다. 의사소통과 읽기, 쓰기를 하려면 아동은 근육운동 학습이 충분해야 한다. 그러므로 1960년대와 1970년대에 많은 교육적 프로그램들은 한 발로 뛰기와 깡충깡충 뛰기, 두 발로 뛰기, 던지기, 잡기, 장애물 넘기와 같은 근육운동 활동에 초점을 맞춘 특수체육 교육과 유사하였다.

이유는 이들 기능들을 배워야만 학생들은 다른 학업과 관련된 기능으로 더 진보할 수 있기 때문이다. 1970년대 초에 이루어진 연구는 이 논쟁을 지지하지 않았으나 일부 사람들은 이 접근에 대한 지지를 계속하였다. 학습장애 분야의 최근 이론에서는 지각·운동 활동에 대한 개별 훈련의 효과를 지지하지 않는다.

학습장애 학생들이 근육운동 문제를 가지지 않는다는 것은 아니다. 많은 부모들은 학습장애아들의 동작이 서투르거나 어색하며, 걷기나 자전거 타기가 늦었다고 보고한다. 일부 부모들은 아동이 항상 물건에 쾅 부딪치고 운동하는 데 어려움이 있으며, 신체적 활동을 즐기지 않는다고 말한다. 교사들은 종종 학습장애 학생들이 필기나 가위 사용하기, 단추 끼우기, 신발 끈매기에 어려움이 있다고 말한다. 그들은 공을 잡지 못하거나 책을 떨어뜨리거나 운동장에서 아동들과 놀지 못할 수도 있다.

근육운동에 문제를 가진 학습장애아들이 분명히 있다. 치료에 대한 우리의 접근은 해가 지남에 따라 바뀌어 왔다. 근육운동에 문제를 가진 아동을 위해 학생들의 요구에 맞추어 체육교육 프로그램을 수정한 특수체육 교육에 다방면에 걸친 중재가 포함될 수도 있다–학생의 소근육운동 기능을 증진하는 작업 치료, 대근육운동 기능을 촉진하는 물리치료.

근육운동 문제를 가진 학생들은 그들이 배운 것을 표현할 수 없어서 쉽게 좌절할 수도 있다. 그들은 쓰기가 어려워서 종종 조금만 쓴다. 그들의 필기는 조잡하고 읽기 어려울 수 있다. 이것은 수학 학습에서 곤란의 원인이 될 수도 있다. 수의 순서를 맞추거나 자기가 쓴 수를 읽지 못해서 그들은 실수하게 된다.

공간관계 문제를 가진 아동들은 문장에 있는 단어와 단어에 있는 글자의 순서를 나열하는 데 어려움을 겪는다. 그들은 또한 학급 내에서나 가게에서 물건에 부딪치지 않고 무사히 지나다니기가 어려울 수도 있다.

시지각적 문제들은 시각적 변별과 전경 · 배경 변별, 시각 종결, 시각 종결능 포함할 수 있다. **시각적 변별**은 다른 것들로부터 하나의 대상을 구별하는 능력이다. 이 영역에서의 보이는 어려움의 전형적인 예는 글자(b와 d, p와 q)와 단어(was와 saw)를 반전하는 것이다.

**전경 · 배경 변별**은 배경으로부터 대상을 구별하는 능력이다. 이 기능을 숙달하는 데 어려움이 있는 학생들은 전경과 배경이 겹쳐져 있을 때 하나의 단어에 집중하거나 사물을 그리는 데 문제를 가질 수도 있다. 많은 글이 있는 배경에서 중요한 정보에 초점을 맞추는 것이 어려울 수도 있다.

**시각 종결**은 어떤 자료의 한 부분만 보일 때 전체를 아는 능력이다. 아동들의 워크북에 있는 활동들에서 모든 양말이나 모든 물고기를 찾을 때 시각 종결이 필요하다. 아동들은 항목들의 일부분만을 보고도 그것들의 정확한 개수를 세어야 한다. 시각적 종결에 문제가 있는 아동은 이 활동에 어려움을 겪는다. 부분적으로 보이지 않는 단어를 읽는 것도 어렵다. 결국 시각적 기억에 문제를 가진 아동들은 모양과 물체뿐만 아니라 글자와 숫자, 단어를 변별하는 데 곤란을 겪을 수 있다.

청지각적 문제는 청각 변별과 청각적 전경 · 배경 변별, 청각 기억 및 청각 조합 문제로 분류될 수 있다. **청각 변별**은 소리들 간의 유사성과 차이를 구별하는 능력이다. 청각적 변별 문제를 가진 학생들은 지시에 따르기 어렵고 음향적인 모든 면에 어려움을 가진다. **청각적 전경 · 배경 변별**에 어려움을 가진 학생들은 그들이 배경으로부터 들은 정보의 주요한 자료를 변별할 수 없다. 교사들은 이렇게 말할 수도 있다. "그는 자기 주변의 모든 것이 진행되는 상황을 정확하게 알고 있지만, 내가 말한 것은 듣지 않아요." 부모들은 종종 "그 애가 모든 것을 듣기는 하지만 듣기 위해 추측한 것만을 듣는다."고 보고한다. 이들 학생들은 강의나 대화에서 관련된 것과 관련되지 않는 것을 구별할 수 없다. **청각적 기억** 문제는 아동이 들었던 정보를 회상하는 데 있어서 무능함으로 나타난다. 이러한 아동들은 지시(특히 한 가지 이상일 경우)뿐만 아니라 요일, 전화번호, 단어의 순서를 회상하는 데 문제를 가질 수 있다. 많은 학습장애 아동들은 각각 분리된 소리들을 결합하여 단어로 만드는 데 어려움을 가진다. **청각적 조합**이라 불리는 이 기능은 아동이 발음 중심 접근법을 배운다면 그것의 성공적인 학습에 핵심적이다. 만약 다른 접근법이 적용된다면 그것은 덜 중요하다.

근육운동 문제와 관련하여 학습장애 분야의 선구자들은 이들 기능이 미래의 성공에 핵심적이라고 느꼈다. 다시 한 번 말하지만, 이 신념은 연구에 의해 지지받지는 못했다.

학습장애 학생들에게 있어서 지각장애에 대한 경험적 증거가 부족함에도 불구하고, 교사들은 그것들이 일부 학생들에게 나타난다고 알고 있다(Mercer & Pullen, 2005). 교사들은 이들 문제를 알고 내용과 기초 기능들을 교수에 이용하되 개별 심리과정 훈련을 시키지 않도록 해야 한다.

## 주의집중

주의집중은 추론된 개념이다. 교사로서 여러분은 학급에서 여러분을 똑바로 쳐다보면서 동의하듯 고개를 끄덕이며 외관상으로는 집중하는 아동이 주의집중하고 있다고 생각할 수도 있다. 사실 그 아동이 과제를 수행함으로써 주의집중하고 있다는 것을 증명하기 전까지, 여러분은 정말로 알지는 못한다. Bender(2004)는 주의집중을 세 가지 영역으로 구분하였다.

1. 과제에 투입한 시간
2. 주의집중의 초점
3. 선택적 주의집중

대부분의 연구들이 관심을 둔 영역은 선택적 주의집중으로 이것은 중요한 것에 초점을 맞추고 관련성이 적은 자극은 무시하는 능력이다. 여러분이 학습장애 학생들에 대한 제한된 경험만을 가졌다고 해도 여러분은 많은 학습장애 학생들이 이 기능에 어려움을 갖고 있음을 알아차릴 것이다. 그들은 강의나 읽은 것의 중요하지 않은 면에 초점을 맞출 것이다. 부모들이나 학생들은 자주 그들이 시험을 위해 밤새 공부했으나 전적으로 잘못된 정보를 목표로 했다고 보고한다. 초기 연구자인 Alan Ross(1976)는 학습장애 학생들에 대한 연구를 검토한 후 과제에 선택적으로 주목하는 것의 어려움은 학습장애의 주된 특징 중의 하나라고 결론지었다. Hallahan, Gajar, Cohen 및 Tarver(1978)는 Hagen(1967)이 개발했던 과제, 즉 학습장애 학생들의 주의집중을 연구하기 위한 중심적 학습과제와 부수적 학습과제를 적용하였다. 학생들은 중간에 줄을 그어 나눈 종이의 위쪽에 가정용품 목록을 적은 7개의 포스터를 받았다. 아래쪽에는 동물 그림이 그려져 있었다. Bender(2004)는 실험 및 결과를 다음과 같이 서술한다.

> 각각의 자극 카드는 학습장애 아동들과 그렇지 않은 아동들에게 12초 동안 제시되었다. 18개의 다른 포스터들이 있었다. 학생들은 동물 그림에만 주목하고 그들이 보았던 동물 그림을 차례로 기억하도록 요청 받았다. 처음 4개의 포스터들은 연습에 사용되었고 나머지 14개의 포스터는 실제 검사항목으로 사용되었다. 사실 아동들은 동물에 주목하도록 요구받았기 때문에 중심적 회상을 측정하기 위해 정확한 반응률을 측정하였다. 이 과제의 끝에 아동들은 아래쪽에는 동물 그림이 그려져 있고 위쪽에는 비어 있는 7개의 짝지어진 박스들을 받았다. 또한 학생들은 동물 그림과 가정용품이 제시된 7개의 그림을 받았다. 이것은 아동들이 이들 자극을 우연히 기억하기 때문에 부수적 회상을 측정하도록 고려되었다. 연구자들은 중심적 회상 점수에서 부수적 회상 점수를 뺌으로써 선택적 주의집중 정도를 알 수 있었다. 연구 결과 학습장애 학생들은 부수적 회상에는 다른 집단과 유사하였으나 중심적 회상과 선택적 주의집중 점수는 다른 집단에 비해 낮았다. Hallahan과 그의 동료들은 학습장애아동들이 선택적 주의집중 결함을 가지며, 이것은 Torgesen이 이러한 아동들을 수동적인 학습자로 개념화하는 것을 지지한다고 언급하였다(p.78).

주의집중과 학습장애에 관한 많은 풀지 못한 이슈들이 있다(Conte, 1998). 문제의 일부분은 연구 주제의 선택에 있다. 대부분의 연구들은 주의력결핍 과잉행동장애를 동반하거나 동반하지 않은 학습장애아들이 가진 다양한 주제들을 포함하고 있다. 다른 연구들은 학습장애를 동반하거나 동반하지 않은 주의력결핍 과잉행동장애 학생들을 조사한다. 선택적으로 주의집중하거나 주의집중을 보유하는 능력은 학습장애 학생들의 학습문제에 대한 원인인지는 아직 분명하지 않다.

대부분의 증거는 학습장애 학생들이 주의집중 행동의 모든 면에서 부족함을 증명하였다. 그들은 다른 아동들보다 과제에 집중을 적게 한다. 학습장애 학생들은 다른 학생들보다 더 주의산만한 것으로 인식된다. 결국 학습장애 학생들의 선택적 주의집중은 다른 학생들에 비해 더 낮고, 결국 주의집중 능력의 발달이 지체된다는 것이 증명되었다. 학습장애 아동들의 주의집중 결핍은 분명히 주의집중에 대한 더 많은 연구를 필요로 하는데, 왜냐하면 많은 연구들만이 이러한 중요한 이슈들을 명백하게 설명하는 유일한 방식이기 때문이다. 교사로서 여러분은 각 영역에 대한 후속 연구의 결과를 참조할 필요가 있다.

## 주의력결핍 과잉행동장애

학습장애와 주의력결핍 과잉행동장애 간에는 유사한 점이 있다. 학습장애가 주의력결핍 과잉행동장애에 우선하거나 주의력결핍 과잉행동장애가 학습장애에 우선하거나 그 두 가지가 공존할 수도 있다. 교사들은 주의력결핍 과잉행동장애와 친숙해질 필요가 있는데 주의집중 문제와 충동성, 과잉행동은 학습장애 학생들에게 자주 일어나기 때문이다(Hallahan, Lioyd, Kauffman, Weiss, & Martinez, 2005). 학습장애와 주의력결핍 과잉행동장애는 분명히 동의어는 아니지만 학습장애와 겹치고 공존성이 있어서 주의력결핍 과잉행동장애는 인식해야 할 주제이다.

시간이 흐름에 따라 용어는 변화되어 왔으며, 학문 간의 다양성을 가진다. 1960년대에 학교는 **학습장애**나 **과잉행동**이라는 용어를 사용한 반면, 내과 의사에 의해 주의력 문제를 가진 것으로 평가된 아동은 대부분 **미세뇌기능장애**(MBD)를 가진 것으로 명명되었다. 최근에 가장 자주 사용되는 용어는 **주의력결핍 과잉행동장애**이다. 일부 전문가들은 **주의력결핍장애**(ADD)라는 더 일반적인 용어를 사용하자고 제안하는데, 이는 과잉행동을 포함할 뿐만 아니라 모든 종류의 주의력 문제를 포함하기 때문이다.

주의력결핍 과잉행동장애를 가진 아동들의 가장 자주 참조되는 특성은 **과잉행동**과 **주의산만** 및 **충동성**이다. 그들은 과제를 수행하고 대화의 중요한 면에 초점을 맞추고 수업과 관련된 과제를 하는 데 어려움이 있다. 그들은 한 가지 활동에서 다른 활동으로 빨리 이동하거나 외부 자극에 쉽게 산만해지기 때문에 자주 과제를 완성하지 못한다. 부모들은 아동들이 잠을 적게 자고 휴식이 매우 적으며, 계속 움직인다고 말한다.

과잉행동은 아동들이 자신의 근육운동 활동을 조정하기 어렵게 만드는 중추신경체계의 장애이다. 이러한 아동들은 끊임없이 활동할 필요가 없는데도 불구하고 휴식이 없고 안절부절 못한다. 부모들은 이러한 아동들을 식사시간 동안에도 앉아 있지 못하거나 하나의 활동에서 다른 활동으로 빠르게 옮겨 가거나 '끊임없이 말하는' 아동으로 묘사한다. 교사들은 이들 학생들이 항상 무언가를 하는 아동으로 보고한다. 그들은 연필을 깎거나 연필이나 손가락으로 책상을 두드리거나 발로 바닥을 두드리거나 숙제를 아주 빨리 틀리게 해치우거나 운동장을 배회하거나 의자를 자주 움직인다. 이러한 행동들은 자주 어떤 목적이나 초점 없이 행해진다. 어떤 사람은 이렇게 말할 것이다. "나는 그가 어디에서 에너지를 얻는지 모르겠다.", "나는 그의 에너지를 갖고 싶다." 이것은 어떤 사람에게 많은 것을 수행하도록 허락된 에너지의 유형이 아니다. 완전히 반대로 그것은 생산성을 방해한다.

주의산만한 아동들은 과제를 계속하고 감각으로부터 정보를 걸러내는 것에 어려움을 가진다. 그들은 관련 있는 정보와 관련 없는 정보를 잘 변별하지 못한다. 그러므로 모든 것에 그들의 주의가 끌린다. 그들은 긴 시간 동안 특정한 과제에 초점을 맞출 수 없다. 그러므로 그들을 묘사하기 위해 **짧은 주의집중 범위**라는 용어가 종종 사용된다.

여러분은 쉽게 산만해지는 아동들과 성인들을 본 적이 있을 것이다. 그들의 주의는 방 한 쪽에서 나는 작은 소음에도 끌릴 것이다. 그들은 집 밖에서 누군가가 이야기하는 소리를 듣고 그것으로 인해 주의산만해진다. 창 밖에서 자동차가 지나가면 그들은 갑자기 일어나 밖을 내다본다. 그들은 무언가를 가지러 침실로 갔지만 벽에 걸린 그림에 주의가 쏠려 자신이 침실에 간 이유를 잊어버린다. 이러한 아동들의 상당수는 생일파티와 쇼핑몰, 축제, 서커스 등의 장소에서 어려움을 경험한다. 그들은 주변에서 일어나는 자극의 증가로 인해 종종 화를 잘 내고 휴식이 없게 된다. 일부 학급에서는 같은 문제가 발생할 수 있다. 아동이 효과적으로 주목할 수 없는 경우가 많이 일어나고 있다.

주의력결핍 과잉행동장애를 가진 일부 아동들은 충동적이라서 먼저 행동하고 나중에 생각한다. 그들은 이것이 무례하지만 이것이 지적될 때까지는 알지 못한다고 말한다. 그들은 학급 친구들을 때리고 나서 아낌없이 사과한다. 그들은 자신들이 하는 행동의 의미를 예상하여 실행에 옮기는 것이 거의 드물고 그러한 능력이 부족하다. 충동적인 아동들은 대화 주제와 관련 없는 질문을 한다. 학급에서 그들은 질문이 채 끝나기도 전에 대답(주로 틀린 대답)을 한다. 이러한 아동들과 성인들은 그들이 하는 행동의 결과에 주목하지 못해서 사고를 일으키는 경향이 있다. 주의력결핍 과잉행동장애를 가진 아동은 학교와 가정에서 이러한 행동들을 보인다. 이 장애의 특징 중 하나는 나타난 행동들의 전반성이다. 이러한 행동들이 전반적으로 나타난다는 것이다. 만약 아동이 학교나 가정 중 하나의 장소에서만 이러한 특성을 보인다면, 그것은 아마 주의력결핍 과잉행동장애보다 다른 요인으로 인한 것일 수 있다.

## 출현율과 원인

대부분의 전문가들은 주의력결핍 과잉행동장애로 진단되는 비율을 학령기 아동의 약 3~7%로 추정한다(Barkley, 1998; Du Paul & Stover, 2003; Pastor & Reuben, 2002). 학습장애 학생들을 가르치는 교사로서 여러분은 학습장애와 주의력결핍 과잉행동장애를 모두 가진 학생들을 가르칠 수도 있다. 학습장애와 주의력결핍 과잉행동장애의 공존(두 가지 이상의 장애가 동시에 일어나는) 출현율은 약 20~40% 범위에 있다(Du Paul & Stover, 2003; McNamara & McNamara, 2000).

주의력결핍 과잉행동장애의 원인은 무엇인가? 학습장애에 영향을 준 것과 같은 요인이 주의력결핍 과잉행동장애에도 영향을 미친다. "주의력결핍 과잉행동장애의 원인론에 대한 가장 신중한 결론은 다수의 신경학적인 요인들일 수 있는데, 주의력결핍 과잉행동장애 아동들이 다른 아동들에 비해 짧은 주의집중 범위를 가지고, 높은 충동성과 근육운동 활동을 보이는 원인이 될 수 있다(Du Paul & Stover, 2003, p.15)." 이 연구자들은 연구의 방법론적 어려움, 환경의 중요성, 원인과 처치 간의 관련성의 부족 때문에 우리가 이러한 결론에 주의해야 할 필요가 있다고 지적한다.

## 용어

일부 사람들은 주의력결핍 과잉행동장애라는 용어가 잘못 도출된 것이라고 주장하는데, 왜냐하면 그들이 주의집중에 결함이 없기 때문이다. 그들은 그 증거로 "학생이 주의집중 자원을 개발하고 배분하는 데 결함이 있다(p.126)."고 하는 Barkley(1997)의 연구를 참조한다. Denckla와 그의 동료들은 행동주의적 신경유전학(행동에 대한 뇌 유전자) 접근을 채택하는 주의력결핍 과잉행동장애에 대한 중요한 연구를 했다. 그들의 연구에 대한 설명은 학습장애 연구와 실제(Learning Disabilities Research and Practice, 19[3], 2004)에 있는 특별 시리즈를 참고하기 바란다. Du Paul과 Stover(2003)도 주의력결핍 과잉행동장애의 결함에 대한 개념화에서 Barkley(1997, 1998)의 연구를 기술했다. Barkley의 모델은 주의력결핍 과잉행동장애가 주의집중에 장애가 있는 것이 아니라 행동적 억제에 장애가 있다고 주장한다. Barkley는 이 영역에 대한 연구가 계속되고 있다고 한다. 용어의 사용이 만족스럽지 않지만, 여기에서 언급되는 것은 학문과 정책 및 지지를 수렴한 것임을 인정해야 한다. 공공정책에 영향을 미치는 강력한 지지 요소가 있는데, 주의력결핍 과잉행동장애라는 용어를 배제하게 되면 그것의 정체성(과 영향력)이 위협받을 수 있다. 부모나 전문가 단체와는 독립적으로 주의력결핍 과잉행동장애를 정련하고 이해하기 위해 연구는 계속될 필요가 있다. 그러나 주의력결핍 과잉행동장애에 대한 인식은 이러한 지지자들에 의해 크게 강화되어 왔음을 알아야 한다.

## 주의력결핍 과잉행동장애의 판별

1994년의 정신장애진단통계편람(Diagnostic and Satistical Manual on Mental Disorders : DSM-IV)에서 제시한 주의력결핍 과잉행동장애의 판별 기준은 다음과 같다.

A. (1)이나 (2) 중의 한 가지

1. 부주의한 다음 증상 가운데 6가지(또는 그 이상) 증상이 최소한 6개월 이상 부적응적이고 발달 수준에 맞지 않는 정도로 지속되어 왔다.

### (1) 부주의

a. 자주 세부적인 면에 대해 면밀한 주의를 기울이지 못하거나, 학업이나 작업 또는 다른 활동에서 조심성 없이 실수를 저지른다.

b. 자주 과제나 놀이 활동에서 주의를 지속하는 데 어려움이 있다.
c. 자주 다른 사람이 직접 말을 할 때 경청하지 않는 것으로 보인다.
d. 자주 지시를 따르지 못하고, 학습과제, 허드렛일 또는 작업장에서 임무를 끝내지 못한다(반항적 행동이나 지시를 이해하지 못해서가 아님).
e. 자주 과업이나 활동을 조직화하는 데 어려움이 있다.
f. 자주 지속적인 노력을 요구하는 과제(학업 또는 숙제 같은)에 참여하기를 피하고 싫어하고 저항한다.
g. 자주 과제나 활동에 필요한 물건들(예 : 장난감, 학교 숙제, 연필, 책, 또는 도구)을 잃어버린다.
h. 자주 외부의 자극에 의해 쉽게 산만해진다.
i. 일상적인 활동들을 잊어버리는 일이 흔하다.

### (2) 과잉행동-충동성

a. 자주 손발을 가만두지 못하거나 의자에 앉아서도 몸을 움직인다.
b. 자주 앉아 있도록 요구되는 교실이나 다른 상황에서 자리를 떠난다.
c. 자주 부적절한 상황에서 지나치게 뛰어다니거나 기어오른다(청소년 또는 성인에게 주관적인 느낌의 좌불안석으로 제한될 수 있다).
d. 자주 조용히 여가 활동에 참여하거나 놀지 못한다.
e. 자주 '끊임없이 활동하거나' 마치 '모터로 움직이는 것'처럼 행동한다.
f. 자주 지나치게 말을 많이 한다.
g. 자주 질문이 끝나기도 전에 성급하게 대답한다.
h. 자주 차례를 기다리는 것이 어렵다.
I. 자주 다른 사람의 활동을 방해하고 간섭한다(대화나 게임에 참견한다).

유형에 기초한 진단 코드

**314.01** 주의결핍/과잉행동장애, 복합형 : 지난 6개월 동안 진단기준 A1과 A2 모두를 충족시킨다.

**314.00** 주의결핍/과잉행동장애, 주의결핍형 : 지난 6개월 동안 진단기준 A1은 충족시키지만 A2는 충족시키지 않는다.

**314.012** 주의결핍/과잉행동장애, 과잉행동 · 충동형 : 지난 6개월 동안 진단기준 A2는 충족시키지만 A1은 충족시키지 않는다.

세 가지 유형의 준거 목록 :

AD/HD의 복합형

AD/HD 부주의 우세형 ADHD

### 과잉행동-충동 우세형

대부분의 아동들은 과잉행동 우세형과 복합된 것으로 진단된다. 이러한 증후는 7세 이전에 나타나야 하며, 적어도 두 가지 이상의 장면에서 나타나는 것으로 한정된다. 그것들은 사회적, 학업적, 직업적 기능에 영향을 미치며, 다른 장애로 인한 것이 아니어야 한다.

### AD/HD, 부주의 우세형

많은 전문가들은 이 유형이 '밖에 있는', '멍한' 것으로 묘사되는 주의력결핍 과잉행동장애를 가진 것 같은 아동들로 주의력결핍 과잉행동장애 영역의 출현율에서 간과되고 있다고 믿는다. 더욱 일부의 사람들은 이 유형이 남학생들보다 여학생들에게 더 많고 적절하게 진단되지 않는다고 주장해 왔다.

여러분이 판별 기준을 적용하게 되면, 많은 전문가들과 부모들이 특정 부분(예를 들면, 손이나 발을 만지작거리거나 자리에서 꿈틀거리는 것)에 대해 결정하기 어려웠음을 쉽게 알 수 있다. 얼마나 많이 일어나는가? 얼마나 자주 일어나는가? 어떤 과제를 하는 동안 일어나는가? '꿈틀거린다'가 무엇을 의미하는가? Barkley(1998)는 DSM-IV의 기준에 관한 많은 관심을 언급하였다. 그러나 그는 그것이 선행 준거들에 비해 많이 개선되었으며 주의력결핍 과잉행동장애에 대한 연구보고서에 더 근접했다고 밝혔다. 그는 전문가들에게 좋은 임상적 판단으로 활용하되 기준을 적용함에 있어서 독단적이어서는 안 된다고 조언한다.

아동을 주의력결핍 과잉행동장애로 판별하는 것은 종종 제외하는 과정이다. 다른 어려움들이 제외되고, 주의산만과 과잉행동, 과제 지속의 어려움 등과 같은 아동이 보이는 특성을 고려하여 일반적으로 주의력결핍 과잉행동장애가 진단된다. 그러나 이 진단은 한 사람에 의해서 이루어지거나 독립적으로 이루어져서는 안 된다. 적절한 평가는 팀 접근으로 이루어지는데, 아동과 성인을 평가하기 위해 의학과 심리학, 교육학 및 사회복지학의 전문가들이 팀에 포함된다.

## 주의력결핍 과잉행동장애의 진단

주의력결핍 과잉행동장애를 정확하게 진단하기 위해서는 다학문적 평가가 핵심적이다. 이를 위해 의료적, 심리학적, 교육적 및 사회적 이력에 대한 평가가 이루어져야 한다. 진단을 위한 평가 방법뿐만 아니라 평가의 각 요소들도 검토될 것이다. 공존성으로 알려진 동시에 일어나는 장애도 고려될 것이다.

주의력결핍 과잉행동장애는 복잡한 장애이다. 적절한 진단을 보장하기 위해 다양한 자원으로부터 자료를 수집해야 한다. 평가는 의사(신경학자)와 심리학자, 특수교육자, 사회사업가 등으로 구성된 **다학문적 팀**으로 언급되는 전문가 집단에 의해 이루어져야 한다. 팀 구성원들은 진단에 대한 전체적인 그림을 제공할 수 있도록 함께 일한다. 다학문적 접근이 되지 않으면 중요한 요소가 빠지게 되어 오진할 수도 있다.

**신경학자**(가급적이면 발달 신경학자나 소아 신경학자)는 중추신경계의 기능을 평가할 것이다. 이것은 신경의 손상 정도를 평가하는 것이 아니다(제3장 참조). 문제의 본질에 따라 어떤 실험적 검사가 바람직할 수도 있다. 예를 들면, 발작장애가 의심된다면 신경학자는 뇌파 활동을 측정하는 뇌파검사(EEG)를 요청할 수도 있다.

**심리학자**는 장애아동의 지적 기능과 사회 · 정서적 기능을 평가할 것이다. 이를 통해 주의력결핍 과잉행동장애와 공존하거나 주된 문제로 나타날 수 있는 학습장애나 정서장애, 또는 심리학적 · 정신과적 장애와 같은 장애가 있는지 알아볼 수 있다.

심리교육적 평가 절차를 훈련받은 **특수교육자**는 가능한 학습장애나 다른 학업과 관련된 장애의 유무를 탐색하기 위해 검사를 실행할 것이다. 특정한 영역의 강점과 약점을 결정하기 위해 학생의 기본적인 심리과정(주의, 기억, 지각)과 기초 기능들이 평가될 것이다. 일부 국가들에서는 학교심리학자가 이 검사를 실시하기도 한다.

**사회사업가**는 아동의 출생 정보를 포함한 사회력과 발달력, 가족 역동성, 의료적 정보 및 학교 배치에 대한 정보를 얻기 위해 가족과 만날 것이다. 사회사업가는 주의력결핍 과잉행동장애의 원인을 결정하는 데 도움이 되는 정보를 얻기 위해 가정이나 학교에서의 아동의 행동을 탐구하기도 할 것이다.

다학문적 평가의 필요성은 과소평가될 수 없다. 다양한 전문가들에 의해 정보가 수집되면 아동의 진정한 본질과 요구를 결정할 수 있다. 예를 들면, 한 아동이 학급에서의 과다한 움직임 때문에 평가에 의뢰되었다고 하자. 신경학자는 평가결과 그 행동에 대해 만족할 만큼의 설명력 있는 정보를 찾지 못했지만, 특수교육자는 심리학자가 하듯이 학교문제를 지적하였다. 사회사업가는 가정방문을 요청하여 부모를 만나보니 결혼생활의 어려움과 큰 스트레스가 있음을 알았다. 이 경우에 주의력결핍 과잉행동장애의 신경학적 근거는 나타나지 않는다. 대신 아동이 가지는 부모에 대한 불안이 교실에서 보인 분열적인 행동의 원인으로 가정된다. 이 아동의 경우 중추신경계 기능 이상으로 인해 과잉행동을 보이는 아동과는 현저하게 다른 중재가 적용될 것이다.

모든 전문가들이 수집한 자료가 모이면 일반적으로 그 결과를 논의하기 위해 회의를 열고, 주의력결핍 과잉행동장애의 존재 여부를 결정한 다음 중재계획과 진보를 점검할 방법을 결정한다. 주의력결핍 과잉행동장애의 학교중심 평가에 대한 설명은 Du Paul과 Stover(2003)의 연구를 참고하기 바란다.

## 학습장애와 주의력결핍 과잉행동장애

앞에서도 언급했듯이, 학습장애아들을 가르치는 대부분의 교사들은 주의력결핍 과잉행동장애를 수반한 학생들과 만날 것을 고려해야 한다. 학습장애 학생들의 최고 40%까지 주의력결핍 과잉행동장애를 가진 것으로 진단되었으며, 주의력결핍 과잉행동장애를 가진 학생들 중 약 30~40%가 학습장애를 가지고 있다(Barkley, 1998; Poster & Reuben, 2002).

만약 학생이 학습장애와 주의력결핍 과잉행동장애를 모두 가진 것으로 진단되면, 아동은 장애인교육법 2004에서 정하는 서비스를 받을 수 있다. 학습장애를 가지지 않는 주의력결핍 과잉행동장애로 진단되면 다른 건강 장애(OHI)로 분류될 수 있다. 장애인교육법 1997은 주의력결핍 과잉행동장애를 가진 학생을 OHI로 분류하도록 허락하였다. 만약 학생이 학급에서 글을 읽지 못한다면 그는 Section 504 plan에서 정하는 서비스를 받게 될 수 있다(제2장 참조).

## 의료적 중재

주의력결핍 과잉행동장애의 권위자인 Russell Barkley 박사는 학교에서의 ADHD(ADHD in the Schools, Du Paul & Stover, 2003)의 서문에서 주의력결핍 과잉행동장애에 대한 의료적 처치라는 주제에서 더 강한 언어를 사용했다. 그는 다음과 같이 말했다.

> 경험이 없는 사람들이 종종 하는 의문인데, 어떤 사람이 약을 '믿는지' 아닌지 그것은 문제가 되지 않는다. 약물치료는 그것을 보장하기 위해 믿도록 요구하는 종교적 신념이 아니다. 정치적 선전과 학문적으로 무지한 허튼 소리에 반대하는 것처럼, 약물치료에 반대하고 주의력

결핍 과잉행동장애로 진단하는 것조차 반대하기 위해 어떤 사람은 대중매체를 찾고, 어떤 사람들은 집회에 참석하며, 열광적이고, 웹사이트에 가입한다. 다른 치료 전략과 마찬가지로 주의력결핍 과잉행동장애에 대한 약물치료는 학문을 부정하는 중재로 더 잘 확립되어 있다.

약물치료는 주의력결핍 과잉행동장애를 가진 대부분의 학생들에게 효과적이라고 결정되었다(Bender, 2004; Du Paul & Stover, 2003). Du Paul과 Stover(2003)는 약물치료가 광범위하게 사용되고 있다고 밝히면서, 학교의 교직원들이 약물치료의 부수적인 효과와 추천된 약물치료의 요인들, 처치 평가 방법, 의료 전문가들과 의사소통, 약물치료의 제한점 등과 친숙해질 필요가 있음을 지적했다. 그들은 이 분야에 대한 광범위한 개관에 근거하여 향정신성 약물치료에서 발견한 점을 요약하였다.

> 다양한 향정신성 약물치료들은 주의력결핍 과잉행동장애를 가진 아동들의 주의적, 행동적 및 학업적 기능들을 향상시키기 위해 사용되어 왔다. 중앙신경계(CNS) 흥분제 투여는 주의력결핍 과잉행동장애를 가진 아동들의 증상을 관리하는 데 가장 효과적인 약물치료이다. 비록 후자의 두 가지 기능 영역에서는 후속의 반복연구가 필요하지만, 처치에 긍정적인 반응을 보인 사람들에게는 흥분제 약물치료들이 주의력결핍 과잉행동장애를 가진 아동들의 주의 범위와 충동 통제, 학업적 수행 및 동료관계를 두드러지게 향상시킨다. 부작용(예 : 불면증, 식욕 감소)은 비교적 양호하며, 복용량이 많을 때 더 많이 일어나는 것 같다. 흥분제의 행동적 효과는 복용량과 개인적 반응성에 의해 제공되었으므로, 각 아동의 처치 반응은 치료상의 복용량의 범위에 따라 객관적인 방법으로 측정되어야 한다. 학교 전문가들은 주의력결핍 과잉행동장애를 가진 아동들이 학업 수행에서 보이는 흥분제로 야기되는 변화를 평가하고, 의사의 처방에 대한 객관적인 결과 자료를 제공하는 데 주요한 역할을 할 수 있다. 흥분제 약물치료에 대한 전반적인 효능성은 요인의 수에 따라 제한되기 때문에, 다른 중재들(예 : 행동수정)은 주의력결핍 과잉행동장애를 가진 아동들의 행동적, 학업적 상태에 대한 장기적 개선 가능성의 측면에서 최적화될 필요가 있다(p.222).

교사들은 그들의 판단 정보를 제공하기 위해 경험적 증거를 채택할 필요가 있다. 약물과 관련된 결정은 여러분이 읽기나 수학 중재를 할 때 내리는 결정과 같은 종류에 기초한다. 여러분이 그것을 믿거나 믿지 않는 것은 중요하지 않다. 전문 분야에 지원 여부가 실질적인 이슈이다. 식이요법, 음식 제한, 메가비타민, 약초 요법 및 다른 새로운 '유행요법'과 같은 중재는 그 효과가 증명되지 않았다. 교사들은 연구와 이러한 쟁점이 되는 중재를 병행하여 지도할 필요가 있다. 주의력결핍 과잉행동장애에 대한 더 자세한 이해를 원하면 Du Paul과 Stover(2003)를 참고하기 바란다.

## 기억

많은 교사들과 학습장애 아동들의 부모들은 학습장애 아동들이 기억에 문제를 가지고 있다고 말한다. 그들은 종종 이렇게 이야기한다. "그 애는 모든 것을 잊어버려요.", "내가 챙겨 주지 않으면, 그 애는 절대 기억하지 못해요.", "우리가 일주일의 각 요일에 대해 논의했던 것을 말해 보라고 시켰을 때, 그 애는 내가 얘기하고 있는 것에 대한 단서를 가지고 있지 않은 것처럼 나를 빤히 쳐다봐요."

기억은 회상해야 할 항목의 수보다 더 많은 것을 내포하는 복잡한 과정이다. 그것은 회상해야 할 것, 회상 전략 및 자신의 기억 저장고에 저장된 정보에 접근하는 방법을 아는 것을 포함한다. 기억이 어떻게 작동되는지를 아는 것은 우리가 그것을 더 효과적으로 사용할 수 있도록 돕는다. 과제에서 요구하는 것을 이해하고 사용할 수 있는 전략이 무엇이며, 효과적으로 그것들을 사용하는 방법을 알고, 정보를 회상해 내는 방법을 배우는 능력은 학습장애 학생들이 가진 문제의 핵심에 있을 수 있다. 간단한 시각적 모델(그림 4-1)이 이 과정에 대한 설명에 도움이 될 것이다.

우리는 환경을 통해 정보를 받아들인다. 만약 아동이 지각과정에 장애를 가졌다면, 이 정보의 부족은 기억 기능을 악화시키고 나쁜 영향을 미칠 수 있다. 만약 정보(지각)의 해석에 아무런 문제가 없다면, 아동은 정보를 **단기기억**(STM)으로 이동시키기 위해 그것에 주목해야 한다. 일부 학습장애 아동들과 성인들은 정보를 그들의 단기기억으로 이동하지 않는다. 그들은 그것을 잊어버린다. 그들은 결코 그것을 회상할 기회(또는 전략이나 과정)를 가지지 않는다.

일단 정보가 단기기억에 들어오면, 학생들은 그것을 **장기기억**(LTM)으로 이동하기 위해 무엇인가를 해야 한다. 단기기억은 매우 짧고 단지 약 15초 정도만 유지될 수 있다. 그러므로 학생이 정보를 회상할 전략을 채택하지 않으면 그것은 소멸될 것이다. 학생들은 정보를 장기기억(때로는 **장기기억 저장소**로 불리는)으로 이동하기 위해 정보를 조작하거나 '시연'해야 한다. 이것은 **작업기억**(WM)이라고 불리기도 한다. 예를 들면, 여러분은 결코 다시 만나지 못할 것 같은 누군가를 소개받았는데 그의 이름을 기억하기 위해 아무것도 하지 않았다. 그 후 일주일이 지나면 여러분은 그의 이름을 회상할 수 없다. 만약 여러분이 이름의 첫 글자와 그의 특성을 관련시키거나 친숙한 이름과 그 사람의 얼굴을 관련시키는 것과 같은 이름을 기억할 방법을 배웠다면, 여러분은 아마 그의 이름을 기억할 수 있을 것이다.

학교에서 학습장애 학생들은 사람의 이름보다 훨씬 더 복잡한 정보를 회상하도록 요구받지만, 그 과정은 똑같다. 그들은 정보를 장기기억으로 옮겨서 나중에 그것을 인출하기 위해 정보를 조작해야 한다.

기억은 사건이나 그림을 빨리 회상하는 것보다 훨씬 더 많은 것을 포함하는 복잡한 과제이다. 그것은 정보에 주목하고 인지, 조직, 저장 및 인출하는 능력을 포함하는 발달적 과정이다. 학습장애 학생들이 기억에서 가지는 문제들은 그들이 기억해야 할 정보의 복잡성뿐만 아니라 기억의 일부나 전부를 포함할 수도 있다.

Swanson(1999)은 기억을 '정보를 부호화하고 조작하며 인출하는 능력'(p.107)으로 정의한다. 그는 기억이 학습장애에 있어서 핵심적인 초점이라고 믿었으며, 다음의 세 가지 이유를 열거하였다.

1. 그것은 수정된 인지를 반영한다. 즉 기억 기능은 학습의 모든 면을 반영한다.
2. 일부 연구들은 학습장애 학생들이 이용하는 기억 기능들은 소멸되어서 나타나지 않거나 자극을 주어도 나타나지 않는다고 밝혔다. 그러므로 우리는 그들의 잠재력을 이용하는 교수적 절차를 개발할 필요가 있다.
3. 결국 학습장애 아동과 성인들의 전반적인 인지를 향상시키려고 하는 인지적 중재 프로그램들은 기억 연구로부터 도출된 원리에 근거해야 한다(p.107).

비전략적 과정의 분석에 초점을 둔 최근의 기억 연구는 의식적으로 수행하지 않는 과정에 대한 것이다. 더 일찍 실행된 연구들의 초점은 기억전략의 습득에 있었다. Swanson과 Saez(2003)는 기억에 대한 연구를 개관하였으며, 그들이 발견한 것을 요약

환경 ··········➤ 단기기억(STM) ··········➤ 장기기억(LTM)

**그림 4-1 기억**

하였다. 학습장애 학생들은 작업기억에 결함을 가지고 있다. 그들은 또한 주의를 분배하고 정보를 작업기억으로 이동하고 갱신하는 데 어려움을 보인다. 더욱 그들은 음운론적 체계에도 결함을 가진다.

장기기억은 기억 영역에서 가장 널리 연구되어 왔다. Swanson과 동료들은 이 영역에서 몇 가지 연구를 수행하였다(부가적인 정보와 참고자료를 얻고 싶으면 Swanson & Saez, 2003을 참조). 학습장애 학생들은 그러한 장애 없는 학생들보다 단기기억 과제에 열등하고, 그들이 정보를 순차적인 순서대로 기억하도록 요구받을 때 그들의 수행은 훨씬 더 못하게 된다. 학습장애 학생의 장기기억 기능에 있어서는 관련 정보가 부족하다. 장기기억 영역에서 가장 주목을 받는 것은 작업기억이다. Swanson(1999)은 작업에 대해 "제한된 중앙 관리적 학습능력으로 속도에 근거한 조음 회로와 시각적 스케치 회로라는 2개의 비활성 저장 체계의 상호작용은 다른 부류의 정보를 일시적 저장소를 이용해 저장한다(p.134)."고 묘사한 Baddeley(1986)의 글을 인용하였다.

최근의 연구에 대한 언급은 아래와 같이 요약될 수 있다(Swanson & Saez, 2003, p.195).

> 1989년 이전에 학습장애에 있어서 기억의 연구는 기억 수행에 있어서 다양성은 아동들의 기억전략 습득에 기초하고 있다는 가정에 강하게 영향을 받았다(Cooney & Swanson, 1987; Swanson, Cooney, & O'Shaughnessy, 1998). 전략들은 정보를 저장하고 그 다음에 인출되도록 돕는 절차에 계획적이고 의식적으로 적용되었다. 지난 10년간의 연구는 의식적으로 적용할 필요가 없는 비전략적 과정을 분석하는 방향으로 옮겨 갔다. 이 움직임의 이면에 있는 주된 동기는 기억 수행의 중요한 면이 종종 기억전략들에서의 변화와 분리된다는 것이다. 최적의 전략(예 : 대부분의 연구에서 유용했던 것으로 나타난 전략)을 사용한 후 학습장애아와 그렇지 않은 아동 간의 차이를 알아 본 전략 중심의 연구에서 가장 인상적인 증거가 도출되었다.
>
> 문헌을 종합해 본 결과, 학습장애아들은 충분히 엄격하게 기억 훈련을 지도하면 분명히 효과를 얻을 수 있다. 그러나 전략 훈련에 대해 학습장애아와 동료들 간의 집단적 차이를 알아본 결과, 훈련받은 아동들은 여러 상황에서 기억이 소멸되지 않았다. 전략이 비효과적이거나 효용성이 적은 이유 중의 일부는 정보처리 능력에서 개인적 차이와 관련될 수도 있다(예 : 학습장애가 없는 아동들은 학습장애아들보다 전략 사용으로부터 더 많은 이익을 보았다). 그리고 다른 아동들에게서 특정 수준의 전략 효과는 다른 원인 때문일 수도 있다. 예를 들면, 한 학습장애 아동은 제한된 능력 때문에 어떤 전략으로부터 이익을 얻지 못할

수 있는 반면, 다른 아동은 과제와 관련된 지식의 부족으로 인해 압박당할 수도 있다. 그러므로 아동들의 차이는 그들의 이용 부족을 극복하기 위해 다른 발달 경로를 따를 수도 있다.

## 인지적 과정

특정한 인지적 과정은 학습장애, 특히 가장 자주 연구되는 읽기에 포함되는가? Siegel (2003)은 읽기발달에 두드러진 다섯 가지 기본 인지적 과정이 있다고 주장하였다—음운론, 구문론, 작업기억, 의미론, 그리고 정서법(이것은 제12장과 제14장에서 다룬다). 음운론적 과정은 가장 두드러진 과정으로 읽기 기능의 발달과 관련이 있다. Siegel은 학습장애아들은 구문론과 작업기억뿐만 아니라 이 과정에서도 결함이 아주 많은 반면, 의미론과 정서법 과정은 결함이 적다고 결론지었다. 그녀는 학습장애아의 평가에 이들 세 가지 과정을 포함시켜야 한다고 권고하고 있다.

## 정보처리과정

이전의 논의에서 인지과정은 다소 분리되어 검사되었다. 그러나 학습장애 학생들에게 있어서 특정한 능력을 분리한다는 것은 어렵다. 정보처리과정 연구는 특정한 능력보다는 포괄적인 체계에 중심을 두고 있다. 그것은 인지심리학에서 가장 영향력 있는 모델로 제시되어 왔다(Mercer& Pullen, 2005; Swanson et al., 1998). Mercer와 Pullen (p.80)은 정보처리과정이 컴퓨터 시스템과 다소 유사하다는 것에 주목하고 있다. 정보처리과정 이론들과 모델들은 차이가 있지만 다음과 같은 공통점이 있다.

1. 정보처리과정은 시스템의 일부로 특징지어진다.
2. 정보처리과정은 정보가 정보처리시스템을 통해 들어가 작동되면서 부호화되고 재부호화될 때 일어난다.
3. 정보처리시스템은 구조적 또는 양적인 특징들을 가지고 있는 것으로 여겨지는데, 그것들(구조적 또는 양적인 특징)은 개인이 직접 통제할 수 있는 것이 아니며 변화될 수 없는 것이다.

4. 정보처리과정은 구조적 또는 양적인 특징들을 가지고 있다고 여겨지며, 그 특징들은 경험과 훈련을 통하여 변화될 수 있다. 이들 특징 중 일부는 개인의 의식적인 통제 아래 있으며 일부는 그렇지 않다.

Swanson 등(1998)은 정보처리과정 접근은 입력신호가 변형되고 정교해지며 정리, 저장, 검색되고 쓰이는 방법에 초점을 두는 것이라고 요약하고 있다. 어떤 모델들은 학습장애 학생들이 정보를 처리하고 그것을 전달하며 학습전략을 사용하는 방법들을 중요시해야 한다고 제안하고 있다. 상위 수준의 기능화에 얼마나 많은 어려움이 있으면 인지전략 수행과 기본처리과정의 결손에 영향을 미치게 되는 것일까? 이러한 물음에 답하기 위해 계속적인 연구가 필요하다.

## 교수를 위한 함의

### 주의집중을 위한 교수전략

다음의 지도를 위한 조언들은 주의집중력의 사용을 증가시킬 수 있다(Bender, 2004, p.80).

1. 강의와 토의 중에 수행과제에 대한 많은 단서들을 제시하라. "그다음 주안점은 …" "3번을 가리키시오." 또는 "여러분이 알아야 할 네 가지 특별한 보기들이 있습니다. 첫째 …"와 같은 단서들은 학생들이 교사가 제시한 핵심을 수행하는 단서가 될 것이다.
2. 주어진 과제를 수행하는 아동과의 눈맞춤을 시각적으로 항상 점검하라. 학생들이 독자적으로 자습을 하고 있을 때 시각적으로 자세히 관찰하고, 학생들이 과제수행을 하는지 확인하기 위해 늘 교실을 돌아다녀야 한다.
3. 외적인 산만함을 최소화하라. 만일 다른 학급이 운동장에 있다면 커튼을 쳐야 한다. 일상적인 교실 소음을 가리기 위해 배경음악을 사용하는 것도 고려하라.
4. 학생들이 주의집중하는 자극의 측면이 무엇인지를 어떻게 알았는지 질문하라. 수업에서의 선택적 주의집중 전략을 논의하라.
5. 특별한 주의집중 전략들을 사용하라. 예 : 실제로 주의집중에 문제가 있는 학생들을 위한 모든 학습지에는 지시사항을 작성할 때 색깔 있는 형광펜을 사용하라.
6. 주의집중의 중요성을 학생들과 논의하라. 그들에게 보다 빠르게 과제를 끝내고 좀 더 많

은 학습시간을 가질 수 있도록 하기 위해 훌륭한 주의집중 기술들의 이점을 보여 주라.

7. 자기점검 전략을 사용하여 주의를 집중시키는 방법을 가르쳐라.

## 주의력결핍 과잉행동장애 학생을 위한 행동중재

제16장에 기술된 행동중재는 주의력결핍 과잉행동장애 학생들에게도 적용된다. Dupaul과 Stover(2003, pp.145~147)는 주의력결핍 과잉행동장애와 관련된 교실문제에 대하여 행동계획으로 중재하려 할 때 아래의 논점들을 고려할 것을 제안하고 있다.

1. 현재의 특정 문제들에 대한 상세 평가는 기능적 평가를 포함하고 있는데, 이는 계획을 안내하고 중재의 구성요소를 선택하는데 길잡이가 되어야 한다(예 : 목표 행동과 기능들, 지도 전략, 동기부여 문제).
2. 주의력결핍 과잉행동장애로 판별된 아동들은 그들의 수행을 최적화하기 위해서 전형적으로 급우들보다 더 자주 특정 피드백을 요구한다. 주의력결핍 과잉행동장애와 관련된 문제에 목표를 둔 조정의 초기단계에서는 상대적으로 지속적인 태도에 가해질 수 있는 만일의 사태를 계획해야 한다. 강화계획은 점진적으로 적용되어야 한다. 증거에 기반한 어떤 연구는 주의력결핍 과잉행동장애 학생들은 간헐적 강화계획 하에서 그들의 행동을 지속하는 데 더 많은 어려움을 가진다고 한다(Douglas, 1984). 강화 시기의 문제와 관련하여 한 연구는 주의력결핍 과잉행동장애 학생들은 학문적인 과제 성취에 대해 훨씬 크고 지연된 보상들보다, 더 작고 즉각적인 보상을 선택하는 경향이 있다고 한다. 이러한 결과들은 '성취 시점'에서 보상이 이루어져야 효과적이라는 일반적인 생각에 주의를 기울일 필요가 있음을 강조한다.
3. 우연적인 긍정적 강화는 주의력결핍 과잉행동장애와 관련된 문제를 위한 행동주의 기반 중재프로그램의 중요한 구성요소가 되어야 한다(제16장 참조). 그러니 어떤 증거들은 강화에 대한 독점적인 믿음이 곧바로 아동들을 과제에 집중할 수 없게 할지도 모른다는 주장을 하고 있다. 대안으로서 이러한 염려는 긍정적 강화를 사용하거나 적절한 과제행동으로 아동들을 재지도함으로써 개선될 수도 있다. 언어적 훈계와 재지도의 효과성은 문제행동 발생 즉시 뒤따르는 특정한 상호작용을 통하여 강화될 수 있다. 더 나아가 존엄과 존중으로 아동들을 대하고, 재지도 진술은 간결하고 안정되며 조용한 태도로 이루어져야 한다. 훈계는 되도록 아동과 눈을 맞추며 은밀하게 수행되어야 한다.
4. 개별학습 기간 동안의 학생 행동이 변화를 위한 표적이 되었을 때 초기 과제는 아주 작은 단계를 포함하여야 한다. 아동들이 지시사항을 되물었을 때 교사는 아동이 이해할 수 있도록 즉시 되풀이해서 설명해 주어야 한다. 이와 유사하게 학생의 숙제나 관련된 과제/프

로젝트는 한 번에 하나씩 정해 주어야 하며, 좀 더 복잡한 과제는 더 작은 단위로 나누어야 한다. 어떤 경우에는 할당된 과제의 총량이 주의력결핍 과잉행동장애 학생들에게는 줄어들기도 한다. 아동이 좀 더 큰 단위의 과제를 성공적이고 독립적으로 수행하였을 때에는 작업부담에 대한 시간과 복잡성은 점차 증가된다. 반복적인 자료들은(예 : 완료한 학습지를 고쳐서 다시 제공하는) 피해야 한다. 대안으로써 같은 기능이나 개념영역에 초점을 둔 과제 할당은 지루함과 집중문제에 대한 잠재된 악화를 피할 수 있도록 해 준다.

5. 학습 결과물과 성취(예 : 과제 완성도와 정확성)는 특정 과제-행동(예 : 과제에 집중하기, 착석하기)과 연관되어진 중재의 목표로 선택하는 것이 좋다. 이러한 선택의 장점에 대한 이유는 첫째, 교사가 학생의 주요 행동을 점검하는 것을 촉진시킨다. 둘째, 독립적인 학습과 숙제를 완성하는데 필요한 유기적이고 학문적인 기술(예 : 과제를 위해 적절한 교재로 학습하거나 초기 과제수행에 피드백을 요구하는 것)의 필요성에 집중하도록 해 준다. 셋째, 능동적인 학업적 반응에 초점을 두는 것은 Lindsley(1991)에 의해 명료화된 '죽은 자의 행동검사'(즉, 희망 행동)를 위반하는 것이 아니다. 이 규칙은 만일 죽은 아동이 그것을 할 수 있다면 그것은 행동이 아니라는 것을 나타낸다. 즉 '꼼짝 않고 앉아 있기', '소리내지 않기'와 같은 목표들을 다루는 것은 죽은 사람을 검사하는 것과 같은 모독을 저지르는 것이다. 따라서 목표를 다루는 데 대한 학문적 반응을 선택하는 것은 산만하고 분열된 행동과 모순되는 행동에 초점을 맞추도록 돕는 것이며, 그 자체로 복합적이고 바람직한 행동을 이끌어내며 분열된 행동을 감소시키는 것을 포함하고 있다.
6. 우선적 활동(예 : 자유 선택 활동 시간, 교실 컴퓨터 접근)이 실체적인 보상(스티커나 소비품목)보다 앞서서 강화제로 사용되어야 한다. 그러한 상황들은 보다 적게 선호하는 주제영역에 있는 과제완수를 위해 선호하는 교실활동으로 접근시키는 것을 포함할 수도 있다(예 : 수학 학습지를 끝내면 독서활동을 할 수 있는 것). 또한 강화에 있어서 특정 보상이나 강화 인자로 사용된 것은 다양해야 하며 흥미가 떨어질 것을 대비해 주기적으로 바뀌어야만 한다. 마지막으로 특정 활동들이 아동들에게 동기부여를 한다는 생각보다는 무엇을 배우고 싶은지 직접 물어보거나, 아동들이 선호하는 활동을 관찰함으로써 보상메뉴를 개발해야 한다.
7. 교실 특권의 긍정적인 동기 가치를 높이기 위해서는 학기 시작에 앞서 아동들에게 사전준비 절차가 있어야 한다. 사전준비 절차는 학생들이 어떤 점에서 선택했는지, 이번 학기에 참여하고 싶은 활동들은 무엇인지 등 학기 시작에 앞서 교사와 학생이 가능성 있는 교실 특권의 목록을 검토하도록 하는 것이다.
8. 중재프로그램이 완전하고 충실하게 이행되는지를 점검하고 평가해야 한다. 그러한 점검은 프로그램 구성에 변화를 주고, 추가적인 재정 요구를 정당화시키며 부가적인 훈련 교재를 개발 보급하거나 그러한 절차수행의 지도에 기초가 된다.

## 주의력결핍 과잉행동장애 학생들을 위한 교수전략

이 책 전반에 걸쳐 서술한 학습장애 학생들에게 사용되는 교수전략들은 또한 주의력결핍 과잉행동장애 학생들에게도 적용된다. 교사접근, 선호좌석(이용할 수 있는 적당한 주의집중 모델로)과 같은 감정조절, 원한다면 다른 환경에서 학습을 하는 기회 등은 유익하다. 교사들에게 몇 가지 유용한 지침은 다음과 같다.

- 주의력결핍 과잉행동장애 아동의 잠재조건에 대해 이해하고 접근하라.
- 아동들의 한계를 자각하라.
- 어렵겠지만 여러분들은 순응하지 않는 행동(아동이 어떤 것을 하지 않으려는)과 주의력결핍 과잉행동장애의 결과행동(아동이 어떤 것을 할 수 없는)을 구분하려고 노력해야 한다. 이러한 행동들은 구분해서 다루어야 한다. 아동이 할 수 없는 행동들은 지도와 보상전략의 개발을 필요로 한다. 순응하지 않는 행동은 순응하도록 하거나 불순응을 무시하는 계획된 훈육 기법이 필요하고, 이는 특권이나 점수 또는 불순응을 제거한다.
- 그룹검사 결과를 신중하게 해석하라. 아동은 성급하게 검사에 임했을 수도 있고, 충동적으로 답을 했을 수도 있으며, 시험에 집중을 하지 않거나 답안을 다 채우지 않았을 수도 있다. 그러므로 주의력결핍 과잉행동장애 아동의 자기결정 기술 수준에서는 결과가 유용하지 않을 수 있다.
- 약물치료는 만병통치가 아님을 기억하라. 전형적으로 약물치료를 받아 온 주의력결핍 과잉행동장애 학생은 현저하게 행동이 향상되었지만 종종 다른 아동들과 같은 기술을 습득하지 않으려 할 것이다. 추가적인 지도가 필요하다.
- 잠재된 장애를 제거하기 위해서는 주의력결핍 과잉행동장애 아동의 에너지와 자발성을 이용하라. 예를 들면 학급연극을 계획할 때 만일 조용히 서 있다가 대사 한 줄을 하는 아버지 역할을 맡게 된다면, 주의력결핍 과잉행동장애 학생은 (여러분이나 친구들에게) 꽤 과격해질 수 있다.
- 잠재된 사고를 줄이고 위험부담을 조절하기 위해서는 휴식과 같이 체계적이지 않은 시간에는 주의 깊게 감독을 하라. 부모 및 다른 전문가들과 협력하라.
- 과거에 아동에게 시도했던 전략들에 대하여 부모에게 정보를 얻어라.
- 아동이 관리기술을 연습하는 것과 같은 주의력결핍 과잉행동장애 징후를 다루는 방법을 가르치는 학교 밖의 기관을 부모가 찾을 수 있도록 도와주어라.
- 행동이나 과제의 완성을 도울 수 있는 과제 학습지나 일일 체크리스트지와 같은 부모가 참여할 수 있는 전략을 포함하라.
- 학교 내의 자원들을 이용하라. 학교심리학자는 주의력결핍 과잉행동장애 아동들의 중재

에 도움이 될 만한 시간이나 특별한 행동의 중재를 도와주기 위해 기꺼이 주의를 기울여 줄 것이다. 학교심리학자들이 지원해줄 수 있는 기술들은 '생각을 소리 내어 말하기'나 '언어적인 자기 점검'과 같은 것을 포함한다.

- 아동들의 행동 변화를 점검하라. 학생들이 약을 먹고 있는 상태라면 부모와 학교심리학자와 함께 행동 체크리스트를 완성해가거나, 약이 최적의 이로움을 줄 때의 행동 상태를 유지하도록 지원하라. 주의력결핍 과잉행동장애는 진행되는 상태라는 것을 예상하고 장기적인 계획을 세워라. 행동조절 전략은 초등학교 전 학년 또는 중학교와 고등학교 걸쳐서도 필수적인 것이다. 초등학교 학생들에게 있어서는 교사가 행동조절 전략을 조절할 수 있지만, 학생들이 나이가 들어갈수록 자기조절 전략을 익히는 것이 도움이 될 것이다.

### 초등학생들을 위한 생각

- 교사에 가까운 특별한 자리나 학급 아동들로부터 조금 떨어진 자리는 소란스러움을 줄이는 효과를 줄 것이다.
- 짧은 과제나 나누어진 긴 과제(과제분석으로 작게 나누어진)의 제시는 아동들의 과제 완성도를 높여 줄 것이다.
- 과제를 함에 있어 체크리스트가 책상 위에 있는 경우 완성한 과제에 대해 알 수 있도록 체크하게 하여 과제 완성을 도울 것이다. 아동들이 그날 그날 완성해 나갈 수 있도록 체크리스트에 빈칸을 두어라.
- 주의력결핍 과잉행동장애 아동들이 학급 규칙을 따르도록 하거나 학습이 되도록 하기 위해서는 별도의 강화가 필요할 것이다. 규칙에 부합되는 행동의 증진을 위해서는 빈번한 강화와 명시적인 말 또는 강화가 주어지는 행동이 무엇인지에 대해 명시가 필요하다.
- 반응대가 전략은 많은 주의력결핍 과잉행동장애 아동들에게 효과적이다. 이런 전략들은 적절한 행동에 대한 점수를 제공하고, 부적절한 행동에 비해 바람직한 행동에 대해 좋은 대가를 가지게 됨을 알려 준다. 반응대가 전략은 규칙이 매우 일정할 때 가장 잘 적용된다.
- 조직화는 주의력결핍 과잉행동장애 아동들에게 있어서 특별한 어려움이다. 방과 후 가정으로 가져온 체크리스트를 활용하라. 분할된 책과 공책은 학생들이 그것들을 사용하는 방법을 이해하는 데 유용할 수 있다. 책상이나 사물함 또는 조직화를 지원하라.

### 중등학생들을 위한 생각

- 조직화는 계속 연습되어야 하는 것이기 때문에, 조직전략을 학생들에게 지원하라. 예 : 학생들이 다른 교과영역의 공책을 분할하는 방법을 배우도록 하고 전략이 사용되고 있는지 정기적으로 점검하라.
- 작은 과제 공책을 구입하게 해서 그것을 매일 사용하도록 하라.

- 학생들이 체크리스트를 만드는 방법을 배우도록 도와라. 예 : 몇 개의 과제를 완수해야 할 때 그것들의 목록을 가지고 확인해 가면서 과제를 완성해 나갈 수 있는 방법을 배울 수 있도록 하라. 마찬가지로 과제나 학교 갈 때 준비물을 위한 점검에도 사용될 수도 있다.
- 장기 계획은 학생들로 하여금 과제가 완성되어야 하는 특별한 날이 표시되어 있는 행사 목록표를 사용하도록 하라. 학생들이 진행 상태를 정기적으로 확인하도록 하라.

## 주의력결핍 과잉행동장애 학생 부모 교육

주의력결핍 과잉행동장애 학생을 위한 중재는 부모 교육을 포함한다. 일부 학교는 부모지원단체나 전문가로서 활동할 수 있도록 부모를 위한 행동적인 훈련을 제공한다. 부모와 함께 하기 위한 협력 전략은 이 책의 다른 장에서도 논의된다. 그것들은 부모나 주의력결핍 과잉행동장애 학생과 함께 활동하기에 유용할 것이다.

McNamara와 McNamara(2000)는 부모를 위한 자료(조직, 지원그룹, 책)를 목록으로 만들었다. 이들은 다음과 같다.

**조직/지원그룹.** 주의력결핍 과잉행동장애 아동의 부모들에게 있어서 가장 유용한 전략 중의 하나는 이들의 관심사를 공유할 수 있는 다른 부모들과 만나는 것이다. 지금까지 비슷한 경험을 해 왔던 사람들의 지원은 큰 도움이 된다. 더욱 이제 막 아동에게서 주의력결핍 과잉행동장애를 발견한 부모들에게 있어서 그 전부터 그 상황에 있었던 부모들의 지원은 아주 큰 도움이 된다. 다음은 지원 그룹의 목록이다.

Attention Deficit Disorder Association(주의력결핍장애협회)
P.O. Box 972
Mentor, OH 44601
(800) 487-2282
Web site : http://www.adda.org

이 조직은 의회나 정보 편의를 제공한다. 이 조직을 통해 부모들은 주의력결핍 과잉행동장애 진단을 받은 개인의 요구에 봉사를 해 주는 지역전문가의 이름을 알 수 있게 된다. 또한 주의력결핍 과잉행동장애의 다양한 전망(양상)에 대한 정보를 얻을 수도 있다.

Children with Attention Deficit Disorders(주의력결핍장애아동; CHADD)
8181 Professional Place
Suite 201
Landover, MD 20785
(301) 306-7070, (800) 233-4050
Web site : http://www.chadd.org

이 조직은 주의력결핍 과잉행동장애 학생이나 그들 가족을 위해 적절한 서비스를 제공하기 위해 노력해 왔던 중심 조직이었다. 이곳에선 주의력결핍 과잉행동장애의 모든 전망에 대해서 식견이 있는 전문가나 부모들의 지원 그룹(전국에 걸쳐 있는 수많은 지방 분회)들을 알 수 있다. 이 조직(CHADD)에서는 주의력결핍 과잉행동장애의 특수한 측면에 집중하는 강사들을 자주 초청한다. 그리고 그들은 자신들이 가진 정보가 보다 나은 정보가 되도록 하기 위해서 담당 선생님과 자주 만난다. 우리는 부모들이 이 조직을 알도록 권장한다. 일부 부모들은 그들 자녀가 학습에 문제를 보이면 이 조직(CHADD)에 더하여 미국학습장애협회(LDA)라는 조직과 접촉하는 것이 좋다는 것을 알게 될 것이다. 이 조직은 유용한 정보나 참조적인 서비스를 제공한다.

Learning Disabilities Association of America(미국학습장애협회 : LDA)
4156Library Road
Pittsburgh, PA 15234
(412)341-8077
Web site : http://www.ldanatl.org

**서적.** 부모들은 주의력결핍 과잉행동장애 관련 책에서 도움을 얻을 수 있다. 다음은 도움이 되는 책들의 보기들이다.

- Barkley, R A *Attention deficit hyperactivity disorder : A handbook for diagnosis and treatment* (2nd ed.) New York : Guilford press, 1998
- Conner, C. K. *Feeding the brain.* New York : plenum press, 1989.
- Fowler, M. *Maybe you know my kid : A parent's guide to identifying, understanding, and helping your child with ADHD.* Secaucus, NJ : Carol publishing Group, 1991.
- Goldstein, S., & Goldstein, M. *Hyperactivity—why won't my child pay attention? New York : wiley, 1993. Ingersoll, B. Your hyperactive child : A parent's guide to coping with attention deficit disorders.* New York : Doubleday, 1988
- Maghadam, H. *Attention deficit disorder. Hyperactivity revisited : A concise source of information for parents and teachers.* Calgary, Alberta, Canada : Detselig Enterprises, 1988
- McNamara, B. E., & McNamara, F J. *Keys to parenting a child with a learning disability.* Hauppauge, NY : Barron's, 1995.
- Parker, H. *The ADD hyperactivity workbook for parents,* teachers and kids. Plantation, FL : Impact, 1988.
- Silver, L.D. *The misunderstood child : Understanding and coping with your child's learning disability.* New York : Times Books, 1998.
- Wilens, T.E. *Straight talk about psychiatric medications for kids.* New York : Guilford Prdss, 1999.
- Wodrich, D.L. *ADHD : What every parent wants to know.* Baltimore : Paul H. Brookes, 1994.


## 기억을 위한 교수전략

Swanson(1998, pp.146~150)은 연구에 기초하여 다음과 같은 유용한 지침이 될 수 있는 실제적인 개념적 원리들을 제공한다.

### A. 서로 다른 목적의 기억전략

기억전략 분석에 관한 연구들 중의 하나에서는 학습장애 학생을 위한 가장 최선인 하나의 전략은 없다고 제안한다. 수많은 연구들(예 : 선행조직자, 훑어보기, 요구, 질문, 노트기록, 요약 등)을 사용함으로써 학업성취에 효과적임을 발견했던 연구 등이 그러하다. 학습장애 학생들은 다양한 형태의 전략을 접했지만 모두 별개의 양상을 보였고, 가장 효과적인 전략은 밝혀지지는 않았다. 사실을 기억할 때 중심단어로써 떠오르게 하는 것처럼 우리는 직접교수가 가장 효과적인 교수법인 것으로 알고 있다. 물론 다른 전략의 계열 순서는 다른 종류의 학습 기대 결과와 관련하여 변한다. 가령, 어떤 전략은 학생들이 사전에 읽었던 것에 대한 이해력을 높이는데 더 적합한 반면, 또 다른 전략은 학생들의 단어 또는 사실의 기억을 높이는데 적합할 수 있다. 요점은 그런 다른 전략들이 다수의 방법으로 다른 인지적인 산출물에 효과적일 수 있다는 것이다.

### B. 학습장애가 아닌 학생들을 위한 좋은 기억전략이 학습장애 학생들을 위한 좋은 전략이 되는 것은 아니다. 그 반대의 경우도 가능하다.

일반적인 발달 과정의 아동들을 위한 지식습득 강화 전략이 모든 학습장애 학생들에게 적합하지는 않을 것이다. 예를 들면, Wong과 Jones(1982)는 읽기 이해력을 향상시키기 위해 자기 질문전략으로 학습장애와 학습장애가 아닌 청소년을 지도했다. 그 결과 학습장애 청소년들에게는 효과적인 전략 훈련이었지만, 학습장애가 아닌 청소년의 수행능력은 감소되는 결과를 나타냈다. 학습장애 아동에 대한 이러한 점을 설명하기 위해서 Swanson(1989)은 학습장애 학생, 정신지체 학생, 영재 학생과 평균 발달 학생에게 기본적인 문장과 정교한 문장을 포함하는 일련의 과제를 제시했다. 그들 과제는 문장에 포함된 단어를 회상하는 것이었다. 첫 번째 실험의 결과는 학습장애 학생들이 정교화의 능력에서 다른 집단과 다른 것으로 나타났다. 다른 능력 집단과 비교해 볼 때 정교성 요건이 학습장애 학생들의 중앙처리 전략을 위해 과도한 요구를 하는 것으로 추정된다. 이러한 결과는 다음 실험에서 검증되었고 부호화의 어려움은 전략효과를 결정할 때 고려되어야 한다고 제안되었다. 그 결과로 학습장애 학생이 동료와 비슷한 수행을 하기 위해서는 추가 전략이 요구될 수 있다고 제안되었다. 학습장애 대학생들에게 의미 교수와 표상 교수 조건하에서 문자에서 단어를 상기하는 것이 요구되는 연구(Swanson, Cooney, & Overholeser, 1988)에서의 결과는, 현재의 조사보고와는 상반되게 학습장애 독자가 의미 접근을 권유하는 교수 상황 동안 문장에서 단어를 더 잘 기억할 수 있었다는 결과를 나타내었다. 대조적으로 학습장애가 아닌 독자는 의미론적 과정보다 표상적 교수 과정을 더 선호했다. 결국 이 결과는 학습장애가 아닌 학생들을 위해 효과적인 전략들이 학습장애 학생들에게 비효과적일지도 있음을 시사한다.

### C. 효과적인 기억전략은 반드시 처리과정 차이를 무시하지 않는다.

학습장애 학생이 학습장애가 아닌 학생들에게 좋은 효과가 있었던 전략으로 정보를 효과적으로 처리하여 학업 성취율이 높아졌다고 하면 그것은 논리적으로 보일 것이다. 하지만 가설은 처음에 표면적으로 조직화되지 못한 연구를 위해 조직화를 강요받았었던 자료에서 나왔다. 예 : 많은 증거들에서 학습장애 독자들이 학습장애가 아닌 독자와 같은 방식으로 정보의 조직적인 특성을 처리하지 않는 것으로 나타났다. 예를 들면 Swanson과 Rathgeber(1986)는 학습장애 독자들은 범주화 과제에서 비학습장애 아동들처럼, 상위, 하위 및 동위 정보를 관련짓지 않고 정보를 회상할 수 있음을 발견했다. 그래서 학습장애 아동들은 대상의 의미를 몰라도 조직적 감각으로 정보처리를 배울 수 있다. 요점은 간단한데, 왜냐하면 학습장애 아동들은 어떤 전략(예 : 대상의 분류를 요구하는 인지적 전략에 의해)을 통하여 대상의 내적 구조에 민감하기 때문이고, 그것은 학습장애 아동들이 교수전략으로부터 의도된 것과 일관성 있는 방법으로 자료를 이용할 것임을 의미하지는 않는다.

### D. 전략 사고가 반드시 이용되어야 하는 것은 아니다.

앞의 원리는 중재 동안 활성화되는 다른 과정이 반드시 교수적 중재의 목적은 아니라는 것을 나타낸다. 학습장애 학생은 그들이 어려워하는 과제에서는 다른 전략을 사용하는 것처럼 보인다. 그리고 이러한 과제들은 가능한 중재를 위해 교사들에 의해 간과될 것 같다. 일반적으로 학습장애 학생들이 단절된 기억 결함(언어 영역)을 가질지라도 이러한 과정 결함을 보완할 일반적 학습전략을 요구하지만, 그들의 정보처리는 어려움이 적은 일반 아동의 정보처리와 비교할 만하다. 그러나 몇몇 저자들은 성공적인 수행을 이루기 위해 많은 대안이 있다고 한다(Pressley, 1994). 그리고 어떤 간접적 증거는 학습장애는 학습장애가 아닌 대상자와는 질적으로 다른 정신적 작용(Shankweiler et al., 1979)과 정보처리 과정경로(Swanson, 1988)를 사용할지도 모른다고 한다.

### E. 학생의 지식 기반과 용량에 관계되는 기억전략

학습장애 중재 논문에서 간과되었던 한 가지 중요한 변수는 처리과정 제한의 개념이다(Swanson et al., 1996). 기억력은 발달이나 전반적인 효과성에 잠재적으로 기여하는 많은 요소들을 증가시키는 것으로 보인다. 단기기억력은 연령과 함께 증가한다(Case, Kurland, & Goldberg, 1982). 처리 과정의 구성요인 수는 발달과 함께 처리 속도도 증가한다. 일반적으로 빠른 처리과정은 느린 처리과정에 비해 적은 노력이 드는 것과 같은 방식이다. 능력도 같은 방식으로 성장한다(즉, 처리의 효율성 증가로 인해 용량의 기능적 증가가 있다). 고학년 아동들은 장기기억으로부터 정보를 찾기 위한 모든 노력을 감소시키기 위해 정보의 총량을 줄일 수 있는 조직화된 선험지식을 더 가지는 것 같다. 발달을 제공하는 제한뿐만 아니라, 이러한 발달 관계 때문에 제한은 전략에서 효과적인 역할을 한다. 이 가능성을 시험하기 위해 Pressley, Cariglia-Bull과 Schneider(1987)는 문장학습을 위한 표상전략을 요구하는 기능을 수행하는 아동의 능력을 연구했다. 이러한 실험적인 조건에서 아동들은 아주 구체적인 문장(예를 들면, 화난 새가 흰 개에게 큰 소리를 냈다. 칠면조가 코트를 쪼았다.)을 표현했다. 아동들은 이러한 문장의 의미를 생각하도록 요구받았다. 연구 참여자가 교수를 제공받지 못하도록 조건을 통제하였지만, 아동들은 표상전략으로부터 이익을 얻는다(기억에 대한 실험 후 측정에서 통제집단에 비해 차이가 나는 심상 표상이 있었다). 그러나 성과는 고전적 기억 범위 과제 수행이 개인적 차이에 영향 받는 것처럼, 아동들의 기능적 단기기억력에 좌우되는 것 같다. 그것은 이미지 표상에 대한 기능적 단기기억이 상대적으로 높았을 때 인지되었던 수행에 있어 차이가 있음을 나타낸다.

### F. 유사한 기억전략은 수행 차이를 무시하지 않을지도 모른다.

몇몇 연구는 전략을 사용하도록 교수되거나 전략 사용을 방해받은 능력 집단 사이에 차이가 존재한다고 했다(Gelzheiser et al., 1987). 예를 들면, Gelzheiser의 연구에서 학습장애와 비학습장애가 아동의 조직전략을 사용 능력이 비교되었다. 조직전략 교수 후 학습장애와 학습장애가 아닌 아동들의 사후 평가에서 정보를 상기하는 능력을 비교하였다. 그 결과는 학습장애 학생들이 전략 사용에서 비학습장애 아동들과 유사했다. 그러나 총체적 수행에 있어서는 결함이 있었다. 다른 연구에서 Swanson(1983)은 시연전략을 훈련받은 학습장애 집단의 회상력이 기초선 수준에서 발전되지 않았음을 발견했다. 사용된 다양한 종류의 전략에서 비교되었음에도 불구하고 그 집단은 평균 성취를 보인 집단보다 적게 회상했다. 그 결과는 그룹들이 전략사용의 조건에서 동등할 때, 다른 학습 이력을 가진 아동들의 그룹들이 다르게 배울 수 있다는 개념을 지지한다.

### G. 기억전략 교수가 반드시 전략 전문가를 만드는 것은 아니다.

어떤 과제에서 전문가가 되는 아동들은 종종 간단한 전략을 배웠다. 그리고 연습을 통해 더 효과적이고 강력한 절차로 수정하는 방법을 발견했다(Schneider, 1993). 특히 능숙한 학습자는 정보의 증가량을 억제하기 위해 불필요한 또는 과다한 단계를 제거하는 고도의 정렬 규칙을 사용한다. 대조적으로 학습장애 학생은 학문적 과제를 실행하는 것과 관련된 대부분의 기법을 배우고 신중하고 조직적으로 규칙이나 전략을 규정짓기에 의해 그 과제를 적절히 수행할지도 모른다.

### H. 전략 교수는 간소화의 법칙이 적용되어야 한다.

전략 교수의 '다중 구성요소 패키지의 수'는 학습장애 학생의 기능을 증진하는 것으로 제안되어져 왔다. 이러한 구성요소는 대개 다음의 것을 포함한다. 대충 훑어보기, 상상하기, 그리기, 정교화하기, 자기 말로 바꾸기, 기억장치 사용하기, 사전 지식 접근하기, 재검토하기, 비평적 특징에 적응하기 등. 아마 이러한 전략 패키지에는 어떤 긍정적인 측면이 있다.

1. 이 프로그램은 다소 간단하면서 효과가 빠른 전략(예 : 수행을 증진하기 위한 시연, 유목화)처럼 다른 학습장애 논문들의 연구보다 효과가 좋다.
2. 이러한 프로그램은 일반적 기술을 촉진시키고 어떤 초인지적인 장식을 가진다.
3. 이 프로그램의 가장 좋은 점은 (a) 표면적(피상적)이라기보다 몇몇 전략을 가르친다는 점, (b) 수행력을 점검하기 위해 학생을 가르친다는 점, (c) 일반화 강화전략을 사용하는 때와 장소를 학생에게 가르친다는 점, (d) 현재 교육과정의 통합 부분으로 전략을 가르친다는

점, (e) 많은 연습과 피드백을 지도받은 학생을 가르치는 일을 포함하고 있는 점이다.

그러나 적어도 이론적 조건에서 그런 구성요소 패키지의 어려움은 학생 수행능력을 전망하는 구성요소가 거의 알려지지 않고, 한 사람이 전략 사용의 이유를 결정하도록 쉽게 허락하지 않는 것이다. 많은 학습장애 전략 중재 연구에서 전형적으로 발견되는 다중 구성요소 접근은 수행에 부가적인 효과를 가진 것으로 알려진 교수 구성요소의 체계적 조합을 포함하는 구성요소 분석 접근과 주의 깊게 대조되어야 한다. Pressley(1986, p.140)에 의해 언급된 좋은 전략은 "소기의 목적을 지적인 처리과정 없이도 달성하기 위해 충분하고 필수적인 처리과정으로 구성된다."

## 정보처리를 위한 교수전략

Mercer와 Pullen(2005, pp.291~292)에 인용된 것처럼 Lenz, Bulgren 및 Hudson(1990)은 '정보처리 민감 교수'를 위한 교수적 전략의 특성을 기술한다.

1. 학생의 정보처리와 의사소통 능력의 범위에 대한 교사의 지식을 기반으로 형성되고 차별적으로 전달된다(Deshler, Alley, Warner, & Schumaker, 1981).
2. 입력 정보에 대한 학생의 주의나 수용을 촉진시킨다(Lenz, Alley, & Schumaker, 1987; Mayer, 1987).
3. 학생들이 정보를 배울 만한 사전 지식에 접근하고 통합할 수 있게 하는 전략의 활성화를 촉진시킨다(Ausubel, 1960; Lenz et al., 1987).
4. 학생들에게 금방 입력된 지식과 이미 기억 속에 있는 지식 사이에서 논리적이고 구조적으로 관련짓게 하는 전략의 활성화를 촉진시킨다(Bulgren, Schumaker, & Deshler, 1998; Mayer, 1987)
5. 계획자, 실행자, 평가자로서 학습과정에 학생의 능동적 참여를 촉진시킨다(Brown, 1978; Hughes, Schumaker, Deshler, & Mercer, 1993; Van Reusen, Bos, Schumaker, & Deshler, 1987).
6. 학생에게 지식의 사용에 관련되는 정보의 측면인 '이유, 때, 그리고 장소'에 대해 교수한다(Brown, Day, & Jones, 1983; Lenz & Hughes, 1990).
7. 학생의 진보를 알리고, 학습을 증진시키는 태도로 적절한 피드백을 제공한다(Kline, Schumaker, & Deshler, 1991; Palincsar & Brown, 1984).
8. 전문가 비계설정과 예상 지도를 통한 학습과정 속에서 학생을 이끈다(Deshler & Schumaker, 1988; Vygotsky, 1978).

9. 성인 안내와 동료의 모델링, 학생 안내와 모델링으로부터 점진적인 이동을 함으로써 학습의 발달적 및 사회적 문맥을 이용한다(Allington, 1984; Lenz, Schumaker, Deshler, & Beals, 1984; Palincsar & Brown, 1984; Vygotsky, 1978).
10. 모든 교수 형태와 단계를 통하여 의미론적이며 절차적이고 전략적인 지식의 획득과 통합을 위해 계획하고 촉진시킨다(Mayer, 1987).

## 요약

이 장은 학습장애에 관련되고 기본 심리과정에 초점을 두었다. 초기에 이 영역은 대부분 중대한 관심사였는데, 나중에는 부정적인 연구 결과들 때문에 점차적으로 호소력이 상실되었다. 그러나 최근 연구들에 의해서 이들 심리과정에 대한 관심이 부활되고 있다. 주의력결핍 과잉행동장애에 관한 지각, 기억 및 인지과정이 논의되고 있다.

## 숙고와 논의를 위한 발판

1. 아동들의 학습 기초 심리과정을 얼마나 많이 강조해야 할지, 그 과정을 어떻게 평가해야 할지, 교사가 개별적으로 훈련되어져 있는지에 대해서 신규 교사처럼 경험 많은 교사들과 이야기 나누어라.
2. 초기의 문헌들이나 교수과정을 재검토하라. 그것이 그렇게 널리 보급되게 된 이유는?
3. 교실에서 주의력결핍 과잉행동장애 아동들을 관찰해 보라. 어떤 행동들이 관찰되는가? 현재 적용되고 있는 중재는 어떤 것이 있는가?
4. CHADD와 같은 주의력결핍 과잉행동장애를 위한 부모 그룹의 모임에 참여하라. 어떤 느낌을 가졌는가?
5. 기억에 관한 Swanson과 그의 대학에서 한 연구들을 재검토하라. 그 연구 결과를 교실에서 어떻게 적용할 것인가?
6. 학습장애 성인에게 이야기해 보라. 그는 교사를 위해 어떤 조언을 하는가?

# 5 의뢰 전 중재 전략

**학습목표**

이 장을 학습한 후 여러분은 다음을 할 수 있을 것이다.

- 의뢰 전 과정이 어떻게 이루어지는지를 이해할 수 있다.
- 의뢰 양식을 개발할 수 있다.
- 효과적인 팀 회의를 수행할 수 있다.
- 의뢰 전 교수전략을 개발할 수 있다.

배럿 선생님은 안젤라의 읽기 및 쓰기 수행에 관해 염려를 하였다. 그가 가르치는 대부분 3학년 학생과는 다르게 그녀는 일견단어를 가지고 고군분투하였으며 대부분 학급 동료들이 가진 유창성이 부족하였다. 그녀의 해독 기술은 적절하였으나, 읽기 속도가 느렸고 자주 범하는 오류가 이해를 방해하였다. 그녀는 마지못해 하는 독자였다. 배럿 선생님은 또한 안젤라가 쓰기를 꺼려하는 것을 염려를 하였다. 선생님은 그녀의 쓰기가 부진한 읽기 기술 때문에 영향을 받을 것으로 생각했으나, 이 정도는 아니었다. 1년 전, 배럿 선생님은 학습장애와 같은 가능한 분류를 위한 평가를 다학문적 팀에 공식적으로 의뢰하였다. 그러나 그 학교는 9월까지 의뢰 전 과정을 마련하였다. 의뢰 전 팀(그 학군에서는 교수지원팀[IST]으로 알려짐)은 주간 단위로 만났다. 배럿 선생님은 안젤라에 관한 교수지원팀(IST)에 정보를 주어야 했으며, 평가를 위한 공식적 의뢰에 앞서 이용할 수 있는 교수전략을 논의하기 위해 만나야 했다. 만약 여러분의 학생들 중 1명이 학습장애로 의심이 된다면 여러분은 무엇을 할 것인가? 여러분은 의뢰 전 팀을 특수교육 비율을 낮추기 위한 시간끌기 전략으로 볼 것인가? 여러분은 이 학생을 어떻게 지도하는지에 관해 확신이 없다는 것을 동료교사에게 알려야 함으로써 위협을 받을 것인가? 이것은 많은 교사들이 의뢰 전 중재의 쟁점을 다룰 때 가지는 질문들이다. 많은 교사와 부모들은 아동이 특수교육을 필요로 할 때를 안다고 생각한다. 그리고 그들은 아동이 그렇게 분류될 때 최선의 서비스를 받을 것으로 진짜 믿는다. 이 장은 공식적 의뢰에 앞서 선택권을 논의할 것이며, 그리고 이것이 예기하지 않은 학습부진을 나타내고 있는 학생들을 다루는 학급교사에게 실행 가능한 선택권이 될지 언급될 필요가 있는 쟁점과 관심을 논의할 것이다.

## 의뢰 전 과정

의뢰 전 과정은 그림 5-1에서 설명된다. 초기에 학급교사는 예기하지 않은 학업부진을 나타내는, 즉 같은 교수를 받고 있는 학급의 다른 아동들보다 성취도가 낮은 학생을 확인한다. 과거에는 이런 학생이 철저한 평가를 위해 다학문적 팀에게 직접적으로 의뢰되었다. 그 접근법은 특히 도시지역에 있는 문화적으로 그리고 언어적으로 다양한 학생들의 경우에 학습장애로 확인되는 학생의 수가 크게 증가하는 한 가지 이유로 비판을 받아 왔다(McNamara, 1999). 의뢰 전 과정에서 교사는 전형적으로 교장, 심리학자, 특수교사, 일반교사 및 학생을 가르치는 교사로 구성되는 의뢰 전 팀에게 의뢰를

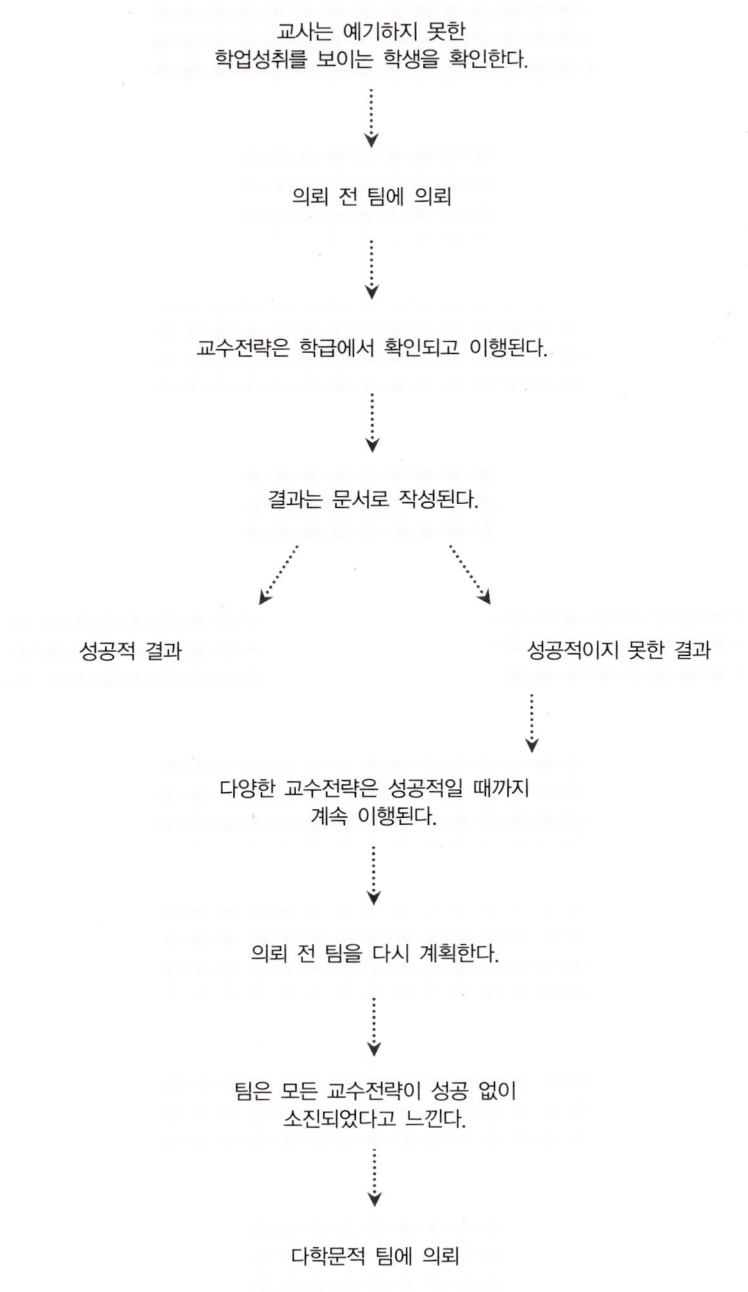
교사는 예기하지 못한
학업성취를 보이는 학생을 확인한다.
의뢰 전 팀에 의뢰
교수전략은 학급에서 확인되고 이행된다.
결과는 문서로 작성된다.
성공적 결과
성공적이지 못한 결과
다양한 교수전략은 성공적일 때까지
계속 이행된다.
의뢰 전 팀을 다시 계획한다.
팀은 모든 교수전략이 성공 없이
소진되었다고 느낀다.
다학문적 팀에 의뢰

**그림 5-1 의뢰 전 과정**

할 것이다. 그것은 또한 필요한 경우 사회사업가, 작업치료사, 물리치료사 및 말·언어병리사를 포함할 수 있다. 그 팀은 일반교육 학급에서 이행될 수 있는 교수전략을 논의하기 위해 회의를 계획할 것이다. 성공적이든 성공적이지 못하든 모든 결과는 문서로 작성된다. 추가적 전략이 사용되고 추가적 팀 회의가 계획된다. 만약 팀이 성공하지 않고 모든 교수전략들을 소진한 시점에 이르면, 다학문적 팀에게 의뢰를 할 것이다.

## 의뢰 전 팀

의뢰 전 팀은 제6장에서 논의된다. 그들의 목적은 간단한데, 공식적 의뢰에 앞서 가능한 모든 것을 하려고 시도하는 것이다. 이런 팀들은 특수교육 서비스를 위한 의뢰의 수, 특히 문화적으로 그리고 언어적으로 다양한 배경을 가진 학생들을 위한 의뢰의 수를 감소시킬 수 있다(Knotek, 2003).

1975년의 전장애아교육법(EAHCA)인 P.L. 94-142의 시작 이후, 학교들은 특수교육에 의뢰하기 전에 모든 교수적 선택을 다 사용하도록 요구되었으나, 의뢰 전 팀은 요구되지 않았다. 명백하게도 이것은 특히 학생이 문화적으로 그리고 언어적으로 다양한 대부분 공립학교에서는 그렇지 않았다. 장애인교육법 1997에서조차도 특수교육에 의뢰하기 앞서 가능한 모든 것이 행해지는 것을 보장하기 위해 의뢰 전 팀을 수립하는 것은 지시되지 않았다. Buck, Polloway, Smith-Thomas 및 Cook(2003)은 의뢰 전 과정이 시간이 흘러도 개념적으로 안정적이었음을 주목하고, 또 주의 86%가 의뢰 전 과정을 요구하거나 권장한다는 것을 주목한다. 그들은 다음의 정의를 내리는 특징들을 인용한다(p.350).

1. 예방적인 과정(예 : 공식적인 특수교육 평가 이전에 중재가 개발되고 이행된다).
2. 팀에 기초한 문제해결 접근법(예 : 팀 구성원들은 의뢰된 학생에 관한 자료를 재검사하고, 학생의 곤란을 설명하기 위해 원인을 가정하며, 그러한 곤란을 교정하기 위한 전략을 개발한다).
3. 실행·연구 지향적인 접근법(예 : 팀은 의뢰 교사가 학급에서 이행하도록 기대되는 특정한 중재를 개발하며[외부 도움을 가지든 가지지 않든] 그 다음에 효과성 면에서 평가

한다).

4. 일반교육 장면에서 그리고 일반교육 교육과정에서 학생과 교사의 증가된 성공에 중심을 둔 중재과정.

Buck 등(2003)은 여러 주에서 의뢰 전 중재의 이행을 연구하였고 중재가 다양하다는 것을 발견하였다. 그러나 효과적으로 수행되면 의뢰 전 중재는 많은 잠재적 혜택을 가진다.

> 먼저, 학생은 특별 프로그램 배치를 고려하기에 앞서 그들 자신의 학급에서 도움을 받는다. 둘째, 학교 교직원은 의뢰 전 중재에 대한 관심 이외에 효과적인 프로그램을 강화할 전문적이고 협력적인 관계를 잠재적으로 발전시켜 나간다. 셋째, 의뢰 전 중재 절차가 가장 효과적일 때 특수교육에 대한 부적절한 의뢰의 수는 감소되고, 결과적으로 부적절한 배치가 더 적음에 따라 잠재적 비용 절약을 가져올 수 있다. 마지막으로, 효과적인 프로그램은 모든 학생을 위한 교육적 프로그램을 강화할 수 있으며 더욱 통합적인 학교 환경을 창출할 수 있다. 따라서 일차적인 수혜자는 의뢰 전 또는 아동연구 과정으로부터 얻을 수 있는 수정과 조정에 접근하는 아동들이 될 것이다.

의뢰 전 중재 전략의 이용은 특수교육 요구를 가진 학생의 의뢰, 판별 및 분류에 대한 인식이 번거롭고 부정확하다고 제안되면서 증가해 왔다. 이것은 학습장애로 잘못 붙여진 학생에게도 똑같이 사실이다(Pugach & Johnson, 1989). 의뢰 전 중재 전략은 대개 (a) 비공식적, 학교 중심의, 문제해결 팀, (b) 특수교육자와 일반교육자 간의 자문으로 분류된다.

한 가지 초기 의뢰 전 중재 모델은 6단계의 중재 단계로 되어 있는데, 이것은 Graden, Casey 및 Christenson(1985)에 의해 개발되었다. 첫 4단계는 실제적인 의뢰 전 과정을 나타내고, 나머지 2단계는 특수교육 서비스가 필요한지 아닌지를 결정하기 위한 전통적인 의뢰 과정을 나타낸다. 그 모델은 다음과 같다.

### 1단계 : 자문 요청

일반학급교사는 특별한 학생을 위한 문제해결 또는 중재의 도움을 요청해야 한다. 그것은 학교 수준에서 또는 학군 위원회를 통해 더욱 공식적으로 시작될 수 있는데, 전자가 지지를 받는다. 계속적인 관계는 더욱 비공식적인 학교 수준의 접근법보다는 오히려 모든 전문가들(일반 및 특수) 사이에 존재한다.

#### 2단계 : 자문

실제적 자문 과정 동안, 학급교사와 자문교사는 객관적이고 측정 가능한 용어로 의뢰를 위한 이유를 상술한다. 이것이 일어난 후, 활동계획이 공식화되고 평가 측정이 적절히 이루어진다. 중재가 이행되고 평가된다.

#### 3단계 : 관찰

다음은 학급에서의 관찰이다. 관찰자(특수교사, 심리학자, 또는 사회사업가일 수 있음)는 교육과정, 과제 그리고 학생에게 부과되는 요구를 기술한다. 그는 또한 교사의 행동, 학급의 물리적 배치, 학생의 상호작용을 관찰한다. 학생 행동의 원인과 결과 역시 기록된다. 이 관찰을 근거해서 적절한 사람들이 만나고 중재의 성공을 논의한다.

#### 4단계 : 협의회

협의회 동안 중재계획을 계속하거나 수정하도록 결정이 이루어지거나, 또는 특수교육 적합성을 결정하기 위한 평가를 하도록 아동을 의뢰하기도 한다.

#### 5, 6단계 : 공식적 의뢰와 공식적 프로그램 회의

특수교육 서비스가 필요하다고 생각되는 학생들을 위해서 결과를 논의하기 위한 의뢰 및 공식적 프로그램 회의가 계획된다. 이것은 주목할 만한 중재가 일반학급 장면에서 이행되어온 이후에 일어난다.

Ponte, Zins 및 Graden(1988)은 만약 의뢰 전 과정이 이행된다면 많은 구성요소가 고려되어야 할 필요가 있다는 점을 주목한다. 이들 연구자들은 Maher과 Bennett(1984), Maher과 Illback(1985)에 의해 개발된 원리를 적용한다. 이러한 체제는 DURABLE(논의하기[Discussing], 이해하기[Understanding], 강화하기[Reinforcing], 획득하기[Acquiring], 쌓아올리기[Building], 학습하기[Learning], 평가하기[Evaluation])로 언급된다.

이 접근법은 프로그램의 효과성에 관하여 또 그것을 수정해야 하는지 삭제해야 하는지를 결정하도록 학교가 허용한다. 연구자들은 선택된 중재가 부과되기보다는 학교의 요구와 연결된다는 점을 주목한다. 이것은 매우 중요하다. 각 학교는 체계적인 요구사정을 이용하여 그들의 요구를 조사해야 한다. 특정한 요구가 명백하면 적절한 의뢰 전 중재가 이행될 수 있다.

## 교수지원팀

교수지원팀(IST)은 또한 의뢰 과정을 개선하는 데 효과적일 수 있다(Lochner, 2000). 이들 팀은 다음을 하도록 고안된다.

- 학생의 학급 요구를 충족시키기 위해 교사에게 자문을 제공한다.
- 효과적인 가정 · 학교 의사소통과 문제해결을 위한 토론회를 제공한다.
- 학생 중재와 지원 계획을 고안하기 위해 구조화된 과정을 제공한다.

이것은 교사와 행정가를 위한 상당한 훈련을 필요로 한다. 만약 의뢰가 궁극적으로 이뤄진다면 교사는 자기가 모든 교수적 중재를 이용했다는 것을 다소 확신할 수 있도록, 초점은 일반학급에서 어떤 서비스가 제공될 수 있는지에 둔다. 전형적인 교수지원팀 회의는 다음 구성요구를 가진다.

1. 문제와 과정 소개하기
2. 의뢰 교사와 부모로부터 진술
3. 의뢰 교사와 부모와 집단 토의
4. 브레인스토밍
5. 전략을 선택하기
6. 교수적 지원 계획(ISP)을 수립하기
7. 회의 종결하기

모든 의뢰 전 모델에 고유한 것은 협력이다. 모든 관계 있는 사람들(특수교육자, 일반교육자, 행정가, 지원 요원 및 부모)은 학생을 위해 함께 협력해야 한다.

## 교수전략

의뢰 전 팀은 다학문적 팀에 공식적인 의뢰 없이 이행할 수 있는 가능한 문제해결을 산출하려고 시도한다. 이론적으로 학교는 공식적 의뢰에 앞서 그들이 할 수 있는 모든 것을 하도록 되어 있다. 그러나 '모든 것을'이라는 용어를 정의하기란 어렵다. 의뢰 전 과정에서 학생이 전반적인 평가와 공식적 의뢰를 필요로 한다고 전문가 팀이 결정하는 시기가 있다. 의뢰 전 과정 동안 교수전략의 목록은 끝이 없을 수 있다. 문자 그대로 수천 가지의 의뢰 전 중재를 열거한 책들이 있다. 어려움은 중재와 이를 이행하는 교사의 능력, 중재에 대한 수용 수준 및 학생의 특정한 요구를 연결시키는 데 있다. 예를 들면, 교수지원팀 모델에서 학급교사는 어떤 전략이 학급에서 이행될 것인지를 마지막으로 조정하는 사람이다. 그러므로 만약 몇 가지 행동기법이 팀에 의해 제안된다면, 교사는 어떤 것을 시도할 것인지를 결정하고 팀에게 조사하여 보고한다. 이러한 중재는 또한 학급에 있는 다른 학생들에게도 이익이 된다는 것에 주목해야 한다.

그림 5-2, 5-3, 5-4는 학급교사에 의해 의뢰 전 팀에게 학생을 의뢰한 예이며, 브레인스토밍 단계 동안 산출된 교수전략들이다.

이 세 가지 모든 사례에서, 진행하는 교사는 즉각적으로 어떤 전략을 이행할 것인지를 결정할 뿐만 아니라 이후에 사용할 전략과 지금 이용하는 데 편안하게 느끼지 않는 것들을 결정한다. 다음 교수지원팀 회의에서, 교사는 중재가 작용하고 있는지 아닌지에 관한 증거를 제공할 책임이 있을 것이다. 이것은 전형적으로 학생 활동이나 행동적 관심사에 대한 자료를 구성한다.

대부분 중재는 그리 특별하지 않기 때문에 학급에서 수행될 수 있으며, 학급과 관련되지 않은 임상적 방법으로도 고려되지 않는다. 또한 제안된 중재에는 상당한 중복이 있다. 이것은 흔히 일어난다. 의뢰 전 과정의 주요 혜택 가운데 하나는 무엇이 작용하는지를 교사가 기술하도록 협력적 토론회를 제공하며, 또 진행하는 교사를 위해 지원을 제공한다는 것이다. 그것은 모든 문제의 해결책이 아니라 역동적 과정이다. 만약 그것이 효과적이면, 교사는 학생을 학습장애가 있는 것으로 분류하기보다는 그들을 도울 수 있는 방법이 있다는 점을 깨달을 것이다.

이 장의 마지막 절은 의뢰 전 팀을 위한 최상의 실천을 다룬다.

**허드슨 스트리트 초등학교**
**교수지원팀**

학생 성명 : 메리앤

| 학년 : 4 | 성별 : 여 | 교사 : 피스크 |
|---|---|---|

의뢰날짜 : 2003년 10월 1일

1. 이 학생의 강점을 기술하시오.
   메리앤은 매우 열성적인 학생이다. 그녀는 학급에 진짜 관심을 가지는 것으로 보인다. 그녀는 선생님을 즐겁게 해드리려고 매우 노력한다.
2. 당신의 일차적 염려를 기술하고 특정행동의 실례를 드시오.
   그녀는 읽기와 쓰기 영역에서 학년수준 이하인 것으로 보인다. 그녀는 매우 부진한 이해력 기술을 갖고 있으며, 쓰기 위해 생각을 명확히 나타내는 데 어려움이 있다.
3. 어떤 학급 중재를 시도해 왔는지, 여러분은 얼마나 오랫동안 그것을 이용해 왔는지, 그리고 이 중재들이 얼마나 효과적이었는지? 만약 여러분이 그것을 계속 사용하지 않았다면, 언제 그리고 왜?
   일주에 이틀씩 특별한 도움을 주도록 권고받았다. 학급에서의 읽기시간 동안 소집단으로 안내된 읽기 교수를 받는다.
4. 만약 있다면, 아동은 어떤 서비스를 받고 있나요?
   일주일에 3번씩 교정적 읽기
5. 이 교수지원팀 회의로부터 여러분은 무엇을 얻을 것이라 기대하나요?
   특정한 읽기 및 쓰기 전략
6. 브레인스토밍 단계 동안, 팀은 다음의 중재목록을 산출하였다.
   - 읽기 파트너를 만든다.
   - 더 어린 학생에게 읽기
   - 저널을 쓴다.
   - 편지로 사귄 친구
   - 특별한 도움 인력을 조정한다.
   - 읽기/쓰기 시도에 보상한다.
   - 그래픽 조직자를 이용한다.
   - SQ3R과 같은 이해전략을 이용한다.
   - 높은 흥미, 낮은 어휘 책
   - 흥미 일람표
   - 그녀의 좋은 구어기능을 이용한다.
   - 언어경험접근
   - 쓰고 처치를 따른다.
   - 넓은 범위의 경험을 제공한다.
   - 그녀의 흥미에 관해 조사하기 위해 부모를 만난다.

**그림 5-2** 학생 의뢰와 교수전략

**허드슨 스트리트 초등학교**
**교수지원팀**
학생 이름 : 루이스

| 학년 : 3 | 성별 : 남 | 교사 : 아코스타 |
|---|---|---|

의뢰날짜 : 2003년 12월 20일

1. 이 학생의 강점을 기술하시오.
   루이스는 열심히 노력하고 바르게 행동하는 학생이다. 그는 꽤 말이 많고 학급 토의에 참여하기를 즐긴다. 그는 또래아동들과 잘 어울린다.
2. 당신의 일차적인 염려를 기술하고 그것이 학업적, 사회적, 행동적, 언어적 및 운동적인지에 관해 상술하시오.
   학업적 염려 – 루이스는 부진한 음운 인식을 가지고 있다. 그의 읽기 이해력 또한 부진하다. 그의 말은 잘못된 조음으로 특징짓는다. 그는 또한 지시를 되풀이하고 다시 말한다.
3. 어떤 학급 중재가 시도되어 왔는지, 그리고 그 결과는 어떠한지?
   그는 일주일에 한 번 특별한 도움을 받으러 가며, 일주일에 세 차례 지원적인 읽기 및 쓰기를 지도받는다.
4. 만약 있다면, 아동은 어떤 서비스를 받고 있나요?
   교정적 읽기 및 쓰기 지원
5. 여러분은 이 교수지원팀 회의로부터 무엇을 얻을 것이라 기대하나요?
   읽기 전략
   쓰기 전략
6. 그는 말 · 언어 선별조사를 필요로 하나요?
   다음 전략들이 제안되었다.
   - 말 · 언어 선별조사
   - 특정 발음 중심 교수
   - 고 흥미, 저 어휘 책
   - 구어기능에 초점을 둔다.
   - 언어 경험 접근법
   - 노력을 강화한다.
   - 흥미 일람표
   - 편지 주고받는 친구
   - 저널 쓰기
   - 언어의 복잡성을 감소시킨다.
   - 한 단계 요구, 지시로 시작한다.
   - 과제분석을 이용한다.
   - 읽기 및 쓰기에 특별 도움을 조정한다.
   - 읽기, 쓰기 동료를 이용한다.
   - 부모 및 다른 학생에게 그의 이야기를 구술해서 받아쓰게 한다.
   - 소집단 교수

**그림 5-3 학생 의뢰와 교수전략**

**허드슨 스트리트 초등학교**
**교수지원팀**
학생 이름 : 에이브러햄

| 학년 : 4 | 성별 : 남 | 교사 : 파우스트 |
|---|---|---|

의뢰날짜 : 2003년 10월 28일

1. 이 학생의 강점을 기술하시오.
   에이브러햄은 예의 바르고, 남들이 아주 좋아하는 소년이다. 그는 과학, 사회, 논픽션 읽기 영역에 열성적이다. 수학은 강점을 갖는 영역이다. 그는 읽기에 초점을 두는 것이 어렵다는 것을 알고 좀 더 잘하고 싶다고 말한다.
2. 당신의 일차적 염려를 기술하고 특정한 행동의 실례를 드시오.
   산만성 – 전체 학급 수업 동안 그리고 지시가 주어질 때 집중하는 데 상당한 어려움을 가진다. 흔히 지시의 반복이나 일대일 도움이 없이는 과제를 완성하는 데 어려움을 갖는다.
   쓰기 – 계획 페이지를 이용하는데, 새로운 페이지를 시작하는데, 그리고 일대일 상담 동안 논의된 생각을 기억하는 데 어려움을 가짐.
   읽기 – 일견단어의 결여, 해독 곤란
3. 어떤 학급 중재를 시도해 왔는지, 여러분은 얼마나 오랫동안 그것을 이용해 왔는지, 그리고 이 중재들이 얼마나 효과적이었는지? 만약 여러분이 그것을 계속 사용하지 않았다면, 언제 그리고 왜?
   산만성 – 교사에게 가까이 가기, 지시가 주어질 때 가리키는 것을 미묘하게 다시 가리키기, 시각적 단서(차트)
   쓰기 – 웹과 쓰기 작품에 대한 교사 모델링, 빈번한 쓰기 상담
4. 만약 있다면, 아동은 어떤 서비스를 받고 있나요?
   일주일에 3번의 교정적 읽기
5. 이 교수지원팀 회의로부터 여러분은 무엇을 얻을 것이라 기대하나요?
   그가 과제에 집중하고 계속 하도록 돕기 위한 새로운 전략
   마지 못해 글을 쓰는 사람들을 위한 제안
   에이브러햄을 위해 산출된 교수전략들
   - 산만을 피하기 위해 분리대를 이용한다.
   - 그의 책상에 일정 카드를 둔다.
   - 모든 집중행동을 강화한다.
   - 주의를 기울이는 데 대한 유관계약을 이용한다.
   - 보상 목록을 개발한다.
   - 그의 흥미, 강화를 결정하기 위해 부모와 만난다.
   - 수학 강점을 이용하여 읽기를 돕는다.
   - 낮은 수준의 교재를 이용한다.
   - 단어 벽과 개인의 사전을 이용한다.
   - 특정 발음 중심 교수를 제공한다.
   - 일견단어를 위한 다감각접근법을 이용한다.
   - 주의를 기울이는 학생 가까이에 그를 배치한다.
   - 그래픽 조직자를 제공한다.
   - 편지를 주고받는 친구를 제공한다.
   - 더 어린 학생들을 위한 지시를 쓴다.
   - 읽기에 앞서 특정 질문을 부과한다.
   - 빈번하게 이해력을 확인한다.
   - 흥미 일람표를 개발한다.

**그림 5-4 학생 의뢰와 교수전략**

**교수지원팀 의뢰 양식**

학생 이름 : 닉 날짜 : 1997년 12월 20일

생년월일 : 1989년 3월 20일

부모/보호자 ________________________ 학년 8

전화 (가정) (직장) ________________________

의뢰인 : 학급교사

이 학생의 강점을 간략하게 기술하시오(대인간, 수학, 언어, 시각적, 운동적, 근감각적, 음악적, 기타).
*닉은 매우 영리하고 역사와 과학에 대한 배경지식이 매우 많다. 그는 우수한 어휘력과 잘 다듬어진, 자연스러운 유머감각을 가졌다. 강한 수학기술, 대부분 시간에 성실하고 협동적이다. 학급 친구들이 적다. 일대일 상황에서 읽기와 쓰기를 훨씬 잘한다.*

이 학생이 현재 경험하고 있는 학업적, 행동적, 또는 정서적 어려움을 간략히 기술하시오. 그 문제가 존재하는 상황을 기술하시오.
*매일 연습, 다감각 교수 및 단어의 수를 줄였음에도 불구하고 매우 부진한 철자능력을 가진다. 쓰기과정과 읽기 유창성을 위해 노력한다. 그는 흥미가 높은 자료를 읽을 때, 학년수준에 가까운 더 우수한 묵독 이해 점수를 나타낸다. 동료들을 애써 웃김으로 정기적으로 수업을 방해한다. 철자와 쓰기 수업 동안에는 포기하고 종이를 던진다.*

다음은 여러분이 학급에서 이용할 수 있는 가능한 중재 목록이다.

| | | |
|---|---|---|
| 자료수정 | 보상/결과 | 행동계약 |
| 또래교수 | 협력학습 | 자기존중감 활동 |
| 다른 환경 | 검사 수정 | 보상/유인가 |
| 개별 교수 | 보조/자원봉사자 | 이용 기타(아래 기록) |

**확장** : 무엇이 효과적인가? 무엇이 효과적이지 않는가?
**기타** : 어머니와 매주 전화상담. 가정에서 철자를 위한 매일 추수 활동

*만약 그가 철자를 잘하고 ________을 못한다면 수학을 목표로 하기 위해 교감과 언어적 만남(동료가 2주 동안 노력하였으며 그는 아직도 한걸음도 얻지 못했다!)
**닉은 단어 수를 줄인 목록을 이용하기를 거절한다. 쓰기를 좋아하지 않지만, 말로 정보를 주고 질문에 대답할 것이다. 닉은 학년 내내 철자 시험에 합격하였다. 사본이 첨부된다.

이 학생의 어려움을 다루기 위해 다음의 중재 중 어떠한 것을 이용하였는가? 만약 그렇다면, 체크를 하시오.

부모 만남(동그라미 치세요)
전화 문자 상담 날짜 9월 20일, 10월 3일, 10월 14일
________ 관여한 다른 사람의 이름

**그림 5-5 의뢰 양식**

_________ 전문적 자문
_________ 관찰
_________ 상담
_________ 교수적 지원
_________ 교정

언어치료사 – 교사는 학급 소음에 어려움을 가진다. 어떤 것을 자주 되풀이할 필요가 있다.

만남에 대한 요약 :
지난 달 종이와 연필을 던지고 수업을 방해한 데 대한 8가지 훈계 보고서

**부가적 정보**
이전 검사 : 심리, 말, 의학적, 교육, 작업치료/물리치료, 외부 평가, 기타

| 이름 | 날짜 | 결과 |
|---|---|---|
| 청각/시각 | 9/20/97 | 성공(정상 범위 이내) |
| K-선별검사 | 6/94 | 실패 |
| 말/단어 | 10/95 | 폐쇄 'R'의 왜곡 |

**작업 견본**(첫 회의에 여러분이 첨부하거나 가지고 오시오)
가정 상황의 상태는 어떠한가?
지원적인 가족

학생의 이전 학교 경험을 기술하시오.
1학년 때부터 읽기와 철자에 고군분투하였다. 부모와 그는 매일 가정에서 읽는다.

여러분은 부모에게 시간, 장소 및 교수지원팀 회의의 구조를 어떻게 알릴 것인가요?
전화로 알림

어떤 다른 사람들이 구성원 조직에 초대되어야 하나요?(과거 또는 현재)
언어치료사, 학급 및 특수영역 교사, 교감

첫째 회의 날짜 _________ 교수지원팀 회의 장소 _________

**그림 5-5 의뢰 양식(계속)**

## 최상의 실천 : 교수지원팀 회의

매주 수요일 오전 8 : 00, Barnes Avenue 학교의 교수지원팀은 회의를 가진다. 팀은 교장, 심리학자, 읽기와 쓰기 교사, 학교 사회사업가, 일반교사 3명, 그리고 특수교사 1명으로 구성된다. 그들은 필요한 경우 작업치료사나 언어치료사와 같은 사람들을 참석하도록 초대한다. 회의는 8시에 시작된다. 발표하는 교사는 5분 동안 그의 학생에 대해 토의할 수 있다. 이것은 짧은 시간인 것으로 보이고, 팀은 아무것도 완수되지 않고 있다고 느낀다. 왜냐하면 그들은 흔히 문제를 해결하기 위한 시간은 쓰지 않고 문제를 토의하는데 많은 시간을 쓰기 때문이다. 팀의 모든 구성원은 사무실에서 모든 의뢰 정보에 접근한다. 그들은 예를 들면 의뢰양식을 복사하고, 그것을 구성원들에게 나누어주려고 노력하지만, 중앙의 위치가 더욱 효율적인 것 같다(그림 5-5 참조).

일단 5분이 끝나면, 시간기록원(이 역할은 순환됨)은 브레인스토밍을 위한 시간이라는 것을 알려 준다. 팀은 모든 사람들이 말할 수 있도록 규칙에 얽매이지 않은 접근법을 이용한다. 어떠한 제안도 버려지거나 무시를 당하지 않는다. 필경사는 모든 사람이 볼 수 있도록 큰 장의 포스트잇 종이에 모든 생각을 쓴다. 15분 후에, 팀은 목록을 다듬고, 논의된 교수적 중재에 학급교사가 편안해 하는지를 확인하며, 또 추후회의를 위한 날짜를 정한다. 초기에 과정은 매우 시간 소모적이었지만, 지금은 효율적으로 진행되는 것 같다. 1시간 30분 이내 팀은 대개 3명의 학생에 대해 논의한다. 그들은 협력과정이 결과를 산출하고 있다는 것을 동료들이 깨닫기 시작한다고 느꼈다. 특수교육에 의뢰되는 수는 감소되고 의뢰되는 사람들은 더욱 적절한 것으로 보였다.

### 의뢰 전 교수적 수정

의뢰 전 과정 동안 사용될 수 있는 특정한 교수적 수정을 모든 교사에게 제공하는 것은 유용할지 모른다(Wagenberg, 2003). 쉽게 이행될 수 있는 간단한 제안은 일반교육 교사에게 도움이 되고 의뢰 전 과정을 더욱 효율적으로 만든다. 특정한 전략을 위해서는 표 5-1을 참조하라.

표 5-1 지도 수정

| 만약 학생이 곤란을 가지면 | 이것을 시도하시오 |
|---|---|
| 흥미 가지기 | • 사람의 생활과 관련된 이야기를 말한다.<br>• 구체적 경험을 제공한다.<br>• 흥미를 자극하기 위해 이야기나 기사를 큰 소리로 읽는다.<br>• 학생을 교사 가까이 앉게 한다. |
| 시작하기<br>– 일을 시작하기 위해 단서 주기 | • 더 적은 양의 일을 준다.<br>• 즉각적 피드백을 제공한다.<br>• 일의 순서를 정한다.<br>• 시간 제안을 제공한다.<br>• 진보를 확인한다.<br>• 또래 또는 또래교사 |
| 구술 단어에 주의집중하기 | • 작고, 뚜렷한 단계로 설명한다.<br>• 구어 지시에 문어 지원을 제공한다.<br>• 학생이 지시를 되풀이하게 한다.<br>• 동료, 테이프 지시를 이용한다.<br>• 듣기 시간을 짧게 한다.<br>• 문어 조작 과제와 구어를 교대로 한다.<br>• 학생을 직접 본다. 학생의 어깨에 손을 얹는다. |
| 지시 따르기 | • 단어를 적게 사용한다.<br>• 실례를 제공한다.<br>• 반복한다.<br>• 학생이 반복하게 한다.<br>• 체크리스트를 제공한다.<br>• 청각 및 시각 지시를 이용한다. |
| 자료나 과제 기록하기 | • 노트북을 이용한다.<br>• 각 주제별 큰 봉투를 이용한다.<br>• 자원교사와 부모를 위해 특별 과제 용지를 보관한다.<br>• 학생이 우편물 가방을 운반하게 한다.<br>• 과제를 칠판에 쓴다.<br>• 용품을 가져오는 데 대한 보상을 준다. |
| 인쇄된 단어에 주의집중하기 | • 교재를 선택한다.<br>• 강조한다.<br>• 밑줄을 긋는다. 번호를 매긴다.<br>• 책상을 깨끗하게 유지한다.<br>• 벽을 보며 책상을 두거나 열람석을 이용한다.<br>• 투명한 것을 위에 씌운다. |
| 교재 읽기 | • 낮은 수준이나 이용 가능하다면 수정 교재를 이용한다.<br>• 테이프 교재<br>• 요구되는 읽기 양을 줄인다.<br>• 학생이 소집단에서 크게 읽게 한다.<br>• 읽기를 위해 여분의 시간을 허용한다.<br>• 읽기 요구사항을 생략한다. |

**표 5-1 지도 수정(계속)**

| 만약 학생이 곤란을 가지면 | 이것을 시도하시오 |
|---|---|
| 교재 읽기 | • 목록카드에 우편 생각을 둔다.<br>• 구어 검사를 이용한다.<br>• 동료를 이용하거나 집단 활동을 허용한다.<br>• 어휘단어를 미리 가르친다.<br>• 집에 가지고 가서 하는 시험을 준다.<br>• 더 큰 활자를 이용한다. |
| 제시간에 과제 완성하기 | • 완성해야 할 양을 줄인다.<br>• 더 많은 시간을 허용한다.<br>• 일정을 적는다.<br>• 체크리스트를 제공한다.<br>• 쭉 가다가 어느 시점에 종결을 제공한다. |
| 말로 자신을 표현하기 | • 대안적 정보형태를 수용한다 – 서면보고서, 삽화, 전시, 차트/그래프, 게시판, 사진.<br>• 촉구를 제공한다.<br>• 학급 토의에 규정을 준다.<br>• 학급에서 질문하도록 학생을 지도한다.<br>• 지도 수준에서 질문한다.<br>• 점차적으로 학생을 나누어 보다 소집단에서 말하게 한다.<br>• 녹음된 보고서를 허용한다. |
| 과제 계속하기 | • 산만을 줄인다.<br>• 강화를 증가시킨다.<br>• 체크리스트를 제공한다.<br>• 작업 양을 줄인다.<br>• 타임아웃을 준다.<br>• 짧은 시간 동안 침묵의 대안을 제공한다. |
| 들으면서 학습하기 | • 시각물을 제공한다.<br>• 플래시 카드를 이용한다.<br>• 학생이 눈을 감고 정보를 시각화하게 한다.<br>• 전체단어를 시각화함으로써 철자를 말한다.<br>• 머리글자의 이용을 가르친다.<br>• 적고, 뚜렷한 단계로 설명한다.<br>• 여분의 단어를 제거한다.<br>• 학습안내자를 제공한다. |
| 집단에서 일하기 | • 파트너를 제공한다.<br>• 학생에게 책임감이나 지도자의 지위를 제공한다.<br>• 과제를 정의하고 단계를 정함으로써 더 많은 구조를 제공한다. |
| 독립적으로 일하기 | • 적절한 수준의 과제를 준다.<br>• 학생이 과제의 끝을 이해할 수 있도록 확인한다.<br>• 정확한 지시를 준다.<br>• 자주 강화한다.<br>• 과제 내에서 다양한 형태의 일을 제공한다. |

**표 5-1 지도 수정(계속)**

| 만약 학생이 곤란을 가지면 | 이것을 시도하시오 |
|---|---|
| 읽은 것을 이해하기 | • 언어 수준을 낮춘다.<br>• 더욱 구체적이 된다.<br>• 새로운 생각의 수를 줄인다.<br>• 참조 틀을 위해 경험을 제공한다.<br>• 학습안내자를 제공한다.<br>• 조직화 도움을 준다.<br>• 대안적인 매체를 제공한다.<br>• 여분의 단어를 제거한다("제인, 제발 네 의자에 앉을래?"가 아닌 "제인, 앉아라").<br>• 빈칸 메우기 기법을 이용한다. |
| 읽을 수 있게 글 쓰기 | • 쓰기에서 낮은 유형을 이용한다–4지선다형, 빈칸 메우기형, 프로그램형.<br>• 조작물을 이용한다.<br>• 학생이 타이핑하도록 한다.<br>• 녹음기의 이용을 허용한다.<br>• 2주 동안 보고서를 모으고, 그다음 학생이 쓴 것을 읽게 한다.<br>• 근면하게 쓰도록 지도한다. |
| 철자 쓰기 | • 단어를 받아쓴다. 학생에게 그것을 반복하도록 요구한다.<br>• 전통적인 철자 목록을 피한다.<br>• 문맥에서 짧고, 쉬운 단어를 지도한다(on and on, right on! on account of).<br>• 학생이 플래시 카드를 만들게 한다.<br>• 철자유형에 따라 단어를 지도한다.<br>• 철자오류에 대해 벌을 하지 않는다.<br>• 학습시간 동안 천장에 단어를 매달거나 계속적인 시각적 단서를 위해 벽보나 벽에 붙인다.<br>• 철자쓰기에 촉각 보조물을 제공한다(사포지로 된 철자, 소금상자 등). |
| 원인/결과 이해하기 : 결과 기대하기 | • 구체적 실례를 이용한다.<br>• 실제 생활 상황을 이용한다.<br>• 원인/결과를 직접 가르친다–브레인스토밍, 역할놀이, 시뮬레이션.<br>• 학생이 그들의 상상을 이용하게 한다. |
| 관계 이해하기 | • 관계를 직접 지적한다.<br>• 연습장에 화살을 그리거나, 생각이 관련되는지 아는 검사를 한다.<br>• 기능, 범주, 반대, 순서의 관계를 직접 가르친다.<br>• 직접적인 연습을 제공한다.<br>• 머리말, 본보기를 위해 부분적으로 빈칸이 채워진 차트를 제공한다.<br>• 생각/사건을 위해 기호로 된 깃발을 이용한다. |
| 글을 써서 자신 표현하기 | • 대안적인 형태의 보고서 쓰는 것을 수용한다–구어 보고서, 녹음된 인터뷰, 녹화된 인터뷰, 지도, 사진 에세이, 위원단의 토론.<br>• 학생이 다른 사람에게 일을 지시하게 한다.<br>• 학생이 주제에 대한 기록이나 요점을 준비하게 한다.<br>• 요구되는 양을 줄인다.<br>• 이야기 시작하는 사람, 제한이 없는 이야기로 연습을 제공한다. |

**표 5-1 지도 수정(계속)**

| 만약 학생이 곤란을 가지면 | 이것을 시도하시오 |
|---|---|
| 결론을 내리거나 추론하기 | • 사고하는 기술을 직접 지도한다.<br>• 학생이 문제해결에 경험이 있는 상황과 비교한다. |
| 기억하기 | • 체크리스트를 제공한다.<br>• 단서를 제공한다.<br>• 학생이 자기에게 메모하게 한다.<br>• 기억 기술을 지도한다.<br>• 머리글자와 기타 기억을 돕기 위한 수단을 이용하도록 지도한다. |

## 이행

### Levittown : 어떻게 한 학군이 의뢰 전 팀을 이용하였을까?

팀 접근법은 대도시 학군에서와 마찬가지의 문제를 많이 경험하는 시골학교에서 이용되었다(Lochner & McNamaraq, 1989). 특수교육 프로그램은 학교 인원 중 불균형적으로 많은 비율을 나타내기 시작하였다. 결과적으로, 이 프로그램은 기대에 미치지 못하고 있는 학생을 위한 만병통치약으로 인식되었다. 교직원과 학생 모두 일반교육 상대자로부터 고립되었다. 이러한 요인들은 특수교육위원회(뉴욕 주에 있는 다학문적 팀을 위해 이용되는 팀)에 이례적으로 높은 의뢰 비율을 낳는다. 예를 들면, 1986~1987 학년 동안, 주당 15사례 또는 연간 600 이상의 사례가 특수교육 배치를 위해 특수교육 위원회에 의뢰되었다.

독립적인 결산서는 의뢰율과 서비스의 수준이 기대보다 더 높았다는 것을 확증하였다. 더구나, 대부분 이들 학생이 특수교육 서비스에 적격자가 되지 않았기 때문에, 일반교사는 다소 그들이 의뢰한 조치에 대한 인식 결여로 좌절되었다. 학생들은 여전이 그들의 학급에 있으며, 여전히 무엇을 해야 되는지를 알지 못하였다. 이 상황은 이 학군에서 특별한 것이 아니다. 전문적인 문헌상의 보고서는 특수교육이 비용이 많이 들고 비효과적이라고 언급한다(Algozzine, Christenson, & Ysseldyke, 1982; Graden, Casey, & Christenson, 1985). 일반교육 교직원과 특수교육 교직원으로 된 2층의 교육체제를 변경하기 위해, 발달 프로그램이 만들어지고 이행되었다.

Glatthorn(1990, p.62)은 전문적 발달을 지원하는 데 필요한 6가지 조건들을 확인했다.

1. 강력한 학군 수준의 리더십이 있다. 학군 관리자나 감독자는 전체 프로그램을 조정하고 점검한다.
2. 학교 수준의 강력한 리더십이 있다. 교장은 동료 간의 협력관계 기준을 촉진시키고, 협력을 모델링하며, 교사 협동을 보상하는 데 리더십을 훈련한다.
3. 행정가와 교사 간에 일반적으로 솔직하고 신뢰하는 분위기가 있다.
4. 협동적인 프로그램은 뚜렷한 초점을 가지고 공유된 언어를 이용한다.
5. 학군은 협동적인 프로그램을 시작하고 유지하는 데 필요한 자원을 제공한다.
6. 학교는 협력을 지원하는 데 필요한 조직적 변화를 만든다. 학교 일정은 교사가 함께 일할 수 있도록 하며, 교직원 할당 절차는 협력을 촉진시킨다.

이 프로그램은 이들 조건을 만족시켰다. 초기에 교육위원회와 학교 교장은 문제를 조사하기 위하여 위원회에 자료를 제공하게 한다. 교장의 지원은 성공에 필요한 또 다른 조건이며, 이것은 확보되었다. 교장의 주간 협의회는 '비전형적인 아동의 요구'를 다루기 위해 일정이 계획되었다. 교사와 행정가들은 계획 위원회에 포함되었다.

## 교직원 연수 프로그램의 주요 구성요소

### 자문 서비스

학습장애 전문가로서 특수교육 상담가는 행정과 학생 인력 서비스를 담당하는 교장 보조와 함께 일하도록 선택된다. 상담가는 비평가적인 태도로 교직원 구성원들에게 서비스를 제공한다. 이상에서 주목한 대로, 이것이 교사 평가 과정과는 독립적이어야 하는 것은 매우 중요하다. 이 프로그램의 주요 목적은 비전형적인 학습자의 요구에 관하여 모든 교사에게 기술적 지원과 훈련을 제공하는 것이다. 그 이외에도, 일반과 특수교육자들 간의 상호작용을 증가시키기 위한 바람이 있다. 이것은 빌딩 수준 팀의 이용을 통해 완수된다.

### 학교단위 팀

학교단위 팀의 이용은 교육에서의 새로운 개념이 아니다. Chalfant와 Pysh(1989)는 많은 학군이 학교 중심의 지원팀을 이용한다는 것에 주목한다. Will(1986)은 그런 팀이 학습문제를 가지고 있는 학생을 돕기 위해서는 일반교사의 능력을 강화해야 한다고 제안한다. 이 개념은 Levittown 학군에 있는 교직원에게는 새로운 것이 아니다. 핵심교직원(cadre) 모델은 쓰기, 읽기 및 사고하기 영역에서의 교직원 연수에 이용되어 왔다. 이것은 Levittown에 있는 초등학교의 다양성 때문에 중요한 관심사였다. 학교단위 팀은 빌딩 교직원에게 프로그램의 소유감을 주고, 전반적 관심이 아닌 특정 요구를 반영한다.

### 학교단위 팀 구성원

각 학교단위 팀은 적어도 다음을 포함한다.

일반교사 1명
특수교사 1명
말 · 언어병리사 1명
학교심리학자 1명

팀의 구성원 자격은 자의적이며, 비록 이것이 교직원 구성원에게 매우 자극이 되더라도 보상 프로그램 또한 이행된다. 각 팀 구성원은 1년 프로젝트에 대해 현직에서의 2점과 그 이후 매년 1점씩을 받는다. 이들 점수는 월급 인상에 적용될 수 있다. 팀 구성원 역시 워크숍(그들의 학급을 위한 대리인이 제공됨)에 참석하도록 허용되고 자문지원을 받는다. 핵심교직원의 주요 책임은 다음과 같다.

1. 비전형적인 아동을 대상으로 일하는 모든 교사에게 기술적 지원과 훈련을 제공하는 것
2. 교직원에게 몇 가지 발표를 하는 것
3. 문제, 해결, 또는 부가적 요구에 관련하여 교직원과 행정가가 함께 추적하는 것

이들 책임을 수행하기 위하여 요구 사정이 개발되어야 한다.

## 학교단위의 요구 사정

각 학교단위 팀은 그들 동료의 요구를 확인하였다. 75%의 일치에 도달했으며, 요구의 목록에서 우선 순위가 결정되었다. 각 팀이 그들의 요구사정에 책임을 지는 것은 중요하다. 따라서 사정은 중앙 행정에 의해 그들에게 부과되는 것이 아니고, 그들은 매일 매일 그들의 상호작용에 기초하여 동료의 관심사를 확인할 수 있다.

## 프로그램 이행

### 초기 훈련

각 팀은 요구 사정의 결과에 기초하여 그들의 동료에게 발표하고 이행하는 책임을 진다. 발표에 앞서, 전체 집단(n=40)은 훈련회기 동안 행정과 학생 인력 서비스를 담당하는 자문가 및 부교육감을 만난다. 그들은 널리 다양한 형식이 주어지고, 계획할 기회와 학교의 다른 팀으로부터 피드백을 받을 기회를 가진다. 많은 팀 구성원을 위해, 이것은 그들이 처음으로 동료들에게 발표를 하게 되는 것이다. 상당한 노력으로 그들의 불안을 가라앉히고, 충분한 준비시간을 제공하며 그들의 노력을 강화하게 된다.

이용된 형식은 주제에 따라 다양하다(그림 5-6 참조). 전체 교직원은 각 회기를 평가한다. 피드백은 학년 내내 계속적인 프로그램의 개발에 이용된다.

### 계속적인 훈련

학년 동안, 학교단위 팀은 그들의 동료들을 만나 훈련을 제공한다. 그룹 회의는 팀의 요구를 다루었다.

소책자는 모든 학군 교직원 구성원에게 유형의 산출물을 제공하기 위해 전체 집단, 자문가 및 부교육감에 의해 개발되었다. 그 내용은 다음과 같다.

1. 특수교육 범주
2. 효과적인 지도 방법(학업적)
3. 효과적인 지도 방법(행동적)

각 팀이 연간 목표를 개발할 때, 구성원들은 자문 서비스와 집단훈련 회기를 통해 지원과 훈련을 계속적으로 받는다. 그리고 각 팀의 요구가 계속적으로 변화하기는 하나, 그들은 모두 프로젝트의 주요 목표하에 포함될 수 있다—모든 교사에게 비전형적 학습자를 가르치는 데 필요한 기술을 제공하는 것.

## 영향

일화 보고서는 이상에서 기술한 교직원 연수 프로그램이 성공적이었음을 제안한다. 행정가와 교사들은 팀의 기능에 관하여 매우 긍정적인 것으로 나타났다. 일반 및 특수 교사들은 상호작용의 기회가 주어질 때, 협력을 통해 많은 문제를 해결할 수 있었다는 것을 깨달았다. 이런 정량화할 수 있는 공동의 결과는 또한 인상적이다.

- 특수교육위원회에 의뢰율은 주당 15번(연간 600이상)에서 주당 6번(연간 240)으로 떨어졌다.
- 특수교육 프로그램에의 등록은 1,125에서 901로 떨어졌다.

**형식**

- 강의
- 비디오테이프
- 시뮬레이션
- 소집단 활동
- 필름
- 오디오테이프

**발표**

- 특별 요구의 확인
- 비전형적 학습자의 특성
- 주의력결핍장애
- 행동 관리
- 무엇이 특수교육에 대해 그렇게 특수한가?
- 교수 수정하기
- 언어장애 교정하기

**그림 5-6 현직 프로그램에 이용된 형식과 주제의 견본**

- 단지 1명의 구성원이 팀으로부터 떠날 것을 요구하였다.
- 교직원 구성원의 증가하는 수는 학교단위 팀에 합류하기를 요구하였다.

## 의뢰 전 평가하기

의뢰 전 과정은 시간 소모적이다. 학교는 그 과정이 생산적이고 효율적이라고 확신할 필요가 있다. 명백하게도 교사들은 그들이 시간을 소비하고 있다고 느낀다면, 위협을 받는다고 느낀다면, 또는 제안이 효과적이지 않다고 느낀다면, 팀의 서비스를 이용하지 않을 것이다. 그러므로 학교 교직원이 팀의 효과성을 평가하는 것은 매우 중요하다. Salend(2005, p.53)는 학교의 의뢰 전 시스템을 평가하기 위해 이용될 수 있는 우수한 질문 목록을 제공한다.

- 행정가, 교육자 및 가족구성원은 의뢰 전 시스템을 이행하고 촉진하는 데 헌신하는가?
- 의뢰 전 지원 팀에서 일할 수 있는 교육자의 선택 준거가 있는가?
- 의뢰 전 지원팀은 어떤 범위의 배경, 경험, 전문성 및 훈련을 가진 교육자들과 다양한 기능을 수행하는 교육자들을 포함하는가?
- 가족구성원과 지역사회 기관들은 의뢰 전 과정에 관여하는가?
- 의뢰 전 지원 팀은 활동을 수행하기 위한 자원과 시간을 가지는가?
- 교사들이 의뢰 전 팀의 서비스에 접근하도록 돕는 시스템이 있는가?
- 의뢰 전 시스템에서 이용되는 형식과 절차는 그 과정을 촉진시키는가?
- 의뢰 전 지원 팀은 교사의 관심과 학습 환경뿐만 아니라, 학생의 강점, 요구, 교육적, 사회적 및 병력, 언어 및 문화적 배경에 기초한 의뢰 전 시스템의 목표와 형태를 결정하는 데 적절하고 합리적인 절차를 가지는가?
- 의뢰 전 지원 팀은 어떤 범위의 합리적 교수적 및 가족 개입 전략, 교육과정과 학급설계 적합화, 대안적 사정 절차, 검사 수정, 문화적으로 관련된 교수적 및 학급 관리 기법, 적응 장치, 교사 훈련 및 협력 활동, 그리고 의뢰적 문제를 다루기 위한 학교중심 및 지역사회 중심의 지원 서비스를 고려하고 제안하는가?
- 의뢰 전 중재는 의도한 대로 이행되는 의뢰 전 지원팀에 의해 그리고 충분한 기간 동안 제안되는가?
- 의뢰 전 지원 팀은 의뢰 전 중재와 의뢰 전 과정의 효과성을 조사하고 또 이 데이터에

근거하여 수정하기 위해 데이터를 수집하는가?

- 여러분은 여러분의 학교 의뢰 전 시스템을 어떻게 평가할 것인가? ( )최우수, ( )우수, ( )개선 필요, ( )상당한 개선 필요
- 여러분이 여러분 학교의 의뢰 전 시스템에 적응할 수 있는 어떤 목표나 단계는 무엇인가?

배럿 선생님에게 돌아가 봅시다. 그는 교수지원팀(IST) 회의에 참석하였으며 안젤라에 관한 그의 염려를 나타냈다. 모든 팀 구성원들은 회의에 앞서 의뢰의 복사본을 받았으며, 그래서 대부분의 회의는 해결책을 브레인스토밍하면서 보냈다. 20가지 이상의 해결책이 제시되었고, 배럿 선생님은 즉각적으로 이행할 다섯 가지를 선택하였으며 효과적이지 않을 때 네 가지 더 선택하였다. 그는 나머지 해결책도 이용할 것이다. 그는 추수기간(1개월)이 주어졌으며, 사례관리인은 그와 함께 추적하도록 할당되었다. 그달 동안, 그는 중재를 이행하고, 안젤라의 진보를 평가하고 또 팀에 가져갈 작업 샘플을 수집할 것이다. 안젤라를 다학문적 팀에 의뢰하는 결정이 필요할 때는 미래의 어느 시점이 될 수 있다. 그러나 의뢰에 앞서 가능한 모든 것을 하도록 공동의 노력이 이루어진 증거가 틀림없이 있다.

## 요약

이 장은 의뢰 전 과정에 초점을 두었다. 교사가 개별화교육프로그램의 개발과 이행을 하면서 학생이 학습장애를 가진 것으로 즉각적으로 판단하게 하는 것보다, 의뢰 전 활동은 교사가 협력과정에 관여하도록 허용한다. 교수지원팀(IST)과 관련된 실천의 예가 제공되었다. 무엇이 좋은 팀 실천을 구성하는지 결정하는 것은 동등하게 중요하다. 그러므로 실천은 회의, 전략, 이행 및 평가를 위해 제공되었다. 이것은 교사가 각자로부터 학습할 수 있고, 학급 중재에 대한 레퍼토리에 추가할 수 있는 자극적인 기회이다.

## 숙고와 논의를 위한 발판

1. 의뢰 전 과정의 인식에 관하여 일반교사와 인터뷰하라.
2. 의뢰 전 과정의 인식에 관하여 특수교사와 인터뷰하라.

3. 여러분의 지역 학군에 있는 부모에게 이야기하라. 부모는 의뢰 전 과정을 알고 있는가? 만약 그렇다면, 부모는 의뢰 전 과정을 효과적으로 생각하는가?
4. 의뢰 전 팀 회의에 참석하라. 여러분의 인상은 어떠한가?
5. 여러분은 팀 구성원에게 교수적 중재에 대한 목록의 제공을 좋아하는가? 또는 그들은 팀으로서 중재 목록을 개발해야 하는가?
6. 여러분은 의뢰 전 과정이 특수교육 서비스를 위한 의뢰 학생들의 수를 감소시키기 위한 지연 전술이라고 생각하는가? 왜 또는 왜 아닌가?

# 6 학습장애 판별

## 학습목표

이 장을 학습한 후 여러분은 다음을 할 수 있을 것이다.

- 학습장애 학생을 판별하는 것의 복잡성을 알 수 있다.
- 어떤 학생이 학습장애가 있다고 의심되면 무엇을 해야 하는지 알 수 있다.
- 전통적 사정과 비전통적 사정의 차이를 알 수 있다.
- 여러분의 학급에서 비형식적, 비전통적 측정방법을 사용할 수 있다.
- 학습장애 학생의 판별을 위한 법적 요구를 알 수 있다.

부모와 교사는 윌슨을 의뢰하였는데, 왜냐하면 그들은 윌슨의 학교 수행을 걱정했기 때문이다. 그가 2학년 교실에서 뒷줄에 앉아 있었다. 그는 주의집중하려고 노력했지만 힘들었다. 교실은 작았지만 35명의 학생들과 1명의 신임 교사가 있었다. 읽기 수업에서 특히 교사가 발음 중심 수업을 했을 때, 주의집중의 문제점이 확실히 드러났다.

윌슨의 부모는 4년 전 푸에르토리코에서 왔고, 영어를 거의 못했다. 그의 10살 된 여동생은 학교생활이 힘들기는 하였으나 학년 진급에는 문제가 없었다. 그녀는 방과 후 읽기 프로그램에 참가해서 좋은 향상을 이루었다. 그러나 윌슨은 그렇지 못했다. 최근 표준화 성취 검사에서 매우 낮은 점수를 받았다. 교사는 계속해서 교수를 제공하지만 그가 교실의 뒤에 앉아 있기 때문에, 윌슨에게는 소용이 없었다. 학교의 어떤 관계자는 윌슨이 비록 미국 원어민이 아니고 그의 언어인 스페인어로 말하고 읽을지라도, 윌슨이 학습장애가 있다고 의심한다. 읽기 교사는 그가 원어민이 아니라는 사실만으로는 설명될 수 없는 학습장애 학생들의 많은 특징들을 가지고 있다고 느낀다. 그러나 학교의 대부분 관계자들은 그가 비영어권 환경에서 자란 전형적인 아동이고, 그에게 이중언어와 제2언어로서 영어(English as a Second Language : ESL)교육을 제공한다면 좋아질 것이라고 생각했다. 그러는 동안 그는 시간을 보내고 있다. 교사는 윌슨에게 올해를 생산적인 해로 만들 방법들을 찾기 위해 노력하고 있지만, 어떤 것도 잘되어 가지 않는 것 같았다.

학습장애아를 판별하는 것은 어려운 일이다. 윌슨과 같은 아동의 경우는 더 어렵다.

교사들은 자주 학생들이 영어 원어민이 아닐 때, 학습장애가 의심되는 학생으로 의뢰한다. 이것이 윌슨과 같은 경우이다. 학교의 일부 관계자들은 그가 학습장애 학생들의 많은 특징을 가지고 있기 때문에 학습장애가 있을지도 모른다고 생각했다. 교사는 매우 주의할 필요가 있는데, 왜냐하면 학습장애인들의 특징과 영어 학습자들의 특징이 겹치기 때문이다.

Fradd와 Weismantel(1989)은 학업 수행, 언어장애, 지각장애, 주의집중, 기억, 사회정서의 어려움에 있어서 학습장애 학생들과 영어 학습자들의 특징에 유사성이 있음에 주목했다.

## 의뢰 과정

학급 교사들은 학교에서 학생들이 제대로 수행하지 못할 때 걱정한다. 그들은 이와 같은 저성취의 이유가 학습장애 때문인지를 알고 싶어 한다. 1999~2000학년도 동안 특정 학습장애 범주에 있는 학생들은 장애인교육법 PATR B의 요구를 충족시키는 학생들 중에서 50.5%로 나타났다(제23차 의회 연차보고서, 표 AA9).

의뢰는 직접적으로 특수교육 요구가 있는 학생의 분류를 책임지고 있는 다학문팀으로 보내질 수 있다. 그러나 제5장에서 살펴본 것처럼, 대부분의 지역 학군은 의뢰 전 과정을 사용한다. 부모는 다학문팀에 그들의 아동을 직접 의뢰할 수 있다.

## 의뢰 전 팀

전장애아교육법(Education of All Handicapped Children Act), 즉 PL. 94-142 공포 이후, 교사들은 의뢰 전에 무엇을 했는지 문서화할 것이 요구되었다. 교사들은 학급과 학교에서 그들이 사용한 중재와 성공적이지 못했던 중재들을 기술해야 한다. 의뢰 전 과정은 이와 같은 과정을 더욱 형식적으로 만든다. 게다가 의뢰 전 팀은 전문가 영역의 평가가 요구되는 것을 결정하기 전에, 학교 관계자들이 문제를 해결하고 서로 돕도록 하기 위해 협력적 공개토론을 한다. 이러한 팀은 또한 교사지원팀(teacher assistance teams), 의뢰 전 중재모델(the prereferral intervention model), 주류화 지원팀 모델(mainstreaming assistance team model), 학교중심 자문팀 모델(school-based consultation team model), 문제해결모델(problem-solving model), 수업지원팀(instructional support teams) 등으로 불린다(Chalfant & Pysh, 1989; Chalfant, Phsh, & Moultrie, 1979; Elksnin & Elksnin, 1989; Fuchs & Fuchs, 1989; House, Zimmer, & McInerney, 1991; Krackendoffel, Robinson, Deshler, & Schumaker, 1992; Lockner, 2000). 이와 같은 용어들의 사용에 관계없이, 그것들은 학습장애 학생들을 판별하는 과정을 개선하도록 돕는다. 이것은 특히 문화적, 언어적으로 다양한 도시 환경에 있는 학생들에게 중요하다. Gottlieb, Gottlieb 및 Trogone 등(1991)은 백인 학생들과 비교하여 흑인과 히스패닉 학생들의 의뢰 전 중재 사례가 불균형적으로 많음을 검증했다. 의뢰 전 과정은 이와 같이 부적절한 의뢰를 줄이는 것으로 보인다(더욱 구체적인 정보는 제5장 참조).

## 판별 과정

학습장애 학생의 판별에 대한 안내자료(그림 5-1 참조)를 읽을 때, 그 과정은 쉬워 보이지만 결코 그렇지 않다. 그들의 수행과 비교하여 학생의 잠재성을 결정하는 것은 공식을 통해 감소될 수 있다. 하지만 그것이 유용한가? 모든 제외 요소들을 탐색하는 것은 합리적으로 보인다. 하지만 그럴까? 현재의 판별 과정은 널리 비판받아 왔고(Scruggs & Mastropieri, 2002 참조), 학습장애의 판별에 대해 단지 한 권의 책이 저술되었다(Bradley et al., 2002). 장애인교육법 2004는 더 이상 성취 · 지적 능력의 불일치 사용을 요구하지 않는다.

연방 규정 6-10-05에 언급되어 있다.

### §300.307 특정 학습장애

a. 일반. 각 주는 §300.8에 정의된 바와 같은 학습장애의 유무를 결정하는 기준을 반드시 채택해야 하되, §300.309와 일치해야 한다. 추가적으로 각 주에서 채택한 기준들은 다음과 같다.
   1. §300.8에 정의한 바와 같이 학습장애 아동을 결정함에 있어 지적 능력과 성취도 간의 심각한 불일치 정도의 사용을 하지 않을 수 있다.
   2. §300.8에 정의한 바와 같이 학습장애 아동을 결정함에 있어 지적 능력과 성취도 간의 심각한 불일치 정도의 사용을 요구하지 않을 수 있다.
   3. §300.34에 기술된 바와 같이 아동이 과학적, 그리고 연구기반 중재(research-based intervention)에 반응하는지를 결정하는 과정의 사용을 반드시 허락한다.
   4. §200.8에 정의된 바와 같이 아동이 특정 학습장애를 갖고 있는가를 결정하기 위한 대안적 연구기반 과정의 사용을 허락한다.

b. 주의 기준들 사이의 일치. 아동이 학습장애를 가지고 있는지를 결정할 때, 공공기관은 본 조항의 (a)에 따라 채택한 주별 기준을 반드시 따라야 한다. 아동이 특정 학습장애를 가지고 있는 것으로 의심되는지에 대한 결정은 아동의 부모와 관련 전문가에 의한다. 관련 전문가는 다음과 같은 구성원으로 구성된다.
   1. 아동의 일반교사

2. 만약에 아동의 일반교사가 없다면, 또래 아동을 가르칠 자격을 갖춘 일반교사
3. 학령기 이전 아동의 경우, 주교육청(SEA)에 의해 또래 아동을 가르칠 자격을 갖춘 개인
4. 최소한 학교심리학자, 말 · 언어병리사, 또는 교정적 읽기 교사와 같이 아동들에 대한 개인적 진단검사를 실시할 자격을 갖춘 사람이어야 한다.

아동이 특정 학습장애를 가지고 있는 것으로 의심되는지에 대해 결정하는 집단은 반드시 다음과 같은 사항을 점검해야 한다.

1. 말 · 언어, 학업 성취도, 지적 발달, 그리고 사회 · 정서적 발달 영역에 대해 개인에게 적합한 진단적 사정을 실시해야 한다.
2. 사정과 중재 자료에 대해 설명하고, 그러한 자료들을 비판적으로 분석 적용하라.
3. 사정 자료에 기초하여 교육적이고 전환상 적절한 장점을 개발하라.
4. 중재를 제공하고 특별히 설계된 교수와 서비스가 특정 학습장애 학생들의 요구를 충족시켜주는지를 점검하라.

b. 다음과 같은 사람을 포함한다—(1) 특수교사, (2) (i) 아동들의 일반교사, (ii) 만약 아동에게 일반교사가 없다면, 또래 아동을 가르칠 자격을 갖춘 일반교사

c. 만약 적절하다면, 학교심리학자, 읽기 교사, 또는 교육적 치료 전문가와 같은 다른 전문가들.

### §300.309 학습장애 존재의 결정

a. §300.308에 기술된 집단들은 아동이 특정 학습장애를 가지고 있는지를 결정할 수 있다.

1. 아동의 연령에게 적절한 학습 경험을 제공했음에도, 다음에 제시된 영역들 중 하나 또는 그 이상에서 또래들과 같은 정도의 성취도를 보여 주지 못할 때
   (i) 구어 표현
   (ii) 듣기 이해
   (iii) 쓰기 표현
   (iv) 기본적인 읽기 기술
   (v) 읽기 유창성 기술
   (vi) 독해
   (vii) 수학 계산
   (viii) 수학 문제해결
2. (i) 과학적이며, 연구 기반 중재과정을 통해 사정했을 때, 학업 성취도, 충분한 진보, 본 조항의 (a) (1)에서 확인할 수 있는 하나 또는 그 이상의 영역에서 주 승인 결과의

획득에 실패한 아동

(ii) 수행과 성취 또는 두 가지 모두에서 강점과 약점을 보이는 아동 또는 지적 발달과 관련한 수행과 성취 또는 두 가지 모두에서 강점과 약점을 보이는 아동. 이와 같은 사항들은 §§300.304, 300.305와 일치하는 적절한 사정을 이용하는 특별한 학습장애 판별 관련 팀에 의해 결정된다.

3. 아동이 특정 학습장애를 가지고 있는 것으로 의심되는지에 대해 결정하는 집단은 본 조항의 (a) (1)항과 (2)항의 결과들이 다음에 기인된 주된 결과가 아님을 결정해야 한다.

(i) 시각, 청각, 운동장애

(ii) 정신지체

(iii) 정서장애

(iv) 문화적 요소 또는

(v) 환경적 또는 경제적 불리

b. 학습장애로 의심되는 아동들을 위해 집단은 §§300.304부터 300.306까지 기술된 평가의 일부를 통해 고려되어야 하며, 자료들은 다음을 증명해야 한다.

1. 의뢰 전, 또는 의뢰 과정의 일부로서, 아동은 양질의, 초중등교육법(Elementary and Second Education Act : ESEA)의 1111(b)(8)(D)와 (E)조항에 일치하는 일반학급환경에서 연구 기반교수를 제공받아야 하며, 교수는 자격을 갖춘 관계자에 의해 이루어져야 한다는 것을 포함한다.

2. 적절한 간격으로 성취도의 반복적 사정에 관한 자료 기반의 서류는 교수과정 동안의 학생 진보에 대한 형식적 사정을 반영해야 하며, 아동의 부모에게 제공되어야 한다.

c. 만약 적정 기간 이후, 본 조항의 (b) (1)과 (2)항이 수행되었던 동안 아동의 진보가 없었다면, 특수교육과 관련 서비스가 필요한지를 결정하기 위한 다학문적 평가에 의뢰가 결정되어야 한다.

d. 일단 특수교육과 관련 서비스의 필요 여부에 대한 의뢰가 이루어지면 §300.301과 300.3003에서 기술된 일정에 충실해야 하고, 만약 그렇지 않다면 §300.308에 기술된 바와 같이, 아동의 부모와 전문가 집단 간의 상호 동의에 따라 연장된다.

### §300.310 관찰

a. 아동의 현재 교사와 집단에서 §300.308에 기술된 관찰 방법을 훈련받은 최소 1명은, 어려움을 보이는 영역 내에서 학업 수행과 행동을 문서화하기 위해 아동과 일반교육환경을 포함하는 학습 환경을 관찰해야 한다.

b. 학령기 이전의 아동 또는 학령기 이후의 경우, 집단 구성원들은 반드시 또래와 적절한

환경 안에서 아동을 관찰해야 한다(Authority : 20 U.S.C. 1221e-3; 1401[30]; 1414[b][6]).

### §300.311 보고서 쓰기

a. 특정 학습장애를 가지고 있는 것으로 의심되는 아동에 있어, §300.306(a)(2)에서 요구하는 바와 같이, 평가 보고서와 적합성 결정에 관한 서류는 반드시 다음의 진술을 포함해야 한다.
   1. 아동의 특정 학습장애 유무
   2. 결정은 §300.306(c)(1)에 따른 것임을 확신하는 것을 포함하는 결정의 근거
   3. 만약 아동의 관찰 기간 동안 어떤 것이 기록되었다면, 그와 관련된 행동, 그리고 그 행동과 아동의 학업 기능 간 관계
   4. 만약 있다면, 교육적으로 관련된 의학적 결과
   5. 또래 수준의 성취 불가능 여부
   6. 지능 발달 또는 특수교육과 관련 서비스를 필요로 하는 것에 대한 §300.309(a)에서 기술된 영역과 관련한 수행 또는 성취 또는 두 가지 모두에서의 강점과 약점의 유무
   7. 현재의 교수전략, §300.309에 기술된 것과 같이 과학적, 연구기반 중재 과정이 수행되는지에 대한 학생 중심 자료 수집

b. 집단 구성원들은 반드시 보고서가 자신들의 결론임을 서명 날인하여 인증해야 한다. 만약 보고서가 해당 구성원의 결론이 아니라면, 구성원은 반드시 자신의 결론을 나타낸 독자적 진술서를 제출해야 한다(Authority : 20 U.S.C.1221e-3; 1401[303]; 1414[b][6]).

## 평가를 요청할 부모의 권리

부모는 자녀가 특수교육과 관련 서비스를 필요로 한다고 생각하면 평가를 요청할 권리를 가진다. 만일 요청이 거부되면, 지역 학군은 서면으로 부모에게 알려야 한다. 학교와 부모는 우선 학교의 의뢰 전 과정을 이용함으로써 학생을 돕기 위해 협력해야 한다. 교사들은 부모에게 의뢰 전 팀을 무시할 것을 제안함으로써 과정을 앞지르는 시도를 해서는 안 된다. 대신 그들이 협력한다면, 학습장애의 존재(또는 부존)에 대한 결정을 하도록 합리적인 계획이 세워질 수 있다.

## 불일치 공식의 문제점

단체와 개인이 정밀검사를 요청할 때, 의뢰에서 분류까지의 과정은 유동적이다. 반드시 의뢰 과정이 먼저 시작되어야 한다. IQ-성취도 차이, 기본적인 심리과정의 장애, 그리고 예외 조항에 의존하는 것을 더 이상 수용할 수 없다. 조기 선별, 교정, 그리고 학생의 문화, 언어와 인종에 대한 평가를 제공하는 역동적인 과정을 강조해야 한다.

특수교육주지도자 전국연합회(National Association of State Directors of Special Education : NASDSE)의 프로젝트 포럼은(Schrag, 2000) 50개 주와 콜럼비아의 지역구를 대상으로 불일치 공식의 사용과 학습장애 학생의 적합성을 결정하는 다른 등급들에 대해 조사했다. 그들의 결론은 다음과 같다.

- 학습장애의 출현을 판별하고 특수교육 적합성을 결정하기 위한 목적으로, 심각한 불일치를 문서화한 불일치 공식을 사용하는 것은 구식이고 잘못된 것이다. 특히 일반교육과정에서 학생이 교실에서 어떻게 활동하는지에 초점을 둔 절차와 지역과 주 전체의 사정이 필요하다.
- 회귀 및 기타 불일치 공식은 단지 일관성을 얻기 위해 고안된 통계적인 방법이며, 학생들의 요구를 이해하거나 결정할 수 있는 가치를 지니지는 못한다. 왜냐하면 심각한 불일치를 결정하기 위하여 표준화된 지능검사와 인지 측정을 이용하는 것은 일반적으로 학생의 교육과정과 교수·학습을 개선하는 것과는 상관이 없기 때문이다.
- 학습장애 불일치 공식/접근의 엄격한 사용은 특수교육 적합성에 대한 의사결정 책임을 사정팀으로부터 가져가는 것이다(p.6).

「학습장애저널(Journal of Learning Disabilities)」(Siegel, 2003)의 특별한 주제는 학습장애 진단에서 IQ 점수의 사용에 집중되었다. Jimenez, Siegel 및 Rodrigo Lopez(2003) 그리고 Share와 Silva(2003)는 그들의 연구가 학습장애 진단에서 IQ 점수에 기반한 불일치 공식의 사용을 지지하지 않는다고 밝혔다. 다른 연구자들은(Jimenez et al., 2003; Stage, Abbot, Jenkins, & Berninger, 2003) IQ가 중재로부터 이익을 얻을 수 있는 학생들의 능력에 대한 강한 예언자가 아니라는 것을 지적한다. 「학습장애저널」의 편집장은 "학습장애를 가진 모든 아동들과 성인들을 위해 교정적 도움을 제공하는 것에 대한 이점에 있어서, 우리는 IQ 개념을 포기해야 하고 조기판별, 조기중재와 치료 쪽으로 우리의 노력을 돌려야 한다(p.3)."고 강력히 주장했다.

Fletcher 등(2002)은 학습장애의 분류에 대한 연구들을 검토하고 IQ-성취도 불일치가 정의에 있어 가장 논쟁적 구성요소라고 언급했다. 그들은 "그러므로 많은 연구자들의 요구와 일치하는, IQ 불일치 분류 가설의 타당성은 의심되어야 한다(p.205)."라고 결론지었다. 그들은 최근까지 사용된 IQ의 개념은 더 이상 유용하지 않다는 것을 제안한다. IQ의 개념은 과학적으로 입증된 양질의 교육을 제공하는 것보다 연방법을 준수하여 할 것이 더 많다. 그들은 학습장애를 정의할 때 IQ를 사용하지 않을 것을 제안한다. IQ 검사는 학습 적성 또는 중재에 대한 학생의 반응을 측정하지 않는다.

장애인교육법 2004는 이런 생각을 반영하고 더 이상 불일치에 대한 문서를 요구하지 않는다. 그러나 제2장에서 언급한 것처럼, 이와 같은 변화는 단 하루 만에 이루어지지는 않을 것이다. 합의가 되기 전에 많은 모델들이 개발되고, 실행되며, 평가될 것이다. 학습장애회의(Learning Disability Roundtable, 2002, Exhibit A, pp.18~19)에서 제안된 하나의 접근방법은 다단계의 집합적 문제 해결 접근(multitiered collective problem-solving approach)이다. 주요 구성요소는 다음과 같다.

> 학습장애회의(2002)는 조기중재, 시도와 코칭, 진보 점검 및 다학문적 평가를 시작한 다단계의 집합적 문제 해결 접근을 현재의 실제를 대신할 대안으로 선정하였다. 이러한 접근법의 주요 구성요소는 다음과 같다.
>
> - 학생의 특수한 교육적 요구에 대한 결정은 주로 효과적인 교육에 대한 학생의 반응 부족을 기반으로 하고 있다. 이것은 특수교육 서비스를 필요로 하는 학생을 판별하기 위한 첫 번째 단계는 모든 가능한 학생들의 학습을 촉진하기 위해 교수 환경이 적절하게 개별화되고, 구조화되며, 지원적인지를 결정하는 것임을 의미한다.
> - 목표로 설정된 중재들은 성실하게 수행되어야 하며, 학생들의 수행에 대한 자료가 수집되어야 한다. 중재의 효과는 점검되고, 지속적으로 수행될 교육의 유형(그리고 강도)과 지원은 교실 수준에서 개별 학생을 위해 결정되어야 한다.
> - 학생의 진보는 분명한 일정 내에서 신중히 문서화되고, 중재반응(Response To Instruction : RTI)은 학생들의 교수적 요구에 대한 추가적인 확인을 제공할 뿐만 아니라, 각 학생이 특수교육과 일반교육 그리고 관련 서비스 관계자들로부터 최상의 서비스를 받는 방법에 대한 결정을 알려 준다.
> - 교육적 중재는 공식적이고 학생들이 일반교육과정에 접근할 수 있는 권한을 보장해야 하

며, 학교에서의 성공에 결정적인 문식성 숙달, 학습전략, 그리고 사회적 기술에 필요한 지원을 제공하며, 성공 전략과 사회적 기술과 같은 지원을 제공한다.

- 특수교육 서비스가 필요한 학생들에게는 일반교육과 특수교육 그리고 관련 서비스 관계자들 간의 지속적인 협력 하에 지속적인 교수와 지원이 제공되어야 한다.
- 객관적 자료가 특수교육 서비스가 없이도 일반교육 교실에서 독립적으로 성취할 수 있을 만큼 충분한 진보가 이루어졌음이 확인된 후 학생들은 특수교육 서비스를 받지 않는다. 특수교육 서비스에 대한 종결 결정은 학생들이 더 이상 장애가 없다는 것을 의미하는 것이 아니며, 그 체제로 다시 들어가기 위한 결정이 나중에 이루어질 수 없다는 것을 의미하지 않는다. 학생이 특수교육 서비스를 계속 받거나, 받지 않거나 또는 다시 받게 되는 것에 대한 선택은 학생 개인에 기초하여 결정되며, 개별화교육계획 또는 전환 개별화교육계획 과정에 반영될 것이다.

## 교수에 대한 반응

학습장애회의(2002)에 의해 주장되는 문제 해결 접근은 학생의 중재반응(RTI)을 평가하는 개념이다. 이것은 실패한 불일치 모델의 대안으로 제안되었다. **학습장애 연구와 실제**(Learning Disabilities Research and Practice, 3[3])의 **특별 연재**에서 Vaughn과 Fuchs (2003)는 그 모델에 대해 논의한다. 그것은 3단계로 나누어진다.

단계 I 처음에 교수의 효과성을 결정하기 위해 모든 학생의 진보 비율을 사정한다.
단계 II 이 단계 동안에, 학급 동료들보다 수행 수준이 현저히 낮은 학생들이 판별된다.
단계 III 학급에서 적응에 대한 학생의 반응이 측정된다.

Vaughn과 Fuchs(2003)에 의하면 다음과 같은 사실을 알 수 있다.

이 모델은 '3단계 예방 모델'이라고도 불리는데 일반교육 프로그램으로 구성되는 1차 중재, 수정된 지속 기간, 집중적이고 표준 프로토콜 시도를 포함하는 2차 중재, 특수교육과 같은 의미인 3차 중재로 되어 있다.

중재반응(RTI) 모델의 주요 장점은 다음과 같다.

- 장애보다는 학습장애의 위험성이 있는 개인을 확인하는 것
- 조기에 학습장애 학생들을 판별하고 중재하는 것
- 판별 과정에서 학습장애에 대한 편견을 줄이는 것
- 판별 사정을 교수 계획 그리고 진보 점검과 연결시키는 것

분명히 문제 해결 접근 모델은 발전의 초기 단계에 있다. Vaughn과 Fuchs(2003)는 몇 가지 잠재적 문제들을 확인했다.

- 중재반응 모델에서 학습장애는 실제로 존재하는가?
- 우리는 교수적 타당성을 확신하는 실증적 중재 모델과 측정도구를 가지고 있는가?
- 교수에 대한 부적절한 반응은 판별 과정에서 방어할 수 있는 결과변수인가?
- 학습장애 판별을 위한 중재반응 모델에서, 교수는 얼마나 집중적으로 정의되어야 하는가?
- 중재반응 모델을 실행하기 위해 충분히 훈련된 사람들이 있는가?
- 정당화 절차는 언제 시작되어야 하는가?

최근 중재반응모델은 불일치 공식의 대안으로서 학습장애 분류를 위한 적합성 결정에서 가장 인기 있다(중재 반응에 대한 연구토픽 관련 「학습장애저널」, 38[6], 11/12 [2005]의 특별 연재 참조). 특별 연재에서는 대체 모델뿐만 아니라, 이 모델의 실행 가능성과 관련하여 많은 주제들이 논의되었다. 예를 들면 Mastropieri와 Scruggs(2005, p.529)는 다음과 같은 사항들을 제안했다.

- '중재반응모델' 유형의 1단계와 2단계 읽기 프로그램들이 일반교육에서 실행되기 위해 일반교육에 변화를 주어라. 즉 모든 학생들은 증거기반 교수가 보장된다(비록 교사와 학생의 특성에 따른 다양성이 수용될지라도). 더욱이 어떤 이유에서든 적절한 진보를 보여 주지 못한 학생들을 위한 보충적인 과정이 있다. 그런데 특수교육에서 언급되는 학생들은 이미 양질의 일반교육 중재가 보장되어 왔다. 그러한 과정은 두 가지 방식으로 과잉 판별에 주의해야 한다. 첫째, 모든 학생들이 양질의 교육을 받을 것이기 때문에 학습장애의 원인으로서 교사의 '교수 장애'는 제거될 것이다. 둘째, 다른 서비스들은 이용되지 않

기 때문에 학교 관계자들은 학생들에게 특수교육을 적게 의뢰할 것이다(McMillian, Gresham, Bocian, 1996; McMillian, Gresham, & Bocian, 1998). 그런 요구는 학습장애 판별을 위한 엄격한 준거를 강화하는 데 도움이 될 것이다. 1단계와 2단계의 서비스가 전적으로 일반교육 영역 안에 있고, 일반교육에 적합하기 때문에 서비스는 일반교육 예산에서 제공된다.

- 학습장애로 판별된 모든 학생들은 학교 기능의 중요한 영역에서 하나 또는 그 이상에 매우 낮은 성취를 보일 것이고, 이와 같은 기능 수준은 교사의 기록, 학생의 교실 수행 증거, 그리고 표준화 검사 점수를 포함하는 하나 이상의 기록을 통해 문서화될 것이다.
- 학습장애로 판별된 모든 학생들은 감각과 운동기능, 사회 · 정서적 기능, 경제적 · 환경적 사회적 불리에 대한 제외 준거를 접할 것이다.
- 모든 학생들은 IQ와 성취 간의 불일치(예를 들면, 1, 1.5 또는 2 표준편차)를 보일 것이다. 학교와 주, 연방 교육 당국은 가장 좋은 준거, 또는 이것들이 모든 주에 적용 가능한 기준임에 틀림없는지를 결정할 수 있다.
- 조기 판별은 적당한 교정적 서비스의 극대화를 위해 장려될 것이다. 일반적인 교정 서비스 하나만으로는 그들의 적절한 학교 기능을 충분히 보장할 수 없다는 것은 조기에 결정될 수 있다. '실패를 기다리는(wait-to-fail)' 접근을 적용하는 것으로부터 얻는 것은 거의 없을 것이다.
- 마지막 결정은 팀에 의해 결정되지만 증거에 의해 뒷받침되어야 한다. 모든 측정은 취약하고 모든 학생들은 독특하기 때문에, 전문가 팀이 개별 학생을 위한 최고의 결정에 동의하는 것이 중요하다. 그러나 그러한 결정은 가능한 믿을 수 있는 증거에 의해 최대한 뒷받침되어야 한다.

Reschly(2005)가 지적하는 것처럼 적합성 결정에 대한 논쟁은 가까운 미래에 해결되지 않을 것이다. Mastropieri와 Scruggs(2005)가 제안한 것과 같은 강력한 지지자를 가진 다른 선택들이 있다. Reschly는 "합의는 아직 나타나지 않았고 가까운 미래에 해결책들은 논쟁거리가 될 것 같다(p.515)."고 말한다.

## 사정의 실제

사정 모델들은 전형적으로 표준화되고 비형식적 사정 도구, 수정된 검사도구들을 이용해 저성취 학생을 평가했는데, 사정자의 판단에 따라 개별 학생마다 다를 수 있다.

학생의 성취도와 잠재성의 모든 영역을 완벽하게 묘사할 수 있는 단 하나의 표준화 검사도구나 비형식적 사정도구는 없다.

많은 표준화 검사가 학습장애 학생들을 판별하는 데 자주 사용된다. 그것들은 특정한 교육과정 영역을 다룬 제12, 13, 14, 15장에서 논의될 것이다. 독자들은 표준화 검사의 더 철저한 분석을 통해 사정에 초점을 둔 서적들을 찾아보도록 권장된다. 여러분이 대개 학교에 있는 동안이 아니더라도, 검사도구의 선택에 대한 도움을 요청받을지 모른다(검사도구의 선택에 대한 생각은 제7장 참조).

## 검사도구의 선택에 대한 실제적 고려사항

대부분의 신임 교사들은 학습장애 학생들을 판별하기 위해 사용되는 검사도구 유형에 대해 거의 말하지 않는다. 전형적으로 어떤 지역은 표준화 사정도구를, 그리고 어떤 지역은 비형식적 사정도구를 사용한다. 검사도구가 학생에 따라 다를 수 있음에도 불구하고, 여러분은 검사도구 또는 다른 과정을 선택할 때 신중하지 않을 것이다. 그러나 이미 여러분은 수업내용과 교재들을 통해 어떤 검사도구들은 좋고, 어떤 것은 나쁜지에 대해 배웠다. 여러분은 신뢰도, 타당도와 표준화가 부족하다고 알고 있는 검사도구로 검사를 실시할 수 있겠는가? 또는 특수교육 책임자에게 그가 추천한 검사가 오래되고 기술적으로 양호하지 못하다고 이의를 제기할 수 있겠는가? 이것은 신임 교사가 직면하는 딜레마이다. 오랜 시간이 지난 후 여러분은 사정도구들을 평가하는 어떤 위원회의 구성원이 될 수 있으며, 여러분의 노력은 존중될 것이다. 합리적이고 현명한 접근방법은 표준화 검사를 본 장의 뒷부분에서 논의되는 포트폴리오 평가, 실제적 사정, 준거참조검사, 교육과정 측정과 같은 비형식적, 비표준화 검사도구로 보충하는 것이다.

또한 관찰기록, 일화기록, 인터뷰, 학생의 작품을 평가팀에 제공하라. 평가팀이 다양한 사정도구에 기반한 결정을 내릴 수 있도록 할 것이다. 그 팀의 구성원이 됨으로써 사정도구에 대한 여러분의 견해는 높이 평가될 것이다.

검사가 교수를 이끌어서는 안 된다는 점이 자주 논의되었다. 더욱 중요한 것은 검사가 사정을 이끌어서도 안 된다는 것이다. 대신 학생의 성취에 대한 다른 정보와 관련해서 검사와 같은 과정은 사정 과정에 정보를 제공해야 한다.

더욱 교육적 사정으로부터 나오는 학생의 성취와 능력에 대한 어떤 가정은 학생 수행에 대한 다양한 증거 형태에 기초해야 한다. 표준화 검사 결과, 수행자료, 교사, 부모, 다른 정보들로부터 관찰 자료가 수집되어야 하고, 신중한 결정을 위해 여러 상황에서 오랜 시간에 걸쳐 조직화된 증거를 수집해야 한다. 심지어 가장 종합적인 사정은 특정 학습장애에 대해 반박할 수 없는 증거를 제시하지 않을 수도 있다. 이와 같은 경우에 계속된 관찰과 자료 수집, 그리고 주의 깊게 점검한 교수적 수정이 이루어질 수 있다. 다음의 원칙은 문화적, 언어적 다양성을 고려하여 신중한 학생의 수행 사정을 안내하는 데 사용될 수 있다.

## 교육적 사정 모델을 위한 안내 원칙

교육적 사정은 다음의 원칙에 따라야 한다.

1. 사정의 목적이 확실히 정의되어야 한다.
2. 사정에서 진단적 질문들이 이루어져야 한다.
3. 학생 수행 증거의 다양한 형태들이 수집되어야 한다.
4. 성취의 증거가 다양한 상황과 오랜 시간에 걸쳐 수집되어야 한다.
5. 학생 수행의 증거는 학생에게 친숙한 교육과정 자료와 경험에 기초해야 한다.
6. 평가자는 부족한 종결을 수용할 수 있어야 한다.

### 사정 목적의 명확한 정의

완전한 교육적 사정을 위해서는 전형적인 표준화 검사부터 시작해서는 안 되고, 사정의 목적과 기대되는 결과가 명확한 것을 이용해야 한다. 처음 단계에서 진술되어야 할 주제들은 다음을 포함한다.

1. 의뢰인에 의해 나타나는 문제점 기술
2. 특정한 진단적 질문
3. 의뢰인 그리고 학생을 포함한 다른 사람들에 의해 기대되는 사정 결과의 윤곽

의뢰인들은 학생의 행동을 아는 다른 사람, 교육 평가자, 부모, 그리고 학생의 또 다른 교사와 함께 밝혀진 학업의 문제점을 논의하는 것이 필요하다. 전형적인 학습과 행동을 파악하는데 초점을 맞춘 토론은 학생의 성취에 대해 보다 나은 이해와 교실 수업의 수정을 시도하는 결과를 낳을 수 있다.

교육적 사정의 예상된 결과를 명확하게 이해하는 것은 중요하다. 분류, 교육과정 설계, 그리고 배치의 변화를 위해 사정이 행해질 수 있는가? 이와 같은 논쟁들은 진단적 질문들을 적절하게 만들기 위해 명확하게 언급되어야 하며, 관련된 모든 것들을 확실히 하기 위해 필요하다.

### 사정을 안내하는 진단적 질문

어떤 진단적 질문들이 교육적 사정에 기초하는지에 따라 모델은 제안된다. Messik (1987)은 세 가지 맥락 안에서 행해지는 사정을 제안했다.

1. 학생 상호 간의 맥락
2. 학생이 생활하는 또는 생활해온 사회문화적 맥락
3. 학교의 교육적 맥락

### 학생의 맥락을 고려한 진단적 질문

특정 학습장애의 사정에서 중요한 질문이 제시되었다. 다양한 유형의 증거로부터 밝혀진 저성취가 특수교육적 분류와 배치를 보장하는 학생의 병리적 조건의 결과라고 결론짓게 하는 충분한 정보가 있는가?

### 사회문화적 맥락을 고려한 진단적 질문

문화적 요인은 학생이 제시된 내용을 완전하게 습득할 능력을 방해하는가? 문화적 요인이 학생의 능력과 성취의 모든 영역을 관찰하는 데 있어 의뢰인의 능력을 방해하는가? 언어적 요인이 현재의 교육적 접근으로부터 이익을 얻지 못하도록 하는가? 언어적 요인이 그들의 능력과 숙달을 실질적으로 설명하지 못하게 하는가? 사회경제적 요인이 현재의 교육적 상황에서 내용에 대한 지식의 습득과 실질적 수행을 방해하는가?

### 교육적 맥락을 고려한 진단적 질문

저성취는 특정 학습장애의 증거이다. 그러나 많은 도시 학생의 저성취가 충분한 교육의 부족과 학생의 특정 정보처리 과정의 문제인지를 결정하는 것은 어렵다. Vaughn과 Fuchs(2003)는 모든 학생의 학습을 보장하는 교육적 환경에 대한 사정의 필요성을 논의했다.

**학생 수행과 관련한 다양한 형태의 증거 수집하기.** 학생의 특정한 진단적 질문은 학생의 능력과 성취에 대한 다양한 형태의 증거에 따라 이루어져야 한다. 그런 다음 이러한 질문들에 대한 답변이 이루어질 수 있다. 일반적인 능력과 내용의 숙달에 대한 결론은 단일 사정 형식에 의한 하나의 검사 수행에 기초되어선 안 된다. 또한 단 1명의 조사자에 의한 관찰에 기초해서도 안 된다.

Leung(1996)은 문화적, 언어적으로 다양한 학생들의 사정은 다음의 여섯 가지 '질적' 지표가 사용되어야 한다고 주장한다.

- 학습 기회 검사하기
- 부모 또는 보호자 포함하기
- 훈련된 해석자 이용하기
- 심리측정 검사에 대해 신뢰하지 않기
- 완전하게 다학문팀 이용하기
- 비형식적 임상적 판단 사용하기

Leung(1996)은 평가자들이 다양한 형태의 증거를 검사하도록 권장한다. 그렇지 않으면 그들은 학생이 알고 있는 중요한 부분을 놓칠 것이다. Leung은 계획에 따른 자료 수집 절차를 사용하지 말 것을 경고했다. 우리는 평범하지 않은 집단을 평범하게 평가하는 것을 의심할 필요가 있다.

다양한 맥락 안에서 전통적 표준화 검사, 수행 사정, 포트폴리오, 부모-교사 관찰과 인터뷰와 같은 다양한 형태의 증거를 사용하는 것은 필수적이다(Chittenden, 1991).

**오랜 시간과 다양한 맥락을 통하여 성취의 증거 수집하기.** 교육적 사정의 주요 관심은 복잡한 과업을 수행하는 데 필요한 속도이다. 실제적으로 많은 수의 잘못 훈련된 교육 평가자들을 이용한 학생들에 대한 성급한 분류는 이론적, 윤리적으로 건전한 사정을 수행하는 것보다는, 주와 지역의 법규를 준수함으로써 소송을 피하고자 하는 바람에 토대를 두고 있다. 지역 학군에 실제적인 압력이 있는 동안 최소한의 행정적, 재정적 지원이라도 받기 위해서 교육체계는 분류를 요구하기 때문에, 다수의 학생들이 특수교육 범주로 분류된다는 것이 사실이다.

도시 지역의 전형적인 학습자를 사정하는 데 있어 어떤 경우는 학생의 능력과 성취를 보여 주기 위해서는 다양한 중재방법들이 혼용되는 종단적 사정이 요구될 수도 있다. Leung(1996)이 지적한 것처럼 과정을 느리게 하는 것이 비효과적일 수 있다. 그런 경우에 진단적 교수는 특정 학생이 그들 자신의 경험 맥락에서 지식을 나타내는 방법에 대한 더 많은 정보적 그림을 제공하는 것이 필요할지 모른다. 특정 학습장애에 대한 이론적 그리고 조작적 정의에 관한 논쟁이 있을 때, 가장 적합한 수행 과정은 어떤 기간, 다양한 맥락과 다양한 상황을 통하여 학생의 새로운 정보 학습에 대한 소중한 기록이 될 수 있다.

**학생에게 친숙한 교육과정 자료와 경험에 관한 학생 수행의 기초 증거.** 사정의 목적이 학생에게 장애라는 명칭을 붙일지 아닐지를 결정하는 것이라면, 학업성취에 대한 사정은 교육과정 중심이어야 한다는 것은 매우 중요하다. 즉 학업성취에 대한 사정은 학생들에게 친숙한 경험과 학습한 교육과정 내용에 기초해야 한다. 큰 규모의 성취검사는 정보의 공통 핵심이 모든 학생들에게 동시에 가르쳐졌다는 가정에 의존한다. 그러나 많은 도시 지역사회는 임시 거처에 있는 노숙자나 학대받는 사람들이 한 지역이나 학교에서 다른 곳으로 이사를 하기 때문에, 일관된 교육과정을 따라갈 수 없을지 모르는 아동들을 포함하고 있는 것이 점점 더 분명해지고 있다. 시험 내용과 교수 내용 사이의 일치에 대한 불확실성은 시험 결과의 해석에서 타당성을 약화시킨다.

**부족한 종결의 수용.** 앞서 언급한 것처럼, 특정 학습장애 아동들, 특히 문화적, 언어적으로 다양한 맥락에 있는 아동들을 정확히 판별하는 것은 전통적 사정의 제약에 얽매여서는 안 되는 복잡한 과업이다. 위에서 언급된 다양한 형태의 증거와 사정 과정에 대한 종단적 특성은 학생의 저성취가 타고난 정보처리 과정의 결함에 의한 결과라는 것이 확실하지 않다는 실제에 기초하고 있다. 사실상 언어, 문화, 경험의 문제가 발생될 때, 사정은 특정 학습장애의 유무에 대한 혼동의 결과를 초래할 수 있다. 그러한 경우에 사정 과정은 다양한 원천과 맥락 속에서 계속될 수 있고, 자료는 계속 수집될 수 있다.

학생 행동을 기술하는 과정과 학생의 수행수준 또는 발달 단계를 결정하는 평가는 신중하고 반성적이어야 한다. 표준화 검사의 실시와 점수 해석이 굉장히 자주 단순화되고 있다. 그 결과 이와 같은 검사들에 대한 많은 비판들이 있다.

## 교실 평가하기

일반학급에서의 교수를 평가하기 위한 하나의 방법은 교실을 평가하는 것으로 다음과 같은 점들을 고려해야 한다(Cohen & Spenciner, 2003, pp.109~111).

### 1. 자료

- 다양성
  학생들은 다양한 자료에 접근할 수 있는가?
- 양식
  자료들의 양식은 적절한가?

### 2. 절차

- 유용성과 적절성
  절차는 유용한가?
  절차는 적절한가?

### 3. 학습활동

- 교수 방법
  교사는 다양한 교수 방법을 사용하는가?
  교사들은 효과적이고 과학적인 방법과 자료를 사용하는가?
- 선택 기회
  교사들은 학습활동 동안에 학생들에게 선택 기회를 제공하는가?
- 생각 공유의 기회
  학생의 설명과 질문은 존중되고 격려되는가?

## 4. 교수적 요구

- 과제를 완수하기 위한 명확한 교수
  교사들은 학생들의 학습활동과 과제 이전에 학생들의 이해를 위해 명확한 교수와 점검을 제공하는가?
- 난이도와 길이가 적절한 과제
  학생들의 과제는 난이도와 길이에 있어 적절한가?
- 학생과 관련된 학습활동과 과제
  학생들은 과제가 유용하다고 인식하고 있는가?
  학생들은 다양한 자료를 활용할 수 있는가?

## 5. 수정

- 가구, 장비, 또는 자료에서의 변화
  가구와 장비들에 편하고 쉽게 접근할 수 있는가?
  학생들은 자료를 활용할 수 있는가 또는 조정이나 수정이 필요한 것은 없는가?

## 6. 집단화

- 학생들의 집단화
  학생은 과제를 독립적으로 수행할 수 있는가?
  학생들은 동료들과 같이 공부할 수 있는가?
  학생들은 다른 학생들과 협력하여 공부할 수 있는 기회가 있는가?

## 7. 교수

- 수정
  교수전략은 적절한가 또는 수정 필요성은 없는가?
  사용되고 있는 교수전략은 다양한가?
- 교수 속도
  교수 전달 속도는 적절한가?
- 적절한 지원 수준
  교사들은 학생들의 요구에 기초하여 즉각적으로 다른 유형의 지원을 제공하는가?

## 8. 기대

- 학생들에 대한 요구
  교사의 기대는 적절한가?

## 9. 학생의 참여

- 교사의 지원

교사는 학생의 참여를 격려하는가?

학생은 적극적으로 학습활동에 참여하는가?

학생은 학급 토의에 참여하는가?

- 동료 지원

다른 학생들은 해당 학생과 상호작용하는가?

해당 학생은 다른 학생들과 상호작용하는가?

## 10. 사정

- 도구들

교사는 학생의 교수적 요구와 과정을 사정하는 데 있는 다양한 사정 접근을 활용하는가?

- 양식

만약 적절하다면, 교사는 대안적 양식을 사용하는가?

- 피드백

교사는 학생들에게 피드백과 향상을 위한 제안을 제공하는가?

## 11. 교육과정

- 교육과정 개정과 표준화

교육과정은 최근의 개정과 표준, 현재의 관점을 반영하는가?

## 12. 일정

- 하루 일정의 예측 가능성

학급 담임교사는 일반적인 일정을 준수하는가?

일정표는 학생들이 볼 수 있도록 게시되었는가?

방해하는 최소한의 요소들이 있는가?

## 13. 전환

- 준비와 실행

교사들은 학생들이 한 활동에서 다른 활동으로 전환하도록 준비시키는가?

교사는 학생들이 전환에 필요한 시간을 제공하는가?

## 교실중심사정

### 수행 사정과 포트폴리오

전통적인 표준화 검사의 다항 선택형에 대한 불만이 증가함에 따른 반응으로, 수행에 기초한 사정에 국가적 관심이 증가되고 있다. 이러한 대안적 사정도구는 확산적 반응, 포트폴리오, 수행과 같은 활동과 자료로 구성되어 있다. 일반적으로 이러한 도구들은 매우 맥락적으로 구성되어 있다. 즉 항목들은 학생에게 익숙한 것들로 구성되어 있다. 어떤 연구자들은 **실제적 사정**이라는 용어를 사용하고 있다. Pike와 Salend(1995)는 전통적 사정 과정과 실제적 사정 절차를 비교하였다.

### 전통적 사정

전통적으로 교육적 결정은 교사 실시, 규준 참조, 표준화 검사로부터 수집된 사정자료에 기초하고 있다(Salend, 1994). 규준 참조검사는 학생의 수행을 다른 학생들의 점수에 기초한 규준에 대해 비교할 수 있는 정보를 제공한다. 그러나 규준 참조검사는 특수교육 서비스에 대한 적합성을 결정하는데 자주 사용되었음에도 불구하고, 학생의 교육적 프로그램을 계획, 운영, 평가하는 것에 대한 특정한 정보를 전혀 제공하지 못한다. 규준 참조검사 점수는 어떤 상황하의 특정한 날에 수행된 단 하나의 점수만을 반영하는, 정적인 경향을 나타낸다. 그것은 정답을 도출하기 위한 학생의 시도를 나타내지 못한다. 또한 학생의 노력을 인정하지도 않는다.

### 실제적 사정

**실제적 사정**이란 학생에 대한 다양한 정보를 수집하고 기록하기 위한 비형식적 및 형식적인 학생 중심 전략들을 지칭한다. 전략들은 사정과 교수를 서로 연결함으로써 학생의 학습을 촉진하도록 시도한다. 실제적 사정 절차는 학습의 과정과 결과물을 강조하고 교사와 학생으로부터의 입력에 가치를 둔다(Anthony, Johnson, Mickelson, & Preece, 1991). 실제적 사정을 효과적으로 실시하는 교사들은 학생들이 무엇을 아는지 뿐만 아니라 어떻게 배우는지를 알기 위해 계속적으로 학생들을 관찰하고 상호작용한다. 학생과 교사에게 의미 있는 실제적 사정이 되기 위해서는 다음과 같은 원칙에 기초해야 한다.

- 사정은 학생들이 실제로 배우는 것과 배우게 될 것을 연결시켜야 한다.
- 사정은 계속적이고 누적되는 과정으로 보아야 한다.
- 사정은 학교생활과 교육과정을 통해서 행해져야 한다.
- 사정 결과는 다양한 사정 전략의 결과로 나온 자료에 기초해야 한다.
- 사정은 실제 학습을 경험하는 동안에 이루어져야 한다.
- 사정은 학생과 교사의 협력을 포함해야 한다.
- 사정 결과는 학생, 부모, 전문가, 운영자 및 다른 결정자에게 쉽게 의사소통되어야 한다(Pike, Compain, & Mumper, 1994).

효과적인 실제적 사정 전략은 사정 과정에 학생을 포함하고 그들을 모든 평가활동에 집중하도록 한다. Salend(1983, p.2000)는 자기 사정 과정을 통해서 측정된 학생의 수행수준이 표준화 사정도구를 사용하는 다학문적 계획팀에 의해 결정된 수행 수준보다 우수함을 발견했다. 교사, 부모 및 학생 자신으로부터의 정보는 교수, 수행과 반성의 계속되는 과정에 포함될 수 있다. 그러나 수행 사정에 대한, 특히 포트폴리오, 국가적 관심의 증가는 소수 민족 학생을 평가하는 문제 해결책으로 해석되어서는 안 된다. 사실상 이러한 사정들은 전통적인 표준화 측정보다 내용과 기대되는 학생의 결과에 대한 더 철저한 이해를 요구할 수 있다.

### 포트폴리오 사정

Wesson과 King(1996)은 포트폴리오는 많은 장점을 가지고 있다고 제안하였다. 포트폴리오 사정은 해당 연도의 교육과정 전반에 걸쳐 교사와 학생 모두 학생의 진보를 관찰하도록 하는 형성적 사정이다. 그러므로 교사들은 교수방법을 적시에 수정할 수 있다.

포트폴리오는 학생들의 진보를 평가하고 반성하기 위한 방법을 제공한다. 전형적으로 표준화 사정검사는 학습의 기준을 제공하기 위해 학년의 처음과 끝에 이루어진다. 이 접근은 특수교육자들에게는 가치가 거의 없다. 왜냐하면 특수교육자들은 한 해가 시작될 때 진보 점검에 대해 걱정하기 때문이다.

포트폴리오 사정은 학생들이 그들의 학습에 책임지도록 하는 과정으로 되어 있는데, 이것은 내적 통제를 촉진한다. 이 접근은 학생들이 역량강화를 통해 그들의 학습에 투자하도록 장려한다.

포트폴리오 모델은 학습의 폭과 범위를 강조한다. 그러므로 그것은 작은 일련의 기술에 초점을 두는 모델보다 학습평가에 더 민감한 모델이다.

그러나 특수학급에서 이 모델의 잠재적 적용은 문제가 있는데, 가장 큰 문제점은 시간이다. 교사들은 일정 협의를 위해 그들의 시간을 재구조화해야 한다. 협의가 이루어지는 동안, 자료들은 수집되고 동료와 함께 공유되며, 반성되어야 하고 평가되어야 한다.

- 자료를 판단하기 위한 기준은 학생의 설명과 참여를 필요로 한다. 교사들은 학생 작품을 평가하기 위한 기준을 개발하는 데 있어 안내자이다. 하지만 이것은 학생과 협력적으로 이루어져야 한다. 이러한 기준을 상술함에 있어 포트폴리오가 학생들의 모든 잠재력에 사용될 수 있는지에 대한 교사 교육은 필수적이다.
- 교사들은 시간이 효율적이고 의미 있는 기록유지 체계를 사용해야 한다. 이와 같은 도전은 특수교육자들의 시간에 대해 이미 존재하고 있는 요구이다. 일반교육에서의 읽기와 쓰기를 위한 교실 안내들은 특수교육에 적용될 수 있는 기준 설정과 기록유지 체계에 대한 힌트를 얻기 위한 훌륭한 출발점이 될 것이다.
- 반성을 장려하는 방법론은 학생들이 의미 있게 그들의 진보를 반성할 수 있도록 미리 상세하게 기술하는 것이 필요하다. 이 과정에 있는 학생을 보조할 때, 교사의 역할은 협력과 자문으로 가장 잘 개념화된다. 교사는 학생의 참여 없이 학생의 과제를 판단하고 기술하는 전통적 역할보다 학생들과 함께 그들의 진보에 대하여 이야기하는 것을 편하게 느껴야 한다.

비록 특수교육자가 학생 중심의 학습을 평가하도록 훈련받았을지라도, 그들은 교사 중심 평가에 더욱 익숙할지 모르는 일반교육자들과 이 모델을 사용할 때 어려움에 직면한다. 그러므로 일반교육자들과 가까이서 일하는 특수교육자들에게 사정에 대한 발전적 관점을 적용하는 것은, 강력한 현직 연수와 협력적 노력이 요구되는 계속적인 도전이 될 것이다. 포트폴리오를 개발하고 사용하기 위한 지침(Wesson & KIng, 1996, pp.47~48)은 다음과 같다.

1. 교사와 학생 모두 포트폴리오 구성을 돕는다. 무엇을 포함해야 할지에 대한 학생들의 생각은 중요하다. 왜냐하면 포트폴리오는 학습자와 교사의 관점에서 본 학습의 연대기이기 때문이다. 그러나 교사는 학생의 진보에 대한 이해에 기여하는 항목들에 대해 몇 가지 추가적인 생각을 요구할지 모른다. 그러므로 내용들은 학생과 교사에 의해 선택된 항목들의 조합이다.
2. 포트폴리오는 학교, 지역 학군의 학년 교육적 목표와 관련되는 선택적 집합체이다. 목표로 쓰이는 모든 것이 최종 목표로 설정되는 것은 아니다. 특정한 목표들이 이용될 수 없다면, 교사는 특정한 목표들을 개발해야 한다. 특수교육에서 개별화교육프로그램은 사실상 준비되어 있다; 그러므로 포트포리오의 선택 항목들은 개별화교육프로그램에 기초한다. 단지 목표 관련 정보가 포함될 필요가 있다. 또 다른 선택의 기준은 항목들이 교사와 학생의 교수적 결정을 도와주는 정도이다.
3. 포트폴리오는 다면적이어야 하고 많은 다양한 유형의 자료를 포함해야 한다. 단 한 종류의 측정으로 학생의 진보를 표현하는 것은 불가능하다. 정보의 다양한 자원이 사용되어야 한다.
4. 포트폴리오는 영역과 시간에 의해 구성되어야 한다. 예를 들면, 문식성 포트폴리오에서 읽기 관련 항목은 한 영역이 될 수 있고, 진보를 보여 주는 연대기적 차례에 넣을 수 있다. 쓰기 자료도 하나의 영역이 될 수 있고, 이 역시 시간 순서로 넣을 수 있다. 대안적인 구성적 구조는 어떤 한 영역 안에 같은 주제 단위를 다루는 항목을 배치하는 것이다. 예를 들면 곰에 대한 주제 단원은 학생이 읽은 곰 이야기, 선택된 책으로부터 어떤 영역을 읽은 학생의 녹음테이프, 학생이 쓴 곰에 관한 시, 교실에서 본 세 마리 곰에 대한 비디오테이프뿐만 아니라 곰을 조사하기 위해 사용된 자료 목록과 다듬지 않은 기록의 초안, 최종 사본을 포함할 수 있다. 포트폴리오를 구성하는 방법은 한 가지만 있는 것이 아니다. 그리고 어떻게 구성할 것인지의 결정은 그들이 가능성을 논의하고 특정한 구성적 구조를 선택하기 위한 합리성을 결정하는 것처럼 교사와 학생의 입장에서 조직적이고 신중해야 한다.
5. 포트폴리오는 그것들이 포함하는 정보를 자주 사용하고 갱신할 수 있도록 교사와 학생 모두가 접근할 수 있어야 한다. 교사들은 모든 단원 또는 기록 카드 기간의 마지막에 모든 학생들의 포트폴리오가 평가되고, 항목을 첨가하며 삭제하기 위한 일정의 개발을 원할 수 있다. 구체화된 일정이 없다면, 교육에 대한 일정에 반대하는 것처럼, 어떤 아동들의 포트폴리오는 발전이 없는 상태로 남을지 모르고 단지 기록유지 체계가 될지 모른다. 이에 대한 대안은 포트폴리오를 매일 갱신하고 확인하며 일정한 간격(약 매달)으로 각 학생들에 대한 검토를 계획하는 것이다.

## 부모와 교사 관찰과 인터뷰

### 학생능력 협의회

개인의 능력과 성취에 관한 모든 범위를 기술할 수 있는 단일 관찰자는 없기 때문에 평가 과정은 교사, 부모, 그리고 가능하다면 학생 사이의 대화를 포함해야 한다. 특정 영역 또는 일련의 영역에서 학생의 수행능력에 관해 열린 토론을 하는 학생능력 협의회(student ability conference) 모델이 다양한 관점에서 논의되었다. 이 협의회는 대안적인 교육적 접근법을 필요로 할 수 있는 학문적 영역을 분리시키는 기회뿐만 아니라, 학생의 재능 범위를 규명하고 강화하는 전략을 탐구할 수 있는 기회를 제공한다. 더욱 학생능력 협의회는 교사와 부모가 교육적 협력을 형성할 수 있게 한다. 이 협의회는 의뢰 전 모임이나 앞에서 논의되었던 교사지원팀 모임과 유사하기는 하지만, 학생과 부모의 참여(적절할 때)가 추가된다는 점에서 다르다. 모든 당사자들은 점검할 수 있는 계획을 개발할 수 있다(그림 6-1 참조).

### 표준화 검사에 대한 비판

학습장애 학생들을 분류할 때 표준화 검사를 이용하는 것과 관련하여 많은 문제점이 있다.

Grossman(1996, p.282)은 문화적, 언어적으로 다양한 배경을 가진 아동들에게 적용되는 표준화 검사에 대한 추가적 비판을 언급했다.

- 표준화 사정 절차는 학생이 현재 어떻게 기능하는지 정확하거나 타당하게 설명하지도 못하고 미래에 어떻게 기능할지 예측하지도 못한다.
- 표준화 검사도구들은 "여러분이 아는 그것은 뭡니까?"보다 "여러분은 내가 아는 것을 압니까?"라고 질문한다.
- 표준화 검사도구로 수집된 자료들은 학생들에게 일반적이지 않은 환경, 즉 교실이 아닌 상황에서 수집되므로, 학생들이 실제 교사가 있는 실제 교실에서 어떻게 기능하는지 반영하지 못한다.
- 국가적인 규준은 기존 지역 학군, 학교, 학급에 반드시 옳은 것은 아니기 때문에, 표준화 검사가 제공하는 백분위, 등급별 배치, 또 다른 규준들은 현실적이지 못하다. 교외 지역

학생 이름 : 나오미

교사 : 던킨 날짜 : 2004년 6월 22일

부모 : R 부부

주소 : 2401 West Main Street, Sayville, New York 11782

집 전화번호 : (516)374-9001 사무실 전화번호 : 374-2108

생년월일 : 1993년 10월 11일

*참석자 :*

부모 R씨, 심리학자 바론 박사

교사 던킨, 미술교사 존

학생 나오미, 간호사 말도라

사회사업가 에이브람스, 교장 알레그로

*요약*

R 부인은 나오미가 집에서 형제를 돕고 매우 협동적인 현명한 아동이라고 보고한다. 학교 관계자도 같은 내용을 보고한다. 미술교사인 존은 나오미가 미술에 특별한 재능을 갖고 있고 이것은 심화 프로그램을 통해서 추구되어야 한다고 생각한다. 학교심리학자인 바론 박사는 나오미의 시각 운동 능력이 우수하다는 점에는 동의하지만 그녀의 읽기 기술은 우려된다고 한다. R 부인 역시 나오미의 선생님인 던킨과 같은 문제에 대해 걱정하고 있다. 나오미는 또한 수업시간에 읽기를 불편하게 느끼고, 왜 자신이 그것을 읽지 못하는지 이해하지 못한다. 학교 사회사업가인 에이브람스는 간단한 읽기 평가를 수행하기 위해 나오미와 읽기교사를 만나고 나서, 2주 안에 그 결과물에 대해 논의하기 위해 또 한 번의 학생능력 협의회를 개최하는 계획에 동의했다.

**그림 6-1 학생능력 협의회**

중산층 학교의 7학년 수준에서 주로 가르치는 수업과정의 내용은 주로 가난한 도시 학생들이 다니는 학교의 교과과정 내용과 매우 다를 수 있다. 그러므로 국가적으로 규준된 읽기 테스트에서 7학년 수준에서 점수를 얻은 학생들은 실제로 중산층의 이웃 교외학교보다 훨씬 더 낮게, 일부 다른 학군의 전형적인 7학년 학생보다 훨씬 더 높게 기능할 수도 있다.

- 표준화 사정 절차는 학생들의 맥락적, 문화적 및 언어적 특성에 맞게 쉽게 수정되지 않는다.
- 표준화 검사도구들은 다른 집단의 학생들을 가지고 다른 속성을 측정한다. 표준화 검사가 능숙하지 못한 영어사용자, 비유럽계 미국인, 또는 가난한 학생들에게 사용될 때, 그들의 성취도, 학습 잠재력과 학습장애를 측정하는 것이 아니라, 학생들이 무엇에 노출되어 왔는지를 측정하고, 부주의로 인한 실수 없이 얼마나 빠르게 과제를 수행할 수 있는지, 그들이 성공하도록 또 최선을 다하도록 어떻게 동기부여를 받는지, 그 절차의 특정한 형

| | |
|---|---|
| 정보의 오도 | 전통적인 검사 결과들은 학생의 학습에 대해 제한된 견해를 제공한다. Choate와 Evans(1992)는 많은 교실 기술들은 광범위한 범위의 표본을 만드는 검사들에 의해 사정되지 않는다고 언급했다. 검사 결과들은 해당 점수가 단순한 지표라기보다는 절대적인 가치라고 잘못 생각하게 만든다. 더욱 검사 점수는 학생들이 검사 항목에 응답할 때 취하는 접근법을 설명하지 않는다. 어떤 학생들은 그들의 지식과 관계없는 이유(예를 들면, 시험에 대한 불안감, 아프거나 졸리거나, 약물의 효과, 답지에 표시할 때 느끼는 어려움)로 틀린 답을 쓰기도 한다. 그러므로 학생들의 미래에 대한 결정을 내리기 위해 (예를 들면 그들이 읽기를 통과한다면) 이러한 검사를 사용하는 것은 잘못된 결과를 낳을 수도 있다. 좋은(유효한) 검사는 좋은(정확한) 예언적인 유효성을 가져야 한다. 많은 표준화된, 규준 참조검사들은 그렇지 않다. |
| 불공정성 | 많은 전통적인 검사들은 특정 인구집단에 불공평한데, 특히 일부 학습장애 학생들에게 그렇다(Choate, Enright, Miller, Poteer, & Rakes, 1987). 언어 사용법, 문화적 예, 학습 양식 또는 성공적으로 검사 항목을 완성하기 위해서 요구되는 기술 등에 대한 전통적인 검사들은 제한된 영어 유창성, 낮은 수입, 소수민족 또는 소수 문화집단 구성원과 남성을 반영하지 못한다는 점에서 한쪽으로 치우쳐 있다. 어떤 검사들은 중상류층 백인 남자아동들에게 호의적인 경향이 있다(Neil & Medina, 1989). |
| 혼란 | 검사 결과들은 종종 성적 책임을 측정하는 데 사용된다-예를 들면 읽기를 가르칠 때, 목표, 어느 학교가 좋은지(예를 들어 평균 점수가 더 높은) 비교할 때. 이러한 요소들이 강조될 때, 낮은 평균 점수에 기여하는 조건들-과밀학급, 적절한 교육 자료의 부족, 지식을 습득하는 것보다 시험점수에 집중하는 것, 높은 수준의 사고 등-에 대한 관심은 간과하게 된다. |
| 품질 관리 | 미국에서 검사는 큰 사업이다. 국가와 지역 검사업자들은 1년에 약 10억 달러에 이르는 세금을 낸다. 어떤 등급 수준에 있는 학생들은 1년 동안에 12개 정도의 종합적인 검사를 실시한다(Moses, 1990). 하지만 비록 대안적인 사정에 대한 최근의 요구가 결국 품질 관리를 가져왔음에도 규정이나 품질 관리를 보장하는 당국은 없다. |
| 비용 | 전통적 검사는 자료 비용과 시간적인 면(시행, 채점, 결과 게재)에서 비싸다. 학교 예산에서 전통적 검사를 위한 예산을 비용이 싸고, 시간적으로 더 효율적이며, 편견이 적고 교육적 결정을 위해 더 의미 있는 결과를 산출해 낼 수 있는 다른 사정 접근법에 할당하는 것이 더 좋을 것 같다. |
| 결과의 이용 | 표준화 검사도구들은 종종 미국인들의 교육과 고용 기회를 차단하는데 불공평하게 사용된다(Moses, 1990). Kirst와의 인터뷰(1991)에서, Lorrie Shepard는 검사가 교육에 영향을 미칠 때, 교육과정은 종종 검사에 나오는 것만 포함한다. 검사를 위해 가르치는 것-적어도 그것이 표준화된 다지선택형 검사일 때-은 교육과정을 사실적이고 구체적인 검사 항목들로 제한시키며, 보다 광범위하며 통합된 교육과정과는 분리시킨다. Hanson(1993)은 검사를 일부 개인만 통과시키는 문지기로 특징지었다. 검사 점수는 자신의 눈으로 그리고 타인의 눈으로 한 개인을 재정립할 수 있다고 제안한다. |
| 학생들에게 잘못된 메시지를 보내는 것 | 전통적 검사들은 한 가지 정답 경향을 장려함으로써, 학생들의 사고 과정을 제한한다. 비록 어떤 질문들은 딱 하나의 정답만 있지만 또 다른 것들(예를 들면, 남북전쟁의 원인)은 그렇지 않다(Hambleton & Murphy, 1992, pp.213~214). |

식에 얼마나 잘 적응하는지, 그리고 압력에 어떻게 반응하는지 등을 측정한다. 또는 유럽계 미국인이면서 중산층의 학생들에게 사용될 때는 누가 영어를 능숙하게 사용하고 표준 영어를 구사하는지를 측정한다.

- 표준화 검사도구들은 모든 학생들을 미리 예상된 틀에 맞출 것을 요구한다. 모든 개인은 다르다고 하는 우리가 사용하는 많은 방법의 말뿐인 소리와 이러한 다양성을 찬양하자는 요구에도 불구하고, 우리의 실제는 다르다. 사실 이와 같은 검사는-언제 아동들은 특정 기술을 수행할 수 있어야 하는가와 어떻게 그들 자신의 지식을 보여 줄 수 있어야 하는지에 대한 좁고 경직된 정의를 통해-우리가 아동들이 괜찮은지 또는 그렇지 않은지를 결정하도록 한다. 그 과정에서 우리는 모든 아동들에게 해를 끼친다. 우리는 아동들이 학교에 가지고 오는 다양한 강점들의 가치를 평가 절하한다. 일반적인 아닌 다른 점들은 모두가 장애가 된다.

반론에서 미국심리학연합협의회(Council of America Psychological Associations)는 Grossman(1996, p.283)에 인용된 바와 같이 언급했다.

훌륭한 심리학적 결정은 좋은 증거를 요구하고, 가장 유용하고 신뢰할 만한 증거는 잘 설계되고 적절하게 해석된 표준화 검사로부터 나온다. 그러나 여러 이유들로 인해, 일부는 타당하고 일부는 그렇지 않은데, 검사는 정치적 관계자나 대중적인 매체들이 참여하는 끊임없는 공격의 대상이 되었다. 검사는 계속해서 예를 들면 상담과 교육적 안내에서처럼 심리학적 결정에 있어 정보제공의 역할을 하는데, 하지만 심리학 관련 학문과 직업은 일방적인 손해를 입는데, 손해는 종종 수정이나, 비평 또는 반증 없이 이루어진다. 그러므로 이제 미국심리학연합협의회는 다음과 같이 주장한다.

1. 정당하게 시행되고 평가되는 표준화 검사는 개별적, 교육적으로 관계자들의 의사결정에 가치 있는 도구다.
2. 공인되지 않는 분류나 해석을 통한 검사의 남용은, 어떤 가치 있는 검사의 남용과 마찬가지로 막아야 한다.

문제는 학습장애를 사정하기 위해 사용되었던 전통적인 표준화 검사가 종종 단점을 가지고 있다는 것이다. 다양한 사람들에 대한 전통적 규준지향검사, 표준화 검사의 사용에 의해 제기된 어떤 질문들은 다음의 것을 포함한다.

- 관련 검사나 그것의 하위 검사가 사정팀의 진단적 질문에 답할 수 있는가?
- 학생의 교육 경험은 표준적인 사람들에 의해 대표될 수 있는가?
- 학생들의 표준화 검사 결과는 어떻게 사용될 것인가?
- 표준화 검사 점수에서 추론할 수 있는 학생의 능력과 성취는 무엇인가?

## 교육과정 중심 평가

Ysseldyke와 Algozzine(1995)는 교육과정 중심 평가의 가치에 주목했다. 이 평가는 적절히 수행될 때, 교사와 진단 전문가들에게 다양한 측면에서 중요한 도구가 될 수 있다(연구에서 실제까지 : 교육과정 중심 평가를 어떻게 개발하는가 참조). Ysseldyke와 Algozzine에 따르면 교육과정 중심 평가의 장점은 다음과 같다.

- **학습 환경 분석** : 교육과정 중심 평가는 학습 환경을 주의 깊게 검사함으로써 학생의 학습을 방해하고 있을지도 모를 위험의 규명을 돕는다. 이와 같은 평가 방법은 교육자료, 자료의 제시 방법(강의 또는 워크북과 같은) 그리고 교실에서 학생들의 집단화로부터 문제를 분리시킨다.
- **과제 접근 전략의 분석** : 교육과정 중심 평가는 학생의 과제 접근 전략에 초점을 맞춤으로써, 학생들이 개발할 필요가 있는 기본적 학업기술들을 확인하는 것과 관련하여 교사들을 돕는다.
- **학생의 성과에 대한 검토** : 교육과정 중심 평가는 학생의 과제 보기들을 체계적으로 검토함으로써 특정한 오류 패턴을 찾아낼 수 있다.
- **학생의 과제 조정 및 준비** : 교육과정 중심 평가는 자료가 제시되는 방법들과 학생들의 수행이 요구되는 특정 과제들의 조작을 통해, 교사가 어떤 접근법이 가장 생산적인지를 결정하는 것을 돕는다.

Choate, Bennett, Miller, Poteet와 Rakes(1987)는 교육과정 중심 평가를 사용하는 몇 가지 이유를 열거했다.

## 연구에서 실제까지 : 교육과정 중심 평가 개발

Fuchs, Fuchs와 Speece(2002)는 교육과정 중심 평가의 한 형태인 교육과정 중심 측정은 평가팀이 학생의 수행능력을 동료의 수행능력과 비교하여 측정할 수 있게 하고, 학생의 학습 정도를 측정하도록 한다고 제안한다. 이것은 이중 불일치라고 인용되어 왔는데, Cohen과 Spenciner(2003, pp.148~149)는 교육과정 중심 측정의 개발 단계를 다음과 같이 제안했다.

**1단계 : 목적을 확인하라**

적합성과 한 교육과정에 들어갈 내용을 결정하거나, 중재 목표를 개발하거나, 교육과정 안에서 학생의 진보를 평가하기 위한 도구를 사용하라. 예를 들면 교사들은 목표를 개발하고 학생의 진보를 평가하기 위하여 교육과정 중심 평가 도구를 사용할 수 있다.

**2단계 : 교육과정을 분석하라**

교육과정이 무엇을 가르칠 것인지 결정하라. 학생이 학습해야 하는 특정 과제를 결정하라.

**3단계 : 수행목표를 개발하라**

학생이 교육과정 안에서 진보를 나타내었는지를 결정하라. 교육과정에서 학생의 진보를 보여 주기 위해서 필요한 행동을 구체화하라.

**4단계 : 평가절차를 개발하라**

이 단계에서 수행목표에 부합하는 특정 검사항목들을 개발하라. 교사는 다른 형태의 항목들을 개발할 수 있다. 예를 들면 학생을 관찰한다던가, 그 학생이 특정 행동이나 특정한 학업 과제를 수행하거나, 특정한 행동을 보여 주거나, 또는 특정한 질문에 대답을 할 것을 요구하는 것이다. 반드시 채점절차를 서술해야 한다. 즉 학생들이 얼마나 잘 수행하는지를 어떻게 결정할 것인지를 구체화해야 한다. 신뢰성과 타당성에 대한 고려들이 중요하다. 교육과정 중심 평가 도구는 타당해야 하며 교육과정과 매우 일치해야 한다.

**5단계 : 사정절차를 이행하라**

일단 평가절차가 개발되면 정보를 수집할 수 있다. 어떻게 정보를 기록하고 정보를 지속적으로 얻을 것인가를 결정하는가는 중요하다. 교사가 학생들을 평가하는 방법은 언제나 일관성이 있어야 한다. 기록용지는 수집한 정보를 기록하는 데 유용할 것이다. 실제 사정절차를 이행하기 전에 교육과정 중심 평가 항목을 시험해 보는 것은 좋은 생각이다. 비록 많은 항목을 개발하고 구성하는 데 많은 생각을 했지만, 사용하기 전에 시험해 보는 것은 좋은 습관이다. 교육과정 중심 평가 항목들은 개발된 절차에 따라서 시행되어야 한다.

#### 6단계 : 정보를 조직화하라

수집한 정보를 요약해라. 표, 그래프, 차트가 유용할 수 있다.

#### 7단계 : 결과를 해석하고 통합하라

교육과정 중심 평가 정보를 표준화 검사, 관찰결과, 일화 기록, 다른 형태의 평가를 통해 얻은 정보와 통합하라. 이것은 교수와 평가가 연결되는 것으로 평가 과정의 핵심이다. 의사결정 과정은 팀과 함께 교육자들이 어디서, 언제, 어떻게 교수를 진행할지 결정할 때 계속된다.

Pemberton(2003, p.18)은 특별한 교육적 요구를 가지고 있는 학생들을 평가하기 위한 P.L. 94-142와 장애인교육법의 절차적 요건과 일치하는 예를 제공하였다.

- 효율적이다.
- 의사결정을 위한 타당하고, 신뢰할 수 있는 토대이다.
- 다양한 종류의 결정을 하는 데 사용될 수 있다(예를 들면 선별, 프로그램 효율성).
- 학생의 성취를 증가시킨다.
- 교사가 무엇을 가르칠지 결정하는 것을 돕는다.

많은 교실에 근거한 평가는 제12~15장에 있다.

## 교사를 위한 함의

학습장애 범주의 개발 이후, 조작적 정의의 주요 구성요소는 지능과 성취사이의 불일치였다. 장애인교육법 2004는 더 이상 이것을 필요로 하지 않는다. 이것은 학습장애 학생들이 판별되는 방법에 있어 급진적 변화가 있음을 나타낸다.

명백하게 이 변화는 교사들에게 주요한 함의를 가진다. 어떻게 학생들을 판별할 것인가? 사정과정에서 교사의 역할은 무엇인가? 효과적인 판별 방법에 대한 계속적인 연구가 이루어져야 한다. 중재반응(RTI) 접근법에 상당한 흥미가 있다. 그 증거가 누적될 수록 우리는 현명한 선택을 할 수 있을 것이다. 그럼에도 불구하고 매일, 학교들은 학습장애 학생들을 의뢰하고 사정하며 분류하고 있다—사정 그리고 판별과 관련된 모든 문제를 가지고. 학교심리학자들은 불일치를 만들기 위해 여전히 지적 능력과 학업 성취에 관한 검사를 시행하고 있을지도 모른다. 여러분은 수업시간에 학생을 관찰하고 교실에 근거한 비공식적인 측정을 위한 특정한 정보를 제공할 것을 요구받을지도 모른다(특정 장애에 대한 장 참조). 여러분은 아마도 평가표를 작성하고 특정 행동에 대한 정보를 제공해야 할지도 모른다(제16장 참조). 형식적 · 비형식적 측정을 통해 여러분은 한 학생이 그의 동료들과 현저하게 다른 수준으로 수행하는지 또는 입증된 교수 중재를 제공받았는지를 결정하는 모든 과정에 참여하게 될 것이다.

## 요약

학습장애 분류를 위한 적합성을 결정하는 것은 복잡한 과정이다. 그것은 문제 해결팀과 함께 하는 협력적인 의사결정과정이 되어야 한다. 그 결정이 내려지기 전에 여러분은 다음과 같은 점들을 고려해야 한다.

- 법적인 필요요건
- 부모의 관심
- 의뢰 전 전략
- 사정도구의 선정
- 학생 수행의 측정

이 장은 여러분이 사용해야 할 사정의 실제적인 안내 원리는 물론 적합성 결정에 관한 새로운 규정에 초점을 맞추었다. 그리고 교실 중심 사정도 다루었다.

윌슨을 기억하는가? 그가 학습장애를 가지고 있는가? 그의 열등한 수행능력의 원인을 언어 차이에 있다고 하면 “아니다.”라고 말하기 쉽겠지만, 결정이 내려지기 전에는 훨씬 더 많은 검사를 할 필요가 있다. 그가 학급 동료들과 비교해서 얼마나 잘했는가? 그의 학습 정도는 어떠한가? 그는 질 높은 교육을 받았는가? 어떤 의뢰 전 중재가 사용되었는가? 사정 과정 내내 그의 문화와 언어는 고려되었는가? 이와 같은 논쟁들이 결정되었을 때만, 우리는 “그가 학습장애를 가지고 있는가?”라는 질문에 답할 수 있다.

## 숙고와 논의를 위한 발판

1. 여러분의 지역 학군에서는 어떤 종류의 검사들이 어떤 이유에서 사용되고 있는가?
2. 학습장애 학생들을 분류하는 것에 대한 찬반양론은 무엇인가?
3. 자신의 아동을 평가하고자 하는 부모에게 여러분은 무엇을 제안할 것인가?
4. 윌슨의 부모가 직면했던 문제들에 대해 생각해 보자. 그들은 윌슨에게 최선의 것을 원하지만, 그것이 무엇인지 확신하지 못한다. 윌슨은 학습장애가 있다고 분류되어야 하는가? 윌슨에게 유용한 서비스는 무엇인가? 여러분은 윌슨의 부모에게 무엇을 말할 수 있는가?
5. 성취 수행 불일치 공식에 대한 비판에도 불구하고 널리 사용되고 있는 이유는 무엇이라고 생각하는가?
6. 아래의 윤리적인 딜레마에 대해 생각해 보자. 여러분은 무엇을 할 것인가? 지금부터 학습장애 학생들에 대한 판별이 정확한 과학이 아니라는 것은 명확해져야 한다.

학생이 학습장애를 가지고 있지 않음에도 불구하고, 평가팀은 자기 학교에서는 그것이 해당 학생에게 적절한 도움을 줄 수 있는 유일한 방법이기 때문에 학생을 분류한 것이 분명한 상황들이 있다. 이것은 윤리적 딜레마가 된다. 여러분은 학생이 학습장애가 아니라는 것을 알면서도, 학생을 학습장애로 분류하겠는가? 여러분은 학생들이 어떠한 도움도 받지 못할 것을 알면서도, 학생이 학습장애로 분류되는 것에 반대하겠는가? 이와 같은 질문들에 대해 쉽게 답할 수는 없다. 분명한 것은 학교는 도움을 필요로 하는 모든 학생들에게 구성적인 교육적 중재를 신중하게 제공할 필요가 있다는 것이다. 하지만 점점 더 많은 학교들이 관계자와 자료를 위해 필요한 자금을 갖고 있지 않다는 것이다. 안타깝게도 일부 학습장애의 위험성이 있는 학생들은 서비스를 받을 수 있는 자격이 되지 못한다. 어떤 사람들은 학습장애라고 분류된 다수의 학생들이 이 상황에 있다고 생각한다. 다행히도 아동낙오방지법(NCLB)과 함께 더 효율적이고 효과적인 의뢰 전 수행이 이루어지고 있어서, 이러한 결정들이 내려져야 할 필요는 없을 것이다.

# 7 동료, 가족 및 사회와의 협력

**학습목표**

이 장을 학습한 후 여러분은 다음을 할 수 있을 것이다.

- 협력의 필요성을 이해할 수 있다.
- 특정한 협력적인 전략을 사용할 수 있다.
- 다양한 협력교수 접근을 이해할 수 있다.
- 가족과의 협력을 위한 능력을 개발할 수 있다.
- 지역사회에서 학습장애가 학생과 가족에게 미치는 영향을 이해할 수 있다.

마레트 선생님과 고든 선생님은 같은 고등학교에서 20년 이상 일을 해 왔지만, 한 번도 협력해 본 적이 없었다. 그들은 자신들의 전공분야(마레트 선생님은 사회, 고든 선생님은 특수교육)에서 인정을 받았으며 친절한 대졸 전문가들이었다. 그들의 학교가 속한 지역 학군이 협력교수를 처음으로 시행하려 했을 때, 마레트 선생님과 고든 선생님은 학교 경영진의 설득에 의해 이 새로운 시도의 선두주자가 되기 위하여 지원하게 되었다. 이 두 인정받는 전문가들은 이러한 시도를 자신들의 교육에 활기를 불어넣기 위한 기회로 삼았다. 그들은 몇 주간 다른 동료들 및 자문가들과 함께 여러 협력교수의 모델, 학습전략과 협력 접근방법을 검토하였다. 새 학기가 시작되었을 때 공통수업 계획 기간 동안 그들은 수업을 함께 계획하였다. 그들은 학급에서 다양한 새로운 방법들을 수행하였으며, 수업 첫날부터 그들은 수업 과정에서 파트너로서의 역할을 하였다. 그들은 확신에 찼으며 학생들에게 명확하게 보여 주었다. 협력, 자문과 훈련을 통해, 그들은 많은 기술들을 연마함과 동시에 이 새로운 시도의 좋은 표본이 되었다. 그들은 혼자가 아니었다. 다른 동료들도 그들의 열정을 공유했고 오래 지나지 않아 이 새로운 접근을 시도하기로 결정했다. 현재에는 50쌍 이상의 교사들이 협력교수에 참여한다. 교사들은 자주 동료 교사의 전문분야와 동료애를 배운다고들 한다. 그들은 교실 내에 자신들을 제외한 또 다른 전문가가 있다는 사실에 호의를 표하며 더욱이 이러한 배치로부터 학생들이 이익을 얻을 수 있다는 것에 가장 기뻐하곤 한다.

여러분은 교실을 공유하는 것에 대해 어떻게 느끼는가? 혼자서 지도하는 것을 선호하는가? 여러분이 가르치는 위치에 지원한다면 기회가 주어질 것이라고 생각하는가? 협력교수는 얼마나 어려운가? 분명하게 이 접근은 누구에게나 맞는 것은 아니나, 기대되고 동료들과 협력교수의 모델을 받아들일 수 있는 교사들은 이 시도를 적합하다고 할 수 있다. 어느 누구나 협력을 하지 않고서는 교직에 종사할 수 없다. 이 장은 3부분으로 나뉘어져 있다. 첫 번째 소단원은 동료들, 두 번째는 가족들, 그리고 마지막은 지역사회와 가정에서 학습장애에 관한 내용들을 다루고 있다.

## 협력

특수교사의 역할은 많이 변화되었다. 특수학급의 수는 급격히 줄어든 반면에, 일반학급(하루 중 80%)에서 학습하는 학습장애 학생들의 수는 지난 10년간 2배가 되었다(의회에 제출된 23차 연차보고서, 2001, AB8).

교사 혼자서 학습장애 학생들을 교육시키는 것은 보기 드문 일이다. 그들은 기초 수준, 의뢰 전, 다학문적 팀에 참여하고, 학교 일과의 일부분 동안 협력교수를 실시할 것이다. Klinger와 Vaughn(2002)은 교사들의 역할과 책임감의 이동에 따라 협력 및 자문 분야에서 기대되는 학습장애 전문가 양성의 필요성을 언급했다. 다른 연구자들도 협력적인 실제를 위한 필요성을 강조한다(Mastropieri, Scruggs, Graetz, Norlad, Garchizi, & MuDuffie, 2005; Salend, 2005; Weiss & Lloyd, 2003).

### 협력이란 무엇인가?

Friend와 Cook(2003)은 대인간 협력을 "같은 목적을 가지고 일하는 동료들이 공유된 의사결정에 자발적으로 참여할 때 적어도 2명 이상의 동료들 간의 직접적 상호작용을 위한 양식"이라고 정의한다(p.5). 그들은 협력교수는 상호작용의 양식, 방법이고 리더십의 특성이라고 말한다. 이러한 정의는 협력교수의 의미를 분명히 하는 것을 돕는데, 왜냐하면 **협력교수**는 학교에서 많은 다른 활동들을 나타내기 위해 사용되었기 때문이다.

## 협력의 특징

협력의 특징에 대해서는 의견이 일치한다. McLeskey와 Waldron(2002), Weiss와 Lloyd (2003), 그리고 Friend와 Cook(2003)은 다음과 같이 협력의 특징들을 언급했다.

- 협력은 자발적이다.
- 협력은 참여자들 사이의 동등한 지위를 필요로 한다.
- 협력은 상호 간의 목표에 기초한다.
- 협력은 의사결정에 참여할 때 공유된 책임감에 의존한다.
- 협력하는 개인들은 자료를 공유한다.
- 협력하는 개인들은 활동에 대한 책임을 공유한다.

각 특성들은 다음과 같이 논의된다.

### 협력은 자발적이다

협력은 학교 관계자들이 협력과정에 자발적으로 참여할 때 가장 효율적이다. 그들은 종종 협력을 가치 있게 생각하며 개인들의 생각, 전문성, 신념들이 공유되었을 때 학생들에게 유익하다고 믿는다. 그들은 팀을 구성하여 일하는 것을 즐기고, 생각의 공유를 좋아하며, 상호 간의 접촉을 위해 노력한다. 그러나 많은 작은 지역 학군에서는 단지 지원자들에 기초하여 의뢰 전 팀 구성과 같은 주와 연방정부의 지시를 이행하기 어렵다. 팀 또는 협력교수를 해야 하는 교사들, 지원 직원들이 있다. 그러므로 막연히 지원자들만 기다리는 것은 최선의 방법이 아니다. 어떤 '지원자들'은 지명되어야 한다(작업팀이 생각했을 때 그 팀의 성공을 위해서 필요한 사람들). 이것은 이 일의 진행이 폐쇄적이어야 한다는 것은 아니다. 이것은 단지 작은 지역 학군에서는 지원자들을 고무시켜야 한다는 것을 인정한다. 어떤 지역 학군은 지원자를 위해 학점, 교원연수, 추가 급여와 같은 인센티브를 제공하기도 한다. 또한 어떤 지역 학군에서는 협력교사들이 지원자들이 아닌 종신 재직권이 없는 관계자들로 구성되어 있다. 매우 자주, 팀들은 단지 종신 재직권을 취득하기 위해 어쩔 수 없이 협력하는 종신 재직권이 없는 구성원들이 과도하게 많다. 대다수의 교사들은 협력이 그것의 이익을 지탱하고 평가하기 위한 것이라고 인정하지만, 협력은 전문가적인 여러 책임을 요구한다. 그러므로 자발적인 협력이 목표이지만, 자발적인 협력은 항상 가능한 것은 아니다.

### 협력은 참여자들 사이의 동등한 지위를 필요로 한다

효과적인 협력 팀은 모든 구성원들의 노력에 의해 이루어진다. 유능한 협력교사들은 서로의 전문성을 높이 평가한다. 동등한 지위 없이 팀은 기능을 발휘하지 못한다. 동등성이 모든 구성원들의 동등한 능력을 의미하지는 않는다. 동등성은 모든 구성원들이 참여하며 그들의 전문성과 의견들이 존중되는 것을 뜻한다. 누구도 다른 사람들보다 더 많은 권력을 행사하지 못한다. 명백히 학교는 위계적이며, 교장이 모든 것을 지휘한다. 학교에는 고참 교사들과 종신 재직권이 없는 신규 교사들이 있다. 하지만 협력팀이 그 기능을 제대로 발휘하려면 구성원들은 서로를 동등하게 봐야 한다. 한 학생을 위한 선택을 논의할 때 심지어 교장도 그 조직의 한 구성원에 불가하다.

만약 교장이 권력을 남용하거나 특정 구성원에게 특권을 부여한다면, 그 팀은 효율적으로 기능할 수 없다. 이것은 행정 조직과 분위기에 심각한 장애가 될 수도 있다.

### 협력은 상호 간의 목표에 기초한다

이것은 구성원들이 항상 같은 목표의 공유를 뜻하지는 않는다. 이것은 모든 구성원이 팀의 목표를 명확히 알고 있음을 뜻한다. 목표달성 방법은 다양하지만 그들의 역할은 분명해야 한다. 예를 들면 의뢰 전 팀의 모든 구성원들은 이 팀의 목표가 학생이 의뢰 전에 그를 위하여 모든 것을 했다는 것을 확실히 하는 것임에 동의해야 한다. 어떤 구성원들은 팀을 불가피한 분류를 지연시키는 지연 전술로 볼 수 있다. 다른 구성원들은 그것을 학생들을 곤란하게 하고 '팀 구성원들을 저하시키는' 지시로 본다. 그리고 여전히 다른 구성원들은 그것을 가치 있는 과정이라고 본다. 이 팀은 구성원들의 목표가 매우 다르기 때문에 효과적으로 기능하기 어려울 것이다. 의뢰 전 계획의 세부사항에 이견이 있을 수 있지만, 만약 팀의 전체적인 목표에 서로 동의하지 않는다면 협력은 불가능할 것이다.

### 협력은 의사결정에 참여할 때 공유된 책임감에 의존한다

공유된 책임감은 동등한 책임감을 뜻하지 않는다. 중등학교 수준의 협력교수 팀에서 내용 영역 전문가들은 대부분 내용 영역 교수를 할 수 있다. 특수교사는 교육 내용을 이해하지 못하는 학생을 확인하고 대안적인 접근법을 제공하는 데 책임이 있다. 이것은 동등한 분업으로는 이어질 수는 없으나, 서로의 일은 공유된다. 의뢰 전 팀은 특정 학생을 위한 행동 계획이 개발되어야 할 필요가 있다고 결정할 수 있다. 모든 구성원들이 이 결정을 내릴 순 없지만, 그들은 어느 수준까지 참여할 수 있고 의사결정 과정을 공유할 수 있다. 시간이 지나서 만약 구성원들의 역할이 불평등할 시에는 팀 전체가 구성원들의 참여도, 신의, 결정 과정을 재평가할 필요가 있다.

### 협력하는 개인들은 자료를 공유한다

성공적인 협력을 위하여 모든 팀은 자료를 공유하여야 한다. 그러므로 만약 언어치료사가 의뢰 전 팀에 논의되는 3학년 아동에게 적절한 자료를 가지고 있다면, 그 자료들은 공유되어야 한다. 만약 사회교사가 지역 학군이 속한 주의 평가에 도움이 되는 자료를 가지고 있다면 그 또한 공유되어야 한다. 다행히도 대다수의 관계자들은 자발적으로 자료와 아이디어들을 공유한다. 만약 그렇지 않은 사람들이 있다면 그들은 협력 프로젝트에 적합하지 않다고 할 수 있다.

### 협력하는 개인들은 활동에 대한 책임을 공유한다

가끔 여러분의 교육 경력에서 그룹 프로젝트를 할 때, 여러분이 모든 일을 다하고 나머지 사람들은 책임감이 없다고 느낀 적이 있을 것이다. 이것은 협력적인 제도에서 일어날 수 있다.

한 협력교사가 부모에게 전화하는 것을 잊어버렸다고 말하고 또 다른 사람은 오전 9시로 잡힌 모임 장소를 예약하지 못하였다고 하자. 이것은 팀으로써 기능하고 약한 구성원들의 책임감을 가정하는 다른 구성원들에 달려 있다. 희망하건데, 시간이 지나면 구성원들의 책임감이 동등해질 것이다. 만약 그렇지 않다면 팀 구성을 재고할 필요가 있을 것이다.

협력의 어떤 특징들은 나타나는 데 시간이 걸릴 수도 있다. 처음에는 구성원들의 참여도를 높이기가 힘들 수도 있다. 시간이 지나면 서로가 서로를 믿기 시작하고, 협력하는 것을 즐기며 공동체의 의미를 발전시킨다. 결국 다른 관계자들도 흥미를 가지기 시작한다. 구성원들이 협력의 이익을 알고 동료들에 대한 만족이 증가될 때, 그들은 참여하고 싶어 한다.

## 팀

여러분은 학교에서 혹은 지역 학군에서 어느 한 팀에 참여하라는 제안을 받을 것이다 −다학문적 팀, 개별화교육프로그램 팀, 의뢰 전, 협력교수 팀 등. 효과적인 협력 팀들은 그들의 명칭과 관계없이 어떤 특성들을 가지고 있다. Thomas, Correa와 Morsink (1995)는 다음과 같은 10가지 특성을 열거한다.

1. **정당성과 자치권** : 효과적인 팀은 그의 기능을 인정하고 지원하며, 독립적으로 운영하는 데 자유롭다.
2. **목적과 목표** : 효과적인 팀은 목표를 확인하고 목표를 달성하기 위해 정보와 전문성을 공유하며 협력한다.
3. **팀 구성원들의 능력과 그들 역할의 명확성** : 효과적인 팀의 구성원들은 자신들의 분야뿐만 아니라, 협력적인 문제해결, 의사소통, 문화의 다양성에도 유능하다.
4. **역할 양도 및 역할 전환** : 효과적인 팀의 구성원들은 다른 구성원들과 각자의 전문성을 공유

하고 프로그램들을 실행하며, 다른 분야의 전략들을 사용하고, 다른 구성원들로부터 배우며, 지원과 피드백을 찾는다.

5. 개인차의 인식 : 효과적인 팀의 구성원들은 서로의 다른 견해, 기술과 경험을 인정하고 수용한다.
6. 팀 구성의 과정 : 효과적인 팀은 함께 일하는 과정과 팀으로서의 기능에 충실한다. 구성원들 간의 갈등은 문제해결, 의사소통 및 협상을 통해 해결한다.
7. 팀의 기능에 영향을 미치는 요소에 대한 주의 : 효과적인 팀은 협력적인 목표구조를 사용하고, 지원적인 의사소통 분위기를 창조하며, 역할을 공유하고, 합의를 통해 결정에 도달한다.
8. 리더십 양식 : 효과적인 팀은 리더십 책임감을 교대한다. 리더들은 모든 관점에서 문제를 해결하도록 기대되고, 모든 구성원들이 의사결정 과정에 참여하도록 한다.
9. 이행 절차 : 효과적인 팀은 이행 절차를 구상할 때 여러 가지 요소들을 고려한다.
10. 공동의 목표 수행 : 효과적인 팀은 협력적인 목표와 문제해결 방법을 사용한다.

## 다학문적 팀

P.L. 94-142, 전장애아교육법(EAHCA)의 가장 핵심적인 구성요소는 학생들을 판별, 평가 및 배치하기 위해 다학문적 팀의 구성이다. 법이 시행된 1975년 전에, 적합성과 배치에 대한 결정은 종종 학교심리학자에 의해 일방적으로 이루어진 것이 보통이었다. 이러한 팀들은 각 주마다 이름이 달랐다—예를 들면 뉴욕에서는 특수교육위원회(Committee on Special Education : CSE)이고 캘리포니아에서는 학생연구팀(Student Study Team : SST)이었다. 이 팀은 대개 교사, 심리학자, 특수교사, 학습장애 학생의 부모 그리고 행정가로 구성된다. 팀에 필요하다고 생각되는 정신과 의사, 문식성 전문가(또한 읽기 교사라고 불린다) 또는 다른 관계자와 같은 전문가들 또한 이 팀에 참여할 수 있다. 다양한 전문가들의 견해는 여러 관점을 나타내고 결정이 소수의 의견으로 치우치는 것을 막는다.

## 개별화교육프로그램 팀

한 학생이 학습장애가 있다고 분류되면 개별화교육프로그램 팀은 개별화교육프로그램을 개발해야 한다. 개별화교육프로그램 팀의 구성은 장애인교육법에 의해 명시된다.

장애인교육법은 다학문적 팀의 구성을 위한 지침을 제공한다. 개별화교육프로그램 팀은 다음과 같이 구성되어 있다.

(i) 장애아동의 부모
(ii) 적어도 1명의 일반학급 교사(만약 그 학생이 일반 교육 환경에서 참여하고 있다면)
(iii) 적어도 1명의 특수교사 또는 적절하다면 그러한 아동을 위한 적어도 1명의 특수교육 제공자
(iv) 지역 교육기관의 대표
  a. 학습장애 학생들의 독특한 요구를 충족시켜 주기 위해 특별히 설계된 교수를 제공하고 감독할 자격이 있는 자
  b. 일반교육과정에 지식이 있는 자
  c. 지역 교육기관의 자원 활용에 대하여 지식이 있는 자
(v) 평가 결과로부터 교육적 시사점을 해석할 수 있는 자
(vi) 위에 해당하는 자 외에 학생 또는 아동과 관련된 일에 전문적으로 종사하고 있는 자
(vii) 장애아동들에게 언제나 적절하다면 장애인교육법 2004는 더 이상 단기목표와 기준을 요구하지 않는다. 연간 목표는 여전히 측정 가능해야 한다.

개별화교육프로그램의 예는 표 7-1에 나타나 있다. 보편적으로 수용되는 서식은 없다. 그러므로 여러분 학교의 서식은 이것과 다를 수 있다.

## 문화적으로 유능한 팀 개발

팀이 문화적으로나 언어적으로 다양한 학생 집단과 관련된 이슈들을 해결하는 것은 중요하다. Schensul(1995)은 Craig, Hull, Haggart 및 Perez-Selles(2000)에 인용되었듯이 문화적 능력은 다음을 필요로 한다고 제안한다.

- 문화적 자기 사정을 위한 능력
- 스스로 자신의 사회문화적인 상황을 이해할 수 있는 능력
- 이러한 것들이 집단 간의 차이점에 대하여 옳은 이유와 설명임을 확신할 수 있는 의지

다양한 학생 집단의 요구에 부합하기 위해서 팀들이 문화적으로 유능해야 하는 것은 중요하다. 이러한 과정에서 여러분의 팀을 안내할 질문들에 대해 다음 절을 참조하라.

**표 7-1 개별화교육프로그램**

번호 : ______________________ 날짜 : ______________________
배경/현재 배치______________________
학생의 이름______________ 생일______________ 나이________
부모의 이름______________________
주소______________________
전화______________________
학생의 주요 언어______________ 가정언어______________
현재 학교______________ 학년______________
프로그램______________________
특수교육위원회 권고사항
모임의 목적______________ 초기________ 연간 검토________ 3년간________
다른 검토______________________
판별______________________
배치______________________
프로그램
________관련 서비스________학습도움실________특수학급
다른 것 : ______________________
학급 크기 : ______________________
특별한 교통수단______________________
특별한 장비______________________
12개월 프로그램________ 예________ 아니요________
일반 체육교육 프로그램 예________ 아니요________
수정 체육교육 프로그램 예________ 아니요________
다른 외국어 예________ 아니요________
다른 분류______________________
전환/재판별 지원
검사 수정
______필요 없음______ 부가적인 시간______ 특별한 위치
______계산기 사용______ 질문/지시______ 점자/확대 형식
______정답 받아쓰기(테이프 레코더, 워드프로세서 또는 다른 것 사용)
______철자에서 철자검사를 제외하고 불이익 없음
______다른 것 등
교육적 서비스의 기명
하루의 통합된 비율__________
하루의 특별한 서비스에 대한 비율__________

| 특수교육서비스/일반학급/학습도움실 | 하루의 양 | 주당 일수 | 책임자 |
|---|---|---|---|
| | | | |
| | | | |

이름______________
교육적 수행의 현재 수준/기능적 수준

| 영역 | 검사명 | 날짜 | 수준 |
|---|---|---|---|
| 읽기-해독 | | | |
| 읽기-독해 | | | |

**표 7-1 개별화교육프로그램(계속)**

| 영역 | 검사명 | 날짜 | 수준 |
|---|---|---|---|
| 수학___ | | | |
| 문어___ | | | |
| 철자___ | | | |
| 다른 것___ | | | |
| 다른 것___ | | | |

학급 기능/최소 제한적 환경 설명

학습 특성

인지 기능___

학습 형태 : 강점과 약점 수정___

추천 전략___

요구 관리

___ 교실 행동은 교수를 방해하지 않는다.

___ 교실 행동은 교수를 방해한다.

___ 많은 집중적인 관리를 요구하는 공격적, 자기 학대, 위축 또는 다른 행동

___ 주거, 처치, 집중적인 관리를 요구하는 심한 장애

설명___

이름___

사회성 발달

시각 : ___정상___교정된 렌즈 필요___시각장애___맹

청각 : ___정상___경도 난청___청각장애___농

현재 약물 치료/치료___

특별한 경고/설명___

교육적 계획___

최초 판별 날짜___

이 계획의 시작 날짜___

현재 계획 운영 날짜___언제부터___까지

검토 날짜___

평가 준거___

| 연간 목표 | 단기 목표 |
|---|---|
| | |
| | |

특수교육 위원회

| | |
|---|---|
| 위원회 구성원 : ___ | 다른 사람들 : ___ |
| 의장___ | 교사___ |
| 심리학자___ | 읽기 교사___ |
| 내과 의사(요구하면)___ | 부모___ |
| 부모 구성원___ | 학생___ |
| 학습장애 전문가___ | 다른 사람___ |

언어치료사___

카운슬러___

**실제 연구 : 문화적으로 유능한 팀을 안내하기 위한 질문.** Craig 등(2000, p.10)은 교사 지원팀이 문화적으로 더욱 유능하도록 안내할 수 있는 다음과 같은 일련의 질문들을 만들었다. 이러한 질문들은 모든 유형의 의뢰 전 팀들에 적절하다.

### 문화적 상황에 관한 질문들

1. 우리는 이 학생의 언어적, 인종적, 문화적 배경에 대해 무엇을 아는가?
2. 이 아동의 가족들은 문제가 있는 학생의 행동을 어떻게 설명하는가?
3. 우리는 비슷한 문화적 배경을 가진 다른 학생들에게서 같은 또는 비슷한 행동을 볼 수 있는가?
4. 학생의 행동 중에 문화적으로 설명되는 부분이 보이는가?

### 학급 규칙과 기대에 관한 질문들

1. 학생들이 어떤 방법으로 질문과 지시에 반응하도록 기대하는가?
2. 학생들이 어떤 방법으로 권위에 대해 행동하도록 기대하는가?

### 학급 실제에 관한 질문들

1. 교사는 어떤 방법으로 융통성 있는 집단구성을 이용하는가?
2. 교사는 어떤 방법으로 교육과정을 채워 나가는가?
3. 교사는 어떤 방법으로 상호의존성을 촉진하는가?
4. 교사는 어떤 방법으로 교수를 차별화하는가?
5. 교사는 어떤 방법으로 다양성을 장려하는가?

### 문화적으로 다양한 장점을 촉진하기 위한 질문들

1. 이 학생이 분명히 배워야 할 학급 규칙, 기대시항 및 반응 행동이 있는가?
2. 이 학생을 더 효과적으로 지원하기 위해 추가되고, 세련되거나 제거되어야 할 필요성이 있는 교실의 실제가 있는가?
3. 우리가 학급 수정을 위한 권장사항을 만들기 전에, 이 학생의 배경과 사회 · 문화적 상황에 대해 더 많은 정보들을 알아야 할 필요성이 있는가?

## 협력적인 팀

마레트 선생님과 고든 선생님을 기억하는가(개인적인 견해 참조 : 고등학교 팀에서 나타난 협력교수에 대한 반성)? 그들은 수년간 같은 학교에서 일해 왔지만, 결코 협력을 해 본 적이 없다. 서로가 협력하기 위해서 그들은 교사로서 서로를 알아야 했다. 협력을 위한 효과적인 방법은 협력교수 관계에 관련된 특정한 주제에 대한 문제들을 해결하는 것이다. Friend와 Cook(2002)은 이와 관련된 중요한 문제들을 탐구하기 위한 유용한 문제 세트를 제공한다. 이 문제들은 학년이 시작되기 전이나 학기 초에 해결되어야 한다. 또한 한 학년을 통하여 이러한 주제들을 정기적으로 해결하는 것도 도움이 된다. 주제와 질문이 그림 7-1에 제시되어 있다.

**개인적인 견해 : 고등학교 팀에서 나타난 협력교수에 대한 반성.** 마레트 선생님과 고든 선생님은 협력교수가 높은 만족감을 준다는 것을 알았다. 그들이 혼자서 일했을 때 두 사

| 주제 | 질문 |
|---|---|
| 철학과 신념 | 교사의 역할과 교수, 학생의 역할과 학습에 대한 지배적인 철학은 무엇인가?<br>우리의 교수적 믿음이 우리의 실제에 어떤 영향을 미치는가? |
| 동등한 표시 | 우리가 학급에서 동등하다는 것을 학생과 다른 사람(예 : 교사, 부모 등)에게 어떻게 느끼게 할 것인가? 우리는 수업 동안 동등감을 어떻게 확실히 할 수 있는가? |
| 교실 일과 | 학급에서 교수적 일과는 무엇인가?<br>학급에서 조직적 일과는 무엇인가? |
| 행동 관리 | 학생의 수용할 수 있는 행동과 수용할 수 없는 행동은 무엇인가?<br>누가 어떤 점에서 학생의 행동을 중재하는가?<br>학급에서 사용되는 보상과 결과는 무엇인가? |
| 피드백 | 서로에게 피드백을 줄 수 있는 가장 좋은 방법은 무엇인가?<br>우리는 피드백과 관련되는 긍정적 및 부정적 문제들을 어떻게 할 것인가? |
| 소음 | 학급에서 편안함을 느낄 수 있는 소음의 정도는 얼마인가? |
| 불만 | 우리가 교수와 학급생활에서 중요하게 느끼는 측면은 무엇인가?<br>우리는 갈등을 피하기 위하여 불만을 어떻게 확인할 수 있는가? |

**그림 7-1 협력교사를 위한 주제/질문**

출처 : Friend, Marilyn and Cook, L. *Interactions : Collaboration Skills for School Professionals,* 4/e. Published by Allyn Bacon, Boston, MA. Copyright © 2002 by Pearson Education. Reprinted by permission of the publisher.

람은 매우 유능한 교사였고 그들은 도움을 필요로 하지 않았음을 기억하라. 특별한 교육적 요구를 가진 학생들과 장애를 가지지 않은 학생들 모두를 통합된 교실에서 가르치기 위한 기회는 교사들을 더욱 유능하게 만들었다. 협력교수에 대한 그들의 생각 중 일부는 다음과 같다.

"동료가 있다는 것은 여러분을 더 훌륭한 교사로 만든다."
"여러분에게 또 다른 시각을 제시한다."
"모든 학생들이 이익을 얻는다."
"학급 경영을 위한 새로운 존중과 지원"(성공을 위해 중요함)
"학생 행동이 개선된다."
"두 명의 전문적인 교사들이 수업을 한다. 어떻게 나쁠 수가 있는가?"
"교사 연수와 지역 학군의 책임은 성공을 위한 열쇠이다."

더욱 구체적인 수준에서 부모에게 전화하는 것을 좋아하지 않은 한 교사는 그렇게 할 때 특별히 효과적이지 못했다. 그러나 협력교사는 부모에게 전화하는 것을 싫어하지 않았고 그렇게 하는 것이 더 도움이 되었다.

가장 빈번히 인용되는 협력교수 방법은 아래와 같다(Friend & Cook, 2003; Rice & Zigmond, 2000; Weiss & Lloyd, 2002).

### 한 교사 교수, 한 교사 관찰

한 교사는 교수를 준비하는 것에 책임을 지고, 반면에 협력교사는 특별한 이유로 특정한 학생 또는 학생의 집단을 관찰한다. 예를 들면 중학교의 수학시간에 이 접근법을 사용하는데, 왜냐하면 교사들은 특정 학생이 구체적인 방정식을 쓰는 데 어디서 어려움을 가지는지 이해하지 못하기 때문이다. 이 방법은 또한 노트 필기 기술 또는 참여 행동에 문제가 있을 때도 이용될 수 있다.

### 한 교사 교수, 한 교사 보조

한 교사가 교실을 순회하면서 학생들을 도와주고, 학습을 점검하며, 학생들의 수업 이해 정도 등을 확인한다. 협력교사는 전체적인 수업에 책임이 있다. 유치원에선 한 교사가 여러 가지 재료들을 이용하여 가면 만드는 방법을 설명하고, 다른 협력교사는 교실을 돌아다니며 모든 학생들이 교사의 지시를 따르는지 확인한다.

### 스테이션 교수

전형적으로 수업은 3~4개의 '스테이션'으로 나누어진다. 학생들은 스테이션들을 이동하면서 주어진 과제를 완성한다. 만약 3개의 스테이션과 2명의 교사가 있다면, 나머지 한 스테이션은 독립적으로 과제를 수행하도록 할 수 있다. 중학교 영어 수업에서 시에 대해 공부할 때, 한 그룹은 컴퓨터를 이용하여 그 시인에 대하여 찾아보고, 또 다른 그룹은 여러 시인들의 시를 읽으며, 나머지 한 그룹은 자신들의 시를 쓴다. 고등학교 영어 시간에 학생들은 5개의 그룹으로 나누어진다. 각각의 그룹은 각 스테이션을 거치며 자신이 읽은 책에 대한 구체적인 질문에 대답해야 한다. 학생들은 색연필을 이용하여 자신들의 대답을 쓰고, 다른 그룹의 답을 평가한다. 학생들은 10분 간격으로 또 다른 스테이션으로 이동한다. 두 교사 모두 다양한 스테이션으로 이동하여 과제에 대해 설명하고, 질문에 대답하며, 학생 집단의 노력과 행동을 강화한다.

### 평행 교수

2명의 협력교사가 교실을 반으로 나누고, 각 교사가 똑같은 수업을 가르친다. 이것은 수업 인원을 줄이고 수업을 통하여 학생들을 평가할 수 있다. 이것은 또한 개별 학생이 더 집중하고 강화의 기회를 더 많이 제공한다. 이것은 다양한 지시사항이 있는 복잡한 문제들이 많은 수학 시간에 유용하다. 교실을 반으로 나눔으로써 교사들은 학생들이 가지고 있는 문제점을 확인하고 소집단의 요구를 충족시키기 위해 여러 가지 방법을 사용할 수 있다.

### 대안적 교수

이 방법은 한 교사가 소집단에 다른 교수를 제공할 수 있다. 이것은 교사들이 이전 수업을 강화하거나, 사전에 필요한 기술을 가르치거나, 실제를 제공할 때 유용하다. 만약 교사가 모든 학생들이 이러한 중재가 필요한 학습장애 학생들임을 안다면, 집단화 전략들은 재고되어야 한다.

### 팀 티칭

이러한 자유로운 접근법에서 2명의 교사 모두는 동시에 교수에 책임이 있다. 그들은 수업의 부분들을 교대로 할 수 있지만, 한 교사가 더 중요한 역할을 하는 것은 아니다. 한 교사가 교실을 순회하면서 특정한 절차에서는 끼어들어 설명을 할 수 있다. 2명의 교사들은 함께 어울려서 1명과 같이 활동하고, 서로의 말을 이어주며 수업을 진행한다. 이것이 잘 될 경우에는 가르치는 것이 흥미롭다는 공감대가 형성된다. 그러나 두 교사가 할 수 없이 가르친다고 느낄 경우 잠재적인 문제가 생길 수도 있다. 이런 경우는 단지 교사들의 말이 너무 많고, 많은 학생들이 산만함을 느끼며, 관련되는 중요한 내용에 주의집중하기 어려운 경우이다.

### 사용할 협력교수 접근법을 어떻게 결정하는가?

이것은 협력교사들의 인성과 교수 양식에 많이 좌우된다. 그러나 학년과 교과에 따라 다른 접근법을 사용해 보는 것도 좋은 방법이다. 다른 접근법을 시도하는 것은 또한 똑같은 방법을 반복하여 사용하는 것을 줄일 수 있다. 더욱 이것은 각 협력교사가 다양한 역할을 함에 있어서 동등성의 보장을 돕는다.

## 연구는 협력교수에 대해 무엇이라고 말하는가?

학습장애 분과(Division for Learning Disabilities)와 특수아동협회 연구 분과(Division for Research of the Council for Exceptional Children, 2001)에 의해 보고된 매우 제한적인 연구에 대한 개관에서 학생 성취에 대한 연구는 제한적이었다고 결론지었다. 연구 기초는 부적절하고 지속적인 연구가 필요하였다. 연구자들은 협력교수 방법에 대해 많은 부분들이 쓰였으나, 이러한 실제를 지원하기 위한 명료한 증거는 없다는 것에 주목한다. Mastropieri 등(2005)은 사례 연구법을 사용하여 내용 영역에서 협력교수를 검사했다. 그들은 "협력교사들 사이의 관계는 학습장애 학생들의 통합교육에서 성공과 실패에 영향을 미치는 중요한 구성요소이다."라는 것을 알았다(p.260). 그래서 여러분이 협력교수를 요구받는다면 무엇을 해야 하는가? 많은 학교는 이러한 팀 형태를 활용하고 교사들 사이의 만족을 보고한다. 아마 적절한 해결책은 여러분 스스로 연구를 수행하는 것인지도 모른다. 한 지역은 현재 통합교육 환경에서 협력교수 모델에 대한 교사, 학생, 부모의 인식뿐만 아니라 학생의 결과를 정확히 평가하고 있다. 프로그램의 모든 관점을 평가함으로써, 그들은 프로그램에 투입되는 시간, 노력과 예산이 결과에 의해 지원될지에 대한 건전한 결정을 할 수 있다.

## 가족과의 협력

윌슨을 기억합니까(제4장 참조)? 윌슨의 가족은 윌슨과 과거 그의 누나가 다녔던 대학 부설 클리닉에 매우 협력적이었다. 그는 결코 수업에 빠지지 않았고, 어머니가 그를 데리러 올 수 없으면(지하철이나 버스로) 그의 누나가 데리러 왔다. 가족은 교사가 추천하는 것은 무엇이든지 했다. 그의 학교에 이와 같은 경우는 없었다. 교사는 윌슨의 가족을 위해 시간을 거의 허락하지 않았다. 모임 시간은 그의 부모 작업 일정과 맞지 않았고, 조정은 이루어지지 않았다. 윌슨의 개별화교육프로그램은 영어로 손으로 쓰였고(그들의 모국어는 스페인어이다), 언어와 관계없이 전문용어가 많고 읽기가 어려워 이해할 수 없었다. 영어로 쓰인 문서는 가정으로 보내졌고, 윌슨의 누나가 설명하려고 노력했다. 학교 관계자는 단지 윌슨의 부모와 이야기했고 누나와는 이야기하지 않았다. 해가 지남에 따라 접촉은 더욱 뜸해지게 되었고, 학교가 윌슨에게 관심을 가지는 반면 가족에게는 관심을 가지지 않았다는 것이 분명했다. 그리고 윌슨의 가족은 혼자가 아니다.

많은 가족들은 그들과 학교 사이에 관련이 없다고 느낀다. 여러분이 다음과 같은 가족의 의견을 읽을 때, 어떻게 느끼며 더욱 협력적인 관계를 만들기 위해 무엇을 할 수 있는지를 생각하라.

- "그것이 그녀의 웃음을 줄일 것인가? 내가 참석하는 모든 모임에서, 그녀는 모든 것을 매우 불길하게 만드는 괴로운 얼굴 표정으로 앉아 있는다."
- "그들은 학교에서 성인용 의자를 찾을 수 없는가? 나는 그것이 이상하게 들린다는 것을 알지만, 그들은 당신이 매우 불편하여 그 모임에서 떠나기를 원한다고 확신한다."
- 심리학자가 '나는 단지 어머니다.'라고 말하는 것을 들었다. 내가 무엇을 알았는

가? 처음에 나는 그가 농담한다고 생각했으나, 곧 그가 그렇지 않은 것을 깨달았다. 나는 다시 그에게 말을 하지 않았고 나의 딸을 위해 다른 심리학자를 요청했다."

- "나는 학교에서 아이의 심리적, 학업적 및 사회적 진보에 대해 논의하기 위해 15분을 받았다. 15분! 그들은 농담이라고 놀리는 것이다. 나는 더 많은 시간, 더 많은 모임 및 더 많은 접촉을 필요로 한다. 나는 아이의 교육에서 소외됨을 느낀다."
- "나는 남편과 의논할 때 잘못 해석하거나 잊어버리지 않도록 하기 위해, 학교의 모든 모임을 녹음한다. 자, 마지막 모임에서 교장은 녹음기를 가져와 책상 위에 놓으면서 말했는데, '만약 내가 하는 것처럼 여러분이 모임을 테이프에 녹음한다면' 그녀는 왜 이것으로 인해 협박받는가? 나는 녹음을 하지 못했다."
- "우리가 모임을 할 때마다, 그들은 통역자를 구해야 한다는 것을 잊어버리는 것처럼 보였다. 나는 그들에게 그녀를 위해 학교에서 통역을 할 수 있는 누군가를 소개시켜 달라는 것에 넌더리가 났다. 이것은 매우 어렵고 개인적이며, 나는 누가 그렇게 하는지도 모른다."

부모와 가족이 협력적으로 일하는 것이 이익이라고 전문적인 논문(Bauer & Shea, 2003; Kroth & Edge, 1997; Overton, 2005; Turnbull & Turnbull, 2001)은 광범위하게 지지한다. 협력적인 과정은 학교와 가족이 기대하는 결과를 달성하기 위해 활용할 수 있는 모든 자원들을 활용하도록 한다. 학생들은 이익인데, 왜냐하면 모든 사람들이 학생들을 위하여 노력하기 때문이다. 이것은 단지 부모와 하는 교류에서 학생의 확대된 가족을 포함함에 의해 지원을 확대할 수 있다. 학생 집단이 다양하게 증가함에 따라 우리는 여러 방법을 동원하여 모든 가족이 학생을 도울 수 있게 해야 한다. 다음 부분은 이러한 새로운 패러다임의 이동에 대해 논의한다.

## 부모만이 아닌 가족과의 협력

학교연합연맹(League of School Reaching Out, Davies, 1991; Edge & Franken, 1996)은 다른 가족구성원을 포함시키기 위해 부모 참여를 확대할 것을 제안한다. 그 이론적 근거는 다음과 같다.

1. 많은 아동들에게 '가족'이란 용어는 부모 이상을 포함한다. 부모들은 현실을 설명하기에는 너무 제한적이다. 오늘날 아동의 주요한 가족은 조부모, 삼촌과 숙모 또는 다른 사람들로 구성된다.
2. 부모와 가족을 넘어 아동들을 지원하는 모든 사회적 및 지역사회 기관들을 참여시켜야 한다. 도시에 사는 가족들은 경제적 어려움, 집을 구하기 위한 노력, 언어, 문화 및 사회적 관습의 차이로 많은 스트레스를 경험하므로 지원을 필요로 한다.
3. 새로운 법적 정의는 가족구성원이 학교에 올 것을 요구하지 않는다. 학생의 가정과 동네에서 서비스와 활동들이 이루어질 수 있다.
4. 새로운 법적 정의는 영어 능력이 부족한 사람들, 자신감이 부족한 사람들, 전통적인 부모 참여 활동들에 있어 에너지와 시간이 부족한 사람들뿐만 아니라 문화적 규준이나 학교 관련 부정적 경험으로 인해 학교를 두려워하는 사람들을 포함한다.
5. 새로운 법적 정의는 교사와 행정가보다는 가족에 집중한다. 가족은 단순히 학업적 기능을 넘어 가족구성원들의 모든 역량을 아동들의 교육에 기여하기 때문이다.
6. 새로운 법적 정의는 정신적 외상, 문제 및 도시 가족의 병리에 대한 지각에서 오래된 '결함'보다는 가족의 타고난 강점을 강조한다.

## 부모 프로그램을 위한 원리 안내

교사들은 부모들의 요구를 이해하고 협력적인 관계를 발전시켜야 할 필요가 있다. Davis, Kroth, James, Van Curen(1991, p.2)은 가족의 요구를 충족시켜 주기 위한 프로그램을 개발하기 위하여 다음과 같은 원리를 만들었다.

1. 가족들은 동질집단이 아니기 때문에 서비스와 프로그램들은 가족의 요구와 선호에 기초하여 개별화되어야 한다. 또한 다양한 종류와 수준의 활동들이 제공되어야 한다(Kroth & Otteni, 1985).
2. "부모들은 자녀들에 대해 실제적인 전문가인 또 다른 특수교사로 인식되어야 한다. 그리고 교사, 소아과의사, 심리학자 등의 전문가들은 상담가가 되기 위해 배워야 한다(Hobbs, 1978)."
3. 모든 가족들과 아동들은 강점이 있다.
4. 대부분의 부모들은 그들의 자녀들을 보살피고 돕고 싶어 한다. 그러나 때때로 그

들은 기술이 부족하다. 이러한 기술들은 배울 수 있다.

5. 부모의 참여가 부족하다는 것은 관심과 양육이 부족한 것이 아니라, 오히려 가족의 요구를 가장 우선시한다는 것이다.
6. 여러 가지 합리적인 가족회의는 가족과 자녀들을 더 친밀하게 만들 수 있다.
7. 다양한 문화, 민족, 인종, 생활양식과 가치들을 수용하고 존중하는 것은 필수적이다.
8. 가족 참여는 아동기와 청소년기를 걸쳐 아주 중요하다.
9. 가족 참여는 분리되고 특별한 것이 아니라 전체적인 특수교육 서비스 체계에 통합되어 있다.
10. 성공적인 가족 참여는 장기간의 과정이다. 프로그램 개발은 시간, 책무성과 광범위한 작업을 필요로 한다.

## 문화적으로 그리고 언어적으로 다양한 가족들

교사들은 모든 학생들의 가족들과 협력할 수 있어야 한다. 학생들은 다양하고, 교사들은 그들의 다양한 문화적 능력을 향상시킬 필요가 있다. 우선 교사들은 자신들의 문화에 대해 확실히 알고 있어야 한다.

Turnbull과 Turnbull(2001)(p.65)에서 인용된 Lynch와 Hanson(1998)은 여러분이 자신의 문화적 능력을 강화시킬 수 있는 여러 방법을 제안한다.

- 지역사회에 있는 가족들에 대해 알도록 하라. 어떤 문화들을 가지고 있는가? 그들은 어디서 왔는가? 언제 왔는가? 그들은 지역사회에서 얼마나 교류를 하는가? 그들은 어떤 언어를 사용하는가? 아동들의 배경과 관련된 문화적 실제는 무엇인가? 건강과 치료, 장애, 원인을 둘러싼 문화적 신념은 무엇인가? 그들 중 누가 사회공동체 지도자, 정신적 지도자인가? 가족 조언과 상담에 있어 가족의 역할은 무엇인가?
- 문화적 조정자와 협력하거나 가족이 큰 지역사회와 이러한 정체성과 지역적 변화 속에서 문화적 정체성의 범위에 대해 더 많이 학습하도록 안내하라.
- 만약 영어를 배우는 가족이라면 가족이 사용하는 언어의 인사말과 단어 등을 배우고 사용하라. 훈련된 통역자가 가족구성원의 평가와 모임을 위해 가족 주위에

있도록 하라.

- 통역자가 가족의 관심사, 선호도와 자원들을 결정하도록 그리고 그러한 과정에서 다음 단계를 결정하도록 부가적인 시간을 가지도록 하라. 가족과의 신뢰감 형성은 상당한 시간이 걸리지만 효과적인 중재를 위해서 중요하다는 것을 기억하라.
- 어떤 가족들은 미국의 중재 프로그램에서 기대되는 부모와 전문가 협력의 범위에 대해 놀랄 수도 있음을 인정하라. 모든 가족이 중재에 대해 높은 수준으로 참여하고 편안해 할 것이라고 기대하지 마라. 그러나 자신의 관점에서 가족이 참여를 원하지 않는다고 결코 가정하지 마라. 마찬가지로 가족이 참여할 것이고 참여하는 것에 편함을 느낄 것이라고 가정하지 마라.
- 영어를 배우는 사람들이나 영어로 말하지 못하는 사람들과는 가능한 적은 문서양식을 사용하라. 만약 문서 양식이 사용된다면, 그들이 가족 언어를 사용할 수 있도록 하라. 통역자, 여러분의 관찰, 본능과 지식에 의존하여 가족을 위해 언제 다음 단계로 진행하고 언제 준비되도록 기다려야 하는지를 알도록 하라.
- 많은 가족들이 기관의 대표들과 자신들 사이에 경험하는 힘의 차이가 있다는 것을 인정하라. 가족의 의사결정에 영향을 미치는 더 큰 사회정치적 분위가 있음을 알도록 하라.

흑인들이나 히스패닉, 아시안, 인디안 가족들에 대해 고정관념을 형성하는 위험성이 있다. 각 집단을 표현하는 원형적인 가족은 없다. 교사들은 언어나 문화를 공유하지 않는 넓고 다양한 가족의 독특한 요구를 평가할 필요가 있다. 이러한 문화적 상호의존성(Kalyanpur & Harry, 1999)의 개념은 교사에게 그들과 다른 신뢰 체계가 있음을 인식하도록 한다. 이것은 교사들이 가족들의 이야기를 들을 수 있고 그들의 인식을 통찰할 수 있게 도와준다. Turnbull과 Turnbull(2001)은 '**문화적 상호의존성**에 대한 적합한 태도' 개발을 위해 다음을 제안했다(p.66).

1. '가족 이야기'로부터 발전된 가족들의 강점, 요구와 기대에 대해 알도록 하라. 또한 학생의 교육적 프로그램을 위해 우선권과 선호도를 찾도록 하라—개별화교육프로그램, 배치, 관련된 서비스, 방과 후 활동 등. 여러분이 가족과 신뢰로운 관계를 형성할 때 가족의 문화적 가치를 이해하고 존중하도록 하라.
2. 가족들과 대화하여 가족의 가장 기초적인 문화적 가치와 우선권에 대해 알도록 하라. 그

리고 그들의 이론적 근거를 찾도록 하라.

3. 여러분이 가족의 우선권과 선호도를 재고할 때, 학생, 가족에게 제공되는 교육적 지원과 서비스와 관련되어 여러분이나 다른 전문가들이 가족과 비교하여 가지는 의견 차이 또는 대안적 관점을 확인하라. 여러분 또는 전문가들이 기초하고 있는 해석에 내재된 문화적 가치를 확인하라. 가족의 관점이 여러분과 어떻게 다른지 확인하라.
4. 확인된 문화적 차이를 인정하고 명백한 관점을 제공하며, 여러분이나 다른 전문가들의 문화적 기초에 대한 가정을 완전하게 설명하도록 하라.
5. 논의와 협력을 위해 여러분의 전문가적 해석을 가족의 가치체계에 적응시킬 수 있는 가장 효과적인 방법을 결정하도록 하라.

## 가족과 의사소통

교사들의 역할은 조언을 주는 것이다. 교사들은 문제를 해결하고 답을 찾는 것에 익숙하다. 그러나 가족들과 의사소통은 그것과 다른 무엇인가를 필요로 한다. 성공적인 의사소통을 위해 필요한 기술 중의 하나는 듣는 능력이다. Bauer와 Shea(2003, pp.154~155)는 교사들이 참여해야 하는 능동적인 듣기 영역의 여섯 가지 기술들을 다음과 같이 제안한다.

1. 이야기를 들어라.
   - 화자가 말하는 것에 집중하라.
   - 듣기 환경을 조정하고, 산만 자극을 최소화하며, 여러분이 필요로 하는 모든 것을 이용하라.
   - 화자가 말할 때 준비하라—그리고 첫 단어부터 집중하고 들어라.
   - 이야기를 듣는 것처럼 보여라. 바로 앉고, 화자를 쳐다보며, 여러분이 관심 있게 듣고 있다는 것을 비언어적으로 의사소통하라.

**예** : 방과 후에 한 학생의 아버지가 찾아와 여러분과 대화를 요청한다. 여러분은 부모를 보고, 부모가 이야기를 시작하도록 한다. 장소는 조용하고 사적인 장소여야 한다. 바로 앉고 고개를 끄덕이며 부모를 보도록 한다.

2. 메시지를 이해하려고 노력하라.
   - 자만심은 버리고 형식적인 대답을 하기보단 무엇을 말하는지 집중하여 들어라.

- 자신의 행동을 항상 점검하라.
- 끼어들지 말라—이것은 화자의 생각 흐름을 방해할 수 있고 메시지를 이해하기 어렵게 할 수 있다.

**예** : 부모가 말하길, "내 아들에게 있어 올해는 가장 못한 해이다." 대답을 하기보단 고개를 끄덕이며 부모가 계속 말하기를 기다린다.

3. 메시지를 기억하라.
   - 부모가 말한 것을 다시 부모에게 반복하라.
   - 차분히 있어라—만약에 여러분이 기분이 나쁘거나 화가 났다면 무엇을 말하는지 기억하기 더 힘들다.

**예** : 당신이 "올해가 어려웠죠?"라고 대답하며 화자를 격려하듯이 보라.

4. 메시지를 해석하라.
   - 화자의 배경, 목적, 역할을 마음속에 두어라.
   - 화자의 비언어적 의사소통을 생각하라.
   - 언어적 단서와 비언어적 단서와의 관련성을 생각하라.
   - 화자의 목소리에 주의를 기울여라.
   - 의사소통의 수준을 확인하라—화자가 사실 또는 의견을 말하는지? 화자가 감정을 의사소통하는지?

**예** : 여러분은 학생의 아버지가 처음으로 학교에 왔기 때문에 실제로 화가 났다는 것을 인정해야 한다. 여러분은 아버지가 흥분되었고 손에 공책을 쥐고 있다는 것을 안다. 아버지의 목소리는 떨리고 그는 자신을 가다듬기 위해 멈추어야 한다.

5. 메시지를 판단하라.
   - 화자의 신뢰성을 생각하라.
   - 화자의 의도를 파악하기 위해 노력하라.
   - 화자의 증거 또는 증거 부족을 고려하라.

**예** : 아버지는 자신의 아들에 대해 결코 모른다고 한다. 아버지는 부인에게 이야기 하려고 노력했지만 어떤 대답도 얻지 못한 것처럼 보인다. 그는 자신의 아이가 유창성 검사를 통과하지 못했다는 통지를 받았고, 심지어 시험을 치르지도 않았다는 것을 알지 못했다.

6. 메시지에 대답하라.
   - 화자의 메시지를 재고하고, 이해를 확인하기 위해 부연하라.
   - 지각 점검을 제공하라.
   - 지원적인 듣기 분위기를 계속 유지하라.

- 신체적으로 주의하고, 눈 맞춤을 유지하지만, 몸짓과 함부로 움직이는 것을 최소화하라.

**예** : 여러분은 부모에게 "당신은 검사에 대한 정보를 미리 받지 않아서 걱정했군요." "당신은 자녀가 검사가 있었다는 것을 몰랐군요."라고 신중하게 대답하도록 하라.

## 공식적 모임

많은 모임은 법(IEP, 다학문적 팀)에 의한 모임 또는 지역 정책(부모-교사회의, 학교 공개의 밤)에 의한 모임과 같은 공식적인 모임으로 특징되어질 수 있다. 반대로 교사가 아동의 진보에 관한 가족 모임을 요청하거나 길에서, 쇼핑센터에서, 또는 야구 경기에서 만날 기회도 있다. 이러한 비공식적인 모임은 또한 가족과 교류하고 협력할 수 있는 기회를 준다. 공식적 또는 비공식적 모임 모두에서 교사는 잘 준비되어 있어야 한다.

### 개별화교육프로그램 회의

개별화교육프로그램 회의의 목적은 학생의 교육 프로그램에 부모의 아이디어를 통합하고, 한 해 동안 교사의 역할에 대해 부모와 논의하기 위해서이다. 특수교사들은 학생의 교육에 포함되는 일반교사들과 상담하고 함께 하는 것이 현명하다. 회의 전이나 중, 후에 교사들은 부모들이 팀의 생산적인 구성원이라는 것을 느끼도록 해야 한다.

**회의 전.** 개별화교육프로그램 개발 또는 개정 전에, 교사는 부모들과의 모임 일정을 정해야 한다. 장애인교육법 2004는 가족이 동의한다면 공식적인 모임 없이 개별화교육프로그램을 개정하거나 작은 수정을 할 수 있다. 그러한 모임의 주요한 목적은 개별화교육프로그램의 목표를 설명하고 부모에게 그들의 법적 권리를 알려 주기 위함이다. 모임은 또한 지역 학군에 의해 사용된 양식을 부모에게 알려 줄 수 있다. 부모에게 회의의 이론적 근거를 알도록 하고 개별화교육프로그램에서 제공되어야 하는 서비스의 전달은 의사소통의 체계 확립을 도울 것이다. 종종 부모는 교육 프로그램의 승인을 위해 개별화교육프로그램에 서명하지만 법에 의해 제공되어야 할 적절한 관련 서비스를 받지 못하고 있음을 느낀다. 이것은 명백하게 가정과 학교 간의 적은 신뢰관계를

학생 : ______________________________

교사 : ______________________________

날짜 : ______________________________

위 날짜에 우리는 당신의 자녀를 위하여 개별화교육프로그램을 개발하거나 개정하기 위하여 만날 것입니다. 한 해 동안 교육 방침에 대한 어떤 아이디어, 생각과 걱정이 있으시다면 꼭 말씀해 주시면 감사하겠습니다. 만약에 필요하시면 붙임 종이를 사용하여 자유롭게 기록해 주시면 됩니다. 꼭 만나 뵙길 기대합니다.

서명 : ______________

**그림 7-2 부모 정보 양식**

쌓도록 한다. 부모에게 분명하고, 간결하며 정직하게 하는 것은 교육 계획을 수행하기 위한 그들의 능력을 향상시킬 것이다. 이것은 부모가 이런 교사·부모 회의에 대한 두려움을 완화시키는 데 도움을 줄 것이다.

부모가 개별화교육프로그램에 의미 있는 정보와 역할을 제공하기 위해, 그들은 생각을 정리할 시간을 가져야 한다. 단순히 모임에 참석하고 의견을 내놓는 것은 의미 있는 역할이라고 할 수 없다. 교사들은 학생의 교육 프로그램에 관한 의견을 묻는 회의에 대해 부모들에게 2주 전에 회신용 봉투를 동봉한 편지를 보내야 한다(그림 7-2 참조). 이런 것은 부모들에게 그들의 역할이 중요하다는 인식과 교사들이 주의를 기울이고 있다는 것을 알려 준다. 만약 부모들이 대답을 하지 않으면 중요한 정보를 얻기 위해 전화도 가능하다.

**회의 동안.** 교사들은 자녀의 교육에 있어 부모가 중요한 구성요소라는 것을 부모들이 알도록 하기 위해 가능한 모든 것을 해야 한다. 이렇게 하는 한 가지 방법은 모임을 교실이 아닌 다른 곳에서 하는 것이다. 교실은 종종 방해될 만한 물체가 많고 편안한 의자와 책상을 배치할 공간도 좁다. 만약 모임이 교실에서 열려야 한다면 교사는 절대로 책상 뒤에 앉지 말아야 한다. 이러한 배치는 교사와 부모 사이에 물리적, 심리적 장애물을 만들게 된다. 게다가 만약 어떤 학생의 작품이 전시되어 있다면, 반드시 모든 학생의 작품이 전시되어 있어야 한다. 원형 테이블이 더 좋은데, 왜냐하면 원형 테이블은 윗자리에 앉은 사람도 없고, 가장 중요하거나 가장 영향력 있는 사람도 없다고 느껴지게 만들기 때문이다. 만약 가능하다면 부모와 함께 자녀의 교육 프로그램을 계획하기 위한 기회를 가질 수 있음에 감사하다는 메시지를 전달하기 위해 간단한 간식을 이용할 수 있다.

**회의 후.** 가족과 협력적인 관계 형성에 도움을 줄 수 있는 추수 전화나 편지를 하는 것은 좋은 방법이다. 이것은 피드백을 제공하고 교사가 어떤 쟁점을 분명히 하고 부모의 관심사에 대해 응답하도록 한다.

## 비공식적 만남

비공식적 만남은 가족들에게 아주 중요하고 소중한 의사소통 수단이다. 만약 여러분이 방과 후 복도에서 부모를 만나거나 학교 또는 야구게임과 같은 사회적 행사에서 부모를 만난다면, 분명한 관계를 확립하는 것이 필요하다. 여러분은 부담 없는 대화를 하도록 하고 기록을 이용하기 전까지는 민감한 문제에 대해 논의하는 것을 연기하도록 한다. 부모들은 특정한 정보를 제공해 주는 여러분을 감사히 여길 것이고, 모임을 위한 준비의 중요성을 인식할 것이다. 만약 길에서나 쇼핑몰에서 부모를 우연히 만날 수도 있을 것이다. 비밀적인 쟁점들을 고려한다면 이것은 더욱 부모와 가깝고 사교적이기에 좋다. 여러분은 다른 상황에서 사용되어야 할 정보는 공유하지 않도록 분명히 할 필요가 있다. 마지막으로 전화는 가족이 학교와 의사소통을 위해 아주 중요한 수단이다. Turnbull과 Turnbull(2001, p.190)은 전화를 사용할 때 알아야 할 앨버커키 공립학교(1995)의 부모 센터를 위한 몇 가지 좋은 제안을 했나.

- 무슨 메시지이든 중요한 전화로 여겨라(걸려오든 걸든).
- 전화를 할 때나 받을 때 항상 여러분의 신분을 밝히도록 하라. 잠시 자리를 비웠다 돌아오면 기다린 사람에게 감사의 말씀을 드려라(장거리 전화에서 부모들이 오랫동안 전화를 들고 있지 않도록 노력하라).
- 항상 상대방에게 자신의 도움이나 지원을 제공하라.
- 부모들에게 그들의 궁금한 점을 질문할 수 있는 시간을 주도록 하라.
- 전화를 못 받았으면 즉시 전화를 하라(여러분이 수업 중일 때를 제외하고).
- 명확한 정보를 주고 긍정적인 정보를 제공하라.

- 정보를 얻기 위해 전화 건 사람을 강요하는 애매한 말을 사용하지 마라. 애매한 말은 상대방을 자극하고 시간을 낭비한다.
- 대화가 끝이 났을 때, 작별 인사를 하기 전에 감사함을 전하라.

## 협력을 위한 공학 활용

인터넷은 가장 널리 사용되는 공학의 한 유형이다. 많은 학교들은 인터넷을 이용할 수 있고, 공공 도서관이나 가족들도 마찬가지다. 그러나 모든 가족들이 컴퓨터가 있는 것은 아니고, 모든 가족들이 컴퓨터를 활용할 수 있는 것은 아니다. 그들은 여러분과의 정보 공유를 불편하게 느낄 수 있다. 그리고 인터넷이 협력할 수 있는 하나 이상의 방법이지만, 다양한 가족들에게 많은 이유에서 접근하지 못할 수 있다. 일부 학교들은 인터넷을 통하여 학생들과 가족들에게 도움을 제공한다. 그리고 장애아동에 대해 다루는 많은 사이트들도 있다(http://www.ldonline.org 또는 http://www.ld.org 참조). 교사들은 협력을 강화하기 위해 컴퓨터의 사용을 원하지 않거나 사용할 수 없는 가족들이 제외되지 않도록 주의를 기울여야 한다.

부모들과 협력하기 위해 도움이 되는 쉬운 기초 공학 수단은 비디오의 사용이다. 많은 교사들은 가족을 지원하기 위해 적절한 교수법을 제시한 비디오테이프를 가정으로 보낸다. 이것은 가정과 학교에서 일관성을 제공하기 위해 특정한 행동 중재를 모방하도록 한다. 컴퓨터에 대하여 같은 주의가 적용된다—VCR을 소유하지 않는 일부 가족들에겐 다른 방법을 시도해야 한다.

## 가정과 지역사회에서도 분명한 학습장애

학습장애는 학교가 마치는 오후 3시나 주말이 된다고 하여 없어지지 않는다. 학습장애는 아동기 또는 청소년기 생활의 모든 면에 영향을 미칠 수 있다. 학습장애 학생의 경우 식사, 잠자기 및 숙제와 같은 간단한 일과도 가정에서 전체 가족에게 문제를 일으킬 수 있다. 학습장애로 인한 어려움의 목록은 끝이 없다. 그러므로 교사들은 가정과 사회에서 특정 학습장애를 분명히 하는 방법을 알아야 할 필요가 있다.

마이클의 가족을 생각해 보자. 5살에서 11살 사이에 3명의 남자 아이들이 있고, 마이클은 가장 나이가 많다. 그의 부모는 교육적 성취가 중요하게 여겨지는 중상위층 도시에 살고 있다. 마이클은 7살 때 학습장애로 진단되었다. 그의 구어 기술과 지능은 대부분의 아동들보다 높다. 그러나 마이클의 읽기 능력은 심각하게 기대 이하였다. 그의 부모들은 학교 외에서 다양한 접근법을 시도하였으나, 학교에서 성취는 적었다. 그리고 그 차이는 점점 더 커졌다. 마이클의 부모는 교사에게 자신들은 마이클의 수행이 학교 안에서 보다 학교 밖에서, 특히 가족 기능에서 더 걱정이 된다고 하였다. 음식점에 가는 것은 그들을 불안하게 한다. 한번은 마이클의 할머니가 오셔서 마이클에게 메뉴를 읽어보라고 하셨다. 할머니는 그의 읽기 문제를 잘 알고 있었지만, 그녀는 똑똑하고 말을 잘하는 손자가 읽을 수 없다는 것을 이해할 수 없었다. 그는 더듬거렸고, 얼굴이 빨개지기 시작했고 마침내 울었다. 그의 어머니는 할머니에게 화가 났고 그들은 식사도 마치지 못하고 서로에게 소리를 지르고 화를 내며 음식점을 그냥 나서고 말았다. 마이클의 어머니는 마이클이 부끄러워하는 것이나 말을 잘못 한다거나 마이클의 동생이 더 잘 읽을 수 있다는 것을 생각하지 않은 채 자신들이 한 번이라도 보통 가족들처럼 외식을 할 수 있을지, 가족파티에 참석할 수 있을지를 걱정한다. 그녀는 무엇을 해야 할지 모른다. 학교는 마이클의 문제에 대해 신경도 쓰지 않는다.

여러분은 어떻게 마이클의 가족을 도와줄 것인가? 여러분이 많은 관심을 가져야 될 때가 있는가? 지역사회에서 여러분과 마이클의 가족이 활용할 수 있는 자원들은 무엇인가?

## 요약

이 장은 다양한 상황들에서 어떻게 협력하는지에 대하여 초점을 맞추었다. 이젠 분리된 환경 속에서 학습장애 학생들을 가르치는 것은 불가능한 일이다. 성공하기 위하여, 교사들은 동료 교사들, 부모, 학생의 다른 가족구성원과 협력적인 관계를 개발할 필요가 있다. 이 장은 학교 안팎에서 학생의 가족을 돕고 평가하는 방법뿐만 아니라 교사들이 참여해야 하는 다양한 팀에 대하여 살펴보았다. 학습장애는 단지 학교와 관련된 장애가 아니다. 학습장애는 가정과 지역사회에도 영향을 미친다. 이 장에서의 지식은 더욱 유능한 교사가 되도록 하고 그들의 학생들이 학교 안팎에서 여유 있게 충분히 보상받는 생활을 가능하도록 할 것이다.

## 숙고와 논의를 위한 발판

1. 혼자 일하는 것을 좋아하는가 아니면 다른 사람과 함께하는 것을 좋아하는가? 여러분이 유능한 팀 구성원이 되려면 무엇을 바꾸어야 하는가?
2. 협력교수에 대해 어떻게 느끼는가? 동료와 같은 교실을 사용하는 것을 싫어하는가? 이런 관계에 대하여 어떻게 느끼고 그것을 효과적으로 만들기 위해 무엇이 필요한지 여러분의 일지에 숙고해 보라.
3. 부모의 요구를 알기 위하여 특수교육 부모 · 교사회 모임에 참석하라.
4. 만약 여러분이 교사라면 부모 · 교사회, 개별화교육프로그램 모임, 다학문적 팀 모임 등 여러 가지 모임에 참여할 수 있는지 물어보라. 만약 여러분이 논의되는 학생과 관련이 있다면 어떤 느낌이 드는가? 여러분 자신에 대해 다른 교사들에게 무슨 말을 할 것인가? 그들에 대해선 무엇을 알고 싶어 하는가? 어떻게 서로 대화를 할 것인가?
5. 여러분과 다른 인종 · 민족 집단의 사회적, 종교적, 문화적 기능에 참여하라. 여러분은 어떤 감동을 받았는가? 어떤 느낌이 들었나? 이런 경험이 교사로서 여러분을 어떻게 도울 수 있는가?
6. 여러분의 학생이 참여하는 방과 후 활동(예 : 농구 게임, 체스 클럽 만남 등)에 참여하라. 여러분의 학생이 학습장애가 분명한가? 여러분은 어떻게 도울 수 있는가?
7. 학습장애가 개인의 생활, 직업과 가족에게 어떻게 영향을 미쳤는지 확인하기 위해 학습장애가 있는 성인과 인터뷰하라.
8. 여러분의 학급에 있는 학생을 위해 아래에 있는 차트를 완성하라. 예로 기억력은 적혀져있다. 장애 칸에는 학생이 가진 장애영역을 기록하라. 그리고 학교, 가정, 지역사회 열에 이러한 장애가 나타나는지 적어라. 이것은 부모 · 교사 회의에 도움이 될 수 있다. 그것은 걱정하는 일이 분명해질 때까지 목록에 기록하면서 계속되는 과정이 되어야 한다.

학생이름____________________

학교 , 가정, 사회에서 학습장애

| 장애 | 학교 | 가정 | 지역사회 |
|---|---|---|---|
| | | | |
| | | | |
| 기억력 | 과제를 잊어버린다.<br>숙제를 잊어버린다.<br>이해력이 열등하다.<br>검사 등급이 낮다. | 개와 산책하는 것을 잊어버린다.<br>생일을 기억 못한다.<br>항상 늦는다.<br>친구들에게 전화를 다시 안 한다. | 게임의 규칙을 따를 수 없다.<br>스카우트 모임이 언제였는지 기억을 하지 못한다.<br>게임에 항상 늦다. |

## 부모들에게 유용한 자료

학습장애 학생들의 유능한 교사는 부모가 다른 부모나 단체와 교류하면서 이익을 얻는다는 것을 안다. Schwab Learning(http://www.schwablearning.org)은 부모가 추가적인 정보와 지원을 위해 교류할 수 있는 단체의 목록을 다음과 같이 제공한다.

- 국제 난독증협회(The International Dyslexia Association : IDA) : 난독증을 가진 사람과 읽고 쓰기 학습에 어려움을 갖는 사람을 위해 정보와 서비스를 제공하는 국제적인 단체

  www.interdys.org
- 미국 학습장애협회(Learning Disabilities Association of America : LDA) : 학습장애를 돌보는 가족을 돕기 위해 정보와 단체 지원을 제공하는 부모가 이끄는 국가적인 단체

  www.LDAAmerica.org
- 전국학습장애센터(National Center for Learning Disabilities : NCLD) : 교사, 부모, 정책 수립을 위해 연구 기반 프로그램을 개발하고 전달하는 국가 단체로 학습장애 자료의 온라인 데이터베이스를 구축하여 운영

  www.ncld.org

- Schwab 학습(Schwab Learning) : 학습장애로 새롭게 판별된 아동의 부모를 위해 특별히 Charles와 Helen Schwab에 의해 발전된 학습장애를 살펴보기 위한 온라인 가이드
  www.schwablearning.org
- 학습장애협의회(Council for Learning Disabilities : CLD) : 학습장애를 가진 사람들을 가르치기 위한 새로운 연구와 효과적인 방법을 장려하는 국제적인 단체
  www.cldinternational.org
- 학습장애 분과(Division for Learning Disabilities : DLD) : 학습장애를 가진 사람들을 위한 교육을 개선시키기 위해 연구하는 교사, 대학교 교수와 연구자들의 국제적인 그룹. DLD는 특수아동협회(Council for Exceptional Children : CEC)의 분과이다.
  www.dldcec.org

또 다른 좋은 자료는 www.ldonline.org에서 찾을 수 있다.

# 8 교육적 배치

최소 제한적 환경
주류화와 최소 제한적 재학
통합교육
통합교육의 원리
학습도움실
학습도움실 교사의 역할
자문교사 모델
교육적 배치에 대한 학생의 인식
접근법들의 조합
요약
숙고와 논의를 위한 발판

**학습목표**

이 장을 학습한 후 여러분은 다음을 할 수 있을 것이다.

- 학습장애 학생들의 배치 결정에 대한 경향을 확인할 수 있다.
- 교육적 배치를 위한 이론적 근거를 이해할 수 있다.
- 통합을 위한 이유를 확인할 수 있다.
- 통합된 프로그램의 중요한 구성요소를 이해할 수 있다.
- 학습도움실의 개발에 대한 이유를 확인할 수 있다.
- 학습도움실 모델의 중요한 구성요소를 이해할 수 있다.

대다수의 학습장애 학생들은 비장애 동료들과 함께 일반학급에서 학교생활의 80%를 보낸다. 항상 이런 것은 아니었다. 1960년대와 1970년대 초기 프로그램은 학습장애 학생들이 특수교사와 다른 학습장애 학생들과 함께 특수학급에 배치되었다. 1970년대 동안 1975년의 미국 전장애아교육법(Education for All Handicapped Children Act), P.L.94-142에서 최소 제한적 환경에 대한 강조와 함께 학습도움실 모델로 변화가 있었다. 통합교육을 강조한 이 법은 장애학생들을 위한 서비스가 학교에서 제공되는 법으로 변화되었다. 1990년대 이후의 변화는 인상적이었다.

학습장애 학생들을 위한 가장 최적의 배치는 무엇이라고 생각하는가? 이러한 학생들의 교사로서 여러분은 많은 자격을 가져야만 한다. 학습도움실 교사가 되는 것과 학습도움실에서 보다 일반학급에서 통합 서비스를 제공하는 것이 어렵다고 생각하는가? 협력교수 배치와 일반학급에서 하루를 보내는 것에 대하여 어떻게 느끼는가? 이러한 것들은 다양한 교육적 배치가 학생들의 요구를 충족시키기고 최소 제한적 환경을 고려하는 연방 및 주정부의 지시에 부합하려고 노력하는 교육청에 의해 실행되어지므로 이 분야에 있는 교사들의 실제 관심사이다.

이 장은 이러한 변화에 대한 이론적 근거와 학습장애 학생들을 위한 다양한 교육적 배치를 논의한다.

## 최소 제한적 환경

학생들은 최소 제한적 환경(least restrictive environment : LRE)에 배치되기 위하여 법률에 의해 요구된다. 교육적 배치는 가장 제한적인 환경으로부터 최소 제한적인 환경으로 옮겨간다. Deno(1970)는 수년 전에 특별한 교육적 요구를 가진 학생들을 위하여 다음과 같은 서비스 단계를 개발했다.

**교육적 배치의 제한성**

10. 병원이나 시설
9. 가정 교수

8. 기숙제 학교
7. 전일제 특수학교
6. 전일제 특수학급
5. 시간제 특수학급 수업이 있는 일반학급 배치
4. 학습도움실 지원이 있는 일반학급 배치
3. 순회교사가 있는 일반학급 배치
2. 보조교사의 협력이 있는 일반학급 배치
1. 조금 또는 지원 서비스가 없는 일반학급 배치

6~10의 환경에 배치되는 학습장애 학생들은 드물다. 미국 교육부(2000)에서 의회에 제출한 제22회 연차보고서는 대부분의 학습장애 학생들이 일반학급에서 전일제(44%) 또는 시간제(39%는 학습도움실 서비스를 받음)로 학교생활을 하는 것으로 나타났다. 단지 학습장애 학생들의 16%만이 특수학급에 배치되었다. 이것은 17%의 학생이 일반학급에, 학습도움실에 59%, 그리고 특수학급에 21%가 배치된 1990년 이래로 극적인 변화를 나타낸다. 학습장애 학생들의 교사로서 여러분은 통합적인 환경이나 학습도움실, 연합된 배치에서 대부분 지도해야 할 것이다. 여러분이 특수학급에서 학습장애 학생들을 지도하는 것은 줄어들 것이다.

## 주류화와 최소 제한적 재학

과거에 **주류화**(mainstreaming)란 용어는 학습장애 학생들이 그러한 장애를 가지지 않은 동료와 함께 교육받을 때 사용되었다. 주류화와 증가되는 **통합교육**의 대세와 관련된 진행에 큰 변화가 있어, 이전의 용어는 적게 사용되었다. 주류화나 통합교육은 연방정부 또는 주정부의 지시에는 언급되지 않았다. 실제로 사용되고 안내된 용어는 **최소 제한적 환경**이다.

미국 특수교육국, 장애아동과 청소년을 위한 국가정보센터(National Information Center for Children and Youth with Disabilities : NICHCY), 연방 특수교육 자원센터(Federal Resource Center for Special Education, 1997)에 의해 개발된 1975년 장애인교육법 개정판의 훈련용 패키지에서 최소 제한적 환경을 논의한다. 이것은 학생이 가능

한 최대한 넓은 범위에서 비장애 동료와 함께 교육받는 동안, 그들의 특별한 교육적 요구를 충족시키기 위해 설계된 적절한 교육을 받을 수 있는 환경이다. 학생의 개별적 요구에 따라 최소 제한적 환경은 하루 중 일부 동안 추가적인 도움과 서비스가 있거나 없는 일반학급이 될 수 있고, 특수학급 이외의 시간을 일반학급 또는 비장애 학생들과 함께 활동하는 하루의 일부분 분리교육 프로그램, 학생의 동네 학교에서의 특수학급, 또는 심지어 어떤 장애영역으로 특성화된 분리된 학교 등이 될 수 있다. 그래서 한 학생의 최소 제한적 환경은 다른 학생의 것과는 많이 다를 수 있다. 이것을 결정하는 요소는 학생의 요구이다. 최소 제한적 환경을 결정할 때 다학문적 팀은 다음을 고려해야 한다.

- 학생의 확인된 강점과 요구에 기초한 배치인가?
- 배치 결정은 학생이 추가적인 도움과 서비스의 사용과 함께 특수학급 수업을 포함한 일반학급에서 학생의 개별화교육계획 목표를 달성할 수 있는지를 고려하는가?
- 배치 결정은 교육과정 수정이 일반학급에서 학생의 목표에 부합할 수 있는지를 고려하는가?
- 배치 결정은 특수교육에서 일반교육까지 연속적인 모든 선택을 고려하는가?
- 추천은 장애학생이 비학업적 활동과 과외활동에서 비장애 학생들과 함께 참여하는 기회를 고려하는가?
- 추천은 학생이 일반교육 환경으로부터의 분리로 인한 잠재적인 악영향이나 학생이 요구하는 서비스의 질에 대하여 고려하는가?
- 추천은 학생의 가정까지 근접성을 고려하는가?

대다수의 학습장애 학생들을 위하여, 최소 제한적 환경은 일반학급 환경이다. 미국 장애인교육법(2004)은 최소 제한적 환경의 중요성을 계속해서 강조한다. 보기로 아론의 경우를 들어보자.

아론이 3살이었을 때, 언어 때문에 '특별한 요구를 가진 학생'으로 판별되었고, 특별한 교육적 요구를 가진 유치원 아동을 위한 사립학교에 입학했다. 그가 유치원 심사를 받을 때, 계속해서 수용언어와 표현언어 문제를 보였다. 그의 부모는 전일제 특수학급에 배치될 것이라 추측했으나 추천된 배치는 통합된 유치원 학급이었다. 아론의 학급에는 2명의 교사가 있었고 다양한 협력교수 접근법을 사용하였다(제7장 참조). 종종 그들은 스테이션 교수(station teaching) 접근을 사용하였고, 아론은 모든 수준에 있는 학습자들의 그룹으로 통합된다고 확신했다. 지금까지 그는 주목할 만하게 잘하였고, 그의 개별화교육계획 목표도 초과하고 있다. 언어 치료사는 일주일에 세 번 교실로 와서 전체 학급 학생들과 함께 '언어 수업'을 실시한다. 언어치료사는 일주일에 한 번 아론의 언어 표현을 촉진할 수 있는 방법을 논의하기 위해 아론의 선생님을 만난다. 그들 모두는 아론이 통합학급에서 꾸준하게 많이 발전될 것이라고 낙관한다. 미래에 몇 가지 관점에서 아론은 1명의 교사가 있는 일반학급과 학습도움실 지원이 있는 최소 제한적 환경에서 역할을 할 수 있을 것이다.

## 통합교육

최소 제한적 환경에 대한 강조는 학습장애 학생들을 위한 통합교육의 실행을 증가시켰다(최상의 실제를 참조하라. 통합교육에서 하나의 크기가 모두에게 적합한 것은 아니다).

통합교육의 초기 주창자들(Biklin & Zollers, 1986; Garner & Lipsky, 1987; Will, 1986)은 특별한 교육적 요구를 가진 학생을 위한 완전히 통합된 프로그램을 권장했다. 학습장애의 영역에서 과거의 경우처럼, 이러한 권장은 연구 결과보다 공공정책에 더욱 기초하였다. 많은 연구(Hocutt, 1996; Holloway, 2001; Manset & Semmel, 1997; Murawski & Swanson, 2002; Rea, McLaughlin & Walther Thomas, 2002; Waldren & McLeskey, 1998)들은 확실치 않은 결과를 제시했다. 본질적으로 연구자들은 어떤 배치는 효과적이었고 다른 배치들은 효과적이지 않다는 것을 알았다. 하나의 서비스 전달 모델이 다른 모델들보다 더 효과적이지는 않았다. Zigmond(2003)는 "연구는 다른 서비스 전달 모델들보다 어떤 한 서비스 전달 모델의 우수성을 지지하지 않는다."는 점에 주목했다(p.120). 중요한 것은 통합교육이 이러한 환경에서 계속되는 것이다. 과제 시간과 교수 형태(명확하고 집중적인)는 장소보다 더 중요하다. 이 시점에서 특정한 서비스 전달 모델에 대한 연구가 아니라 학생의 성과에 대한 연구가 필요하다. 우리는 개별 학습장애 학생에게 가장 적합한 배치 결정을 가능하게 할 증거를 모을 필요가 있다. 학습장애 학생의 교사로서 여러분은 통합교육 상황에서 대부분의 교직 경력을 보낼 것이다. 중요한 것은 통합된 상황에서 여러분이 무엇을 하는가이다. 여러분이 일반학급에서 협력교사로서 서비스를 제공하든지, 학습도움실에서 서비스를 제공하든지 간에 여러분의 역할은 학생들의 요구에 부합하는 것이다. 그러한 배치에서 통합교육의 질은 배치 그 자체보다 훨씬 중요하다.

## 통합교육의 원리

통합교육은 사람들에게 많은 것을 의미한다. 완전 통합교육은 학습장애 학생이 하루 종일 일반학급에 있고 모든 서비스가 학생의 현재 학년 수준에 맞는 학급에서 제공된다는 것을 의미한다. Salend(2001)는 통합교육이 특수교육을 필요로 하는 사람뿐만 아니라 모든 학생들의 요구가 충족될 수 있는 방법으로 학교를 변화시키도록 설계되어야 한다고 주장한다. 통합교육은 우리의 학교에서 다양성을 장려하고 인식하는 철학이다. Salend는 효과적인 통합교육의 원리를 다음의 네 가지로 설명한다(pp.8~9).

### 다양성

효과적인 통합교육은 학습능력, 인종, 언어적 능력, 경제적 지위, 성별, 학습 양식, 민족, 문화적 배경, 종교, 가족 구성, 성적 관심에 관계없이 일반학급에 함께 배치하여 모든 학생들을 위하여 교육적 체계를 개선시킨다. 통합된 학교는 그들의 동네 학교에서 높은 질과 연령에 적합한 일반학급에서 함께 교육받음으로써 모든 학습자들의 가치를 환영하고 인정하며, 확인하고 알린다. 모든 학생들은 함께 배우고 즐길 기회를 가지고 교육적, 사회적, 유희적 활동에도 참가한다. 수용, 공평과 협력을 증진시키는 이러한 통합된 실제는 개인적 요구에 반응하고 다양성을 포용한다.

### 개인적 요구

효과적인 통합교육은 개인적인 요구와 차이의 민감성과 수용을 포함한다. 교육자는 학생들을 형성하고 그들을 독특하게 만드는 요소들을 고려하지 않고 학생들을 가르칠 수 없다. 예를 들면 장애, 인종, 언어적 배경, 성별, 경제적 지위와 같은 영향력은 서로 상호작용하고, 학문적 실행과 사회화에 영향을 미친다. 그러므로 교육자, 학생들, 가족구성원은 개인적 요구와 차이에 대해 민감해야 한다. 통합된 학급에서 모든 학생들은 사회에 공헌하고 학습할 능력이 있는 개인으로 평가된다. 그들은 다양성을 인식하는 것과 서로의 유사성과 차이성으로부터 평가하고 학습하는 것을 배운다.

### 반성적 실제

효과적인 통합교육은 학생들의 개인적 요구에 부합하도록 교육자들의 태도, 교수와 학급경영 실제, 교육과정을 수정하기 위해 반성적인 교육자들을 요구한다. 통합학급에서 교사들은 융통성 있고, 반응적이며, 학생들의 요구를 알고 있는 반성적인 실천가이다. 교사들은 그들의 가치관과 믿음에 대해 비판적으로 생각하고, 자기 개선과 모든 학생들의 요구에 부합함을 확실히 하기 위해 일상적으로 자신들의 실제를 평가한다. 교육자들은 사정, 기법, 교육과정 접근성, 교수전략 기술, 물리적 설계 적응, 학생들의 요구에 기초한 관련되는 다양한 서비스들의 조정에서 모든 학생들을 위하여 교육을 개별화하고 교수를 차별화한다. 학생들은 그들의 능력과 요구와 부합하는 도전적인 교육적이고 사회적 경험뿐만 아니라 다양하고 복합양식의 교육과정을 제공받는다.

### 협력

효과적인 통합교육은 집합적인 노력이다. 그것은 교육가, 다른 전문가, 학생, 가족과 사회 공동체 간의 협력을 포함한다. 학생들이 필요로 하는 지원과 서비스는 일반학급에서 제공된다. 사람들은 학생들의 이익을 위해 자원, 책임, 기술, 의사결정과 자기주장을 공유하면서 협력적이고 반성적으로 일한다. 학교지역구는 학생들의 요구를 충족시키기 위해 협력하여 일하는 사람들을 돕기 위해 그들의 프로그램을 재구성하도록 지원, 훈련, 시간과 자원을 제공한다.

통합교육이 성공하기 위해서는 매우 많은 협력을 요구한다(제7장 참조). 이러한 과정은 통합교육에 관계되는 모든 기여자들의 계획과 노력 없이 일어나지 않는다.

위스콘신 교육연합협의회(Wisconsin Education Association Council; 1996)는 통합적 접근으로 나아갈 때 다음을 권고한다.

1. 배치, 지원, 서비스의 연속체는 모든 학생들이 이용할 수 있어야 하지만 모든 학생의 첫 번째 배치는 일반교육에 있어야 함을 항상 가정해야 한다.
2. 모든 배치 결정은 아동의 요구, 또래, 서비스의 합리적인 제공의 강조와 함께 잘 개발된 개별화교육계획에 기초해야 한다.
3. 하향식의 통제된 완전 통합교육은 부적절하다. 연방정부와 주정부 법률은 모두 완전 통합교육을 요구하지 않는다.
4. 어떤 새로운 프로그램이 개발되기 전에, 개발진은 분명하게 표현될 수 있는 교육

철학(그리고 교육 윤리)에 동의해야 한다. 교사들과 지지자들은 의사결정, 계획, 개별 학생의 평가과정, 광범위한 프로그램 개발에 완전히 포함되어야 한다.

5. 광범위한 관계자 연수가 모든 교사들과 보조전문가들의 일상의 한 부분으로 이용할 수 있도록 만들어져야 한다. 강조되는 영역들은 다음을 포함한다.
   - 높은 수준의 사고 기술 강조
   - 통합된 교육과정
   - 다학문적 지도
   - 다문화적 교육과정
   - 생활 중심 교육과정
6. 특수교육과 일반교육 체계를 통합하는 방향으로 작업하라. 예를 들면 분리된 평가자와 평가체계는 효과적이지 않다. 따라서 통합된 시스템이 되어야 한다.
7. 모든 학생들의 사회적, 정서적, 인지적 요구를 충족시키기 위해 충분한 자격을 갖춘 전문가들이 고용되어야 함을 확실히 하라. 통합적인 환경에서 학급의 크기는 줄이고, 학급에 있는 교사들의 수는 늘리는 것이 필요하다.
8. 과정은 교사들이 아동에게 적합하지 않다고 결정한 개별화교육계획과 배치의 실행에 도전할 수 있도록 개발되어야 함을 호소하라.
9. 의사결정 과정에 파트너로써 부모와 학생들을 포함하라.
10. 프로그램을 개발할 때, 팀 티칭, 협력교수, 또래친구, 협동학습, 이질 집단, 학습팀 계획, 평행 교수, 스테이션 교수 등과 같은 다양한 교수 학습 접근들을 고려하라.

위스콘신 교육연합협의회는 더욱 통합적인 실제를 고려하는 지역 학군이나 학교가 효과적으로 계획하기 위해 충분한 시간을 필요로 한다는 것이 중요하다고 결론을 내렸다. 특수교육 학생들과 관계자에 단독으로 주의를 기울이는 것은 단지 전략의 절반에 불과하다. 계획은 전체 교육적 프로그램을 연구하고 논의하며 평가하는 데 있어서 모든 책임자를 포함해야 한다. 진정한 통합교육은 학교 전체 프로그램의 재구성을 포함하고 실제와 결과의 지속적인 사정을 요구한다(여러분의 프로그램 효과를 평가하는 방법을 위해 Salend, 2005, 그리고 Lewis & Doorlag, 2006, 참조).

**최상의 실제 : 통합교육에서 하나의 크기가 모두에게 적합한 것은 아니다.** 통합교육의 가장 좋은 모델은 무엇인가? 현재 가장 좋은 접근방법을 지지하는 어떤 연구도 없고, 대부

분의 프로그램은 지역적인 요구와 재정적인 상황에 기초하여 개발되고 이행된다. 예를 들면 하루 종일 같은 교실에 2명의 교사가 있는 것은 분명히 이상적으로 보인다. 그러나 그것이 추가적인 직원을 고용해야 하기 때문에 많은 학교 지역구에서는 재정적으로 실행 가능하지 않다. 학교는 통합된 상황과 이용 가능한 서비스의 연속체에서 학생들의 수를 고려해야 할 필요가 있다. 이것은 법에 의해 요구된다. 또한 학교 지역구의 크기는 프로그램의 유형에 영향을 줄 것이다. 큰 지역구는 관계자의 배치와 교육적 배치 결정에 있어서 더 많은 융통성을 가진다. 대부분의 학교 지역구는 천천히 신중한 방법으로 통합교육 과정에 접근한다. 일단 배치가 결정되면, 그들은 다양한 선택권을 가진다. 그러나 학습장애 학생들에게는 보통 학습도움실 배치를 의미한다. 초등학교 학생이 통합교육 환경에 배치될 때, 그들은 하루 종일 자격 있는 교사들(1명은 특수교사, 1명은 일반교사)과 함께 있는다. 교사들은 협력과 교수전략에 대하여 광범위한 훈련을 받는다. 중학교와 고등학교 수준에서 학생은 한두 시간 동안 통합학급에 있어야 하고, 나머지 시간은 특수학급에서 있는다. 이러한 학생들은 2명의 교사들(교육내용 분야 전문가와 특수교사)로부터 지도를 받는다.

## 학습도움실

학습장애 학생들의 약 40%는 학습도움실에서 지원을 받는다. 학교 지역구는 학습도움실에서와 비슷한 서비스를 제공하지만 **기술센터** 또는 **학습기술**과 같은 다른 이름을 사용한다. 이러한 서비스는 여러 번 통합학급을 지원했고 학교 지역구가 학습도움실에 대해 정해진 학급 크기의 제한에 관계없이 서비스를 제공했다. 여러 가지로 학습도움실 모델은 학습장애 학생들을 위한 서비스와 동의어이다.

### 정의

학습도움실은 학생이 특수교육 서비스를 받기 위해 수업일의 일부분 동안 오는 교실이다. 그러나 그것은 물리적 공간 이상이다. 학습도움실은 학습장애 학생들이 일반학급 배치로부터 이익을 얻을 수 있다는 사실에 주의하여 부르는 개념이다. 학습도움실 프로그램에 배치된 특수교육 학생은 여전히 일반학급에서 상당한 시간(50% 이상)을 보낸다. 비록 대부분의 주가 학습도움실에서 보내는 시간의 양에 대한 지침을 가지고 있다 할지라도, 중요한 점은 명시된 시간이 아니라 이러한 배치가 특수학급과 유의미하게 다르다는 생각이다. 특수학급에서 학생은 특수교사로부터 기초적인 교육을 받고 그와 함께 하루의 대부분을 보낸다. 반대로 학습도움실에 있는 학습장애 학생은 특수교사로부터 보충 교육을 받고 거기에서 반나절 이상을 보내지 않는다. 기초적인 교육은 일반학급에서 받는다.

학습도움실 교사는 학생들에게 일반학급에서 성공하기 위한 전략을 제공한다. 이러한 배치는 학습장애 학생들에게 서비스를 제공하는 현저하게 다른 방법을 나타내고, 특수교사와 일반교사들에게 약간의 혼란을 가져왔다(McNamara, 1989).

### 이론적 근거

비록 많은 사람들이 학습도움실의 유행을 주류화 운동의 탓으로 돌릴지라도, 학습도움실의 근원은 강력한 토대를 가진 것으로 보인다. 초기 학습도움실 모델의 제안자는 교육가능 정신지체 학생들을 위한 특수학급에 대한 불안감의 증가를 지적했다. Dunn(1968)은 그의 고전적인 논문에서 경도 장애학생들(학습장애 학생들 포함)의 특수학급 배치 정당성에 대한 문제를 제기했다. 그의 이러한 의견은 혼자만의 생각이 아니었다. 연구되고 있는 많은 문제에 흥미를 가진 독자들은 특수학급의 효과에 대한 많은 논문을 읽을 수 있다(Dunn, 1968; Johnson, 1962; MacMillan, 1971; Pertsh, 1936; Shattuck, 1946; Van Etten & Adamson, 1973 참조). 일반적으로 특수학급에 학생 배치는 경험적 증거에 의해 지지받을 수 없었다.

만약 특수학급이 학습장애 학생들을 위한 일반학급의 수용할 만한 대안으로 보여지지 않는다면, 어떻게 그들에게 특수교육 서비스를 제공할 수 있는가? 가능한 최대한 넓은 범위에서 학생이 비장애 동료와 함께 교육받는 것과 동시에 필요한 영역에서 특수교육 서비스를 받도록 하는 서비스 전달 모델이 필요했다. 이것은 학습도움실 모델의 개발과 이행을 이끌었다.

학습도움실 프로그램이 주류화 운동과 최소 제한적 환경에 학생들의 배치로부터 추진력을 얻는다는 것은 의심의 여지가 없다. 그러나 특수교육 학습도움실 프로그램은 입법상 또는 행정상 지시의 결과로서가 아니라, 교육적 필요에 기초하여 개발되었다는 것을 이해하는 것이 중요하다.

## 학습도움실 교사의 역할

특수교육 학습도움실 교사의 역할에 대한 학술 논문에는 보편적인 동의가 있다. Wiederholt, Hammill 및 Brown(1983)은 직업의 책무성을 사정, 교수, 자문 세 가지 중요한 범주로 나누었다. 다른 연구자들은 비슷한 역할 기능을 논의하기 위해 광범위하고 다양한 행정상의 구조를 사용하였다. 예를 들면 Jenkins와 Mayhall(1976)은 간접적인 서비스와 직접적인 서비스로 나누었다. 간접적인 서비스는 지도해야 하는 학업적이고 행동적 기술의 확인, 중재계획의 개발과 점검, 일반학급 교사와 함께 하는 계속적 의사소통 등에 초점을 두었다. 직접적인 서비스는 학생에게 제공된 서비스이다. 학습도움실 모델의 가장 초기 제안자 중의 1명인 Reger(1973)는 특수교육 학습도움실 교사는 특별한 요구를 가진 학생을 가르치기 위하여 일반학급 교사에게 적절한 모델을 제공해야 한다고 믿는다. 그들은 자문과 현직연수 훈련을 통하여 이것을 한다. 더욱 철저한 관계가 연수 프로그램에 대한 현재의 요구는 학습도움실 교사에게 자문과 훈련을 위한 광범위한 기회를 제공한다. 다른 연구자들의 진술에 의하면(Cienion, 1968; Hallerick, 1969; McNamara, 1989; Sabatino, 1972), 이러한 기능들은 사정과 교수 책무성에 추가된다.

특수교육 학습도움실 교사의 역할은 종종 실천되는 것보다 더 복잡하다. Reger(1972)는 전문가의 역할로 높이 평가했고, 효과적인 실천가가 되기 위해서 학습도움실 교사는 이러한 역할에 포함된 주요한 기능들을 이해해야 한다고 언급한다. 명확히 이러한 기능들은 학교 지역구마다 다양할 것이다. 그러나 교육적 문제의 평가, 중재계획의 개발과 실행, 일반교사와 계속적인 의사소통은 환경에 관계없이 학습도움실 교사의 중요한 역할이라는 것은 분명하다. Reiter(1986)는 학습도움실 교사의 역할에 대한 인식을 조사했다. 결과는 다른 연구 결과들과 일치했다. 학습도움실 교사의 역할은 교육평가, 중재계획 실행과 평가, 일반학급 교사와 의사소통 세 가지 요소로 구성된다. 다음은 이러한 구성요소들에 대한 개관을 제공한다.

### 교육 평가 실시하기

학교심리학자와 함께 학습도움실 교사는 학습도움실에 있거나 앞으로 학습도움실에 올 학생들의 이론적, 행동적 기술을 평가하기 위한 일반적인 책임이 있다. Hammill과

Bartel(1971)은 학교가 판별, 배치, 교육 프로그램 계획 수립의 세 가지 이유 때문에 학생들을 평가한다고 말했다. 마지막 이유는 학습도움실 교사에게 매우 중요하다. 학습도움실 정의대로, 학습도움실에 출석하는 학생은 일반학급에서 학교생활의 대부분을 보낸다. 그러므로 사정은 교육과정과 관련되어야 한다–초등학교 수준에서의 기본 기술들과 중등학교 수준에서의 내용 영역들. 종종 불균형적인 시간의 양은 '판별을 위한 진단과 교육을 위한 진단'으로 나누게 된다(Hallahan & Kauffman, 1976). 보통 판별을 위한 진단은 교사보다 다른 전문가와 학급 외적인 것에 의해 관리되는 공식적으로 표준화된 검사로 특징지워진다. 이 검사는 전형적으로 학교 지역구의 행정상의 요구를 만족시키지만 교사들에게 교육적 프로그램을 개발하기 위한 적절한 정보를 제공하지 못한다. 이것이 교육을 위한 진단이 나오게 된 배경이다. 이것은 대개 덜 구조화되고 학급의 자연스러운 분위기에서 교사에 의해 관리되는 준거지향 평가로 구성되었고 중재계획의 개발과 직접적으로 관련되어 있다.

일반적으로 말하면, 여기서 주장하는 접근법은 학생의 약점을 보완하고 강점에 초점을 둔 중재계획의 개발이다(Lerner, 2006; Johnson & Myklebust, 1967; Smith, 2004). 사용된 방법론은 일반학급에서 사용된 것과 비슷할 것이다. 교수의 목표는 학생의 일반학급 교사의 것과 동일하고 중재계획의 개발과 직접적으로 관련되어 있다.

만약 학습도움실 교사가 옳은 심리교육적 방법의 원리에 기반하는 중재계획을 개발한다면, 사정 도구의 선택은 학생의 교육적 환경에 따라 고려되어야 한다. 사정에 대한 일반적인 고려사항으로 안내된 것에 더하여, 학습도움실 교사는 다음과 같은 질문을 고려할 필요가 있다. 사정 절차가 학생의 학급과 학교를 위해 현명하고 합리적으로 적용되는가? 전형적으로 이러한 분석은 준거 지향 평가와 행동 사정 기법에 많이 의존한다(제12, 16장 참조).

### 중재계획의 실행과 평가하기

일반적으로 학습도움실 교사의 시간 중 가장 많이 비율은 직접교수에 사용된다. 특수교육 환경에서 사용되는 방법과 자료의 수는 빠르게 증가하고 있다. 학습도움실 교사는 뒤지지 않고 따라 가야 하고, 방법과 자료의 효과성을 평가하는 데 숙련되어야 한다. 더욱 중요하게 학습도움실 교사는 교수이론을 발전시켜야 한다. 학습도움실 교사는 학생들의 요구에 대해 결정하는 데 있어서 끊임없이 포함된다. 학생들은 학습도움실에서 교육받는 개별지도 시간으로부터 이익이 있는가? 교사는 금요일의 평가를 위해 학생들을 준비해야 하는가? 교사는 학생들의 기본적 기술들을 보완해야 하는가? 교사는 학생들이 더욱 효과적으로 학습하기 위해 필요한 전략들을 제공해야 하는가?

교사는 학습도움실 목적에 맞는 개념적 틀에 기초하여 이러한 결정들을 하도록 준비되어야 한다. 이러한 틀이 없다면 결정들은 프로그램의 전체적인 운영에 대해 깊은 생각 없이 순간의 요구에 기초하게 될 것이다.

### 일반학급 교사와 의사소통하기

학습도움실에 있는 학생들은 일반교사와 함께 학교생활의 대부분을 보내기 때문에, 특수교육을 책임지는 교사들은 다른 교사들과 협력적인 관계를 확립해야 한다. 만약 학습도움실에서 학습한 학업적이고 행동적인 기술들이 일합학급으로 전이된다면, 일반교사는 이 과정에서 의미있는 역할을 해야 한다. 교사 자문의 개념은 성공적인 학습도움실 프로그램을 위한 열쇠로 보인다(제7장 협력 전략의 논의 참조).

또한 학습도움실 교사는 다른 관계자 구성원들에게 보여 줄 소책자를 학기 첫 주에 개발해야 한다. 이것은 관계자들이 학습도움실의 목적을 잘 알 수 있게 해 줄 것이다.

학업적이고 행동적인 보고 체계에 더하여, 정기적으로 계획된 면대면 자문은 일반교육과 특수교육 사이의 협력을 더욱 강화할 것이다. 일반학급 교사들과의 접촉은 학생들과 접촉하는 것과 같은 엄정함을 가지고 접근되어야 한다.

### 물리적 환경

학습도움실의 물리적 조건은 학생의 행동에 영향을 줄 수 있다—학업적, 사회적 행동 모두. 교실의 크기와 위치는 학습도움실 프로그램을 개발하는 데 있어서 중요하다. 이러한 요소가 어떻게 고려되어지는가에 따라 학생 수행을 방해하거나 용이하게 할 수 있다.

**크기.** 학습도움실은 전형적인 일반학급처럼 커야 한다. 학습도움실이 더 작은 상황이 될 수도 있지만, 필요한 설비가 제공되므로 크기를 줄여서는 안 된다. 적어도 교사는 소집단과 개인교수를 수행하고, 학생들을 위한 '조용한 공간'을 제공하고, 수업 자료와 학생 자료를 보관하며, 시청각 설비를 위한 전기 콘센트에 접근할 수 있기 위해 충분한 공간을 필요로 한다. 학습도움실이 매우 작을 때, 학생들은 자주 서로를 간섭한다. 특히 과제에 집중하는 데 어려움을 겪는 학생들은 더욱 그러하다. 매우 시끄러워 주의가 산만함에도 불구하고 과제에 집중하기 어려운 학생에게 질문하는 것은 비합리적이다. 그렇다고 자극이 없는 환경이 보장되어야 한다고 제안하는 것은 아니다. 그러나 과제를 해결하는 학생을 위해 아주 가까이에 많은 것들이 놓여 있는 물리적 환경이 되었다. 적당한 공간은 적어도 학습을 위해 활용되도록 학생에게 제공되어야 한다.

**위치.** 몇 년 전, 지역의 한 고등학교는 학교 밖에 있는 조립식 건물에서 학습도움실 프로그램을 수행했다. 프로그램에 참여하는 학생들은 본관 건물을 떠나야 했고 특수교육 서비스를 받기 위해 짧은 거리를 걸어야 했다. 이러한 분리된 환경은 그들을 다른 학생들과 통합된 것에서 다른 프로그램으로 보냈다. 학습도움실 학생들은 낙인찍히는 느낌을 받았을 수 있고, 비장애 학생들은 학습도움실 프로그램을 무시했으며, 학습도움실 교사는 일반교육 동료로부터 소외되었다. 이것은 학습도움실 위치와 관련된 극단적인 예이다. 그러나 분리되고 충분히 활용되지 않는 또는 학교 건물의 부적절한 장소에 학습도움실을 배치하는 것은 아직도 이상한 것이 아니다.

학습도움실을 어디에 배치할 것인가를 결정할 때, 학생들의 학년과 건물의 구조를 고려해야 한다. 초등학교 학생들은 건물의 양끝이나 특별한 층에 위치되어야 한다. 논리적으로 학습도움실은 그곳에 위치되어야 한다. 만약 학습도움실이 초등학교 저학년과 고학년 학생들에게 모두 제공되어야 한다면, 두 그룹을 위해 가운데 위치하는 것이 바람직하다. 중고등학교 수준에는 1개 이상의 학습도움실이 있을 수 있다. 다시 말하면 학습도움실은 서비스를 제공받는 학생들과 가까이에 위치해야만 한다. 일반교육 환경에서 특수교육 환경으로 이동하는 시간을 줄여야 하고, 가장 중요한 것은 일반교육 관계자들과 특수교육 관계자들 간의 상호작용 기회를 증가시키는 것이다. 고등학교 학습도움실 교사는 많은 일반학급 교사들과 함께 대화하고 상담하는 것을 가능하게 하기 위해 교사 휴게실 옆에 학습도움실을 둘 것을 요구한다. 학습도움실 프로그램은 학교의 완전한 부분으로서 인지되어야 한다. 적절한 위치는 이러한 개념을 강화하도록 도울 것이다.

## 일정 작성하기

종종 학습도움실 교사들은 많은 지시를 받는다고 느낀다. 일정을 작성하는 것보다 더 분명한 것은 없다. 일정은 건물의 행정적 구조에 따르고, 학생의 요구에 부합하며, 일반학급 교사들의 활동을 방해하지 않아야 하며, 학습도움실 교사가 학생과 교사에 대한 주 정부의 규정을 따르도록 개발되어야 한다. 분명하게 이것은 간단한 일이 아니다. 학교의 교장은 일정 작성에 참여해야 하고, 학습도움실 교사는 일반교육 동료교사들과 협의하기 위해 충분한 시간을 가져야 한다. 일부 학교들은 이러한 유형의 의사소통을 가능하도록 하기 위하여 학교 일과가 시작되기 전에 공통 시간이나 교체 시간을 만들었다. 그러나 매우 자주 교사들은 자신의 시간을 가지기 위해 떠난다. 이 문제는 단지 계속적인 의사소통이 학교에서 가치로운 실제가 아니라는 믿음을 강화한다.

일반교사들과 특수교사들이 서로 의사소통할 수 있도록 일정이 수립되면, 학습도움실 프로그램을 위해 개별 학생들에 대한 계획이 수립되어야 한다. 초등학교 수준에서는 일반학급 교사와 협력하여 일정을 수립하는 것이 중요하다. 학습도움실 교사는 학생이 학습도움실에 올 수 있는 가장 적절한 시간을 결정하기 위해 두 교사와의 모임을 계획해야 한다. 두 교사들은 학생의 약점과 강점, 어려운 전환기 동안 일반학급에서 배우지 못하는 것이 무엇인지, 학생이 학습도움실에서 보내는 시간에 대해 어떻게 느끼는지 등에 대하여 고려해야 할 필요가 있다. 분명히 타협이 이루어져야 할 시기가 있을 것이다. 그러나 일정에 대한 결정이 매 일정마다 재조정된다면, 관계되는 모든 그룹들이 수용하기에 더 쉬울 것이다.

중등학교 수준에서는 더욱 융통성이 있고, 학습도움실 교사는 일정 작성을 돕기 위해 안내자와 협의해야 한다. 종종 중등학교 수준의 학생들은 선택 과목 수업시간 동안 학습도움실에 출석한다. 때때로 부모들은 외국어와 같은 어떤 과목들을 하지 않고, 학생들은 그 시간 동안 학습도움실에 출석한다. 부모들과 교사들은 학생이 졸업, 중등학교 졸업 후 계획, 또는 취업을 위해 특별한 과정을 필요로 하는지를 고려해야 한다. 일정 작성은 복잡하고, 쉬운 해결책은 없다. 그러나 융통성과 이유가 설득력 있을 때, 대부분의 문제들은 해결될 수 있다.

모든 이러한 문제점들은 학습도움실 교사를 위한 일반적인 날이 없다는 것을 지적한다. 변화가 너무 광범위하기 때문에 견본 일정과 책무성은 오해받을 수 있다. 저자에 의해 실시된 20편 이상의 일정과 책무성에 대한 연구의 개괄에서, 인터뷰한 모든 교사들은 일방적인 과제들을 보고했다－예를 들면, 첫째 시간에 학생 1명, 둘째 시간에 학생 2명, 그리고 다음 2시간 동안 학생 5명.

이와 같은 조사에서 모든 교사들은 매일 한 시간씩 일반교사들과 상담하였고, 일부 교사들은 두 시간씩 상담하였다. 한 가지 문제는 학습도움실 교사들이 활용할 시간이 일반학급 교사들의 시간과 항상 일치하지는 않는다는 것이었다. 그러므로 많은 상담이 수업 전, 방과 후, 점심시간 동안 또는 하루 중에 계획성 없이 이루어졌다. 한 학교는 이러한 목적을 위해 학교 일과의 시작 전에 협의 시간을 가졌고, 그것은 대단히 효과적이었다.

모든 교사들은 시험을 치기 위해, 통과가 필요했거나 광범위하고 다양한 주제에서 도움이 필요한 학생들인 '예약 없는 방문자'를 자주 만난다고 언급했다. 학급교사가 특정한 관심사를 가지고 수업시간 동안 학습도움실 교사를 방문하는 것은 드문 일이 아니다.

## 자문교사 모델

자문교사들은 학생들에게 교수를 제공하고(**직접 서비스**라고 함), 일반교사들과 상담하는(**간접 서비스**라고 함) 특수교사들이다. 많은 경우에 자문교사들은 종종 학습도움실 교사와 중복되는 서비스를 제공한다. 그들은 특정한 읽기 기술에 대해 소집단 학생들과 학습하고, 효과적인 경영 기법에 대해 담임 교사와 상담한다. 다음은 뉴욕 주 교사연합 정보 회보 제990038호, 자문교사 서비스이다(New York State United Teachers Information bulletin 990038, Consultant Teacher Services, 2000).

1. 규정 200.1(m)과 200.6(d)항에 정의된 것처럼, 자문교사 서비스는 일반교육 학급에 출석하는 장애학생과 그러한 학생의 일반교사에게 제공된 직 · 간접적 서비스를 의미한다. 일반교육 수업은 직업과 기술교육을 포함한다.
   - 직접적인 자문교사 서비스는 자격을 갖춘 특수교사에 의해 장애학생에게 그러한 학생이 일반교육 수업으로부터 이익을 얻도록 돕기 위해 제공되는 특별히 설계된 개별화된 교수 또는 집단교수를 의미한다.
   - 간접적인 자문교사 서비스는 자격을 갖춘 특수교사에 의해 일반교사에게

그들이 일반학급에 참여하는 장애학생의 개인적 요구에 부합하기 위해 학습 환경을 조정하고 교수방법을 수정하는 것을 돕기 위해 제공되는 자문을 의미한다.

2. 규정 200.4항에 의하면, 만약 학생이 자문교사 서비스가 필요하다고 결정되었다면, 특수교육위원회는 학생의 개별화교육계획에 학생에게 제공되는 자문교사 서비스의 시간 양뿐만 아니라 일반교육 수업에서 제공받는 자문교사 서비스도 표시해야 한다.
3. 자문교사 서비스가 개별화교육계획에 구체화될 때, 서비스가 제공될 학생의 일반교사들에게 자문교사와 함께 목표들을 논의하고 서비스 200. 4(e)를 위한 방법과 일정을 결정하기 위한 교수 계획 수립과정에 참여할 기회가 제공되어야 한다.
4. 규정 200.6에 의하면 전일제 자문교사에게 할당될 수 있는 장애학생의 총 수가 20명을 초과해서는 안 된다. 다른 교수적 업무가 전일제 자문교사에게 주어져서도 안 된다. 규정 200.6(d)(3)항은 학교 지역구가 20명인 최대 부담 장애학생 수에 대해 주 교육부에게 변화를 요청하도록 하였다. 변화에 관계된 더 많은 정보가 필요한 지역 지도자는 뉴욕 주 교사 연합 정보 회보 교육 변화와 규정 제990006호 200을 참고해야 한다.
5. 자문교사 서비스를 요구하는 각 학생은 매주 직·간접 서비스를 최소 2시간 받아야 한다(200.6 {d}).
6. 자문교사 서비스를 제공하는 자는 자격 있는 특수교사여야 한다. 주 교육부는 교육국장의 규정 80-2.6항에서 언어와 청각장애아 교사들을 포함한 자격 있는 모든 특수교사를 포함하기 위해 이것을 설명했다. 또한 규정의 200.6 (b)에, 자격 있는 읽기교사(규정 80-2.7항)는 자문교사 서비스로서 '특별히 설계된 읽기교수'를 제공해야 한다.

## 교육적 배치에 대한 학생의 인식

학생들은 그들의 배치에 대해 어떻게 느끼는가? Vaughn와 Klinger(1998)는 교육적 환경에 대한 학생들의 인식을 조사한 1987~1996년의 논문 8편을 종합하였다. 전체적으로 (a) 대부분의 학생들은 하루 중 일부를 일반학급 외의 서비스를 선호하였다. (b) 학생들은 학습도움실을 좋아하였다. (c) 학생들은 통합교육을 즐기는데, 왜냐하면 통합교육은 학생들이 친구 사귀는 것을 돕기 때문이다. (d) 학생들은 일반교육 환경에서 지원 서비스를 높이 평가했다. (e) 학생들은 그들이 어떻게 특수교육 환경에 배치되는지 알지 못했다. 그리고 배치에 대한 학생들의 인식이 중요한 반면, 그들은 그러한 배치의 효과에 대해 말하지 않았다. 그들이 왜 어떤 프로그램들을 다른 프로그램들보다 좋아하고, 그들의 장애에 대한 그들의 이해와 그들이 어떻게 배치되었는지를 아는 것은 도움이 될 수 있다. 한 학생은 그가 시험에서 낙오되었고, 다른 시험에 합격하면 '나갈 것'이라고 믿었기 때문에 학습도움실에 있다고 생각했다. 그들의 배치에 대한 학생들의 인식과 느낌은 그들의 수행에 영향을 미칠 것이다. 그러나 이 시간에 우리는 단순히 그들 사이의 관계를 알지 못한다.

## 접근법들의 조합

통합적인 접근법에서 학습장애 학생에게 분리교육 서비스(학습도움실)와 통합교육 서비스(자문교사)가 함께 제공되는 것이 보기 드문 것은 아니다(교사를 위한 암시 : 접근법들의 조합 참조). 학습장애 학생들의 교사로서 여러분은 학생들의 요구에 기초한 서비스를 제공하고, 그들의 개별화교육계획에 의해 안내되도록 유연하게 될 필요가 있을 것이다. 그리고 최소 제한적 환경이 제공되어야 하는 반면, 이것이 모든 학습장애 학생들이 일반교육 학급에 배치되는 것을 의미하는 것은 아니다. Thomas와 Rapport (1998)는 그들의 논문에서 최소 제한적 환경에 대한 법률적 기초를 다음과 같이 주장했다.

> 만약 주 교육청이나 지역 학군이 장애아동들의 학업적 요구에 효과적으로 부합하기 위해 최소 제한적 환경이 아닌 분리교육을 유지한다면, 그러한 실행은 미국 장애인교육법을 위반한 것이고 '적절한 배치'에 적합하지 않다는 것이 우리의 견해이다. 그러나 유사하게 만약 주 교육청이나 지역 학군이 일반교육 환경에 참여할 수 있는 각 개별 아동의 요구와 능력에 대한 결정 없이 모든 장애아동들에게 완전 통합교육을 실시하였다면, 그러한 실행은 또한 미국 장애인교육법을 위반한 것이다(p.77).

이 시간은 학습장애 학생들의 교사가 되기 위한 흥미 있는 시간이다. 여러분은 일상을 통하여 역할을 잘 조정하는 자신을 발견할 수 있다. 그리고 만약 여러분이 한 지역에서 다른 지역으로 이동한다면, 여러분은 같은 유형의 학생들을 위한 다른 서비스 전달모델을 발견할 수 있다. 여러분은 여러분의 업무 수행을 결정하는 법률의 변화뿐만 아니라 전문적인 학술논문에 뒤떨어지지 않고 따라갈 필요가 있을 것이다.

**교사를 위한 함의 : 접근법들의 조합.** 매일 아침 앤드루스 씨는 그의 협력교사와 함께 1학년 통합학급에서 하루를 시작한다. 학습장애 6명을 포함하여 23명의 학생들이 있다. 학생들은 그 교실에서 전체 학교 일과를 보낸다. 그러나 앤드루스 씨는 그렇지 않다. 10시에 학습도움실로 뛰어 내려가고, 그와 보조교사는 45분 동안 5명의 3학년 학습장애 학생들을 가르친다. 학생들은 그들의 일반학급에서 나머지 시간을 보낸다. 준비 시간 후에 그는 2학년 교실에서 약 한 시간 동안 협력교수를 한다. 점심식사 후, 그는 짧은 시간 동안 그의 학습도움실로 돌아간다. 그리고 학교 일과의 남은 2시간 동안 학습도움실에서 보낸다.

학습도움실 교사로서 그의 역할에서, 앤드루스 씨는 학습도움실에서 집중하여 지도해야 할 영역들에 대해 일반학급 교사와 상담한다. 또한 그는 일반학급에서 사용될 수 있는 아이디어와 기법들을 공유한다.

처음에 그는 학생들의 요구를 알 수 없었고 일반학급 교사와 충분히 자주 협의할 수 없음을 느꼈다. 학습도움실 학생들을 위한 일정 작성이 매우 어렵지만, 혼자서 하루 중 일부를 거기에 있을 때 더욱 좋지 않았다. 학기 중간이 되어서야 학급이 정상 상태가 되었다. 그리고 앤드루스 씨는 이것이 학생들에게 최선이라고 믿지만, 한편으로 그가 하루 종일 특수학급에서 가르쳤던 때를 그리워하는 날이 있었다.

많은 자격을 갖추는 것이 특수교사가 해야 할 일이다. 이것이 쉽거나 바람직하다고 말하는 것은 아니다. 여러분의 시간을 활용하는 더 효율적이고 효과적인 방법이 있을지도 모른다. 앤드루스 씨는 통합학급의 협력교수로부터 학습도움실의 보충 교수 제공까지 이동하는 것은 어렵다고 느낀다. 그러나 주어진 학교의 크기, 학생의 요구와 상황은 변하지 않을 것이다. 만약 지역이 1명 또는 2명 이상의 교사들을 더 고용한다면, 그의 생활이 훨씬 더 편할 것이라고 그는 생각한다. 그러나 그는 이것이 곧 이루어지지 않는다는 것을 알고 있다.

## 요약

학습장애 학생들을 위한 교육적 배치에 많은 변화가 있었다. 1960년대 말과 1970년대 초에 대부분의 학습장애 학생들은 모든 교수를 제공하는 특수교사가 있는 특수학급에 배치되었다. 최근의 자료는 대다수의 학생들이 전일제 또는 시간제로 일반학급에서 교육받고 있는 것으로 나타났다. 1980년대 말에 학습도움실은 경도 학습장애로 판별된 50% 이상 학생에게 제공된 교육적 배치로 빠르게 증가되었다. 이것은 더 이상 사례가 아니다. 통합적 접근은 지금도 계속 증가하고 있다. 이 장은 학습장애 학생들을 위해 가장 자주 사용되는 배치에 초점을 둔 경향들을 논의했다—통합학급과 학습도움실.

## 숙고와 논의를 위한 발판

1. 학습장애 학생들을 위한 학교를 방문하라. 그러한 배치를 위한 요구에 대해 숙고하라. 그러한 배치가 학업적 수행이나 행동에 기초하는가? 왜 여러분은 부모들이 그러한 배치를 선택할 것이라고 생각하는가? 지역 학군이 등록금을 지불하고 있는가? 교수의 질에 차이가 있는가?
2. 지역 학교를 방문하라. 어떤 배치 선택이 학습장애 학생들에게 유용한가? 어떤 배치가 가장 자주 이용되는가?
3. 초등학교 수준과 중학교 수준에 있는 학습도움실 교사와 인터뷰하라. 그들의 교수적인 실제에서 차이는 무엇인가?
4. 경험이 있는 특수교사를 면접하라. 다양한 배치 선택의 의견은 무엇인가? 이러한 의견은 수년 동안 변화했는가? 이러한 의견에 영향을 미친 것은 무엇인가?
5. 다양한 서비스를 받고 있는 학습장애 학생들과 이야기하라. 그들은 어느 것을, 왜 좋아하는가? 만약 그들이 선택을 했다면, 그들은 어떤 것을 좋아할 것인가?
6. 다수의 통합학급을 관찰하고 그들의 강점과 그들이 제기하는 근심을 목록화하라. 그들은 어떻게 같은가? 그들은 어떻게 다른가?
7. 여러분은 특수학급이 학습장애 학생들을 위한 최소 제한적 환경라고 생각하는가? 그 이유는 무엇인가?
8. 일반학급 교사들을 인터뷰하라. 그들의 통합교육에 대한 인식은 무엇인가?

# 9 취학 전 학습장애 아동

학습장애의 위험성이 있는 취학 전 아동의 특성
초기 아동기에 학습장애의 예언자
사정
조기 유아기 중재
취학 전 학습장애 아동의 전형적인 유치원 일과
요약
숙고와 논의를 위한 발판

## 학습목표

이 장을 학습한 후 여러분은 다음을 할 수 있을 것이다.

- 취학 전 학습장애 아동들의 원인을 규명함에 있어 복잡성을 이해할 수 있다.
- 학습장애의 조기 위험 신호들을 알 수 있다.
- 취학 전 학습장애 아동들을 평가하기 위해 사용된 선별 도구들을 알 수 있다.
- 취학 전 학습장애 아동에게 사용된 종합적인 발달의 사정 절차를 알 수 있다.
- 취학 전 학습장애 아동들을 위한 다양한 중재들에 대해서 학습할 수 있다.

취학 전 학습장애 아동들을 논의하는 것은 여러 가지 이유에서 문제점이 있다. 학습장애는 조기 판별의 노력에도 불구하고 원래 학습과 관련된 장애이다. 상대적으로 소수의 학생들이 9살 이전에 학습장애를 가진 것으로 분류된다(미국 교육부, 2002). 따라서 가장 바람직한 실제를 논의할 때, 결론을 이끌어 내기 위해 매우 제한된 연구에 기초를 둔다. 그러나 여러분 중의 일부는 특별한 요구를 가진 취학 전 아동들과 학습하게 될 것이다(학습장애로 설명되는 취학 전 아동들, 또는 학습장애의 위험에 있는 학생들과 함께). 오늘날 특히 읽기 실패의 위험이 있는 아동들의 조기 판별에 대한 강조가 증가되었다. 연구가 경험적으로 어린 학습자들에게 입증된 판별, 사정, 교육적인 실제를 제공하기 위한 시도로 계속되기를 희망한다.

벤자민은 950g의 매우 저체중을 가지고 조산으로(8개월의 잉태) 태어났다. 그는 대부분의 또래 아동들보다 말이 늦었고, 운동 기능적으로도 느렸으며, 쓰기, 색칠하기 및 식사 도구 사용하기에서도 어려움을 가졌다. 3살 때 그는 발달지체로 판별되었고 특별한 교육적 요구를 가진 아동들을 위한 취학 전 프로그램에 다녀야 했다. 여러분은 그가 학습장애를 가지고 있다고 생각하는가? 여러분은 그가 유치원에 들어갈 때 그렇게 분류될 것이라 생각하는가?

페이지는 10개월을 가득 채우고 태어났다. 그녀의 부모는 그녀의 발달정도가 나이에 적절하고, 민첩하였으며, 주의집중 시간이 긴 주의 깊은 아동이었다고 보고한다. 그녀는 취학 전 선별 검사에서 글자와 단어 명명 과제에서 어려움을 보였고, 책과 읽기에도 낮은 흥미를 보인다. 페이지가 학습장애를 가질 가능성은 얼마인가? 페이지의 부모는 그녀의 선별 검사 결과에 충격을 받았다. 그리고 개인 교사를 찾을 계획을 세운다.

그리고 마지막으로 사라가 학습적인 과제에 어려움이 있다는 어떠한 징후도 없다. 그러나 그녀는 충동을 통제하지 못하고 그녀의 놀이 집단에서 다른 4세의 또래들과 잘 어울리지 못한다. 그녀의 부모는 걱정을 하지만 모든 것이 정상이라고 안심했다. 사라는 학습장애를 가진 것인가?

3명의 아동들은 그들이 학령기에 이르게 될 때, 학습장애를 가진 것으로 판별될 수도 있고 그렇지 않을 수도 있다. 벤자민은 위험성이 있는 것처럼 보인다. 그러나 우리는 확신할 수 없다. 페이지와 사라는 학습장애에 대한 기준을 충족시킬 수도 있고 충족시키지 못할 수도 있다. 이것이 취학 전 학습장애 아동들의 문제점이다. 여러 가지의 이유들로 이 연령대에 있는 학습장애 아동을 판별하기란 어렵다. 이 장은 취학 전 학습장애 아동들의 특성, 사정 절차, 중재뿐만 아니라 이러한 많은 원인들에 대하여 논의할 것이다. 이러한 모든 이슈들은 이 연령대의 아동들과 관계하는 사람들이 직면한 복잡한 법적 및 실제적인 이슈들의 맥락 속에서 논의될 것이다.

## 학습장애의 위험성이 있는 취학 전 아동의 특성

### 실제적인 관심사

벤자민, 페이지, 사라는 학습장애를 가지고 있는가? 그들은 학습장애의 위험이 있는가? 또는 정상적으로 발달하는 취학 전 아동들인가? 취학 전 학습장애 아동들의 특성과 판별을 논의하는 데 있어서 간단한 답은 없다. Smith(2004)는 "취학 전 아동들을 학습장애로 판별하는 것은 단지 추정된 추측일 뿐이다."고 했는데, 왜냐하면 우리는 그 아동이 학령기에 이르게 되었을 때, 지적 능력과 성취 사이의 불일치가 발생할지 여부를 정말로 알 수 없기 때문이다(p.38). Shapiro, Church 및 Lewis(2002)도 학습장애는 보통 아동들이 초등학교에 들어간 이후에 판별된다고 지적한다. 사실 자료는 비교적 소수의 6~7세와 8세 아동들이 학습장애와 관련된 서비스를 받는다고 나타난다. 따라서 우리는 이 학생들이 누구인가, 그들이 무엇처럼 보이는가, 우리가 어떻게 판별할 수 있는가를 논의할 때 불확실한 상황에 놓이게 된다. 다음에 이어지는 것은 문제를 더욱 복잡하게 한다.

- 취학 전 아동들(3~5세 아동)에게 적용된 법들은 학습장애와 같은 특별한 판별을 요구하지 않는다. 오히려 그런 아동들은 발달지체로 분류된다.
- 학습장애는 전통적으로 학업적 장애로 정의되어 왔다.
- 장애가 심각할수록 아동들은 더 잘 판별될 것이다.
- 장애가 심각할수록 더 많은 서비스가 이용되어질 수 있다.
- **학습장애**에 대한 정의에서 제외 요소는 학업 실패의 가장 강한 예언자 중의 하나인 가난에 대한 실재를 부정한다.
- 언어와 문화가 다양한 도시지역 학생들과 관련된 이슈와 관심사는 판별 과정을 더욱 복잡하게 한다.

이러한 각각의 요소들은 아래에서 충분히 논의될 것이다.

### 특별한 욕구를 가진 취학 전 아동에 적용된 법

장애인교육법 2004의 Part B에 의하면, 국가는 발달지체를 가진 취학 전 아동들을 판별할 수 있다. 1991~2001년의 초기 유년기 특수교육에 대한 문헌 연구 개관에서 Smith, Strain, Sandall, Snyder, McLean, Broudy-Ramsey 및 Sumi(2002)는 연구들이 장애에 대한 정보를 거의 포함하지 않기 때문에 연구자들은 장애인교육법 분류 체계를 사용한다고 제시했다. 예를 들면 Part B는 신체적, 인지적, 의사소통, 사회적 · 정서적, 또는 적응 발달의 5개 부분 중에서 최소한 하나에서 발달지체를 가진 3~5세의 취학 전 아동들을 위한 무상의 적절한 공교육을 제공한다. 하나의 영역보다 더 많이 영향을 받는다고 가정해 봤는가? 한 아동은 낮은 인지 발달로 판별될 수 있다. 또한 똑같은 프로그램을 수행한 다른 아동은 사회성 발달지체를 가질 수 있다. 누가 학습장애를 가지고 있는가? 그리고 누가 가지고 있지 않는가? 우리는 단순히 모든 연구들로부터 단정 지을 수 없다.

그 법은 또한 그들이 개별화교육프로그램(IEP) 또는 개별화 가족 서비스 계획(Individualized Family Service Plan : IFSP)을 사용할지 결정하기 위해 다학문적 팀을 인정한다. 개별화 가족 서비스 계획은 출생 후 2살까지 요구된다(이 연령대의 그룹은 장애인교육법 97과 장애인교육법 2004의 Part C에 의해 관리된다). 만약 다학문적 팀이 개별화 가족 서비스 계획을 사용한다면 초등학교에서의 변화는 그 계획이 학교보다 가족들에게 맞게 조정되기 때문에 더 복잡해질 수 있다. 또한 2세(조기중재) 이전에 학습장애를 가진 아동의 판별은 거의 드물다.

### 학습장애는 전통적으로 학업적 장애로 정의되어 왔다

학습장애의 정의에 있어서 사회적이고 정서적인 요소들의 포함을 요구해 왔지만 최근까지 여전히 학업적 장애로 우선 분류된다. 가장 많은 의뢰는 일반학급 교사가 학생에게서 기대하지 못한 저성취를 관찰할 때 발생한다(기다리고 실패하는 모델이라고 부른다). 학교 관계자들은 보통 아동의 학업적 성공에 대해 일찍 문의하는 것을 달갑지 않게 생각하며, 학생이 어떻게 진보해가는지를 기다리며 관찰하기를 더 좋아한다. 취학 전 시기에 이러한 못마땅하다는 태도는 높아지게 된다. 학생들은 다른 이유 때문에 중재를 받을 수도 있다. 그러나 우리는 그들이 학습장애를 가지고 있는지 알지 못한다.

### 장애가 더 심각할수록 아동이 더 쉽게 판별될 것이다

사소한 조음 문제를 가진 아동은 아마도 주목받지 못하지만, 2세에도 여전히 말하지 못하는 아동은 주목받을 것이다. 약간의 신경질적인 아동은 아마도 고통에서 벗어나려고 하는 전형적인 취학 전 아동으로 보일 것이나, 다른 사람들과 자기 자신에게 공격적인 아동은 관심을 받을 것이다. 일반적으로 말해서, 관찰할 수 있는 장애가 더 심각해질수록, 부모나 유치원 교사들은 더 많은 도움을 찾을 것이다. 초등학교에 입학해서 학습장애로 판별될 수 있는 작은 문제를 가진 아동은 발견되지 않을 수도 있다. 대안적으로 그러한 작은 문제들은 학습장애의 전조가 되지 않는다(이 장의 후반부에 있는 평가 참조).

### 장애가 심각할수록 이용할 수 있는 서비스는 더 많아진다

역사적으로 서비스는 장애가 명확히 관찰되고 심각한 학생들에게 제공되어 왔다(Gallagher, 2000). 정신지체 학생과 신체적, 시각, 청각 장애를 가진 학생들을 위한 프로그램은 1960년대 중반부터 취학 전 아동들을 위해 이용되어 왔다. 정확히 얼마나 많은 취학 전 연령대의 아동들이 학습장애를 가지고 있는지 확인하기는 어렵다. 그러나 초등학교 학령기 동안 학습장애의 발생률은 급격히 증가한다.

### 학습장애에 대한 연방정부의 정의에서 제외 요소는 학업 실패의 가장 강한 예언자 중의 하나인 가난에 대한 실재를 부정한다

가난한 가정에서 태어난 아동들은 학업 실패의 위험성이 있다(Donovan & Cross, 2002 참조). 하지만 '경제적인 결핍'은 학습장애 학생을 판별할 때 제외되는 요소 중의 하나이다. 연구들이 조기중재 프로그램의 이로움을 과잉 강조하는데 인용될 때(미국소아과학회, 2001; Guralnick, 1997; Lerner, Lowenthal & Egan, 2003), 그들은 가난한 아동들도 포함한다. 학교에 들어갔을 때 이러한 학생들을 학습장애를 가진 것으로 판별하기에 적합할까?

### 언어와 문화가 다양한 도시 지역 학생들과 관련된 이슈들은 과정을 복잡하게 한다

많은 학생들에게 이 이슈는 특정 학습장애보다 오히려 그들의 문화 또는 언어와 관련될 수 있다(제4장 참조). 이러한 학생들이 취학 전 특수교육 인구에 포함되었는지에 대한 문제는 정확히 누가 취학 전 학습장애 아동들인지, 그리고 어떤 교수적 실제들이 이들에게 효과적인지에 대한 논의를 복합하게 한다.

## 초기 아동기에 학습장애의 예언자

많은 연구들이 학업 실패의 예언자에 관하여 쓰였다(Torgesen, 2004 참조). 누가 위험성이 있는가? 그들은 어떻게 판별될 수 있는가? 그들의 강점과 약점은 무엇인가? 이러한 조사는 전형적으로 유치원 때까지 시작하지 않고, 주로 읽기장애에 초점을 맞춘다. 결과적으로 그렇게 분류된 대부분의 학생들에게, 학습장애는 읽기의 어려움에 기인될 것이다. 그러나 이것은 읽기장애를 가지고 있는 모든 학생들이 학습장애를 가지고 있음을 의미하지 않는다. 학습장애를 가지고 있는 학생들과 읽기 실패의 위험성이 있는 학생들을 구분하는 것은 불가능하다. Shapiro 등(2002)에 의하면 초기 학습장애의 척도는 사회적 상호작용, 충동 통제 및 운동 기능과 관련된 어려움을 포함한다. Scarborough(1990, 1998)는 가장 중요한 예언자는 의미론과 구문론에서 어려움이라고 지적한다. Scarborough의 연구는 읽기장애의 위험에 있는 학생들을 포함했다고 언급되어진다. 아마도 이 주제를 해결하기에 가장 합리적인 방법은 학습장애를 가지고 있는 학생들의 특성을 관찰하는 것이다. 만약 취학 전 아동들이 다양한 영역에서 그런 문제들을 가지고 있다면, 그들은 학습장애의 위험성에서 고려되고 평가되어야 한다.

### 취한 전 시기에서 학습장애의 특징

**운동기능 문제.** 학습장애 학생들은 서투른 소근육운동기능과 대근육운동기능을 가지고 있을 수 있다. 학습장애 영역에서 초기 리더들은 이러한 관심사에 집중했다. Smith (2004)는 Frostig, Kephart, Johnson 및 Myklebust에 의한 운동(그리고 지각의) 문제의 많은 초기 연구들이 잠재적으로 학습장애를 가지고 있는 취학 전 아동들의 교육에 대한 훌륭한 지침으로 적합하다는 것을 언급했다. 교사들이 미래의 학습장애를 위해 주의시키는 소근육운동 과제들은 식사 도구, 크레용과 연필 잡기의 어려움, 퍼즐, 블록, 구슬놀이의 어려움, 또는 색칠하기 또는 모양이나 물건들을 베끼는 데 느끼는 어려움 등이다. 대근육운동 어려움은 기어 다니기, 걷기, 뛰기, 폴짝폴짝 뛰기, 점프하기와 같은 근육운동 단계 성취에 대한 지체를 포함할 수 있다. 아동들은 운동장 놀이 활동, 스포츠 또는 다른 신체적 활동에서 근육운동의 협응이 부족할 수 있다. 그들은 서투르고, 물체에 부딪히며, 물건들을 뒤집어엎을 수 있다.

**지각장애.** 어떤 취학 전 아동들은 환경으로부터 정보를 해석할 때 어려움을 가질 수 있다. 학습장애 학생들은 청각, 시지각 과제에서 어려움을 가진다고 보고된다. 대부분의 연구는 읽기에 초점을 맞춘다. 그래서 지각장애가 3~5세 범위에서 분명하다고 확신을 가지고 말하기가 어렵다. 읽기장애의 초기 예언자들에 대해 많이 쓰여 졌다(제13장 참조). 그리고 지각 기능 장애는 특히 음소의 인지에서 보고된다. 잠재적인 학습장애를 가지고 있는 어떤 아동들은 대개 동요나 운율, 비슷한 소리 단어들의 빈번한 혼동 및 단어들을 추적하는 데 어려움을 가질 수 있다.

**주의력결핍.** 학습장애 학생들 중의 약 1/3 정도는 주의력결핍 과잉행동장애를 가지고 있다. 다른 아동들은 과제집중의 어려움, 제한된 주의력 범위, 관련성 있는 정보와 관련성 없는 정보의 구별능력 등이 부족하나, 이러한 문제들은 주의력결핍 과잉행동장애 진단되기에 충분히 심각하지 않을 수 있다. 한 그룹으로서 취학 전 아동들은 오랜 시간 동안 앉아서 집중하고, 과제의 지속에 어려움을 가진다. 그러나 만약 이러한 문제들이 모든 상황에서 발생하고 많은 성인들에 의해 언급된다면, 그것들은 학교에서 장래 어려움의 지표가 될 수 있다. 그들은 주의력결핍 과잉행동장애, 학습장애, 또는 둘의 결합을 나타낼 수 있다.

**기억장애.** 학습장애 학생들의 다른 특징은 기억을 요구하는 과제에 어려움이 있다. 기억은 복잡한 과정이다(제4장 참조). 취학 전 아동들의 제한된 기억 목록과 결부된 이 사실은 예언적인 과정을 복잡하게 한다. 그것이 아주 빈번하게 바뀔 때 여러분은 어떻게 3~5세 아동의 기억 기능을 사정할 수 있는가? 만약 아동이 가족구성원이나 일반적인 물건들의 이름, 일상적인 일과, 또는 자주 방문하는 장소들을 기억하는 데 심각한 어려움을 가지고 있다면 이것은 명백히 중요한 문제이고, 학습장애의 전조가 될 수 있다. 어떤 취학 전 아동들은 충분한 주의력 기능을 가지고 있지 않을 수 있다. 그래서 그들의 기억 기능은 열등하게 나타날 것이다. 분명히 거기에는 상당한 중첩이 있다. 자장가를 기억할 수 없는 3세의 아동이 기억장애를 가지고 있는가? 그녀는 단어를 정확히 지각하는 지각능력이 부족한가? 그녀는 집중하고 기억하는 데 필요한 주의력 기술이 부족한가? 그녀는 다른 것에 관심이 있는가? 또는 그녀는 정상적으로 발달하는 아동인가? 많은 경우에 있어서 단지 시간만이 말해 줄 것이다.

**언어장애.** 많은 학습장애 학생들은 언어에 기초한 장애를 가지고 있다. 소리, 단어, 문장 이해와 같은 수용언어 또는 일반적인 물건에 이름을 붙이기, 구문론, 제한된 발화 길이와 같은 표현언어에 어려움을 가진 취학 전 아동들은 학습장애를 가지고 있을 수 있다. 그들은 또한 언어장애를 가질 수 있고, 취학 전 아동의 전형적인 다양성을 경험할 수 있다. 그들은 적절한 시기 내에 언어 발달 이정표에 도달하지 못할 수 있다. 그들은 말하기를 꺼려할 수 있고 그들 주위의 세상을 이해하지 못하는 것 같이 보일 수 있다. 그들은 언어의 형식, 내용, 사용에서 이미 증명된 장애를 가질 수 있다(제12장 참조).

**사회적 인지장애.** 사회적 인지장애와 관련된 학습장애의 분야에 대해 많은 논쟁이 있다. 취학 전 아동들을 사정하는 데 있어, 이 이슈는 훨씬 더 복잡하다(제16장 참조). 친구를 사귀는데 어려움을 가지고 있는, 생일 파티에 결코 초대되지 않는, 틀린 시간에 틀린 것을 말하는 취학 전 아동은 학습장애거나 아닐 수 있다. 그러나 만약 이러한 문제들이 지속된다면 그들은 원인에 관계없이 해결되어야 할 필요가 있다.

**다른 조기 위험 신호.** 취학 전 연령에서 학습장애의 가장 일반적인 지표는 언어에서 어려움이다(더 많은 정보를 위해 www.ldonline.org 참조). 특히 늦게 말하는 취학 전 아동들은 단어 발음에 어려움, 늦은 어휘 발달과 운율 활동에서 곤란함을 가지고 있다. 이러한 아동들은 한 주의 요일, 숫자, 알파벳과 같은 특별한 정보를 기억하는 데 어려움을 가지고 있다. 그들은 산만하고, 불안하며 주의집중에 어려움을 가지고 있다. 그들은 또한 의사소통에 어려움을 가지기 때문에 그들의 동료들과 상호작용하는 데 어려움을 가질 수 있다.

만약 취학 전 아동들이 위에서 언급된 영역에서 어려움을 나타내고 그들 또래 아동들과 뚜렷하게 다르다면, 그들은 더 많은 사정을 필요로 한다. 다음의 절은 초기의 선별부터 철저한 분석까지 사정 과정을 논의한다.

## 사정

전문가와 부모들은 취학 전 아동들을 사정할 때 매우 조심해야 한다. 이 연령대의 정상적인 발달의 범위는 광범위하고, 많은 평가 도구들, 특히 표준화 검사들은 충분한 타당성과 신뢰성이 부족하다. 이것은 우리가 단지 그 아동이 학교에 들어갈 때까지 기다려야 함을 의미하는 것은 아니다. 그러나 우리는 취학 전 학습장애 아동들을 판별하는 우리의 능력에 대해 겸손하고 조심해야 할 필요가 있다. 다양한 전문가들과 가족 구성원들에 의한 올바른 자료 수집과 사정을 통하여, 아동이 유치원에 들어갈 때 합리적인 결정이 이루어질 수 있다. Cohen과 Spenciner(2003)는 이 연령대의 집단을 위한 사정 과정을 (a) 선별과 (b) 종합적인 발달 사정 두 가지의 범주로 나누었다. 검사의 목적은 장애를 가지고 있거나 장애의 위험에 있는 학생들을 판별하기 위해 많은 정보를 수집하기 위한 것이다. 부모나 의사들은 발달지체나 장애를 판별할 수 있고, 아동의 검사를 제안할 수 있다. 검사 과정은 전형적으로 매우 광범위하고 신속하고, 완전한 사정으로서 생각되지 않아야 한다. 검사의 유일한 목적은 더 철저한 평가를 필요로 하는 학생들을 판별하는 것이다. 이러한 제한 때문에 검사 과정이 장애를 가지고 있지 않은 학생들을 판별하고 장애를 가진 학생을 누락시키는 것은 놀랍지 않다. 계속적이고 잦은 선별은 이러한 오류들을 줄이는 데 도움을 줄 것이다. Cohen과 Spenciner (2003, pp.314~315)는 선택된 선별 도구들의 목록을 제공한다(표 9-1).

### 종합적인 발달 사정

만약 아동이 학습장애를 가지고 있다는 생각이 들면 더 종합적인 사정이 필요하다. 이러한 사정은 다양한 영역을 포함해야 하고 학생이 발달지체를 가지고 있음을 확인하기 위해 많은 전문가들을 포함한다. 선택된 발달 사정 도구에 대한 다음의 표 9-2는 Cohen과 Spenciner(2003, pp.322~326)에 의해 제공된다.

이러한 도구들과 함께 전문가들은 관찰, 체크리스트, 평정척도법, 준거지향 평가, 실제 사정과 같은 다양한 비형식적인 사정 과정을 사용하도록 장려한다.

학습장애 위험성이 있거나 학습장애를 가지고 있는 것으로 의심되는 취학 전 아동은 조기중재가 필요하다. 특별한 중재계획은 학생의 요구에 기반을 두고 개발되는 것이 필요하다. 학기 초에 진단적 과정은 학습장애보다 다른 장애를 드러낼 수 있다. 취학

**표 9-1 선택된 검사 도구**

| 도구 | 사정 영역 | 대상 연령 | 신뢰도 | 타당도 | 규준 | 검사 시간 |
|---|---|---|---|---|---|---|
| AGS 조기 선별 프로파일 (AGS Early screening Profiles) (Harrison과 다른 사람들 : 1990) | 인지/언어/사회성, 발음조사, 행동조사, 운동기능프로파일, 가정조사, 건강력 조사 | 2세~ 6세 11개월 까지 | 내적 일치도 평균 .85, 검사 · 재검사 범위 .78~.89, 평정자 간 평균 .92 | 많은 연구는 공인타당도, 예측타당도, 구인타당도 지원 | 지리적 지역, 인종, 성별, 연령, 사회 경제적 지위에 따라 나눈 콜럼비아 구와 교육청에 재학하는 26개 주 1,149명 어린이 | 아동을 위해 15~30분, 교사와 부모 설문지를 위해 10~15분 |
| 부모작성 영유아 발달선별도구 (Ages & Stages Questionnaires : ASQ)(Bricker & Squires, 1999) | 의사소통, 대근육운동, 소근육운동, 문제해결, 개인-사회성 | 4~60개월 까지 | 적절 | 적절 | 2,008명 어린이 | 10분~20분 |
| Brigance 취학전 선별 검사 (Brigance Preschool Screen) (Brigance, 1998) | 11가지 기능 영역 | 2세 9개월~ 5세까지 | 보고 없음 | 보고 없음 | 준거지향평가 | 12분~15분 |
| Denver 발달적 선별 검사II (Denver Development Screen, Test II : DDST II) (Frankenburg at al., 1990) | 대근육운동, 언어, 소근육운동, 적응, 개인-사회성 | 출생~ 5세 11개월 까지 | 제한된 정보 보고 | 제한된 정보 보고 | 어머니 교육, 주거, 민족에 따라 나눈 2,096명 어린이 | 5분~10분 |
| 학습 사정을 위한 발달적 지표 -3판 (Developmental Indicator for the Assessment of Learning-Third Edition : Dial-3)(Mardell-Czudnowski & Goldenberg, 1998) | 운동 기능, 개념적 능력과 언어 기능 영역 | 3세~ 6세 11개월 까지 | 검사 · 재검사 신뢰도 .84~.88 내적 일치도 적절 | 타당도의 증거 적절 | 나이, 성별, 지리적 지역, 인종과 민족 집단, 부모 교육 수준에 따라 나눈 1,560명의 영어사용자와 650명의 스페인어 사용자 | 30분 |

| 도구 | 사정 영역 | 대상 연령 | 신뢰도 | 타당도 | 규준 | 검사 시간 |
|---|---|---|---|---|---|---|
| 조기선별검사목록-개정판(Early Screening Inventory-Revised : ESI-R)(Meisels, Marsden, Wiske, & Henderson, 1997). | 시각-운동/적응 영역, 언어 및 인지 영역, 대근육 영역 | ESI-P (3세~4세 6개월)<br>ESI-K (4세 6개월~6세) | 평정자 간 .99<br>검사 · 재검사 .98<br>평정자 간 .98<br>검사 · 재검사 .87 | 제한된 정보 제한 | 997명 어린이<br>5,034명 어린이 | 15~20분 |
| 첫 단계(First STEP)(Miller, 1992) | 인지, 의사소통, 운동, 사회 · 정서적, 적응영역 | 2세 9개월~6세 2개월 | 검사 · 재검사 신뢰도 유의미 범위 .85~.92<br>내적 신뢰도 .77~.96 | 적절한 공인 타당도 | 1988년 미국 인구조사에 기초한 성별, 지리적 지역, 인종/민족에 따라 나눈 1,433명 | 15분 |

출처 : Cohen, L. G., & Loraine Spenciner. *Assessment of Children and Youth with Special Needs,* 2/e. Published by Allyn and Bacon, Boston, MA. Copyright © 2003 by Pearson Education. Reprinted by permission of the publisher.

**표 9-2 발달 사정 도구**

| 도구 | 영역 | 대상 연령 | 유형 | 신뢰도 | 타당도 |
|---|---|---|---|---|---|
| 유아와 아동용 사정, 평가와 프로그래밍 체계, 0~3세용 (Assessment, Evaluation, and Programing System(AEPS) for Infants and Children-Vol.1,AEPS Measurement for Birth to Three Years)(Bricker,1993) | 소근육운동, 대근육운동, 적응, 인지, 사회·의사소통, 사회성 | 출생~3세 | 아동의 진보를 계획, 관찰, 평가하기 위한 준거 지향 도구 | 적절 | 교사와 다른 조기중재 제공자는 개별화 프로그램을 위한 의사결정 자료를 평가해야 한다. |
| 유아와 아동용 사정, 평가와 프로그래밍 체계, 3~6세용 (Assessment, Evaluation, and Programing System(AEPS) for Infants and Childre-Vol.3, AEPS Measurement for Three to Six Years (Bricker & Pretti-Fornteczak,1996) | 소근육운동, 대근육운동, 적응, 인지, 사회·의사소통, 사회성 | 3~6세 | 아동의 진보를 계획, 관찰, 평가하기 위한 준거 지향 도구 | 적절 | 교사는 개별화 프로그램을 위한 의사결정 자료를 평가해야 한다. |
| Bayley 유아발달 척도-II (Bayley Scales of Infant Development-II : BSID-II) (Bayley,1993) | 지능척도와 운동 척도 | 1세~ 3세 6개월 | 규준지향, 1,700명 어린이 참가, 1988 인구조사를 기초로 계층을 나눔 | 적절 | 적절 |
| Boehm 기초 개념 검사-3판 취학전 아동용 (Boehm Test of Basic Concepts, Third Edition Preschool)(Boehm 3 Preschool) (Boehm, 2001) | 기초적 관련 개념 | 3세~ 5세 11개월 | 규준지향, 미국조사국 학교입학추가 파일 . 1998년 10월 미국 인구 현재 인구 조사에 의하여 성별, 인종/민족, 지역, 부모교육수준으로 나눈 1,600명 어린이 | 적절 | 적절 |
| Boehm 기초 개념 검사-3판 스페인어 유치원용 (Boehm Test of Basic Concepts, Third Edition Preschool Spanish Edition)(Boehm 3 Preschool)(Boehm, 2001) | 기초적 관련 개념 | 3세~ 5세 11개월 | 규준지향, 성별, 인종/민족, 지역, 부모교육수준으로 나눈 스페인어 사용 400명 어린이. 샘플이 불충분하게 표집된 북동부 지역과 지나치게 많은 남부와 서부지역 | 적절 | 적절 |

| 도구 | 영역 | 대상 연령 | 유형 | 신뢰도 | 타당도 |
|---|---|---|---|---|---|
| Boehm 기초 개념 검사-3판 (Boehm Test of Basic Concepts, Third Edition) (Boehm 3) (Boehm, 2000) | 기초적 관련 개념 | 유치원~ 2학년 | 규준 지향, 교육구의 사회경제적수준, 미국조사국 학교입학추가 파일, 1998년 10월 미국 인구 현재 인구조사에 의하여 인종/민족, 지역으로 나눈 10,000명 어린이 | 내적 일치도 적절, 검사·재검사 범위 .78 ~.80 | 추가적인 타당도 연구 필요 |
| Braken 기초 개념 척도 개정판 Bracken Basic Concept Scale Revised(Bracken, 1998) | 수용적인 지식의 개념 포함 : 색깔, 방향/위치, 글자, 개인-사회, 크기, 인식, 구조/자료, 비교, 질, 모양, 시간/절차, 수/세기 | 2세 6개월~ 7세 11개월 | 규준 지향 | 내적 일치도 범위 하위검사 .78~.98과 전체검사 .96 ~.99; 전체검사에 대한 검사·재검사는 .94 | 내용타당도, 공인타당도, 예측타당도를 위한 증거가 나타난 매뉴얼 |
| BRIGANCE 조기발달검사 개정판 (BRIGANCE Inventory of Early Development Revised)(Brigance, 1991) | 보행 전, 대근육운동, 소근육운동, 적응, 스피치와 언어, 상식과 이해, 사회적-정서적, 읽기 준비도, 기초적 읽기, 쓰기, 셈하기 | 출생~7세 | 준거 지향, 논문 검토로부터 발달된 규준 | 보고 없음 | 보고 없음 |
| 장애유아를 위한 Carolina 교육과정 (Carolina Curriculum for Pre-schoolers with Special Needs) (Johnson-Martin, Attermeier, & hacker, 1990) | 인지, 의사소통, 사회적응, 소근육운동, 대근육운동영역 | 3~5세 | 준거 지향 | 보고 없음 | 교사는 개별화 프로그램을 위한 의사결정 자료를 관찰해야 한다. |
| 유아 발달 검사 (Developmental Assessment of Young Children)(Voress & Maddox, 1998) | 인지, 의사소통, 사회적·정서적, 신체 발달, 적응 | 출생~ 5세 11개월 | 규준 지향, 27개 주에서 1,269명 참가, 미국 통계 마감에 따른 퍼센트 비교(1996) | 적절 | 적절 |

**표 9-2 발달 사정 도구(계속)**

| 도구 | 영역 | 대상 연령 | 유형 | 신뢰도 | 타당도 |
|---|---|---|---|---|---|
| Hawaii 유아용 조기 학습 프로파일 (Hawaii Early Learning Profile (HELP) for Preschoolers) (VORT, 1995) | 인지, 언어, 대근육운동, 소근육운동, 사회성, 자기 도움 | 3~6세 | 교육과정 기반 | 매뉴얼에서 설명과 안내는 일관성을 촉진시키기 위해 설계되었다. | 교사는 개별화 프로그램을 위한 의사결정 자료를 관찰해야 한다. |
| 유아-취학 전 놀이 사정 척도 (Infant-Preschool Play Assessment Scale)(Flagler, 1996) | 인지, 의사소통, 감각운동, 대소근육운동, 사회-정서적 기능 | 출생~5세 | 규준 지향 | 보고 없음 | 교사는 개별화 프로그램을 위한 의사결정 자료를 관찰해야 한다. |
| Kaufman 조기 학습과 언어 기능 조사 (Kaufman Survey of Early Academic and Language Skills : K-SEALS)(Kaufman, 1993) | 표현언어, 수용언어, 수, 문자, 단어 기능 | 3~6세 | 준거 지향, 지리적 지역, 인종, 연령, 성별, 사회경제적 지위, 교육청의 입학에 따라 나눈 28개주 1000명 | 적절 | 적절 |
| Mullen 조기 학습 척도 (Mullen Scales of Early Learning) (Mullen, 1995) | 대근육운동, 시각 수용, 소근육운동, 수용 언어와 표현 언어 | 출생~5세 9개월 | 준거 지향, 연령, 성별, 인종/민족, 아버지 직업, 도시/지골에 따라 나눈 4개 지리적 지역 1849명 어린이 | 어린 연령 집단에 적절 | 구인타당도의 증거가 나타남 |
| 조기 서비스 계획 시스템 (System to Plan Early Childhood Services : SPECS) (Bagnato & Neidworth, 1990) | 의사소통, 감각 운동, 신체, 자기조절, 인지, 개인/사회 | 2~6세 | 개별화된 계획과 평가의 발전된 프로그램 계획을 위하여 아동의 사정을 연결한 시스템 | 검사 · 재검사 적절 | 교사는 개별화 프로그램을 위한 의사결정을 하고 자료를 평가해야 한다. |
| Vineland 조기 사회 정서 척도 (Vineland Social-Emotional Early Childhood Scales : SEEC) (Sparrow, Balla, & Cicchetti, 1998) | 사회적 · 정서적 기능 : 놀이 집중, 국제사회 상호작용에 참여, 감정 표현 이해, 관계 형성과 유지, 자기 조절 행동 발달 | 출생~5세 11개월 | 준거 지향, 준거는 확대된 바인랜드 적응 행동 척도(Vineland Adaptive Behavior Scales : ABS)의 표준에 따른 자료로부터 얻었다.(ABS로부터 항목은 SEEC 구성에 사용되었다.) | 적절 | 적절 |

출처 : Cohen, L. G., & Loraine Spenciner. *Assessment of Children and Youth with Special Needs,* 2/e. Published by Allyn and Bacon, Boston, MA. Copyright © 2003 by Pearson Education. Reprinted by permission of the publisher.

전 학습장애 아동들을 판별할 때 확실한 것은 불확실성이다. 전문가들은 학생의 요구에 부합함과 동시에 이러한 불확실성을 다룰 수 있어야 한다.

## 조기 유아기 중재

특수교육에서 소수민족 대표위원회(Donovan & Cross, 2002)는 조기중재에 기반을 둔 연구논문을 검토하여 "체계적인 예방 노력의 착수를 정당화하기 위한 충분한 이론적이고 경험적인 지원"이 있다고 결론지었다(p.163). 가난의 결과는 과장될 수 없다. 그것은 학업 실패에 원인이 되고 조기에 아동을 위험에 빠뜨리는 수많은 요인들과 관련된다(Brooks-Gunn & Duncan, 1997; Donovan & Cross, 2002; Park, Turnbull & Turnbull, 2002; Salend, 2005). 가난으로 고통 받는 지역(도시 또는 시골)에서 학습장애 학생들을 가르치는 교사들은 이 요인을 알아야 할 필요가 있다(더 많은 특별한 정보를 원하면 제3장 참조).

발달지체를 가지고 있는 학생들은 무상의 적절한 공교육을 제공받아야 한다. 대부분의 프로그램은 비범주적이다. 즉 프로그램은 장애학생들을 포함한다. 그러므로 위에서 언급된 대로 그들이 학습장애 학생들을 위해 서비스를 제공할 것인지 아닌지는 쉽게 결정되지 않는다. 더욱이 어떤 방법이 특별한 장애에 가치 있는가를 결정하는 것은 어렵다. Head Start와 High/Scope Perry Preschool 프로그램처럼 전국적으로 인정되는 프로그램은 발달지체 또는 장애 위험을 가지고 있는 아동들을 위한 서비스를 제공한다. 그러나 이러한 아동들은 가난한 환경 속에 살고 있을 수도 있다. 그리고 학습장애보다 다른 12개의 장애인교육법 범주 내에서 분류하는 것이 적합하다. 이것이 문제가 있는가? 어떤 사람들은 문제가 없다고 말한다. 오히려 우리는 아동들의 라벨이 아닌 요구에 기초하여 서비스를 제공하는 것이 필요하다. 그런데도 만약 우리가 학습장애 학생들을 위한 실제의 정당성을 입증하기 원한다면, 우리는 그렇게 할 수 없을지도 모른다. 그 결과 무엇이 우리의 실제를 결정해야하는가? Smith 등(2002)은 다양한 이론들로부터 조기 유아기 특수교육과 조기중재에 관해 "실제에 관한 잠재적인 이론"(p.170)이라고 말한다. 그들은 그러한 이론을 위해 다음의 원리들을 제안한다(p.166).

- 가족과 가정은 주요한 양육 환경이다.
- 관계를 강화하는 것은 본질적인 특징이다.
- 아동은 그들의 환경을 관찰하고 행동함으로써 배운다.
- 성인은 학습을 증진시키기 위해 아동의 경험을 중재한다.
- 더욱 발전적으로 개선된 환경에서 아동들의 참여는 그러한 환경에서 성공적이고 독립적인 참여를 위해 필수적이다.
- 조기중재, 조기 유아기의 특수교육 실제는 개별적이고 역동적으로 목표 지향적이다.
- 프로그램을 통한 전환은 발전적으로 연구하는 성인들에 의해 강화된다.
- 가족들과 프로그램들은 넓은 환경에 의해 영향을 받는다.

이러한 실제 이론은 바로 학습장애 학생들이 아니라, 특별한 교육적 요구를 가진 모든 학생들에 기초한다. 취학 전 아동들의 교육에 관한 연구 개관에서 Bowman, Donovan 및 Burns(2001)는 어떤 미취학 아동을 위한 양질의 프로그램이 안내하는 원리는 학습장애 학생들에게 적절하고 필수적이라고 제안한다. 그들은 강조되어야 하는 네 가지 프로그램의 특징들을 확인한다.

1. 의사소통 기술
2. 사회적 · 정서적 기술
3. 개인차 주의
4. 부모 참여 강조

다른 연구자들(Lerner et al. 2003; Salend, 2005; Smith, 2004)은 취학 전 아동들을 위한 똑같은 초점에 주목한다. 학생들은 의사소통 기술, 사회성, 주의력, 그리고 처리기술과 운동기능을 배운다. 가족들과 협동은 중요하고, 전형적으로 취학 전 관계자들은 부모들이 자녀의 발달 촉진에 필요한 서비스와 지원을 받을 수 있도록 도와준다. 이것이 어떻게 수행되는지는 위에서 기술된 모든 분야를 포함하는 목표를 가진 취학 전 학습장애 아동의 전형적인 학교 일과의 예로써 설명된다(Lerner et al., 2003, p.120).

특정한 중재들은 변화될 것이고, 우리는 이런 중요한 시기에 누구를 위해 무엇이 연구되었는지 모른다. Bender(2004)는 “비록 판별의 문제가 해결된다 할지라도, 교육의 효과는 이러한 아동을 위해 증명되지 않는다.”고 언급했다(p.402).

## 취학 전 학습장애 아동의 전형적인 유치원 일과

발달지체를 가진 것으로 분류된 3~5세 아동의 4.7%를 위한 전형적인 유치원 일과는 다양하다. 미국 교육부에 따르면 그들의 53%는 모든 것이 통합된 환경에서 교육받는다. 그들이 학습장애를 가지고 있든지 아니든지 현재의 판별 과정을 아는 것은 불가능하다. 어떤 이들은 높은 비율의 학령기 아동들이 학습장애로 분류되있기 때문에, 취학 전 인구는 비슷한 것이 틀림없다고 주장한다. 그러나 우리는 간단히 알지 못한다.

Lerner 등(2003)은 전형적인 유치원 일과는 학생들이 의사소통, 사회성, 소근육운동과 대근육운동, 인지 그리고 적응 기술을 연습하고 활용할 수 있게 하는 다양한 학습센터, 음악과 동작 활동들을 포함한다고 말한다.

한 지역 학군의 프로그램의 예는 다음과 같다.

**실제적인 고려 : 한 지역 학군의 유치원 프로그램.** 뉴욕의 벨모어 연합 무상 지역 학군은 3세에서 4세 아동들을 대상으로 특수학급에서 10개월짜리 특수교육 유치원 프로그램을 운영한다. 그 프로그램은 다학문적 팀 접근에 기초하고 있다. 교사, 언어치료사, 심리학자, 직업치료사와 물리치료사들은 각 아동의 IEP 목표를 충족시키기 위한 프로그램을 함께 계획하고 실행한다. 이 프로그램은 언어 발달을 매우 강조한다. 따라서 IEP 서비스를 제공할 뿐만 아니라 언어치료사 팀은 매주 교실 수업을 가르친다. 심리학자는 직접적인 서비스 제공자와 교실 환경, 행동/사회 문제, 인성교육에 관한 전문적인 지식을 관련시키기 위한 자문으로 역할을 수행한다. 또한 심리학자는 부모 연수회를 제공한다.

유치원 프로그램은 아동 중심이다. 그것의 목표는 표현언어 기술, 의사소통과 실용적인 기술, 수용언어 기술, 사회성 기술, 자신감, 독립심, 위험 · 대처능력, 감각운동 통합 기술, 사전 준비 기술, 다문화와 환경적 이해를 증진시키고 발달시키는 것이다. 아동들은 이러한 영역들에서 발달적으로 적절한 기술을 접하고 교육받는다. 유치원 생활에서 음악, 미술, 체육과 도서관 방문은 통합된다.

공립학교에서 프로그램의 위치는 그들의 일반교육 동료들과 함께 언제, 어디에서나 적절히게 학생들의 통합을 고려한다.

유치원 프로그램은 반일제 특수교육 수업의 네 부분으로 구성된다. 한 부분은 3세 아동들로 구성되고, 학생/직원 비율은 12 : 1 : 1이다. 나머지 세 부분은 4살의 아동들로 구성되고, 6명의 아동들은 판별되었고 6명의 아동들은 판별되지 않고 위험성이 있는 것으로 판별되었으며, 학생/직원 비율은 12 : 1 : 1이다. 이 설계는 판별되고 판별되지 않은 학생들의 통합을 고려한다. 유치원은 48명 학생들의 요구를 충족시킨다. 연령이 더 어린 학급의 학생들은 그들의 출석 연도 내에서 12월 1일까지 3번 순회한다. 모든 학생들은 '장애를 가진 취학 전 아동들'로 분류된다. 그 프로그램에 의해 제공된 관련 서비스들은 언어치료, 작업치료, 물리치료, 교육 상담과 부모 상담을 포함한다.

## 요약

취학 전 학습장애 아동들을 위한 특성, 판별, 중재에 관한 연구는 적다. 이것은 많은 요인들, 특히 아동이 학령기에 도달할 때까지 학습장애의 특별한 진단적 범주를 요구하지 않는 장애인교육법 1997과 최근에 재인준된 장애인교육법 2004 판별 체계의 표현에 기인한다. 따라서 불가능하지 않다면, 다른 발달지체를 가진 아동들로부터 취학 전 학습장애 아동들을 분류하는 것은 어렵다. 이 장은 이러한 어린 학습자들에게 사용된 다양한 중재와 사정 도구들을 제공한다.

## 숙고와 논의를 위한 발판

1. 전형적인 유치원을 관찰하라. 학습장애 아동들이 보이는가? 그들은 다른 아동들과 어떻게 다른가?
2. 특별한 교육적 요구를 가진 취학 전 아동들을 위한 프로그램을 관찰하라. 학업적이고 사회적인 행동들의 범위는 무엇인가? 학습장애 아동들과 다른 아동들을 구별할 수 있는가? 만약 가능하다면 어떻게?
3. 여러분의 지역 학군은 어떤 종류의 선별을 사용하는지 찾아라. 그것은 타당하고 믿을 만한 것인가? 왜 그들은 그것을 사용하기로 결정했는가?
4. 학습장애 아동들의 유치원 교사를 인터뷰하라. 그들은 학생들의 진보를 어떻게 평가하고 어떤 중재를 사용하는가?

5. 부모들이 유치원에서 아동의 진보에 관심을 갖는 4세 아동에게서 여러분은 어떤 전조를 찾는가?
6. 학습장애를 가진 유치원 아동을 판별하는데 찬반양론은 무엇인가?
7. 취학 전 학습장애 아동의 부모에게 언제 문제를 알게 되었는지, 어떻게 도움을 받았는지, 학교 프로그램에 만족하는지 물어보라.
8. 왜 취학 전 학습장애 아동들을 위한 교육 프로그램의 효과에 대해 그렇게 조금 알고 있다고 생각하는가?

# 10 중 · 고등학교 학습장애 학생

**학습목표**

이 장을 학습한 후 여러분은 다음을 할 수 있을 것이다.

- 사춘기의 특징을 이해할 수 있다.
- 학습장애 청소년들의 특성을 이해할 수 있다.
- 위험성이 있는 검사와 표준에 관련된 이슈들을 이해할 수 있다.
- 청소년 비행과 학습장애의 관련성을 알 수 있다.
- 특수교사와 내용 영역 교사 사이의 협력을 이해할 수 있다.

1970년대 초 저자는 뉴욕 시에서 열린 국제특수아동협회(International Council for Exceptional Children : CEC) 워크숍에 참석했다. 학습장애 중학생들의 교사로서 그는 가능한 많은 중학교 워크숍과 중등 특수교육에 참석하길 원했다. 이와 관련된 저널과 교과서 등의 전문적인 서적이 거의 없었기 때문에, 그는 다른 교사들이 하고 있는 것을 배우는 것에 대한 기대로 흥분되어 있었다. 다른 교사들은 어떻게 학생들의 학업적, 사회 · 정서적 요구간의 균형을 맞추는가? 내용 영역 교수와 비교하여 기본 기술 습득을 얼마만큼 강조해야만 하는가? 그러나 그는 회의 자료들을 주의 깊게 읽고는 매우 실망스러웠다. 사실상 수많은 워크숍이 있었지만, 중 · 고등학생 학습장애 학생들 그리고 학습장애 청소년에 대해서는 거의 다루어지지 않았다. 이러한 학습장애 학생들은 적절한 교정적 노력을 통해 고등학교에 입학할 시기까지는 교정될 수 있다는 믿음이 있었다. 그때 이후로 학습장애 청소년에 대한 주제는 엄청나게 증가하였다. 일반교육을 받고 있는 중학생과 고등학생들에 대해서는 보다 많이 알려졌고, 거기에는 구체적인 중재를 지지하는 경험적 증거의 형태가 있으며, 이러한 학생들에게 서비스를 제공하기 위한 다양한 방법이 있다. 이 장은 지난 30년 이상에 걸쳐 나타난 그러한 변화들에 초점을 둔다. 학습장애 중 · 고등학생들의 학업적, 사회 · 정서적, 행동적 요구를 해결하고, 위험성이 있는 검사, 청소년 비행과 학습장애와의 관계, 학습전략들, 그리고 협력모델을 포함한 학습장애 집단에 대한 독특한 이슈/관심사를 논의한다.

## 중학교에서 고등학교로의 전환

모든 사람들은 메간의 경우 중학교에서 고등학교로의 전환은 어렵다고 생각했다. 그녀가 다니는 중학교에서는 팀 접근법을 이용했고, 모든 교사들은 그녀의 학습장애를 인식했다. 거의 모든 수업에서 집단학습 유형을 이용했고, 그녀는 항상 그녀의 그룹에서 동료에게 의지할 수 있었다. 그녀의 활동은 달랐고, 시험은 조정되었으며, 과제 또한 수정되었다. 그녀가 가장 좋아하는 것은 팀의 구성원임을 느끼는 것이었다. 모든 구성원들은 서로를 알고 있었으며, 그녀가 학습장애에도 불구하고 많은 강점을 가진 것에 감사하는 것 같았다.

메간은 고등학교는 다르다고 생각했다. 학생들이 더 많고, 더 큰 규모의 학급들이 있으며, 그리고 그녀가 학습장애를 가진 것을 모르는 교사들이 있을 거라고 생각했다. 그녀는 읽기에 대해 걱정했다. 그녀는 단어들은 해독할 수 있지만, 읽은 것을 이해하는 것은 항상 그녀를 괴롭히는 문제였다. 책이 너무 어렵고, 많이 읽어야 하는 것도 걱정스러웠다. 그리고 공부의 양이 너무 많은 것 또한 염려스러웠다. 친구를 사귀는 것, 특별한 행사에 가는 것, 점심을 먹는 것과 같은 사회적인 측면도 문제였다. 그녀는 걱정거리가 너무 많았다.

9월이 되었을 때 메간은 새로운 학년에 대해 불안했다. 그러나 얼마 지나지 않아 그녀의 두려움의 대부분은 완화되었다. 그녀의 생활지도 상담가가 이미 그녀와 관련된 교사들을 모두 만나, 그들에게 그녀의 강점과 요구를 확인하는 프로필을 주었기 때문이다. 그녀의 학습도움실 교사는 그녀의 내용 영역 교사들과 가깝게 일했고, 대부분의 학급에서 협력교수가 이루어졌다. 이것은 그녀가 예상했던 것이 아니었다. 그녀는 교실 앞에서 45분 동안 강의하면서 서 있는 교사를 상상했었다. 그런 일은 좀처럼 일어나지 않았다. 보통 숙제에 근거를 둔 '지금 할 일' 목록이 게시되었다. 그 다음에 교사가 수업을 했고, 학급을 소집단으로 나누었다. 두 교사 모두 학생들을 지원하기 위해 교실 주위를 순회했다. 그들은 항상 정보를 다루는 전략을 제공했다. 만약 메간이 어려움을 가졌다면, 그녀는 추가적인 도움을 위해 항상 학습도움실에 갈 수 있었다.

많은 학습장애 중학생들에게, 고등학교로의 전환은 그들이 예상한 것이 아니다. 더욱 많은 초등학교와 중학교 교사들은 중학교와 고등학교 수준의 서비스 범위를 인식하고 있지 못하고, 중학교와 고등학교는 규모가 크며, 비인격적이라는 생각을 강화한다. 학습장애 중학생과 고등학생들의 요구를 충족시켜 주는 것은 쉬운 일이 아닌데, 특히 학습장애 학생들이 그들의 동료보다 수행 수준이 현저하게 떨어진다면 더욱 그러하다. 여러분은 다양한 교수적 접근을 제공하기 위해서 학급을 어떻게 조직할 것인가? 학생들을 어떻게 평가할 것인가? 여러분이 일반교사 동료와 협력할 때, 언제 계획을 세울 것인가? 책임 나누기는 어떻게 할 것인가? 내용을 가르칠 것인가 아니면 전략을 가르칠 것인가? 이러한 관심들은 만약 여러분이 학습장애 중학생과 고등학생들을 가르치는 유능한 교사가 되려면 고려해야만 하는 것들이다.

## 청소년 : 전환 시기

학생들이 초등학교에서 중학교, 고등학교로 진학함에 따라 그들은 초점의 이동과 기대의 변화를 경험한다. 명백하게 개인적인 전환들은 그들의 신체적, 정서적, 사회적 지위와 관련이 있다. 많은 연구자들이 이러한 발달단계에서의 부정적인 측면을 지나치게 언급함으로써, 많은 교사들은 이 시기의 학습장애 학생들과 함께하는 것을 불안하게 생각한다. 실제로 대부분의 학생들은 교사가 어떻게 하느냐에 따라, 청소년기 동안 마음의 상처를 입지 않고 발달한다. 단지 청소년의 20%만이 두드러지는 어려움을 경험하는 것으로 추정된다(Smith, 2003). 특정 상황에서 그들의 반응이 과격한 것은 확실하지만, 불안과 부정주의로 청소년들의 특성을 기술하는 것은 잘못이다. 그들의 대다수가 학교에 등교하고, 잘 수행하며, 그들의 동료, 가족과 건전한 상호작용을 하며, 사회의 생산적인 성인 구성원이 된다. 학습장애 학생들은 아마도 다른 고민을 할 것이다. 그들은 학년이 올라갈수록, 그들의 장애는 다른 방향에서 그 자체로 명백해진다. 이것은 사회 · 정서적 요구의 증가와 행동적 어려움의 가능성 증가와 연결된다. 그러나 비관적이지는 않다. 많은 경험적 증거들은 학습장애 분야에서 조기에는 유용하지 않았던 특별한 접근법의 사용을 지지한다. 현재 이러한 학생들을 가르치는 것에 대해 훨씬 많은 것들이 알려져 있다. 도전은 연구를 교실의 실제적인 것으로 옮겨가는 것이다.

## 학습장애 청소년들의 특성

학습장애 학생들과 관련된 주요한 이슈 중의 하나는 학업 실패이다. Mercer와 Pullen (2005)은 학습장애 청소년들에 대한 다섯 가지 주요한 결함 영역인 학업적, 인지적, 초인지적, 사회적 상호작용, 동기부여를 논의했다.

### 학업적 결함

학습장애 중등학생들은 대부분의 학업적 측정에서 장애가 없는 그들의 동료보다 더 낮은 수준의 수행을 보인다. 그들의 결함은 지속적이고 계속해서 학업적 성공을 방해한다. Shaywitz(2003)은 학습장애 학생들이 중등학교에 입학하면서 난독증으로 인해 격차가 넓어진다고 언급했고, 다른 연구자들(Deshler, Ellis, & Lenz, 1996; Reith & Polsgrove, 1994)도 이와 비슷한 결과들을 보고했다.

### 인지적 및 초인지적 결함

Mercer(1997)는 학습장애 학생들이 사고 과정 또는 인지적 전략에 손상이 있다고 언급했다. 그들은 수동적인 학습자이면서 과제가 요구하는 것을 이해하지 못하는 것 같고, 비효과적이고 비효율적인 전략을 사용한다. 그들은 학습장애가 없는 동료들에 비해 그들의 사고에 대해 생각하지 않고 덜 반성적인 경향이 있다.

### 사회적 상호작용의 결함

Hazel과 Schumaker(1998)는 Mercer(1997)가 보고한 바와 같이, 학습장애 학생들은 (a) 사회적 상황에서 비수용적인 행동을 사용하는 경향이 있고, (b) 동료에 비해 사회적 문제 해결능력과 그들의 사회적 행동에 대한 결과 예측이 부족하고, (c) 사회적 단서를 잘못 해석하며, (d) 청자들의 특성을 고려하는 데 실패하며, (e) 다른 사람의 감정과 생각을 고려하지 못한다고 말했다. 최근 학습장애 청소년들의 사회적 기술에 관한 문헌 분석에서, Court와 Gwan(2003)은 학습장애와 사회적 기술의 획득을 연결하여 언급하였다. 연구자들은 언어성 학습장애와 비언어성 학습장애를 차별화하여, 언어성 학습장애는 사회적 기술 훈련에 더 반응적이라고 언급했다.

### 동기 결함

학교에서 실패를 경험한 청소년들은 학교에 가길 원하지 않는 경향이 있고, 교육 계획 수립과 중등학교 이후의 선택에 참여할 때 동기가 활성화되지 않는 경향이 있다는 것은 놀랄 만한 일이 아니다. Mercer(1997)는 그런 학생들은 학습 동기가 없음을 지적하는 많은 연구들을 인용했다. 학습장애 중 · 고등학생을 담당하고 있는 교사로서 이것은 가장 큰 걸림돌일 수 있다. 많은 학생들은 학교생활에서 그들이 매일 해야 하는 일과 성공과의 관계를 알지 못한다.

요약하면 학습장애 중 · 고등학생들의 결함은 복합적이라는 것이다. 그것들은 복합적인 방식으로 상호작용하기 때문에 특별한 결함을 구분해 내는 것은 쉽지 않다. 필요한 것은 학습장애 학생들의 요구에 대처할 수 있는 중재계획을 수립하는 것이다.

## 청소년 비행과 학습장애와의 연관

수년 동안 전문적인 문헌(Block, 2000; Dowling, 1991; Murray, 1976)과 회의에서 청소년 비행과 학습장애의 연관성에 대한 논의가 있어 왔다. 그동안 모든 연구자들이 이 관계는 우연이 아니라는—즉, 학습장애는 비행의 원인이 아니라는—것이 밝혔음에도, 이것이 해결되어야 하는 것은 분명하다. Brier(1989)는 30~50%의 학습장애 학생들은 비행 청소년이 된다고 했다. 즉 주의력, 학업, 언어, 사회적 인식, 자아존중 부족과 같은 학습장애 학생들의 특성은 다른 요소들과 상호작용함으로써 많은 청소년이 비행을 저지른다는 것이다. Brier(1994)는 비폭력적인 범죄를 저지른 학습장애 청소년들에게 심리사회적, 교육적, 그리고 직업적 중재를 실시하여, 중재가 재범률에 미치는 영향을 사정했다. 그 결과는 매우 고무적이었다. 해당 프로그램을 마친 학생들의 재범률은 상당히 감소하였다.

이와 같은 관계를 설명하기 위한 세 가지 주요한 가설이 가정되었다(그림 10-1 참조).

1. 학업 실패 : 열등한 학교 수행은 부정적인 자아개념을 유발시키고 학교에서 낙오시키며 다른 비행에 연루시킨다.
2. 감수성 : 학습장애의 특성은 그러한 학생들을 더 많은 반사회적 행동의 위험에 처하게 한다.

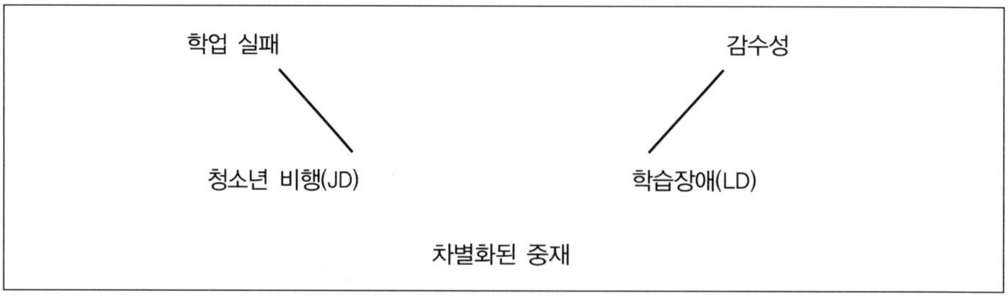


**그림 10-1 청소년 비행(JD)과 학습장애(LD)와의 가정된 관련성**

3. **차별화된 중재** : 학습장애 학생들은 그들이 비행 행동에 참여할 때 더 빠져드는 것 같다.

Malmgren, Abbot 및 Hawkins(1999)는 문헌에서 많은 방법론적 결함이 있다고 제안했다. 그들은 학습장애와 비행과의 관련성을 질문하고, 성별, 민족성, 사회경제적 지위를 통제했을 때, 그들 사이에서 직접적인 관련성은 없다고 제안한다. 학교에서 열등하고, 낙오된 학생들이 최저집단에 포함되기 쉽다는 것은 명백하지만, 이와 같은 관련성에 대한 더 많은 연구가 요구된다.

## 학습장애 청소년들의 요구 증가

장애인교육법 2004와 아동낙오방지법(NCLB)과 같은 학교 개혁들은 기준, 능력검사(**위험성이 있는 검사**로도 언급됨)와 일반학급에서의 학습장애 학생들의 통합교육을 이끌었다. 많은 학습장애 중 · 고등학생들은 대부분의 시간을 일반학급에서 비장애 동료들과 함께 보내고 있다. 이와 같이 증가된 요구는 학교에서의 성공을 더욱 더 어렵게 만든다. Mercer와 Pulle(2005)은 중 · 고등학교 학습장애 학생들에게 필요한 학업적 요구사항을 다음과 같이 언급했다.

- 기록 자료로부터 정보 획득하기
- 강의로부터 정보 획득하기
- 시험을 통한 지식 표현하기
- 글쓰기를 통한 정보 표현하기
- 피드백이 거의 없는 상황에서 독립적으로 학습하기
- 광범위한 일련의 인지전략과 초인지 전략 표현하기
- 적절하게 상호작용하기
- 학습동기 나타내기

여러분이 이와 같은 학업적 요구사항 목록을 보았을 때, 여러분은 학습장애 학생들의 어려움을 상상할 수 있을 것이다. 예를 들면 그들은 수업에 참여하는 데 어려움이 있다. 그리고 문어 학습장애 학생들은 논문 시험에 큰 비중을 두는 교사의 수업을 들을 때 분명한 불이익이 있다. 학교 실패의 역사를 살펴보았을 때, 대부분의 학습장애 청소년들은 학습동기가 유발되지 않는다(추가정보는 제16장 참조). 예를 들면 학습장애인 10학년 제시는 학교에서의 모든 시간을 특수학급(초등학교에서) 또는 통합학급(중학교에서)에서 보냈다. 고등학교 수업은 다소 다양했다. 그녀는 지구과학 특수학급에서 과학을 전공한 특수교사로부터 수업을 받았다. 수학, 영어 그리고 사회 공부를 할 때는 2명의 교사와 함께 통합학급에 배치되었다. 그리고 미술, 음악, 체육교육은 통합학급에 통합되었다. 하루 동안 그녀는 많은 실패들은 경험한다. 그녀는 읽기 요구를 따라가려는 것과 포기하려는 경향 사이에서 어려운 시간들을 보냈다. 만약 여러분이 그녀의 학급에 갔다면, 여러분은 책상에 앉아있는 흥미 없는 그녀의 얼굴을 볼 수 있을 것이다. 그러나 그녀는 단순히 압도되었을 뿐이다.

직업과 고용에 대한 요구들은 학습장애 학생들이 직장에 들어갔을 때도 또한 문제가 될 수 있다. 상당한 지원이 제공되는 환경에서 독립적인 수행을 가치 있게 여기는 환경으로의 전환은 매우 많은 어려움을 유발할 수 있다. 이러한 이동을 문식성과 수학에서의 특별한 장애와 연결시킨다면, 여러분은 왜 이와 같은 요구들이 학생들을 압도하고 있는지를 알게 될 것이다.

## 위험성 있는 검사

이러한 요구에 더해서 대부분의 주는 주 전역에서 널리 사용되고 있는 사정 절차를 가지고 있다. 23개 주에서는 학생들이 졸업하기 위한 졸업 시험 또는 능력 시험에 통과하기를 요구했다(그리고 이러한 시험을 위한 조정은 없다). 능력을 증명하기 위해서 이렇게 광범위하게 사용되는 하나의 시험을 사용하는 것은 학습장애 청소년에 대한 특별한 문제들을 야기한다.

국가연구위원회(NRC)는 특수교육 학생들을 대상으로 하는 위험성 있는 검사들에 대한 보고서를 발행했다(Heubert & Hauser, 1999). 그들은 두 가지를 권고했다.

1. 큰 규모의 사정에 특수교육 학생들의 참여를 증가시키기 위해서는, 학교체계는 부분적으로 그들의 교육적 진보에 대해 설명할 수 있어야 한다.

2. 장애의 영향, 또는 제한된 영어 유창성 또는 검사되는 과목의 문제에 대한 적절한 조정을 제공하는 방식으로 각 학생을 검사하되, 모든 학생들 간에 검사 결과의 타당성과 비교가능성을 유지할 것(p.16)

이것은 어려운 것으로 보이고, 많은 주들이 사정의 대안적인 형태에 대해 논쟁하고 있다. 국립학습장애센터(National Center for Learning Disabilities, 2002)는 대안적 사정들은 학습장애 학생들보다 더 심한 장애를 가진 학생들에게 더 유용할 것 같다고 언급하고, 다음과 같은 정책적 권장사항을 개발했다(pp.1~3).

### 검사의 타당성과 보고

장애학생들은 대개 검사를 개발하는 데 있어 표본으로 포함된 적이 없고, 포함되었을 때도 적절한 조정을 제공받은 적이 없다. 이것은 검사 타당성의 부족과 사실 장애학생의 능력이 아닌 장애를 사정하는 사정도구의 개발이라는 결과를 가져 왔다. 사정은 적절한 조정을 사용하는 장애학생들을 포함하는 규준적인 표본이 되도록 설계되어야 하고, 타당성이 입증되어야 한다. 시험 결과는 전체적, 부분적으로 모두 보고되어야만 하고, 시험 결과는 주, 학군, 그리고 학교 수준에서 보고되어야만 한다. 자료는 학습장애 학생들에 대한 위험성이 있는 사정의 효과를 결정하는 데 사용되어야 한다.

### 조정에 대한 접근

학습장애 학생들은 사정에서 교육의 과정 동안 사용되었던 것과 동일한 조정을 제공받아야 한다. 사정 과정에서 제공될 조정에 대한 결정은 학생들의 개별화교육프로그램(IEP) 또는 504조에 의해 학생, 부모, 적절한 학교 관계자로 구성된 팀에 의해 이루어진다. 이러한 결정들은 학군 또는 주 수준에서 미리 결정되어진 공식화된 조정목록에 의해 제한되어서는 안 되며, '표준' 또는 '비표준'으로 명칭을 붙여서도 안 된다. 조정을 통해 사정과정에 참여하고 있는 학습장애 학생들의 검사 결과는 사정 체계가 검증하고자 목적을 설명할 수 있어야 하고, 그런 학생들의 점수는 낙인 효과를 유발함으로써 그들을 '흥미가 없어지게(flagged)' 해서는 안 된다.

### 대안적 사정

대부분의 학습장애 학생들은 다른 표준을 요구하는 것이 아니라, 그들의 독특한 요구에 더욱 적합한 교수와 사정을 요구한다. 이러한 학생들은 비장애 동료들과 같은 자료로 배우기 위해서 다른 교수적 접근들을 요구하고, 그들은 일반적인 사정 기준에 토대를 둔 의미 있는 대안적 사정 체계로 접근해야만 한다. 대안적 사정들은 학습장애 학생들에게 장애의 결과보다 그들의 지식을 증명할 수 있도록 해야 한다.

#### 부모와 학생의 참여

부모와 학생들은 사정체계, 조정, 대안적 사정들, 항소에 대한 분명하고 정확한 정보를 받아야만 한다. 대규모 사정체계의 결과를 완전히 이해할 수 있도록 비참여에 대한 장 · 단기 효과들은 부모와 학생들과 함께 충분히 논의되어야만 한다.

#### 정치적, 행정적 고려사항

위험성이 있는 사정에서 학습장애 학생들의 통합교육이 학교와 지역 학군의 점수에 얼마나 영향을 미치는지와 같은 고려사항들이 학습장애 학생들의 권리와 요구를 무시하도록 해서는 안 되며, 반대로 한 번 통합되었던 학생들의 이익에 영향을 주어서도 안 된다.

#### 검사 점수의 사용

실패하거나 낮은 수행을 하는 학생들에게 교정의 선택권을 계획하고 실행할 때, 교육자와 경영자들은 학습장애 학생들의 권리와 요구를 보호해야만 한다.

#### 위험성이 있는 검사의 사용 제한

학생 수행에 대한 다양한 측정들은 사정체계 안에서 이용되어야만 하고, 하나의 측정 또는 검사 점수가 학생의 교육적 미래를 결정해서는 안 된다.

## 통합교육과 학습장애 청소년

이 책에서 종종 언급되는 것처럼, 대부분의 학습장애 학생들은 일반학급에서 수업을 받고 있다. 중등학교 수준에서 이러한 문제가 야기되는 것은 대부분의 내용 영역 교사들이 특수교육에 대한 자격이나 인증이 없고, 많은 특수교사들은 내용 영역에서 자격이나 인증이 없기 때문이다. 부가적으로 다음과 같은 현재의 중등학교 현실은 학습장애 중 · 고등학생들에게 적절한 교육을 제공하려는 교사들에게 영향을 미친다(Bulgren & Lenz, 1996).

- 많은 내용을 감당하는 데 대한 압박감
- 내용 영역 교과서의 복잡성
- 상당한 학업적 다양성

- 교육적 상호작용에 대한 제한된 기회들
- 성취적인 학생들에게 맞춰지는 교육
- 계획과 교수에 대한 제한된 시간
- 대학 정도의 학습, 계획 또는 교수에 대한 제한된 기회들

중등학교 수준에서의 통합교육 실제는 협력교수의 일부 유형들을 포함한다(협력교수와 다양한 모델들에 대한 논의를 위해서는 제7장 참조). 협력교수는 같은 학급에서 두 명 이상의 교사들이 가르치는 것이다. 그것은 계획과 숙고의 시간이 걸리는 것으로, 적절한 협력이 아니면(제7장 참조) 학생들은 성공하지 못할 것이다. 여러분이 협력교사이든 또는 학습도움실 교사이든 여러분과 일반학급 교사 사이의 알맞은 의사소통이 있어야 한다. 다음 부분은 학습장애 학생들에게 일반교육과정을 제공하기 위한 접근방법을 논의한다.

## 일반교육과정에의 접근

중 · 고등학교 학생들은 일반교육과정에 접근할 수 있어야 한다. King-Sears(2001)는 접근을 위한 세 가지 단계를 제시했다–그것에 정통하도록 교육과정 분석하기, 교육과정상 취약한 부분 강화시키기, 학습장애 학생들을 위한 교육과정의 적용과 수정 방법들을 고려하기. 학습장애 학생들만이 아니라 모든 학생들을 발달시키고, 학습장애 학생들을 담당하고 있는 교사들에게 지침을 제공하기 위한 다른 접근들이 개발되었다. 차별화된 교수와 보편적 설계의 두 가지가 논의될 것이다.

### 차별화된 교수

Tomlinson과 Eidson(2003)은 교사들로 하여금 학생장애를 포함한 다양한 학생들의 요구에 부합할 수 있는 차별화된 실제의 다양성을 권장하였다. 교사는 학생들의 요구에 기초하여 학습 내용, 과정, 결과, 효과, 학습 환경 등을 차별화해야 한다(추가적인 정보는 Tomlinson, 2002, 2003 참조). Salend(2005, pp.337~338)는 교사들이 학급에서 차별화된 교수를 수행할 때 세기해야 될 문제들을 다음과 같이 제시하였다.

- 수업/활동의 주제, 목적, 목표는 무엇인가?
- 수업/활동에 사용될 교수 자료와 준비물은 무엇인가?
- 언제, 어디서, 얼마나 수업/활동을 할 것인가?
- 학급 동료들과 같은 방식으로 학생들은 수업/활동에 참여할 수 있는가?
- 학생들을 수업에 완전히 참여하도록 돕기 위해 어떤 지원, 학습전략, 교수적 조정, 교수공학/보조 기기가 필요한가?
- 학생들의 다른 학습 요구에 대처하기 위하여 교육과정이 어떻게 보충되거나 변화되어야 하는가?
- 학생의 학습양식, 언어, 문화, 경험, 행동적 요구, 흥미, 재능, 강점, 도전, 개별화교육프로그램을 반영하기 위해 수업/활동을 어떻게 차별화할 것인가?
- 과제의 유형과 양, 사용된 교수 자료, 집단 유형, 요구되는 지원, 속도와 시간, 산출된 결과에 따라 수업/활동을 어떻게 차별화할 것인가?
- 활동을 함에 있어 다른 기술 또는 다른 사람의 도움을 통해서만 활동에 참여할 수 있는 학생은 다른 목표를 가지고 있는가?
- 학생들에게 동기를 부여하고, 참여하도록 하며, 선택권을 주기 위한 차별화된 수업/활동 방법은?
- 수업/활동에 학생들을 참여시키기 위해 필요한 것은 무엇인가?
- 학생들을 수업/활동에 참여시키기 위해 교실환경을 어떻게 차별화할 것인가?
- 학생들의 강의/활동의 내용 획득 정도를 어떻게 사정할 것인가?

## 보편적 설계

**보편적 설계**(universal design)란 용어는 제품 설계와 건축 분야에서 처음으로 사용되었다. 보편적 설계의 목표는 가능한 많은 사람들이 사용할 수 있는 제품과 환경을 설계하는 것이었다(The Center for Universal Design, 1997). 그것은 교육적 환경에도 적용되었고(Salend, 2005; Scott, McGuire, & Shaw, 2003), 유연한 교육과정 및 자료를 통해 모든 학생들이 학습할 수 있음을 언급한다. 교육과정과 자료는 모든 학생들에게 유용하고, 매력적이며 안전하다. 그리고 교육과정과 자료는 융통성이 있고, 학생들에게 선택권을 제공하며, 사용이 단순하며 편리하다. 또한 모든 학생들에게 필수 정보를 명백하게 전달하고, 다양한 형태들을 이용한다. 최소한의 신체적 노력을 요구하며, 키, 자세, 또는 동기 수준에 관계없이 모든 학생들이 접근 가능하다. 이와 같은 보편적 설계의 원리는 일반 교육과정에 대한 접근을 더욱 용이하게 하고, 차별화된 교수를 가능하게 한다.

Kame'enui, Carnine, Dixon, Simmons 그리고 Coyne(2002, p.9)는 모든 학생들에게 교육과정에의 접근을 가능하게 하는 효과적인 교수 도구의 여섯 가지 원칙을 제시한다.

#### 광범위한 생각

높게 선택되는 개념, 원리, 규칙, 전략, 또는 발견 학습은 가장 효과적이고 광범위한 지식의 습득을 촉진시킨다.

#### 뚜렷한 전략

교수사태와 교사 행동의 연속성은 학습단계를 명확하게 한다. 그러한 것들은 시각적 지도나 모델이나, 언어적 지시, 완벽하고 명확한 설명 등의 사용에 의해 뚜렷해진다.

#### 조정된 비계

학생들이 새로운 자료를 배우기 위한 임시적인 지원이다. 비계는 시간이 지나면 사라진다.

#### 전략 통합

의미 있는 고찰과 교수의 순환은 기존 지식과 새로운 지식 사이의 차이점과 공통점을 보여준다.

#### 배경지식의 준비

새로운 지식을 학습하기 위해서는 관련 지식을 연속선에 효과적으로 배열하고, 학생들은 이미 그러한 지식들을 습득하고 있어야 한다.

#### 적절한 복습

학습자가 새로운 지식으로 설비를 적용하고 개발해야 하는 기회의 연속성과 일정을 말한다. 복습은 적절하고, 광범위하며, 누적적이며, 다양해야 한다.

학습장애 학생들을 담당하고 있는 중 · 고등학교의 교사들은 위에서 인용된 교수 원칙을 적용함으로써, 일반교육과정에 대한 접근을 높일 수 있다(다양한 학습자의 조정을 위한 보다 구체적인 전략은 Kame'enui et al., 2002 참조). 이러한 원칙뿐만 아니라 차별화된 교수 및 보편적 설계의 원칙들은 학습장애 학생들에게 구체적이지 않다.그러나 통합하급에서는 적용 가능하다.

## 적절한 교수의 제공

학습장애 학생들이 중 · 고등학교에 진학함에 따라, 그들과 비장애 동료들 간의 수행 차이는 확대되고 더욱 명확해진다. 일부 교수적 접근과 자료는 연령에 적절하지 않고, 학생들이 중학교나 고등학교에 진학하기 전부터 사용되어 왔을 수도 있다. 캔자스 대학교의 Deshler와 그의 동료들은 이 연령대의 집단과 교사의 요구를 해결하는데 도움이 되었다. Deshler와 Putnam(1996, pp.4~6)은 학습장애 중 · 고등학생들에 대한 질적 프로그램에 기초한 여섯 가지 요인을 제시한다.

1. 청소년기는 모든 발달 단계 중에서도 가장 어렵고 도전적인 단계이다.
2. 학습장애 청소년을 위한 질적 프로그램의 결정은 어려움에 대한 정확한 특성 파악에 기초해야 한다.
3. 사춘기 청소년들은 사정을 포함하여, 그들의 교수 프로그램 계획과 실행의 모든 측면에 참여해야 한다—프로그램 상세화, 목표 설정 그리고 점검 및 평가, 프로그램 수정.
4. 교사가 학습장애 청소년들과 관련지어 그들의 역할을 어떻게 정의하는가는 위험성이 있는 학생의 교육적 특성과 질에 영향을 준다.
5. 교사가 학습장애 청소년들을 가르친다는 것은 이러한 학생들이 독립적인 수행자와 학습자가 되는 정도에 심대한 영향을 미칠 것이다.
6. 교사들이 학습장애 청소년에게 전략을 어떻게 가르치는가는 중요하다.

학습장애 청소년을 담당하는 교사로서 여러분이 가르치는 것과 방법은 그들의 성공에 있어 결정적인 것이 분명하다. 캔자스 대학교의 Deshler와 그의 동료들은 많은 경험을 기반으로 여러분을 돕기 위한 전략을 개발했다. 이러한 전략들은 이제 논의될 것이다.

### 학습전략

캔자스 대학교 학습연구센터(University of Kansas Center for Research on Learning; 이전 학습장애연구소—Institute for Research in Learning Disabilities—로 알려져 있다)는 중등학교 학습장애에 대해 선구자 역할을 해 왔다. 1970년대 중반 이래로 학습전략모델을 사용한 상호작용에 기초하여 경험적이면서 질적으로 높은 연구결과들을 제공해 왔다. 이 모델은 학습방법과 행동방법, 학업적, 사회적으로 잘할 수 있는 방법 등에 초점을 맞춰 학생들에게 정보의 획득, 조직, 기억, 인출하는 방법을 가르친다. 목표는 구체적인 전략에 의한 교수를 통해 학생은 효율적이고 효과적인 문제해결 기술을 개발하는 자기 반성적이고 독립적인 학습자가 되는 것이다. Deshler와 Putnam(1996, p.23)에서 인용됐던 것처럼, Deshler과 Lenz(1989)는 학습장애 학생들의 중 · 고등학교 교사들은 효과적인 교육을 위해 다음 세 가지 영역을 개발해야 한다고 제안한다.

1. 교과에서 학습목표에 대한 구체적인 전략뿐만 아니라 모든 교과의 범위에서 적용될 수 있는 일반적인 전략의 범위도 확인되어야 한다(예를 들면 학습내용을 위한 전략과 사회과 내용 학습을 위한 전략). 교사는 성공과 가장 관련 있는 전략들을 알아야 하고, 학생들의 특징을 이해해야 하며, 의미 있는 방법으로 학생들에게 명확하게 표현할 수 있어야 한다. 이러한 전략들은 학생들의 동기와 사회적 상호작용 또는 학업적 수행과 관련될 수 있다.
2. 학생이 현재의 정보를 효과적이고 효율적으로 획득하는 전략을 가지고 있지 못할 때, 교사들은 학생들에게 정보를 제시하는 방법을 알고 있어야 한다. 이것은 학습을 위한 전략의 습득과 일반화를 위해서는 명확한 교수가 요구된다는 것으로, 학생들의 학습을 돕기 위한 교수전략에 대한 시간이 낭비되지 않기 위해서는 집중적이면서 동시에 광범위해야 한다는 것을 의미한다.
3. 교수와 학습을 위한 환경은 학습전략과 수행, 모든 교육적 환경과 상호작용 요소들을 촉진하고 강화해야 한다.

## 학습전략 접근의 주요 특징

Ellis와 Lenz(1987, p.27)는 명확한 학습전략의 특징인 내용, 설계, 유용성 세 가지를 밝혔다. 각각의 특성을 살펴보면 다음과 같다.

### 내용

- 구체적이고 성공적인 결과를 이끈다.
- 과제에 효율적으로 접근할 수 있도록 방법적인 면에서 연속적이다.
- 학생들에게 특정한 인지 전략을 사용하도록 단서를 제공한다.
- 학생들에게 과제가 끝났을 때, 스스로 피드백을 어떻게 찾을 수 있는지와 사용할 수 있는지에 관한 초인지를 사용하도록 단서를 제공한다.

- 학생들이 적절한 절차와 기술 또는 규칙을 사용하고 선택하도록 단서를 제공한다.
- 명백한 활동 유형을 갖도록 단서를 제공한다.
- 제한된 시간 내에 학생들이 수행할 수 있다.
- 필수적이어야 하고 불필요한 단계나 설명은 포함하고 않는다.

### 설계

- 기억 체계를 사용한다.
- 간단하고 설명적인 단어들을 사용한다.
- '행동 단어'로 시작한다.
- 7단계나 이보다 적은 단계를 사용한다.
- 학생들에게 복잡하지 않고 친숙한 단어들을 사용한다.

### 유용성

- 학생들이 그들의 환경 속에서 직면하는 공통적이고 중요한 현실적인 문제들을 해결한다.
- 종종 장시간을 필요로 하는 요구들을 해결한다.
- 다양한 환경과 상황, 맥락에 걸쳐 적용될 수 있다.

이 세 가지의 모든 특징들은 교수전략으로 통합되어야 한다. 분명히 성공하기 위해서는 시간, 노력, 그리고 일반교사와 특수교사의 협력이 요구된다.

## 교수 원리

학습전략 접근에는 몇 가지 중요한 교수 원리가 있다.

- 필수적인 기술을 가르쳐라.
- 규칙적이고 집중적으로 가르쳐라.
- 개인의 노력을 강조하고 강화하라.
- 숙달되도록 가르쳐라.
- 언제 전략을 사용할지와 어떻게 배울지의 교수를 통합하라.
- 인지적인 과정을 논의하고 증명하라.
- 일반화를 강조하라.

이러한 원리들은 학습전략 접근이 사용되는 모든 교수에 적용되어야 한다. 여러분의 학생들이 미리 획득해야 할 필요가 있는 기술들을 확인한 후 그들을 가르쳐라. 학생들이 이러한 기술들을 가지고 있다고 절대 가정하지 마라. 이것은 이행하기 어려운 접근법이다(Bender, 2005). 그것은 반드시 규칙적이고 집중적으로 사용되어야 한다. 그들의 책임과 노력은 반드시 강화되어야 한다. 일단 학생들이 그 전략을 습득하면(숙달), 여러분은 전략을 통합시켜 학생들이 그것을 어떻게 그리고 언제 사용하는지를 알 수 있도록 해야 한다. 이것은 학습의 전이(일반화) 가능성을 높여줄 것이다. 학습장애 중 · 고등학생들은 학습 과정에서 능동적인 파트너를 필요로 한다. 능동적인 파트너들과 그 전략들에 대해 모방하고 논의하며 구체적인 인지과정(즉 주의집중, 기억, 초인지)을 시연해 보이도록 한다. 마지막으로 그들이 다양한 환경에 걸쳐(King-Sears & Mooney, 2004) 그 전략들을 일반화시킬 수 있고 적용할 수 있는 방법들을 강조하라. 다음에 기술된 실행 단계는 좀 더 구체적인 교수를 제공한다.

## 모델 실행하기

학습전략 모델을 실행하는 데는 8단계가 있다(Ellis & Lenz, 1996, p.38).

1. 사전 검사와 약속하기
2. 전략 설명하기
3. 전략 시범 보이기
4. 언어적 정교화와 전략의 시연
5. 통제된 연습과 피드백
6. 향상된 연습과 피드백
7. 획득 확인하기 및 일반화에 전념하기
8. 일반화

각각의 단계들은 표 10-1에 제시되었다.

Salend(2005, p.256)는 Washington이라는 한 교사가 학생들에게 사용한 특별한 전략의 실질적인 예(PREP)를 제공하였다.

워싱턴은 그녀의 학생들 중 일부가 신체적으로와 정신적으로 수업에 참여할 준비가 되지 않았다는 것을 알았다. 그런 다음 그녀는 학생들을 만나 그녀의 관심과 현재 접근법들이 학생들의 수행에 어떤 영향을 미쳤는지에 대해 이야기했다. 비록 처음에 학생들은 마음이 내키지 않았지만, 그들의 학급 수행에 만족하지 않았고 더 잘하기를 바라는 것으로 나타났다.

그녀는 PREP이라고 불리는 학습전략을 논의하였고, 어떻게 학생들을 도와줄지를 설명하였다. PREP는 다음의 4단계를 포함한다.

**P**repare materials(자료 준비하기)

- 수업을 위한 노트, 학습 안내서, 연필, 교과서를 준비하라.
- 노트, 학습 안내서와 교과서의 이해하기 어려운 부분에 표시하라.

**R**eview what you know(아는 것 복습하기)

- 노트, 교과서와 학습 안내서의 단서들을 읽어라.
- 단서를 주제에 대해 이미 알고 있는 것과 연관시켜라.
- 주제에 대해 알고 있는 것들 중 최소한 3개를 목록화시켜라.

**E**stablish a positive mind set(긍정적인 마음가짐 갖기)

- 학습할 것을 자신에게 말하라.
- 혹평하는 것을 자제하라.
- 긍정적으로 말하라.

**P**inpoint goals(목표를 정확하게 하기)

- 알고 싶어 하는 것을 결정하라.
- 참여 목표를 기록하라(Ellis, 1989, p.36).

전략을 검토하고 각 단계를 간단히 설명한 후, 워싱턴은 학생들에게 이 전략의 학습을 위해 의무감을 가질 수 있는지를 물어 보았다. 한 학생이 "아니요."라고 하자, 워싱턴은 그 학생에게 이것을 반드시 배울 필요는 없으나, 만약 학생이 마음을 바꾼다면 다른 시간에 이 전략을 배울 수 있다고 말했다. 다른 학생들은 이 전략의 사용을 위해 기꺼이 노력하겠다고 했다. 학생들의 동기를 증가시키고 그들의 실행을 강화하기 위해, 워싱턴은 학생들이 목표를 설정하도록 하였다.

워싱턴은 시연을 시작했고 언어화와 '큰 소리로 생각 표현하기'를 통해 전략을 보여 줌으로써, 학생들이 전략을 사용할 때 필요하게 될 사고과정을 경험할 수 있도록 하였다. 그녀는 여러 번 시범을 보여 주었고, 학급에서 다양한 자료들을 활용했으며, 전략을 활용함에 있어 단계를 기억하기 위해 어떻게 PREP의 첫 글자를 이용했는지를 복습하였다. 학생들은 전략의 이행에 필요한 내적·외적인 행동뿐만 아니라 현재의 학습전략 접근법과 PREP 전략을 비교하였다.

**표 10-1 학습전략 모델 실행 단계**

| | |
|---|---|
| 단계 1 : 사전 검사와 약속하기 | 학습장애 중 · 고등학생들이 성공하기 위해서는 능동적으로 학습과정에 참여하는 것이 필요하다. 이 전략 지침에 있어서 첫 단계의 주요 목적은 그들에게 동기를 부여하는 것이다. 학습장애 학생들은 이 접근이 왜 효과적인지, 이 접근이 어떻게 그들이 성공하도록 돕는지, 그리고 다른 학생들이 어떻게 성공적으로 그것을 사용하는지에 대해 아는 것이 필요하다. 더욱 각 학생들의 확실한 목표를 수립하기 위해 개별 학생의 현재 수행 수준을 사정할 수 있는 시점이기도 하다. |
| 단계 2 : 전략 설명하기 | 학생들은 새로운 접근에 대한 이론적 근거를 이해해야 한다. 그들은 전략들이 학교 밖 활동들에 관련성뿐만 아니라 모든 과목에서 어떻게 학생들을 돕는지 정확히 아는 것이 필요하다. 이 단계에서 학생들은 학습에 포함된 과정과 어떻게 전략들을 적용하는지에 대한 정보를 받을 수 있다. 이 단계를 통하여 학생들은 그들이 과거에 했었던 다른 접근과 비교하여 접근의 효과에 대한 논의에 능동적으로 참여할 수 있다. 모든 학습장애 중 · 고등학생들은 그들의 노력이 대부분 성공적이지 않았음을 인식하고 있다. 왜 이와 같은 접근이 성공에 대한 높은 가능성을 가지고 있는지 그들에게 이해시키는 것은 매우 중요하다. |
| 단계 3 : 전략 시범 보이기 | 이 단계는 접근을 더욱 묘사하는 것을 포함한다. 교사는 학생들이 혼잣말과 문제해결을 할 때 사용하는 것과 유사한 언어를 사용하여 전략을 실제적으로 시범 보인다. 점진적으로 모든 학생들은 어떤 단계에 포함되고 그런 다음에 모든 단계들에 관련된다. 쉬운 자료들로 시작하고 그들의 노력을 강화하면서 학생이 생각한 것을 크게 이야기하도록 격려한다. 이것은 수동적인 학습자가 되는 경향이 있는 학습장애 학생들에게는 어렵다. 여러분은 이 단계에서 많은 강화를 사용해야 될지도 모른다. |
| 단계 4 : 언어적 정교화와 전략의 시연 | 학생들은 그들의 단어로 전략을 설명하고 목표에 대한 논의하는 것이 필요하다. 왜 그러한 전략을 사용하는가? 언제? 어디서? 일단 학생들이 그것에 대해 논의하기 시작하면 학생들은 기억을 통해서 그 단계를 시연해야 한다. 다시 천천히 쉬운 과제를 가지고 시작하라. 학생들이 각 단계에서 성공하는 것은 중요하다. 학생들이 다시 그 접근을 사용하도록 장려하기 위하여 그들에게 피드백을 주어라. 만약 학생이 피드백을 받지 못한다면 성공하지 못할 것이다. |
| 단계 5 : 통제된 연습과 피드백 | 이 단계에서 학생들은 교육과정에 대한 전형적인 압력과 요구 없이 학습전략 사용방법을 발견한다. 자료는 너무 높은 수준의 사고 기술을 요구하는 것이 아닌 학생의 능력과 과제의 요구수준에 알맞은 것이어야 한다. 학생들은 이 단계에서 과제에 도전하지 않는다. 과제를 신중하게 선택하는 것은 학생에게 자신감과 전략에 대한 점진적인 통제를 얻도록 해 줄 것이다. 교사는 전략을 검토하고, 시범 보이기를 통해 안내된 수행을 제공하며, 학생이 독립적으로 수행할 수 있도록 점진적으로 격려한다. |
| 단계 6 : 향상된 연습과 피드백 | 일단 교사가 전략에 대해 다시 검토하고 안내된 연습을 제공하면, 학생들은 독립적이게 된다. 그러나 이 단계에서 교사는 학생들에게 교실의 실제와 유사한 과제를 준다. 교사들은 학생들이 학교에서 우연히 접할 수 있는 전형적인 과제에 대한 통제력을 가질 수 있게 하기 위하여 잘 설계된 것과 잘 설계되지 못한 것 모두를 제공할 수 있는 다양한 과제들을 제공할 필요가 있다. |

**표 10-1 학습전략 모델 실행 단계(계속)**

| | |
|---|---|
| 단계 7 : 획득 확인하기 및 일반화에 전념하기 | Deshler 등(1996)은 많은 교사들은 이 단계에서 어려움을 겪을 것이라고 언급한다. 교사들은 일반화를 향상시키는데 실패한다. 학생들은 내용 영역과 환경에 걸쳐 전략을 적용해야 하는 필요성을 인식해야 한다. 학생들은 전략의 숙달과 전략을 사용하는 것을 증명할 필요가 있다. 학생들은 또한 왜 그렇게 하는 것(학교에서의 성공과 실패에 대해)이 중요한지를 반드시 인식해야 하며, 학생들은 특수교사와 일반교사로부터 지원받을 것이라는 것을 알아야 한다. |
| 단계 8 : 일반화 | 학생들은 전략의 사용 시기와 전략의 기억 방법, 사용 방법, 그들의 수행에 관한 피드백을 받는 것, 전략을 채택하는 것, 만약 그들이 일반화할 수 있다면 그 전략을 그들의 문제 해결 접근으로 통합하는 것에 대해 알 필요가 있다. 이것은 우연히 일어날 수 없다. 이 단계는 일반교사와 특수교사들 간의 고도의 협력이 필요하다. 두 번째 단계에서, 학습장애 학생들은 일반학급에서 대부분 학습장애에 대해서 거의 훈련되어 있지 않은 일반교사에게 배울 것이다. 학생들의 성공을 위해 특수교사들이 일반교사들과 협력하는 것은 매우 중요하다. 그리고 교사가 학습전략을 활용하고 학습을 일반화하기를 원하는 가장 중요한 시점이다. |

다음에 워싱턴은 학생들이 학습전략 단계들을 직접 시도하도록 하였다. 그녀는 학생들을 여러 팀으로 나누었고, 각 팀들은 시연과 전략의 순서를 기억하도록 하였다. 일부 학생들의 전략 학습을 도와주기 위해, 그녀는 학생들에게 단서 카드를 주었다. 학생들이 각 단계들을 기억할 때, 워싱턴은 학생들에게 정보가 적은 단서 카드를 주었다. 그 학생들이 각 단계에서 바른 순서로 반응할 때, 워싱턴은 학생들에게 학급에서 이용할 수 있는 자료를 가지고 전략을 적용하도록 하였다. 학생들은 전략을 연습하고 그들의 동료로부터 피드백을 받기 위해 협력적인 학습 집단에서 학습한다. 워싱턴은 교실을 돌아다니면서 전략을 사용하고 있는 학생들을 관찰하고 그들에게 피드백을 제공한다. 그녀는 학생들이 내용의 정확성 보다는 전략을 사용하는데 숙달하기 위해 집중할 수 있도록 격려하였다. 학생들이 전략의 사용에 숙달됨에 따라 워싱턴은 그들이 전략을 다른 상황에 적용할 수 있도록 그들에게 다른 과제를 주었다. 학생들이 다른 과제를 수행할 수 있다면, 워싱턴은 학생들의 과제에 대한 숙련을 체크하기 위해 검사를 실시하였다.

일단 학생들이 이 전략에 대해 숙달하면 워싱턴은 수업에서 전략을 사용하도록 학생을 격려한다. 그녀는 학생들이 전략을 사용하고 그들의 학습 수행을 기록하는지 보기 위하여 학생을 관찰하였다. 정기적으로 워싱턴은 그 전략의 절차를 검토한다. 그녀는 언어적 회상자, 단서 카드, 칠판에 전략 목록화 그리고 전략들의 구성요소 검토 등을 통하여 학생들이 전략을 사용하도록 단서를 준다. 전략은 학생들의 수행을 크게 향상시키기 때문에, 워싱턴은 학생들이 교실에서 전략을 사용하는 것을 돕기 위해 몇몇 다른 교사들과 함께 연구하고 있다.

## 학습전략의 예시

내용 영역에 있어 다음의 다섯 가지 학습전략은 효과적이다—PARTS, SNIPS, DEFENDS, PIRATES, ANSWER. PARTS는 교과서를 정독하기 위해 사용된다(Ellis, 1996, p.86).

**P**erform goal setting(수행 목표 설정하기)

단원을 분석하는 이유를 명확히 하라.

이와 같은 이유와 관련된 목표를 확인하라.

긍정적인 자기 진술을 하라.

**A**nalyze little part(타이틀, 제목들, 영상들, 단어들과 같은 작은 부분 분석하기)

부분에 의해 나타난 정보를 설명하라.

부분의 아래에 있는 단락은 어느 것에 대한 것인지 예측하라.

그 부분들을 함께 묶어라.

**R**eview the big parts(도입과 요약 같은 큰 부분들에 대해 검토하기)

중심생각을 나타내는 신호 단어를 조사하라.

작가가 중요하다고 생각하는 것을 결정하라.

새로운 정보를 이미 알고 있는 정보와 관련시켜라.

주요 메시지를 부연 설명하라.

**T**hink of questions you hope will be answered(문제들에 대해 여러분이 희망하는 답변을 생각해 보기)

각 장에서 주어지는 질문들을 확인하라.

여러분 자신의 질문들을 만들어라.

**S**tate relationships(관계를 진술하기)

장과 단원은 어떤 관계가 있는가?

각 장은 여러분이 이미 알고 있는 것과 얼마나 관련되어 있는가?

### 시각적인 보조물 분석하기

읽기에 어려움을 지닌 학습장애 학생들은 매우 자주 시각적 보조물을 무시한다. 비록 학생들은 그들 스스로 책을 읽는 것이 어렵지만, 교과서의 시각적 보조물을 통해 정보를 얻을 수 있다. Ellis(1996, p.91)는 시각적인 보조물들을 분석하는 SNIPS 전략을 제시했다.

**S**tart with question and prediction(질문과 예언으로 시작하기)

여러분이 시각적 보조물을 분석하는 이유를 명확히 하기 위해 질문하라.

시각적 보조물에 대해 무엇을 이해하고 기억하는 것이 중요한지를 알기 위해 질문하라.

만약 여러분이 자신들의 질문에 대해 생각할 수 없다면, 시각적 보조물을 좋은 질문에 대한 신호로 이용하라.

**그림**=그림은 무엇인가? 어떤 것을 중요하게 기억해야 하는가?

**그래프/차트**=무엇을 비교해야 하는가? 어떻게?

**지도**=어떤 핵심 지역을 중요하게 보아야 하는가? 핵심 지역인 이유는 무엇인가?

**역사연대표**=역사의 무엇을 보여 주는가? 언제부터 언제까지?

여러분이 이미 알고 있는 시각적 보조물의 정보를 이용하여, 시각적 보조물에 대해 예언하라.

**N**ote what you can learn from hints(힌트로부터 배울 수 있는 것 기록하기)

신호가 여러분의 답을 알려 주는 힌트를 찾고, 그런 다음에 그것들이 여러분에게 무엇을 말하는지 확인하라.

**제목**은 시각적 보조물이 …에 대한 것임을 말한다.

**인쇄**는 … 말한다.

**행**들은 …를 보여 주기 위해 사용된다.

**색깔**은 장식을 위해 사용되었는가? 또는 …을 보여 주기 위해

**다른** 힌트가 나타내는 것은…?

**I**dentify what is important(무엇이 중요한지 확인하기)

시각적 보조물에 대해 기억해야 할 중심생각은 무엇인가?

시각적 보조물로부터 확인할 수 있는 중요한 사실들은 무엇인가? 어떤 사실들을 기억할 수 있는가?

**P**lug it into the chapter(장과 관련시키기)

각 장에서 무엇을 말하려고 하는지 생각해보라.

각 장들은 시각적 보조물과 어떻게 관련되어 있는가?

각 장의 각 단락들은 어떻게 시각적인 보조물과 관련되어 있는가?

**S**ee if you can explain the visual to someone(시각적인 보조물의 내용을 다른 사람에게 설명할 수 있는지 알아보기)

여러분이 시각적 보조물에 대해 설명할 수 있는 누군가를 찾아라(만약 아무도 없다면 스스로에게 설명하기).

여러분이 생각하는 시각적인 보조물과 그것이 각 장이 의미하는 것과 어떻게 관련되는지를 말하라.

여러분이 시각적 보조물을 통해 가장 좋은 힌트라고 생각하는 것을 확인하고, 그것들이 왜 좋은 힌트인지 말하라.

## 문어

Ellis와 Colvert(1996.p.174)는 DEFENDS 전략을 개발했다. 이것의 주요 구성요소는 다음과 같다–목표 정하기(**D**ecide on the goals). 중심생각과 세부 사항 추정하기(**E**stimate main ideas and details). 순서 생각하기(**F**igure the order). 이러한 것들을 바로 표현하기(**E**xpress these right away). 중심생각 바로 쓰기(**N**ote your main idea right now). 중심생각을 마지막 문장에서 납득시키기(**D**rive it home in the last Sentence). 오류 찾기(**S**earch for errors).

## 시험 전략

많은 학습장애 청소년들은 열등하게 시험 보는 사람이다. 그들은 정보를 알고 있지만 시험에 대한 반응에 어려움을 가진다. 객관식 시험에 효과가 있는 PIRATES 전략과 서술식 시험에 효과적인 ANSWER 전략이 있다(Deshler et al., 1996).

PIRATES 전략은 학생들에게 성공을 준비하게 한다(**P**repare to succeed). 지시사항 살피기(**I**nspect the instructions). 읽기(**R**ead). 답하기 또는 포기하기(**A**nswer or abandon). 뒤로 돌아가기(**T**urn back). 추측하기(**E**stimate). 조사하기(**S**urvey).

ANSWER 전략은 서술식 시험에 사용되며 학생들은 분석해야 한다(**A**nalyze). 요구사항 알기(**N**otice requirements). 틀을 세우고 윤곽 그리기(**S**et up and outline). 구체적인 반응하기(**W**ork in the details of response). 여러분의 반응 설계하기(**E**ngineer your response). 검토하기(**R**eview). (이러한 전략들에 대한 구체적인 설명은 Deshler et al. 1996 참조).

## 내용 영역 읽기

SCROL 전략은 학생들이 텍스트의 제목을 이용하도록 도와줌으로써 교과서의 내용 영역을 읽는데 도움을 준다(Grant, 1993, p.484).

**S**urvey the headings and subheadings(제목과 하위 제목을 조사하라.)

**C**onnect the subheadings by writing key words that link them with illustrations(설명을 연결하는 핵심어에 의해 하위 제목들을 연결하라. 여러분은 또한 삽화 그리고/또는 도표와 연결할 수도 있다.)

**R**ead the text and write the headings(텍스트를 읽고 제목을 써라.)

**O**utline the main ideas and details to support the headings from memory(기억으로부터 제목을 지원하기 위해 중심생각과 세부사항의 윤곽을 그려라.)

**L**ook to see how accurate you are and modify if necessary(여러분이 한 것이 얼마나 정확한지 살펴보고, 필요하면 수정하라.)

## 요약

학습장애 청소년을 가르친다는 것은 초등학교 수준으로 초점의 변화를 요구한다. 이러한 학생들은 어려운 교육과정의 요구를 접해야 하고, 졸업장을 받기 위하여 평가를 통과해야 한다. 교사들은 교육과정 전반에 걸쳐 학생들이 일반화할 수 있도록 양질의 교수를 제공해야 한다. 이 장은 청소년의 특성, 청소년 비행과 학습장애 사이의 관계, 그리고 통합교육의 영향에 초점을 맞추었다. 마지막으로 새로운 교육과정상의 요구를 충족시키기 위한 차별화된 교수, 보편적 설계, 그리고 학습전략 접근을 논의하였다.

## 숙고와 논의를 위한 발판

1. 학습장애 청소년들의 교사들과 인터뷰하라. 초등학교 교사와 대비하여 중등학교 교사의 역할에 대해 그들은 어떻게 보고 있는가?
2. 고등학교와 초등학교의 학습도움실을 관찰하라. 어떻게 다른가? 어떻게 같은가?
3. 교실에서 학습장애 청소년들을 관찰하라. 내용 영역 교사는 어떻게 그들의 요구에 부합하는가?
4. 내용 영역의 수업을 관찰하라. 어떤 협동교수전략이 사용되고 있는가? 교사들은 언제 계획을 세웠는가? 효과적인 프로그램은 무엇인가?
5. 학습장애 고등학생들에게 말해 보라. 그들은 학교에서 어떻게 장애를 겪고 있는

가? 초등학교에서의 대처 전략과 얼마나 다른가?

6. 학습장애 청소년들의 부모를 인터뷰하라. 어떤 문제들이 중등학교 기간 동안 일어나고 있는가?
7. 중등학교 특수학급을 관찰하라. 어떤 내용들이 제시되는가? 학생들이 주류화 교육에서 얼마의 접촉이 이루어지고 있는가? 그들은 고등학교 졸업 후에 어디에 가는가?

# 11 전환계획과 학습장애 성인

학습장애 성인의 연구 이유
고등학교 이후의 삶
개별화 전환 교육계획
장애인교육법 2004 전환 요구사항
학습장애 학생의 중등과정 후의 교육 문제
학습장애 성인들에게 영향을 미치는 법
장애학생을 위한 대학 프로그램
직업 프로그램
자기결정
직업 세계
성공적인 학습장애 성인
요약
숙고와 논의를 위한 발판

## 학습목표

이 장을 학습한 후 여러분은 다음을 할 수 있을 것이다.

- 학습장애를 가진 성인에 대한 연구의 필요성을 이해할 수 있다.
- 고등학교 이후의 선택에 대해 인식할 수 있다.
- 학습장애 성인 학생들에게 영향을 미치는 법에 대해 알 수 있다.
- 학습장애 학생을 위한 대학과 직업 프로그램에 대해 학습할 수 있다.

1985년 봄, 루이스가 도시 어느 대학의 학습장애 클리닉을 방문했을 때 그는 37세였다. 그는 의사인 두 형제에게서 많은 격려를 받은 후 방문했다. 루이스는 학교 성적이 좋지 못했고, 16세 때 있었던 첫 번째 기회에서 낙제했다. 그는 건축물 매매업에서 다수의 일을 했고 상당한 수준의 생활을 하였다. 그는 좀처럼 읽지 않았고, 다행히 그의 일은 많은 학업기술을 요구하지 않았다. 그러나 업무가 간단한 곱셈 또는 읽기능력을 필요로 할 때, 동요하였고, 종종 그에게 질문하거나 응답을 요구하는 사람을 말로 공격하였다. 그의 주요 관심은 그의 생활에서 사회 · 정서적 문제들이었다. 그는 두 번 이혼하였고, 수시로 동료와 싸웠으며(언어적, 신체적으로), 그리고 예금 계좌, 제시간에 지불계산서 처리하기, 메뉴 읽기 등과 같은 매일의 업무처리에 어려움을 겪었다. 루이스는 항상 자신이 '멍청이'나 '정신지체'라고 생각하였다. 그것은 그의 형제들이 그가 학습장애를 가졌을지도 모른다고 제안했을 때까지 계속되었고, (많은 격려로) 그는 클리닉을 방문하기로 결심했다. 그의 목표는 간단했다. 그는 책을 읽고 싶었고, 자신이 학습장애를 가지고 있는지도 알고 싶었다. 철저한 평가를 통해 학습장애 진단을 확인했다. 루이스는 혼자가 아니었다. 30, 40대의 많은 사람들은 학습장애를 쉽게 확인할 수 없었던 시대에 학교를 다녔고, 그들은 고심했다. 다행히도 루이스는 그의 가족들이 그에게 직장을 제공해 줄 수 있었다. 그럼에도 불구하고 그는 읽고 계산하며, 쓰는 기본적인 수준의 능력이 없었기 때문에 매일 힘든 싸움을 해야 했다. 더욱 학습장애에 수반하는 정서적인 문제들과 싸워야 했다.

루이스의 어려움과 대조적으로, 미리암은 2학년 때 학습장애로 진단받고 그녀는 학교생활 동안 학습도움실의 서비스를 받았다. 전환계획은 16세에 개발되었고, 그녀는 학습장애 학생을 위한 대학 프로그램에 참여하였다. 그녀는 계속하여 교육학 석사학위를 받았으며 현재는 특수교사이다. 분명히 학습장애 성인은 이와 같은 이분법적인 논리로 설명되지는 않는다. 그들은 다양한 능력, 약점 및 극복전략을 가진 이질적인 집단이다. 분명한 것은 학습장애는 사라지지 않는다는 것이고, 학습장애는 일생을 통하여 지속된다(Gerber, 2003).

1970년대와 1980년대에 학습장애로 분류되었던 학생들은 현재 20대나 30대이다. 그들은 첫째 세대로부터 무상의 적절한 공교육을 책임지는 연방법을 제공받아 왔다(P.L. 94-142, the Education of all handicapped children act of 1975). 그들은 학습장애 학생들을 위한 프로그램이 급증하고, 학습장애로 분류된 학생들이 기하급수적으로 증가했던 시대에 학교를 다녔다. 일부 학습장애 학생들은 대학으로 진학하였고, 다른 학습장애 학생들은 중등학교 이후의 직업 프로그램에 배치되었으며, 여전히 다른 학습장애 학생들은 고등학교 졸업 후 전일제 직업을 찾았다. 루이스는 학습장애 학생들의 특성과 요구에 대한 교육자들의 인식으로부터 혜택을 받기에는 나이가 너무 많았다. 반면 미리암은 적당한 시기에 적당한 장소에서 교육을 받았다(그리고 적절한 학교에서!). 이러한 연속적인 변화에는 많은 사람들이 있었다. 이 장은 고등학교에서 학습장애 학생들의 전환과 학습장애 성인에 중점을 둔다. 그의 인생에 있어 이 시점에서 루이스를 위해 무엇을 할 수 있는가(다음 절 참조)? 미리암은 왜 성공적인가? 그녀를 위해 유용했던 서비스는 무엇인가? 학습장애 성인들에게 가치 있는 사회적, 정서적, 직업적 기회를 확실하게 하기 위한 어떤 보호장치가 있는가? 그리고 가장 중요한 질문! 왜 학습장애 학생들을 담당하고 있는 교사가 학습장애 성인들에 대해 배우는 것이 중요한가?

### 실제적인 고려사항 : 루이스, 적절한 중재를 받지 못한 학습장애 성인

이것은 루이스가 20년만 젊었어도 다른 이야기였을 것이다.

만약 여러분이 학교에서 어려움이 있을 경우 정신지체 또는 정서장애로 고려되었던 1960년대에, 루이스는 자신이 살고 있던 지역의 학교에 입학했다. 루이스는 정신지체나 정서장애 어느 쪽도 아니었음에도 불구하고, 학교에서 많은 어려움이 있었다. 그는 학습부진아를 위한 학급에 배치되어 최소의 보충학습을 받았고, 16세까지 학교를 다녔으며 (부모의 동의하에) 중퇴를 결정하였다. 그는 낮은 급료를 받는 직업을 가졌고, 결국 가족을 통해 건축물 매매업에 있는 일을 찾을 수 있었다. 그의 학업적인 부족은 정기적으로 나타났으나, 일에 어려움을 주지는 않았다. 그의 개인적인 생활은 또 다른 이야기였다. 그는 상점과 은행에 있는 특정한 사람들에게 자신의 재정적 업무를 맡겼으나, 그들이 그만둘 때 그는 어찌할 바를 몰랐다. 그는 자신의 장애를 가능한 모두 숨기려고 하였으나, 불가피하게 탄로났기 때문에 사회적으로 어려움이 있었다. 그는 두 번의 이혼을 그의 학업적 기술 부족과 그가 도움을 구하지 않는 것에 대한 부인들의 욕구불만과 관련한 그의 노여움 탓으로 돌렸다. 그는 두 번의 이혼 및 직업에서의 어려움을 겪고 난 후, 형제들의 격려로 평가를 받았다. 두 형제들은 모두 의사였고 학습장애 클리닉에 대해 대학에서 배웠다. 그들은 루이스가 문제의 본질을 이해하기 위한 도움이 필요하다는 것을 느꼈다. 처음 인터뷰 도중, 루이스는 왜 이 시점에서 평가를 원하는지 질문 받았다. 그는 "내가 정신지체인지 다만 멍청한 것인지 알기 위해서요."라고 답했다. 이와 같은 생각들이 지속되었다는 것과 아무런 답변도 없었다는 것은 슬픈 일이다. 그의 나선형 강하를 멈추기 위해 그들에게 말을 할 수 있었다는 것은 긍정적이다.

철저한 교육심리학적 평가는 학습장애의 진단에 적절한 것으로 보였다. 그러나 또한 해결되어야 할 몇몇 사회 · 정서적인 문제점들이 있었다. 처방은 읽기 교수와 치료를 포함했다. 1년이 조금 지나, 루이스는 그의 화를 잘 통제할 수 있었으며, 그의 무능력을 좀 더 효과적으로 대처하고 신문이나 잡지를 더 잘 읽을 수 있었다. 그의 단기적인 목표 중 하나는 그가 결코 완료하지 못했던 책을 끝까지 읽는 것이었다. 그는 목표에 도달하기 위해 그만의 방식을 지속했다.

## 학습장애 성인의 연구 이유

학급교사나 경영자로서, 여러분은 왜 학습장애 성인을 연구하는 것이 중요한지 궁금할 수 있다. 아마 가장 중요한 이유는 여러분이 자신의 교수에 대하여 더욱 반성적이 되기 위한 것이다. 학습장애 성인은 학교에서 겪은 그들의 경험에 관하여 말할 이야기가 있다—무엇을 할 수 있는지와 무엇을 못하는지, 무엇을 교사가 해 주어야 할 것인지, 얼마나 고통스러웠는지, 어떻게 문제를 해결했는지, 그리고 기타 등(다음 절 참조)—그리고 이것은 반드시 연구에 기초한 것이 아닐지라도, 학습장애 학생들을 담당하고 있는 모든 교사들에게 유용할 수 있는 귀중한 정보이다. 그 주제에 관한 전문 서적들 역시 대다수의 학습장애 성인들은 초등학교와 중등학교에서 중재를 받았음에도 힘겨운 삶을 사는 것으로 지적하고 있다.

**최상의 실제 : 학습장애 성인의 이야기에 경청하라.** 학습장애에 대한 자전적 이야기는 수적으로 매우 제한적이지만, 이와 같은 문헌은 점차 증가하고 있다. 『성인기 학습장애인

의 도전과의 만남(Meeting the Challenge of Learning Disabilities in Adulthood)』에서, Hoffman(2000)은 일상생활에서부터 정신에 이르는 다양한 주제들에 대한 13명의 학습장애 성인들과의 설득력 있는 인터뷰를 제공했다. 이 인터뷰들은 학습장애인들의 특성 맥락 속에서 제시되고, 모든 교사들을 위해 놀랄만한 통찰을 제공한다. Rodis, Garrod와 Boscardin은 학습장애 대학생들이 쓴 자전적인 에세이 시리즈들인 『학습장애와 삶 이야기(Learning Disabilities and Life Stories)』(2001)를 편집했다. 편집자들에 따르면, "학습장애인들에게 '전문가들'의 의견을 읽는 것은 많은 도움을 줄 수 있었는데, 대부분의 경우 그러한 전문가들은 그들이 저술한 것과 같은 삶을 살지 않은 외부인이다(p. xi)." Ferri, Connor, Solis, Valle 및 Vlopitta(2005)는 독특한 집단(학습장애를 가진 교사들)이 어떻게 학습장애의 의미들을 구성하는지 조사하였다. 4명의 교사들을 인터뷰했다(3명은 특수교사이고, 1명은 교생이었다). 그들은 연구자들과 짝지어졌고, 60분에서 90분 동안 인터뷰를 했다. 연구자들은 생활에 대한 이야기로 시작했고, 처음 인터뷰의 정밀한 분석에 기초하여 다음의 인터뷰 질문을 했다. 학습장애인으로 사는 것에 대한 기술은 많은 것을 시사해 준다. 그 저자들은 "학습장애의 경험과 이야기들은 우리의 생각과 습관을 바꾸는 가능성을 준다(p.75)."고 믿는다. 인터뷰에 참여했던 일부 교사들은 그들의 초등학교와 중등학교 시절에 대해 매우 부정적인 견해를 가지고 있었다. 이 이야기들은 읽기에 쉽지 않지만, 특정 연령의 학생을 위한 학업적, 행동적 중재의 발전과 실행을 고려할 때 매우 중요하다. 학습장애 학생들을 가르치는 중등학교 교사들에게 의미하는 바는 분명하다. 고등학교 교사와 중등학교 이후의 교사들 사이의 더 많은 협력이 필요하고, 직업과 기술에 대한 선택을 확장해야 한다. 또한 교사가 단지 학년수준이 아니라, 학습장애를 생애주기에 걸쳐 본다면 학습장애 학생들을 둔 학부모들과의 협력도 강화될 것이다. 학습장애 성인들은 질적으로나 양적으로 모두 철저하게 탐구될 필요가 있는 풍부한 자원을 제공한다. 고등학교에서 성인기로의 전환에 대한 우리의 이해는 엄격한 연구 설계의 부족으로 인하여 "기껏해야 임시적"(Bender, 2004, p.372)이다.

## 고등학교 이후의 삶

그림 11-1은 학습장애인들을 위한 「학습장애전국센터 뉴스레터(National Center for Learning Disabilities Newsletter)」(February, 2005)에 나타난 놀림조의 광고이다. Hrowitz (2005, p.1)는 전환과정에서 학생, 부모와 교사들이 직면하는 과제들에 대해 논의했다. 그는 답할 수만 있다면, 전환과정을 크게 촉진할 수 있는 네 가지의 논리적인 질문들을 제시한다.

- 어떤 학생들이 경쟁적인 대학 경험에 최적이며, 어떤 학생들이 소개의 성격을 가진 대학 전 또는 직업과 학습 병행 경험에 적절한가?
- 어떠한 편의시설들이 경쟁적인 직업이나 대학 환경에서 특정 학생을 성공하게 할 수 있는가? 이러한 학생들은 어떻게 자신의 학습장애에 대하여 이야기하며 학습장애에 대한 권리를 확보할 수 있는가?
- 중등학교 이후의 성공에서 필수적인 자신감과 자기주장 기술을 확립하기 위해 중학교와 고등학교 기간 동안에 해야 할 것은 무엇인가?
- 목표 설정, 시간 관리, 노트 필기, 도움 찾기와 같이 그들이 절대적으로 필요로 하는 영역에서 어떠한 유형이 지원(공학 포함)이 가장 성공적인가?

불행하게도 현재 우리는 연구에 기초한 이와 같은 질문들 전부에 답할 수 없다 (http://www.ldonline.org에 가서 'February 2005 Newsletter, Research Roundup'을 클

**구 함!**

학습장애 청소년과 젊은 성인을 위한 성공적인 중등학교 이후의 학교 및
직업 상황에 대한 권위 있는 연구 기반 자료

정보는 모든 중등학교 이후 학생들(특정 지역, 학력, 사전 교육경험, 부모의 기대와 사회 · 문화적인 요인들과 상관없이)에게 적용되어야 하고, 학업 성취, 사회 · 정서적 발달, 작업 관련 만족도, 학업적인 업적, 사회 · 정서적인 발달, 작업 능력, 가족 관계를 포함한 이슈들이 해결해야 한다.

**그림 11-1 전환 광고**

릭하시오). 전문 서적들은 대학 프로그램에 주로 집중한다. 그러나 Horowitz(2005)가 언급한 것과 같이, 우리는 대학 프로그램으로부터 혜택을 받은 학생과 그렇지 않은 학생들을 구별할 수 없다. 대다수 학습장애 학생들은 노동 인구에 들어갈 것이나(NLT52, 2005), 그러한 실제를 안내하는 연구의 증거는 거의 없다. 국가종단전환연구-2(The National Longititudial Transition Study-2 : NLTS2)는 학교를 졸업한 장애 청년들에게 유용한 정보를 제공한다(Wagner, Newman, Cameto, Garza, & levine, 2005, p.ES-6). 학습장애나 다른 건강장애에 대한 그들의 연구결과는 다음과 같다.

- 학교를 졸업한 학습장애나 다른 건강장애 청년들의 3/4은 고등학교를 졸업했고, 그들 대부분은 정규 대학 졸업장을 가지고 있다.
- 3/4 이상이 고등학교 졸업 이후 재학, 취업 중이거나 취업준비를 해 왔으며, 약 45%는 인터뷰 당시 고용상태였다.
- 약 1/3은 그들의 부모에 의해 고등학교 후에 중등과정 이후의 교육으로 진학할 것이 '확실히' 예상되고, 그들 중 많은 수가 고등학교를 졸업한지 2년 내에 있었다. 그들은 전형적으로 2년제 대학을 희망한다.
- 학습장애나 다른 건강장애를 갖고 있는 청년들은 그들의 여가와 친교활동에서 가장 광범위한 변화를 경험했는데, 수동적인 여가활동(예를 들면 텔레비전 시청 또는 컴퓨터하기)은 상당히 줄었으며, 친구를 방문하는 것은 상당히 증가하였다.
- 비록 이러한 청년들 대부분은 투표자로 등록되었음에도 불구하고(약 70%), 그들은 거의 친사회적으로 조직된 환경과 봉사활동의 참여에 거절당한 경험이 있다.

## 개별화 전환 교육계획

개별화 전환 교육계획(Individualized Transition Education Plan : ITEP)의 개발은 다음의 것들로 구성되어야 한다(Sland, 2005, p.268). 학교 이후의 활동들은 중등과정 이후의 교육, 직업 훈련, 통합 고용, 계속 교육과 성인 교육, 성인 서비스, 독립생활, 일상생활 기술, 지역사회 참여 활동들을 포함한다. 개별화 전환 교육계획은 반드시 개별 학생들의 요구, 선호와 흥미에 기초해야 한다.

개별화 전환 교육계획을 설계할 때, 계획팀은 개인 중심의 계획을 이용해야 하고(Kohler & Fidl, 2003), 학생들을 과정에 활동적으로 참여시켜야 한다(Tomas, Rogan,

& Baker 2001). 개인의 강점과 선호에 초점을 두고 있는 개별화 전환 교육계획을 개발하는 데 있어, 개인 중심의 계획은 학생, 가족구성원, 교육자, 지역사회 기관 관계자들을 포함시킨다. 목표는 개인의 삶의 질 향상과 만족을 증가시키는 것(Menchetti & Garcia, 2003 in salend, 2005, p.268)이다. 그 과정은 다음을 포함하여야 한다.

- 학생의 직업목표, 흥미, 강점, 희망, 독립, 사회기술, 취미, 대인관계, 자기결정, 의사결정 기술, 자기주장, 의사소통 수준에 대한 사정. Sax와 Thoma(2002) 및 Neubert와 Moon (2000)은 학생들의 전환계획 요구 사정과 전환프로그램의 계획과 평가에 사용할 수 있는 절차의 개관을 제공함.
- 학생의 현재 수준과 요구되는 기술 수준, 흥미, 중등과정 이후 교육으로의 전환에 대한 도전, 고용, 지역사회 참여, 성인 생활에 대한 사정
- 사정자료와 부합되는 전환 배치와 프로그램의 확인
- 새로운 맥락에서 효과적으로 수행하기 위해 필요한 신체적, 사회적, 정서적, 인지적 기술을 확인하기 위해 새로운 환경의 사정
- 이동의 문제 같은 어떤 잠재적 장애물뿐만 아니라 새로운 환경의 성공에 영향을 미칠 수 있는 관련 서비스, 기능적 지원, 수정과 보조장치의 목록
- 학생 역량강화, 자기결정, 자기평가, 의사결정 기술과 관련된 것들을 포함한 전환 프로그램의 목표와 목적에 대한 진술과 시간계획
- 전환의 목적을 달성하기 위해 필요로 하는 학업적, 직업적, 사회적, 성인 생활 기술의 목록
- 진술된 전환 프로그램의 목표를 달성하기 위한 지원적이고 지역사회에 기초한 서비스는 물론 교수전략, 접근, 자원, 설비, 경험의 목록
- 전문가, 기관, 학교와 가족구성원 사이에서 정보를 공유하기 위해 사용될 수 있는 의사소통체계의 기술
- 일정한 원칙을 통한 전환 프로그램의 성공 여부 평가 체계(Benz, Lindstrom, & Yovanoff, 2000; Johnson, Stodden, Emanuel, Luecking & Mack, 2002; Johnson, Zorn, Kai Yung Tam, Lamontagne, & Johnson, 2003; Schwarz, Jacobson & Holburn, 2000; Steere & Cavaiuolo, 2002)

## 장애인교육법 2004 전환 요구사항

부가적으로 장애인교육법 2004는 전환 요구사항과 관련한 몇 개의 변화를 제공한다(Cortiella, 2005). 전환 서비스는 학교에서 중등과정 이후의 맥락까지 전환을 촉진하기 위해 학업과 기능적 성취에 집중해야 함을 진술한다. 이러한 서비스는 학생의 강점, 선호도, 흥미에 기초해야 하고, 반드시 결과 중심이어야 한다. 또한 장애인교육법 2004는 이 과정을 위한 명확한 출발점을 두었다. 만 16세 후의 첫 번째 개별화교육프로그램은 전환계획을 포함해야 한다. 그것은 측정 가능한 중등과정 이후의 목표와 목표를 성취하기 위한 계획을 포함해야 한다. 마지막으로 학교는 학생의 학업적 성취와 기능적 수행, 학생을 돕기 위한 방법상의 추천들을 포함한 '수행 요약서'를 제공해야 한다. Cortiella는 이와 같은 새로운 변화는 "협력 증진과 개별화전환 정책을 개선하도록 도울 것"이라고 믿었다(p.3). Cohen과 Spenciner(2003)는 고용, 중등과정 이후의 교육, 지역사회 참여, 개인적 · 사회적 (활동)범위, 독립생활을 고려한 전환 과정의 사정을 안내할 수 있는 질문을 제안한다(특별한 질문에 답하기 위해 수용될 수 있는 다양한 사정도구들에 대한 특별한 정보가 더 많이 있는 pp.463~465 참조).

## 학습장애 학생의 중등과정 후의 교육 문제

고등학교에서 중등과정 이후 또는 고용까지의 전환은 많은 학생들에게 어렵지만, 학습장애인들에게는 매우 어려울 수 있다. 학습장애는 고등학교 졸업과 함께 사라지지 않으며 평생 존재한다. 어떤 학생들은 주목할 정도로 잘 하고, 다른 학생들은 분투하며, 여전히 다른 학생들도 일상생활에서 학습장애에 성공적으로 대처하지 못한다. 학습장애 대학생인 Phillip Cohn(1998)은 학업적 요구와 교실 밖의 사회상황에 대처할 때, 그가 경험한 근심과 스트레스를 포함한 매일의 어려움을 설득력 있게 썼다. 그는 다음과 같이 진술했다.

> 대부분의 학생들에게 대학은 전례가 없는 학업적, 사회적 발달의 시간이다. 그러나 학습장애가 있는 학생들에게, 그것은 악몽일 수 있다. 이런 학생들은 대학에 들어갈 때 경험하지

> 못했고 익숙하지 않은 생활의 시작뿐만 아니라 확립된 동기적 요인, 정돈의 요구, 보상적 기술, 사회적 관계를 위협하는 여행을 시작하고 있으며, 많은 학습장애 학생들이 대학수준에서 정서적 및 생리적 문제로 고통받는다는 것은 의심할 여지가 없다. 대학에 적응할 때 내재된 근심과 스트레스를 감소시키기 위해, 학생들은 외부적 사건이 아닌 사고와 태도가 감정을 유발시킨다는 것을 이해해야 한다. 그들의 근심, 불안에 대한 신체적 반응, 불안 유발 상황에서 특정한 생각과 대처 전략을 앎에 의해서, 학습장애 학생들은 그들이 생각하고 느끼며 행동하는 방식을 변화시킬 수 있다(p.514).

대부분의 학습장애 성인들은 대학에 가지 않으며, 종종 그들에게 이익이 되는 직업을 찾는 직업적 기술이 부족하다. 그러나 학습장애 성인에 대한 대부분의 연구는 대학생과 대학 프로그램에 집중되어 있다(Field, Price, & Patton, 2003). 능력이 없거나 대학 진학을 희망하지 않는 학생들은 어떠한가? 그들의 선택은 무엇인가? 대부분의 학습장애 학생들은 고등학교 졸업 후에 일을 한다(Bender, 2004). 하지만 그들에게 직업적 선택권은 충분하지 않다. Field 등은 '요구 조사'에 대한 많은 문제를 제기했다(p.383). 더욱 대학에 가지 않은 성인들, 감옥에 투옥되었거나 성인 기본교육을 받은 사람, 집이 없거나 약물 의존성을 가지거나 정신 건강 문제를 가진 학습장애 성인, 학습장애 자녀를 둔 학습장애 성인들은 어떠한가? 연구 노력을 불균형적으로 학습장애 대학생들에 집중함으로써, 우리는 중요한 관계들을 무시한다.

대학 진학을 원하는 사람뿐 아니라 모든 학습장애 학생들에게 의미 있는 전환 서비스를 제공하기 위해 학교는 지역 고용주와 직업 상담가와 함께 협력해야 한다.

비록 학습장애 학생들이 장애가 있는 다른 어떤 집단보다도 더 큰 집단을 형성하고 있음에도 불구하고, 그들은 중증 장애가 있는 학생들보다 전환계획에 주의를 적게 받는다(Janiga & Costenbader, 2002). 왜냐하면 학습장애는 학교와 관련된 장애이면서, 학교 밖의 환경에서는 비교적 무시되기 때문이다. Sitlington(1996)은 대부분의 성인이 쉽게 수행하는 매일의 활동들—허드렛일, 직업과 가정에서의 책임, 다른 사람들과 관계 맺기—이 학습장애 성인에게는 계속해서 문제가 된다는 것을 알아냈다. Smith(2004)는 다음과 같이 말한다.

> 사회적 · 정서적 적응이란 학습장애 그 자체 이상으로, 중등과정 이후의 교육, 직업, 개인적으로 중요한 친구와 성인으로서 지역사회에서의 책임을 다루는 데 있어서의 성공과 실패

사이의 차이를 의미한다(p.298).

성공한 학습장애 성인의 개인적 이야기가 있고(http://www.ldonline.org의 'life Stories' 클릭), 인기 있는 매체는 전형적으로 학습장애를 가진 유명한 인물을 묘사한다. Phillip Cohn(1998)은 학습장애로 인한 불안과 스트레스를 해결하기 위해 인지행동전략을 논의하고, 거기에는 이와 같은 장애가 있는 학생들을 위한 대학 프로그램의 성공적인 이야기가 있다. 이 장의 서두에 언급한 미리암은 왜 성공적이었나? 그녀의 경험으로부터 우리는 무엇을 배울 수 있는가?

Mercer와 Pullen(2005, p.194)은 학습장애 성인의 중등과정 이후 학교적응을 다룬 연구들과 보고서들을 검토하였다. 그들의 어려움은 불완전 고용, 직업 불만, 의존적 삶의 연속, 사회적 기술 문제, 빈약한 작업 습관 및 빈약한 직업 선택을 포함한다. 성공적인 기회를 제공하기 위해 Mercer와 Pullen(2005, p.196)은 다음을 추천했다.

1. 사정에서 보호적인 요소(예 : 의사소통 기술, 개인통제감, 주도적 경향, 자기이해, 목표 적응, 문제해결 능력, 가족과 지역사회 지원의 실재)의 검사와 위험 요소(예 : 중증 학습장애, 열등한 인간관계, 낮은 좌절 수준, 문제 가정 및 수동적 학습양식)를 포함하라. 이 자료는 당면 문제와 관련된 개인의 강점과 약점, 계획을 확인하기 위해서 필요한 정보를 제공한다(Spekman, Horman, & Vogel, 1993).
2. 개인이 그들의 학습장애를 이해하는데 도움이 되는 전략과 기술 및 개인의 강점과 약점을 개발하라. 노력은 학습장애 성인들이 자신들을 좋게 느끼도록 도와야 한다(Adelman & Vogel, 1993; Spekman et al., 1993).
3. 학습장애에 적응하는 개인적인 방법을 가르쳐라. 이것들은 대처 전략과 문제해결 기술의 개발을 수반한다.
4. 목표설정, 목표지향, 인내, 근면을 통하여 개인들이 주도적이고 그들의 삶을 통제하도록 장려하라. 학생들이 자신의 전환계획에 참여하도록 가르쳐라.
5. 지원체계를 조직하고 개발하는 방법(예 : 관계 형성)과 지원자들(예 : 교사, 고용주, 치료사, 상담원, 가족구성원, 친구와 같은)을 활용하는 방법에 대해 가르쳐라.
6. 중등학교 과정 동안 개별 학습장애 학생에게 조언자를 제공해라. 조언자는 학생을 믿고, 실질적인 목표 수립을 도우며, 힘든 시간 동안 용기를 제공하는 사람이어야 한다(Spekman et al., 1993).
7. 학습장애 학생들에게 직업교육에서 학업적 요구사항에 부합하기 위해 필요한 지원을 제

공하라. Minskoff와 DeMoss(1993)는 학습장애 학생들이 26개의 직업교육 영역에 걸쳐 필요한 학업적 기술로서 상업 관련 학업적 능력(Trade-Related Academic Competence) 프로그램을 제시한다.

8. 중등학교 및 그 이상의 과정에서 직업 교육과정과 직업의 선택에 관한 안내를 학생들에게 제공하라(Adelman & Vogel, 1993).
9. 학생들의 학업적 향상, 대인 간 기술 및 그들의 보상 전략을 향상시키는 데 도움을 주기 위해 지속적인 지원을 제공하라(Adelman & Vogel, 1993).
10. 학습장애에 관하여 더 많은 고용주들을 교육시켜라. 고용주들은 신체적 장애를 가진 개인들보다는 인지적 장애를 가진 개인들에게 더욱 민감하게 반응하는 경향이 있다(Adelman & Vogel, 1993; Anderson, Kazmierski & Cronin, 1995).

Smith(2004, p.293)는 학습장애를 갖고 있으면서 성공한 사람들에 대한 연구를 다음과 같이 요약하였다.

> 학습장애를 가지고 있으면서 성공한 사람들은 지원적인 친구, 가족, 조언자들로 둘러싸여 있으며, 학습장애와 관련한 경험의 수용을 학습하고, 구성적인 접근의 이점을 활용하며, 차이는 극복될 수 있다는 자신감을 갖고 도전한다.

## 학습장애 성인에게 영향을 미치는 법

학습장애 학생들은 22살이 되거나 고등학교를 졸업하면 더 이상 장애인교육법으로부디 보호받지 못힌다. 학습장애를 포함한 장애를 가진 성인에 해당되는 두 기지 법이 있다—1973년 재활법(Rehabilitation Act)의 504조와 1990년의 미국장애인법(Americans with Disabilities Act : ADA)이다. 교육자들은 이러한 법이 특수교육법이 아님을 아는 것이 중요하다. 이것은 기회에 동등하게 접근하는 것을 보장하기 위해 확립된 시민 권리의 위임이다. "다른 자격을 갖춘 어떤 개인도 아님"은 연방정부의 재정 지원을 받는 어떤 프로그램과도 구별되어야 한다고 504조는 언급하고 있다. 미국장애인법은 장애인들의 생활이 모든 영역에서 도움에 접근할 수 있도록 하기 위해 학교 범위를 넘어선다. Gregg와 Scott(2000)의 주상에 의하면 "이와 같은 연방성부의 법은 학습상애와 주의력결핍 과잉행동장애 영역에서 일어나는 정의와 이론적인 논쟁과는 완전히 다른 장애의 정의와 문서화의 요구를 고려하는데 대한 일반적인 틀을 제공한다(p.8)." 법정에서의 결정은 이러한 이슈를 정의하는 데 지속적인 도움을 줄 것이다. 학교는 학생들이 그들의 권리를 인식할 수 있고, 그 결과 스스로를 주장할 수 있도록 하기 위해 특별한 정보를 제공해야 한다. 이러한 법의 접근에 대한 정보를 위해서 http://www/Idon.org/advocacy를 참조하라.

## 장애학생을 위한 대학 프로그램

학습장애 학생들을 위한 첫 번째 대학 프로그램은 매사추세츠 주 밀턴의 커리 대학교에서 1970년에 만들어졌다. 그 이후 그와 같은 프로그램은 급속히 증가하여 지금은 1,000개가 넘는다. 대학에 진학한 학습장애 학생의 수는 1989년에서 1998년까지 173% 증가하였다(Lock & Layton, 2001). 이러한 학생들을 위한 중등과정 이후 교육에 대한 문헌 검토에서, Mull, Sitlington과 Alper(2001)은 1997년 이후 대학에 진학한 장애학생의 수는 10배 증가하였다고 언급했다. 이와 같은 전환은 어떤 학생에게도 특히 학습장애 학생에게는 쉬운 것이 아니다. 고등학교에는 활용할 수 있는 많은 지원이 현재 없을 수 있다. 유연한 계획과 자기주장에 대한 요구는 이와 같은 전환을 더욱 어렵게 한다(실제적 고려 : 전환 자원 참조).

### 대학들은 무엇을 제공해야 하는가?

법적으로 대학들은 미국장애인법과 504조에 의해 학습장애 학생들을 위한 지원을 제공해야 한다(학습장애 성인에 대한 법적 영향 참조). 그들은 입학 기준, 교육과정 내용 또는 학습 프로그램의 수정을 요구하지 않고(Madaus, 2005), 실제적인 "학습장애 프로그램"을 제공해야 하는 것도 아니다. "학습장애 학생들을 위한 가장 중요한 소송 결과"(Sparks & Javorsky, 1999, p.287)로 기록된 Elizabeth Guckenberger et al. v. Boston University et al.(Journal of Learning Disabilities, 32[4], 1999, 소송에 대한 특별 연재 참조)에 의하면, 학습장애 학생들은 보스턴 대학교를 고소했다. 보스턴 대학교는 학습장애 학생들을 위한 새로운 정책 기관에 대하여 반대하여 논쟁하였다. 관심 영역은 적당한 시설, 심리교육적 평가의 질, 매 3년마다 재평가의 요구, 교육과정의 대체에 관한 것들이었다. 많은 법적 소송에서처럼 양측은 승리를 주장했다. 그러나 결과는 대학교에서 학습장애 학생들을 위해 적당한 설비를 만들어야 한다는 것이었다. 학습장애 학생들을 위한 프로그램에 관한 미국 교육부(2000)의 조사에 의하면, 98%는 적어도 하나의 지원 서비스를 제공하고 있는 것으로 나타났다(Janiga & Costenbader, 2002).

88% 대체 시험 양식 제공 또는 시간 확장
77% 개인 교사 제공
69% 낭독자, 노트테이커, 대필자 제공
62% 수업 등록 지원 제공
55% 책 녹음 테이프 제공

**실질적 고려 : 전환 자원.** Madaus(2005, p.36)는 세 가지의 유용한 전환 자원을 제시한다.

### Heath 자원센터

- HEATH 자원센터(Heath Resources Center)는 장애인의 중등과정 이후 교육을 위한 국가 정보센터이다. 방대한 자원목록이면서 유용한 실제 기록표인 자원 보고서는 http://www.heath.gwu.edu.에서 이용할 수 있다.
  이용할 수 있는 간행물들은 Creating Options을 포함한다.
  장애학생을 위한 재정적 지원 2003(Finalncial Aid for Students with Disabilities 2003, 학습장애 학생과 중등교육 과정 이후의 학습장애 학생들을 위한 보조공학(Assistive Technology for Students with Learning Disabilities, and Students with Learning Disabilities in Postsecondary Education).
  HEATH 자원센터 연락, George Washington University, 2121 K Street NW, Suite 220, Washington, DC 20037; 웹사이트 : http://www.heath.gwu.edu

### 미국 교육부, 인권청

- 미국 교육부, 인권청(U.S. Department of Education, Office for Civil Rights) 웹사이트(http://www.ed.gov/ocr)는 전환기 학생들을 위한 가치 있는 정보를 제공한다. 사이트는 중등과정 이후 교육을 위한 장애학생들의 준비 : 여러분의 권리와 책임 알기(Students with Disabilities Preparing for Postsecondary Education : Know Your Right and Responsibilities, July 2002)를 포함한 보고서와 자원들이 포함되어 있다. 이 간행물은 중등과정 이후 교육에서 장애학생들의 권리와 책임에 관련된 일련의 공통된 질문들에 대한 답변들을 제시한다.

### 공교육부

- 위스콘신 주 공교육부(http://www.dpi.state.wi.us)는 **중등과정 이후 교육과 훈련으로의 열린 문 : 고등학교 이후의 인생 계획**(Opening Doors to Postsecondary Education and Training : Planning for Life After High School, September 2003)을 제공한다. 학생과 학교상담가, 교사 및 부모를 위한 이 안내서는 '중등과정 이후의 교육계획과 준비', '계획을 위한 일정', '고등학교 : 내가 반드시 이수해야 하는 수업은 무엇인가?'와 같은 부분을 포함한다. 이 안내서는 또한 중등학교 이후의 교육 탐구 계획표, 서류 안내와 관련한 부록을 담고 있다. 안내서는 http://www.dpi.state.wi.us에서 사용할 수 있다.

자주 연구된 편의사항 중의 하나는 외국어에 관한 요구사항이다. Sparks, Philips와 Javorsky(2002)는 학습장애 학생들이 외국어 대신 다른 과정으로 대체할 수 있는 것을 가리키는 많은 연구를 인용하면서, 외국어 대신에 대체 과정을 지원할 충분한 증거가 있는지를 조사했다. 더욱 출판된 논문들은 그렇게 하는데 특정한 절차를 제공한다. 대체 과정을 보장받은 158명의 학습장애 대학생들이 검사받았을 때, 학습장애와 외국어에 대한 많은 가정들이 증명 부족으로 밝혀졌다. 연구자들은 학생들이 외국어 과정에 등록해서 필수적인 어떤 편의를 제공받아야 함을 권고했다.

### 편의에 대한 대학 교직원의 수용

어떤 대학생들은 교수들이 편의를 지원하지 않았다고 느꼈다(Lehmann, Davies, & Laurin, 2000). 그것은 학습장애 학생들의 요구와 본질을 이해하는 데 실패한 것이다. 심지어 교수가 기꺼이 편의를 제공했을 때라도, 많은 학생들은 그것들에 접근하면서 편하게 느끼지 않았다. 대학생들은 서비스를 받기 위해서 그들의 신원 확인을 꺼려하거나 그것을 할 수 없었다. 학습장애 대학생들에 관한 문헌에서 일치하는 바는 그들은 자기주장과 자기결정에 참여하는 것이 필요하다는 것이다(최상의 실제 : 장의 끝에 있는 학습장애 학생들을 위한 과정 참조).

Lock과 Layton(2001)은 학생들은 자주 그들의 교수와 만나야 하고 자기주장 계획을 개발할 것을 추천한다. Kling(2000)은 학생들이 그들의 문제를 드러내고 스스로 주장할 수 있도록 하기 위해 ASSERT라 불리는 기억 장치를 개발했다.

**A**wareness of disability 장애 인식

**S**tate Disability 장애 진술
**S**tate strengths and limitations 강점과 한계 진술
**E**valuate problems and solutions 문제와 해결 평가
**R**ole play solutions 역할놀이를 통한 해결
**T**ry it in the real setting 실제 상황에서의 시도

Kling(p.69)은 '중도 학습장애'를 가진 21세 여성을 대상으로 한 ASSERT 적용의 예를 제공한다.

장애 인식 :

나는 7세 또는 8세에 진단 받았을 때 장애가 있다는 것을 깨달았다. 나는 학교에서 특수교육 수업과 교사의 도움이 필요하다는 것을 알게 되었다.

장애의 특성 진술 :

내가 더 어렸을 때, 나는 장애에 대해 말하는 것에 절대 편안해하지 않았다. 하지만 지금은 그 때보다 낫다… 사람들은 나에게 말을 걸고 너보다 훨씬 심한 사람들이 있다고 말한다.

강점/약점 :

나는 소근육 운동 기능에 약점이 있는 것을 알고 있다. 나는 학교에서 작업치료, 언어치료를 필요로 했다. 나는 나쁜 기질이 있고 좌절한다. 나는 타인의 요구를 보호하지는 않지만, 나 자신의 권리를 보호한다. 내 자신을 신뢰하는 것보다 훨씬 더 많은 것을 할 수 있다는 것을 알고 있다. 나의 강점은 독서와 창조적 글쓰기 기술이다. 또한 나는 부지런하며 성공하기 위해 열심히 노력한다.

문제 평가 :

몇 년 전 직장에서 내가 무엇인가를 잘못했다는 이야기를 들었다. 내가 비록 어떤 잘못을 안했더라도, 큰 소리로 말하는 것은 도움이 되지 않은 것 같다. 나는 내 방식대로 그것에 대해 말할 수 없었고, 그래서 실직했다. 내가 문제를 해결했었더라면, 상황을 더 좋게 만들 수 있었을텐데. 나는 행동하기 전에 문제에 대해 앉아서 편안하게 하여 생각하려고 노력한다. 나는 때때로 신경질적이 된다.

역할놀이 :

나는 특히 흥분되는 경향이 있기 때문에, 내가 신뢰하는 사람들과 역할놀이를 하려고 노력한다. 그리고 사람들은 그것이 건방지다고 생각할지 모른다.

**시도하기 :**

나는 여러 상황에서 자기주장을 하려고 노력했다. 나는 전에 했던 것보다 더 성공적이라고 생각한다.

비록 그녀가 너무 흥분되었을 때 철회되는 것이 필요했을지라도, 이 젊은 여성은 여러 단계–인식, 장애의 특성 진술, 또는 강점과 약점 진술–를 할 필요가 없었다. 그녀는 ASSERT의 다음 단계들을 수행했다. 그것은 문제 평가와 해결(특히 행동하기 전에 생각하기), 그리고 역할놀이의 사용을 포함했다. 그녀는 마지막 단계인 시도하기로 기꺼이 이동했지만, 행동하기 전에 항상 해결책을 찾아내는 것은 아니었다. 그러한 결과로 자기주장이 항상 효과적으로 이루어진 것은 아니었다. Madaus와 Shaw(2000 p.86)는 학생들의 중등과정 이후 교육으로의 전환을 돕기 위해 다음의 사항들을 추천했다. 학생들은 다음과 같은 영역에서 도움을 받아야 한다.

- 특수교사 또는 심리학자와 함께 진단적 보고서를 검토함으로써 그들의 장애 특성을 명료하게 하기
- 504조와 미국장애인법에 규정된 시민 권리, 고등학교와 대학교의 각기 다른 책임들에 대해 학습하기
- 504조 회의에 능동적으로 참여하기와 학습 기술, 시간 관리, 시험전략에 초점을 맞추는 목표들을 제안하기
- 진단적 자료의 검토에 기초하고 중등학교 이후의 수업에서 수용 가능한 것으로 간주되는 편의와 보조 기구 사용하기
- 중등학교 이후 환경을 위한 학업적 준비를 제공하는 (부모와 함께) 수업 선택하기
- 더 낮은 단계의 수업으로 '퇴보'하려는 유혹 피하기, 대신 철저하게 예비 대학 과정 선택하기
- 과정의 포기를 신중하게 하고, 이러한 선택이 대학 선택을 제한할 수 있음을 신중하게 고려하기
- 수학 또는 외국어 수업에서 과정을 포기하기 보다는 가능한 지원과 편의 사용하기
- 필요한 편의에 대한 논의하고 요청하는 방법과 시간 및 장소 알기
- 중등학교 이후의 문서 지침에 부합하는 심리교육적 평가를 완성하기 위해 개별화교육프로그램/504 목표(11학년과 12학년 내에서) 주장하기
- 필요한 편의로 SATs와 ACTs를 위한 조정 종합하기(ACT는 [www.act.org], 대학 게시판은

[www.colegeboard.org] 참조)

- 가정과 학교에서 증가된 책임을 통해 자기결정과 독립을 촉진하는 기회들을 이용하기
- 입학하기 전에 장애를 말할지 말지를 결정하기

비록 학습장애 학생들의 수가 계속 증가할지라도, 비장애 동료들보다는 여전히 낮은 비율로 대학에 입학한다(Smith, 2004). 더욱 프로그램들이 계속해서 증가할지라도, 무엇이 효과 있고 없는지를 보여 줄 증거들이 거의 없다. Mull 등(2002, pp.106~107)은 중등교육 이후의 프로그램에 대한 문헌 검토를 통해 특정한 의미의 다음 목록을 제공한다.

- 학생들은 자신이 중등교육 및 중등교육 이후의 과정에서 필요로 하는 지원과 편의가 무엇인지 결정하고, 어떻게 이와 같은 그리고 이외에 필요로 하는 지원과 편의에 접근하는지를 준비해야 한다.
- 학생들은 점차 증가하고 있는 보조공학 기기의 사용 방법에 대해 훈련될 필요가 있다.
- 중등학교 교사들은 중등교육 이후의 환경에서 요구하는 바를 잘 알고 있어야 하며, 이를 통해 교사들은 학생들이 그와 같은 환경에서 성공적일 수 있도록 기술, 지원과 편의 등을 습득하게 할 수 있어야 한다.
- 현장에서 우리는 장애에 대한 문서화 이슈를 다룰 필요가 있는데, 이것은 학생들이 중등학교 이후의 교육과정에 필요로 하는 편의와 지원에 접근하기 위해서이다. 이것은 특히 중요한데, 왜냐하면 많은 중등교육 프로그램들이 특정한 장애 명칭과 형식적인 심리학적 검사로부터 옮겨가고 있기 때문이다.
- 중등교육 이후의 단계에서 장애학생들과 함께하는 직원들에 대한 훈련이 더욱 강조되어야 한다. 학생들에게 직접적인 서비스를 제공하는 직원들에 대해서는 더욱 그러하다. 고등교육과 장애협회(Association of Higher Education and Disability : AHEAD) 기준은 이 분야에서 좋은 출발점이다.
- 결국 연구는 중등교육 이후의 단계에 있는 장애학생들을 위한 특별한 지원 서비스와 편의의 효과성 평가에 초점을 두어야 한다. 연구 문항은 다음을 포함할 것이다.
- 중등교육 이후에 전형적으로 제공되는 편의와 지원은 효과적인가?
- 중등교육 단계에서 효과적인 편의와 지원은 중등교육 이후의 단계에서도 동등하게 효과적인가?

## 직업 프로그램

학습장애 학생들을 위한 중등교육 이후의 선택에 대한 연구는 주로 대학생에게 초점을 맞추었다(Field et al., 2003). 미국학습장애협회(2005)(http://www.idanatl.org 참조)는 직업 기술 학교와 프로그램에 대한 정보를 제공한다. 거기에는 학생들이 다양한 직업적 선택을 할 수 있도록 하는 사적, 공적 프로그램들이 있다. 2년제 대학 또한 많은 프로그램을 제공한다(Stern, 2002).

학습장애 학생들은 직업 프로그램에서 덜 중요시되었다. 직업 세계에 학습장애 학생을 준비시키기 위한 직업교사와 특수교사 사이의 협력과 조정이 없어 보인다(Bender, 2004). Mellard와 Lancaster(2003)는 기술학교와 지역사회의 대학뿐만 아니라 직업재활 프로그램, 사회보장국의 성인교육부, 자립생활센터와 같은 지역사회의 자원이 전환계획에 이용되어야 한다고 권장한다.

## 자기결정

자기결정과 자기주장에 대한 문헌 검토에서, Malian과 Nevin(2003)은 자기결정이 성인기에 성공적인 전환의 예견자라는 것을 발견했다. Field, Sarver, Shaw(2003)는 그것이 학습장애 학생들의 중등과정 이후 교육 프로그램의 성공에 있어 매우 중요하다고 믿는다. 중등과정 이후의 선택권에도 불구하고 그것은 학생교육의 중요한 구성요소이다. 자기결정이란 무엇인가? Field, Martin, Miller, Ward, Wehmeyer(1998, p.2) 등은 다음과 같이 그것을 정의한다.

> 사람들에게서 목표의식, 자기통제, 자율적인 행동을 이끌어 낼 수 있는 기술, 지식, 믿음의 조합. 유능하고 효과적인 자신에 대한 믿음과 함께 자신의 강점과 제한점에 대한 이해는 자기결정에 필수적이다. 이런 기술과 태도에 기초한 행동을 할 때, 개인들은 그들의 삶을 조절할 수 있는 보다 큰 능력을 가지게 되고, 우리 사회에서 성공적인 성인의 역할을 담당하게 된다.

자기결정을 내린 학생들은 그들의 강점과 약점, 필요 및 선호도를 사정한다. 이것은 학습장애 학생들에게 다소 힘든 것으로 보인다. 여러분이 담당하고 있는 학급에서 학생들에게 다음을 교수함으로써 자기결정을 증진시킬 수 있다.

- 개인적 목표를 설정하라.
- 목표 달성에 장애가 되는 문제를 해결하라.
- 개인의 선호도와 흥미에 기초하여 적절한 선택을 하라.
- 그들의 삶의 질에 영향을 미칠 논의에 참여하라.
- 자기주장을 하라.
- 목표달성을 위한 행동계획을 세워라.
- 일상생활에서 자기를 조절하고 관리하라.

그들의 학습과 삶을 통제하도록 학생을 가르치고 그들의 노력을 강화함으로써, 여러분은 학생들이 더 자율적이 되도록 도울 수 있다(Agran, King-Sears, Wehmeyer, & Copeland, 2003). 학생들이 선택하고, 문제해결 기술의 사용을 활성화하도록 허락하며, 충분한 피드백을 제공하고 그들의 선택과 작업을 평가하고 결과를 검사하도록 허락하라. 이것은 계속적인 과정이어야 한다. 전환계획의 개발은 학생들이 자기결정과 자기주장으로 이끄는 연습에 참여할지를 묻는 훌륭한 기회를 제공한다. 그들의 중등교육 이후의 계획에도 불구하고 이것은 모든 학생들에게 매우 중요하다. 그것은 학생들이 그들의 미래에 대해 정보에 근거한 선택을 하도록 더 잘 준비시킬 것이다.

## 직업 세계

학교에서 직업 세계로의 전환은 어려울 수 있다. 직업과 관련한 학습장애 성인들의 문제들에 대한 정보는 매우 적지만, 전형적인 직장 일을 잘못할 수 있을 것이라고 생각을 하는 것은 어렵지 않다.

이것은 어두운 장면을 묘사하도록 의도된 것이 아닌, 단순히 현실적인 것이다. 일부 저자들은 학습장애가 있는 성인의 영감을 주는 이야기를 제공한다. 예를 들면 Shaywitz(2003)는 대단히 불리한 조건에 대항하여 성공한 난독증 성인을 묘사한다. 특정한 영역에서 주목할 만큼 잘 수행한 유명한 학습장애인의 이야기들이 있다. 이러한 성공 이야기는 계몽적이고 고무적일지 모르지만, 잘못된 희망을 가지게 하고 실망으로 이끌 수도 있다. 학습장애 성인들 사이에서 직업에 대한 불만이 매우 높은 위험 수위에 있다는 것이 밝혀졌다(Witte, Philips, & Kakela, 1998). Stern(2002, p.18)은 학습장애 청년에게 그들의 기능적 제한이 어떻게 직업 전환에 영향을 주는지에 대해 설명할 필요가 있다고 진술한다. 이러한 과정에서 도움을 줄 수 있는 질문들로는 다음과 같다.

- 당신은 읽기, 듣기, 증명하기, 실제로 경험하기 또는 이와 같은 것들의 조합 중 어떤 방법에 의해 가장 효과적으로 학습하는가?
- 당신의 학습장애가 읽기에 어떠한 영향을 미치는가?
- 당신이 정보를 이해하기 위해 얼마나 읽어야 하는가?
- 당신은 읽은 것을 기록하는데 어려움을 가지는가?
- 당신의 학습장애가 쓰기에 어떠한 영향을 미치는가?
- 당신은 컴퓨터를 이용하여 쓰는 것이 더 쉬운가?
- 당신은 생각을 종이에 적는 것이 어려운가?
- 당신의 생각을 종이에 나타내는 것이 테이프에 녹음하는 것보다 쉬운가?
- 당신은 언어적 지식과 정보를 이해하는 데 어려움을 가지는가?
- 당신은 한 번에 얼마나 많은 지식을 기억할 수 있는가?
- 당신이 기억하기 전까지 일정한 시간 동안 새로운 정보를 반복할 필요성이 있는가?
- 과제 수행 중에 누군가가 지켜보면서 즉각적인 피드백을 주는 것이 도움이 되는가?
- 당신은 쉽게 주의가 산만해지는가?
- 당신은 조용한 환경에서 가장 잘 학습하는가?
- 당신은 주의집중에 어려움을 가지는가?
- 어떤 종류의 과제가 집중하기에 가장 쉬운가?
- 과거에 사용했던 교실의 편의는 무엇인가? 그것은 효과가 있었는가?
- 과거의 직업에서 어려움이 있었는가? 만약에 그렇다면 그 어려움을 기술하라.
- 당신은 어떤 작업 상황이나 과제에서 피하는 경향이 있는가?
- 당신은 어떤 직업 편의가 필요할 것인지를 예견할 수 있는가?
- 과거에 편의를 사용하였는가? 만약 그렇다면 그것들을 기술하라.
- 어떤 유형의 상사가 당신의 최상의 수행에 도움을 주었는가?
- 당신은 일의 진행과정에 있어 잦은 피드백을 더 선호하는가?
- 당신은 조용한 작업장을 원하는가?
- 당신은 정돈되고 구조화된 환경에서 일할 때 가장 작업을 잘하는가?

학습장애 성인들은 미국장애인법, 504조에 의해 노동시장에서 보호받는다. Price와 Gerber(2001)는 미국장애인법 시행 이후부터 학습장애를 가진 종업원과 고용주의 경험을 조사했다. 이 결과는 Gerber(1992)의 연구와 비교되었다. Price와 Gerber는 얼마나 많은 향상이 있었는지를 알고 싶었다. 그들은 고용주가 학습장애를 가진 종업원을 기꺼이 돕고, 공정하게 대해 주었으며, 최신의 정보를 제공하였다는 것을 알아냈다. 이와 같은 결과는 법의 정신이 지지되고 있다면, 고용주들은 학습장애에 대한 정보와 훈련이 필요하다는 사실을 나타낸다. 그들은 고용주를 교육시킬 사람이 분명하지 않다는 사실에 주목하였다. 학습장애를 가진 대학 졸업생들은 그렇지 않은 쪽보다 더 적은 봉급을 받는 경향이 있다(Dickinson & Verbeek, 2002). 하지만 저자들에 따르면 임금격차는 차별에 기초한 것으로 설명될 수 없다. 또한 그들은 학습장애 성인들이 직업 차별을 두려워한다는 사실을 언급했다. 이것이 매우 소수의 학습장애 성인들만이 고용주에게 그들의 장애를 보고하는 이유일 수 있다. 한 연구에서는(Madaus, Folley, McGuire, & Ruban, 2002), 오직 30%만이 장애 때문에 직업 차별이 있다고 하였으며, 응답자의 90%는 학습장애가 그들의 일에 영향을 미친다고 하였다. Price, Gerber(2001)와 Madaus 등(2002)은 연구 표본의 87%가 많은 직업 분야에서 상응하는 봉급을 받고 있다고 했다. 확실히 학습장애 성인의 직업 상태에 대한 더 많은 연구가 필요하다. 우리는 학습장애 성인들의 직업 관련 연구에서 문제, 이슈 및 이 집단의 관심사를 더 잘 이해하고 증거에 기초한 효과적이고 효율적인 해결방법을 제공하기 위해서는 유명 인사들의 증거들을 넘어서 필요가 있다. 아마도 그런 다음에는 Horowitz(2005)의 '구인' 광고가 보다 현실적인 것이 될 것이다.

## 성공적인 학습장애 성인

학습장애인들을 위한 '성공'의 예언자들은 무엇인가? Raskind, Golberg, Higgins 및 Herman(2006)은 이 문제의 해답을 위해 20년간 연구를 수행했다. 추수 연구에서 연구 대상자들의 연령은 28~35세였다. 연구자들은 성공에 기여하는 6가지를 발견하였다.

- 자아인식
- 자기주도력

- 인내력
- 목표 설정
- 효과적인 지원 체계의 존재와 활용
- 정서적 안정

일반적으로 성공적인 학습장애 성인들은 그들의 장애를 인식하고, 그들의 강점과 약점을 알고 종종 학습장애라고 스스로 말하였다. 그들은 많은 활동들에서 활동적이었고 적절한 목표를 설정하였다. 그들은 곤란한 상황을 처리하는 효과적인 방법을 개발하기 위해 광범위한 가족구성원과 직업상의 친구들로부터 지원을 쉽게 받아들였다. 결정적으로 그들은 낙천주의자였다.

학습장애 학생을 담당하고 있는 교사들을 위한 함의는 명확하다. 학교는 자아인식에 초점을 둔 조기계획과 목표 설정에서부터 광범위한 지원 체계를 확인하고 활용하기 위한 지속적인 노력에 이르기까지, 성공으로 이끄는 그러한 특성들을 서서히 가르칠 필요가 있다. 이 학생들의 대다수가 대학에 가지 않을 것이며, 다른 중등과정 이후 학교의 선택이 훨씬 더 철저히 조사되어야 한다. 직업 프로그램과 직업 세계에 대한 연구가 필요하고, 그래서 학생들은 그들의 선택과 어느 것이 더 높은 성공 가능성을 가지고 있는지 알아야 할 것이다.

## 요약

이 장은 학습장애 성인들이 중등과정 이후의 학교 선택을 위한 전환에 초점을 두었다. 성인에게 해당되는 법(학교에서의 특수교육과 비교하여)들이 설명되었다. 직업, 대학과 연구와 관련한 이슈가 논의되었고, 효과적인 프로그램의 예가 제공되었다. 만약 고등학교 이후에 학생들이 성공하기 위해서라면, 이러한 결정적인 전환에 있어 더 많은 협력이 필요하다. 더 많은 연구가 수행되어야 하고, 특히 대학에 진학하지 않을 학습장애 학생들에 초점을 맞추어야 한다. 최근 학습장애 성인들의 선택에 있어 대학 이외의 알려진 다른 것은 거의 없다.

## 숙고와 논의를 위한 발판

1. 학습장애 성인들과 인터뷰하라. 교사인 여러분에게 그들은 어떤 조언을 해 줄 것인가? 초등학교와 고등학교 학습장애 학생들에게 그들은 어떤 조언을 해 줄 것인가?
2. 대학은 학습장애 학생들을 위한 교육 프로그램을 가지고 있는가? 만약 그렇다면, 학교장에게 이야기하라. 어떻게 학생들을 선발하였는가? 어떠한 서비스가 제공되는가? 졸업 비율은? 그 프로그램은 직장에서 졸업생들에게 추수지도가 되는가?
3. 학습장애 고등학생의 부모들과 인터뷰하라. 학생들의 미래를 위한 그들의 계획은 무엇인가? 학생들은 어떻게 참여하는가? 가족들의 걱정은 무엇인가?
4. 지역 고등학교의 상담교사와 이야기하라. 학습장애 남 · 여학생의 전환계획은 어떤 것인가? 언제 시작하는가? 자기결정은 이 과정 동안 포함되어 있는가?
5. 학습장애 대학생과 이야기하라. 대학에서 성공, 실패, 곤란한 것이 무엇인가? 어떤 종류의 지원이 유용한가?
6. Horowitz(2005)가 제시한 네 가지 질문에 대답하라. 여러분은 이 과정을 시작하기 위해 어떻게 정보를 모을 것인가?

# 12 구어장애

정상적인 언어 발달
언어의 구성요소
언어 발달 이론
구어장애 학생의 특성
구어장애와 연관된 행동
구어장애의 사정
다양한 문화적 · 언어적 학생들을 위한 고려
일반적 중재
특별한 중재
공학의 응용
통합교육 실행
요약
숙고와 논의를 위한 발판

## 학습목표

이 장을 학습한 후 여러분은 다음을 할 수 있을 것이다.

- 정상적인 언어 발달 이론을 이해할 수 있다.
- 구어장애 학생들의 특성을 이해할 수 있다.
- 구어장애의 형식적 사정과 비형식적 사정을 위한 요구를 이해할 수 있다.
- 구어장애 학생들을 위한 중재를 이행할 수 있다.
- 문화적으로 그리고 언어적으로 다양한 학생들과 관련된 문제들을 이해할 수 있다.

캐시는 7살 때 학습장애로 진단되었다. 그녀의 부모는 '캐시는 모든 것을 이해했지만' 표현하지 못했다고 보고했다. 학교에서 첫날 캐시는 웃었지만 아무것도 말하지 않았다. 시간이 지남에 따라 그녀는 말을 하려고 노력했지만, 그녀의 말을 이해할 수 없었다. 본질적으로 그녀가 말하는 모든 것은 "ha ha" 또는 "ba uh"와 같이 들렸고, 그녀는 첫 번째 음에서 두 번째 음으로, 두 번째 음에서 첫 번째 음으로 강세를 변화시켰다. 캐시는 유순한 아동이었고 그녀 주위의 세상을 이해하는 것처럼 보였지만, 자신의 생각을 이해할 수 있는 언어로 표현할 수 없었다. 그녀의 선생님은 말 · 언어병리사와 상담했고, 워크숍에 참석했으며, 전문가에게 질문했으나 모두 소용이 없었다. 그녀의 언어장애는 심각했고 아무도 무엇을 해야 할지 알지 못하는 것처럼 보였다. 여러분은 무엇을 하였겠는가? 여러분은 그녀의 옹알이 의미가 무엇인지 추측하기 위해 노력해야 하는가? 여러분은 여러분이 생각한 그녀가 필요한 것을 그녀에게 주어야 하는가? 여러분은 더욱 정확한 조음을 고집해야 하는가? 캐시는 구어장애를 가진 학습장애 학생의 극단적인 예이지만, 이런 경우는 그녀 혼자만이 아니다.

토미는 12살인데 처음에 표현 언어가 서툴러서 정신지체로 진단되었다. 토미는 자신 주위의 세상을 이해하였고 친구들도 많았으나, 다른 사람들이 알아들을 수 있는 말을 아주 적게 했다. 그는 엄마를 "mama"라고 불렀고 아빠를 "dada"라고 불렀다. 다른 사람들이 알아들을 수 있는 유일한 단어들이 이러한 단어들이었다. 토미는 학교 안팎에서 집중적인 언어치료를 받았다. 그의 부모는 토미가 평균의 지적 능력을 가졌고 따라서 학습장애로 분류되어야 한다고 학교를 설득시키려고 끊임없이 노력했다. 마침내 그들은 비언어적 IQ검사를 시행하는 심리학자를 찾을 수 있었다. 토미는 평균 범위의 점수를 획득했다. 그의 분류는 바뀌었고, 그는 학습장애 학생들을 위한 특수학급에 배치되었다. 캐시와는 달리 토미는 다른 사람이 그의 말을 알아듣지 못했을 때 대개는 매우 실망했다. 그는 미숙한 몸짓 체계를 사용했으나, 그것은 대체로 효과적이지 못했다. 캐시와 달리 토미는 선생님, 말 · 언어병리사와 가족의 협력적인 노력을 통하여 진보를 나타내었다.

지미는 영리하고 건강한 7학년의 학습장애 학생이었다. 그의 수용 어휘는 연령에 적합하였으나, 말을 할 때 그는 올바른 단어를 찾는데 힘들었다. 말을 할 때 가끔 그는 모양 또는 색깔로 단어를 묘사하기도 했고 심지어 그 단어와 연관된 소리를 내기도 했다. 그는 더욱 좌절하게 되었고 말을 하지 않았다.

학습장애 학생들 가운데는 다양한 구어장애를 가진 학생들이 있다. 어떤 학생들은 매우 미세하여 발견되지 않지만, 읽기 또는 쓰기 장애에서는 분명해진다.

여러분은 구어장애를 어떻게 알 것인가? 어떤 사정 절차를 사용해야 하는가? 어떤 중재가 이런 다양한 범위의 장애에 효과적인가? 여러분은 말 · 언어병리사와 어떻게 협력할 것인가? 이 장은 여러분이 이러한 질문들에 대답할 수 있는 정보를 제공할 것이다.

## 정상적인 언어 발달

Bloom(1988, p.2)은 **언어**를 "의사소통을 위해 세상에 대한 생각들을 자의적인 신호들의 전통적인 체계를 통하여 표현하는 규약"이라고 정의했다. Bloom, Lahey(1978)와 Lahey(1987)는 형식, 내용과 사용을 언어의 세 가지 주요한 구성요소라고 했다. **언어의 형식**은 소리, 의미단위와 의미단위들이 조합되는 방법이나. 또한 이것은 **음운론**, **어형론**과 **구문론**으로 기술될 수 있다. **언어의 내용**은 의미이고, 이것은 의미론으로 묘사될 수 있다. 마지막으로 **언어의 사용**은 사회적 상황에서 우리가 말하는 방법과 언어를 어떻게 사용하는가에 대한 것이다. 이것은 **화용론**으로 불린다.

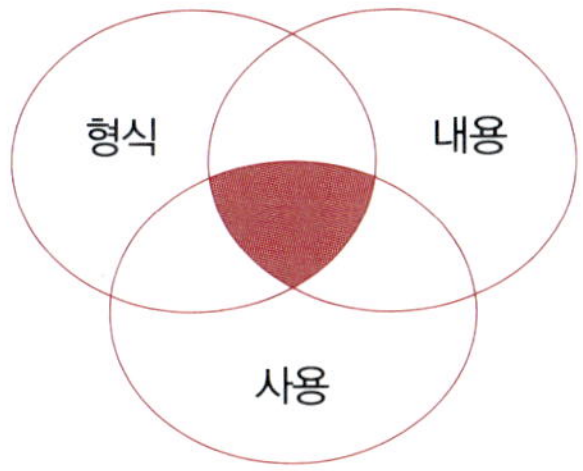


언어학습에서 유능하기 위해서 학생들은 형식, 내용, 사용의 구성요소들을 통합해야 한다. Bloom, Lahey(1978)와 Lahey(1987)는 언어 발달에 대한 독창적인 연구에서 언어 구성요소들의 통합을 설명하기 위해 다음과 같은 벤다이어그램을 제시했다. 다이어그램의 교차점 즉 통합부분은 언어 능력을 나타낸다.

## 언어의 구성요소

### 음운론

**음운론**은 소리와 소리들의 결합을 지배하는 규칙에 대한 학문이다(Bernstein, 2002). **음소**는 다른 소리들을 나타내는 구어의 가장 작은 단위이다. 예를 들면 학생은 mat와 fat라는 단어 간의 차이점을 들을 수 있어야 한다. 음소 /m/과 /f/는 다르고 다른 단어를 나타낸다. 학습장애 학생들은 이러한 능력이 부족하다고 주장하는 상당한 연구들이 있다.

### 어형론

**어형론**은 단어의 형태에 대한 학문이다. **형태소**는 의미를 나타내는 가장 작은 언어 단위이다. 예를 들면 /s/소리는 단어의 끝에서는 복수를 나타내지만, 소유격 부호와 함께 사용될 때는 소유형태를 나타낸다. 이러한 /s/는 의미에서 변화를 가져온다.

### 구문론

**구문론**은 언어를 지배하는 규칙에 대한 것이다. 그것은 언어의 문법이다. 학습장애 학생들은 읽기와 쓰기 능력에 심각한 영향을 미치는 구문론에 대한 지식이 부족하다.

### 의미론

**의미론**은 단어 사용의 이해를 포함한다(Bernstein, 2002). 다의어, 비유적 언어와 관용적인 언어는 제한적인 수용언어 능력과 경험을 가진 학습장애 학생들에게 문제들을 유발할 수 있다. 학습장애 학생들은 사회적 상황에서 어려움을 가지는데, 왜냐하면 그들은 농담이나 익숙하지 않은 언어를 이해하지 못하기 때문이다(예 : Do I have to stand on my head to get you to understand this? 나는 당신이 이것을 이해하기 위해 물구나무를 서야 합니까?).

### 화용론

언어 구성요소의 마지막은 **화용론**, 또는 언어의 **사용**으로 언급된다. 그것은 우리가 말하는 이유이고 언어의 사회적 기능을 수행한다. 말하는 내용과 말하는 방법을 이해하는 것은 주제와 여러분이 말하는 상대방에 대한 많은 정보를 요구한다. 예를 들면 학생들이 어떤 사건에 대해 교사에게 보고를 할 경우 친구에게 말하는 것과는 다른 언어를 사용한다. 학습장애 학생에게 화용론은 가장 어려운데, 왜냐하면 화용론은 학습장애 학생들이 교정적 상황에서 배운 여러 가지 기술들을 일반화할 것을 요구하기 때문이다. 이것이 교사와 말 · 언어병리사 간의 협력이 중요한 이유이다.

임상적 상황에서 배운 기술들이 교실과 다른 실생활 상황으로 전이되어야 한다. Mercer와 Pullen(2005, p.362)은 위에서 논의된 언어의 다섯 가지 구성요소들을 요약한 간단한 표를 제시했다(표 12-1 참조).

**표 12-1 언어의 구성요소**

| 구성요소 | 정의 | 수용 수준 | 표현 수준 |
|---|---|---|---|
| 음운론 | 언어의 소리체계와 소리의 결합을 지배하는 언어적 규칙 | 구어 소리의 변별 | 구어 소리의 조음 |
| 어형론 | 단어의 구조와 구성 또는 의미의 기본적인 구성요소로부터의 단어 형성을 지배하는 언어적 규칙 | 단어의 문법적 구성의 이해 | 단어에서 문법의 사용 |
| 구문론 | 문장을 형성하기 위한 단어의 순서와 조합 그리고 문장 내에서 요소들간의 관계를 지배하는 언어규칙체계 | 구와 문장의 이해 | 구와 문장에서 문법의 사용 |
| 의미론 | 발화의 내용, 의도, 단어 의미와 문장을 만드는 심리언어적 체계 | 단어 의미와 단어 관계의 이해 | 단어 의미와 단어 관계의 사용 |
| 화용론 | 운동적으로, 음성적으로 또는 언어적으로 표현되는 의사소통에서 언어를 사용하는 사회언어적인 체계 | 언어 단서의 이해 | 상황에서 언어의 사용 |

## 언어 발달 이론

아동들은 어떻게 언어를 이해하고 사용할까? Bloom, Lahey(1978)와 Lahey(1987)는 언어장애 학생들이 언어를 학습하는 방법에 대한 가장 좋은 정보를 제공하는 정상적인 언어 발달에 대한 지식을 제안했다. 그러나 아직 전체적으로 수용되는 언어학습 이론은 없다. 일반적으로 다음의 네 가지 주요한 접근들에는 동의한다(Bernstein, 2002).

1. 행동적
2. 심리언어적/구문적
3. 의미적/인지적
4. 화용적

각 접근은 아래에서 간단하게 설명된다.

### 행동적 접근

행동주의자들은 아동들이 강화를 통해서 언어를 학습한다고 믿는다. B. F. Skinner는 아동들은 그들의 환경에서 언어 획득의 모델을 제공하는 중요한 성인으로부터 언어를 배운다고 주장하는 경험적 증거를 제안하는 그의 『언어적 행동』(1957)이라는 책에서 이 접근을 소개했다. 아동들은 성인의 반응을 모방하고, 이러한 반응을 연습하며, 그들의 발화에 대해서 강화를 받는다.

### 심리언어적/구문적 접근

이 접근의 선구적인 제안자는 모든 아동들은 언어를 학습하는 선천적인 능력을 가진다고 믿는 Chomsky(1957, 1965)이다. 이것은 언어 획득은 학습된 행동이라고 주장하는 행동주의자 접근과는 반대된다.

### 의미적/인지적 접근

Bloom(1970)은 이 접근의 선구적인 제안자이다. 광범위한 관찰 연구에 기초하여, 아동들의 발화는 그들이 구문론에 대한 것을 알기 전에 표현된다고 Bloom은 주장했다. 이러한 발화는 아동들의 인지적 기술에 기초한다. 아동들은 그들 주위의 세상 경험을 통하여 그들이 알고 있는 것과 사물들이 어떻게 기능하고 상호작용하는지를 말한다.

### 화용적 접근

이 접근에서 언어는 사회적 발달의 맥락 속에서 고려된다. 아동들의 사회적 상호작용은 그들에게 언어 발달에 대한 틀을 제공한다. 아동들은 말할 필요가 있는 경우에만 말을 한다고 이 접근은 주장한다.

아동의 언어 발달 방법에 대한 여러분의 이론은 여러분이 언어를 사정하고 중재를 개발하는 방법에 영향을 미칠 것이다(각 접근들의 제한, 공헌, 부가적인 정보에 대한 보다 구체적인 정보는 Bernstein, 2002 참조).

## 구어장애 학생의 특성

Johnson과 Myklebust(1968)는 학습장애에 대한 독창적인 연구에서 청각적 언어장애를 청각 수용과 청각 표현 범주로 나누어 논의했다. 그들의 연구는 경험적 증거와 풍부한 임상 관찰에 기초하고 있다.

### 청각적 수용 언어장애

어떤 학생들은 들은 단어의 이해에 어려움을 가진다. 그들의 청각 민감성은 정상이나 어려움의 정도는 다양하다. 이러한 학생들은 또한 구어와 문어 표현에 분명하게 영향을 미치는 **수용적 실어증**이라고 불리는 장애를 가질 수 있다. 언어 발달에 대한 격언은 '투입이 산출보다 앞선다'는 것이다. 그러므로 만약 학생들이 구어의 이해에 어려움을 가진다면, 그들은 표현에 어려움을 가질 것이다. 또한 이것은 그들의 읽고 쓰기 능력에 영향을 미칠 것이다. 이러한 학생들은 음성 인식에도 어려움을 가질 것이다. 전형적으로 그들은 소리와 단어에서 차이를 변별할 수 없고 운율을 맞추거나 소리들을 단어로 조합할 수 없다.

### 청각적 표현 언어장애

표현 언어장애의 주요한 세 가지는 (a) 재청각화, (b) 실행증, (c) 구문론 결함이다. 재청각화는 또한 **단어 검색** 또는 **단어 찾기**로 언급된다. 학생들은 그 단어를 알지만 자발적인 사용을 위해 단어를 회상할 수 없다. 이 장의 시작에서 소개된 지미와 같은 실행증적 학생들은 구어를 위해 필요한 운동 양식을 형성할 수 없다. 이 장의 시작에서 논의된 다른 학생들인 캐시와 토미는 실행증을 가진 것으로 진단되었다. 결국 구문론 결함을 가진 학생들은 단어 순서, 문장 완성, 동사 시제와 다른 문법적 형성에 어려움을 가진다.

Wiig과 Semel(1984)은 다수의 학습장애 학생들을 대상으로 임상 연구를 수행했다. 그들은 단어 지식, 단어와 문장 구성 그리고 단어 찾기에서 결함을 확인했다. 이러한 것들은 Johnson과 Myklebust(1968)에 의해 주목된 결함과 비슷하다. Wiig와 Semel (1984, p.5)은 학생들에게 "잭, 왕, 그리고 _________."라는 구를 완성하도록 요구했는데, 그들의 응답은 단어 지식에서 결함이 있음을 나타내었다. 그들의 응답 중 몇 개는 다음과 같다.

1. 잭, 왕, 그리고 공주
2. 잭, 왕, 그리고 마이크

3. 잭, 왕, 그리고 엄마
4. 잭, 왕, 그리고 황태자
5. 잭, 왕, 그리고 질
6. 잭, 왕, 그리고 양초
7. 잭, 왕, 그리고 기사
8. 거기에는 52장의 카드 한 벌이 있다. 당신은 클럽, 스페이드, 하트와 다이아몬드를 가지고 있다. 그리고 에이스와 잭, 왕, 왕비가 있다.

Wiig과 Semel(1984)은 단어와 문장 구성에 대한 연구에서 학생들에게 단순한 질문을 했다. "여러분이 지난 밤에 텔레비전에서 본 것을 말해 주세요." 한 학습장애 중학생의 반응은 다음과 같다.

1. 의사에게 가고 있는 이 소년이 있었다.
2. 그는 약을 먹었고 그는 좋은 약을 필요로 했다.
3. 그리고 그가 의사에게 갔을 때, 그는 좋은 약을 먹었다.
4. 그런 다음에 그는 집에 갔고 그는 나쁜 약을 먹기 시작했다.
5. 그는 주사를 맞았고, 알약을 먹었으며 모든 것을 했다.
6. 그런 다음에 주사는 그를 피곤하게 느끼도록 만들었고, 그의 위는 고통을 느끼게 되었다.
7. 그런 다음에 그는 알약을 먹기 시작했다.
8. 그리고 그는 한 번에 알약 1개씩을 먹었고 각 알약은 더욱 더 악화시켰다.
9. 그런 다음에 그는 의사에게 갔는데 왜냐하면 그의 무릎이 모두 붉고 푸르게 변화되고 있었기 때문이다.
10. 그것은 알약 때문이라고 의사는 말했다.
11. 그런 다음에 의사는 그에게 또 다른 약을 주었고, 그는 가서 여전히 약을 먹었다.
12. 그리고 그는 약 2주 후에 죽었다.

단어 찾기에 결함을 가진 학생들은 종종 대상(사물)의 기능, 소리 또는 대상의 색깔, 형태 등을 설명하기도 한다. 이러한 학생들은 대상에 대한 단어를 알고 있다. 그들은 단지 자발적인 사용을 위해 그것을 회상하지 못한다. 땅콩 버터와 젤리 샌드위치 만드는 방법을 설명해 달라는 질문을 받았을 때, 한 학습장애 학생은 다음과 같이 말했다 (Wiig & Semel, 1984, p.11).

당신이 빵을 준비한다.
당신이 아는 빨간색 재료를 빵 위에 바른다.
그런 다음에 당신은 그 위에 땅콩 버터를 바른다.
그런 다음에 당신은 그것을 함께 겹친다.
그런 다음에 날카로운 칼로 그것을 자른다.
그렇게 하면 완성된다.

위에서 언급된 언어결함은 이러한 학생들이 능숙한 독자와 필자가 되는 능력에 영향을 미칠 것이다(Catts & Kamki, 1999; Leong, 1999; Smith, 2004). 그리고 Bloom, Lahey(1978)와 Lahey(1988)가 언어 발달과 언어장애에 대한 특정한 장애 접근을 채택하지 않는 동안, 학습장애 학생들은 언어의 형식, 내용과 사용에서 이러한 세 가지 구성요소들 중 하나에서 특별한 장애를 가진 경우보다 구성요소들의 상호작용에 가장 어려움을 가질 것이라고 그들은 말했다.

## 구어장애와 연관된 행동

학습장애 학생들은 구어 이해와 사용의 무능력과 관련된 행동들을 나타낼 수 있다. 이러한 장애들은 다양한 행동들을 나타낼 수 있다. Mercer와 Pullen(2005, p.368)에 의해 만들어진 표 12-2는 이러한 행동들의 목록과 각각에 대한 예들을 제시한다(p.429).

## 구어장애의 사정

구어장애를 가진 학습장애 학생들의 사정은 교사만으로는 할 수 없고, 말 · 언어병리사와의 협력을 요구한다.

학교에서 말 · 언어병리사들의 역할과 책임은 변화되었다. 미국 구어 · 언어 · 청각협회(America Speech-Language-Hearing Association; 1999)는 다양한 영역에서 지침을 제공했다. Wolf Nelson(2002, p.313)은 그러한 지침들이 사정과 평가의 과정에 응용된다고 말했다.

**표 12-2 언어 · 학습장애와 관련된 행동**

| 행동 특성 | 예 |
|---|---|
| 또래 관계가 열등함 | 자주 혼자서 논다. |
| 변화에 대한 조절이 열등함 | 일상이 변화되었을 때 화를 내거나 혼란스러워한다. |
| 고집성 | 필요하지 않을 때 과제를 한다고 고집 부린다. |
| 정서적 조절이 열등함 | 쉽게 화를 내거나 운다. |
| 쉽게 좌절함 | 과제를 하라고 했을 때 발을 구르거나 토라진다. |
| 의사소통 시작이 감소함 | 요구를 들어달라고 하기보다는 조용히 앉아 있는다. |
| 접촉에 대한 과도한 요구 | 다른 사람을 자주 껴안거나 만진다. |
| 과잉행동 | 과도한 움직임 없이 앉아 있거나 서 있는데 어려움이 있다. |
| 수행에 있어 변화가 많음 | 과제 수행을 잘하나 나중에 다시 그 과제를 수행할 수 없다. |
| 과제 지속력이 열등함 | 한 번 시작한 과제를 완성하는 데 어려움이 있다. |
| 미성숙 | 어린 아동처럼 행동한다. |
| 어휘의 감소 | 대상의 명칭에 대한 이해와 사용이 부족하다. |
| 반응의 지연 | 단순한 지시사항이라도 이해하는데 부가적인 시간이 필요하다. |
| 상황에 부적절한 행동 | 혼자서 과도하게 웃거나 말한다. |
| 단어 회상의 어려움(명명장애) | 특정한 단어를 알지만 필요할 때 회상할 수 없다. |
| 충동적임 | 생각 없이 빨리 행동하거나 반응한다. |
| 간단한 지시사항 수행의 어려움 | 앉으라고 말할 때 몸짓 단서가 제공되지 않는다면 계속 서 있다. |

사정 : 사정 계획 수립, 자료 수집, 면접과 참여자의 관점으로부터 문제를 이해하기 위한 관찰 전략 이용하기, 문제의 차원에 대한 통찰을 얻기 위해 타당한 표준화 사정 절차와 비표준화 사정 절차 이용하기

평가 : 아동의 강점, 요구와 현재 능력에 대한 사정 자료 해석하기, 아동이 장애가 있는지와 그것이 교육적 수행에 영향을 미치는지에 대한 진단적 결정을 위해 자료 이용하기, 관심 영역에 반응하는 방법에 대한 예비 권고 만들기

협력은 사정 절차의 결정, 형식적 표준화 검사의 시행과 채점 및 결과의 해석에 중요하다. 학습장애 학생의 교사로서, 여러분은 말 · 언어병리사의 특별한 훈련을 신뢰해야 한다. 학생들이 통합교육 교실에서 더욱 학습할수록, 말 · 언어병리사는 학교 수업일의 한 부분으로 교실에서 더욱 서비스를 제공할 것이다. 이것은 이 장의 일반적 중재 부분에서 더 논의될 것이다.

## 비형식적 사정

자연적이고 낮게 구조화된 **언어 견본**은 언어 · 학습장애에 대한 증거를 획득하는 데 우수한 방법이다. 비형식적 사정은 부모가(적절한 훈련과 함께) 가정에서 사용할 수

있고 학교에서 학생의 자연적인 상황에서 사용될 수 있다—식당, 휴식시간, 학생들이 교실에서 자유활동에 참여하는 시간. Lahey(1988)는 비형식적 사정은 언어 역사, 현재 언어 행동(형식, 내용과 사용), 비언어적 행동에 대한 설명과 환경에 대한 설명을 포함해야 한다고 언급했다.

Bloom과 Lahey(1978) 그리고 Lahey(1980)는 언어 견본을 이해하기 위해 계획을 실행하는 방법에 대한 자세한 정보를 제공했다. 이것은 말·언어병리사와 상담이나 협력을 할 때 가장 잘 이루어진다.

### 표준화 사정 절차

여러분이 표준화 검사를 이용하여 구어를 사정할 필요성이 있는 경우가 있다. 표준화 사정 또한 말·언어병리사와 협력할 때 가장 잘 이루어진다. 표 12-3(Cohen & Spenciner, 2003, p.259~262)은 구어 사정을 위해 일반적으로 사용되는 검사들을 목록화한 것이다.

## 다양한 문화적·언어적 학생들을 위한 고려

학습장애 학생들의 모든 교사들은 불균형성에 관련된 문제들을 인식하고 있어야 한다(Artiles & Trent, 1994; Donvan & Cross, 2002; Gottlieb, Alter, & Gottlieb, 1994; McNamara, 1998; 소수민족 질적 교육 프로젝트, 1990). 사실 소수민족 학생들이 제2언어 학습자로 발달할 때 그들을 학습장애로 판별하고자 하는 많은 움직임이 있었다(교사를 위한 함의 참조 : 제2언어 학습자 또는 학습장애 학생). 또는 그들은 문화적·언어적으로 다양한 도시 출신이거나 가난한 도시 또는 시골에서 살고 있었다. 이러한 모든 요소들이 학생들의 언어 능력을 평가할 때 고려되어야 한다. Burnett(2000)는 다음과 같은 지침을 제안했다.

- 그러한 어려움이 언어 또는 문화적 차이로부터 기인하는지, 학습 기회의 부족 때문인지 사전 의뢰와 중재 과정의 부분으로서 장애 때문인지를 결정하기 위해 정보를 수집하라.
- 개별화교육계획 팀의 구성원으로서 통역자, 이중언어 교육자 및 학생의 문화와 언어에

**표 12-3 표준화 구어 검사도구**

| 도구 | 대상 연령 | 유형 | 사정 영역 | 기술적 타당성에 대한 설명 |
|---|---|---|---|---|
| Brigance 조기발달 검사 개정 (Brigance, 1991) | 출생~7세 | 준거 참조 | 수용언어, 몸짓, 음성화, 표현언어, 문장길이와 청각기억을 포함한 구어 | 기술 절차와 연관된 학년 수준이 문학 작품 검토에 의해 개발되었음 |
| Brigance 기본 기술 종합 진단 검사 개정(Brigance, 1999) | 5~15세 | 준거 참조 | 구문론과 유창성, 표현언어, 조음과 구어의 질을 포함한 구어, 청각 기억을 포함한 듣기 기술, 수용언어 | 기술 절차와 연관된 학년 수준이 문학 작품 검토에 의해 개발되었음 |
| 언어 기초 임상평가-3(CELF-3) (Semel, Wiig & Secord, 1996) | 6~21세 | 준거 참조 | 표현 · 수용언어, 어형론, 구문론, 의미론과 기억 | 적절함 |
| 종합적 수용 · 표현어휘 검사-2판(CREVT-2) (Wallace & Hammill, 2002) | 4~성인 | 준거 참조 | 표현 · 수용언어 | 적절함 |
| 표현어휘 검사(EVT) (Williams, 1997) | 2세 5개월~ 90+년 | 준거 참조 | 표현 어휘와 언어 회상 | 적절한 성 균형과 인종 표현을 포함한 그림 |
| 단-단어 표현 그림 어휘-2000판 (EOWPVT-2000)(Brownell, 2000), 영어와 스페인어 형식 | 2~18세 | 준거 참조 | 표현언어 | 정상적인 보기들에 대한 제한적인 정보 |
| 구어와 문어 검사도구(OWLS) (Carrow-Woolfolk, 1996) | 3~21세 | 준거 참조 | 어휘, 문법, 화용론, 고차원 사고 | 어떤 연령집단의 경우 내적 신뢰도와 검사 · 재검사 신뢰도가 약함 |
| Peabody 그림 어휘 검사-3판(PPVT-Ⅲ) (Dunn & Dunn , 1997) | 2세 5개월~ 90+년 | 준거 참조 | 표현언어 | 검사 발달 동안 편견과 문화적 민감성이 검토됨. 적당한 신뢰도와 타당도 |
| Prueba del Desarrollo inicial del Lenguaje (Hresko, Reid, & Hammill, 1982) | 3~7세 | 준거 참조, 규준 표본집단은 멕시코, 푸에르토리코와 미국의 스페인어를 말하는 549명의 아동들임 | 스페인어를 사용하는 아동과 청소년을 위한 표현언어 | 이 검사는 Peabody 그림 어휘 검사-개정판을 번역함(Dunn & Dunn, 1981). |
| 취학 전 언어 검사-3(PLS-3) (Zimmerman, Strime, & Pond, 1992) | 출생~ 6세 11개월 | 규준 참조 | 청각이해, 표현언어 | 적절함 |

| 도구 | 대상 연령 | 유형 | 사정 영역 | 기술적 타당성에 대한 설명 |
|---|---|---|---|---|
| 청소년과 성인 언어검사-3(TOAL-3)(Hammill, Brown, Larsen, & Wiederhaot, 1994) | 12세~24세 11개월 | 규준 참조 | 표현·수용언어, 구문론, 의미론, 음운론, 읽기와 쓰기 | 구어의 구성요소 측정에 적절함 |
| 조기언어발달검사-3판(TELD-3)(Hersko, Reid, & Hammill, 1999) | 2~7세 | 규준 참조 | 표현·수용언어, 구문론과 의미론 | 적절함 |
| 언어발달검사 : 3판(TOLD-P : 3)(Newcomer & Hammill, 1997) | 4~8세 | 규준 참조 | 표현·수용언어, 구문론, 의미론과 음운론 | 적절함 |
| 언어발달검사-중급 : 3판(TOLD-I : 3)(Hammill & Newcomer, 1997) | 8세 6개월~12세 | 규준 참조 | 표현·수용언어, 구문론, 의미론과 음운론 | 적절함 |
| 실용언어검사(Phelps-Terasaki & Phelps-Gunn, 1992) | 5~13세 | 규준 참조 | 실용언어 | 신뢰성과 타당성에 대한 부가적인 정보가 도움이 됨 |
| Woodcook 언어유창성 검사-영어판 개정(Woodcook, 1991) | 2세~성인 | 규준 참조 | 청각기억, 표현·수용언어, 언어 유추, 읽기와 문어 | 적절함 |
| Woodcook 언어유창성 검사-스페인어판 개정(Woodcook & Munoz-Sandoval, 1995) | 2세~성인 | 규준 참조, 스페인어판의 규준 표본집단은 아르헨티나, 코스타리카, 멕시코, 페루, 푸에르토리코, 스페인과 미국 내 몇 지역의 사람들임 | 청각기억, 표현·수용언어, 언어유추, 읽기와 문어 | 스페인판은 영어판의 직접적인 번역이 아니고 수정판임 |
| Woodcook-Munoz 언어검사, 규준 개정, 영어와 스페인어판(Woodcook & Munoz-Sandoval, 2001) | 4세~성인 | 규준 참조, 규준 개정은 Woodcook Johnson Ⅲ(8,000명 이상)의 규준집단에 기초함; 스페인어판의 처음 규준 표본집단은 아르헨티나, 코스타리카, 멕시코, 페루, 푸에르토리코, 스페인과 미국 내 몇 지역의 사람들임 | 그림어휘, 언어유추, 읽기(문자, 단어인식)와 쓰기(철자, 구두점, 대문자화, 단어사용)를 포함한 구어 | 선별검사. 스페인판은 영어판의 직접적인 번역이 아니고 수정판임 |

출처 : Cohen, L. G. and Loraine Spenciner. *Assessment of Children and Youth with Special Needs*, 2/e. Published by Allyn and Bacon. Boston, MA. Copyright © 2003 by Pearson Education. Reprinted by permission of the publisher.

친숙한 사람을 포함하라.

- 만약 학생의 가정에서 사용하는 언어가 영어가 아니라면, 특수교육 서비스를 위한 사정 과정에서 어떤 언어를 사용해야 하는지를 결정하기 위해 학생의 우세한 언어와 숙달 정도를 사정하라.
- 다면적 사정을 하기 위해 다양한 환경(학교, 가정, 지역사회)으로부터 다양한 정보 자원(관찰, 면접)과 함께 편견이 없고 적절한 도구들을 선택하라.

**교사를 위한 함의 : 제2언어 학습자 또는 학습장애 학생.** 제2언어 학습자들은 매우 자주 학습장애를 가진 것으로 잘못 진단된다(McNamara, 1998). 학습장애 학생들의 교사는 영어가 모국어가 아닌 학생들의 언어 발달단계를 인식해야 할 필요가 있다. 이것은 여러분이 다음과 같은 질문을 할 때 부가적인 증거를 축적하도록 할 것이다. "학생의 언어적 어려움은 제2언어 학습의 결과인지 또는 언어 학습장애의 결과인지?" Salend(2005, p.125)는 다음의 6단계를 열거했다.

1. 전 언어 또는 침묵기 : 학생들은 그들이 들은 것을 이해하고 처리하는데 집중하고, 언어적 자극, 상황 단서, 핵심어 등을 피하며, 의미를 이해하기 위해 듣기 전략을 사용하고 자주 지시와 몸짓을 이용하여 의사소통한다. 학생들은 모방하기, 그리기, 지시하기와 짝 맞추기를 통해 반응하는 교실 활동으로부터 이익을 얻을 수 있다.
2. 전보식 또는 조기 산출기 : 학생들은 2단어 또는 3단어 문장들을 사용하기 시작하고, 제한된 이해를 보인다. 그들은 약 1,000단어 정도의 수용어휘 수준과 약 100 단어 정도의 표현어휘 수준을 가진다. 학생들은 그들이 이해할 수 있는 언어를 사용하는 교실활동, 그들이 명명하고 그룹 목표를 요구하는 교실활동과 간단한 질문에 대답을 요구하는 교실활동으로부터 이익을 얻을 수 있다.
3. 언어 간 중간 수준의 유창성 시기 : 학생들은 긴 구를 말하고 완전한 문장들을 사용하기 시작한다. 그들은 자주 모국어와 제2언어 모두에서 기본적인 구와 문장들을 혼용한다. 학생들은 그들이 제2언어를 실험하도록 장려하고 어휘를 발전 · 확장하도록 하는 교실활동으로부터 이익을 얻을 수 있다.
4. 확장기 : 학생들은 기본적 문장을 확장하고 동의어와 동의적 표현을 사용하는 언어능력을 확장한다. 학생들은 능숙한 이해 기술을 발전시키고, 더욱 복잡한 문장 구조를 사용하며, 말할 때 오류를 적게 나타낸다. 학생들은 교실의 문식성 활동들, 어휘와 문법에 대한 교수로부터 이익을 얻을 수 있다.
5. 심화기 : 학생들은 새로운 언어로 전환하는 것을 도와주는 학습전략을 배우게 된다.

6. 독립적 학습기 : 학생들은 이질적인 그룹들과 다양한 난이도 수준의 활동들을 하기 시작한다.

## 구어장애의 사회 · 문화적 상황

언어는 진공 상태에서 사정될 수 없다. 이것은 정상적인 언어 획득에 기여하는 또는 방해하는 사회 · 문화적 상황 요소들을 알아야 할 필요성이 있음을 의미한다. 그러한 요소들을 알 수 있는 하나의 방법은 Salend(2005, pp.127~128)가 개발한 다음과 같은 질문들을 사용하는 것이다.

### 미국에서 거주한 기간

- 학생이 미국에서 얼마동안 그리고 언제 거주하였는가?
- 학생의 이민과 관련된 조건이나 사건은?
- 만약 학생이 미국에서 출생하였다면, 학생이 영어에 노출되었는가?

학생들은 영어와 미국 문화에 제한적으로 노출되었거나 방해를 받았고, 결과적으로 어휘가 열등하고 명명속도가 느리며 그들의 문화적 적응에 영향을 받는다. 이민 또는 이민의 결과로 인한 가족과의 분리 동안 경험한 정신적 외상은 학습에 영향을 미치는 심리적 장애물이 될 수 있다. 미국에서 태어나고 양육되었다는 것이 학생들이 영어 기술을 개발하고 영어와 미국 문화에 중요하게 노출되는 것을 보장하지는 못한다.

### 학교 출석 양식

- 학생이 얼마동안 학교에 다녔는가?
- 학생의 학교 출석 양식은 어떠한가? 학교에 출석하지 않은 적이 있는가? 학생들이 규칙적으로 학교에 출석하지 못하기 때문에 언어 기술을 획득하는 데 실패할 수 있다.

### 학교 교육 역사

- 학생이 모국에서 몇 년의 학교교육을 받았는가?
- 모국에서 교육을 위해 어떤 언어가 사용되었는가?
- 학생이 어떤 유형의 교실에 다녔는가(이중언어 교육, 제2외국어로서 영어, 일반교육, 구어/언어치료 서비스, 특수교육)?
- 수업에서 교수 언어는 무엇이었는가?
- 모국어 읽기, 쓰기, 말하기에서 학생의 숙달 수준은?
- 어떤 전략과 교수적 자료들이 성공적이었는가?
- 이러한 교육적 배치들의 결과는 무엇인가?

- 성인과의 비형식적인 상황에서 학생이 사용하기 선호하는 언어는 무엇인가?

학생들은 적절한 교수와 교육과정에 접근하지 못했을 수 있고, 결과적으로 언어 획득, 읽기와 수학에 문제를 초래한다.

### 문화적 배경

- 학생의 문화적 배경이 제2언어 획득에 어떤 영향을 주었는가?
- 학생이 새로운 문화에 적응하는 데 충분한 시간을 가졌는가?
- 학생의 문화적 적응 수준은 어떠한가?
- 학생의 학교에 대한 태도는 어떠한가?

문화와 언어는 밀접하게 연결되어 있기 때문에, 제2언어 학습에서 진보의 부족은 문화적 그리고 의사소통 차이를 가져올 수 있고, 새로운 문화로의 노출 부족을 가져올 수 있다. 예를 들면 어떤 문화는 언어적 의사소통의 대체 수단으로써 의사소통에서 몸짓의 사용에 의존한다. 다양한 문화는 또한 언어에 영향을 미치는 색깔, 시간, 성별, 거리와 공간에서 다른 관점을 가진다.

### 또래와의 수행 비교

- 학생의 언어 기술, 학습 속도와 학습 양식이 비슷한 경험, 문화와 언어적 배경을 가진 학생들과 차이가 있는가?
- 학생이 동료와 모국어나 영어로 상호작용하는가?
- 학생이 모국어로 지시 따르기, 언어 이해와 생각 표현하기에 어려움을 경험하는가? 제2언어에서는 어떠한가? 학생의 수행이 제2언어 학습에서 경험이 매우 다른 학생들보다 비슷한 특성을 가진 학생들의 수행과 비교될 수 있다.

### 가정생활

- 가정에서 가족의 각 구성원들이 어떤 언어나 방언을 사용하는가?
- 학생이 언제 말하는가?
- 가정에서 학생의 수행이 형제와 비교하여 차이가 있는가?
- 가족 사회에서 어떤 언어나 방언을 사용하는가?
- 모국어 또는 방언 그리고 영어의 사용에서 차이가 있는가? 만약 차이가 있다면, 그러한 차이는 어떻게 만들어지는가?(예를 들면 가정에서는 영어를 사용하지 않지만, 아동들이 또래와 놀이를 할 때는 영어로 말한다)
- 영어와 이중 교육에 대한 가족과 지역사회의 태도는 어떠한가?
- 가족이 텔레비전을 보거나, 라디오를 듣거나, 신문, 책, 잡지를 읽을 때 어떤 언어를 사용

하는가?

- 가정과 지역사회에서 학생의 언어 선호도는 어떠한가?
- 가족은 지배적인 문화와 어느 정도까지 그리고 어떠한 방법으로 상호작용하는가?

학생의 언어 숙달, 우세한 언어와 선호도에 대한 중요한 정보는 가족구성원으로부터 획득할 수 있다. 비슷하게 학생의 언어 획득은 가족구성원들을 포함함에 의해 강화될 수 있다.

## 일반적 중재

말 · 언어병리사와의 협력을 통한 철저한 사정이 이루어지면, 그리고 사정이 학생들의 다양한 배경에 민감하다면, 여러분은 중재계획 개발을 준비해야 한다. 이 장에서 이 부분은 학습장애 학생들이 자주 경험하는 어려움을 위한 특별한 언어 중재 및 언어 이해와 산출을 위한 일반적인 전략들을 논의할 것이다.

비록 말 · 언어병리사들은 분리교육을 권장하는 상황도 있지만, 대부분의 서비스는 통합된 상황에서 제공된다. 어느 상황에서나 협력은 중요하다. 이 부분에서 언급된 것과 같은 명시적 중재들이 협력적인 방법으로 이행되어야 한다.

### 언어 이해

다음의 전략들은 언어 문제를 가진 학생들의 듣기 기술을 향상시키고 이해를 증가시킨다(Mercer & Mercer, 2005, pp.263~264).

- 만약 학생이 자주 지시 따르기 또는 복잡성이 증가된 정보의 이해에 어려움을 가진다면, 정보를 제시하기 전에 눈 맞춤과 주의집중을 유지하도록 하라. 조용한 휴식, 듣기 교수 또는 선생님 주목하기를 사용하여 학생이 들을 수 있도록 신호를 제공하라. 이것은 듣기를 위한 정신적 자세의 확립을 돕는다.
- 확실한 이해를 위해 교사나 또래에게 지시사항, 교수내용을 반복 · 부연하도록 요구하라.
- 듣기를 촉진하고, 교실 좌석을 정돈하며, 출입구와 창문으로부터의 주의산만 자극을 제한하며, 시각적 보조기구의 사용을 최대화하라.
- 새로운 개념이나 기술을 소개할 때, 학생에게 친숙한 어휘와 용어들을 사용하여 새로운

어휘 단어들을 설명하라.

- 가능한 많은 양식으로 새로운 개념들을 제시하고(예 : 청각, 시각, 운동감각), 언어적 제시를 보충하기 위해 몸짓을 사용하라(Bos & Vaughn, 1998).
- 의미의 역할과 단어 순서간의 관련성에 대한 이해의 증가를 위해, 어린 아동들이 문장(예 : "엄마가 아기에게 뽀뽀를 한다.")을 행동화하도록 하거나 대상물을 조작하고 그들의 움직임에 대해 말하도록 장려하라(Connell, 1986).
- 학생들에게 듣기는 그들이 특별한 방법으로 행동하기를 요구하는 능동적인 과정임을 설명하고, 그들이 좋은 듣기와 관련된 특별한 행동들을 확인하도록 지도하라(예 : 보고, 말하는 것을 생각하고 스스로 반복하라). 학생들을 주의집중하도록 하여 효과적인 듣기 기술을 모방하도록 하라.
- 이해를 위한 조직적인 틀을 제공하고 학생들의 과제 준비를 돕기 위해 도입 문구(예 : "이러한 것들이 주요한 요점들이다." 또는 "우리가 시작하기 전에")를 사용하라.
- 학생들의 언어적 정교화에 민감하고 교수적 언어에 따라 속도와 복잡성을 조절하라. 구조적으로 간단하고 상대적으로 5~10개 단어를 넘지 않는 짧은 문장을 사용하고, 단위 수업에서 제시되는 새롭고 친숙하지 않은 어휘가 5개 또는 그 이하로 제한하라(Wigg & Semel, 1984).
- 학생들이 조직하고, 범주화하며, 나중의 인출을 위한 새로운 정보의 저장을 돕기 위해 특별한 기억전략들(예 : 시각적 심상화, 정보 군집화와 그룹화, 연합 형성하기)을 지도하라.
- 학생들이 새로운 어휘의 기억과 회상을 강화하기 위해, 친숙한 단어들이 각각의 새로운 개념 또는 단어와 연합되는 핵심어 방법을 사용하라(Mastropieri, Scruggs, & Fulk, 1990).
- 상징적으로 사고하기 또는 비상징적인 사건들에 추론을 사용하는데 어려움이 있는 학생들을 확인하기 위해, 학생들을 구체적인 문제 해결 활동들에 참여하게 하라(Moses, Klein, & Altman, 1990).

### 언어 산출

Mercer와 Mercer(2005, pp.263~264)에 의한 다음의 전략들은 언어문제를 가진 학생들의 산출이나 표현 기술의 향상에 초점을 맞춘다.

- 학생들이 때로는 불완전한 문장을 말한다는 것을 예상해야 하는데, 왜냐하면 이것은 대화에서 자연스런 것이기 때문이다.
- 학생의 의사소통 효과성에 관계없이 메시지는 중요함을 전달하라. 학생의 메시지 내용에 먼저 반응해야 하는데, 왜냐하면 이것은 의사소통 과정에서 가장 중요하기 때문이고, 그

런 다음에 문법 오류를 교정하라.

- 어린 아동이 발화 확장을 시도할 때, 아동이 모방하기에 어려운 성인의 구조를 부과하는 대신에 아동의 자발적 발화에 1개 또는 2개의 부가적인 단어들을 제공하여 아동이 반복하도록 하라. 발화 확장을 위한 이유는 아동이 말한 것을 교정하는 것이 아니라, 생각을 표현하는 보다 복잡한 방법을 제공하기 위함이라는 것을 설명하라(Bos & Vaughn, 1998).
- 언어는 고립된 상황보다는 다양하고 자연적인 상황(예 : 교실, 식당, 운동장)에서 지도하라. 또한 언어 기술을 다른 교육과정 내용과 연합하여 지도하라(Wiig & Semel, 1984).
- 학생들에게 좋은 언어 모델로서 행동하고 그들이 들은 것을 모방하도록 요구하라. 모방은 종종 언어 기술 습득의 좋은 수단인데, 왜냐하면 학생들은 그들이 단지 알고 있는 형태만 모방하려는 경향이 있고 그들이 들은 것을 반드시 모방하지는 않기 때문이다.
- 새로운 기술을 연습하는 적절한 기회뿐만 아니라 그러한 기술을 관련되는 상황에 적용하기 위한 상호작용적 활동들을 제공하는 구조화된 언어 프로그램을 이용하라(Bos & Vaughn, 1998).
- 많은 정보가 어떻게 표현되고 개념들이 연합되는지를 보여 주기 위한 학생의 생각에 대해 논평하거나 상세히 설명하라.
- 다른 상황에서 학생의 언어 사용을 향상시키고 눈 맞춤, 얼굴 표정 및 몸짓과 같은 비언어적 기술의 중요성을 인지하는 능력의 강화를 위해 역할놀이와 몸짓 게임을 사용하라. 또한 대화에서 적절하게 교대로 말하기를 모방하고 강화하라.

## 특별한 중재

### 단어 찾기

Johnson과 Myklebust는 단어 찾기를 위한 특별한 중재들을 제시했다(1967, pp.119~123). 단어 찾기에 문제를 가진 학생의 교사들은 의미 있는 청각적 자극을 제공하고 입력을 조직하며, 회상을 촉진하며, 빠른 명명 훈련을 도입하고 자기점검 기술을 지도해야 한다.

### 문장 형성

Semel(1984, pp.122~123)은 문장 형성에서 장애를 교정하기 위한 다음과 같은 원리들을 제공했다.

**원리 1.** 정상적인 언어 발달을 준수하라.
**원리 2.** 친숙한 단어들을 사용하라.
**원리 3.** 문장 길이를 제한하라.
**원리 4.** 그림을 사용하라.
**원리 5.** 친숙하지 않은 단어들은 예를 들어 설명하라.
**원리 6.** 학생이 규칙을 안다고 확신하라.
**원리 7.** 친숙한 선택들을 이용하라.
**원리 8.** 자주 연습하라.

Wiig과 Semel은 문장 변형, 뒤섞인 문장, 문장 조합과 확장, 학생들이 리포터로 활동하는 다수의 게임을 이용하도록 권장했고, 질문에 대한 답을 찾도록 했다.

## 단어 의미

Wiig과 Semel(1984, pp.122~123)은 단어 의미와 단어 관계 장애를 위한 중재 원칙들을 제공했다.

**원리 1.** 정상적인 언어 발달을 준수하라.
**원리 2.** '전형적인' 예들을 먼저 지도하라.
**원리 3.** 일반적인 것에서 특별한 것으로 진행하라.
**원리 4.** 간단한 것에서 복잡한 것으로 진행하라.
**원리 5.** '긍정적인' 반의어 보기들로 시작하라.
**원리 6.** 문장의 길이를 제한하라.
**원리 7.** 그림을 자주 이용하라.
**원리 8.** 중요한 구성요소를 강조하라.
**원리 9.** 자주 연습하도록 하라.
**원리 10.** 많은 보기들을 이용하라.
**원리 11.** 의미 있는 실제적인 과제들을 이용하라.
**원리 12.** 일반화 동안 어휘를 통제하라.

Thomas는 단어 의미와 단어 관계에 어려움을 가진 학생들을 위한 부가적인 중재들을 제안했다(2004, p.159).

1. **사전과 결부시키기**(다양한 의미) : 한 가지 이상의 의미를 가진 단어들을 나타내는 그림들을 조합하라. 학생의 읽기 수준에 적합한 사전의 정의를 3″×5″ 크기의 카드에 인쇄하라. 학생들은 사전의 정의를 그림에 결부시킬 것이다. 단어 정의의 수와 그림의 수를 변화함에 의해 이 활동의 난이도를 조절하라.
2. **수수께끼 마니아**(다양한 의미) : 학생들에게 수수께끼를 제시하고 각 수수께끼의 의미를 설명하도록 하라.
3. **단어 찾기**(상징적 언어) : 서술적 단어들을 선택하는 수업에서 추상적 사고를 개발하라. 구체적인 것으로 시작하고 학생이 추상적인 개념으로 이동하도록 돕는다. 벌새는 "녹색, 흐린 색깔" 또는 "작은 헬리콥터"로 기술될 수 있다.
4. **감각적인 수업**(상징적 언어) : 학생들의 서술적 단어 사용을 자극하기 위해 감각적인 경험들을 사용하라. 보기, 맛보기, 느끼기, 듣기와 냄새 맡기를 위한 대상물들을 가져오고 학생의 언어적 반응을 목록화한다.
5. **설명하기**(상징적 언어) : 수업에서 일반적인 관용구들을 논의하라. 학생들이 글자대로의 의미와 상징적 의미 간의 연결을 발견하도록 돕는다.

   이러한 예들은 다음과 같은 목록으로 시작할 수 있다.
   - She had two left feet(2개의 왼쪽 발은 사람을 어색하게 할 수 있다.)
   - He was on pins and needles(그는 손발이 저려 따끔따끔한 느낌이다 : 이것은 그가 불편한 위치여서 바꾸어 보려고 열망한다.).
   - They were walking on eggs(그들은 동의하지 않은 상황을 예방하기 위해 주의 깊게 노력하고 있었다).
6. **측정하기**(공간과 시간 관계) : 교실에 있는 물건들을 측정하고, 예를 들면 출입문의 높이는 7피트이고, 책상의 넓이는 3피트이며, 사전의 길이는 8~10인치이며, 교실은 8야드 길이라는 것을 알려 주는 게시판을 만들어라. 필요할 경우 피트와 인치 각각에 상당하는 길이를 말하라. 학교로부터 익숙한 장소까지 거리가 얼마인지 논의하라. 이러한 연습은 학생들이 관련 있는 대상의 크기와 거리를 이해하는 데 도움이 될 것이다. 넓은 면적인 경우 미터법을 사용하라.
7. **달력**(공간과 시간 관계) : 달력을 만들기 위해 구획이 표시된 종이를 제공하라. 학생들에게 월, 주, 일을 표시하는 방법을 보여 주라. 그런 다음에 각 학생이 그 달에서 개인적으로 중요한 행사를 선택하도록 하고, 그 날을 달력에 쓰도록 하라. 중요한 행사는 교회, 친구 방문하기, 생일파티, 철자시험, 쇼핑, 영화, 피아노 레슨, 스카우트 모임 또는 다른 활동들을 포함한다. 이것은 학생들이 다가오는 행사를 예상하고 준비하는 것을 배우도록 돕는다.
8. **우화**(인과 관계) : 학생들에게 강한 도덕성을 가진 우화나 이야기를 읽어주라. 각 이야기

의 결과를 논의하라. 이것은 이야기를 끝나게 한 사건들을 학생들이 기억하도록 돕는다.

9. **이유**(인과 관계) : 학생들에게 원인을 제공하고 가능한 결과들을 상상하도록 요구하라. 여러분은 이러한 원인들로 시작할 수 있다.
   바람이 세게 불었다.
   구두가 너무 작았다.
   그는 운전을 빨리 했다.
   그 나무가 젖게 되었다.
   그녀는 그에게 케이크를 주었다.
   기름 값이 올랐다.

표 12-4는 여러분이 사용할 수 있는 언어장애의 유형과 특별한 중재방법에 대한 빠른 참고를 제공한다.

## 공학의 응용

여러분의 학교 지역구는 구어 기술을 지도하기 위해 컴퓨터 기반의 특별한 구어 프로그램을 사용하거나 또는 학생의 부모가 가정에서 사용하기 위해 이러한 프로그램을 구입할 수 있다. 학습장애 학생들의 교사로서 여러분은 그러한 프로그램들을 알아야 할 필요성이 있다. 여러분의 학교에 있는 말 · 언어병리사뿐만 아니라 학생을 위한 국립교육공학표준(http://www.iste.org/standards/iste.html)과 상담하라. 이 분야는 빠르게 성장하는 분야이기 때문에, 여러분은 이러한 프로그램들의 효과성에 대한 현재의 연구를 알아야 한다. 음운인식 기술에 초점을 맞춘 2개의 프로그램들은 ERAOBICS (http://www.cogcom.com)와 FAST FORWARD(http://www.scientificlearning.com)이다. 이러한 프로그램들의 효과성을 증명하기 위한 계속적인 연구가 필요하다.

## 통합교육 실행

언어 중재는 다양한 상황에서 실시될 수 있다. 어떤 학생들은 분리된 환경에서 말 · 언어병리사와 함께 중재를 받을 것이고(분리), 반면에 다른 학생들은 그들의 교실에서

**표 12-4 언어장애와 중재 요약**

| 언어장애 | 특별한 중재 |
|---|---|
| 단어 찾기 | 의미 있는 청각적 자극<br>입력의 조직화<br>회상의 촉진<br>빠른 명명<br>자기점검<br>계속된 사용<br>단어 연합<br>개념적 범주화 |
| 단어 의미(의미론) | 정상적 발달 순서 따르기<br>'가장 좋은' 상황에 있는 예 제공하기<br>일반적인 의미에서 구체적인 의미로 이행하기<br>간단한 의미에서 복잡한 의미로 이행하기<br>문장의 길이 제한<br>잠재적 구성요소 이용하기<br>많은 예 이용하기<br>적용의 범위 확장하기<br>다양한 의미<br>상징적 언어<br>공간과 시간의 관계 |
| 문장 형성(구문론) | 정상적 발달 순서 따르기<br>많이 친숙한 문장 이용하기<br>문장의 길이 제한<br>그림으로 된 설명 제공하기<br>광범위한 예 제공하기<br>표현하기에 앞서 수용하기<br>문장 변형<br>'W' 질문 사용하기(누가, 언제, 어디서, 무엇을, 왜) |

서비스를 제공받을 것이다(통합). 언어장애를 가진 어떤 학생들은 일반교사로부터 간접적으로 서비스를 받을 것이다(자문). 마지막으로 다른 학생들은 통합된 교실에서 중재를 받을 것이다(협력적 자문). Weiss(2002)는 다양한 모델들의 장점과 단점에 주목했다. 모든 모델들은 장점과 단점을 가지고 있으나, 협력적 자문 모델이 가장 효과적으로 보이고 학생을 위한 공동의 책임을 강화한다.

**실제적인 고려 : 말·언어병리사와 함께 지도하기.** 마이클은 관련 서비스로써 일주일에 3번씩 분리 프로그램으로 언어치료를 받는다. 말·언어병리사는 그녀의 치료실에서 마이클을 3번, 즉 월요일, 수요일과 금요일에 1시간 동안 치료한다. 여러분은 마이클의 개

별화교육계획 목표를 알지만, 치료실에서 어떤 일이 일어나는지 정확히 모를 뿐만 아니라 교실에서 여러분의 역할도 모른다. 여러분은 무엇을 해야 하는가? 적어도 여러분은 이러한 걱정을 해결하기 위해 말 · 언어병리사와 만날 일정과 서로 의사소통할 합리적인 방법을 개발할 필요가 있다. 통합교육의 증가로 더욱 많은 말 · 언어병리사들이 통합 프로그램으로 교실에서 학생에게 서비스를 제공하고 있고, 말 · 언어병리사가 없을 경우 여러분이 해야 할 적절한 모델을 제공하고 있다. 통합 프로그램은 시간, 노력과 훈련을 필요로 하지만, 학습장애 학생들의 많은 교사들은 분리 프로그램보다 더 좋음을 알게 된다. 더욱 교사들은 말 · 언어병리사가 매우 귀중한 정보원이라는 것을 인정한다. 이 장에서 많은 사정 도구와 중재 방법들이 제시되었지만, 가장 효과적인 정보원은 말 · 언어병리사이다. 말 · 언어병리사들은 대개 매우 잘 훈련받았고 엄격한 자격요건에 부합해야 한다. 그들은 학습장애 학생들의 언어적 요구를 알 것이고, 사정과 지도에 관련되는 특별한 정보를 제공할 수 있을 것이다. 이것이 협력적 관계를 확립해야 하는 이유이다(협력에 대해 더 많은 정보를 위해서는 제7장 참조).

통합교육 상황에서 말 · 언어병리사의 관련성은 과거와는 다르다. 여러분은 학생들의 서비스를 최대화하기 위해 말 · 언어병리사의 역할에서 이러한 변화를 알 필요가 있다. Tiegerman-Farber(2003, p.113)가 요약한 말 · 언어병리사의 새로운 역할에서 차이는 다음과 같다.

- 교사와 말 · 언어병리사는 개인과 그룹 학습에 영향을 미치는 다른 역할 관련성을 가질 것이다—교실에서 팀 티칭, 자문뿐만 아니라 직접 중재.
- 말 · 언어병리사는 그룹 상황에서 장애학생의 언어 학습을 촉진하기 위하여 교수 기법들을 사용할 것이다.
- 장애아동은 다양한 학업적 및 사회적 활동에서 동료들과 상호작용할 기회를 가질 것이다. 이것은 교실 학습의 구성과 조직을 변화시킬 것이다.
- 물리적 교실 환경이 다르게 조직될 것이다.
- 장애아동과 비장애아동의 부모들이 만나고 교제하며 서로로부터 배울 기회를 더욱 많이 가질 것이다.
- 학습을 위한 과정과 학습의 내용은 언어와 상호작용 목표를 포함한 교육과정에 기초할 것이다.
- 아동 지도는 교육과정을 이행하는 중요한 수단이 될 것이다.

Tiegerman-Farber(2003)는 또한 협력은 중요하고(제7장 참조) 물리적 환경, 학급의 구성, 학생들의 특별한 요구, 그리고 전략과 같은 주제들이 해결될 필요가 있다고 주목했다.

## 요약

이 장은 발달의 중요한 영역인 구어에 초점을 맞추었다. 많은 학습장애 학생들에게 구어는 첫 번째 나타나는 문제들이다. 언어 발달의 주요한 구성요소와 이론들을 포함하여 정상적인 언어 발달에 대한 개관이 제시되었고, 구어장애 학생들의 표현적 언어와 수용적 언어의 특성들이 제시되었다. 구어장애의 본질을 정확하게 사정하는 것은 중요하다. 그래서 형식적, 비형식적 수단들이 제공되었다. 특별한 중재들이 제시되었고, 말·언어병리사와의 협력이 강조되었다. 이러한 서비스들이 통합교육 상황에서 제공될 때 구어장애를 가진 학생들의 성공을 위해 협력은 결정적이다.

## 숙고와 논의를 위한 발판

1. 전형적인 3세 아동을 관찰하고 아동이 어떻게 언어를 사용하는지에 주목하라. 언어의 내용과 형식에 주목하라. 아동이 무엇에 대해 말하는가? 아동의 발화에 몇 개의 단어들이 사용되는가? 아동의 발화가 이해할 수 있는가? 아동이 주위의 환경을 이해하는 것처럼 보이는가?
2. 표준화 언어 검사도구를 선택하라. 어떤 언어 구성요소들로 이루어져 있는가?
3. 임상적 상황과 통합교육 상황에서 말·언어병리사를 관찰하라. 유사성은 무엇인가? 차이성은 무엇인가?
4. 이 장에서 기술한 언어장애의 얼마 정도가 읽기장애로 밝혀지는가? 쓰기장애로 밝혀지는가?
5. 통합교육 상황에서 말·언어병리사와 함께 지도하는 학급 교사와 인터뷰하라. 이러한 배치의 장점과 단점은 무엇인가?
6. 통합교육 교실에서 지도하는 말·언어병리사와 인터뷰하라. 이러한 배치의 장점

과 단점은 무엇인가?

7. 여러분의 학생들을 함께 지도하는 말·언어병리사와의 협력적인 관계를 발전시키기 위한 방법은 무엇인가?
8. 여러분은 구어장애 학생의 요구가 부합될 수 있도록 어떻게 하겠는가?

# 13 읽기장애

**학습목표**

이 장을 학습한 후 여러분은 다음을 할 수 있을 것이다.

- 읽기장애 학생의 특징을 이해할 수 있다.
- 읽기장애를 진단하는 방법을 알 수 있다.
- 학습장애 학생을 위한 다양한 읽기 접근법을 알 수 있다.
- 학생들에게 과학적 근거가 있는 읽기중재를 제공할 수 있다.

교사는 학생들에게 읽기를 가르칠 수 있어야 한다! 학습장애 학생의 교사에게 이것은 가장 큰 난제일 것이다. 대부분의 학생들은 읽기에 문제가 있을 것이고, 그것이 학업과 학교 밖 생활의 모든 면에 영향을 미칠 것이다. 마이클의 예를 보자. 그는 6학년이었으며 학년 수준에 비해 읽기 수준이 상당히 뒤떨어졌고 이미 다수의 중재를 받았지만 어떤 것도 성공적이지 않았다. 마이클에 대한 2년간의 지도에서 교사는 언어경험접근법(이 장의 '중재' 부분 참조)이 최선이라고 결정했다. 마이클은 향상되었지만 급우들과의 격차는 계속해서 넓게 존재했다. 가정에서는 그의 동생들(2학년과 4학년)이 읽기능력에 있어서 그를 앞서고 있었다. 그는 인쇄된 단어를 피하기 위해서 가능한 모든 것을 했다. 그의 부모는 동생들의 학업적 성취는 계속 향상된 반면 마이클의 정체는 계속되었기 때문에, 그와 동생들의 수준은 점점 차이가 났다고 보고했다. 그는 자주 읽기와 쓰기가 포함된 숙제 때문에 말다툼을 벌였고 종종 화난 채로 잠자리에 들거나 학교에 갔다. 마이클과 가족들에게 있어 읽기 문제로 인한 정서적 희생은 더욱 악화되고 있었다. 마이클이 어린 나이에 진단을 받았더라면 어떻게 되었을까? 부모와 교사가 그를 돕기 위해 할 수 있는 일이 있었을까? 그에게 특별히 효과가 있는 접근법이 있었을까? 마이클의 학교 경력에서 일찍 제공되었던 효과적인 읽기 프로그램에 모든 중요한 요소들이 있었을까? 여러분이라면 무엇을 하였을까? 여러분은 어떻게 그의 진보를 평가하였을까? 여러분은 어떤 방법을 채택하였을까? 이 장은 인쇄된 글자에 관한 문제들로 매일 어려움을 겪는 마이클과 같은 학생들을 위한 관심사들과 그 외의 것들을 다룰 것이다.

## 읽기장애 학생 교수

학습장애 학생들의 약 80%가 읽기장애를 가진다고 추정되어왔다(Lyon, 1999; Shaywitz, 2003; Torgesen, 1998, 2005). 읽기의 성공은 학교에서의 성공과 동의어이다. 반대로 효율적인 독자가 아닌 학생은 학교에서도 문제를 가질 것이다. 더욱 읽기장애는 성인으로서 직업의 선택이나 성공에 직접적인 영향을 미칠 것이다. 읽기 실패의 영향은 아무리 과장해도 지나치지 않다(Shaywitz et al., 1999). 학습장애 학생의 교사로서 여러분은 그들이 읽을 수 있도록·가르칠 수 있어야 한다. 종종 이것은 읽기전문가들(문식성 전문가들), 일반학급의 교사들, 그리고 부모와의 협력을 수반할 것이다. 하지만 과학적 증거에 기초한 읽기 프로그램의 실행이 아주 중요하다. 이것은 '믿음'에 대한 문제가 아니다.

## 난독증과 읽기장애

난독증(dyslexia)은 그 기원에 있어 신경생물학적인 특정한 학습장애로 정의된다(Lyon, 2002, Shaywitz, 2003에서 인용). "난독증은 정확한 또는 유창한 단어재인에 있어서의 어려움, 열등한 철자 능력과 해독능력에 의해 특징지워진다. 이러한 어려움들은 전형적으로, 다른 인지적 능력과 효과적인 교실수업의 제공과 관련해서, 종종 예측되지 않는 언어의 음운론적 요소들에 있어서의 결핍으로부터 초래된다. 2차적인 결과들은 읽기 이해에 있어서의 문제들과 어휘 및 배경지식의 발달을 방해할 수 있는 부족한 읽기 경험에 있어서의 문제들을 포함할 수도 있다(p.132)." 그것이 읽기장애와 같은가? 난독증이라는 용어와 **읽기장애**라는 용어가 무심코 그리고 교환되어 사용되기 때문에, 어떤 교사들은 그것이 혼란스럽다는 것을 발견할 것이다. 어떤 교사들에게는 난독증이라는 용어가 신경생물학적인 손상으로 인한 더 심한 읽기장애를 의미한다. 다른 교사들에게는 난독증은 읽기장애와 동일한 의미로 사용된다. 사용하는 용어는 학생들의 읽기문제와 여러분이 개발한 중재계획의 유형을 명확하게 기술하는 것보다는 덜 중요하다.

Siegel(2003)은 용어들의 사용을 둘러싼 문제들에 관해서 논의했다. 난독증은 의학적 용어이고, 반면에 읽기장애는 교육적 용어이다. Siegel은 그것들이 동의어라고 믿음에도 불구하고, 난독증이라는 용어가 '불쾌하다'는 것을 알아낸 다른 전문가들에 대한 배려에서 읽기장애라는 용어의 사용을 선호한다(p.159). (인용된 저자들이 특별하게 난독증이라는 용어를 쓰지 않는 한 이 책에서는 읽기장애라는 용어를 쓸 것이다.)

## 난독증의 특징

Johnson과 Myklebust(1967, pp.174~179)는 학습장애에 관한 고전적인 교재에서 시각적인 것과 청각적인 것 두 가지 유형의 난독증을 기술했다. 그것들에 대한 임상적 관찰과 진단상의 발견에 기초해서, 그들은 시각적 난독증을 가진 사람들에 대해 다음과 같은 특징을 언급했다. 그들은 시각적 변별에 있어서의 문제점, 느린 속도의 지각, 반전, 절차 따르기와 시각적 기억, 분석, 종합에 있어서의 문제점들을 가지고 있다. 그들이 그린 그림은 빈약하고, 그들은 게임의 규칙을 따르는데 어려움을 겪는다. 당연히 그들은 청각적인 활동을 선호한다.

청각적 난독증을 가진 학생들은 청각적 변별, 청각적 조합, 청각적 기억과 청각적 절차에 있어서 어려움을 겪는다. 그들은 시각적 활동을 선호하고 혼합, 음절화, 운율 과제들에서 평균 이하의 수행을 하는 경향이 있다.

## 읽기장애 조기 지표

읽기장애의 조기 지표들이 있고 그러한 것들이 교정되지 않는다면, 그 학생은 점점 더 뒤처지게 될 것이고 그래서 그 차이는 결코 좁혀지지 않을 것이다. Shaywitz(2003, pp.122~125)는 다음과 같은 단서들의 목록을 제시한다.

> 가장 초기의 단서들은 대부분 구어와 관련된다. 언어(그리고 읽기)에 있어서의 문제들에 대한 첫 번째 단서는 지연된 언어일 것이다. 아동이 일단 말하기 시작하면 다음과 같은 문제점들을 찾아보라.
>
> **취학 이전의 시기**
>
> - '잭과 질(Jack and Jill)'과 '험프티 덤프티(Humpty Dumpty)'와 같은 흔한 전래동요를 배우는 데 있어서의 어려움
> - 운율에 대한 변별의 부족
> - 잘못 발음된 단어들, 지속적인 유아 언어
> - 글자의 이름을 배우는 데(그리고 기억하는데) 있어서의 어려움
> - 자신의 이름에 있는 글자들을 알지 못함
>
> **유치원과 1학년**
>
> - 단어들이 분해되는 것을 이해하지 못함, 예를 들면 batboy가 bat과 boy로 분리될 수 있다는 것과 나중에는 bat이 더욱 분해되어서 "b", "aaaa", "t"로 발음될 수 있다는 것
> - 글자와 발음을 관련시키지 못함, 예를 들면 b라는 글자와 "b"라는 발음을 관련시킬 수 없음

- 글자의 소리와 전혀 관련을 보이지 않는 읽기 오류들, 예를 들어 big이라는 단어를 goat로 읽음
- 일상적인 1음절 단어를 읽지 못하거나 mat, cat, hop, nap과 같은 가장 간단한 단어들조차 발음하지 못함
- 읽기의 어려움에 대한 불평 또는 읽기 시간이 되면 도망가거나 숨음
- 읽기 문제에 관한 가족력

### 말하기에 있어서 2학년 시기의 지표

- 길거나 낯설거나 복잡한 단어들을 잘못 발음함, 단어들의 분열−단어의 일부를 생략하거나 단어 부분들의 순서를 혼동함, 예를 들면 aluminum이 amulium이 됨. 유창하지 않은 말−말할 때 종종 멈추거나 머뭇거림, 말하는 동안 많은 "음~"이 있음. 재잘거림이 없음
- 대상의 적절한 이름 대신 어떤 물건이나 사물의 언급들과 같은 부정확한 언어의 사용
- 동일하게 발음되는 단어들을 혼동하는 것처럼 정확한 단어를 발견하지 못함, volcano 대신 tornado라고 말하거나, ocean 대신 lotion을 쓰거나, humidity 대신 humanity를 씀
- 구두 반응을 이끌어 내기 위해 시간을 필요로 하거나, 질문을 받았을 때 신속하게 언어적 반응을 떠올리지 못함
- 언어적 정보의 분리된 조각들을 기억(기계적 기억)하는 데 있어서의 어려움−날짜, 이름, 전화번호, 임의의 목록을 기억하는 데 있어서의 어려움

### 읽기에 있어서의 문제점

- 읽기 기술을 습득하는 데 있어서 진보가 매우 느림
- 새로운 단어를 읽는 전략의 부재
- 모르는(새롭거나 낯선) 단어를 읽는 데 있어서의 어려움, 단어를 읽는 데 있어 터무니없는 시도나 추측을 함, 단어를 체계적으로 발음하지 못함
- that, an, in과 같은 작은 기능어들을 읽지 못함
- 다음절 단어들을 읽을 때 더듬거나 단어 전체를 발음하지 못함
- 읽을 때 단어의 일부를 생략함, convertible을 conible로 읽는 것과 같이 단어의 가운데에 구멍이 난 것처럼 단어 내부의 일부분을 해독하지 못함
- 소리 내어 읽는 것을 두려워함, 구두로 읽는 것을 회피함
- 대체, 생략과 잘못된 발음으로 가득한 구두 읽기
- 힘이 들고 고르지 못한 구두 읽기, 부드럽거나 유창하지 못함
- 억양의 변화가 없는, 외국어를 읽는 것처럼 들리는 구두 읽기
- 읽은 것의 의미를 구별하기 위해 맥락에 의존함

- 고립된 하나의 단어를 읽는 것보다 맥락 속에서 단어를 이해하는 데 더 나은 능력
- 선다형 시험에서의 불균형적인 빈약한 수행
- 시험을 정해진 시간에 끝내지 못함
- automobile 대신 car를 사용하는 것처럼 텍스트에 있는 발음할 수 없는 단어 대신 같은 의미를 가진 단어를 사용함
- 올바른 철자와 전혀 비슷하지 않은 단어들에 있어서의 비참한 철자, 일부 철자들은 철자 점검기에 의해서도 놓침
- 수학 문장제 문제에서 단어 읽기 어려움
- 매우 느리고 힘든 읽기
- 결코 끝나지 않을 것 같거나 종종 부모가 대신 읽어주는 숙제
- 워드 프로세싱에서는 뛰어난 솜씨(민첩한 손가락)임에도 불구하고 엉망인 필기
- 읽기에 있어서 즐거움의 결여와 책읽기, 심지어 문장 하나조차 읽기를 회피함
- 즐거움을 위한 읽기를 회피하고 너무나 힘든 일처럼 보임
- 계속해서 유창성이 부족하고 힘이 들지만 시간이 지남에 따라 정확성이 향상되는 읽기
- 타인이 항상 보지는 못하는 고통으로 인한 낮은 자존감
- 읽기, 철자, 외국어 문제점들에 대한 가족력

교실과 클리닉에서 이루어진 관찰들 이외에도 읽기장애에 관한 신경심리학적 증거들이 있다(Cutting & Denckla, 2004; Galaburda, 2005; Shaywitz, 2003; Shaywitz & Shaywitz, 2003). 연구자들은 기능적 자기공명영상촬영(fMRI)을 사용해서 우수한 독자와 열등한 독자의 신경계 경로를 지도화했다. 우수한 독자는 뇌 뒤쪽의 강한 활성화와 뇌 앞쪽의 약한 활성화라는 지속적인 패턴을 보였다. 대조적으로 열등한 독자는 전형적으로 뇌 뒤쪽의 불충분한 활성화라는 패턴을 보였다. 이런 흥미진진한 방면의 연구들은 특정한 뇌의 패턴에 기초하여 다양한 중재의 효과성을 측정하는 유망한 방법들을 발전시킬 수 있을 것이다(학습장애에 관한 신경학적인 원인들에 관한 더 많은 정보는 제3장에 제시되어 있다.).

## 읽기장애의 사정

과학에 기초한 합리적이고 분별 있는 중재계획을 개발하기 위해서는 읽기장애의 본질

을 사정하는 것이 매우 중요하다. 여러분이 일단 사정 질문(혹은 진단 질문)을 고안하면, 여러분은 사정 계획의 개발을 시작할 수 있다. Cohen과 Spenciner(2003, pp.197~198)에서 인용된 바와 같이 Rhodes와 Shanklin(1993)는 문식성 사정에 관한 다음의 12가지 원칙들을 열거하고 있다.

1. 실제적인 읽기와 쓰기를 사정하라. 학생이 읽고 쓸 때 그들은 문자와 각각에 연결된 음을 알아야 하고(음운론), 언어의 의미를 이해해야 하고(의미론), 언어의 흐름을 파악해야 한다(구문론).
2. 다양한 맥락에서 읽기와 쓰기를 사정하라. 학생들의 읽기와 쓰기 능력에 대한 이해는 읽기와 쓰기가 행해지는 맥락을 고려해야 한다. 맥락은 읽을거리의 유형, 읽기의 목적, 사용되는 전략과 관련이 있다.
3. 문식성 환경, 교수, 학생을 사정하라. 읽기와 쓰기 사정은 읽기가 행해지는 환경, 사용되는 교수의 유형, 학생의 특징을 고려해야 한다.
4. 읽기의 과정과 산출을 사정하라. 읽기과정과 학생의 산출에 대한 사정은 학생의 능력에 대한 종합적인 이해를 제공할 수 있다.
5. 오류의 패턴을 분석하라. 읽기와 쓰기에서 오류의 패턴에 대한 이해는 학생의 수행을 향상시키는데 도움이 될 수 있다. 읽기의 오류는 실수, 생략, 대체, 첨가, 반복, 자기교정, 멈춤을 포함한다.
6. 배경지식의 사정을 포함하라. 경험, 선행학습 및 배경지식은 읽기와 쓰기 수행에 영향을 미친다.
7. 읽기와 쓰기의 발달 패턴을 고려하라. 읽기와 쓰기의 전형적인 발달 패턴을 아는 것은 읽기와 쓰기 능력을 이해하는 데 도움이 될 수 있다.
8. 사정의 바른 원칙들을 사용하라. 학생들을 사정할 때 바른 원칙과 기준들을 사용하라. 이러한 원칙들은 신뢰성, 유효성, 관찰, 채점에 적용된다.
9. 삼각측정(triangulation)을 사용하라. 삼각측정은 학생의 수행에 대한 결론이 다수의(여기서는 적어도 세 가지) 정보 자원으로부터 도출되는 것을 의미한다. Rhode와 Shaklin은 단 하나의 정보 자원을 사용해서 학생에 대한 결론을 도출할 때 조심하라고 충고한다.
10. 학생, 부모, 교사, 학교의 다른 직원들을 사정과정에 포함하라. 사정과정에서 학생, 부모, 다른 교육자들의 참여는 다양한 관점을 제공할 수 있다.
11. 사정 활동은 계속적이어야 한다. 사정 활동은 자주 정례적으로 행해져야 한다. 이러한 방식에 의해 사정 활동은 수업에 통합되고 수업에 정보를 제공할 수 있다.
12. 사정 정보를 기록하고 분석하며 이용하라. 사정 정보는 그것이 사용될 때만 유용한 것이다.

사정 자료를 자주 기록하고, 분석하며, 수업을 안내하기 위한 정례적인 기초로 이용하라.

### 표준화 읽기검사

전형적으로 학생들은 표준화된 검사와 비형식적 측정을 통해 읽기에 대해 평가받게 될 것이다. 다른 교과영역에 비해서 읽기에는 많은 표준화된 검사들이 있다. 자주 시행되는 검사들 중 몇 가지가 표 13-1에 제시되어 있다(Cohen and Spenciner, 2003, p.199).

Cohen과 Spenciner(2003)는 교육자들에게 표준화된 수단을 통해서 읽기 기능을 평가할 때 조심할 것을 권고한다. 문식성에 대한 현재의 시각들이 항상 이러한 도구들에 반영되지는 않으며, 교사들은 검사들이 읽기 교육과정을 반영하는지를 평가할 필요가 있다. 이 검사들은 종종 문화적, 언어학적으로 다양하고 서투른 학생들에 대해서 편견을 지니고 있다. Cohen과 Spnciner는 "다수의 그리고 자주 다양한 접근의 사용, 다수의 도구와 자주 사정하라."라는 구호로 주의할 점에 대해 결론을 맺는다(p.223).

**표 13-1 표준화 읽기검사**

| 검사 | 연령/학년 | 능력 |
|---|---|---|
| Gray 음독 검사-4<br>(Wiederholt & Bryant, 2001) | 6~18세 | 이해, 음독 기술 |
| Nelson-Denny 읽기검사<br>(Brown, Fishco, & Hanna, 2000) | 9학년~대학교 | 어휘, 이해, 읽기 학년 |
| 표준화 읽기검사도구-2<br>(Newcomer, 1999) | 취학 전~8학년 | 음독, 단어재인, 이해 |
| Stanford 읽기 진단 검사-4<br>(Hartcourt Brace Educational Measurement, 1995) | 1.5학년~13 | 음운능력, 어휘, 이해 |
| 음운인식검사<br>(Torgesen & Bryant, 1994) | 유치원~2학년 | 개별 음소 인식, 단어 |
| 독해 검사-3<br>(Brown, Hammill, & Wiederholt, 1995) | 7세~17세 11개월 | 어휘, 구문 유사성, 이해, 문장 순서 |
| Woodcock 읽기 숙달 검사-개정된 규범 갱신<br>(Woodcock, McGrew, & Mather, 1998) | 유치원~성인 | 시·청각 학습, 문자 인식, 단어 공략, 단어 이해 |

출처 : Cohen, L. G. and Loraine Spenciner. *Assessment of Children and Youth with Special Needs,* 2/e. Published by Allyn and Bacon. Boston, MA. Copyright © 2003 by Pearson Education. Reprinted by permission of the publisher.

## 비형식적 측정

대부분의 교사들은 읽기에서 지도하고 있는 것에 기초하여 학생들의 진보를 평가한다. 그들은 교사가 직접 만든 검사들, 비형식적 검사도구들, 출판된 검사도구들과 체크리스트 등을 사용한다.

## 읽기 수행 관찰하기

학습장애 학생에게 효과적인 교사는 다양한 읽기 과제에 관한 학생의 수행을 관찰할 것이다. Mercer와 Mercer(2005, p.300)는 교사가 고려해야 할 질문들을 제시한다.

- 읽기에 대한 학생의 태도는 어떠한가?
- 학생이 읽기에 대해 어떤 특정한 흥미를 가지고 있는가?
- 학생이 읽기에서 진보를 나타내고 있는가?
- 학생이 읽기에 관해 어떤 장점과 약점을 나타내는가?
- 구두 읽기를 하는 동안 학생이 한 단어씩 읽는가? 아니면 유창하게 읽는가?
- 학생이 어떤 종류의 오류를 지속적으로 범하는가?
- 학생이 어떤 단어 분석 기술을 사용하는가?
- 학생이 단어를 인식하기 위해서 맥락상의 단서를 이용하는가?
- 학생이 능숙한 시각어휘(일견단어)를 가지고 있는가?
- 읽기를 할 때 학생이 읽기 자료의 의미에 주의를 기울이는가?

## 음운 인식 사정

음운 인식은 읽기의 성공과 관계가 있다(Ehri, Nunes, Willows, Schuster, Yaghoub-Zaden, and Shanahan, 2001; Lyon, 1995; Torgesen, 1999, 2000, 2005). 국가읽기위원회(The National Reading panel; 2002, p.22)는 교사가 아동들의 음운 인식능력을 평가할 수 있는 다음과 같은 방법을 제안한다.

1. **음운 분리** : 이것은 단어 속의 개별적인 음들을 인식할 것을 요구한다. 예 : "paste에서 첫 번째 음을 말하라."(/p/)
2. **음운 변별** : 이것은 다른 단어들 속에 있는 공통된 음을 인식할 것을 요구한다. 예 : "bike, boy, bell에 있는 같은 소리를 말하라."(/b/)

3. **음운 범주화** : 이것은 서너 개 단어들의 배열에서 다른 소리를 가진 단어를 인식할 것을 요구한다. 예 : "어떤 단어가 범주에 속하지 않는가? bus, burn, rug."(rug)
4. **음운 합성** : 이것은 분리되어 발음되는 음들의 배열을 듣고 그것들을 결합해서 하나의 인식 가능한 단어로 만들 것을 요구한다. 예 : "/s/ /k/ /u/ /l/은 어떤 단어인가?"(school)
5. **음운 분절** : 이것은 음들을 쓰거나 수를 세거나 각각의 음을 발음하거나 표시함으로써 단어를 음들로 분해할 것을 요구한다. 예 : "ship.에는 몇 개의 음소가 있는가?"(3개 : /ʃ/ /i/ /p/)
6. **음운 소거** : 이것은 특정한 음운이 제거되었을 때 어떤 단어가 남는지를 인식할 것을 요구한다. 예 : "smile에서 /s/가 없으면 무엇인가?"(mile)

## 비형식적 읽기검사(IRI)

비형식적 읽기검사(informal reading inventory : IRI)는 학생의 전반적인 읽기 수준에 관한 유용한 정보를 제공한다(Mercer & pullen 2005; Salend, 2005). 상업적인 검사도구들도 있지만 가장 유용한 것은 교사가 교실이나 학교에서 사용하기 위해 만든 것이다. 일반적으로 교사는 읽기 교재에서 100단어로 이루어진 문단을 선택한다(초등학생이라면 50단어, 중·고등학생이라면 200단어). 학생의 문단에 대한 이해를 측정하기 위해서 많은 질문들을 고안하라. 이 질문들은 문단에서 제공되는 사실적인 정보들로부터, 학생이 사실을 넘어서서 이해할 수 있는지를 평가할 추론적인 정보까지 다양해야 한다. 여러분이 백분율 점수를 계산할 수 있다면 전체적으로 이해도를 파악하는데 더욱 유용할 것이다. 모든 질문의 난이도를 동등하게 하는 것은 어렵다.

여러분이 아동에게 줄거리를 다시 말하게 한다면, 여러분은 그 아동이 읽은 것에 대한 전체적인 이해능력을 측정할 수 있다. 비형식적 읽기검사는 세 가지 수준이 있다—독립적, 교수적, 좌절적(표 13-2 참조).

Mercer와 Mercer(2005, p.273)는 흔히 사용되는 표시 체계에 있어서의 오류의 유형을 열거한다(표 13-3 참조).

## 오류 분석

오류 분석은 교사가 학생의 읽기 과정을 이해하는 데 도움을 줄 것이다. 그것은 왜 학생들이 어떤 오류를 범하는지에 대한 가설을 세울 수 있게 해 주는 질적인 분석이다(Cavuto, 2003). Tucker와 Bakken(2000, p.17)은 예시를 제공했다.

**표 13-2 비형식적 읽기검사 수준**

| 읽기 수준 | 해독 | 독해 |
|---|---|---|
| 독립적 | 98~100% | 90~100% |
| 교수적 | 95% | 75% |
| 좌절적 | 90% 이하 | 70% 이하 |

**표 13-3 표시 체계에서 비형식적 읽기 오류 검사**

| 오류 유형 | 표시 체계 | 예 |
|---|---|---|
| 생략 | 단어 또는 단어에서 생략된 부분에 원을 그린다. | The boy went in(to) the (burning) building. |
| 삽입 | 첨가된 단어 또는 글자가 쓰여진 삽입 장소를 표시하기 위해 삽입기호를 사용한다. | down<br>The children sat ^ at the table to eat lunch ^ es |
| 대체 | 단어에 줄을 긋고 그 단어 위에 대체한 단어를 쓴다. | realize<br>Now I ~~recognize~~ your name. |
| 반전 | 단어 내에서 반전된 글자의 경우 그 단어에 줄을 긋고 그 위에 바른 단어를 쓴다. | pot<br>The ~~top~~ is lost. |
| | 단어가 반전된 경우 반전된 단어의 위, 가운데 및 아래에 꺾은선을 긋는다. | Mary looked often at the clock. |
| 반복 | 반복되는 단어 아래에 물결선을 긋는다. | Everyone was cheering for me because I was a baseball hero. |
| 오발음 | 바른 단어 위에 오발음된 단어(학생의 발음을 나타내는)를 쓴다. | oc-top-us<br>It was an octopus. |
| 머뭇거림 | 부적절한 머뭇거림을 가리키기 위해 사선을 사용한다. | The/judge asked the jury/to leave the courtroom. |
| 교사보조(도움) | 교사가 발음을 보조한 단어에 밑줄을 긋는다. | The scared cat began to tremble. |
| 관찰할 수 없는 구두점 표시 | 학생이 읽기를 계속하는 부분의 구두점에 줄을 그어 지운다. | Puppy saw the man He barked and barked.ˣ |
| 자기교정 | 오류 표시에 SC라고 쓴다. | sc<br>mouth<br>This ~~mouth~~ is November. |

출처 : Mercer, Cecil D.,; Mercer, Ann R., *Teaching Students with Learning Problems,* 7th edition, © 2005. Reprinted by permission.

2학년인 브렛은 그림 13-1의 문단을 구두로 읽고, 교사는 텍스트에 그 학생의 '오류'를 표시했다. 오류에서 오른쪽의 번호는 이하의 논의에 해당된다.

### 오류 1. Dark를 Black으로 대체

브렛은 이 유의미한 대체에서 형용사가 들어갈 자리를 유지했다. "d" 대신에 "b"라는 비슷한 글자형태와 더불어 두 단어가 모두 "a"와 "k"를 가지고 있으므로 그는 또한 음성학(글자/소리의 관계) 인식을 보였다. 의미는 방해받지 않았다.

### 오류 2. Smoke를 Some으로 대체

이 오류는 전체 문장의 구조에 적합하지는 않지만, 그 문장의 마지막 부분에 수용될 수 있는 어떤 문장 구조를 만들었다. 전반적으로 그 의미는 변화되었지만, 브렛은 어떤 음의 유사성뿐만 아니라 4~5개의 글자 사용을 통해 음성체계의 사용을 보였다.

### 오류 3. Mrs.를 Mr.로 대체

브렛은 제목의 개념을 유지했고 대체는 유의미했다. 그 대체는 글자/소리의 강한 관계를 확실히 보여 주었다. 성별의 변경이 초래한 이야기에 대한 영향이 어느 정도인지에 대해 의문이 제기될 수도 있지만, 성별의 변경이 일어남으로써 어떤 의미는 상실되었다.

### 오류 4. Miller's를 Mill's로 대체

브렛은 고유명사인 이름이 들어가야 할 자리를 유지했고 심지어는 이름에 " 's" 붙임으로써 더 나은 언어와 문자의 강점을 보여 주었다. 앞선 단락에서 독자는 "Miller's"를 "Mills"로 대체했다. 그래서 이러한 오류는 인쇄에 필요한 주의집중을 요구하는 언어 감각을 보여 주었다. 그 오류는 음의 높은 동일성을 가지고 있으며 의미는 방해받지 않았다.

### 오류 5. No를 On으로 대체

브렛은 처음에 그 단어를 "on"으로 발음했고 이어서 "no"로 수정하려고 노력했다. 전체 문장구조는 방해받았지만, "on"에 대한 시작과 멈춤으로부터의 읽기 오류는 어떤 문장구조는 유지된다는 것을 보여 주었다. 비록 최소한의 글자/소리의 관계이지만 자기교정을 하려는 시도는 독자가 그것이 합당하지 않음을 안다는 것을 보여 주었다. 전체적으로 의미는 방해받았다.

### 오류 6. 마침표를 생략해서 두 문장을 하나로 묶기

쓰기에 대한 대중적인 의견과는 달리 "and"로 문장을 시작할 수 있다. 이 경우에 브렛은 마침표를 제거하고 논리적으로 두 생각을 하나로 결합함으로써 적절한 문장 구조를 보여 주었다. 의미는 확실히 유지되었다.

#### 오류 7. Her을 She로 대체

브렛은 시각단어를 모르기보다는 다소 의미 있는 단어의 대체로 적절하게 대명사 자리를 유지했다. 브렛은 mother이란 단어를 언급했는데, 그 대명사의 대체가 "she"라는 점에서 그것은 합당한 것이었다. 비록 글자/소리의 관계는 높았지만, 의미는 성별의 변경에 의해서 부분적으로 방해를 받았다. 브렛이 오류 3과 4에서 각각 동일한 단어를 발음했으므로, 그 단락에서 남은 2개의 오류는 반복된 오류였다("r", "m"). 브렛은 오류의 사용에서 일관성을, 특히 그가 의미 구성을 시도하면서 아마도 그에게는 정당했을 오류들에 있어서 일관성을 보였다.

Then he saw something bad. He saw dark
smoke coming out of the window of Mrs.
Miller's house. Bob knew that no one was in
the house to see the smoke. Bob called to his
mother. He showed her the smoke. Then Bob
looked out the window. He kept looking at the
smoke coming out of Mrs. Miller's house.

**그림 13-1 비형식적 읽기검사 견본**

출처 : "How Do Your kids Do at Reading? And How Do You Assess Them?" by D. L. Tucker and J. P. Bakken, *Teaching Exceptional Children, 32,* July-August 2002, p.17. Copyright 2002 by The Council For Exceptional Children. Reprinted with permission.

## 중재

여러분이 일단 학생의 장점과 약점을 확인했다면 여러분은 중재계획을 개발할 수 있다. 여러분의 교수전략은 믿음이 아니라 증거에 기초해야 한다. 현재의 증거들은 특정한 방법론을 제안한다.

1977년 의회의 요구에 따라 국가아동건강 및 인력개발연구소(National Institute of Child Health and Human Development : NICHD)의 소장인 G. Reid Lyon 박사는 다양한 읽기 접근법들의 효과성을 포함한 연구 기반 지식의 상태를 사정하기 위해 국가위원회를 개최했다. 그들은 현재까지의 경험적 증거들을 검토했다(특정한 준거를 보려면 NRP, 2000 참조). 국가읽기위원회는 구체적인 프로그램들의 실행에 큰 영향을 미친 보고서를 2000년에 발간했다.

읽기 분야에서 14명의 전문가로 구성된 위원회는 다음과 같은 주제에 초점을 맞추었다.

- 알파벳 배우기
- 유창성
- 이해
- 교사 교육
- 컴퓨터 공학

다음의 질문들이 그들의 요구를 충족하기 위해 개발되었다(NRP, 2000, p.3).

1. 음운 인식에 관한 교수가 읽기를 향상시키는가? 그렇다면 이러한 교수가 어떻게 가장 잘 제공될 수 있는가?
2. 음성학 교수가 읽기를 향상시키는가? 그렇다면 이것이 어떻게 가장 잘 제공될 수 있는가?
3. 안내된 반복적인 구두 읽기 교수가 유창성과 독해를 향상시키는가? 그렇다면 이것이 어떻게 가장 잘 제공될 수 있는가?
4. 어휘 교수가 읽기를 향상시키는가? 그렇다면 이것이 어떻게 가장 잘 제공될 수 있는가?
5. 이해전략 교수가 읽기를 향상시키는가? 그렇다면 이것이 어떻게 가장 잘 제공될 수 있는가?
6. 아동들의 독립적 읽기의 양을 증가시킨 프로그램들이 읽기의 성취와 동기를 향상시키는가? 그렇다면 이것이 어떻게 가장 잘 제공될 수 있는가?
7. 교사 교육이 교사들로 하여금 아동들에게 읽기를 가르치는 데 있어 영향을 미치는가? 그렇다면 이것이 어떻게 가장 잘 제공될 수 있는가?

이 모든 질문들에 대한 답은 "그렇다."였다. 위원회는 일부 영역에서 더 많은 연구에 대한 지지를 받았는데 직접적이고 명시적인 교수가 읽기 성공에 중요하다는 것은 분명했다. 예를 들면 음성학 프로그램들이 음성학에 기초하지 않은 프로그램들보다 더 성공적이었고, 음성학 프로그램들 중에서도 명시적이고 직접적인 교수법을 사용한 프로그램들이 가장 효과적이었다. 학습장애 학생들은 학습할 정보를 추론하는 데 어려움이 있다. 이것은 체계적이고 직접적인 방식으로 가르쳐져야 한다(Carine, Silbert & Kame'enui, 1997).

## 읽기에서 직접교수

직접교수는 매우 효율적인 것으로 증명되어왔다(Adams & Carmine, 2003; Adams & Englemann, 1996; Swanson, Lee & Hoskyn, 1999). 그것은 교사 중심의 집중적이고 명시적인 교수 이상의 것이다. 그것은 Adams와 Carmine(2003, p.404)에 의해 다음과 같이 정의된다.

> Englemann과 그의 동료들에 의해 개발되어 출판된 교육과정이다. 각 교육과정은 대개 1학기에서 1년 사이의 학교 수업으로 구성된다. 이 교육과정들의 두드러진 특징은 그것들이 3단계의 교육과정 검증 절차를 이용해서 학생들이 있는 현장에서 검증이 되었다는 것이다.

직접교수 프로그램의 주요한 특징은 다음과 같다.

- 교사 훈련
- 활기찬 수업
- 배치고사를 통한 학생에 대한 사정
- 최대 14명으로 이루어진 동질적인 그룹
- 35~45분의 수업
- 대본에 의한 수업
- 구체적인 교정절차
- 행동주의 원리들의 채택

두 가지 읽기 프로그램인 읽기 숙날(Reading Mastery)과 교정적 읽기(Corrective Reading)(Carnine et al., 1997)가 있다. 여섯 가지 수준(I에서 VI)으로 나누어지는 읽기 숙달 프로그램은 해독과 독해를 모두 가르치는 완전한 초등학교 읽기 프로그램이다. 학생들은 배치검사의 결과에 기초해서 각 수준에 배정된다. 매우 구조적이고 증거에 기초한 이 방법은 집중적이고 명시적이며 음성학에 기초한 접근법을 사용하며, 독해 기능을 가르친다. 교사들은 대본을 따르며 수업과정 전반에 걸쳐 강화를 제공한다. 교정적 읽기 프로그램은 3학년부터 성인기의 학생들을 위한 치료 프로그램이다. 읽기 숙달 프로그램에서와 같이 학생들은 배치검사의 결과에 기초해서 각 수준에 배정된다(참조 http://www.sra4kids.com/productinfo/direct for additional information).

## 읽기 접근법

읽기 접근법들은 많은 방식으로 나누어질 수 있다. Salend(2001)는 그것들을 네 가지의 주요한 범주로 나눈다—(a) 음성학, (b) 언어 경험, (c) 총체적 단어, (d) 총체적 언어. 그는 어떤 학생들은 특정한 접근법으로 도움을 받을 수 있다는 것을 알았지만, 대부분의 학생들은 균형적인 접근법에서 도움을 받는다고 주장했다. 특정한 읽기 접근법은 아니지만 음운 인식은 읽기에 있어 중요한 기능이라는 것이 증명되어 왔다. 따라서 그것을 위의 네 가지 접근법에 앞서 논의할 것이다.

### 음운 인식

음운 인식은 구어에서 음소(구어의 가장 작은 단위)에 집중하고 음소를 조작할 수 있는 능력이다. 많은 연구자들(Torgesen, Wagner, Rashotte, Vellutino, Lyons)은 음운 인식 능력이 읽기 성공에 최선의 예언자라고 주장했다. Mercer와 Mercer(2001, p.33)에 인용된 바와 같이 Simmons, Gunn, Smith 및 Kame'enui(1994)는 음운 인식 교수를 강화하기 위한 다섯 가지 권고사항을 열거했다.

1. 먼저 단어의 청각적 특징에 초점을 맞춰라. 학생들에게 단어의 음들을 합성하도록 하거나 단어의 개별적인 음들을 확인하게 할 때 처음에는 알파벳의 기호들 없이 교수가 이루어져야 한다.
2. 언어의 명시적이고 자연적인 분절들로부터 더 함축적이고 복잡한 분절들로 진행하라. 분절에 관한 교수는 처음에는 문장을 분할해서 단어로, 이어서 단어에서 음절로, 음절에서 음소로 진행

되어야 한다.

3. **수행을 강화하기 위해서 단어의 음운론적 자질과 차원을 이용하라.** 과제의 복잡성은 처음에는 더 적은 음소를 가진 단어와 쉽게 구별할 수 있는 자음과 모음의 형태를 가진 단어를 선택함으로서 조절할 수 있다(예 : 모음과 자음 또는 자음들의 패턴을 가진 단어). 또한 분리된 음소를 가진 단어들이(예 : rug) 자음의 합성으로 시작하거나 끝나는 단어들보다 더 쉽게 분절되고, 연속적인 음들로 시작하는 단어들이(예 : sun, mat) 음을 합성하는 활동을 용이하게 만든다.
4. **명시적인 모델링을 통해서 합성과 분절에 대해 비계를 설정하라.** 합성과 분절의 과정을 명백하고 명시적인 것으로 만들기 위해서는 교사와 연습에 의해 전략들이 시연되어야 한다.
5. **일단 학습자들이 청각적인 과제에 익숙해지면 글자와 소리간의 대응을 통합하라.** 합성하고 분절하는 기술은 현실적인 읽기, 쓰기, 철자 상황에 적용되어야 한다.

## 발음 중심 접근법

Salend(2001, p.347)는 발음 중심 접근법을 (a) 종합적, (b) 분석적 두 가지 유형으로 나누었다.

종합적 접근법에서 학생들은 다음과 같이 부분에서 시작해서 전체로 나아간다.

1. 학생들에게 글자와 각각의 이름을 소개하라.
2. 학생들에세 각 글사와 연결된 음을 가르쳐라.
3. 학생들에게 각 문자소와 음소 관계의 자동성을 기를 수 있는 기회를 제공하라.
4. 학생들에게 음을 합성해서 단어를 만드는 방법을 가르쳐라.
5. 학생들에게 그들의 기술을 모르는 단어에 적용하는 활동을 제공하라.

분석적 접근법은 학생들에게 전체에서 부분으로 나아가며 단어를 분석하도록 가르친다.

1. 학생들에게 공통된 음성 요소를 가진 단어의 목록을 제공하라.
2. 학생들에게 단어의 형태와 음에서 유사점과 차이점에 대해 질문하라.
3. 학생들이 단어에 있는 공통의 음성학적 패턴을 결정하도록 도우라.
4. 학생들에게 음성학적 패턴과 관련된 규칙을 진술하도록 하라.

국가읽기위원회(NRP; 2000, pp.2-103~2-104)는 발음 중심 프로그램이 차이를 보일 수 있는 중요한 몇 가지 방법에 주목했다.

1. 몇 개의 글자와 소리의 관계가 가르쳐지는지, 그들이 어떻게 배열되는지, 또한 발음 중심의 일반화가 가르쳐지는지(예 : "2개의 모음이 나란히 있을 때, 첫 번째의 긴 소리가 들리고 두 번째는 대개 소리가 나지 않는다."), 음을 표시하기 위해서 특별한 표시가 글자에 부가되는지(예 : 장단을 표시하기 위한 모음 위의 곡선이나 직선)
2. 지도되는 단위의 크기(즉, 문자소와 음소, 또는 많은 1음절 단어들의 운율을 표시하는 -ing 또는 -ack와 같은 표음자라 불리는 더 큰 단어의 분절들)
3. 글자와 연결된 음이 분리되어 발음되는지(종합적 발음 중심 접근법) 혹은 단어의 맥락에서만 발음되는지(분석적 발음 중심 접근법)
4. 지도되는 음운 인식의 양과 유형. 예를 들면 구두에 의한 단어 음들의 합성과 분절.
5. 교수가 일련의 전제조건으로 간주되는 단계들(예 : 글자들, 글자와 소리의 관계, 단어들, 그리고 문장들)에 관한 학습의 위계적 관점에 따라 배열되는지, 다수의 기능들이 함께 학습되는지
6. 교수의 속도
7. 학생들이 학습한 단어읽기 활동, 예를 들어 소리내어 읽기, 글자 합성하기, 아는 단어에 대한 유추를 통해 단어를 읽기 위해 글자의 더 큰 하위 단위 이용하기
8. 철자 교수의 도입
9. 학습활동이 집중적인 구두 훈련과 연습, 발음 규칙의 암송, 학습지 풀기를 포함하는지
10. 텍스트에 제공된 어휘 통제의 유형(예 : 익숙한 글자와 소리의 연합을 가진 단어에 주로 한정되는 어휘인가, 혹은 유의미한 이야기를 만드는데 도움을 주기 위해 시각단어가 소개되는가?)
11. 발음 중심 교수가 문식성 교육과정에 들어있는지 분리되어 있는지
12. 교수 접근법, 교사가 적극적인 역할을 하고 학생이 수동적으로 반응하는 직접교수와 관련 있는지, 또는 아동들이 문제해결을 통해 글자와 소리의 체계가 어떻게 작동하는지를 배우는 '구성주의적' 접근법이 사용되는지
13. 교수 활동이 교사와 학생에게 얼마나 흥미롭고 동기 유발적인지

여러분은 학생들의 요구를 가장 잘 충족시키는 프로그램을 선택해야 한다. 발음을 가르칠 때 Steward와 Cegelka(1995, pp.298, 301~302)가 제시한 다음의 지침들이 도움이 될 것이다.

- 초보에 대한 교수에는 소문자를 사용하라.
- 가장 유용한 기술을 먼저 소개하라.
- 쉬운 음과 글자를 먼저 소개하라.
- 합리적인 속도로 새로운 글자와 소리의 연합을 소개하라.
- 모음을 일찍 소개하라. 하지만 먼저 자음을 가르쳐라.
- 먼저 글자들의 공통적인 음을 강조하라.
- 파열음보다 연속음을 먼저 가르쳐라.
- 음의 합성을 일찍 가르쳐라.
- 자음의 합성을 소개하라. 학생들이 연속음으로 시작하는 자음-모음-자음의 단어(예 : fat)와 파열음으로 시작하는 자음-모음-자음의 단어(예 : dig)를 합성할 능력을 완전히 습득했을 때, 자음의 합성으로 시작하는 단어(예 : spot)가 소개된다. 다음으로 자음의 합성으로 끝나는 단어(예 : sick)를 지도한다.
- 이중자음을 소개하라.
- 불규칙 단어보다 규칙 단어를 먼저 소개하라.
- 발음 패턴을 강화하는 연결된 텍스트를 읽어라.

발음 중심 교수가 결코 유일한 교수방법으로 간주되어서는 안 된다. 학생들은 우수하고 유의미하며 흥미로운 문학작품들에 노출되어야 한다. 학생들은 읽기에 대한 애정을 기를 필요가 있다. 발음 중심 교수는 종합적인 읽기 프로그램이 아니다. 국가읽기위원회(NRP)가 언급했듯이 '발음 중심 교수'는 목적을 위한 수단이다. 여러분은 또한 학생들의 읽기에 관한 흥미와 독해 능력을 평가해야 한다.

## 언어경험 접근법

언어경험 접근법은 읽기과정에서 학생 자신의 생각과 단어를 사용한다. 이것은 적절한 경험적 배경과 표현적인 언어를 가진 학생에게 유용하다(Allen & Allen, 1982 참조). 이것은 읽기에 관해 어려움을 겪고 있는, 이 장의 처음에 소개되었던 학습장애를 가진 6학년 마이클에게 사용된 접근법이었다. 그는 많은 체계적인 발음 중심 교수를 받았지만 어떤 것도 성공적이지 못한 듯 했다. 그의 주요한 어려움은 단어의 부분들을 합성하는 능력 부족과 관련이 있었고, 그래서 cat을 cuh ah tuh로 발음했다. 그는 매우 열심히 노력했지만 실패했다. 그의 학업적 고난은 감정적, 행동적인 문제들을 발생시켰다. 분명한 것은 그의 축적된 지식과 우수한 표현적 언어기능이었다. 매일 아침 마이클은 교사에게 이야기를 받아쓰도록 했다. 이야기는 타이핑되었고(교실에서 컴퓨터를 사용하기 이전임), 마이클은 오후에 그것을 읽었다. 그 이야기는 그 자신의 단어들이었으므로 이해는 향상되었다. 그의 단어들에 대한 지식은 증가되었고, 그는 쉬운 책들로 옮겨 갈 수 있었다.

### 총체적 단어 접근법

이 접근법에서는 학생들에게 맥락(문장이나 문단) 속에서 새로운 단어(통제된 어휘)가 주어진다. 그들은 음성학적인 분석보다는 맥락상의 단서를 이용해서 단어를 해독한다. Salend(2001)는 초보적인 독자들은 종종 이러한 접근법을 사용한다고 언급한다. 또한 그들은 다른 해독 기술들을 사용할 수도 있다.

이런 독자들은 점진적이고 논리적인 순서에 따라 교재를 도입한다. 전형적으로, 입문기 이전, 입문기(K-1), 1-1, 1-2, 2-1, 2-2, 3-1, 3-2, 4, 5, 6학년 수준이다. 학생들의 교재는 보충교재 및 교사용 교재와 함께 제공된다. 학생들은 읽기에 앞서 준비를 한다. 그런 후에 그들은 읽고 토의를 한다. 학습장애 학생에게 이 접근법은 너무 막연하고 그들의 특정한 읽기 요구를 다루지 않는다.

### 총체적 언어 접근법

이 읽기 접근법에서는 개개의 해독 기술 학습보다는 이해를 위한 읽기가 강조된다. 어떤 이들은 이것이 접근법이라기보다는 오히려 하나의 철학이라고 하기도 한다. 처음에 학생들에게 유의미하고 예측 가능한 텍스트들이 제공된다. 그것들은 새로운 단어를 배우기 위해 익숙한 단어들을 사용하고, 어린 연령의 학생들을 위한 쓰기도 포함하고 있다. 총체적 언어 프로그램의 주요한 요소들은 Salend(2001, pp.350~353)에서 인용된 바와 같이 Burtler(n.d.)에 의해서 기술되고 있다.

- 학생들에게 소리내어 읽어 주기 : 다양한 장르에서 양질의 문학을 읽어서 읽기의 재미와 흥미를 소개하라. 또한 이것은 교사로 하여금 구두 읽기를 시연하게 하고, 어휘발달과 좋은 읽기습관을 촉진하며, 이야기의 구조, 내용과 같은 영역들의 배경지식을 제공하도록 해준다. 교사는 학생들에게 읽어줄 때 책의 제목과 표지에 대해 토의하고 학생들에게 그 책에 대한 예측을 하게 함으로써 선택한 것을 소개할 수 있다. 또한 교사는 작가와 삽화

가를 소개할 수도 있고, 학생들이 읽은 그 작가에 의해 쓰이거나 비슷한 주제를 가진 다른 책들에 대해 학생들과 이야기를 나눌 수 있다.

교사는 학생들에게 읽어줄 때 생생한 표현을 사용하고, 모든 학생들이 보고 반응할 수 있도록 삽화를 보여 주며, 그 책을 학생들의 경험과 관련시키고, 활기차고 매력적이며 생각을 불러일으키는 방식으로 그 책에 대해 토의하며, 선정된 것에 대해 반응하고 학생들의 느낌을 표현할 수 있는 학습활동(예 : 작문, 드라마, 미술)을 학생들에게 제공함으로써, 교사는 학생들의 흥미와 이해를 촉진시킬 수 있다(Hoffman, Roser, & Battle, 1993).

- **책 읽기의 공유** : 교사와 학생들은 가까이 앉아서 함께 다양한 자료의 읽기를 공유한다. 교사는 새롭거나 익숙한 이야기를 읽는다. 학생들은 미술, 만들기, 드라마, 읽기, 쓰기를 통해서 반응하고, 그 후 학생들은 스스로 그 이야기를 다시 읽는다. 큰 글씨와 그림이 있는 큰 책은 책 읽기의 공유에 특히 적절한데, 그런 책들은 학생들이 읽는 단어들을 볼 수 있도록 해 주기 때문이다.
- **지속적인 묵독** : 모든 것을 놓고 책 읽기 시간이라고도 불리는 지속적인 묵독을 하는 동안 교사와 학생들 그리고 다른 학급의 구성원들은 스스로 선택한 교재를 읽는다. 전형적으로 지속적인 묵독의 규칙은 다음과 같다—(1) 소리내지 않고 읽어라, (2) 다른 사람을 방해하지 마라, (3) 책을 바꾸지 마라.
- **안내된 읽기** : 책과 사상들을 탐구하기 위해 소규모 그룹의 학생들을 지도하라. 또한 읽기 전략을 시연해 주고 학생들이 그것을 이용하는 방법을 배우도록 도와주라. 예를 들면 교사는 책을 선택하거나, 문맥상의 단서를 이용하거나, 목적을 가지고 읽기 위한 성공적인 전략을 시연하고 학생들과 그에 대해 토의할 수 있다.

안내된 읽기의 중요한 요소는 그룹 읽기 모임, 즉 학생들이 독립적으로 읽은 책이나 선택한 것에 대해 그룹이 토의하는 시간이다. 학생들에게 생각하고, 의견을 표현하며, 선택한 것을 그들 자신의 경험과 관련시킬 것을 요구하는 확산적 질문을 함으로써 모임을 조직하라. 예를 들면 교사는 문학 동아리나 문학 토의 그룹, 즉 읽기로 결정된 책들의 다양한 측면에 대한 학생들의 반응을 모든 그룹 구성원들이 공유하고 토의하기 위해 협력적으로 작업하는 학생들의 소규모 그룹을 이용할 수 있다(Goforth, 1998).

- **문학 반응 일지** : 문학 반응 일지는 지속적인 묵독이나 문학 토의 그룹에 대한 추수활동으로 사용될 수 있다. 학생들은 일지에 질문뿐만 아니라 그들이 읽은 교재에 대한 그들의 반응과 생각을 기술한다. 또한 학생들은 그 책에 대한 의견과 감정적 반응을 쓰고, 그 책과 그들 스스로의 경험을 관련시키며, 그 책과 등장인물들에 대해 예측을 하도록 장려된다. 교사는 학생들의 일지를 읽고 학생들이 방향을 수정하며 확장하고, 그들의 반응과 질문의 초점을 조정하도록 격려할 수 있다.

문학 반응 일지의 한 가지 유형은 등장인물 연구일지인데, 여기에 학생들은 흥미로운 등장인물과 관련된 것을 적을 수 있다(Galda, Cullinan, & Strickland, 1997). 텍스트를 읽는 동안 학생들은 등장인물의 곤란한 상황, 감정, 반응을 포함해서 등장인물에 대해 반응하거나 쓴다.

- 개별화된 읽기 : 학생들은 그들의 개인적 요구와 수준에 부합하는 텍스트를 읽음으로써 그들의 문식성을 통제하는 것을 배운다. 학생들은 읽은 책과 그것에 대한 반응을 기록하고 교사로부터 도움을 받는다.
- 언어경험 : 교사에 의해 조직되고 계획된 경험과 자연스러운 경험 동안에 생성된 학생의 언어를 사용해서 학생들의 문식성을 촉진하라. 이런 경험들에 대한 학생들의 반응은 기록되고 문서의 형태로 그들에게 제공된다.
- 아동의 쓰기 : 학생들은 쓰기를 배우고 다양한 장르를 쓴다.
- 시범적 쓰기 : 쓰기의 시범을 보이고, 학생들에게 글을 구성하는 것과 쓰기 과정의 다른 요소들을 관찰할 수 있는 기회를 제공한다.
- 공유를 위한 기회 : 학생들은 필자의 원, 작가의 의자, 또는 문학 반응 그룹과 같은 활동들을 통해 다른 사람들과 결과물을 공유한다.
- 교육과정 전반에 걸친 읽기와 쓰기의 통합 : 학생들에게 교육과정 전반에 걸쳐 읽기와 쓰기를 할 기회를 제공하라. 교사는 또한 학생들이 내용 영역의 교재를 완전히 학습하도록 돕기 위해 읽기, 쓰기, 말하기와 듣기를 통합하는 주제 단위를 이용할 수도 있다. 주제 단위를 이용할 때 교사는 전형적으로 일련의 읽기, 쓰기, 특정한 주제에 기초한 내용 영역의 학습활동을 조직하고 연결시킨다(Englert, Mariage, Garmon, & Tarrant, 1998). 선택된 주제와 관계 있는 읽기, 쓰기, 말하기와 듣기를 포함하는 수업이 다양한 내용 영역에 걸쳐서 이루어진다.
- 총체적 언어 교육과정 응용 : 총체적 언어 접근법을 이용할 때 교사는 또한 다양한 교수전략 및 교육과정 응용을 이용할 수 있다. 이들 중 일부는 여기에서 논의된다.
- 환경단어 : 환경단어—즉 학생의 자연적인 환경에서 발견된 자료들—는 영어 읽기를 배우는 학생들에게 도움이 되고, 인쇄된 기호에 의미를 부여할 수 있다. 환경단어는 역할극, 일지, 모방을 통해서 문식성을 촉진시키기 위해 이용될 수 있다. 교사는 또한 학생들로 하여금 간판, 이름표, 포스터, 달력, 광고, 메뉴, 벽보뿐만 아니라 서로 다른 난이도로 쓰인 잡지와 신문들을 읽을 수 있도록 해 주는 학습센터를 설치할 수 있다.
- 스토리텔링 : 스토리텔링은 학생들이 텍스트로부터 의미를 구성하고, 듣기 이해와 어휘 기술을 촉진시키며, 읽기에 대한 동기유발을 도울 수 있다. 모든 학생들이 스토리텔링으로부터 도움을 받는데, 구어적 전통을 가진 문화권의 학생들과 제2언어를 배우고 있는 학생들에게 특히 좋은 교수 기법이다(Maldonado-Colon, 1991).
- 그림책 : 교사는 그림책, 즉 이야기의 의미와 내용에 대한 독자의 이해를 강화하기 위해

그림이나 삽화가 들어 있는 짧은 책을 이용해서 학생들의 읽기와 쓰기에 대한 동기를 유발시킬 수 있다(Bligh, 1996). 그림책은 또한 학생들이 예측이나 문맥상의 그리고 문장 구성상의 단서 이용과 같은 광범위한 읽기전략을 학습하는 데 도움을 줄 수 있다(Bligh, 1996).

- **구성 체계** : 구성 체계는 이야기의 중요한 요소들을 개괄하고 학생들이 다양한 장르를 이해하고 쓰는 데 도움이 될 단서를 제공한다. 한 가지 효과적인 구성 체계는 '이야기 원'인데, 그것은 원형의 도형에 시계방향으로 이야기의 중요한 요소들을 구성함으로써 만들어진다.
- **이야기 문법** : 이야기 문법은 이야기가 조직되는 방식의 개요이다. 이것은 종종 읽은 부분의 주요 등장인물과 줄거리, 갈등, 결말을 밝히고 분명하게 하는 것과 관련이 있다(Dimino, Taylor, & Gersten, 1995). 이야기 문법은 학생들의 읽기에 대한 동기를 유발하고 이야기를 만듦으로써 학생들로 하여금 그들의 경험을 확장하도록 한다.
- **일제 독서** : 일제 독서는 교사와 학생들이 함께 시, 예측 가능한 책, 이야기, 학생이 지은 글 등을 읽도록 한다(Englert et al., 1998). 일제 독서는 학생의 유창성, 어휘발달, 어법, 자신감, 읽기에 대한 동기유발을 촉진시킬 수 있고, 구어와 문어 사이의 관계를 확립하는 데 도움이 될 수 있다.
- **연극** : 연극을 함으로써 학생은 무언극, 몸짓, 역할 수행, 소도구의 활용을 통해 이야기를 실연하고 다시 말할 수 있다.
- **반복적인 만남** : 학생들은 반복적인 경험을 포함한 주제의 반복을 통해 언어와 읽기를 연습하므로 시, 노래, 수수께끼, 토의, 이야기에 반복적으로 노출되어야 한다. 예를 들면 책 한 권이나 텍스트의 한 부분을 반복적으로 읽는 것은 학생들의 유창성을 증가시킬 수 있고, 학생들이 제2언어의 운율, 음량, 어조 및 언어패턴을 배우는 데 도움이 될 수 있다.

## 독해

인쇄된 단어를 이해하는 것은 읽기의 핵심이다. 의미가 없다면 읽기도 없다. 모든 읽기 프로그램은 독해를 포함한다. 독해는 학생들의 적극적인 참여를 필요로 하므로 학습장애 학생에게 독해는 문제가 될 수 있다(Gersten & Baker, 1999). 독해는 주로 선행 경험과 지식에 의존하며 교재와의 상호작용에 의존한다. 과학적 증거들에 의해 지지되는 몇 가지 전략들이 있다(NRP, 2000, p.15).

1. 이해 점검하기 : 학생들은 교재를 읽어가면서 그들의 이해를 점검한다.
2. 협동학습 : 협동적인 그룹에서(이것은 통합학급에서 가장 잘 행해진다) 학생들은 독해와 전략을 학습하고 연습한다.
3. 그래픽 조직자 : 학생들은 그들이 정보를 조직하는 데 도움이 될 방법을 창조한다. 이것은 거미줄(webs), 다이어그램, 개요 등을 포함한다(Inspiration 참조, 학생들이 그래픽 조직자를 만드는데 도움을 주는 컴퓨터 기반 프로그램).
4. 질문에 대답하기 : 교사는 질문을 통하여 학생들이 의미를 획득하는 데 집중하도록 도울 수 있다. 또한 읽기 전에 질문을 하는 것은 학생들이 텍스트를 이해하는 데 도움이 될 수 있다.
5. 질문 만들기 : 질문을 하고 예측해 보는 것은 능동적인 읽기, 텍스트와의 상호작용을 증가시킨다.
6. 이야기 구조 : 학생들이 이야기와 텍스트의 구조를 이해하도록 지도한다.
7. 요약 : 이것은 독자들이 읽은 것에 대해 생각하고 주어진 사상들을 통합하는 데 집중하도록 한다. 어떤 학생들은 읽으면서 요약할 때 도움이 될 것을 여백에 필기하는 것이 유용하다는 것을 알게 된다.

## 내용 영역의 읽기 교수

내용 영역(사회, 과학, 수학, 영어 교과)의 독해 교재는 학습장애를 가진 중·고등학생들에게 상당한 어려움을 초래한다. 읽어야 할 교재의 양을 고려할 때, 저학년의 읽기 학습에서 학습을 위한 읽기로 이동하는 것은 매우 힘든 일이다. 여러분이 학습장애를 가진 중·고등학생의 교사라면, 아마도 통합학급에 있을 것이다. 교사는 특정한 학습 전략을 가르칠 뿐만 아니라 교수를 응용하고 수정하기 위해 내용 영역의 교사와 협력하게 될 것이다(더 많은 정보를 위해서는 제7, 10장 참조).

내용 영역의 읽기를 위한 특정한 제안들이 Choate와 Rakes에 의해 제시되었다(2004, p.109).

1. 주제 용어 : 한 주제에 관한 주요 용어들의 차트를 보여 주어라. 차트에 설명하는 구에 대한 3개의 정례와 3개의 반례를 첨부해서 각 용어에 대해 소개하고 논의하라. 그런 다음에 학생 팀이 맞추도록 정보를 섞어라.

2. **범주 상자** : 새로운 단어들이 소개되고 논의될 때, 학생들이 관계를 알고 의미를 이해하는 데 도움이 되도록 범주의 제목과 같은 핵심용어가 적힌 상자를 이용하라. 항상 단어를 발음하고 학생들에게 발음하도록 시켜라. 복습을 위해서 새로운 단어를 무작위로 주고 학생들이 제목 아래에 새로운 단어를 조직하도록 하라.
3. **단어 분류** : 단어 분류는 폐쇄형일 수도 있고 개방형일 수도 있다. 학생들에게 분류할 8~16개의 내용어의 목록을 주고, 단어를 분류할 수 있는 2~3개의 범주를 제공하라. 개방형 분류를 위해서는 학생들에게 그들 스스로의 범주에 따라 단어를 분류하게 하라. 단어를 분류하기 전에 학생들은 그 의미를 말하거나 발견해야 한다. 학생들에게 내용 텍스트의 정의 문장을 가지고 그들의 분류를 지원하도록 하라.
4. **전문적 일치** : 게시판을 이용해서 운동 또는 정치와 같은 학문의 일반적인 영역에 대한 사진을 게시하라. 색인카드에 전문적 용어를 인쇄하고 게시판에 부착된 자료 주머니에 그것들을 넣어라. 그림 아래에 3~4개 주제의 제목들을 나열하라. 학생들에게 적절한 제목 밑에 색인카드들을 붙이도록 하라.
5. **비전문적 단어 쌍** : 칠판에 3개의 비전문적 단어를 적어라. 각 단어 옆에 2개의 가능한 의미를 적어라. 각 용어의 어떤 의미가 공부하고 있는 과목에 적용되는지를 결정하기 위해 학생들에게 텍스트 중 할당된 부분을 읽고, 학생들이 선택한 것이 옳다는 것을 증명하기 위해 텍스트의 문장에 일치하는 단어를 선택된 구로 대체하게 하라. 학생들에게 몇 가지 예를 말하고, 3개의 부가적인 단어를 위한 구를 모아서 학생들이 독립적으로 그 활동을 완료하게 하라.
6. **어휘 빈간 메우기** : 복습으로 1~2개의 전문적 용어가 생략된 몇 개의 문장을 제공하라. 학생들에게 텍스트가 요구하는 적합한 용어들로 빈칸을 메우게 하라.
7. **읽기능력 조정** : 내용 텍스트의 읽기수준이 학생들의 능력을 많이 능가할 때, 용어를 직접적으로 가르쳐라. 그런 다음에 다음 중 하나 또는 그 이상의 제안을 따르라.
   a. 교재를 처음에 제시하지 말고 강화를 위해 사용하거나 더 쉬운 병행 교재를 제공하라.
   b. 학습 안내, 이야기 구성 체계, 교사에 의해 중요도가 표시된 텍스트, 선행 조직자 등을 통해 여분의 지원을 제공하라.
   c. 구두 설명이나 오디오테이프, 비디오테이프, 자막처리가 된 영화, 그림, 컴퓨터 시뮬레이션, 실제적인 실연, 지원이 내재된 디지털 텍스트, 기타 보편적인 설계 절차, 구어를 인쇄물로 바꾸는 공학 등을 통하여 정보를 획득하기 위한 대안적인 방법을 제공하라.
8. **여분의 연습** : 몇 개의 과목에 대한 어휘 일치를 발달시켜라. 학생들이 개인적으로 또는 그룹별로 사용하도록 파일함에 카드를 두어라. 학생들이 신문에서 비전문적 언어 쌍을 찾아서 전체학급과 공유하도록 하라. 각 과목별로 앞으로의 공부를 위해 학생들이 배운 단

어를 가지고 교재의 페이지까지 표시한 단어장을 만들게 하라.

Neufeld(2006)는 내용 영역에 대한 수업에서 교수를 바라보는 가장 합리적인 방법은 능숙한 이해자, 즉 촉구 없이 효과적인 전략을 사용하는 독자를 보는 것이라고 제안한다. 그 전략들은 (a) 준비 전략, (b) 읽기 중과 후의 전략 두 집단으로 나누어진다. Neufeld는 교사가 다른 모든 전략의 효과적인 사용에 중요한 전략인 질문하기와 대답하기를 먼저 조사할 필요가 있다고 말한다. 내용 영역의 텍스트를 이해하는 사람들은 항상 읽은 것에 대해 질문을 한다. 그들은 능동적인 독자이다. 학습장애 학생에게 이 능동적인 읽기과정을 가르쳐야 한다. 학생들은 다음과 같은 질문을 할 필요가 있다.

- 왜 나는 이 텍스트를 읽고 있는가?
- 그것은 어떻게 조직되어 있는가?
- 나는 주제에 대해 무엇을 알고 있는가?
- 그것은 이 텍스트와 어떤 관련이 있는가?
- 이 장은 무엇에 대한 것인가?
- 나는 이해하고 있는가?
- 그것이 불명확한가?
- 나는 "누가, 언제, 어디서, 무엇을, 왜로 시작하는" 질문에 답할 수 있는가?

요약해서, Neufeld(2006, p.310)는 다음을 추천한다.

- 몇 가지 전략을 지도하라.
- 학생들에게 전략을 융통성 있게 사용하도록 지도하라.
- 전략은 목적에 대한 수단이다.
- 충분한 연습을 제공하라.

## 공학의 응용

읽기 영역에서 컴퓨터 프로그램이 매우 많아지고 있다(Belson, 2003; Lewis, 1998). NRP(2000)는 이 분야에서 더 많은 연구가 필요하다고 결론 내렸다. 유용한 듯 보이는 몇몇 프로그램들은(Belson, 2003) Earobics와 Fast Forward이다(제12장에서 인용). Reading Blaster(지식 모험)는 철자와 음 기초의 대응에 초점을 맞추고 있으며, The Living Books Series(The Learning Company, www.broaderbund.com)는 CD에 기반한 '말하는 책'을 제공하며(이 프로그램에 대한 추가적인 정보를 위해서는 참조 Lewis, 1998), READ 180(The Scholastic Company, teacher.scholastic.com/read180/)은 배경지식을 제공하는 멀티미디어 교재가 포함된 (주로 중고등학생들에게 사용되는) 종합적인 읽기 프로그램이다.

그래픽 조직자는 Inspiration and Kidspiration(Inspiration Software, www.inspiration.com)을 하는 학생들에게 제공된다. 이 조직자들이 학습장애 학생에게만 특별히 사용되는 것이 아니라는 것에 주목할 필요가 있다. 그것들은 읽기장애의 위험에 처해 있거나 읽기에 어려움을 가진 모든 학생들을 위한 것이다.

어떤 학생들은 읽기에 너무나 문제가 있어서 인쇄된 페이지에서, 특히 교재에서 정보를 얻는 것이 불가능하지는 않더라도 어렵다. 여러분의 학생들은 Recording for the Blind and Dyslexic(20 Roszel Road, princeton, NJ 08540; http://www.rfbd.org)에서 무료 녹음자료를 얻을 수 있다. 학생들을 위해서 큰 소리로 교재를 읽어 주는 곳은 Kurzweil Educational Systems(http://www.Kurzweiledu.org), Read please and Read please plus (http://www.readplease.com)이다. 이들은 모든 수준의 특히, 중학교에서 성인기까지의 학습장애 학생들에게 매우 커다란 도움이 될 수 있다.

## 특별한 읽기 접근법

이 부분에서 기술된 읽기 접근법들은 본질적으로 치료를 위한 것이고 어려움을 겪고 있는 독자들을 위해 사용된다. 그것들은 또한 전형적인 일반학급에서 사용되지는 않기 때문에 **임상적 접근**이라고 불리어 왔다.

### Fernald 방법

여러 해 전에, Grace Fernald(1943)는 읽기를 배우는 데 어려움을 겪는 학생들을 위한 읽기 접근법을 개발했다. 종종 이들은 실패의 역사를 가진 나이가 많은 학생이었다.

따라서 그녀는 읽기와의 **긍정적인 관계 확립**을 추구하는 많은 기법(그녀는 이를 긍정적 재조건화라고 불렀다)을 사용했다. 그녀의 프로그램은 시각, 청각, 운동감각, 촉각의 방식(VAKT)을 사용하는 다감각적인 것이었다. 이것은 학생들이 맥락적인 단서와 동기유발 절차를 통해 학습한다는 이론에 기초한 총체적 단어 접근법이다. 이 방법에는 4개의 단계가 있다.

**1단계**

- 학생이 선택한 단어를 색인카드에 쓰고 학생은 그 단어를 추적한다.
- 학생은 추적하면서(촉각적, 운동감각적) 그 단어를 말한다(청각적).
- 학생이 단어를 말하고 추적하는 동안 학생은 그것을 보고(시각적) 듣는다(청각적).
- 학생이 준비가 되면 단어를 쓴다.

**2단계**

- 추적은 더 이상 요구되지 않지만, 학생은 단어를 말하고 써야 한다.

**3단계**

- 새로운 단어는 시각을 통해서 그리고 쉬운 책을 통해서 배운다.

**4단계**

- 학생이 자신의 단어 저장소의 단어들과 새로운 단어 사이의 유사점을 인식함으로써 다른 책으로 나아갈 준비가 된다.

이 방법은 언어경험 접근법과 결합되어 심각한 읽기문제가 있는 학생들에게 도움이 될 수 있다. 학생들에게 이야기를 받아쓰게 할 수도 있고 카드에 단어를 쓸 수도 있다. 학생은 단어를 추적하면서 말할 수 있고(1단계), 그런 다음에 그 단어가 학생의 단어 저장소에 기억될 수 있다. 어떤 단어를 확실히 모르는 학생은 1단계에서 시작할 수 있다. 학생들은 결코 단어를 소리만 내어 읽지 않는다.

### Orton-Gillingham 접근법

이 방법은 발음 중심 교수에 초점을 둔 다감각적 접근법이다(Gillingham & Stillman,

1960). 이것은 매우 구조적이고 교사에게 많은 책임을 요구한다. 최소한 2년 동안 5주 단위의 교수를 제공할 것을 추천한다. 2년 동안 다른 어떤 읽기 교재도 사용되어서는 안 된다. 이 접근법은 일반 공립학교보다 학습장애 학생을 위한 특수학교에서 더욱 채택하기가 쉽다.

자음(흰색 카드)과 모음(연어색 카드)이 연습용 카드를 통해 제시되고 핵심단어를 통해서 소개된다(man의 m). 학생들은 10개의 글자(a, b, f, h, i, j, k, m, p, t)를 배우고 나서 그것들을 합성하는 것을 배운다. 동시 구어 철자(Simultaneous Oral Spelling : SOS)라고 부르는 절차가 사용된다. 교사가 단어를 말한다. 그런 다음 학생이 그 단어를 말하고, 글자들을 이동하며, 단어를 말하면서 글자들을 쓴다. 이 접근법은 모든 언어기능(읽기, 쓰기, 철자)을 통합하고 많은 반복과 연습에 중점을 둔다. 과거에 이 방법은 엄격하고 지루하다며 비판받았지만, 아직도 많은 성공을 거둔다고 주장하는 강력한 지지자들이 있다(참조 국제난독증협회, http://www.interdys.org).

### Wilson 읽기 체계

이 방법은 발음 인식에 대한 교수를 포함하는 읽기와 철자를 가르치는 완결된 프로그램이다. 주요한 목적은 학생들에게 완전습득 단계까지 유창한 해부호화와 부호화(철자 기술)를 가르치는 것이다. 12단계로 이루어져 있는데 직접적, 구조적, 점증적, 다감각적, 그리고 통합적이다. 이 회사의 웹사이트(http://www.wilsonlanguage.com)는 국가 쓰기실행연구소(National Institute for Writing's Bridges to practices)에서도 사용되고 있다는 점을 포함하여 그 프로그램의 효율성에 대한 증거들을 제공한다.

### 읽기능력 회복(RR) 프로그램

읽기능력 회복 프로그램은 첫 해의 읽기교수 이후에 어려움을 겪고 있던 학생들을 위해 고안되었다. Clay(1987)는 읽기 실패의 순환을 멈추기 위한 시도로 뉴질랜드에서 이 프로그램을 개발했다. 이것은 미국에서 상당히 인기가 있어 모든 주에서 제공되고, 해마다 약 150,000명의 학생들에게 제공되고 있다(Practice Alerts 2002).

읽기능력 회복 프로그램은 20주의 일대일 교수를 제공한다. 이 프로그램은 보충적인 것이다. 이것은 교실의 읽기교수를 대체하는 것이 아니다. 학생들은 실제적인 아동 문학작품을 읽고, 교사는 계속적으로 학생들의 발전을 분석한다. 책들은 한 번에 한 권씩

천천히 소개된다. 수업은 다음의 활동들로 구성된다.

1. 학생이 친숙한 작품을 읽는 것을 듣기
2. 읽는 것을 녹음하기
3. 단어의 패턴과 함께 글자 인식에 대한 간략한 수업 제공하기
4. 간단한 이야기를 만들기(대개 한 문장)
5. 문장을 분해해서 학생으로 하여금 다시 조립하게 하기
6. 새로운 책 읽기

현재의 연구에 따르면 읽기능력 회복 프로그램이 어떤 학생들에게는 효과가 있지만, 만병통치약은 아니라고 한다. 또한 읽기능력 회복 프로그램을 거친 학생들이 습득한 것을 얼마나 잘 유지하는지에 대해서도 의문이 있다. 특수아동 위탁 위원회(Commit of Exceptional Children, 2001)가 인용한 한 보고서는 프로그램에 참여한 아동들 중에서 절반 이하가 1학년이 끝날 무렵에 보통의 1학년 읽기목표를 달성했다고 말했다. 한 가지 주요한 이점은 읽기능력 회복 프로그램이 특수교육을 위한 사전 소개적인 중재로써 기능한다는 것이다. 성공적이지 못한 학생들은 종종 특수교육 배치로 의뢰된다.

학습장애 학생의 교사로서 여러분은 아마 일반학급이나 학습도움실에서 교수를 제공할 것이다. 다음 부분은 협동적인 교수를 수반하는 읽기교수의 예를 제공한다. 학습장애 학생들이 유치원 교실에 수용되고 두 교사가 함께 계획하고 가르친다.

**가장 효과적인 실행 : 협력적 교실에서 학습장애의 재정의.** 새로운 유치원 학생들이 열정적인 학습자라는 것은 분명하다. 학급은 한 구역당 6명의 학생으로, 4개의 구역(제7장의 스테이션 교수 참조)으로 나누어졌다. 첫 번째 그룹은 안내된 읽기 구역에서 학습했다. 학생들은 새로운 안내된 읽기 책을 소개받았고 책의 표지, 제목, 작가, 삽화 등에 기초해서 추측하기, 책 읽기, 본문 이해하기와 같은 읽기 전 기능을 배우는 데 집중했다. 어떤 학생들은 읽기 과정에서 줄곧 앞서나갔고 책의 지식을 학습했다. 그들은 첫 단어와 끝 단어를 가리켰고, 단어의 의미를 알고 책을 읽었으며, 책의 내용을 이해했다. Groudas 선생님은 학생들의 필요에 따라서 활동과 교수를 차별화했다.

그녀의 협력교사인 Leace 선생님은 문장판을 읽고 있는 그룹을 가르치고 있었다. 문장판은 단순하고 출현 빈도가 높은 단어들로 이루어졌고, 학생들은 그들이 올바르게

읽었을 때 흥미를 느꼈다. 어떤 학생들은 색인카드의 단어 저장소로부터 그들 스스로의 문장을 만들었다.

세 번째 그룹은 보조교사들과 공부했다. 이 학생들은 짝을 이루어서 대문자와 소문자를 일치시키는 활동을 했다. 마지막 구역은 독립적인 단어를 사용하는 학생들을 위한 것이었다. 이 학생들은 그들의 단어상자에서 나온 자신들의 단어를 읽고 있었다. 그들은 단어를 쓰고 문장에서 그것을 사용했다. 모든 학생이 이렇게 할 수 있었던 것은 아니었다.

그룹들은 네 가지 활동을 모두 마칠 때까지 한 구역에서 다른 구역으로 순환했다. 교사들과 보조교사들은 수업 내내 동일한 구역에 머물렀다. 이 수업의 관찰에서 명확하지 않았던 것은 학급의 구성이었다. 이것은 통합학급이었다. 24명의 학생들 중에서 6명은 학습장애를 가졌다. 예전이라면 이 학생들은 특수학급에 배치되었을 것이었다. 확실히 능력이 다양하였다. 그러나 관찰자는 학습장애를 가진 것으로 분류된 학생들을 확인하도록 큰 압박을 받았을 것이다. 이 학생들은 읽기학습에 흥미를 가지게 되었고 적극적으로 참여했다. 교사들은 교실에서의 절차와 실패를 방지하기 위한 교수의 실행 방안을 개발했다. 성공적인 읽기경험이 그들에게 일상화되었기 때문에 학습장애 학생들은 스스로를 실패작으로 여기지 않았다.

이 학생들은 조기 판별과 협동적인 교실에서의 중재로부터 도움을 받았다. 수년 전이라면 학습장애 학생은 특수학급이나 학습도움실에 배치되었을 것이다. 이제 그들의 학습요구는 집중적인 훈련과 상담을 통해서 모든 학생을 위한 효과적인 상호작용을 계획할 수 있었던 2명의 일반교사와 특수교사가 있는 일반 유치원에서 충족되고 있었다. 이것은 학습장애의 재개념화에 대한 추진력이 되어왔다. 학생들의 잠재능력에 비해 학습부진을 보이는 것으로 판별된 학생들에게는 소규모 그룹 단위로 일반교실에서 보충적인 교수가 주어지고 있다. 그러한 실행이 효과가 없다면 그들에게는 더욱 전문화된 도움이 주어진다.

우리의 실행은 연구에 기초할 필요가 있다. 교사가 내재된 철학을 믿기 때문에, 특정한 읽기 접근법을 채택하는 것은 충분치 않다. 학습장애 학생은 의미와 즐거움을 위한 읽기를 가능하게 해줄 직접교수를 필요로 한다. 직접교수는 읽기과정을 이해하고, 읽기장애의 본질을 평가할 수 있으며, 적절하고 증거에 기초한 교수를 제공할 수 있는 교사에 의해 이루어져야 한다.

## 요약

읽기장애를 판별하고 사정하며 교정하는 것은 학습장애 학생의 교사로서 많은 시간이 소요되는 일이 될 것이다. 교사는 학습도움실에서 혹은 협동적인 교실에서(Groudas 선생님과 Leace 선생님과 같이) 교수를 하느냐와 상관없이, 학생들이 적절하고 과학적으로 근거가 있는 교수를 받을 수 있도록 해야 한다. 이 장에서는 읽기장애의 본질, 조기의 경고신호와 특징들에 관해 논의했다. 또한 이 장은 학생의 읽기 문제점들의 본질을 사정하고 적절한 교수방법을 제공했다. 마지막으로 읽기에 관한 일반적인 접근법과 특별한 접근법을 기술했다.

## 숙고와 논의를 위한 발판

1. 읽기에 대한 여러분의 철학은 무엇인가? 이것은 인터뷰에서 많은 미래의 교사들에게 주어지는 질문이다. 교사 자신의 철학을 형성하기 시작하고 과학에 근거한 증거에 의지하라.
2. 여러분의 학교 지역구에서 문식성 교육을 담당하는 행정가들과 인터뷰하라. 그들은 어떻게 읽기 프로그램과 교재를 선정하는가? 그들은 현재 무엇을 이용하고 있는가? 그들은 어떻게 학생의 성취를 사정하는가?
3. 가능하다면 읽기장애가 있는 성인과 이야기해 보라. 그 사람이 읽기가 어렵다는 것을 언제 처음으로 인식하였는가? 그 사람의 학교경험은 어떠하였는가? 그것이 그 사람의 일상생활에 어떻게 영향을 미쳤는가?
4. 가장 최근의 성과를 알기 위해 교육 저널에서 현재의 연구들을 검토하라. 읽기교수에 관한 가치 있는 정보를 위해서 http://www.ldonline.org 웹사이트를 참조하라.
5. 여러분은 어떤 읽기교수법을 이용할 것이지를 어떻게 결정할 수 있는가? 언제 더 전문화되고 교정적인 접근법으로 바꿀 것을 결정할 것인가?
6. 읽기교수에서 두 교사가 협동하는 교실을 관찰하라. 그것이 1명의 교사에 의해 이루어지는 교수와 어떻게 다른가?
7. 학습도움실을 관찰하라. 그곳에서 제공되는 교수는 협력적인 교사들에 의해 제공되는 교수와 어떻게 다른가?

8. 읽기능력 회복 프로그램이나 Wilson 읽기체계를 이용하는 학교 지역구를 방문하라. 그들은 왜 그 프로그램을 선택하였는가? 그들은 학생들의 진보를 어떻게 사정하고 있는가? 그 프로그램이 교사 훈련을 제공하는가? 교사들의 반응은 어떠한가?

# 14 문어장애

필기
철자
작문
쓰기 과정
학습전략
문어에서의 직접교수
문어에서의 공학 응용
요약
숙고와 논의를 위한 발판

**학습목표**

이 장을 학습한 후 여러분은 다음을 할 수 있을 것이다.

- 필기장애의 특징을 이해할 수 있다.
- 필기장애를 사정하고 교정할 수 있다.
- 철자장애의 특징을 이해할 수 있다.
- 철자장애를 사정하고 교정할 수 있다.
- 작문장애의 특징을 이해할 수 있다.
- 작문장애를 사정하고 교정할 수 있다.

타라는 8학년의 영어수업을 싫어한다. 그녀는 매일 칠판 또는 선생님의 수업에서 노트를 베껴 써야 한다. 타라는 읽기 수준이 자기 학년수준보다 낮고, 따라서 과제는 대개 너무 어려우며, 그녀는 학업성취가 뒤떨어지고 이것을 만회할 방법이 없다고 느끼는 것이 분명하다. 개별화교육계획에서의 수정을 통하여 그녀는 쓰기를 위해 컴퓨터를 사용하지만, 그것 또한 시간이 많이 걸린다. 그녀는 항상 철자점검기를 사용하고, 작문의 분량은 대부분의 급우들에 비해서 매우 짧다. 그녀는 매주 철자시험을 결코 통과하지 못했고, 선생님은 그녀의 필기를 끊임없이 흠잡았다. 타라는 이러한 문어와 관련된 문제를 이해하기 어렵고, 자신이 이것을 개선하기 위해 할 수 있는 것이 적다는 것을 안다. 타라의 문어능력은 늘 좋지 않았지만, 그녀의 생각을 단지 종이에 나타내기 위해서 필기나 철자에 대해 걱정하지 않아도 된다고 들었다. 하지만 그것은 쉽지 않았다. 그녀의 열등한 서법과 정확하지 못한 철자법은 문어표현에 직접적인 영향을 주었다. 다른 수업도 어려웠지만, 영어수업은 고문이었다! 타라는 매일 한 시간 동안 학습도움실에 갔지만, 단순히 그것만으로는 충분하지 않았다. 타라는 다른 과목들에 있어 뒤떨어지지 않기 위해서 학습도움실을 이용했지만, 특정한 문어장애를 다룰 시간을 거의 갖지 못했다.

## 필기

### 특성

학습장애 학생들은 자주 필기에 어려움을 가진다. 그들은 연필이나 펜을 정확하게 잡는 능력을 방해하는 소근육운동 문제들을 가질 수 있다. 학습장애 학생들은 그들이 표현하고자 하는 것을 쓰기 위해 베끼거나 연합하는 것을 방해하는 시·지각 운동 어려움을 가질 수 있다. 또한 제한된 주의집중과 기억은 알기 쉽게 쓰는 능력을 방해할 수 있다. 이것은 또한 청소년 또는 성인들이 취업 이력서와 다른 양식들을 쓰는데 겪는 문제이다. 그림 14-1은 "중학교에서 자신의 경험을 적으시오."라는 요구에 대해 학습장애 중학생이 필기한 것이다. 글자의 모양과 크기가 그 학생의 학년 수준에 적합하

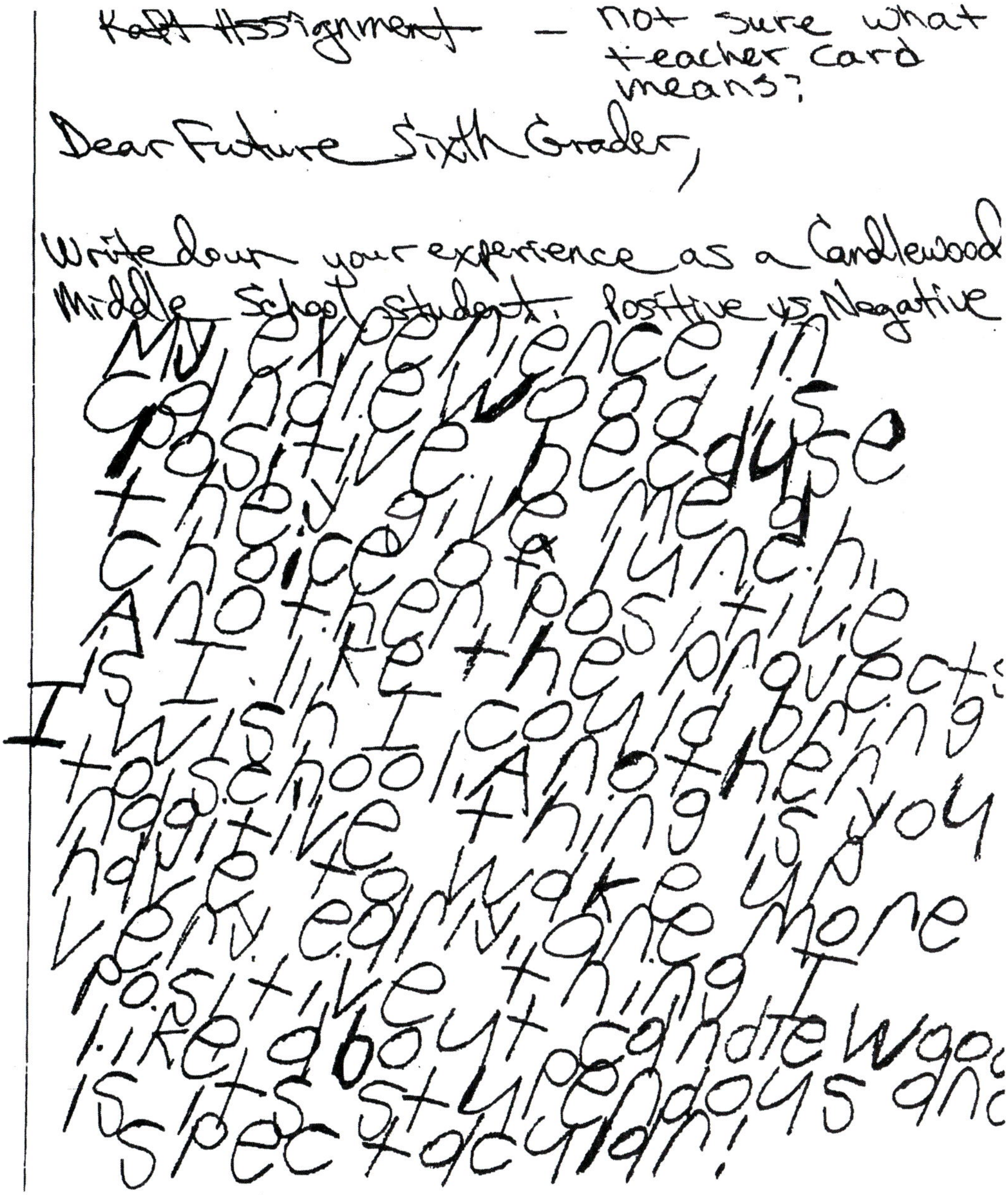


그림 14-1 학습장애 중학생의 필기 견본

지 않다. 이 학생은 필기와 철자 문제에 더하여 작문에도 어려움을 가진다.

Johnson과 Myklebust(1967)는 시각-운동 통합의 어려움으로 인해 특정한 장애를 가진 경우를 표현하기 위해 난서증(dysgraphia)이라는 용어를 사용하였다. 이 장애를 가지는 사람들은 다음과 같은 특징을 갖는다.

- 특정한 시각적 형태를 지각할 수 없다.
- 연필을 정확하게 잡지 못할 수 있다.
- 복잡한 도형들을 베낄 수 없다.
- 필기를 위한 움직임의 순서를 왜곡한다.

학습장애 학생들은 느리게 쓰고 글씨가 삐뚤삐뚤하다(Graham & Weintraub, 1996). Graham, Weintraub 그리고 Berninger(2001)는 300명의 초보 필기자에게서 가장 어려운 글자들을 발견했다. 문제들의 약 절반은 *q, j, z, u, b*와 *k* 같은 글자들 때문이었다. 연구자들이 이러한 글자들의 읽기 어려움을 검사했을 때, *q, z, u, a, j* 5개 글자들이 어려움의 절반 이상을 차지하였다. 또한 학습장애 학생들은 그들의 급우들보다 더욱 느리고 삐뚤삐뚤하며, 덜 유창하고 읽기 어렵게 쓰는 경향이 있었다(Graham & Weintraub, 1996; Weintraub & Graham, 1998).

## 사정

사정은 학생이 어떻게 글자와 숫자를 조합하고 베껴 쓰는지에 대해 철저히 분석해야 한다. Bain, Bailet, Moats(2001)는 유용한 필기 검사도구를 제공한다(그림 14-2 참조).

이 검사도구는 교사가 중재계획을 개발할 수 있도록 특정한 정보를 제공한다. Mercer와 Mercer(2001)는 필기 어려움의 진단을 위한 표를 제공한다(표 14-1 참조).

## 중재

필기 지도가 중요함을 주장하는 많은 증거가 있다(Graham & Harris, 2000). 학습장애 학생들을 지도하는 교사로서, 여러분은 학생들의 필기가 결코 자연적으로 향상되거나 또는 쓰기를 통하여 자연스럽게 배울 수 있음을 가정해서는 안 된다. 필기는 지도되어야 하는데, 왜냐하면 필기는 학생들의 문어적인 표현언어에 영향을 미치고 발달을 느리게 하며, 정보와 글자 사이에 주의집중하도록 하며, 문어 산출물의 양과 질을 떨어뜨리기 때문이다.

학습장애 학생들을 위한 필기와 철자 교수에 대한 연구들의 개관에서, Graham(1999)은 다음과 같은 교수 원리들을 제안했다.

1. 필기와 철자 교수는 즐겁고 흥미로워야 한다.
2. 필기와 철자 교수는 명백해야 한다.
3. 필기와 철자 교수는 읽기, 쓰기와 통합되어야 한다.
4. 명백한 방법에 의한 교수와 우연한 방법에 의한 교수 둘 다 사용되어야 한다.

날짜 ______________

학생 : ______________ 관찰자 : ______________

연령 : ________ 학년 : ________ 손 사용 : ☐ 오른손 ☐ 왼손 ☐ 양손 ☐ 미확인

교사 : ______________

필기는 기술을 묘사하고, 문제의 유형과 어려움의 범위를 확인하기 위해 다음의 활동들과 비교되어야 한다. 특정한 문제의 확인은 치료 계획을 안내할 것이다.

비교 :
1. 소문자 쓰기 ☐ 인쇄체 ☐ 필기체 ☐ 모두
2. 대문자 쓰기 ☐ 인쇄체 ☐ 필기체 ☐ 모두
3. 낱말 받아쓰기
4. 근거리 베껴쓰기
5. 원거리 베껴쓰기
6. 창조적으로 쓰기
7. 노트 필기하기
8. 수업시간의 과제와 이 검사도구 비교하기

과제 :
연필 잡기 / 고정하는 손의 위치
연필 / 종이의 위치
종이 구성하기(왼쪽/오른쪽 여백 : 정보 위치; 정보 절차)
글자 조합 : / 단어 정보
글자 크기 : / 단어 크기
글자 기울기 : / 단어 기울기
글자 정렬 / 단어 정렬
단어 띄어쓰기

첨가 : 생략 : 대치 : 반전 :
지움 : 속도와 유창성 :
필기에 대한 태도 :
기타 :

**그림 14-2 필기 검사도구**

**표 14-1 인쇄체와 필기체 진단 차트**

| 요소 | 문제 | 가능한 원인 | 교정 |
|---|---|---|---|
| **인쇄체** | | | |
| 모양 | 글자가 기울어짐 | 종이가 기울어짐 | 종이를 바르게 하고 몸 가운데 직선 긋기 |
| | 표준 모양으로부터 이탈됨 | 글자에 대한 부정확한 심상 | 학생으로 하여금 문제의 글자를 칠판에 쓰도록 하기 |
| 크기 | 매우 큼 | 쓰기 선에 대한 이해 부족 | 쓰기 종이에서 각 줄에 대한 목적을 지도함에 의해 크기 개념의 재지도 |
| | | 과장된 팔 움직임 | 팔 움직임 줄이기, 특히 원 글자와 부분 원 글자 |
| | | 글자에 대한 부적절한 심상 | 학생으로 하여금 문제의 글자를 칠판에 쓰도록 하기 |
| | 매우 작음 | 쓰기에 대한 이해 부족 | 쓰기 종이 위에 있는 각 줄의 목적을 지적함에 의해 크기개념을 재지도하기 |
| | | 손가락 움직임의 과잉 강조 | 팔 움직임 강조, 팔 움직임이 가능함을 확실히 하기 위해 손과 연필, 팔과 책상의 위치를 점검하기 |
| | | 글자에 대한 부적절한 심상 | 학생이 칠판에 문제의 글자들을 쓰도록 함 |
| | 일정하지 않음 | 각 글자마다 쓰는 손 맞추기 | 팔 움직임 강조, 쓰는 손이 적절한 쓰기 위치를 유지할 수 있도록 쓰지 않는 손으로 종이 움직이기 |
| | | 손가락 움직임의 과잉 강조 | 팔 움직임 강조, 팔과 책상과 손과 연필의 위치를 점검함 |
| 띄어쓰기 | 단어에서 글자 간 너무 좁은 간격 | 띄어쓰기 개념에 대한 이해 부족 | 글자 간의 일정한 띄어쓰기 재지도하기(손가락 또는 연필 폭) |
| | 글자 간 너무 넓은 간격 | 소문자 크기와 모양의 부적절 | 크기와 모양의 검토, 크기와 모양에 대한 적절한 교정 제공하기 |
| 정렬 | 글자가 기준선에 맞지 않음 | 글자 형태의 부적절 | 쓰기에서 글자 형태 평가하기 |
| | | 기준선 개념에 대한 이해 부족 | 쓰기 종이에서 기준선의 목적 검토하기 |
| | | 손과 연필, 종이와 책상 위치의 부적절 | 학생이 기준선에 쉽게 도달할 수 있도록 위치 점검하기 |
| | 글자의 높이에 일관성이 없음 | 크기 개념에 대한 이해 부족 | 쓰기 종이 위의 선과 관련지어 글자 크기의 개념 검토하기 |
| 글자 진하기 | 너무 진하거나 너무 연한 글씨 | 부적절한 쓰기 압력 | 손과 연필 위치 재검토하기, 연필을 편하기 잡기 위해 필기하는 손바닥 위에 종이 받침대 놓기, 적절한 진하기 보여 주기 |

**표 14-1 인쇄체와 필기체 진단 차트(계속)**

| 요소 | 문제 | 가능한 원인 | 교정 |
|---|---|---|---|
| **필기체** | | | |
| 모양 | 글자가 너무 타원형임 | 팔 움직임의 과잉 강조와 열등한 글자 이미지 | 팔과 책상 위치 점검하기, 글자 크기와 모양 검토하기 |
| | 글자가 너무 좁음 | 손가락 쓰기 | 팔 움직임을 위해 위치 점검하기 |
| | | 직선 긋기의 과잉 강조 | l, b, t와 같은 글자의 경우 직선이 아래의 기준선까지 긋지 않도록 함 |
| | | 글자 모양에 대한 열등한 심사 | 모양에 대한 학생의 개인적 평가를 위해 투명종이 사용하기<br>글자 모양의 대한 모든 문제들에서는 기본적인 선 긋기의 관점에서 검토하기 |
| 크기 | 너무 큰 글자 | 과장된 팔 움직임 | 아래팔의 과잉움직임을 위해 팔-책상 위치 점검하기 |
| | | 글자 크기에 대한 열등한 심상 | 1/4공간, 1/2공간 및 3/4공간에서 윗줄과 아래줄의 개념 재검토하기, 글자 크기에 대한 학생의 개인적 평가를 위해 투명종이 사용하기 |
| | 너무 작은 글자 또는 크기가 같지 않은 글자 | 손가락 움직임 | 팔과 책상, 팔과 연필 위치 점검하기, 팔 움직임 강조하기 |
| | | 글자 크기에 대한 열등한 심상 | 윗줄과 아래줄에 관련지어 글자 크기의 개념 재검토하기(1/4공간, 1/2공간 및 3/4공간), 글자 크기에 대한 학생의 개인적 평가를 위해 투명종이 사용하기 |
| 띄어쓰기 | 단어에서 글자 간 너무 좁은 또는 글자 간 간격이 같지 않음 | 손가락 움직임 | 팔과 책상, 팔과 연필 위치 점검하기, 팔 움직임 강조하기 |
| | | 자획 연합에 대한 이해 부족 | 글자가 어떻게 연합되는지 검토하기, 다음 글자의 처음에 연결되는 글자의 마지막 획 보여 주기, 글자쓰기 연습하기 |
| | 글자와 단어 간 너무 넓은 간격 | 과장된 팔 움직임 | 아래팔의 과잉움직임을 위해 팔과 책상 위치 점검하기 |
| | | 자획 연합에 대한 이해 부족 | 단어 간 띄어쓰기 개념 재검토하기, 앞선 단어의 마지막 획 아래에서 두 번째 단어의 시작하는 획 보여 주기 |
| 정렬 | 기준선에 따른 글자 정렬 부족 | 부정확한 쓰기 위치, 손가락 움직임, 과장된 팔 움직임 | 모든 쓰는 자세 검토하기, 율동적인 쓰기 움직임 강조하기 |
| | | 기준선 개념에 대한 이해 부족 | 단어 쓰기에서 기준선을 강조하기 위하여 반복적인 연습하기 |

**표 14-1 인쇄체와 필기체 진단 차트(계속)**

| 요소 | 문제 | 가능한 원인 | 교정 |
|---|---|---|---|
| 속도와 편리성 | 스트레스와 속도 때문에 글씨가 읽기 어렵게 됨 | 부적절한 자획 연합의 사용 | 자획 연합 재검토하기 |
| | | 요구하는 속도에 부합하기에 충분하지 못한 필기 기술 | 필기 자세 개선하기, 팔 움직임은 많게 하고 손가락 움직임은 적게 하기 |
| | 필기 활동이 길어질 때 글씨가 읽기 어렵게 됨 | 필기 자세가 완전하지 못하여 편안한 필기가 되지 못함 | 모든 필기 자세 개선하기, 특히 손과 연필 위치, 팔 움직임 강조하기 |
| 기울기 | 뒤로 기울어짐 | 왼손잡이 | 손과 연필, 종이와 책상 위치 교정하기 |
| | 수직 | 열등한 자세 위치 | 손과 연필, 종이와 책상 위치 교정하기 |
| | 오른쪽으로 너무 기울어짐 | 손가락 움직임의 과잉 강조 | 만약 오른손잡이이면 학생이 기울어진 획을 몸의 가운데로 당기도록 하고, 만약 왼손잡이이면 왼쪽 팔꿈치 쪽으로 당기도록 하기 |
| | | | 기울기를 가르치기 위해 기울기 선 교수 학습지 사용하기 |
| | | | 학생의 개인적 평가를 위해 투명종이 사용하기 |
| | | | 기울어진 선으로부터 모양이 파생된 모든 소문자 재검토하기 |
| | | | 칠판에 소문자 쓰기 |
| | | | 모든 기울어지는 획을 색분필로 추적하기 |

출처 : Mercer, Cecil D; Mercer, Ann R., Teaching Students with Learning Problems. © 2005. Reprinted by permission of publisher.

학습장애 학생들에게 필기를 어떻게 지도해야 하는지에 대한 논의가 있었다. 그리고 인쇄체 쓰기 대 필기체 쓰기의 사용을 지지하는 아무런 연구가 없지만, Graham(1999)은 전통적인 인쇄체로 시작하기를 제안한다. 대부분의 학생들은 글자들을 어떻게 조합해야 하는지 알고, 인쇄체는 배우기 쉽고 빠를 수 있으며, 필기체 쓰기보다 더욱 읽기 쉽다. 효과적인 필기 프로그램의 핵심적인 구성요소들은 다음을 포함한다.

- 글자 쓰기를 연습할 때 글자 이름 붙이기
- 글자 쓰기의 모델링하기
- 글자 쓰기의 방향을 위한 화살표와 같은 시각적 단서들을 이용하기

- 학생들이 자신들의 글자 쓰기를 평가하도록 하기

모든 연구자들이 필기에 있어 자세, 연필 잡기와 종이의 위치가 중요하다는 것에 동의한다. 많은 교사들은 학생들이 쓰기 구성요소의 숙달을 돕기 위해 3P 기억장치를 사용한다.

| | |
|---|---|
| 자세(Posture) | 나는 의자에 바르게 앉아 있는가?<br>발은 바닥에 있는가? 팔은 책상 위에 있는가? |
| 연필 잡기<br>(Pencil grip) | 나는 연필을 바르게 잡고 있는가?<br>엄지와 검지는 바른 위치에 있는가?<br>연필은 중지에 위치하고 있는가?<br>연필 잡는 부분의 위치는 적당한가?<br>연필 잡는 부분이 너무 낮지는 않은가?<br>연필 잡는 부분이 너무 꼭 끼지는 않는가? |
| 종이 위치<br>(Paper position) | 종이의 각도는 바른가?<br>종이를 잡기 위해 필기하지 않는 손을 사용하는가?<br>종이가 너무 멀지 않은가?<br>종이가 너무 가깝지 않은가? |

어떤 학생들은 위의 모든 요소들을 모델링하기 위해 자신들의 책상에 그림을 붙여놓는 것이 도움이 됨을 안다—예를 들면, 바르게 앉아 있는 학생의 작은 사진, 또는 연필을 바르게 잡은 사진과 종이를 책상 위에 적절한 위치에 놓은 사진.

Mercer와 Mercer(2005)는 필기 교수와 연습을 위한 활동과 게임을 제공하고, 메릴랜드 대학교의 학습 촉진센터(http://www.education.umd.edu/literacy/srsd1.htm)는 특별한 필기 프로그램을 포함하여 작문의 모든 측면에 대한 우수한 정보를 제공한다.

## 철자

철자 교수에 대해서는 여전히 의견이 일치하지 않는다. 학생들을 직접적으로 지도해야 하는가? 또는 우연히 철자를 배워야 하는가? 일반적으로 학습장애 학생들은 우연히 배울 수 없다는 것에 동의한다. 그러나 학습장애 학생들이 철자 방법을 우연히 배울 것이라고 믿는 사람 또한 많다. 전통적으로 철자 교수는 강조되지 않았다. 읽기

교수가 중요했을 뿐만 아니라 읽기를 잘하면 철자도 잘할 것이라는 결코 그렇지만은 않은 믿음이 있었다. 이 부분은 철자에 대한 현재의 사고와 철자장애 학생의 학습특성 그리고 이러한 장애에 대한 지도방법을 논의할 것이다.

3학년 쓰기 시간에 한 학생이 손을 올리고 "철자가 중요하나요?"라고 질문을 했고, 교사는 "철자는 항상 중요하단다!"라고 대답했다. 그리고 실제로 그렇게 했다. 쓰기 작품의 질은 열등한 철자에 의해 현저하게 감소되었고, 단어를 정확하게 철자하지 못하는 학습장애 학생들은 낮게 평가될 것이다.

## 특성

Johnson과 Myklebust(1967)는 단어를 자발적으로 또는 받아쓰기하는 능력을 기술하기 위하여 **재시각화**(revisualization)라는 용어를 사용했다. 어떤 학습장애 학생들은 단어를 읽을 수 있지만 그들이 본 단어(또는 단어 내의 글자)를 회상하지 못한다. 기억, 변별, 주의집중 또는 운동기술에서 특정한 장애를 가진 학생들은 철자에 어려움을 가질 것이다.

학습장애 학생들이 철자에 어려움을 갖는 것은 놀랄 일이 아니다. 만약 그들이 구어에 장애를 가진다면, 읽기에 장애를 가질 것이고, 만약 그들이 읽기에 장애를 가진다면 그들은 철자 능력을 포함한 문어에 장애를 가질 것이다. 학습장애 학생들은 Fulk와 Stormont-Spurgin(1995)에 의해 주목된 기계적인 어려움을 가지는데, 이것은 많은 철자 실수를 포함한다. 교실에서 학습장애 학생을 관찰한 사람은 누구나 전형적인 글자의 첨가, 대치 및 생략에서부터 실제 단어와 아무 관련도 없는 철자에 이르기까지 많은 철자 실수를 발견한다.

## 사정

대부분의 철자사정은 철자 정보 검사도구, 주간 철자검사와 학생의 쓰기 작품을 통해 이루어졌다. 보다 전문적인 정보를 제공하기 위해 여러분은 더 철저한 진단 절차를 사용할 수 있다. Mercer와 Mercer(2001, p.374)는 이러한 목적을 위해 사용될 수 있는 네 가지 철자검사를 제시하고 있다.

### 진단적 검사

진단적 철자 잠재력 검사(Arena, 1981)
연령/학년 수준 7세~성인
이 검사는 전통적인 철자, 단어재인, 시각재인과 청각·시각재인을 측정한다. 4개 영역의 하위 90개 항목 검사는 25~40분 동안 실시한다. 각 하위검사의 원점수는 표준점수, 백분위와 학년 등급으로 변환될 수 있다.

필기 철자검사-4(Larsen, Hammill & Moats, 1999)
연령/학년 수준 1~2학년
이 단어 받아쓰기 검사는 기본적인 철자 시리즈에서 선정한 100단어로 구성된다. 이 검사는 음성-문자 형식에서 쉽게 예상할 수 있는 철자를 가진 단어뿐만 아니라 예상하기 어려운 철자를 가진 단어를 쓰는 능력을 평가한다. 이 검사는 개인 또는 그룹에서 약 20분 동안 실시되고 결과는 표준점수, 백분위, 철자 연령과 학년 수준으로 산출할 수 있다. 두 가지 유형을 이용할 수 있다.

### 준거지향검사

Brigance 기본 기술 진단 종합검사-수정판(Brigance, 1999).
연령/학년수준 유치원~9학년
이 검사는 발달적이고 순차적인 위계로 정리된 철자 기술을 평가하는 부분을 포함한다. 검사들은 철자 받아쓰기 학년 수준, 첫 자음, 첫 자음 결합, 접미사와 접두사를 포함한다. 또한 참조 부분에서는 사전 사용 기술에 대한 검사를 포함한다. 각 검사에 관련되는 교수목표들은 분명하게 정의된다. 학생의 성취 수준 결정에 더하여, 결과들은 교사가 개별화 프로그램을 개발하는 데 도움이 될 수 있다.

진단적 철자검사(Kottmeyer, 1970)
연령/학년수준 2~6학년
이 검사는 특정한 발음과 구조적인 철자 요소들을 측정한다(예 : 단어에서 이중으로 된 마지막 자음, 묵음 철자, th 철자). 검사자는 단어와 그 단어를 사용한 문장을 말하고, 학생은 그 단어를 쓴다. 2부분의 32개 항목 검사들로 구성되어 있고, 각 항목들은 특정한 철자 요소를 측정한다. 학년점수는 전체적인 정반응 철자로부터 계산된다. 아직 숙달되지 않은 기술들에 대한 특별한 정보는 학생의 오류 분석을 통하여 얻을 수 있다.

Miller의 철사 체크리스트(표 14-2) 또한 유용하다. 여러분이 특별한 오류 또는 오류의 양식을 파악하게 되면, 여러분은 중재계획을 개발할 수 있다.

**표 14-2 철자 체크리스트**

학생____________________

교사____________________

| 기술/오류 양식<br>출처/수준/날짜 | 가능한 문제 행동 | 관련되는 영역 |
|---|---|---|
| **검사에서 바르게 철자하기** | | |
| ___모음 대치 | 철자검사에서 열등하게 수행함 | 단어 능력이 열등함 |
| ___재인 기술 | | |
| ___모음 생략 | 일관성 없게 수행함 | 공부 습관이 열등함 |
| ___자음 대치 | 단원 성적보다는 주별 성적이 좋음 | |
| ___자음 생략 | 일반적으로 철자하지 못함 | 시험 불안 |
| | 단어 재인 기술이 열등함 | 읽기 |
| **간단하고 일반적인 단어 철자하기** | | |
| ___모음 대치 | 시험 또는 일상의 쓰기에서 열등하게 철자함 | 기억 기술이 열등함 |
| ___묵음 문자 생략 | 심각한 철자 문제들을 가짐 | |
| ___소리나는 문자 생략 | 단어 형태를 철자함 | 철자 규칙의 응용 |
| | 글자 거꾸로 쓰기 또는 위치 바꾸기 | 시각 변별 |
| | 단어 재인 기술이 열등함 | 읽기 |
| | 노력하는 것으로 보이나 향상되지 않음 | |
| | 관련성 없는 단어들로 대체함 | |
| **어려운 단어 철자하기** | | |
| ___문자 전위 | 시험 또는 일상의 쓰기에서 어려운 단어들을 잘못 철자함 | |
| ___발음 대치 | 같은 단어들을 반복해서 잘못 철자함 | 일반화 |
| | 동의어 학습에 어려움을 보임 | 어휘 발달 |
| | 글자들의 위치를 바꿈 | 자소 음소 계열 |
| | 일반적으로 열등하게 철자하는 사람 | 공부 습관 |
| **실제 과제에서 바르게 철자하기** | | |
| ___모음 대치 | 부주의하게 철자하는 사람으로 보임 | 동기 |
| ___묵음 문자 생략 | 일상에서 자주 잘못 철자함 | 일반화 기술 |
| ___이중문자 생략 | 제한적인 교정 기술을 보임 | 사전 찾기 기술 |
| ___단문자 첨가 | 시험에서 점수는 좋으나 일상에서는 그렇지 않음 | 동기 |
| ___발음 대치 | 읽기 어렵게 씀 | 필기 |
| | 열등한 단어 재인 기술을 보임 | |
| | 제한적인 어휘 기술을 보임 | |

교사 의견

출처 : Joyce S. Choate-Editor. *Successful Inclusive Teaching : Proven* Way to Detect and Correct Special Needs, 4/e. Published by Allyn and Bacon, MA. 

여러분은 철자 체크리스트를 사용하여 계속적으로 학생들의 철자 수행능력을 평가할 수 있다. 여러분은 실제적인 쓰기 과제에서 간단한 단어와 어려운 단어 간의 차이뿐만 아니라 양식을 파악할 수 있다.

## 중재

Graham(1999)은 철자를 지도할 수 있는 다수의 방법들은 논의했다. Graham은 연구에 대한 검토에 기초하여 우연적 그리고 직접교수법의 통합을 추천했다.

단어 철자하기는 다양한 자원들을 이용할 수 있다. 학생들은 자신들의 읽기와 쓰기로부터 단어들을 선택할 수 있다. 그들은 자주 잘못 철자하는 단어들, 자신들의 작문에서 자주 사용하고 최종적으로 일반적인 철자 양식의 단어들을 학습할 수 있다. 이러한 단어들은 중첩된다. 철자 지도를 위한 몇 가지 방법들은 다음과 같다.

**검사-학습-검사.** 이 방법은 많은 학생들을 위한 교수의 전형적인 형태이다. 학생들에게 사전검사를 실시하고, 학생들은 오류 단어를 학습한 다음, 다시 검사를 실시한다. 만약 학생의 철자능력이 열등하다면, 사전검사는 단지 이러한 형태만 강화할 뿐 유용하지 않을 수 있다.

**교정된-검사 방법.** 학생들은 신속한 피드백을 제공받고, 즉시 그들의 오류를 교정한다.

**체계적인 학습전략.** 학생들은 특별한 전략을 사용하도록 지도 받고, 교사의 촉구와 함께 학습전략을 적용한다.

**광범위한 연습.** 학생들은 단어들을 한 번에 학습하기보다는 한 주 동안 학습한다.

**숙달되어야 하는 단어수 줄이기.** 만약 단어의 수가 줄어든다면, 어떤 학생들은 더 많은 단어들을 정확하게 철자할 수 있다.

**협력적인 연습.** 학생들은 철자 단어들을 함께 학습한다. 어떤 교사들은 전통적인 협동학습 접근법을 사용하고, 다른 교사들은 게임 형식, 나머지 교사들은 또래교수를 사용한다.

**자기점검.** 학생들은 자신들의 과제, 참여행동과 철자 수행 정도를 기록한다.

**목표설정, 강화, 수행 공지.** Graham(1999)은 이 방법은 증명되지는 않았지만 유망하다고 언급했다. 다수의 연구들에서 철자에 대한 목표설정과 조건강화의 제공은 철자 수행을 증가시켰다고 하였다.

**표 14-3 CASL 철자 프로그램에서 지도되는 철자 형식 단위**

1. 단모음 소리 – CVC 유형 단어에서 /a/, /e/, /i/
2. 단모음 소리 – CVC 유형 단어에서 /o/, /u/
3. 단모음 소리 – CVC 유형 단어, 장모음 소리 – CVC 유형 단어에서 /a/
4. 단모음 소리 – DVC 유형 단어에서 /o/, 장모음 소리 – CVC 유형 단어에서 /o/
5. 단모음 소리 – CVC 유형 단어에서 /i/, 장모음 소리 – CVC 유형 단어에서 /i/
6. 단모음 소리와 단음절 단어 끝의 /ck/, 장모음 소리와 단음절 단어 끝의 /ke/
7. 단모음과 장모음 소리를 가진 단음절 단어에 접미사 'ing' 첨가하기

유능한 교사들은 철자를 지도하기 위해 다양한 접근법을 사용한다. 널리 사용되고 있는 비효과적인 접근법의 하나는 학생들로 하여금 자신들이 잘못 철자한 단어들을 3~5번 정도 바르게 쓰도록 하는 것이다. 더욱 이 방법은 비효과적일 뿐만 아니라, 철자에 대한 부정적인 태도를 증가시킨다.

효과적인 접근은 부가적인 철자 교수를 제공하는 것이다(Graham, Harris, & FinkChorzempa, 2003). CASL 철자 프로그램은 기본적인 음소와 자소 조합, 장 · 단모음을 포함하는 철자 형식과 그러한 형식들에 적합한 일반적인 철자 단어들을 지도한다. CASL 철자 프로그램은 8가지 단위이고 한 단위마다 6개의 수업으로 구성된다.

Graham과 동료들(2003)은 5단계의 학습전략을 사용했다.

- 단어를 말하고 철자를 공부하라.
- 눈을 감고 철자를 말하라.
- 철자를 다시 공부하라.
- 단어를 보지 않고 3번 쓰라.
- 철자를 확인하고 오류를 교정하라.

또한 Graham과 동료들은 게임, 협동적인 짝 활동과 결과에 대한 그래프 그리기 등을 사용했다. 결과들은 좋았고 학생들은 읽기와 쓰기에서 더욱 자신감을 보였다.

Bailet(2001, pp.25~26)은 철자 어려움을 가진 학생들을 위해 다음과 같은 치료적인 교수전략에 대한 목록을 제공하였다.

1. 아동이 따라올 수 있도록 빨리 교수하는 경향을 피하라. 느리고 신중한 속도는 장기적으로 더 많은 것을 얻을 수 있다.

2. 학습 활동들은 약 5~10분 정도의 단위로 짧게 하고, 특히 새로운 단어를 학습할 때는 짧게 하라.
3. 하루에 학습해야 하는 단어의 수를 3~5개 정도로 제한하고, 특히 학습해야 하는 단어들이 일정한 형태에 적합하지 않은 시각단어를 포함한다면 더욱 그렇다. 수업에는 일정한 형태(예 : hop, top, mop, pop)를 따르는 단어들이 더 많이 포함되어야 한다.
4. 매일 단어들을 복습하고, 아동의 기억 정도에 따라 하루에 1개 또는 2개의 새로운 단어들을 소개하라.
5. 새로운 단어 형식을 도입하기 전에 하나의 형식 안에서 단어 철자의 정확성을 적어도 90% 정도를 목표로 하라. 이것은 단모음, 묵음 e로 끝나는 장모음과 자음, 이중음자(sh, ch, th, wh, tch, ph)를 포함한 기본적인 발음 중심 원리에서는 특히 중요하다. 형식에 적합한 넌센스 단어들을 포함하여 각 형식에 대한 많은 보기들이 제시되어야 한다.
6. 통합적인 또는 아동으로 하여금 단어에서 각 음소를 발음하도록 하고 각 음소들을 혼합하는 발음 중심 접근은 학습장애 학생들을 위한 가장 효과적인 치료적 프로그램의 필수적인 구성요소이다(예 : Gillingham & Stillman의 [1970년] 방법). 어떤 아동들에게는 특히 조음장애를 가진 아동들에게, 이것은 매우 어려울 수 있고, 분석적 또는 언어학적 발음 중심 방법들이 사용되어야 한다. 이러한 방법들에 있어, 아동은 각 음소를 발음하지 않고 단지 전체적인 단어를 말한다. 발음 형식 또는 단어군은 여전히 체계적으로 제시된다.
7. 시각단어와 발음 형식에 대한 연습을 위해 다양한 읽기와 철자 활동들을 사용하라.
8. 단어 분류 활동들을 자주 활용하라.
9. 아동의 능숙한 언어 기술을 위해, 아동들로 하여금 단어 분류 활동과 함께 특별한 철자 규칙을 암송하도록 하라.
10. 다감각적 방법을 활용하라. 시각(단어 보기), 청각(단어 듣기), 촉각/운동감각(접촉과 근육 움직임을 통하여 단어 느끼기)을 통합하도록 노력하라. 어떤 아동들은 보기, 말하기, 단어의 각 글자 추적하기를 동시에 함으로써 가장 잘 배운다. 다른 아동들은 이러한 단계들을 연속적으로 수행함에 의해 철자를 배운다. 아동은 이러한 방법으로 며칠에 걸쳐 단어를 여러 번 학습하는 것을 필요로 할 것이다.
11. 아동에게 시각단어 카드(예 : who)를 제시하여 각 글자를 읽고, 추적하며, 전체 단어를 말하도록 하라. 그런 다음에 그 카드를 없애고 같은 단어가 잘못 철자된(예 : woh) 두 번째 카드를 제시한다. 아동에게 잘못 철자된 단어를 교정하도록 요구하라. 아동에게 오류를 찾고 어떻게 교정하는지 말하게 하라. 만약 아동이 어려움을 겪는다면, 비교를 위해 바르게 철자된 첫 번째 카드를 제시하라. 그런 다음에 잘못 철자된 세 번째 카드(예 : how)를 제시하라. 같은 과정을 반복하라. 바르게 철자된 몇 개의 카드를 포함하여 같은

단어에 대해 몇 개의 카드로 계속하라.

12. 몇 개의 발음 형식과 시각단어를 숙달한 후, 복수 접미사, 과거형 접미사와 진행형을 도입하라. 접미사가 첨가될 때는 철자 변화가 없는 단어로 시작하라. 이와 같은 확장된 연습은 접미사와 연합된 철자 규칙의 완전한 숙달을 위해 필요할 것이다.
13. 아동이 숙달한 단어에 대해서는 일정 시간의 연습을 통하여 자동성을 가지도록 읽기 속도를 증가시키도록 하라. 아동이 아직 학습 중인 단어들에 대해서는 반응 속도를 강조하지 않는다.
14. 수업 동안 오류에 대해서는 즉각적인 교정적 피드백을 제공하라.
15. 아동들의 진보를 보여 주는 매력적이고 재미있는 차트를 만들고, 아동들의 노력에 대해 자주 긍정적인 피드백을 제공하라.

## 작문

필기, 철자와 작문을 통합한 접근은 학습장애 학생들에게 가장 효과적이다. Graham (1999)은 "의미과정 또는 쓰기 교수에서 형식에 대한 과잉 강조는 아동에게 가장 흥미로운 것이 아니다. 이러한 영역에 있어 능력 개발의 실패는 아동의 쓰기 과정을 방해할 것이다."라고 언급했다.

### 특성

필기와 철자에서 어려움을 가진 학습장애 학생들이 작문에도 어려움을 가질 것이라는 것은 놀랄 만한 일이 아니다. Johnson과 Myklebust(1967)는 명확한 어구 표현과 구문론에서의 어려움을 언급했다. 학습장애 학생들은 그들의 비장애 급우들보다 더 적게 쓰고, 문법적인 문제들을 가진다.

또한 학습장애 학생들은 생각하고, 계획하며 수정하는 데 어려움을 가진다. 학습장애 학생들은 생각을 구어적으로는 표현할 수 있지만, 구어적인 표현을 문어로 변형할 수 없다. 이러한 문제의 일부분은 특정 장애 때문일 수 있고, 또는 열등한 교수에 직접적으로 관련될 수 있다. 학교에서 읽기지도에 너무 많은 시간이 배당되었고, 교사들은 결코 쓰기에 많은 시간을 배당하지 않았다는 것은 주목할 만하다. 그렇게 함으로써 쓰기에 대한 많은 부정적인 태도와 열등한 쓰기 습관들이 발달되었다.

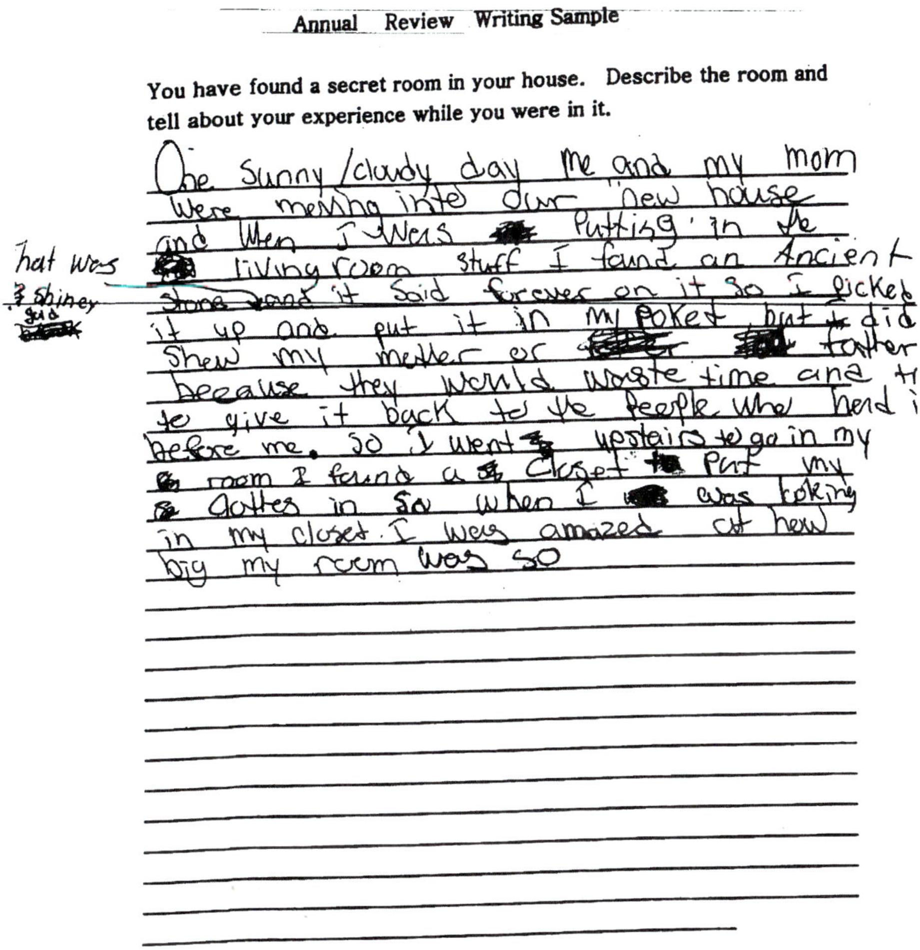

Annual Review Writing Sample

You have found a secret room in your house. Describe the room and tell about your experience while you were in it.

One Sunny/cloudy day me and my mom were moving into our new house and when I was putting in the living room stuff I found an Ancient stone and it said forever on it so I picked it up and put it in my poket but did shew my mother or father because they would waste time and to give it back to the people who lived before me. So I went upstairs to go in my room I found a closet put my clothes in so when I was loking in my closet I was amazed at how big my room was so

That was shiney gold

그림 14-3 작문장애 : 중학교 학습장애 학생의 견본

그림 14-3은 작문장애를 보여 준다. 학생은 통합학급에서 통합교육을 받고 있는 중학교 학생이다.

## 사정

과거에 작문 사정을 위해 가장 자주 사용된 방법들 중의 하나는 구어와 문어간의 불일치를 검사하는 것이었다. 학생들이 자신들의 생각을 구어적으로 표현할 수 없다면, 문어적으로 표현할 수 없는 것은 분명하다. 지금 우리는 교사들이 특별한 문제들을 확인

할 수 있는 훨씬 철저하고 정교한 절차들을 가지고 있다. Mercer와 Mercer는 작문에 대한 다음과 같은 진단적 및 준거 참조 검사들을 제안하였다(2001, p.421).

### 진단 검사

구어와 작문(Carrow-Woofolk, 1995)
연령/학년수준 5~21세
이 검사는 쓰기 규정(필기, 철자와 구두점)의 사용, 문법적 형식(수식어구, 구와 문장 구성)과 의미 있는 의사소통 능력(관련성, 응집성과 조직화)을 포함하여 쓰기 기술을 측정한다. 검사자는 다양한 발달적으로 적절한 쓰기 자극을 그림과 함께 언어적으로 또는 인쇄물로 제시하고, 학생은 소책자에 응답을 쓴다. 이 검사는 개인 또는 소그룹으로 약 15~25분 동안 실시되고, 표준점수, 학년과 연령 수준, 백분위를 산출할 수 있다. ASIST 시스템의 컴퓨터 점수는 점수 프로파일, 점수 설명, 권장되는 연습과 기술적인 분석을 제공한다.

조기 문어검사-2(Hresko, Herron, & Peak, 1996)
연령/학년수준 3~10세
이 검사는 두 가지 형식이 있는데, 각 형식은 기본적인 쓰기와 문맥적 쓰기의 하위 검사를 포함한다. 기본적인 쓰기 하위검사는 철자, 대문자화, 구두점, 문장 구성과 초인지 지식과 같은 영역에서 아동의 능력을 측정한다. 문맥적 쓰기 하위검사는 그림자극이 제공될 때 아동의 이야기 구성능력을 측정하고, 이야기 형식, 응집성, 주제 성숙성, 상상하기와 이야기 구성과 같은 영역에 집중한다. 검사 실시 시간은 30~45분이고, 검사는 표준점수 지수, 백분위와 연령 수준을 제공한다.

작문검사(McGbee, Bryant, Larsen, & Rivera, 1995)
연령/학년수준 6~14세
이 검사는 쓰기와 관련되는 다른 기술들을 평가하는 일련의 항목들을 포함한다. 또한 학생은 읽거나 준비된 이야기의 시작 부분을 듣고, 그것을 수필을 쓰기 위한 자극으로 이용한다. 수필은 상상하기, 어휘, 문법, 대문자화, 구두점과 철자에서 수행을 평가하여 점수가 산출된다. 검사는 개별 또는 그룹으로 실시되고 표준점수와 백분위를 산출할 수 있다.

문어검사-3(Hammill & Larsen, 1996)
연령/학년수준 2~12학년
이 검사는 학생이 그림을 보고 그림에 기초하여 완전한 이야기를 쓰게 함으로써 문어의 인지적, 언어학적, 그리고 일반적인 구성요소들을 평가한다. 임의 형식(수필 분석)의 하위검사들은 대문자화, 구두점과 철자를 측정하는 문맥적인 쓰기 규정인 어휘, 구문과 문법을 측정하는 문맥적 언어와 줄거리, 등장인물의 발달과 일반적 구성을 측정하는 이야기 구성을 포함한다. 고안된 형식의 하위검사들은 단어 사용법을 측정하는 어휘, 글자를 단어로 구성하는 능력을 측정하는 철자, 구두점과 대문자화를 측정하는 양식, 개념적으로 건전한 문장을 쓰는 능력을 측정하는 문장의 논리성, 표준점수를 포함한다. 이 검사는 개인 또는 그룹으로 약 90분 동안 실시되고, PRO-SCORE 시스템은 컴퓨터 점수를 산출한다.

### 준거-참조 검사

Brigance 기초기술 종합 진단검사-수정판(Brigance, 1999)
연령/학년 수준 유치원~9학년
이 준거 참조검사는 문장 쓰기에서 학년 배치를 포함한다. 또한 쓰기 부분은 다음과 같은 영역들에 있어 학생의 강점과 약점을 평가한다—차례대로 필기체 소문자와 대문자 쓰기, 원고의 질과 필기체 쓰기, 개인적 자료 쓰기, 대문자화, 구두점, 봉투에 주소 쓰기, 개인적 편지 쓰기, 정보를 요구하는 편지 쓰기와 고객 민원 편지 쓰기. 개인 학생에 대한 기록 장부는 실시된 검사, 정반응과 오반응, 마지막 검사로부터의 진보와 교수목표를 기록한다. 학급에 대한 기록 장부 또한 이용할 수 있다.

Graham과 동료들은 교실에서 쓰기 교수를 평가하기 위한 매우 유용한 체크리스트를 제공한다(표 14-4 참조).

## 중재

Gersten과 Baker(1999)는 작문에서 학습장애 학생들을 위한 연구기반의 교수전략들을 제안하였다. 그들의 메타분석은 작문에서 **계획, 쓰기, 수정**의 세 가지 요소가 가장 중요하다고 가리킨다. 학생들은 이러한 세 가지 단계들에 대해 명확한 교수가 주어져야 하고, 다른 유형의 텍스트 표현 쓰기에 대한 명확한 교수, 그리고 학생들 작품의 질에 대한 피드백이 주어져야 한다고 주장하였다. 또한 연구자들은 쓰기에 대한 기술들이 지도되어야 하고, 작문에 통합되어야 한다고 믿었다. 특별히 그들은 다음을 제안했다(pp. 2~3).

### 계획

- 쓰기를 위한 잘 개발된 계획은 더 나은 초안이 된다. 작문을 잘하는 교사와 또래들은 학생들이 자신들의 '행동계획' 개발을 돕기 위해, 학생들이 거쳐야 할 과정을 언어화할 수

**표 14-4 교실에서 쓰기 교수를 위한 체크리스트**

**나의 학생들은**

____가정에서 쓰기를 포함하여 매일 쓰고, 다양한 독자들을 위해 광범위한 쓰기 과제를 한다.
____서로 계획하기, 초안쓰기, 수정하기, 편집하기를 돕고 또는 자신들의 쓰기 작품을 발표한다.
____자신들의 작품을 서로 공유하고, 자신들의 노력에 대해 칭찬과 비평적 피드백을 받는다.
____쓰기를 교육과정에 걸쳐서 자신들의 생각을 탐구, 조직, 표현하는 도구로써 사용한다.
____필자로서 자신들의 진보를 평가한다.

**나는 내가 …함을 확신한다.**

____학생들의 쓰기 작품이 전시되고, 쓰기와 읽기 자료들로 가득한 문학적인 교실 환경을 마련한다.
____학생들이 생각하고, 반성하며, 수정하도록 장려되는 예측 가능한 쓰기 과정을 확립한다.
____학생들과 함께 그들의 현재 쓰기 노력에 대한 개인적인 협의회를 갖도록 하여, 학생들이 자신들의 쓰기를 안내하는 목표 또는 준거를 확립하도록 돕고 노력을 수정하도록 한다.
____흥미 있는 분위기 만들기, 위험성이 없는 환경 만들기, 학생들이 그들 자신의 쓰기 주제를 선택하거나 과제를 수정하도록 허락하기, 학생의 흥미에 부합하는 과제의 주제 개발하기, 학생의 성취 강화하기, 매주 수업마다 목표 구체화하기와 "나는 할 수 있다."는 태도 촉구하기 등에 의해 쓰기에 동기부여하기
____학생들이 쓰기 동안에 혼자 쓰기, 자신의 공간 정리하기와 다른 사람으로부터 도움 구하기 등을 포함하여 자신들의 행동을 스스로 조정하도록 하는 잦은 기회 제공하기
____부모들과 정기적인 협의회를 갖도록 하여, 필자로서 학생의 진보뿐만 아니라 부모들의 조언을 요청하고 프로그램의 목표에 대해 의사소통하도록 한다.

**학생들이 필자로서 향상을 돕기 위해 나는**

____쓰기에 대한 긍정적인 태도뿐만 아니라 쓰기 과정의 모범을 보여 준다.
____음운인식, 필기와 철자, 쓰기 규정, 문장 수준 기술, 텍스트 구성, 쓰기의 기능과 계획 및 수정을 포함하여 광범위한 기술, 지식과 전략들에 대한 교수를 제공한다.
____목표한 쓰기, 기술, 지식과 전략들의 숙달을 확실히 하기 위하여 추수지도를 제공한다.
____학생의 강점과 요구뿐만 아니라 필자로서 학생의 진보를 점검한다.
____필요하다면 나의 교수 양식과 학습 속도를 조정하고, 학생의 현재 요구에 부합한 작은 수업을 실시하며, 쓰기 과제에 대해 학생에게 개별적으로 안내적인 지원을 제공한다.

주의 : 여러분의 학급에서 쓰기 교수의 특징을 기술하는 각 항목에 체크하시오. 여러분의 학급에서 쓰기 교수의 질을 향상시키는 체크되지 않은 항목의 구체화를 결정하시오.

있다. '계획 생각 활동지'라고 불리는 행동계획의 한 유형은 일련의 절차적이고 구조화된 촉구들을 사용한다. 그것은 주제를 구체화하고 다음과 같은 질문들을 한다—"독자는 누구인가(나는 누구를 위해 글을 쓰는가)?", "나는 왜 글을 쓰는가?", "내가 아는 것은 무엇인가?", "내 생각들을 어떻게 그룹화할까?", 그리고 "내 생각들을 어떻게 구성할까?" (Englert, Raphael, & Anderson, 1992). 또 다른 기술은 학생들의 쓰기 계획을 돕기 위해 의미지도를 이용하는 것이다.

### 초안 쓰기

- 행동계획을 이용하는 것은 학생들이 초안을 쓰도록 돕는다. 계획은 쓰기 과정에 참여를 위한 구체적인 지도의 역할을 하고, 학생들이 '막힘'을 느낄 때 무엇을 해야 할지에 대한 정보를 제공한다. 행동계획은 쓰기 과제의 내용과 구성에 대한 영구적인 암시를 제공한다. 또한 잘 개발된 행동계획은 학생과 교사에게 쓰기에 대한 논의에 사용되는 일반적인 언어를 제공한다. 교사와 학생 간의 대화는 상대적으로 학생들이 혼자서 쓰는 것을 요구한 전통적인 방법에 비해 쓰기 교수에서 주요한 향상을 나타낸다.

### 수정하기와 편집하기

- 수정하기와 편집하기 기술들은 쓰기 과정에서 중요하다. 학생들이 자신들의 쓰기 작품을 세련되게 하고 편집하는 것을 돕기 위한 방법을 개발하는 것은 어렵지만, 몇 몇 연구자들은 유망하고 특별한 전략들을 개발하기 시작했다. 예를 들면, Wong, Butler, Ficzere와 Kuperis(12996)는 학생들에게 수필 쓰기를 지도하는 데 있어, 학생들을 위한 교수전략으로써 또래편집을 사용했다. 2명의 학생들은 학생－필자와 학생－비평가로서의 역할을 교대로 수행하였다. 학생 비평가는 수필에서 애매한 표현을 확인했고 필자에게 명백하게 할 것을 요구했다. 교사의 도움을 받아 학생들은 수정을 했다. 또한 교사는 학생 필자에게 명쾌한 문체와 지원적인 논의의 타당성에 대한 피드백을 제공했다. 수필에 대한 명쾌함과 타당성이 교사의 기준에 부합되면, 학생들은 바른 대문자 사용, 철자와 구두점으로 옮겨갔다. 이 과정을 통하여, 학생 필자는 자신의 의사소통적인 의도를 급우에게 설명해야 했고, 그것을 충실히 반영하기 위하여 수필을 수정했다. 이런 명백한 상호작용적 대화는 학생-비평가와 학생 필자가 서로의 관점을 이해하도록 하였다. 이런 방법으로 학생들은 그들 작품에 대한 독자의 감각을 개발하였다.

Graham과 Harris(1988)는 Mercer와 Mercer(2005, pp.393~394)에 의해 인용된, 다음과 같은 효과적인 쓰기 프로그램을 제안하였다.

**1. 쓰기 지도에 시간을 할당하라.**
충분한 양의 시간이 쓰기 지도에 할당되어야 하는데(예 : 매주 4회), 왜냐하면 학생들은 쓰기를 함으로써 필자로서 배울 수 있고 발전할 수 있다.

**2. 학생들을 광범위한 쓰기 과제에 노출시켜라.**
학생들은 자기-선택과 표현적 쓰기를 포함하는 활동들뿐만 아니라 높게 구조화된 문제 해결 상황을 제시하는 쓰기 활동에 참여해야 한다.

**3. 쓰기 발달에 도움이 되는 사회적 분위기를 만들어라.**

교사는 쓰기에 위협적이지 않은 환경을 장려할 필요가 있고, 학생의 공유와 협력을 촉진함에 의해 공동체 감각을 개발하도록 노력해야 한다.

**4. 쓰기를 다른 학업적 교과들과 통합하라.**

쓰기는 쓰기를 향상시키고 쓰기 기술을 개발하기 위해 다른 언어 예술 활동들과 통합되어야 한다.

**5. 학생들이 효과적인 쓰기에 중심이 되는 과정을 개발하도록 지원하라.**

작문 과정은 일련의 분리된 단계들(예 : 쓰기 전, 쓰기와 수정하기)로 나눌 수 있고, 학생들은 적절한 특정 과제와 초인지 전략들을 배울 수 있다(예 : 자기교시 전략 훈련).

**6. 언어를 종이에 표현하기 위한 기술을 자동화하도록 하라.**

교사는 학생들에게 자동적인 기술, 문장과 단락 쓰기 지도에 있어 직접교수를 제공하거나 구어 받아쓰기를 통하여 작문에 필요한 요구사항들을 지도할 수 있다.

**7. 학생들이 좋은 쓰기의 특성에 대한 명백한 지식을 개발하도록 지원하라.**

학생들은 특별한 기술 또는 양식을 통합하는 읽기, 쓰기작품 또는 실제 모델을 통하여 다양한 작문의 특성들에 노출되거나, 특별한 문식성 양식을 대표하는 구조화된 요소들에 대하여 직접교수를 받아야 한다.

**8. 학생들이 그들의 쓰기 작품 향상을 위한 목표를 설정하도록 지원하라.**

더 성숙된 작문 과정의 발달을 위한 세 가지 방법들은 교사들이 협력자로서 활동하는 협의회, 외적인 지원이 제공되는 절차적인 촉진과 자기교시적 전략 훈련을 포함한다.

**9. 학생들이 그들의 쓰기 작품 향상을 위한 목표를 설정하도록 지원하라.**

목표 설정과 학생들이 자신들의 작품 또는 다른 사람들의 작품을 특정한 준거에 의해 평가하는 것은 학생들이 쓰기 진보를 정확하게 점검하고 평가하도록 돕는다.

**10. 학생들의 쓰기 수행을 향상시키지 않는 교수적 실행을 피하라.**

문법과 사용법에 대한 기술은 실제 쓰기 과제에서 개발되어야 하고, 교사는 언제든지 자주 발생할 수 있는 오류들의 한 가지 또는 두 가지 유형에 대한 특별하고 설명적인 피드백을 제공해야 한다.

## 쓰기 과정

쓰기에 대한 과정 접근은 문어장애를 가진 학생들에게 강조되어 왔다(Calkins, 1994; Graves, 1995). Mercer와 Mercer(2001, p.427)는 쓰기 단계들에 다음과 같은 개요를 제공한다.

- 쓰기를 위한 주제 선택하기
- 쓰기의 목적 고려하기(예 : 정보 제공하기, 기술하기, 즐겁게 하기, 설득하기)
- 쓰기가 의도하는 독자 확인하기(예 : 학급 친구, 부모, 사업가)
- 쓰기의 목적과 독자에 기초하여 쓰기의 적절한 형태 선정하기(예 : 이야기, 보고서, 시, 대본, 편지)
- 쓰기에 필요한 생각들을 모으고 조직하기 위한 시연 활동에 참여하기(예 : 그리기, 말하기, 읽기, 면접하기, 브레인스토밍, 중심생각과 세부생각 모으기)
- 교사가 쓰기 과정을 시연하거나 설명하고, 질문과 오개념을 명확히 하는 협력적 쓰기 또는 교사와 함께하는 그룹 쓰기에 참여하기

**초안 단계**

대강의 초안을 쓰고, 수정을 위한 적절한 공간 두기. 쓰기 기법, 문법과 철자보다는 내용 강조하기

**수정 단계**

대강의 초안을 다시 읽고 텍스트의 첨가, 대치, 삭제와 이동을 통해 변화주기. 쓰기 그룹에서 참여자들과 작문의 수정 방법에 대한 비평과 제안뿐만 아니라 칭찬을 통하여 작문 공유하기. 쓰기 그룹의 피드백에 기초하여 줄긋고 지우기, 화살표와 줄간의 여백에 쓰기를 통하여 수정하기

**편집 단계**

대문자화, 구두점, 철자, 문장 구조, 단어 사용법과 생각에 대한 체제구성을 포함하여 기법들에 주목하기. 의미를 위한 읽기보다는 단어와 단어를 읽고 오류를 찾음에 의해 작문을 교정하고, 수정이 필요한 부분에 교정 기호 삽입하기. 가능한 많은 기법적인 오류를 교정하고, 필요하다면 사전을 사용하거나 필요한 교정 기술에 대한 지도를 위해 교사와 협의회 또는 작은 수업하기

**출판 단계**

쓰기 작품을 적절한 형태로 출판하기(예 : 소책자로 만들기, 또는 신문이나 잡지에 기고하기). 수업에서 최종 작품을 '필자 의자'를 통해 크게 읽거나 게시판에 쓰기 작품 전시를 통해 학급 친구들 또는 적절한 독자들과 최종 작품에 대해 공유하기

쓰기 선 단계 동안, 의미지도는 도움이 될 수 있다. Salend(2001, p.306)의 생일 파티에 대한 이야기 쓰기에서의 간단한 의미지도를 보자.

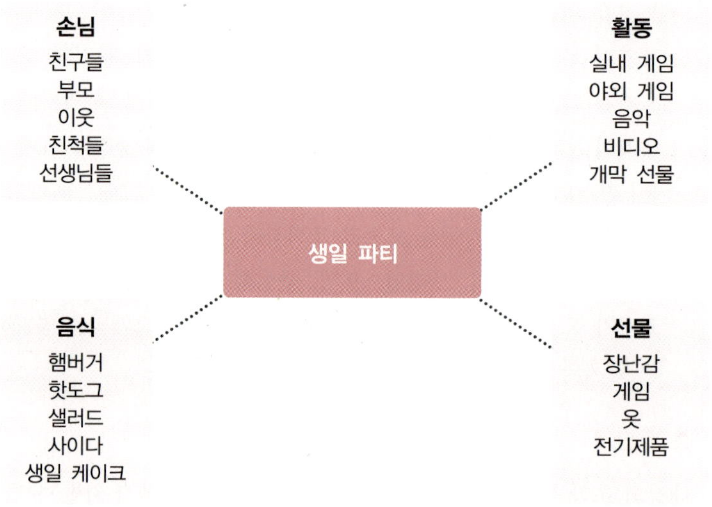


## 학습전략

Mercer와 Mercer는 다음과 같은 학습전략들을 제안하였다(2001, p.430~432).

PLEASE(Welsh, 1992)

**COPS**(Schumaker, Nolan, & Deshler, 1985)

**TOWER**

각 전략은 다음과 같다.

**PLEASE** 전략은 단락 쓰기에 사용되는 초인지 전략이다.

**P**ick. 주제, 독자 그리고 적절한 텍스트 형태를 선택하라.
**L**ist. 문장 산출, 계속적인 평가와 조직적인 계획에 사용되는 주제에 대한 정보를 목록화하라.
**E**valuate. 목록이 충분한지 평가하고 보조적인 문장 산출에 사용될 생각들을 어떻게 조직할지 계획하라.
**A**ctivate. 짧고 간단한 선언적인 문장의 단락을 활성화하라.
**S**upply. 목록의 항목들에 기초해서 보조적인 문장들을 보충하라.
**E**nd. 주제문을 부연하는 결론적인 문장으로 마무리하고, 대문자화, 구두점, 철자와 외형에서 오류 점검을 위해 쓰기 작품을 평가하라(도움을 위해 COPS 전략 참조하라).

유용한 편집/교정 전략은 COPS 전략이다.

**C**apitalize. 첫 단어를 대문자와 적절한 명사로 시작하였는가?
**O**verall. 전체적인 외형은 어떠한가?
**P**unctuation. 반점, 세미콜론과 온점을 제대로 사용하였는가?
**S**pell. 단어를 바르게 철자하였는가?

**TOWER** 전략은 중학교 학생들이 수필을 써야 할 때 사용될 수 있는 전략이다.

**T**hink. 내용에 대해 생각하라.
**O**rder. 주제와 세부사항을 정리하라.
**W**rite. 초안을 작성하라.
**E**rror. 오류를 확인하라.
**R**evise. 수정하라. 다시 써라.

## 문어에서의 직접교수

직접교수의 효과성에 대한 연구가 잘 기록되어 있다(Adams & Carmine, 2003). 다음의 프로그램들은 필기, 철자와 작문에 대한 교수를 제공한다(http://www.sra4kids.com/product_info/direct 참조).

### 필기

- 필기체 쓰기 프로그램. 3학년과 4학년

### 철자

- 철자법 숙달(A-F 수준. 초등)
  이 프로그램은 1~6학년을 위한 것이고 활용성이 높은 단어, 음성의 기호화 원리와 일반적 철자 전략들을 가르친다.
- 교정적 철자법 : 이 프로그램은 4학년 이상을 위한 것이고, 500개의 예상할 수 있고 일반성이 높은 규칙들을 교수한다.

### 작문

- **표현적 쓰기** : 이 프로그램은 4학년 이상을 위한 것이다. 이 프로그램은 정교한 단락 쓰기와 정리를 통하여 문장 쓰기를 가르친다.
- **추론과 쓰기** : 이 프로그램은 초등학생과 중등학생을 위한 것이다. 이 프로그램은 언어, 사고와 쓰기 기술의 지도를 통합한다.

## 문어에서의 공학 응용

워드프로세서는 학습장애 학생들을 위한 가장 중요한 공학의 적용이다(Behrmanm & Kinsa Jerome, 2002). 문법과 철자점검기, 사전과 백과사전의 이용은 쓰기 기술에서 어려움을 겪는 학생들을 도울 것이다. 또한 키보드들은 크기가 큰 것이 활용성이 높다. 학생들이 쓰기에 참여할 때, 그들은 교사와 급우들로부터 수정을 위한 즉각적인 피드백과 조언을 받음으로써 협력할 수 있다.

학생들은 또한 쓰기를 강화하기 위하여 청각적인 피드백을 제공하는 말하는 워드프로세서를 이용할 수 있다(Quenneville, 2001). 다수의 추천할 만한 모델들은 Intellitale II(http://www.intellitools.com). 읽고 쓰기 5.0(http://www.texthelp.com)과 소리내어 쓰기 3.0(http://www.donjohnsston.com). 읽고 쓰기 5.0은 자주 사용하는 단어, 단어의 용법에 대한 문법적인 교정과 가장 최근에 사용한 단어들을 제시해 주는 단어 예측 특징을 가지고 있다.

휴대용의 노트 테이커(AlphaSmart 3000, Intelligent Peripheral Devices, Cupertino, CA 참조)는 효율적이고, 학생들이 생각과 노트 필기에 집중하도록 하며, 작동에 힘이 적게 든다. Inspiration(http://www.inspirations.com)은 쓰기 과정에서 학생들을 지원하는 그래픽 조직자를 제공한다. 이러한 모든 기기들은 일반학급에서 더욱 의미 있는 통합교육을 가능하게 한다(학습장애 학생들에게 공학 응용을 위한 부가적인 정보 참조 : DO IT－장애, 기회, 인터넷과 공학, http://www.mailto:doit@u.washington.edu).

어떤 학습장애 학생들에게는 공학적 기기들이 유용하다. 철자 점검 프로그램을 포함한 Franklin 철자 컴퓨터는 새로운 동기유발 경험을 제공한다(다음 장 참조). 그러나 이러한 기기들이 만병통치약이 아니라는 것을 인정하는 것이 중요하다. 많은 학생들은 주의집중, 기억과 소근육운동의 어려움 때문에 키보드를 효과적으로 이용하는 데 어려움을 가진다.

쓰기 표현은 의미 있어야 한다. 학생들은 매일 써야 하고, 쓰는 이유를 알아야 하며, 다양한 쓰기 경험을 가져야 한다. 많은 학급에서 개인적 일기를 사용하고, 많은 학생들은 일기를 매일 쓴다. 어떤 교사들은 학생들과의 의사소통을 향상시키기 위해 일기 대화를 사용한다. 이 방법은 시간이 소요되지만, 매우 유용하다. 펜팔은 쓰기가 의미 있다는 것을 학생들에게 보여 주는 또 다른 방법이다. 이것은 학생들이 펜팔 상대자로부터 응답을 받게 되면, 그들은 답장을 쓰는 데 동기유발이 되고 자신들을 필자로 보기 시작한다.

**교사를 위한 함의 : 파워포인트 프리젠테이션.** 여러 교실에서 학생들의 파워포인트 제시자료 개발 모습을 관찰하는 것은 드문 일이 아니다. 고등학교 사회교과 통합교육 교실에서, Zaiff 선생님과 Conway 선생님은 학생들의 능력에 기초하여 학생들을 이질적인 두 그룹으로 나누었다. 이런 학생들 중의 일부 학생들에게 작문은 특히 어렵고, 전형적인 학기말 과제에서는 실패하게 된다. 미국 헌법 개정안에 대한 '과제'에서 학생들은 자신들이 제시하기를 원했던 개정안을 선택했고, 인쇄물과 인터넷 자료를 통하여 그것을 연구했으며, 자신들의 결과물을 급우들에게 발표하기 위해 파워포인트 프로그램을 개발했다.

파워포인드 자료 제시는 학습장애 학생들을 그들의 강점에 집중하도록 했고 동시에 급우들이 그들의 약점을 보완하게 했다. 이런 협력적인 경험은 학습장애 학생들이 능동적인 학습자가 되도록 했고 그들의 능력을 보여 주게 했다. Zaiff 선생님과 Conway 선생님의 통합교육 덕분에, 학습장애 학생들은 그들의 능력을 자신뿐만 아니라 급우들에게도 나타낼 수 있었다(http://www.actden.ww/pp. 참조. 부가적인 지원이 필요한 학생들을 위한 교수적 파워포인트).

## 요약

문어는 표현의 가장 상위 형태이고, 학습장애 학생들에게는 가장 어렵다. 이 장에서는 학습장애 학생들의 필기, 철자와 작문 문제에서의 특징뿐만 아니라 문어 구성요소의 사정 절차와 중재에 대해서도 제시되었다. 쓰기에 성공하기 위해서는 이러한 모든 구성요소들이 중요하고, 한 가지 요소에만 주의집중하는 것은 바람직하지 못하다고 연구는 제안한다. Graham과 동료들이 주장한 바와 같이 쓰기에서 복잡한 문제들을 해결하기 위해서는 통합된 접근이 가장 논리적이고 현명하다.

## 숙고와 논의를 위한 발판

1. 유치원부터 초등학교 3학년까지의 수업을 관찰하라. 아동들이 필기, 철자와 작문에서 어떤 종류의 교수를 제공받고 있는가? 학습장애 학생들의 요구가 해결되고 있는가?
2. 얼마간의 상업용 필기와 철자 프로그램들을 검토하라. 여러분은 학습장애 학생을 위해 그러한 프로그램들을 어떻게 적용 또는 수정하겠는가?
3. 문어 영역에서 얼마간의 사정 도구들을 검토하라. 그러한 도구들은 주제에 대해 현재의 사고를 반영하였는가? 그러한 도구들의 이용은 교실에서 이행될 수 있는 제안들을 제공하는가?
4. 학습장애 학생들을 지도하는 교사들과 인터뷰하라. 그들은 문어를 어떻게 지도해야 한다고 생각하고 있는가?
5. 통합학급 교사들과 인터뷰하라. 그들은 문어를 어떻게 지도해야 한다고 생각하고 있는가?
6. 여러분은 문어에서 교수를 위해 프로그램을 어떻게 개발하고 지도할 것인가?
7. 학습장애 학생들을 통합하는 고등학교 수업을 관찰하라. 학습장애 학생들은 유능한 필자인가? 만약 그렇지 않다면, 그들의 문제가 학습에 어떤 영향을 미치는가? 여러분이 할 수 있는 제안은 무엇인가?
8. 학습장애 성인들에게 말하라. 문어 영역에서 어떤 유형과 어느 정도의 수업을 받아왔는가? 상황이 오늘날의 교실과 매우 다른가?

# 15 수학장애

수학장애 학생의 특징
수학장애 학생들의 하위 유형
사정
중재
수학 교수의 일반 원칙
수학에서의 직접교수
균형적 접근
계산 또는 문제해결 교수를 위한 계획
기본적 수학 연산 교수
계산 기술 교수
문제해결 교수
계산기
컴퓨터보조교수
중학생과 고등학생
수학 불안
요약
숙고와 논의를 위한 발판

**학습목표**

이 장을 학습한 후 여러분은 다음을 할 수 있을 것이다.

- 수학 학습장애 학생들의 특징을 알 수 있다.
- 수학 학습장애 학생들에게 사용되는 형식적, 비형식적 사정절차를 알 수 있다.
- 수학 학습장애 학생들을 지도할 수 있다.

매트는 결코 수학을 잘한 적이 없었다. 그는 모든 내용 영역에서 문제를 겪었지만 수학은 특히 어려웠다. 그는 중요하지 않은 세부사항에 집중했고 기본적인 연산을 기억할 수 없었다. 그는 지금 6학년이고 계속 수학을 힘겨워하고 있다. 매트의 교사와 부모는 읽기와 쓰기 능력을 더 걱정하였으나, 매트는 수학을 더 걱정하고 있다. 그는 학교에서 여분의 도움을 받으며 가정교사의 지도도 받고 있다. 하지만 매트의 수학과의 힘든 싸움에도 불구하고, 교사와 부모는 "많은 사람이 수학에 어려움을 가지고 있어." 또는 "네가 더 자라면 계산기를 쓰게 될 거야."라는 말로 무시하기만 할 뿐이다. 그러나 매트는 이해하지 못한다. 왜 교사와 부모는 기본적인 수학 계산조차 하지 못하는 것을 걱정하지 않는가? 왜 그들은 매트가 결코 연습문제를 이해하지 못하는 것이나 다른 학생들이 하듯이 예각을 이해하지 못하는 것에 대해 걱정하지 않는가? 수학이 문식성보다 덜 중요한가? 그가 적절한 수학 기술 없이 잘 살아 갈 수 있을 것인가?

매트의 혼란은 이해하기 쉽다. 여러분이 문식성 대 수학의 불균형적인 강조에 대해 조사할 경우, 여러분도 수학 학습장애의 중요성에 대해 의문을 가질 것이다. 여러분은 수학 학습장애를 가지고도 잘 살아갈 수 있는가? 단순히 각 영역에 기여하는 학술지, 학술지의 논문들, 책들, 사정절차들의 수를 숙고해 보면 결론은 명확하다. 우리는 수학적 수행보다는 문식성에 훨씬 더 관심이 많다. 교사로서 여러분은 교실에서 무엇을 할 것인가? 여러분은 교육과정에 균형적 접근법을 확립하기 위해 노력할 것인가? 여러분은 문식성과 수학의 기능을 통합할 것인가? 여러분은 수학에 어려움을 겪는 학생들에게 적절한 교수를 제공할 것인가? 이 장은 수학장애를 가진 학습장애 학생의 특징, 그들의 수행을 사정하는 방법, 여러분이 교실에서 사용할 수 있는 중재에 관한 정보들을 제공한다. 통합교육에서 이러한 중재를 제공하는 것이 강조될 것이다. 여러분에게 매트와 같은 학생들이 있을 때, 그들에게 수학에 관한 적절한 교수가 다른 교과 영역만큼이나 중요하다는 것을 알게 될 것이다.

최근에 수학 학습장애(이하 수학장애) 학생들에 대한 관심이 고조되어 왔다. Pedrotty-Bryant, Bryant와 Hammill(2000)은 수학장애와 학습장애 학생만을 다룬 세 가지 출판물(*LD Forum, Learning Disability Quarterly, Journal of Learning Disability*)에 주목한다. 미국 P.L. 94-142에서 수학 계산과 수학 추론은 학습장애 학생들에게 부족한 주요한 7가지 영역 중의 두 영역이다. 미국 장애인교육법(2004)은 계속해서 이 두 영역을 포함하고 있다. 확실히 수학능력은 학교 안팎에서의 성공을 위해 필요하다. 그러나 많은 학습장애 학생들이 수학에 있어서 능력을 갖추지 못한 채로 고등학교를 졸업한다(Garnett, 1998).

## 수학장애 학생의 특징

Kroesberger와 VanLuit(2003)은 수학장애 학생들의 두 가지 주요한 특징으로 기억에 있어서의 어려움과 전략의 부적절한 사용을 든다. Pedrotty-Bryant 등은(2000, p.68) 다음의 영역에서 이러한 학생들의 여러 어려움을 기술하는 연구들을 인용하고 있다–수학 연산 자동성(Garnett & Fleischner, 1983; Jordan, Levine, & Huttenlocher, 1995), 계산전략의 사용(Geary, 1990; Goldman, Pellegrino, & Mertz, 1998), 문장제 문제와 문장 구성의 해석(Montague & Applegate, 1993).

수학장애 학생들의 수는 차이가 있지만 대부분의 연구자들은 학생들 중 약 6%가 수학에 있어 문제를 가진다는 것에 동의한다(Fleischner & Manheimer, 1997). 그들은 이를 다시 두 그룹으로 나눈다–1차적 수학장애(비언어적 학습장애) 학생들과 언어적 학습장애와 읽기장애에 기인하는 수학장애 학생들.

Garnett(1998)는 학습장애 학생들에게 나타나는 수학장애를 네 가지 유형으로 보고 있다.

- 기본적인 연산의 숙달
- 계산은 취약하나 수학적 개념의 뛰어난 이해
- 학습의 어려움(구어와 문어)
- 수학의 시각적 · 공간적 측면들

다른 연구자들(Bley & Thornton, 2001; Mercer & Pullen, 2005)은 학습장애 학생들의 특징과 그들이 어떻게 수학장애를 나타내는지에 대해 논의한다. Mercer와 Pullen은 (2005, pp.489~490) 이러한 공통적인 어려움을 기술하는 유용한 표를 제공한다(표 15-1).

## 수학장애 학생들의 하위 유형

수학장애 학생의 특징을 조사하는 또 다른 방법은 특별한 하위 유형이 있는지를 알아보는 것이다. Geary(1993)는 수학장애의 세 가지 일반적인 하위 유형의 분류법을 개발

**표 15-1 학습장애와 수학 관련 수행**

| 학습 어려움 | | 수학 관련 수행 |
|---|---|---|
| 시지각 | 전경과 배경 | 학습지에서 위치를 잃어버린다.<br>한 페이지의 문제를 다 해결하지 못한다.<br>여러 자리 숫자의 읽기에 어려움이 있다. |
| | 변별 | 숫자들(예 : 6, 9; 2, 5; 17, 71), 동전, 연산기호, 시계바늘 간의 변별에 어려움이 있다.<br>모양이나 문제를 베끼는 데 어려움이 있다.<br>종이에서 일직선으로 쓰는 데 어려움이 있다.<br>전-후 개념에 대해 혼동한다(예 : 시각 또는 수세기). |
| | 공간 | 올리고 내리고(예 : 덧셈), 왼쪽과 오른쪽(재그룹화), 숫자 정렬하기를 포함하여 계산문제에서 주의해야 하는 수학의 방향 측면과 관련하여 어려움이 있다.<br>소수점을 잘못된 위치에 표시한다.<br>조작물을 어떤 패턴이나 세트로 배치하는 데 어려움이 있다.<br>양수와 음수에 혼동이 있다(방향) |
| 청지각 | | 구두 연습에 어려움이 있다.<br>구두 문장제 문제에 어려움이 있다.<br>차례로 셀 수 없다.<br>숫자 쓰기 또는 받아쓰기 과제에 어려움이 있다.<br>수 패턴의 학습에 어려움이 있다. |
| 운동 | | 숫자를 알아보기 어렵고 느리며 부정확하게 쓴다. 작은 공간에 숫자를 쓰는 데 어려움이 있다(즉 숫자를 너무 크게 쓴다). |
| 기억 | 단기 | 수학 연산이나 새로운 정보를 기억할 수 없다.<br>알고리즘에서 단계를 잊어버린다.<br>기호의 의미를 기억할 수 없다. |
| | 장기 | 시간이 지남에 따라 연산의 숙달에 느리다; 수업의 검토 또는 혼합된 시험에서 열등하게 수행한다.<br>알고리즘에서 단계를 잊어버린다. |
| | 절차 | 시각 말하기에 어려움이 있다.<br>다단계 계산 문제에서 모든 단계들을 완성하지 못한다. |
| 주의집중 | | 알고리즘 또는 문제 해결 단계에서 주의유지에 어려움이 있다.<br>중요한 수업에서 주의지속에 어려움이 있다(예 : 교사의 시연) |
| 언어 | 수용적 | 수학 용어를 의미에 관련시키는 데 어려움이 있다(예 : 빼기, 가수, 피제수, 재그룹, 피승수, 자리값).<br>다양한 의미를 가진 단어들을 관련시키는 데 어려움이 있다(예 : carry와 time). |
| | 표현적 | 수학 어휘를 사용하지 않는다.<br>구어적으로 수학 연습의 수행에 어려움이 있다.<br>문장제 문제 또는 알고리즘의 해결에서 단계들을 언어화하는 데 어려움이 있다. |
| 읽기 | | 수학 문장제 문제의 어휘를 이해하지 못한다. |

**표 15-1 학습장애와 수학 관련 수행(계속)**

| 학습 어려움 | | 수학 관련 수행 |
|---|---|---|
| 인지와 추상적 추론 | | 언어 정보와 숫자 정보를 수학 방정식과 알고리즘으로 변환하는 데 어려움이 있다.<br>문장제 문제 해결에 어려움이 있다.<br>크기와 양의 비교를 할 수 없다.<br>수학에서 기호들을 이해하는 데 어려움이 있다(예 : >, <, ×, =)<br>추상적 수준의 수학 개념과 연산 이해에 어려움이 있다. |
| 초인지 | | 계산과 문장제 문제 해결을 위해 적절한 전략들을 확인하고 선택할 수 없다.<br>문장제 문제와 다단계 계산에서 문제 해결 과정을 점검하는 데 어려움이 있다.<br>전략들을 다른 상황으로 일반화할 수 없다. |
| 사회적 · 정서적 | 충동적 | 계산에서 부주의한 실수를 한다.<br>구두 연습에서 부정확하고 빨리 반응한다.<br>문제를 다시 보거나 다시 들을 경우는 자주 바르게 반응한다.<br>문제 해결에서 자세한 부분에 주의하지 않는다. |
| | 짧은 주의집중/산만성 | 과제를 정해진 시간에 완성하지 못한다.<br>다단계 계산을 하는데 어려움이 있다.<br>문제를 시작하지만 다 끝내지 못하고 다음 문제로 옮겨간다.<br>과제를 하지 않는다. |
| | 수동성 학습된 무기력 | 계산 문제들을 빠뜨린다.<br>문장제 문제들을 빠뜨린다.<br>흥미 없어 보인다.<br>전략들이 부족하다. |
| | 자기존중 | 자신감이 부족하다.<br>쉽게 포기한다.<br>수행이 부족한 수학 시험 동안 긴장하게 된다. |
| | 불안 | 불안을 줄이기 위해 수학을 피한다. |

출처 : Mercer, Cecil D.; Pullen, Paige C., *Students with Learning Disabilities*, © 2005. Reprinted by permission of publisher.

했다. 절차적, 의미적 기억, 그리고 시각적 · 공간적. Geary(1993, 2000)에 의해 만들어진 이러한 하위 유형의 특징(Geary, 2003, p.205)은 다음과 같다.

## 절차적 하위 유형

### 인지적, 수행적 특징

A. 발달적으로 비숙한 절차들의 상대적으로 빈번한 사용(즉, 더 어리고 학업적으로 정상인 아동들에 의해 더 일반적으로 사용되는 절차들의 사용)

B. 절차 실행에 있어서의 빈번한 실수
C. 절차 이용에 내재하는 개념들에 대한 빈약한 이해
D. 복잡한 절차에서 많은 단계를 배열하는 데 있어서의 어려움

### 신경심리학적 특징

비록 일부 자료는 좌반구의 기능장애와의 연합과 일부 사례들(특히 위의 자질 D)에서는 전두엽의 기능장애를 제시하지만 확실하지 않다.

### 유전적 특징

불명확함

### 발달상의 특징

많은 사례에서 발달상의 지연을 나타내는 것 같음(즉, 수행이 더 어리고 학업적으로 정상인 아동과 유사하고 종종 나이와 학년에 따라 향상됨)

### 읽기장애와의 관계

불명확함

## 의미적 기억의 하위 유형

### 인지적, 수행적 특징

A. 간단한 계산문제에 대한 답과 같은 수학 연산을 하는데 있어서의 어려움
B. 연산을 할 때 높은 오류 비율을 보임
C. 계산에 있어서 오류는 종종 문제에 있는 숫자와 관련이 있음(예 : 2+3=?에 대해 4라고 대답함, 4는 2, 3에 뒤따르는 숫자열과 관련됨)
D. 정확한 계산을 위한 반응 시간이 비체계적임

### 신경심리학적 특징

A. 좌반구의 기능장애와 관련이 있는 듯함, 아마도 계산 결함의 한 가지 형태에는 후두엽 영역이 또 다른 형태에는 전두엽 영역이 관련이 있는 듯함
B. 기초적인 신경절과 같은 대뇌피질 하부와 관련이 있는 듯함

### 유전적 특징

유전적 결함이 있는 듯함

#### 발달상의 특징

발달상의 차이를 보이는 듯함(즉, 인지적, 수행적 특징이 더 어리고 학업적으로 정상인 아동의 것과는 다르고 나이와 학년에 따라서도 실질적으로 변화하지 않음)

#### 읽기장애와의 관계

읽기장애의 음성학적 형태와 함께 발생하는 듯함

### 시 · 공간적 하위 유형

#### 인지적, 수행적 특징

A. 숫자 및 수학적 정보와 관계의 다른 형태를 공간적으로 나타내는데 어려움이 있음
B. 공간적으로 표시된 정보에 대해 잘못 해석하거나 잘못 이해하는 일이 빈번함

#### 신경심리학적 특징

좌반구 두정엽의 대뇌피질 역시 관련이 있을 수도 있지만, 우반구의 기능이상, 특히 우반구의 후두엽과 연관이 있는 듯함

#### 유전적 특징

인지적, 수행적 특징이 어떤 유전적 장애(예 : 터너 증후군)와 공통되기는 하지만 불명확함

#### 발달상의 특징

불명확함

#### 읽기장애와의 관계

관련이 없는 듯함

만약 학생에게 읽기장애가 있다면, 그(그녀)는 수학장애 역시 가지고 있을 것이라고 대개 말한다. 위에서 언급된 하위 유형들에서 읽기장애와 관련이 있어 보이는 것은 의미적 기억의 하위 유형뿐이다. 이 학생들은 기본적인 연산을 함에 있어 어려움—시간이 경과해도 향상되지 않는 결함—을 가진다.

연구자들은 수학장애의 조기 예측 요인을 밝혀내려는 시도를 하고 있다. Gersten, Jordan과 Flojo(2005)는 수학에 대한 어려움이 시간이 흘러도 변화가 없는 것은 아님을 알아냈다. 읽기에 문제가 있는 학생들은 수학에서 더 느린 진보를 하고, 그들이 연구한 거의 모든 학생들이 기초적인 수학적 조합을 정확하고 자동적으로 해결하는데

어려움을 겪었다(p.293). 수학적 어려움에 대해 가장 우려되는 학생들은 크기 비교("어느 것이 더 큰 수인가?"), 계산전략, 유창한 숫자 확인, 작업기억 등이 불충분한 학생들이다. Gersten 등은 중재는 "기본적인 수학적 조합에 있어서의 유창성과 숙달의 발달, 그리고 계산전략의 더 정확하고 효과적인 사용"(p.302)에 초점을 맞추어야 한다고 믿는다. 그들은 더 많은 연구가 필요하다고 충고한다(부각되고 있는 이 연구의 기초에 대한 정보를 위해서 Special Series of the Journal of Learning Disabilities, 38 [4], 2005 참조).

## 사정

### 형식적 사정

교사들이 이용할 수 있는 수학에 대한 표준화검사는 거의 없다. 읽기에 대한 다수의 검사는 수학에 대한 상대적인 태만을 한층 강조한다. 이 문제는 점점 많이 연구가 되고 있지만 그 차이는 여전히 크다. Cohen과 Spenciner(2003, p.284)는 이러한 사정 도구들에 대한 정보를 제공한다(표 15-2 참조).

**표 15-2 표준화된 수학 검사도구**

| 도구명 | 연령/학년 | 그룹/개인 |
|---|---|---|
| 수학 진단 선별 검사(DSTM)(Gnagey, 1980) | 1~10학년 | 개인 또는 그룹 |
| KeyMath-R/NU(Connolly, 1998) | 유치원~9학년 | 개인 |
| Slossdon 수학 진단 선별자(S-DMS)<br>(Erford & Boykin, 1996) | 6~13세 | 개인 또는 그룹 |
| Standford 수학 진단 검사(4판)<br>(Harcourt Brace Educational Measurement, 1995) | 1~8학년 | 개인 또는 그룹 |
| 조기 수학능력 검사(Tema-2)<br>(Ginsburg & Baroody, 1990) | 3세~8세 11개월 | 개인 |
| 수학능력 검사-2(TOMA-2)<br>(Brown, Cronin, & McEntire, 1994) | 3~12학년 | 개인 |

## 준거참조 사정

교사 제작 검사는 특정한 자료이고 교육과정에 관계가 있지만, 항상 개발이 가능한 것은 아니다. Brigance 진단용 검사도구는 상업적으로 이용 가능한 준거참조검사이다. 여러분의 학생들을 표준화된 표본들에 비교하는 것이 아니라 그들의 수행을 교육과정의 잘 정의된 영역에 비교하는 것이다. Cohen과 Spenciner(2003, p.293)는 다양한 검사도구에서 사정된 수학적 기능들을 열거하고 있다(표 15-3 참조).

## 오류 분석

많은 교사들이 오류를 이해하고 교정하기 위해 오류의 패턴을 확인하고자 오류 분석을 이용한다. Ashlock(1998)은 이 과정을 처음으로 기술한 사람들 중의 1명이다. 예를 들면 아래의 문제에서 학생은 위치와 상관없이 큰 수에서 작은 수를 뺐다.

$$\begin{array}{r} 47 \\ -29 \\ \hline 22 \end{array}$$

어떤 학생들은 알고리즘의 순서에 대해 혼동하거나 기초적인 연산을 알지 못한다. Cohen과 Spenciner(2003, p.294~295)는 여러분의 학생들이 보일 수 있는 다음과 같은 공통적인 실수를 제시한다.

### 덧셈과 뺄셈

- 재그룹화에 대한 이해의 부족
- 자리수를 올리거나 적을 때 일의 자리와 십의 자리를 혼동함
- 십의 자리로 올리거나 백의 자리로 올리는 것을 잊음
- 불필요한 재그룹화
- 틀린 연산(학생이 더하는 대신 뺀다)
- 기초적인 연산에 대한 지식의 부족

### 곱셈과 나눗셈

- 곱셈에서 자리올림을 잊음
- 곱하기 이전에 먼저 자리수를 올림

**표 15-3 Brigance 검사도구**

| 도구명 | 연령/학년 | 수학 기술 |
|---|---|---|
| BRIGANCE<br>필수 기술 검사도구(Brigance, 1981) | 4~12학년 | 수<br>수 연산<br>유리수 계산<br>분수와 혼수<br>소수<br>백분율<br>행렬<br>수학 어휘<br>돈과 경제 |
| BRIGANCE<br>기본 기술 종합 검사-개정판<br>(Brigance, 1999) | 유치원 전~9학년 | 수<br>수 연산<br>유리수 계산<br>분수와 혼수<br>소수<br>백분율<br>측정/기하<br>행렬<br>시간<br>돈 |
| BRIGANCE<br>기본 기술 사정, 스페인판<br>(Brigance, 1984) | 유치원~6학년 | 수열<br>연산<br>측정 |
| BRIGANCE<br>조기발달 진단검사<br>(Brigance, 1991) | 출생~7세 | 수 개념<br>기계적 세기<br>수 읽기<br>수 이해<br>서수 위치<br>수열에서의 수<br>따라 쓰기 및 앞선 수<br>덧셈 결합<br>뺄셈 결합<br>돈 인식<br>시간 |
| BRIGANCE<br>생활기술 진단검사<br>(Brigance, 1994) | 직업<br>중등<br>성인교육 | 돈<br>연산<br>금융<br>돈 관리 |
| BRIGANCE<br>기술 사용 진단검사<br>(Brigance, 1995) | 직업<br>중등<br>성인교육<br>직업훈련 | 연산<br>분수<br>측정<br>기하<br>수학 어휘 |

- 나눗셈에서 자리값을 무시함
- 왼쪽에서 오른쪽으로 답을 기록함
- 열을 따라 정렬하지 않음
- 기초적인 연산에 대한 지식의 부족

#### 분수

- 부정확한 약분
- 최소의 공통분모까지 줄이지 못함
- 나머지를 무시함
- 부정확한 혼합된 수의 분수로 전환

#### 문장제 문제

- 읽기에 있어서의 문제
- 문제의 맥락과 연결하지 못함
- 문제의 언어와 어휘를 이해하지 못함
- 중요한 정보와 그렇지 않은 정보를 확인하는 데 어려움이 있음
- 문제를 풀기 위해서 요구되는 단계의 수를 확인하는 데 어려움이 있음
- 수학연산(덧셈, 뺄셈, 곱셈, 나눗셈)을 하는데 있어 어려움이 있음

### 교육과정 중심 사정

많은 교사들은 학생들이 배우고 있는 것을 사정하기 위해서 교육과정 중심 측정을 사용한다. 검사를 개발하기 위해서 여러분은 아래의 다섯 단계를 수행해야 한다(Mercer & Mercer, 2005, pp.414~415).

1. 학교교육과정에 포함된 연속적인 기능들의 순서를 확인하라.
2. 사정할 수학 기능의 범위를 선정하라.
3. 선정된 범위 내에서 각 기능을 위해 선정된 항목을 구성하라.
4. 조사검사를 시행하고 점수를 부여하라.
5. 결과를 도표에 표시하고 해석하며 교수를 계획하라.

시행과 점수부여를 위한 구체적인 지시사항이 Mercer와 Mercer에 의해 그림 15-1에 제시되어 있다(2005, p.416).

**시행 지시사항**

다음의 단계들은 개인 또는 그룹에서 2분 동안 시행하기 위해 권장된다.

1. 적절한 측정(예 : 조사 검사 또는 특정한 기술 검사)을 선택하고 시험지의 표면을 아래로 하여 학생에게 주라.
2. 시행의 시작에서는 표준화된 지시를 제공하라. 또한 검사의 다른 부분에서는 특정한 지시를 사용하라.
   "내가 여러분에게 나눠 준 시험지는 수학 문제입니다." 만약 하나의 단순한 기술에 대한 검사가 이용된다면, 학생들에게 연산에 대해 말하라.
   "모든 문제들은 ____ 입니다(덧셈, 뺄셈, 곱셈, 또는 나눗셈)." 만약 다양한 기술에 대한 검사가 이용된다면, 다음과 같이 말하라.
   "시험지에는 다른 유형의 문제들이 있습니다. 어떤 것들은 덧셈, 뺄셈과 곱셈 문제들입니다. 여러분은 계산하기 전에 문제를 자세히 살펴보세요."
   "내가 '시작'이라고 말하면, 시험지를 뒤집어 똑바로 하고 문제에 답을 쓰세요. 첫 번째 줄의 첫 번째 문제부터 시작하세요. 문제를 보세요. 시험지의 첫 번째 줄을 모두 해결하고 다음 줄을 해결하세요. 만약 여러분이 문제를 해결할 수 없다면, X표를 하고 다음 문제로 이동하세요. 만약 여러분이 한 페이지를 모두 끝마쳤다면 다음 페이지로 이동하세요. 질문 있습니까?
   "준비, 시작."
3. 학생들이 지시사항(즉, 연속적인 순서로 작업하기)을 따르는지 확실히 하기 위해 학생의 수행을 점검하라. 건너뛰기를 원하고 쉬운 문제들을 하는 학생을 주시하라.
4. 2분이 경과되었을 때, "그만. 연필을 놓으세요."라고 말하라.

**채점 절차**

1. 각각의 올바른 숫자에 밑줄 그어라.
2. 숫자 3에 대하여 ε 으로 반전하여 쓴 경우 맞는 것으로 채점하라.
3. 적절한 위치(줄)에 있는 숫자를 맞는 것으로 채점하라.
4. 비록 계산과정이 없더라도 학생이 정답을 했다면, 완전한 점수(문제해결에서 사용된 숫자의 수)를 부여하라.
5. 만약 학생이 계산 과정을 나타내었고 답이 틀렸다면, 맞은 숫자에 대해서는 점수를 부여하라.
6. 재그룹화 목적을 위해 쓰여진 숫자를 세지 말라(즉, 올림한 수)
7. 나머지가 0은 세지 말라.
8. 위치지정자로 X나 0이 맞게 위치하였을 때는 숫자 하나가 맞는 것으로 계산한다.
9. 비록 문제를 다 풀지 못했더라도, 맞는 숫자에는 점수를 부여하라.
10. 맞는 숫자의 개수를 합산하고 시험지에 기록하라.

**학생 시험에 대한 채점 예시**

| $\begin{array}{r} 2 \\ +4 \\ \hline 6 \end{array}$ | $\begin{array}{r} 12 \\ +26 \\ \hline 38 \end{array}$ | $\begin{array}{r} 38 \\ \times\ 9 \\ \hline 342 \end{array}$ |
|---|---|---|
| 숫자 1개 맞음 | 숫자 2개 맞음 | 숫자 3개 맞음 |

**그림 15-1 수학에서 교육과정 중심 측정 시행 지시사항과 채점 절차**

| | 12 | R42 |
|---|---|---|
| 63 ) | 798 | (숫자 4개 맞음) |
| | 63× | (X와 함께 숫자 3개 맞음) |
| | 168 | (숫자 3개 맞음) |
| | 126 | (숫자 3개 맞음) |
| | 42 | (숫자 2개 맞음) |
| | | 숫자 15개 맞음 |

$$\frac{1}{4} + \frac{1}{3} =$$

$$\frac{3}{12} + \frac{4}{12} = \frac{7}{12}$$

(숫자 3개 맞음) (숫자 3개 맞음) (숫자 3개 맞음)

숫자 9개

**그림 15-1 수학에서 교육과정 중심 측정 시행 지시사항과 채점 절차(계속)**

출처 : Mercer, Cecil D.; Mercer, Ann R., Teaching Students with Learning Disabilities, © 2005. Reprinted by permission of publisher.

## 그 밖의 교실 중심 사정 절차

많은 교사들은 가르친 기술에 근거해서 자신들의 검사를 개발하고, 어떤 교사들은 학생을 인터뷰하는 것이 특정한 관심영역을 확인하기 위해 노력하는 데 도움이 된다는 것을 알아냈다. Fleishner와 Manheimer(1997)는 교정적 인터뷰의 이용을 추천한다. 그들은 계산에 있어서의 문제를 위해 다음과 같은 대화를 제안한다(p.399).

$$\begin{array}{r} 77 \\ +\ 7 \\ \hline 174 \end{array}$$

E. 네가 77+7이 174라고 대답한 것을 안다. 어떻게 풀었는지 이야기해 주겠니?

S. 음… 나는 77+7이라고 했다. 7+7은 14이다. 4를 적었다. 7+7은 7이다. 그래서 7을 적었다. 하지만 아직 1을 자리수를 올려야 한다. 그래서 답의 앞에 1을 적었다.

그녀가 오류에 대해서 비슷한 설명을 한다면 교사는 그녀의 대답에 근거해서 중재계획을 수립할 수 있을 것이다. 이것은 문장제 문제를 포함하여 많은 다른 문제들에도 유용할 수 있다. 일부 교사들이 문제를 확인하기 위해 학생들로 하여금 짝을 이루어 학습하게 하는 것은 시간낭비일 수 있다.

사성이란 지속적인 과정이다. 합리적이고 분별 있는 중재를 개발하기 위해서는 여러분은 계속적으로 학생의 진보를 주시해야 한다.

## 중재

대부분의 수학장애 학생들은 그들의 요구에 전형적으로 부적합한 자료나 방법으로 일반학급에서 교육을 받는다. 미국수학교사협의회(The National Council of Teachers of Mathematics : NCTM)는 모든 학생에게 사용될 수 있는 기준 목록을 발간했다(Principles and Standards for School Mathematics, 2000). 그것은 문제해결과 실생활의 수학적 응용을 강조했다(참조 http://www.nctm.org/standards/standards.htm).

초판에서 학습장애 학생의 필요에 대해 전부 다루지는 않았을 뿐만 아니라, 2000년판도 역시 마찬가지였다. Mercer와 Pullen(2005, p.483)은 다음과 같이 비판을 한다.

1. 기준은 장애학생들에게 단지 적당한 참고를 제공한다(Giordano, 1993; Hofmeister, 1993; Hutchinson, 1993; Rivera, 1993).
2. 그 기준들은 반복 가능하고 검증된 교수 프로그램에 근거하고 있지 않다. 연구에 의해 지지받는, 중도에서 경도의 장애학생들을 위한 교수 프로그램이 결여되어 있다(Hofmeister, 1993; Hutchinson, 1993; Rivera, 1993). 예를 들면 Hutchinson은 "제안된 내용이나 경험에의 노출이 장애학생의 수학적 능력으로 귀결된다는 주장을 지지할 만한 어떤 증거도 없다."고 말한다(p.20).
3. 그 기준들은 모든 학생에게 수학을 지도하는 데 내생적인 구성주의 접근법(자기발견)을 추천한다. 그 입장은 중도에서 경도의 장애학생들에게 효과가 있는 것으로 증명된 과정 · 결과 연구(Englert, Tarrant, & Mariage, 1992)에 의해 만들어진 교수 실행의 관례들을 무시한다. 더욱 내생적 구성주의의 엄격한 고수는 직접 발견(외생적인) 접근법을 발전시킨 구성주의자들이나 안내된 발견(변증법적인) 접근법을 옹호한 구성주의자들에 의해 산출된 유망한 결과물들을 인정하지 않는다.

이러한 불일치를 고려한다면, 일반교사들과 특수교사들이 수학에 어려움을 가지고 있는 학습장애 학생들의 요구를 만족시킬 협동적인 실천안을 개발하는 것이 아주 중요하다(일반교사와 특수교사, 이 두 교사가 어떻게 통합학급에서 스테이션 교수를 이용했는지에 관한 예를 위해서는 다음 부분을 참조).

**효과적 실행 : 수학 스테이션.** 학급은 18명의 이질적인 학생들로 구성되었고, 그들 중 5명은 학습장애 학생들이었다. 그들 모두 스테이션에서 공부하는 것과 직접 체험학습

을 좋아했다. 모든 학생들은 조작물을 사용하고, 수학적 추론을 적용하며, 급우들과 협동적으로 일하는 기회를 가졌다.

학생들은 이미 배운 다양한 직접 체험식의 수학활동에 대한 이해를 보여 주어야 했다. 교사는 시간, 규칙화, 덧셈과 문제해결에 대한 검토를 계획했다.

학생들은 4개의 그룹으로 나누어져 그룹별로 책상에 앉았다. 그룹들은 모양에 의해 이름이 붙여졌고 주장들은 이름 옆에 별을 달았다. 주장들은 서로 다른 이유로 선택되었다. 어떤 주장은 학습수준에 의해서, 다른 주장은 교사가 자존감을 높여 줄 수 있을 것이라고 생각했기 때문에 선택되었다.

교사들은 학생들과 각 스테이션에 대해 철저하게 토의했고, 각 스테이션별로 예시를 시범보였다. 학생들에게 규칙과 순환하는 동안의 기대되는 행동들을 알게 했다. 학생들에게 움직이라고 지시할 때 벨이 울렸다.

| **그룹** | **그룹** | **그룹** | **그룹** |
|---|---|---|---|
| *Matthew | *Robert | *Anthony | *Jack |
| Danielle | Ian | Brooke | Casey |
| Derick | Emily | Jessica | Jonathan |
| Adara | Amanda | David | Maria |
| Kyle | | Nathaniel | |

**스테이션 1 : 독립적 스테이션**

각 학생은 유니픽스 규브(unifix cubes)를 이용해서 완성해야 하는 규칙에 대한 책을 가졌다. 아동들이 그 책으로 공부함에 따라 패턴은 난이도가 증가했다.

**스테이션 2 : 보석 스테이션**

각 학생은 한쪽 끝에 매듭이 있는 줄을 하나씩 받았다. 예를 들면, ABAB, ABBA, ABC와 같은 패턴을 만들기 위해서 학생들에게 서로 다른 색깔의 구슬을 꿰도록 했다. 교사는 학생들이 한 줄을 완성한 후 새로운 패턴을 만들도록 주의를 환기시키기 위해 두 번 박수를 쳤다.

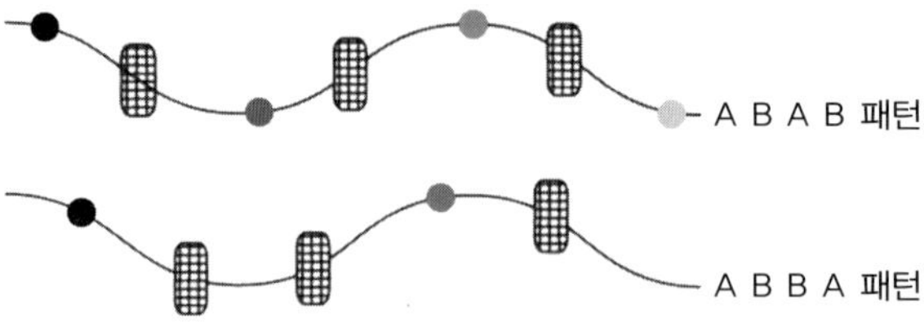


**스테이션 3 : 천국의 섬**

각 학생은 섬이 그려진 수학용 매트와 조개껍질을 가졌다. 학생들은 수학 이야기를 듣고 그들의 섬에 적절한 수의 조개껍질을 두어야 했다. 이야기가 끝날 때 모두 합해서 몇 개의 조개껍질이 있는지를 말하기 위해 아동들에게 조개껍질의 수를 더하도록 시켰다. 이런 활동을 통해 학생들은 교사의 시연과 함께 스스로를 점검할 수 있었다.

**예** : 여러분은 해변을 걷고 있고 2개의 조개껍질을 발견했다. 여러분은 계속 걸으면서 조개껍질을 3개 더 발견했다. 모두 합해서 몇 개의 조개껍질이 있는가?

**스테이션 4 : 몇 시입니까?**

각 학생은 색칠된 시계 바늘이 있는 작은 시계를 받았다. 시침은 빨간색, 분침은 파란색이었다. 학생들에게 그들의 시계를 서로 다른 시간에 맞추도록 시켰다.

작은 시계

**예** 1 : 간식 시간이라고 하자. 여러분의 시계를 1시에 맞추어라. 학생들은 교사의 시계를 보고 스스로 점검할 수 있었다. 새로운 시계를 주기 전에 학생들에게 더 많은 예들을 완성하도록 시켰다.

다음에는 학생들에게 시계 바늘이 없는 시계가 그려진 지울 수 있는 카드를 주었다. 카드의 아래쪽에는 시계에 그려진 시각을 적을 공간이 있었다. 학생들이 시각을 그리고 적어야 한다는 점을 제외하고 교사는 위에서 한 것과 같은 게임을 했다.

지울 수 있는 판지카드

**예 2** : 우리가 특별활동 교실에 가야하는 시각은 언제인가? 2 : 00. 학생들은 카드에 적어 넣고 주장이 그룹의 모든 구성원을 검사했다. 학생들은 또한 교사의 시계를 볼 수 있었다.

각 그룹이 교실을 한번 순환한 후에, 각 주장은 학급에 '주장 보고서'를 제출했다. 각 주장은 스테이션에 대해 배운 것을 발표했고 즐거워했다.

## 수학 교수의 일반 원칙

특정한 교수절차에 대한 연구의 부족에도 불구하고 교사들은 수학 교수에 충분한 시간을 사용할 필요가 있다. Lock(1996)은 수학에 있어서 학생들 수행을 강화하기 위해서 다음을 추천했다.

- 교수 시간 늘리기
- 효과적인 교수 사용하기
- 그룹 크기 변화하기
- 실생활의 사례 이용하기
- 강화 양식 변화하기

### 교수 시간 늘리기

교수를 위한 충분한 시간을 제공하는 것이 매우 중요하다. Usnick과 McCoy(McCoy & Prehm, 1987에서 인용)에 따르면 너무나 자주 '수학시간'은 학생들이 교사에 의한 사전의 피드백 없이 많은 수학문제를 풀어야 하는 장시간의 독립적 연습을 포함한다. 교수 시간은 짧고 종종 안내된 실행의 시기 없이 기술에 대한 빠른 시연으로 구성된다. 대조적으로 수학장애 학생들이 문제를 풀고 그런 다음 그룹 내에서 정답을 점검하고, 자기 점검 컴퓨터 프로그램을 사용하며, 간헐적으로 교사와 상호작용하는 소그룹 연습을 하는 것은 수학 교수를 위해 사용되는 시간을 증가시키기 위한 긍정적인 조정이다. 부가적으로 학생들이 계산기능의 완전한 습득을 보이기 전에도 간단한 계산 이상의 문제해결과 수학에 관한 '사고하는' 활동에 학생들이 참여할 수 있는 시간이 주어져야 한다. Hammil과 Bartel(1990)은 분할된 수학 교수 시간을 이용하고 독립적 연습에서 필요한 문제의 수를 줄임으로써 교수의 비율을 낮출 것을 제안한다.

### 효과적인 교수 사용하기

Polloway와 Patton(1996)은 효과적인 교수의 요소들이 일반적인 기간의 수학 교수에서 장애학생이 성공하는데 중요한 역할을 한다고 제시한다. 학급을 위해 제안된 일정은 이전에 다루어졌던 자료들에 대한 복습시간, 그날의 개념을 위한 교사 중심의 교수, 교사의 직접적인 상호작용하의 안내된 실행, 올바른 피드백 하의 독립적 연습을 포함한다. 안내된 실행과 독립적 연습 시간 동안 교사는 수학적 과정에 대한 개념적인 이해를 촉진하기 위해 학생들이 구체적인 사물을 조작하고, 수업에 관련된 전체적인 과정을 인식하며(즉, 학생들에게 학습지의 숫자로 조용히 연습하기 보다는 덧셈 연습을 할 때 "덧셈은 집합들의 결합이다."라는 것에 대해 말해보도록 시켜야 한다), 덧셈이나 뺄셈의 기호와 같은 수식의 기호를 적는 기회를 가질 수 있도록 해야 한다.

핵심적인 수학용어를 기본적인 수학 연습의 결과로서가 아니라 하나의 특정한 기술로서 가르치는 것이 학습장애 학생들에게 필수적이다(Salend, 1994). 수학용어는 합, 차, 지수, 그리고 진분수와 같은 단어들을 포함할 것이고, 독립적인 과제를 하는 동안 학생의 기억을 일깨우는데 도움이 되도록 교실에 목록을 만들고 전시해야 한다.

### 그룹 크기 변화하기

교수를 위한 그룹의 크기를 다양화하는 것은 수학장애 학생을 위한 효과적인 환경을 만드는데 쓰일 수 있는 또 하나의 조정이다. McCoy와 Prehm(1987)에 따르면 대그룹 교수는 브레인스토밍과 문제해결활동에 유용하다. 반면에 소그룹 교수는 교사의 개인적인 관심과 비슷한 수준에서 같은 기술을 익히는 또래들과의 협동을 가능하게 한다는 점에서 유익하다. 그 배치방법은 비슷한 수준의 학생들이 같은 그룹이 되어서 편안한 속도로 기술을 발전시킬 수 있도록 한다. 하지만 조정으로써 그룹 만들기를 이용할 때, 교사는 수학장애 학생들이 학급의 모든 구성원과 상호작용하고 배울 수 있는 기회를 가질 수 있도록 그룹 만들기에 있어서 융통성을 보여야 한다.

### 실생활의 사례 이용하기

Salend(1994)는 새로운 수학적 개념을 학습지가 아니라 일상적인 상황을 통해서 소개할 것을 추천한다. 동기유발자로서의 일상적 상황에서 학생들은 더욱 쉽게 개념의 중요성과 관련성을 인식한다. 실생활의 예들은 학생들에게 수학적 과정을 더 쉽게 이해하도록 할 수 있다. 나아가 일상의 예는 학생들을 교수에 직접 참여시키고, 자신들의 생활 속에서의 사용을 위해 수학을 익히도록 장려한다. 또래교수, 컴퓨터보조교수, 또는 돈에 관한 인식과 거스름돈 받기에 관한 연습을 위한 '가게'와 같은 현실 중심 과제를 이용해서 교수의 전달체계를 변화시키는 것 역시 실생활의 수학경험을 제공한다(Hammill & Bartel, 1990).

### 강화 양식 변화하기

강화 양식의 응용이나 변형 또는 학생의 발전에 대한 인정은 여러 가지 강화 방식에 대한 교사의 인식에서 시작된다. 정답을 찾았는지에 대해서만 집중했던 전통적인 수학의 강화 양식을 넘어서, 결과에 관계없이 문제해결의 단계들을 완료하기 위한 노력에 대한 인정을 제공하는 대안적인 강화방식으로부터 수학장애 학생들은 혜택을 받을 수도 있다(McCoy & Prehm, 1987). 결과가 아닌 수학의 과정에 집중함으로써, 학생들은 활동에서 약간의 통제를 느끼기 시작할 수도 있다. 더욱 교사들은 어려운 문제들을 분리하고 그러한 영역에 대한 특별한 조정을 제공할 수 있다. 예를 들면, 학생이 긴 문제의 해결 단계를 재연할 수 있지만 올바른 곱셈 연산을 기억하는 데 어려움을 겪는다면, 교사는 적절한 단계에 대해서 보상하고 학생이 문제를 해결하는 데 도움이 될 계산기나 곱셈표를 제공해야 한다.

수학장애 학생들을 위해 사용된 많은 교수적 실행 방안들은 다소 간단한 듯하다. 예를 들어 Bley와 Thornton(2001)에 의한 제안의 일부를 살펴보자.

- 중요한 개념을 설명하기 위해 시각적인 것과 조작물을 이용하라.
- 다른 것들로부터 문제를 분리함으로써 시각적 단서를 이용하라.

- 더 적은 문제를 부여하라.
- 교과서나 칠판으로부터 베껴 쓰는 것을 최소화하거나 없애라.
- 색 단서
- 표준적인 교재를 변형하라.
- 촉각적인 단서
- 패턴을 이용하라.
- 청각적 단서를 이용하라.
- 학생을 위한 범례를 제공하라.
- 작은 단계들로 신중하게 배열하라.
- 적절한 연습과 복습을 제공하라.

이들 중 어떤 것은 다소 간단하지만 다른 것들은 어느 정도의 시간을 필요로 한다. 예를 들면 페이지당 문제수를 줄이는 것은 쉽고 자주 학생들을 성공하게 한다. 베껴 쓰는 것을 없애는 것은 실질적으로 베껴 쓰는 것의 오류를 줄이고, 느리게 베껴 쓰고 실수가 잦은 학생들의 좌절을 최소화할 수 있다. 교재를 변형하는 것과 같은 다른 실행 방안들은 더 많은 시간과 노력을 필요로 한다. 그러나 시간이 지나면 여러분은 시각적으로 혼란을 초래하는 페이지들, 보기들, 그리고 문제들을 가려내고 단순화할 수 있을 것이다.

학습장애 학생들에 대한 수학 교수의 검증된 실행방안들에 대한 문헌을 검토해 보면, Miller, Butler 및 Lee(1998)는 몇 가지 효과적인 중재들을 밝혔다. 학생들에게 전략과 자기-조정 교수가 도움이 된다. 조작물과 그림의 사용은 계산과 문장제 문제 모두에 효과적이었다. 연구자들은 또한 직접적인 교수가 효과적이라는 것을 발견했다. 컴퓨터보조교수의 사용은 장래성이 있었다. 그들의 발견에 기초해서, 그들은 다음과 같은 교수 절차를 일관되게 사용했음에 주목했다.

- 교사의 시연
- 모방의 기회
- 안내된 연습
- 독립적 연습
- 학생의 발전에 대한 지속적인 측정

예를 들어 긴 나눗셈을 가르치는 동안 통합학급에서 교사들을 관찰했다. 교사들은 나눗셈, 곱셈, 뺄셈, 그리고 어려운 연산을 위한 기억술("Diane Makes Super Brownies.")을 사용해서 절차를 시연했고, 학생 중 지원자들에게 비슷한 문제를 풀도록 했다. 한 교사가 시연할 때 다른 교사가 학생들의 연산 수행을 관찰했다. 학생들은 자신의 문제를 해결할 준비가 된 듯했다. 다음날은 독립적 연습을 계속하고 교사는 학생들의 진보를 점검했다.

## 수학에서의 직접교수

직접교수 프로그램은 매우 구조적이고 집중적이며 학생들에게 명시적인 교수를 제공한다. 증거에 기초한 이러한 프로그램들은 성공적인 것으로 증명되었다(Adams & Carmine, 2003; Fuchs & Fuchs, 2001; Marchard-Martella, Slocum, & Martella, 2004; Swanson, 1999). 직접교수는 종합적인 프로그램이다. 배치검사의 결과에 따라 학생들을 특정한 수준에 배정한다. 두 가지 수학 프로그램은 **수학 개념 연결하기**(Connecting Math Concepts)와 **교정적 수학**(Corrective Mathematics)이다. 수학 개념 연결하기에서 학생들은 대수학 이전까지의 수학 기술을 배운다. 이 프로그램은 초등과 중등 수준 모두에 이용할 수 있다. 교정적 수학은 치료적인 3학년 수준부터 성인기까지 7개의 수준을 가지고 있다. 7개의 특수한 프로그램들은 덧셈, 뺄셈, 곱셈, 나눗셈과 기본적 분수, 분수, 십진법, 백분율, 비례와 방정식을 가르친다(더 많은 정보를 위해서는 http://www.sra4kids.com/product_info/direct 참조).

## 균형적 접근

교사들은 종종 자신들이 곤경에 처해 있음을 발견한다. 한편으로 미국수학교사협의회(NCTM; 1989, 2000)는 각 학생이 스스로의 지식기반을 만드는 구성주의적인 교수기법을 요구한다. 이것은 **암시적 교수**로도 불린다. 교사는 경험을 제공하고 학생들은 스스로의 지식기반을 만든다. 다른 한편으로는 **명시적 교수**라고도 불리는 직접교수 접근법을 지지하는 연구자들이 있다. 읽기의 경우와 마찬가지로 교사들은 균형적인 접근법을 고려하도록 요구받고 있다. Fleishner와 Manheimer(1997)는 어떤 방법도 모든 학생에게 적절하지 않기 때문에 균형적 접근법을 옹호한다. 그들은 다음과 같은 원칙을 제안한다(p.413).

1. 학생들의 연령이나 주제에 관계없이 다음의 순서를 따르라.

   **구체적 표현** : 학생들에게 새로운 주제나 연산을 소개하기 위해 조작적인 자료를 이용하라. 조작물을 더 이상 사용하지 않는 학년을 훨씬 넘어서까지 이용하고, 그것을 모든 주제와 연산에 이용하라. 학습장애 학생들은 추상적인 예로부터 추론하는 능력을 보통의 학생들과 같은 속도로 발달시키지 못한다.

   **영상적 표현** : 학생들에게 여러분이 가르치고 있는 주제나 연산에 대한 이해를 그림이나 삽화로 표현하도록 하라. 학습장애 학생들은 종종 구체적 표현에 기초한 그들의 이해를 시각적 표현 형태로 바꾸는데 어려움을 겪는다. 학생들에게 그들의 추론에 대해 이야기하고 구체적 예와 영상적 예를 모두 이용해서 다른 사람들에게 설명하도록 함으로써, 이러한 표현체계들을 연결시켜라.

   **상징적 표현** : 학생들이 반드시 수학의 연산을 표현하는 기호들을 이해하게 하고, 문제해결에 학생들이 기호를 사용할 수 있게 하라.

   **추상적** : 학생들이 문제를 해결하는 다른 방법을 제시할 수 있는지 또는 다른 학생들에게 그들이 해결한 것을 이해시킬 수 있는 단계를 진술할 수 있는지 점검하라.
2. 적절할 때는 언제나 이질적으로 구성된 학급에서 협동학습 그룹을 이용하라.
3. 현실생활의 문제에 대한 해결책을 찾는 것과 기초적인 연산이나 절차적 규칙과 같은 기능의 완전습득을 강조하는 데 있어 균형을 유지하라. 반응을 기록하기 위한 그래프 종이, 절차적 단계들을 강조하기 위한 색 단서, 계산의 정확성을 점검하기 위한 계산기와 같은 단서 체계를 이용함으로써 특수한 요구를 수용하라.
4. 읽기에서 1차적인 학습장애가 나타나는 학생들은 종종 수학의 성취에 있어서 그것과 관련된 문제점을 가진다. 우리가 수학 교육과정을 완전히 학습하고자 하는 그들의 요구에 주의를 기울이지 않는다면, 학습장애 학생들과 전통적으로 학업적 성취에서 위험성이 있는 인구 집단에서의 다른 학생들은 점점 더 불리하게 될 것이다. 미국의 경제가 과거의 공업과 농업 위주에서 변화함에 따라, 모든 학생들은 기술과 그것을 이용할 수 있는 공학에 의존하게 될 미래의 경제에 참여할 수 있는 기술을 가져야 한다. 수학은 중요한 요소이며, 따라서 우리는 학생들이 수학적 성취를 위한 현재의 기준을 충족시킬 수 있도록 도울 수 있는 모든 것을 해야 한다.

## 계산 또는 문제해결 교수를 위한 계획

Mercer와 Mercer(2005, p.431~432)는 계산과 문제해결 교수를 위한 다음과 같은 계획을 추천한다. 이 계획은 초, 중, 고 학습장애 학생들에게 적합하다.

1. 학생들의 기능을 사정하고 목표를 개발하라.
2. 학생들과 함께 목표를 설정하라.
3. 효과적인 교수 단계를 이용하라.

위 저자들은 통합교육 상황에서 효과가 좋은, 다양한 학습자를 가르치기 위한 우수한 수업 사례를 제공한다. 각 단계는 다음과 같다(p.159).

#### 1단계 : 도입

학생들의 주의를 끌기 위해 집중할 수 있는 활동을 이용하라. 수업을 이전의 학습이나 수업과 연결시켜라. 목표로 하는 기술, 전략, 또는 내용을 밝혀라. 기술, 전략, 또는 내용을 학습하는 이론적 근거를 제시하라. 확실한 맥락을 인식할 때까지 기술, 전략, 또는 내용의 중요성에 대해 토의하라. 확실성은 학교활동, 지역사회의 사건, 또는 미래의 필요라는 맥락 안에서 달성될 것이다.

#### 2단계 : 기술 또는 전략을 시연하고 모방하라.

교사가 기술이나 전략을 시연하는 동안 학생들에게 주의를 집중하도록 요구한다. 학생들이 시연을 이해하는 데 도움을 주기 위해 다음의 두 가지 절차가 이용된다.

절차 1 : 교사는 질문을 하고 그 질문에 답을 한다. 초인지적 전략을 시연하는 동안 교사의 질문과 답변을 보고 듣는 학생들은 말하면서 생각한다.

절차 2 : 교사가 질문을 하고 학생들이 답하는 것을 돕는다. 학생들은 질문에 대답하고 문제를 해결함으로써 참여한다. 교사와 학생들은 함께 전략을 수행하고, 교사는 계속해서 시연을 제공한다.

#### 3단계 : 연습과 상호작용적 담화를 지도하기 위해 비계를 이용하라.

절차 1 : 교사는 필요하지 않다면 시연 없이 문제해결전략을 통해 학생들을 지도하라. 지도는 필요한 만큼 제공되며 다음과 같은 지원기술을 사용한다.

- 교사는 특정한 선도적 질문을 하고 필요하다면 시연한다(예 : "문제를 해결하기 위한 첫

단계는 무엇일까?").

- 교사는 선언적 지식에 관해 촉구를 제공한다(예 : "문제에서 주어지지 않은 것을 표시하기 위해서는 변수를 이용하세요.").
- 교사는 절차적 지식에 관해 단서를 제공한다(예 : "방정식을 풀 때 변수를 분리하는 것을 기억하세요.").

절차 2 : 교사는 학생들이 과제를 수행하고 과정과 결과에 대해 다시 생각해 보도록 가르쳐라. 교사는 필요한 만큼만 도와주고 더 적은 길잡이와 단서를 이용하라. 더욱 독립적이 되도록 학생들을 장려한다.

### 4단계 : 완전학습이 될 때까지 독립적인 연습을 수행하라.

숙고하고(즉, 평가하고, 예측하고, 점검하고, 창조하고) 교사의 지원 없이 과업을 수행하도록 학생들을 장려한다. 활동은 다수의 문제해결 방안을 탐구하는 그룹 프로젝트(예 : 사물, 사진, 그림, 연산을 이용하기)나 문제해결을 위한 확실한 맥락을 창조하는 것(예 : 설문조사를 실행하고, 결과를 보여 주고, 기술하기 위해 수학을 사용하기)을 포함한다. 협동학습, 또래교수, 교육적 게임, 자기 교정 교재 및 컴퓨터보조교수를 포함한 다양한 연습 장치가 이용된다.

### 5단계 : 피드백을 제공하라.

절차 1 : 성공에 집중하라. 사전에 결정된 학습목표의 측면에서 학생의 수행이나 결과에 대해 토의하라. 학생들의 노력과 사고과정을 성공에 결부시켜라.
절차 2 : 오류 교정에 집중하라. 오류를 교사에게는 가르칠 수 있는, 학생에게는 학습할 수 있는 기회로 간주하라. 학생들이 오류와 그 교정에 주목하도록 하라. 필요하다면 질문, 비유, 시연을 통해 교정을 지도하라. 또한 학생들이 함께 오류를 교정하도록 하라.

### 6단계 : 일반화와 전이를 가르쳐라.

여러 배경과 상황에 대한 새로운 지식의 응용에 대해서 숙고하라.
새로운 지식과 관련된 유의미한 수학문제를 만들도록 학생들을 장려하라. 학생들에게 더 어려운 문제를 풀게 하라. 예를 들어, 학생들이 구구단을 배웠다면 배운 전략을 이용해서 12×6과 같은 문제해결을 시도하게 하라. 문장제 문제에서는 학생들이 하나 이상의 연산이 관련된 문장제 문제에 도전하게 하라. 어려운 문제를 풀기 위해 학생들이 협동하게 하라.

## 기본적 수학 연산 교수

학습장애 학생들을 위한 수학 교수 시간의 대부분은 기본적 수학연산을 가르치기 위해 사용된다(Scruggs & Mastropieri, 1998). Mercer와 Mercer(2005)는 기본적 수학연산을 가르치는데 대한 조언을 제시하고 있다.

## 계산 기술 교수

계산 교수의 요소들은 다음과 같다(Mercer & Mercer, 2005, p.439).

1. 이해를 촉진시키기 위해 구체적 경험을 제공하라.

   예 : □ □    +    □    =
   
   □ □      □ □

   $4 \quad + \quad 3 \quad = \quad \frac{3}{M}$

2. 이해를 촉진시키기 위해 반구체적 경험을 제공하라.

   예 : ////    +    ///

   $4 \quad + \quad 3 \quad = \quad \frac{3}{M}$

3. 숙달을 촉진시키기 위해 추상적인 활동과 연습을 제공하라.

   예 : $4 \quad + \quad 3 \quad = \quad \frac{3}{M}$

4. 패턴과 관계를 나타내는 규칙을 가르쳐라.

   예 : 0     규칙 : 모든 수에 0을 더하면 그 수와 같다.

   $4 \quad + \quad 0 \quad =$

   순서 규칙 : 그들의 순서에 관계없이 가수는 같은 합을 산출한다.

   $4 + 3 = 7 \qquad 3 + 4 = 7$

5. 문제해결을 위해 알고리즘을 가르쳐라.

   예 : $7 + 2 = \frac{2}{M}$

6. 학생들이 연산법이나 문제해결 절차를 기억하는데 도움이 되도록 기억장치를 사용하라.
   예 : DRAW
   **D**(Discover) : 기호를 발견하라(+, −, ×).
   **R**(Read) : 문제를 읽어라(4와 3의 합은 빈칸과 같다).
   **A**(Answer) : 답하거나 선과 어떤 표시를 이용하여 문제에 대한 개념적 표상을 그리고 점검하라.
   *1111 111*
   **W**(Write) : 답을 써라(4 + 3 = 7).
7. 숙달과 일반화를 촉진시키기 위해서 다양한 연습활동을 제공하라.
   예 : 세로 문제와 가로 문제를 제공하라.
   자습을 위해 자기 교정 자료, 학습 게임, 또래교수, 컴퓨터보조교수를 이용하라.
   응답률을 향상시키기 위한 활동을 제공하라(예 : 1분 시험).
8. 문제해결을 가르쳐라.
   예 : 학생들에게 다양한 문장제 문제를 풀게 하라.
   학생들에게 스스로의 문장제 문제를 만들게 하라.
   학생들에게 문제해결을 위한 전략을 제공하라.

## 문제해결 교수

문제해결은 현재 점점 더 강조되고 있다(NCTM, 2000). 예를 들면 뉴욕 주의 수학 숙달 검사는 문장제 문제들을 상당히 강조하고 있다. 이것은 학습장애 학생들의 읽기와 주의집중에 있어서의 어려움을 고려한다면 그들에게 큰 문제를 초래한다. 교사들은 문장제 문제를 유의미한 것이 되게 하고, 그것들을 구두로 제공하며, 구체적인 예를 이용하며, 문제를 단순화하고, 학생들이 그 문제들을 스스로의 말로 할 수 있도록 해야 한다. 교사들은 추가적인 연습을 제공하고, 전략을 이용하며(이후에 다루는 이 장의 기억장치에 관한 논의 참조), 학생들에게 정보를 처리할 충분한 시간을 주어야 한다.

학습장애 학생들은 수학과 문장제 문제를 해결하기 위하여 명시적인 전략을 필요로 한다. Mercer와 pullen(2005, p.445)은 덧셈과 뺄셈에 관한 문장제 문제의 네 가지 기본적인 범주를 제시한다.

#### 결합(주어진 것에 요소들을 더한다)

- 얀은 과자 7개를 가지고 있었다. 케빈은 그녀에게 4개를 더 주었다. 얀은 모두 몇 개의 과자를 가지고 있는가?(미지의 결과)
- 얀은 과자 7개를 가지고 있다. 모두 11개의 과자를 가지려면 얀은 몇 개의 과자가 더 필요한가?(미지의 변화)
- 얀은 약간의 과자를 가지고 있었다. 케빈이 그녀에게 과자 4개를 더 주었다. 지금 그녀는 과자 11개를 가지고 있다. 얀은 처음에 몇 개의 과자를 가지고 있었느냐?(미지의 시작)

#### 분리(주어진 것에서 요소들을 제거한다)

- 얀은 과자 11개를 가지고 있었다. 그녀는 케빈에게 과자 7개를 주었다. 그녀에게 몇 개의 과자가 남아 있느냐?(미지의 결과)
- 얀은 과자 11개를 가지고 있었다. 그녀는 케빈에게 과자를 조금 주었다. 지금 그녀는 과자 7개를 가지고 있다. 얀은 케빈에게 몇 개의 과자를 주었느냐?(미지의 변화)
- 얀은 약간의 과자를 가지고 있었다. 그녀는 케빈에게 과자 7개를 주었다. 지금 그녀는 과자 4개를 가지고 있다. 얀은 처음에 몇 개의 과자를 가지고 있었느냐?(미지의 시작)

#### 부분-부분-전체(공통점이 없는 두 집합 간의 비교)

- 얀은 오트밀 쿠키 7개와 초콜릿 쿠키 4개를 가지고 있다. 그녀는 몇 개의 과자를 가지고 있느냐?
- 얀은 과자 11개를 가지고 있다. 7개는 오트밀 쿠키이고 나머지는 초콜릿 쿠키이다. 얀은 몇 개의 초콜릿 쿠키를 가지고 있느냐?

#### 비교

- 얀은 쿠키 11개를 가지고 있다. 케빈은 쿠키 7개를 가지고 있다. 얀이 케빈보다 몇 개의 쿠키를 더 가지고 있느냐?
- 케빈은 쿠키 7개를 가지고 있다. 얀은 케빈보다 4개를 더 가지고 있다. 얀은 몇 개의 쿠키를 가지고 있느냐?
- 얀은 쿠키 11개를 가지고 있다. 그녀는 케빈보다 7개를 더 가지고 있다. 케빈은 몇 개의 쿠키를 가지고 있느냐?

문장제 문제를 해결하는 데 도움이 될 두 가지 기억장치는 RIDE와 SIGNS이다.

**R**(Read) 문제를 바르게 읽어라.
**I**(Identify) 관련되는 정보를 확인하라.
**D**(Determine) 답을 표현하기 위한 연산과 단위를 결정하라.
**E**(Enter) 바른 수를 입력해서 계산하고 답을 점검하라.

**S**(Survey) 문제를 개관하라.
**I**(Identify) 중요한 단어와 이름을 확인하라.
**G**(Graphically) 문제를 시각적으로 그려라.
**N**(Note) 필요한 연산에 주목하라.
**S**(Solve) 해결하고 점검하라.

Montague(1997, p.171)는 수학 문제해결을 위한 초인지적 전략을 제시하고 있다. 교사는 학생들을 위해서 시연을 하고 안내된 실행과 독립된 실행을 제공한다.

#### 읽기(이해를 위한)

진술 : 문제를 읽어라. 이해하지 못했다면 다시 한 번 읽어라.
질문 : 나는 문제를 읽고 이해했는가?
점검 : 문제해결 시의 이해정도에 대해 점검하라.

#### 부연하기(자신의 말로)

진술 : 중요한 정보에 밑줄을 쳐라. 문제를 나 자신의 말로 표현하라.
질문 : 나는 중요한 정보에 밑줄을 쳤는가?
문제는 무엇인가?
나는 무엇을 찾고 있는가?
점검 : 정보는 문제와 관련이 있는지 점검하라.

#### 시각화하기(도표)

진술 : 그림을 그리거나 도표를 그려라.
질문 : 그림이 문제와 일치하는가?
점검 : 문제의 정보를 바탕으로 한 그림인지 점검하라.

#### 가설 설정하기(문제해결 계획)

진술 : 몇 단계 또는 몇 가지 연산이 필요한지를 결정하라. 그 연산을 적어라.

질문 : 만약 내가 $\frac{3}{M}$ 을 한다면, 무엇을 얻을 것인가? 만약 내가 $\frac{3}{M}$ 을 한다면, 다음으로 무엇을 할 필요가 있는가? 몇 가지 단계가 필요한가?

점검 : 계획이 합리적인지 점검하라.

### 예상하기(답을 예상하라)

진술 : 숫자들을 살펴보고 머릿속으로 문제를 풀고 예상한 것을 적어라.

질문 : 나는 반올림하거나 버렸는가? 예상치를 적었는가?

점검 : 중요한 정보를 이용했는지 점검하라.

### 계산하기(계산을 하라)

진술 : 올바른 순서로 연산을 하라.

질문 : 답이 예상치와 비교해서 어떠한가? 답이 합당한가? 자리수나 돈의 표시 등이 올바른가?

점검 : 모든 연산이 올바른 순서로 행해졌는지 점검하라.

### 검산(모든 것이 올바른지 확인하라)

진술 : 계산을 점검하라.

질문 : 모든 단계를 점검했는가? 계산을 점검했는가? 답이 옳은가?

점검 : 모든 것이 바르게 되었는가? 만약 그렇지 않다면 처음으로 돌아가라. 그런 다음에 필요하다면 도움을 구하라.

수학의 위계적인 성질과 빠른 교수 속도 때문에 학년 수준의 조정이 쉽지 않다. 통합교육에서 학습장애 학생들의 교사로서 여러분은 수학영역의 능력 있는 교사들과 협력해야 할 것이다. 특정한 수업에 필요한 필수 선행 기술들을 함께 고려해야 한다. 어떻게 그러한 기술들을 가르칠 것인가? 그것들이 진정으로 필수 선행 기술들인가? 조정이 가능한가? 아마 추가적인 도움을 주어야 할 때도 있을 것이다. 학생의 수행수준에 대한 교정이나 학년수준에 대한 조정을 제공할 것인가? 수학 담당 교사와의 협력을 통해서 때에 따라 어떤 접근법이 더 적절한지를 결정해야 할 것이다. 이것은 지속적으로 논의되어야 할 것이다.

## 계산기

많은 교사들과 부모들은 계산기가 해결책이라고 생각한다. 하지만 일부 학생들에게는 계산기 사용법을 습득하는 것이 쉽지 않다. Mercer와 Mercer(2005, p.461)에 의해 제시된 다음의 지침들은 계산기 사용 시 준수되어야 한다.

- 학생들이 계산기로 각 문제를 풀기 전에 Clear 키를 두 번 누르게 하라.
- 계산기의 순차적인 숫자 배치와 학생들이 이용할 주요한 기능키의 위치를 지적해 주어라.
- 학생들이 입력할 때마다 화면을 보고 합리적인지 점검하게 하라(Heddens & Speer, 1997).
- 전원이 약하거나 고장이 난 계산기가 틀린 답을 내놓을 수도 있다는 것을 강조하라(Heddens & Speer, 1997).
- 학생들이 필기에 쓰지 않는 손으로 계산기를 조작하게 하라. 이것은 한 손으로 결과를 기록하면서 다른 손으로 계산기를 조작하는 능력을 길러 준다(Heddens & Speer, 1997).

## 컴퓨터보조교수

컴퓨터보조교수는 학습장애 학생들을 위한 수학 교수에서 효과적임이 증명되었다. 그러나 여러분은 선택의 개수에 압도당할 수도 있다. Babbitt(1999)는 수학 소프트웨어에 대한 검토를 위해 소프트웨어 선택을 위한 10가지 조언을 제시한다(참조 http://www.ldonline).

1. 화면이 혼란스럽지 않을수록 더 좋다.

대부분의 학습장애 학생들은 동시에 주어지는 너무 많은 자극에 대해서 주의집중을 하지 못한다. 더욱 어수선한 화면은 종종 수학개념이나 학습하고 있는 절차로부터 주의를 분산시킨다. 단순한 화면을 가진 프로그램을 선택하라.

2. 절차가 학교에서 가르치는 것과 일치해야 한다.

같은 과제가 다른 방식으로 제시된다면, 특히 학습의 초기단계에서 많은 학습장애 학생들은 혼란스러워한다. 소프트웨어에서 사용되는 일부 계산절차는 일반적인 교실에서 설명되는 것과 다르다. 이러한 갈등을 수학 교수에 도입하기보다는 소프트웨어의 다른 이점들을 중요시 하라. 만약 다른 절차를 소개하는 소프트웨어를 사용하기로 결정했다면 차이를 신중하게 지적하고, 혼란스러워 하는 경우 도움을 줄 준비를 위한 시간을 가져라.

3. 조정 가능한 소프트웨어를 선택하라.

속도, 문항의 수, 교수 수준이 조정 가능한 소프트웨어가 장기간에 걸쳐 하나의 학급, 또는 개별 학생의 다양한 필요를 만족시킬 것이다. 어떤 학생들은 빠른 반응을 해야 한다는 것에 의해 동기가 유발되는 반면, 어떤 학생들은 시간의 압박에 의해 좌절감을 느낀다. 어떤 학생들이 Math Munchers Delux(MECC)의 계속해서 증가하는 속도를 즐기는 반면, 어떤 학생들은 속도 요소를 끈 채로 편안하게 이 수학적 일치게임을 한다. 반응속도를 조정할 수 있는가의 여부는 효과적인 수학 교수에 있어 매우 중요하다. 또한 학생들은 피드백과 휴식을 원하기 전에 많은 문제를 풀 수 있는 능력에 있어 많은 차이를 보인다. 하루 중 언제인지와 문제의 난이도에 따라 지속성에 있어서 개인들은 차이가 있다. 문제군에서 문제의 수와 각 학생의 출발수준을 조정할 수 있다면 이런 다양성에 가장 잘 대응할 수 있다.

4. 수준들 간의 난이도 증가가 작은 소프트웨어를 선택하라.

모든 학생들을 위해서 고안된 대부분의 수학 소프트웨어는 한 수준과 다음 수준 사이의 난이도 차이가 다소 크다. 이러한 점은 특히 K-8 수학 교육과정 전체를 다룬다고 일컬어지는 수학 소프트웨어에 있어서도 그렇다. 문제가 너무 어려워지고 너무 빨라지기 때문에 학습장애 학생들은 종종 첫 번째 수준에 대한 시험을 통과하고 두 번째 수준에서 형편없이 실패한다. Edmark(http://www.edmark.com)와 같은 특수교육 출판사는 이러한 난이도에 대해 잘 인식하고 수준들 사이에 더 작은 난이도 증가를 반영한다. 다른 해결책은 특정 학생에게 적절한 중간 수준 정도를 위한 문제의 선정이나 구성이 가능한 소프트웨어를 선택하는 것이다.

5. 유용한 피드백이 있는 소프트웨어를 선택하라.

수학 소프트웨어는 학생이 실수를 했을 때 정답에 대한 단서를 제공해야 한다. 소프트웨어는 정답이 존재하는 범위를 보여 주거나, 학생들이 문제를 스스로 해결하도록 도울 수 있는 기초 개념을 나타내는 도식을 보여 줄 수도 있다. 단지 학생이 틀렸다는 것만을 표시하는 소프트웨어는 도움이 되지 않는다. Fraction Fireworks(Edmark)는 흥미롭고 유용한 피드백 기법을 구체화하고 있다. 정답 후의 불꽃 축하는 선택된 분수를 그림으로 나타낸다.

6. 한 문제에 대한 오답의 수를 제한하는 소프트웨어를 선택하라.

학생을 좌절하게 만드는 확실한 방법은 학생들에게 모르는 문제에 대해 반복해서 추측하도록 요구하는 것이다. 이것은 또한 두서없는 추측과 생각하지 않는 행동을 장려하는 확실한 방법이기도 한다. 가장 좋은 소프트웨어는 시도의 횟수를 제한하고, 정답에 대한 단서를 주며, 정답을 제공하며 그 후에 다시 동일한 항목을 도입할 것이다. 의도적으로 오류를 범해서 소프트웨어의 이러한 특성을 시험하라.

7. 좋은 기록 보존기능을 가진 소프트웨어를 선택하라.

우리는 수행에 대한 정보제공적 피드백이 학생들로 하여금 그들의 오류를 이해하고, 현실적이고 도전적인 목적을 정하도록 도울 수 있다는 것을 안다. 소프트웨어는 개별학생에 대한 기록을 보존해야 한다. 어린 학생들에게는 전체 중 몇 개의 항목을 맞추었는지를 말해 줄 수 있을 것이다. 보다 나이 든 학생들에게는 정답률을 알려 줄 수 있을 것이다. 정보는 문제 즉, 어려움을 야기한 바로 그 문제의 형태로 활용할 수 있어야 한다. 대부분의 소프트웨어는 기록 보존기능을 가지고 있을 것이지만 확실하게 점검하라.

8. 내장된 교수 보조도구를 가진 소프트웨어를 선택하라.

정확하게 문장제 문제를 표현하는 능력은 문제해결 수행을 증가시킬 수 있다. 산가지, 수직선, 10개 묶음, 100 도표, 분수 여행과 같은 내장된 교수 보조도구를 포함하고 있는 소프트웨어는 학생들에게 주어진 문제를 표현하고, 해결에 착수하는 도구를 제공할 수 있다. 이러한 가상의 조작물은 Equivalent Fractions by Sunburst(http://www.sunburst.com)와 같은 프로그램에 포함되어 있다. 나와 동료는 내장된 교수 보조도구가 활용가능하지 않던 때에, 소프트웨어와 더불어 구체적인 조작물을 사용하여 학생들과 예비적 연구를 한 적이 있다. 학생들은 분수 비교문제를 풀 때 보조도구들이 매우 유용하다는 것을 알게 되었다.

9. 실생활의 해결책과 닮은 소프트웨어를 선택하라.

실생활에서는 대개 문제를 해결하는 하나 이상의 방법이 있다. 문제해결에 이르는 다수의 방안을 허용한다면 돈, 시간, 문제해결 소프트웨어는 더욱 효과적이다. 예를 들면 Attainment Company, Inc(http://www.attainment-inc.com)의 거스름돈 바꾸기 프로그램은 다수의 해결 방안(학생들은 점원에게 충분한 돈을 지불하는 한, 물건 값으로 지폐와 동전을 다양하게 섞어서 지불할 수 있다)을 가진 결정해야 할 사항(쇼핑 목록에 있는 이 물건을 어디에서 살 수 있는가?)을 조합하기 때문에 매우 도움이 되는 프로그램이다.

10. 소프트웨어는 학습도구일 뿐 종합적인 해결책이 아니라는 것을 기억하라.

교수용 소프트웨어는 효과적인 수학 교수와 학습을 위한 도구이다. 색깔, 그림, 만화, 소리, 그리고 상호작용성에 의해 학생들이 수학 과제를 지속적으로 할 수 있도록, 학생들의 주의를 집중시키고 유지시킬 수 있다. 소프트웨어는 상상적이고 역동적인 방식으로 수학을 제시하기 위해서 이러한 특성을 이용할 수 있다. 소프트웨어가 조정이 가능하다면 그 아동의 속도와 수준에서 학습을 지원할 수 있다. 그러나 교사의 직접교수와 공학보조교수를 결합하는 것이 중요하다. 대부분의 경우에 있어 구체적인 자료를 통한 개념의 발달과 명확한 절차에 대한 교수가 소프트웨어 사용에 선행되어야 한다. 지필과제는 여전히 학생의 학습에 있어 일정한 역할을 한다. 문제해결은 공학을 사용하든지 하지 않든지 이루어져야 한다. 잘 설계된 수학 소프트웨어가 학습에 긍정적으로 도움을 줄 수 있지만, 소프트웨어는 그것만으로 효과가 있는 경우는 드물다. 교수는 소프트웨어의 사용에 선행되고, 다양한 환경에서 수학의 개념, 절차, 문제해결을 응용하기 위해 소프트웨어를 넘어서서 확장되어야 한다.

## 중학생과 고등학생

학습장애가 있는 중학생들과 고등학생들을 위한 수학 교수에 관한 문헌의 검토에서, Maccini와 Hughes(1997)는 대부분의 연구가 낮은 수준의 수학기술에 초점을 맞추고 있음을 알아냈다. 중·고등학생들의 문제해결에 관해 조사하기 위해 Cass, Cates, 그리고 Smith(2003)는 중다기초선 설계를 이용했다. 학생들은 어떤 영역과 그 주변에 대한 문제를 해결하기 위해 조작물을 이용하도록 훈련받았다. 시연, 안내된 실행, 독립적 연습뿐만 아니라 구체적인 조작물이 학생들에게 문제해결기능을 가르치는데 있어 효과적이었다. 이것은 기하학의 개념을 다루는 몇몇 연구들 중의 하나이다.

학습장애 중학생들에게 명시적 교수 모델을 이용해서 대수학을 가르쳤다(Witzel, mercer, & Mille, 2003). 그 모델은 구체적–반구체적–추상적 접근법을 이용했다. 결과는 학습장애 학생들을 가르치는 중·고등학교 교사들은 적극적으로 학생들을 참여시켜야 한다는 것을 보여 줬다. 추상적인 수준에서만 대수학의 개념을 가르치는 것은 효과적이지 않은 것 같다. 대수학에 관해 교사가 어떻게 그들을 도와 줄 수 있을까라는 질문에, 학생들은 추가적인 지원, 과제의 복잡성을 완화시킬 수 있는 교사의 배려, 관련이 있는 활동과 자료, 그리고 그룹으로 작업할 수 있는 능력을 언급했다(Kortering, deBettencourt, & Braziel, 2005).

만약 당신이 학습장애가 있는 중등학생들에게 수학을 가르치고 있다면, 큰 사정에 대한 교육과정의 요구가 초등학교보다 더 크기 때문에, 여러분이 협력하는 것이 필수적이다. 수학교사의 학습장애에 대한 지식의 부족과 여러분의 중등 수학에 대한 한정된 지식 때문에 상담과 협력이 반드시 필요하다(Magiera, Smith, Zigmond, & Gerbauer, 2005). 불행하게도 Magiera 등의 연구에서는 제한적인 협력만을 볼 수 있었다(협력에 대한 추가적인 정보를 위해서는 제7장 참조).

## 수학 불안

Mercer와 pullen(2005)은 "많은 학습장애 학생들이 수학낙제의 이력을 가지고 있다."고 말한다(p.251). 이것이 수학에 대한 부정적 태도와 불안을 초래한다. 교사들은 긍정적인 태도를 촉진시켜야 한다. Mercer와 pullen(2005, p.251)은 다음과 같은 지침을 제시하고 있다.

1. 학생들에게 도전적이지만 달성 가능한 교수목표를 설정하게 하라. 목표설정은 학생들의 참여와 노력에 큰 영향을 미친다(Locke & Latham, 1990).
2. 선행 기술에 기초하고, 수학의 기능이나 개념의 교수 순서를 단순화함으로써 학생들에게 성공을 제공하라. 학생들이 얼마나 잘 하고 있는지에 대한 피드백을 주기 위해 표를 이용하라.
3. 실생활 문제에 대한 수학 기술의 관련성에 대해 토의하라. 학생들의 일상생활의 일부인 문장제 문제를 이용하라.
4. 학생들의 학습능력에 대한 긍정적 기대를 전달하라. 교사가 학생들이 수학에서 해낼 수 있다고 믿는다는 것을 그들이 느낄 필요가 있다.
5. 스스로의 노력이 성취와 관련된 결과에 영향을 미친다는 전제를 학생들이 이해하도록 도우라. 학생들의 수행이 성공과 실패 모두에 영향을 미친다는 점을 항상 지적하라. 그러한 전제는 그들의 행동이 앞으로 일어날 일에 직접적으로 영향을 미친다는 것을 학생들이 인식하는 데 도움이 된다. 한편으로 학생들은 그들이 스스로의 학습을 통제하고 있다고 인식한다.
6. 수학에 대한 열정적이고 긍정적인 태도를 보여 주고 수학 교수 시간에 활기찬 속도를 유지하라.
7. 수학 과업에 대한 노력에 대해 학생들을 강화하고 오류는 학습기회임을 강조하라.

## 요약

수학은 학습장애의 분야에서 비교적 소홀하게 다루어지는 영역이다. 많은 학생들이 수학에서 어려움을 경험하지만 수학 교수는 문식성보다 덜 강조된다. Geary(2003, p.210)는 다음과 같이 말한다.

간단한 산수와 비교해서 더 복잡한 산수 문제를 해결하기 위한 수학장애 아동의 능력에 대해서는 거의 연구가 이루어지지 않았으며(그러나, Russell & Ginsburg, 1984 참조), 다른 수학 영역에 있어서는 더욱 그렇다. 간단한 산수영역에 있어서조차 수학장애 학생의 문제해결에서 특징을 이루는 인지적, 신경학적 기제가 완전히 이해된 것은 아니며, 더 많은 연구를 필요로 한다. 관심이 필요한 다른 영역들은 수학장애 진단도구의 개발, 수학장애와 다른 형태의 수학장애 그리고 주의력결핍 과잉행동장애의 공존성에 관한 인지와 행위에 관한 유전학적 연구, 치료기법의 개발을 포함한다. 지난 10년간의 발전을 살펴본다면, 우리는 향후 10년간 많은 영역에서 중요한 발전을 보게 될 것이다.

이 장은 수학에 관한 학습장애 학생들의 특징을 제시했다. 형식적, 비형식적 사정절차에 대해서 논의했고, 수학장애 학생들을 위한 몇 가지 유형의 중재가 제시되었다. 이 장은 수학 불안과 컴퓨터 소프트웨어의 선택에 관한 부분으로 마무리되었다.

## 숙고와 논의를 위한 발판

1. 학습장애 학생들에 대해서 문식성이 강조되는 반면 수학에 관해서는 그렇지 않은 이유가 무엇이라고 생각하는가?
2. 초등학교와 중등학교 수준의 학습도움실을 관찰하라. 수학에 어느 정도의 교수시간이 할애되는가? 읽기에는 어떠한가?
3. 학습장애 학생들의 교사를 인터뷰하라. 그들이 학습장애 학생들에게 수학을 가르치는 것이 얼마나 중요하다고 생각하는가?
4. 지역 학군의 사정 담당자를 인터뷰하라. 수학에 관한 어떤 사정도구를 사용하고 있는가?
5. 협력교수를 이용하는 고등학교 수학시간을 관찰하라. 교사들이 어떻게 역할 분담을 하는가? 어떻게 계획을 하는가? 특수교사는 수학영역에서 얼마나 편안함을 느끼는가?
6. 지역의 공립학교에서 사용되는 인기 있는 수학 교재를 검토하라. 수학에 있어 학습장애 학생들의 필요를 얼마나 잘 충족하고 있는가?
7. 수학 학습장애 학생들에 의해 계산기가 사용될 수 있는 방법들은 무엇인가?
8. 수학 학습장애 학생들에게 컴퓨터 소프트웨어가 어떻게 적용될 수 있는가?

# 16 학습장애아의 사회 · 정서적 측면

**학습목표**

이 장을 학습한 후 여러분은 다음을 할 수 있을 것이다.

- 학습장애의 사회적 영역의 중요성을 이해할 수 있다.
- 학습장애의 사회적 측면을 사정할 수 있다.
- 정신건강전문가들과 협력적으로 작업할 수 있다.
- 기능적 행동 사정 및 행동 중재계획의 개발과 실행에 협력할 수 있다.
- 학급에서 학습장애의 사회적 측면을 다루기 위한 다양한 중재를 실행할 수 있다.

조쉬는 그에게 유리한 많은 것을 가지고 있었다. 그는 신체적으로 매력 있는 고등학생이고, 훌륭한 운동선수이며, 지원적인 가족이 있으며, 좋은 학군에서 살았다. 그가 하지 못하는 단 한 가지는 사회생활이다. 조쉬는 2학년이었던 1970년대 초반에 학습장애로 진단되었다. 많은 힘든 훈련, 특별한 도움, 개인과외, 그리고 다른 지원을 받음으로써 학교에서 잘 수행할 수 있었다. 그는 수업 전에 학습도움실에 출석하여 특별한 도움을 받았고, 평균 B학점을 유지할 수 있었다. 그의 부모들은 아들의 학교생활을 매우 걱정하였다. 부족한 친구, 외로움, 어릴 때나 커서도 누군가의 집에서 놀려고 하지 않는 것, 방과 후나 주말 활동에 친구들과의 약속에서 제외되는 것 등은 부모를 곤혹스럽게 했다. 부모는 그들의 고민에 대해 학습도움실 교사와 이야기를 나눈 뒤, 교사의 반응에 대해 실망했다. 본질적으로, 교사는 부모에게 교사의 주된 관심은 사회적 이슈가 아닌 학업적인 것이라고 했고, 조쉬는 가장 훌륭한 학생들 중의 한 명이라고 말했다. 교사는 사회적인 문제에 관해 매우 적은 부분만을 알고 있었고, 그러한 것들에 대해 무엇을 해야 할지도 몰랐다. 교사는 조쉬를 도울 수 있는 치료사를 찾아볼 것을 권했다.

1970년대 이래로 학습장애의 사회적 측면에 대한 관점에 많은 변화가 있었다. Bryan(1974)은 그의 독창적인 기사에서 학습장애 아동에게는 학업적 수행보다 더 많은 주의를 기울여야 할 것들이 있음을 주장하였다. 만약 요즘 조쉬의 부모가 앞서 언급한 문제들에 관해 표현했다면, 그들은 확실히 다른 반응을 찾을 수도 있었을 것이다. 학습장애의 사회 · 정서적 문제에 관한 문헌도 굉장히 증가하고 있다. 인과관계와 중재에 대한 쟁점이 있는 동안, 어느 한쪽도 도외시해서는 안 된다는 것은 분명하다.

만약 조쉬와 비슷한 학생이 있다면 여러분은 무엇을 하겠는가? 부모에게는 어떻게 반응하겠는가? 학습장애 학생들의 사회 · 정서적 요구에 어떻게 대처하겠는가? 이 장은 학습장애 학생들의 사회적 및 행동적 특성, 사회 · 정서적 행동을 사정하는 방법 그리고 여러분의 학생들이 당면하게 될 모든 요구들을 보장하기 위한 중재에 대한 논의를 통해 답을 제공할 것이다.

## 학습장애의 사회 · 정서적 특성과 행동요소

현재 연방정부의 학습장애 정의(제2장 참조)는 그들의 사회 · 정서적 또는 행동적 요소들을 언급하지 않고 있다. 그러나 다른 두 정의는 이러한 관점을 다루고 있다. 미국학습장애협회(LDA)는, 이전의 학습장애아협회(ACLD), 학습장애를 다음과 같이 정의하고 있다.

> 신경학적으로 기인하는 것으로 추정되는 만성적 상태로, 발달과 통합, 언어적, 비언어적 활동에 있어 부분적 방해를 말한다. 특정 학습장애는 … 확실한 곤란 상태와 징후 그리고 심각성의 정도가 [다르게] 나타난다. 전 생애를 통해 그 상태는 자아존중감, 교육, 직업, 사회화 [추가적으로 강조] 또는 일상생활 활동에 영향을 미친다(ACLD, 1985, p.1).

학습장애통합위원회(ICLD)는 국회에 다음과 같은 정의를 제안했다(1987, p.222).

> 학습장애는 듣기, 말하기, 쓰기, 추론 또는 수학적 능력, 사회적 기능의 습득과 활용에 있어서 유의미한 정도의 곤란을 나타내는 여러 종류의 장애집단을 말하는 일반적인 용어이다. 이들 장애는 개인의 내적 문제로서 중추신경계 기능장애에 의해 일어나는 것으로 추정된다. 비록 학습장애가 학습에 문제를 일으키는 다른 장애조건(감각 손상, 정신지체, 사회 · 정서적 장애)이나 사회 · 환경적 영향(문화적 차이, 불충분하거나 부적절한 지도, 심인성 요인), 그리고 특별히 주의력 결핍장애 등에 의해 발생할 수도 있으나, 학습장애는 이와 같은 조건 또는 영향의 직접적인 결과는 아니다.

Elksnin과 Elksnin(2004)은 학습장애전국연합위원회(NJCLD, 2001)가 그들 스스로 학습장애의 정의를 구성한 것을 믿지는 않지만 사회 · 정서적 결함들을 인정한 것에 주목한다. NJCLD의 학습장애에 대한 정의는 다음과 같다.

> 학습장애는 듣기, 말하기, 읽기, 쓰기, 추론 또는 수학적 능력을 획득하고 사용함에 있어 상당한 어려움을 나타내는 이질적 장애를 의미하는 일반적인 용어이다. 이와 같은 결함은 개인 내적으로 나타나고, 중추신경계의 기능장애에 기인하며, 전 생애에 걸쳐 나타날 수 있다. 자기조절행동, 사회적 지각 및 사회적 상호작용의 문제가 학습장애와 동시에 나타날 수 있지만, 그것들 자체만으로는 학습장애를 구성하지 않는다. 비록 학습장애가 다른 장애(감각 손상, 정신지체, 심한 정서장애)나 외부의 영향(문화적 차이, 불충분한 또는 부적절한 교육)과 함께 발생할 수 있지만, 이러한 조건이나 영향의 결과는 아니다.

학습장애에 대한 연방정부의 정의 속에 나오는 사회 · 정서적 요인들에 대한 인식 결함은 학습장애 학생의 특성에 관한 부모와 학교 관계자들의 인식과는 뚜렷한 대조를 이룬다. 또한 지난 30년간 진행된 주된 연구들과도 동시에 이루어지지 않아 학습장애의 사회 · 정서적 그리고 행동적 요소들은 매우 적게 문서화되었다. Bryan, Burstein 및

Ergul(2004)은 학습장애 학생의 사회적 문제들은 기록에 의해 충분히 입증된다는 점에 주목하였다. 그것들은 나이, 인종, 민족, 환경, 역할, 방식, 법령 그리고 국가에 관계없이 존재했다. 이러한 저자들은 학습장애의 사회 · 정서적 요인을 6개의 범주로 나누었다.

1. 자아개념
2. 정서
3. 사회적 정보처리
4. 사회적 인지
5. 의사소통 능력
6. 사회적 행동

각각은 아래와 같이 논의될 것이다.

### 자아개념

직관적으로, 여러분은 학습장애를 가지고 있는 모든 학생들은 낮은 학업 수행의 부분적 영향으로 인해 낮은 자아개념을 가진다고 추측할 것이다. Bryan 등(2004)에 따르면, 이것은 학습장애 영역에서 가장 광범위한 연구 주제이다. 학습장애 학생들은 자신의 낮은 학업 성적에 대해 자신을 비난하기는 하지만(일부는 **학업적 자아개념**이라 부는 것), 그것이 그들의 사회적 지위로 올 때 그것들은 일치하지 않는다. 여러분의 학생들 중 일부는 많은 이유 때문에 그들의 사회적 지위에 관해 정확히 사정될 수 없을지도 모른다.

### 정서

학습장애 학생의 사회관계와 학습에 대한 정서의 영향을 다룬 전문 서적은 거의 없다. Mercer와 Pullen(2005)은 고독, 우울, 고립, 자살과 관련 있는 관심사들을 논의했지만 현재 유용한 자료는 거의 없다(다음 절 참조). 분명하게 학습장애 학생들을 담당하는 교사들은 아동이 고독하다는, 우울하다는, 또는 자살적인 표시에 주의를 기울일 필요가 있다. 이와 같은 이슈에 접근하는 가장 효과적인 방법은 협력적인 방법에 있다. 교사들은 그들의 학교에 있는 정신건강 전문가(심리학자, 사회사업가, 학교상담가)와 함께 대화해야 하고, 어려움이 있는 학생이 누구인지 확인하는 것에 유능하게 되어야 하며, 적합한 전문가에게 해당 학생들을 언제 보내야 하는지 알아야 한다. 이와 같은 문제들의 대부분은 학급교사의 훈련 범위를 넘어서기 때문에 협력은 매우 중요하며, 교사들은 반드시 언제 도움을 구해야 하는지를 알아야 한다.

**최상의 실제 : 사회·정서적 관심에 대한 협력.** 학습장애와 관련한 사회 · 정서적 쟁점 영역에서 협력은 결정적으로 중요하다. 학교심리학자 또는 교사 혼자 문제를 해결하려 한다거나, 언제 학교심리학자, 상담가, 사회사회가를 참여시킬지 모르는 것은 위험하다. 특히 자살의도와 우울증 같은 것은 훈련된 전문가에게 경계시키는 것이 중요하다. 반대로 학급교사는 사회 · 정서적 문제점이 그의 관심사가 아니라고 생각할 수도 있다. 그는 그의 직업은 학업적 중재에 초점이 맞춰져야 하고, 따라서 사회 · 정서적인 부분은 학교의 정신건강 전문가에게 맡겨져야 한다고 믿을 수 있다. 제5장에서 기술된 교수지원팀(Instructional Support Team)은 이 문제점을 어떻게 다루어야 할지를 고려하기에 좋은 방법이다. 그들은 첫 모임에서 올바른 결정을 위해, 전문가의 개입과 협력을 허용할 수 있다. 교수지원팀은 우울 또는 자살의도와 같이 전문가의 즉각적인 개입을 필요로 하는 상황인지를 결정할 수 있고, 빠른 도움을 줄 수 있다. 또한 협력은 기능적 행동사정(Functional Behavioral Assessment)과 행동중재계획(Behavior Intervention Plan)을 실행하고 개발하기 위해서도 필요하다. 이것은 다양한 학교의 전문가뿐만 아니라 학생의 가족도 포함시킨다.

## 사회적 정보처리

Bryan 등(2004)은 일반적인 정보처리의 두 가지의 유형에 대해 논의하였다.

1. 사회적 인지
2. 비언어적 인지

사회적 인지는 표현, 물리적 공간과 언어를 이해하는 능력이다. 학습장애를 학생들은 종종 사회적 단서를 잘못 해석하는 경향이 있다.

**비언어적 인지.** 비언어적 인지는 전형적으로 사진, 학생 필름, 매일의 감정(기쁜, 슬픈, 화난 등)으로 명칭 붙여진 것들에 의해 측정된다. Kavale와 Forness(1996) 그리고

Swanson과 Malone(1992)는 비장애 학생들에 비해 학습장애 학생들은 계속해서 더욱 잘못 수행한다고 보고했다. 이러한 학생은 이 영역에서 그들의 문제를 인식하고 있다. **비언어적 학습장애**란 이와 같은 학생들을 묘사할 때도 사용된다(Rourke, 1989, 1995). 다수의 어려움(소근육운동, 읽기, 이해, 수학적 추론, 그리고 과학에서의 특정 과제)에 더하여, 이러한 학생들은 심각한 사회적 · 행동적 문제를 갖고 있다(Torgensen, 2002).

### 사회적 인지

전형적으로, 학습장애 학생들은 그들의 비장애 동료보다는 사회적인 문제에서 더 나쁜 해결책을 가져오도록 실행한다. 그들은 얼굴 표정, 몸짓 언어, 물리적인 근접과 같은 비언어적 정보를 해석하는 데 어려움이 있다고 Weiner(2004)는 언급한다.

### 의사소통 능력

Bryan 등(204)은 실제적인 기술에 대한 Lapadat(1991)의 연구를 인용하였는데, 결과에 의하면 학습장애 학생들은 일관된 어려움이 있는 것으로 나타났다. Donahue와 Bryan (1984), Henry와 Reed(1995), Nippold(1983)의 연구를 인용하면, 그들은 학습장애 학생들이 '주제 선택'과 관련하여, 시작, 유지, 대화형식 바꾸기, 요구와 설명하기, 이야기하기, 논리적인 의견 및 다른 관점 제출, 시선과 눈 맞추기, 재치 있고 명확하게 말하기, 메시지 전달하기, 유머와 속어의 독해력에 있어 문제가 있다고 언급하였다.

### 사회적 행동

Bryan 등(2004, pp.47~48)에 의해 발표된 많은 연구들은 학습장애 학생들의 부정적이고 부적절한 행동을 언급하였는데, 다음과 같은 내용을 포함하고 있다.

- 긍정적인 사회적 관계를 시작하고 유지하는 기술이 부족하다(Gresham, 1997; Heiman & Margalit, 1998).
- 보다 공격적으로 행동하고 보다 부정적인 말과 비언어적인 행동을 더 나타낸다 (McConaughy, Mattison, & Peterson, 1994; Sigafoos, 1995).
- 어떤 학생들은 수줍어하고 위축된 반면에 다른 학생들은 파괴적이다(Clare & Leach, 1991; McIntosh, Vaughn, & Zaragoza, 1991).

- 더욱 파괴적이고, 덜 협력적이며, 둔감하고 재치가 적다(Pearl, Donahue, & Bryan, 1985).
- 주의를 구하는 행동(Perlmuter, 1983).

Weiner(2004)는 학습장애 학생들의 동료 관계 검토를 통해 Bryan과 그녀 동료들의 결론을 뒷받침했다. 학습장애 학생들은 사회적으로 수용되는 것이 거의 없는 것 같았다. 학습장애 학생들은 그들의 동료만큼 친구가 있더라도 친구들은 더 어린 경향이 있고, 더 외로워하는 것 같았다(그러나 고독에 대한 증거는 거의 없다). Weiner는 집단 따돌림에 대해서도 언급하였는데, 학습장애 학생들과 주의력결핍 과잉행동장애 학생들은 더 많은 희생양이 되는 것 같다(McNamara & McNamara, 2000; Mishna, 2003; Olweus, 2003). 학습장애와 집단 따돌림과의 관계에 관한 연구는 거의 없음에도 불구하고, 일부 연구들은 학습장애 학생들이 희생자로서의 가능성을 시사한다(Mishna, 2003).

약자를 괴롭히는 학생들은 다른 사람들을 지배하고 통제하고 싶어 한다. 그들은 다수의 방법으로 이것을 시도하는데, 언어적 조롱, 이름 부르기, 그리고 아동을 위협하기 위한 악성 유언비어 퍼뜨리기, 때로는 직접 위협하기 등을 이용한 공격적인 행동을 한다. 약자를 괴롭히는 학생들은 신체적인 공격에 수시로 관여하고, 그들의 피해자에게서 귀중품과 돈을 훔치기도 한다. 약자를 괴롭히는 학생들은 이 유해한 공격을 지속적으로 하는 특징이 있고, 상습적으로 행동한다(McNamara & McNamara, 2000).

수동적, 도발적인 두 가지 유형의 피해자가 있다. 수동적인 피해자는 신체적으로 약하고 반격하지 않는다. 도발적인 피해자는 더 침착하지 못하고 성미가 급하며, 자주 다른 사람을 괴롭히고 싸움을 걸기도 한다. 학습장애나 많은 주의력결핍 과잉행동장애 학생들은 도발적 유형에 속한다. 이 유형의 피해자들은 충동을 억제하는 것이 열등한 것으로 보인다. 그들은 실행에 옮기고 피해자가 된다.

피해자들은 약자를 괴롭히는 학생들보다 보다 신체적으로 더 약한 경향이 있다. 그들은 또한 일반적으로 빈약한 사회적 기술을 가지고 있는 걱정스럽고 불안한 아동들로, 그들의 학급, 놀이집단, 또는 캠프활동에서 그들보다 어린 학생들로부터도 배척된다. 대부분의 피해자들은 친구를 사귀고 친목을 유지하는 것이 어렵다.

학교 관계자들은 학교에서의 피해 뒤에 오는 관련 신호들을 알아 둘 필요가 있다

(McNamara & McNamara, 1997, pp.18~19).

- (반복적으로) 놀림 당하기, 이름 불리기, 조롱 당하기, 얕보이기, 비웃음 당하기, 협박당하기, 사기 저하되기, 위협 당하기, 명령받기, 지배 당하기, 정복 당하기
- 조롱과 비우호적인 방법으로 우스워지고 비웃음거리가 된다.
- 괴롭힘 당하기, 주변으로 밀리기, 밀침 당하기, 주먹질 당하기, 맞기, 발로 차이기(그리고 적절하게 자신을 방어할 수 없음)
- 무방비 상태로 또는 그만두고자 하는 '말다툼' 또는 '격투'에 말려든다(아마도 울 것이다).
- 그들의 책, 돈, 또는 다른 용품을 가져가고, 손상 입히고, 또는 주변에 던진다.
- 타박상, 상해, 베인 상처, 할퀸 상처, 또는 설명될 수 없는 찢긴 의류를 가지고 있다.
- 종종 휴식시간과 점심시간 동안 동료 집단으로부터 제외되거나 혼자 있고, 학급에 좋은 친구가 1명도 없어 보인다.
- 단체 경기에서 마지막에 선택된다.
- 휴식시간 동안에는 교사나 다른 성인들 곁에 있으려고 한다.
- 학급에서 큰 소리로 말하는데 어려움이 있다.
- 고민이 많아 보이고, 우울하며, 침체되어 있으며, 울음이 잦다.
- 갑작스런 또는 점차적인 학업 저하를 보인다.

학교 폭력과 집단 따돌림 증가로 인해 많은 학교들은 집단 따돌림 반대 프로그램을 도입했다. 이러한 프로그램들은 고립된 1회성 조합 유형으로부터 더 철저한 학교 전체 프로그램 유형까지 분포한다(다음 절 참조). Mishna(2003, p.344)에 의하면, "최근의 집단 따돌림 반대 프로그램들은 학습장애 학생들에 대한 중재의 효과성을 결정하기 위해 평가되어질 필요가 있다."고 언급했다.

**최상의 실제 : 집단따돌림 제거 노력을 위한 전학교적인 프로그램의 개발과 실행.** 가장 효과적인 집단 따돌림 반대 프로그램은 학교와 지역사회와의 협력을 통한 전학교적인 프로그램을 개발하는 것이다(McNamara & McNamara, 1997). 이와 같은 프로그램은 두 가지 목표를 갖는다.

1. 학교 내외에서 폭력, 피해의 문제를 제거할 수 없다면, 줄이기
2. 미래의 집단 따돌림 예방하기

피해자들은 학교에서 편안함을 느낄 필요가 있으며, 가해자들은 더욱 사회적으로 수용되는 방법으로 그들의 생각을 주장하는 방법에 대해 배울 필요가 있다.

모든 학교 관계자들과 지역사회 구성원들은 심각한 집단 따돌림의 특성을 인식할 필요가 있다. 이를 위한 방법들 중의 하나는 학생들에게 설문조사를 하는 것이다. 일단 학교가 문제의 심각성을 인식하면, 그들은 집단 따돌림 문제를 해결할 수 있다. 이와 같은 인식이 없으면, 학교 관계자들과 지역사회 구성원들은 성공 가능성이 거의 없는 비효과적이고, 오랜 중재방법에 의지할 것이다.

대부분의 전학교적인 프로그램들은 다음과 같은 주된 세 가지 요소로 구성되어 있다.

1. 명확한 규칙
2. 규칙을 준수하는 학생에 대한 강화
3. 규칙을 준수하지 않는데 따른 결과

이와 같은 구성요소들은 모든 학교 구성원들은 물론 지역사회 구성원들에 의해 지지되어야 한다.

집단 따돌림 반대 프로그램의 첫 번째 단계는 학교 교직원들을 훈련시키는 것이다. 앞서 살펴봤듯이, 교사들과 학부모들은 문제의 심각성에 대해 알고 있지 못하다. 피해를 입은 학생들은 폭력의 문제를 해결하기 위해 권위적인 위치에 있는 성인들에게는 의지할 수 없다고 말한다. 따라서 첫 번째 단계는 문제를 인식할 수 있도록 하는 것이다. 실제적으로 집단 따돌림은 교사들이 생각하는 것보다 훨씬 더 확산되어 있다. 일단 교직원들이 문제의 특성에 대해 알고 나면, 그들은 그와 같은 문제들을 어떻게 해결해야 할지에 대해 배울 준비를 한다.

훈련은 반드시 적절한 역할모델, 중재전략, 피해자에 대한 지원을 제공해야 한다. 추가적으로 교직원들은 수행을 위해 문헌과 비디오를 이용해야 한다. 많은 책들이 집단 따돌림의 처리, 피해자들에 대한 공감, 예방전략 수립에 대한 많은 사례들을 제공한다. 이와 같은 것들을 제공하는 비디오도 있다.

학급에서 집단 따돌림을 줄이기 위해 교사들은 무엇을 할 수 있는가? 전학교적인 프로그램은 학교 환경의 변화를 필요로 하지만, 어떤 프로그램이든 성공을 위해 가장 중요한 것은 교사 개인이다. 부모 모델이 가정에서의 행동에 적절한 것처럼, 교사들은 학급에서 이를 실행할 수 있다. 교사가 따뜻하고 지원적인 환경을 제공하고, 집단 따돌림에 대한 명확하고 일관된 규칙을 제공하는 학급은 학생들에게 강한 메시지를 줄 것이다. 교사들은 피해자와 가해자의 특성을 반드시 알고 있어야 하며, 학교와 지역사회에서 언제 그리고 어느 곳에서 도움을 구할 수 있는지에 대해서도 알고 있어야 한다.

많은 피해자들이 그렇듯이 아동이 외톨이라면, 학급교사는 아동이 더 잘 할 수 있는 것들을 찾아보고 덜 경쟁적인 학생들과 함께 공부할 수 있도록 해야 한다. 이 아동들은 그들과 함께 그리고 그들을 포함시켜 줄 수 있는 협력적이고 공감적인 학생들과 같이 배치될 수 있다. 집단은 협력적 행동에 대해 강화받을 수 있고 피해자들이 얼마나 잘하는지도 배울 수 있다. 교사는 피해자들의 능력을 보여 주거나 집단을 강화하는 방법을 통해 아동을 매력적으로 만들 수 있다. 시간이 경과하면, 피해 학생들이 그들 집단에 참여할 가능성이 매우 높다.

집단 따돌림의 피해자들은 좋은 선수들이 아니므로, 보통 팀에서는 마지막으로 선택된다. 이와 같은 일들이 왜 학교에서 일어나는지에 대한 정확한 이유는 없다. 교사는 통제된 환경에서 학생들이 그들의 동료, 집단 또는 팀을 선택하는 것을 허용해서는 안 된다. 왜냐하면 수동적인 피해자들은 변함없이 선택되지 않을 것이기 때문이다. 일부 학생들은 끝까지 실험실 동료로 선택되지 않을 것이며, 교사가 동료들을 선택했을 때 동료는 혐오감 섞인 말투로 불평불만을 토로할 것이다. 무작위에 의한 동료선택이나 인기 있는 학생과 피해자를 동료로 묶어주는 방법은 피해 학생들이 느끼는 굴욕감을 제거해 줄 수 있다. 마지막으로 다른 학생들에 대한 부정적인 행동과 관련한 명확하고 일관된 결과가 반드시 제공되어야 한다.

점심을 매일 혼자 먹고 그런 다음 휴식을 위해 혼자 운동장으로 나가는 학생들이 있다. 교사들은 점심 급식소에서 자리 배정, 식사를 같이 하는 학생에 대한 강화와 같은 방법을 통해 이를 조정할 수 있다. 그들은 또한 집단에서 고립된 아동을 포함하는 어린 아동들을 돌보는 것을 할 수 있다. 피해 학생들의 부적절한 고립에 대한 지속적인 주의가 요구된다.

학습장애 학생들의 사회적 문제는 모든 환경에 존재한다(Bryan et al., 2004). 그러므로 특수학급, 학습도움실, 또는 통합학급이든 교사들은 앞서 논의된 이슈들과 특성들에 대해 반드시 알고 있어야 한다. 다음 부분은 학습장애의 사회 · 정서적 그리고 행동적 측면의 사정에 대해 다룬다.

## 사정

Mercer와 Pullen(2005)은 "사회 · 정서적 행동들을 사정하기 위해서는 많은 도구와 과정들이 필요하다. 도움이 되는 정보는 사회적 발달에 대한 기록과 교육적인 기록은 물론 교사, 부모, 학생, 동료를 통해 얻을 수 있다(p.555)."고 했다. 이를 위해 학급교사는 학교심리학자, 사회사업가, 학교상담가 그리고 지역 정신건강전문가와 함께 협력적으로 연구하고, 형식적 그리고 비형식적 측정방법 모두를 사용할 필요가 있다.

## 형식적 사정

표 16-1은 학습장애 학생들의 사회 · 정서적, 행동적 문제를 사정하는 데 이용되는 표준화 검사도구들을 정리한 것이다(Cohen & Spenciner, 2003, pp.421~424). 전형적으로, 학교심리학자들 또는 사회사업가들은 이와 같은 도구들을 작성하는 데 필요한 정보를 제공할 것이다(예 : Conner의 비율 척도). 아동행동검목표와 같은 다른 검사도구들은 교사들이 정보를 입력하는 방식으로 학교심리학자들에 의해 시행될 것이다.

## 비형식적 사정

자기보고식 도구와 소시오메트릭 기법 등과 같은 다수의 비형식적 검사도구들은 Mercer와 Pullen(2005)에 의해 사정 과정의 일부로 제안되었다. McNamara는 학생 행동에 대한 직접 검사를 제안하였다.

행동적 접근은 행동 판별에서부터 중재계획의 효과에 관한 평가에 이르기까지 정확성을 요구한다. 그러므로 교사는 어떤 행동이 증가 또는 감소되어야 할 것인지에 대해 명확히 정의해야 한다—예를 들면 착석 행동 증가시키기, 조셉의 함부로 이야기하는 빈도 감소시키기, 질문을 하기 위한 손들기 행동 증가시키기, 또는 루이스에 대한 존의 때리는 행동 감소시키기. 이와 같은 모든 행동들은 관찰되고 측정될 수 있다. 가가에 대해 빈도와 지속시간을 측정할 수 있다. 모든 경우는 아니지만, 학급에서 발생하는

**표 16-1 사회 · 정서적, 행동적 문제의 사정**

| 사정 분야 | 도구의 명칭 | 학년 또는 연령 범위 | 기술적 특성 | 비고 |
|---|---|---|---|---|
| 주의집중<br>과잉행동<br>사회기술 행동 | ADD-H : 종합적인 교사 비율 척도(ACTeRS), 2판(Ullmann, Sleator, & Sprague, 1991) | 유치원~8학년 | 내적 일관성 적절, 검사 · 재검사 신뢰도 범위 .78~.82 | 점수를 백분위로 전환할 수 있으며, 요약 프로파일시트에 구상할 수 있음 |
| 과잉행동<br>충동 | 주의력결핍 과잉행동장애 검사(Gilliam, 1995) | 3~23세 | 높은 내적 일관성과 검사 · 재검사 신뢰도, 내용, 구인 근거 및 준거 관련 타당도, Conner의 평정척도 및 ADD-H : 포괄적인 교사비율척도에 의한 공인타당도 | DSM-IV의 진단 기준을 기본으로 함<br>교사와 부모에 의해 완성될 수 있음 |
| 위축, 두려움, 우울<br>신체에 대한 불만<br>범법 행동<br>공격적 행동<br>사회적 문제<br>주의집중, 과잉행동 | 아동행동검목표(CBCL/1 $1\frac{1}{2}$-5 (Achenbach, & Resorla 2000); (CBCL/6-18) Achenbach, 2001); (YABCL/18-30)<br>(Achenbach, 1977) $1\frac{1}{2}$세부터 5세 연령에 대한 보호 교사 보고 형식(Achenbach, 2000), 6~19세 연령에 대한 교사 보고 형식(Achenbach 2001b) | 1세 6개월~30세 | 평가자간, 검사 · 재검사 및 내적 일관성 적절. 구인 타당도와 준거 관련 타당도 적절 | 직접 관찰에 이용 |
| 주의집중<br>과잉행동 | Conner의 비율척도 개정판(Conner, 1997) | 3~17세(부모),<br>4~12학년(교사) | 내적 및 검사 · 재검사 신뢰도 적절, 구인 타당도 적절, 예언타당도에 대한 지속적인 연구 요구됨 | Conner의 비율척도 개정판은 부모, 교사, 및 성인의 자기 보고식과 주의력결핍 과잉행동장애(ADHD)/DSM-IV 척도 포함 |
| 문제 행동<br>사회적 기술 | 사회적 기술 비율 체계(Gresham & Elliott, 1990) | 유치원 전~12학년 | 양호한 기술적 특성 | 취학 전, 초등 및 중등수준으로 문제 분리, 교사와 부모를 위한 분리된 유형 설계, 학생을 위한 자기보고식 유형 |

대부분의 행동들은 관찰 가능하고 측정 가능한 용어로 진술될 수 있다.

다음은 학생들의 행동에 있어 전형적인 문제들을 정리한 것이다. A열은 문제행동을 나타냈으며, B열은 목표행동을 정의하였다.

| A열 | B열 |
|---|---|
| 주의가 산만한 학생 | 과제(교사와 눈 맞추기, 교재 찾기, 적절한 시간에 쓰기)에 사용하는 시간 비율의 증가 |
| 적의 있는 학생 | 다른 학생을 때리는 횟수 감소시키기 |
| 학급에서 친구가 없는 외톨이 학생 | 해당 학생에 대한 학급동료들의 칭찬 증가시키기, 다른 학생들과 함께 하는 시간 증가시키기 |
| 자아개념이 부족한 학생 | 긍정적인 자기 진술 횟수 증가시키기,과제나 자기 자신에 대한 부정적인 언급 감소시키기 |
| 방해하는 학생 | 그들의 말할 순서를 기다리게 하는 횟수 증가시키기 |
| 교실 주변을 돌아다니는 학생 | 의자에 앉아 있는 행위 증가시키기 |
| 지각하는 학생 | 특정 기간 동안에 시간에 맞게 행동하는 것 증가시키기 |
| 다른 사람의 물건 존중하지 않는 학생 | 다른 학생의 작품을 손상시키기는 횟수 감소시키기 |
| 마음이 복잡한 학생 | 과제 이탈 행동(창문 밖 쳐다보기, 눈 마주침 부족, 지시를 따르지 않음) 감소시키기 |
| 매우 공격적인 학생 | 다른 학생을 밀치는 행동 감소시키기 |

이 목록에서 볼 수 있는 바와 같이, 행동을 재정의하는 것은 교사들이 특정 행동에 초점을 맞추게 하고, 동료들, 학교 경영자들 및 부모들과의 의사소통을 더욱 효과적이게 하며, 학생행동의 빈도와 기간에 대한 자료의 수집을 시작하도록 한다. 정확한 기록의 지속은 학급 관리를 위한 행동접근에서 매우 중요한다. 종종 교사들은 이와 같은 접근과 관련된 문서 업무들이 지나칠 정도로 많다고 믿는다. 교사들은 이와 같은 과정의 수행을 위해 학교심리학자 또는 교수지원팀에 도움을 요청할 수 있다.

교사들은 많은 기록 방법들을 이용할 수 있지만, 가장 적용 가능한 세 가지 방법은 다음과 같다.

1. 사건 기록법
2. 지속시간 기록법
3. 시간표집 기록법

### 사건 기록법

사건 기록법은 행동의 빈도가 낮은 자료를 수집하는 데 사용되고, 전형적으로 학생들의 자리 이탈행동, 수업시간에 지각하는 행동, 말하는 행동, 또는 교우들을 때리는 행동과 같이 2분 이하로 지속되는 불연속적인 행동 빈도의 측정에 사용된다.

교사들은 그들의 이동과 교수에 방해가 되는 않는 방법으로 자료들을 수집할 수 있어야 한다. 연구자들은 이와 같은 목적을 실현하기 위한 최상의 장치로 손목에 착용하는 골프 계수기를 사용하는 것은 볼 수 있는데, 이것은 교사들의 움직임에 방해가 되지 않을 뿐만 아니라, 쉽게 사용할 수 또한 눈에도 잘 띄지 않는다.

사건 기록을 할 수 있는 다른 방법으로는 손목에 달라붙는 끈끈한 테이프를 이용해 표시하는 방법과 조그만 물건(종이, 토큰, 이쑤시개 등)을 한 주머니에서 다른 주머니로 옮기기, 또는 작은 계수 종이나 색인 카드를 이용하는 방법 등이 있다. 관찰시간은 30분이면 적절하다. 다음은 교수가 이루어지는 시간 동안 학생이 큰 소리로 소리치는 행동의 횟수를 기록한 것이다.

| 일자 | 시간 | 사건 수 |
|---|---|---|
| 5/20 | 9 : 30~10 : 00 | 20 |
| 5/29 | 10 : 00~10 : 30 | 15 |
| 6/2 | 11 : 30~12 : 00 | 18 |

### 지속시간 기록법

지속시간 기록법은 행동이 오랜 시간 동안 지속될 때 가장 적절한 절차이다. 짜증내기, 교실이탈, 수다, 과제해결 시간의 초과 등과 같은 어떤 행동들은 빈번하게 일어나진 않겠지만, 상대적으로 오랜 시간 동안 발생할 수도 있다. 행동이 2~3분 이상 발생할 때, 경과된 시간을 수집하는 것은 더욱 의미 있는 기록 절차가 될 것이다. 다음은 읽기수업 시간 중 학생의 과제 이탈 시간을 기록한 것이다.

비록 자료를 수집하는 데 있어 스톱워치를 사용하는 것이 가장 정확한 방법이지만, 기록자가 이탈 시간에 대해 정확하게 표시하는 것을 지속할 수만 있다면 벽시계나 손목시계를 통해 분 단위를 측정하는 것도 가능하다.

| 일자 | 시간 | 전체 지속시간 |
|---|---|---|
| 11/1 | 9 : 00~9 : 05<br>9 : 30~9 : 40 | 15분 |
| 11/5 | 9 : 00~9 : 10<br>9 : 20~9 : 30<br>9 : 35~9 : 40 | 25분 |
| 11/15 | 9 : 10~9 : 12<br>9 : 17~9 : 22<br>9 : 30~9 : 35 | 12분 |

### 시간표집 기록법

관찰 기간을 동일한 간격으로 나눈다. 만일 학생이 각 간격의 끝에 목표행동을 보이면, 그것은 (+)로 기록되고, 그렇지 않으면 (−)로 기록된다. 그림 16-1에서, 학생이 자리에 앉아 있는 시간 비율을 기록하기 위해 30분을 3분을 간격으로 하는 10개의 구간으로 나눈다. 스톱워치, 벽시계 또는 손목시계를 사용하여 교사는 매 3분 회기마다 학생을 관찰한다. 따라서 6분 간격에서, 학생이 그의 자리에서 이탈했다면 (−)를 기록한다. 30분 회기가 끝날 때까지 이 과정은 계속된다. 학생이 착석해 있었던 시간 비율은 착석 행동 간격의 수를 전체 간격의 수로 나누고, 이 숫자를 백분율로 변환한다. 이 경우 학생은 정해진 시간의 50%를 자리에 앉아 있었다. 30분 간격이 가장 빈번하게 사용되지만, 특정 행동에 대해서는 더욱 긴 관찰 간격이 필요할 수도 있다.

### 기초선 자료 그래프 그리기

모든 행동 자료들은 그래프에서 유사한 방법으로 표시될 수 있다. 세로좌표(Y축)에 표시된 눈금은 기간 동안의 행동 발생 빈도 또는 비율을 나타내고, 가로좌표(X축)는 분, 일, 또는 관찰정보 같은 시간차원을 나타낸다(Alberto & Troutman, 1995). 이와 같

| + | − | + | − | + | − | + | − | + | − |
|---|---|---|---|---|---|---|---|---|---|
| 3 | 6 | 0 | 12 | 15 | 18 | 21 | 24 | 27 | 30 |

그림 16-1 착석 행동(30분 간격)

은 자료의 수집과 표시 방법은 중재계획의 효과를 평가할 수 있도록 한다. 전형적으로 기초선 자료는 최소한 1주 동안 정보를 수집한다. 그런 다음 중재계획이 이행된다. 각 단계에 대한 구체적인 설명은 다음과 같다.

교육적인 결정은 직관력 또는 감각에 의한 것이 아닌, 사실적 정보에 의거해야 한다. 이 과정에 있어서 첫 번째 과정은 **기초선**(baseline)을 확립하는 것으로, 행동의 조작적 수준, 즉 중재 전의 행동 수준으로 정의할 수 있다. 그러므로 자료 수집의 처음 5일 동안은 정확한 자료를 얻기 위해 학생은 절차에 대해 모르도록 해야 한다. 전형적으로 기초선은 5일 동안 계속되지만, 다음 단계로 넘어가기 이전까지는 반드시 자료를 검토해야 한다. 기초선 A에서(그림 16-2 참조), 착석과 같은 긍정적 행동이 증가하고 있으므로, 기초선 자료의 기록을 계속할 수 있다. 기초선 B를 보면 고함을 지르는 것과 같은 바람직하지 않은 행동은 저절로 감소하고 있음을 알 수 있다. 이때는 중재를 이행할 것이 아니라 계속해서 행동을 관찰하고, 기초선 자료를 기록해야 한다. 안정된 기초선은 기초선 C에서 설명되는데, 합리적인 범위 내에서만 증가와 감소를 계속하고 있다. 그러므로 이때는 중재를 하는 것이 적절하다.

## 기능적 행동사정

기능적 행동사정(Functional Behavior Assessment : FBA)이란 "행동의 이유(기능)를 결정하기 위해서 정보와 선행사건, 행동과 결과를 수집하는 방법의 집합체"이다(Gresham, Watson, & Skinner, 2001, p.158).

많은 교사들과 경영자들은 정서행동장애를 가진 학생들에게 기능적 행동사정이 적합하다고 생각하지만, 아직까지 장애인교육법 1997 수정안은 그들의 행동이 해당 학생들의 학습과 학급 동료들의 학습에 영향을 미친다면, 학생들은 반드시 행동적 지원을 받아야 한다고 진술하고 있다. 또한 행동적 지원은 그들의 개별화교육프로그램에 포함되어야 한다. 장애인교육법 2004 역시 이와 같은 점들을 제공한다. 기능적 행동사정은 이와 같은 관심을 설명하는 합리적인 방법이다. 기능적 행동사정이 반드시 사용되어져야 하는가에 대한 법률적 해석은 여전히 자유롭지만, 학교는 이와 같은 경우에 기능적 행동사정을 수행하는 것이 현명하다. 10일 이상 정학을 받았던 장애학생은 반드시 기능적 행동사정과 행동중재계획(Behavior Intervention Plan : BIP)을 실시해야 한다. 행동중재계획은 이 장의 후반부에서 논의될 것이다(교사들은 학습장애 학생들이 심각한

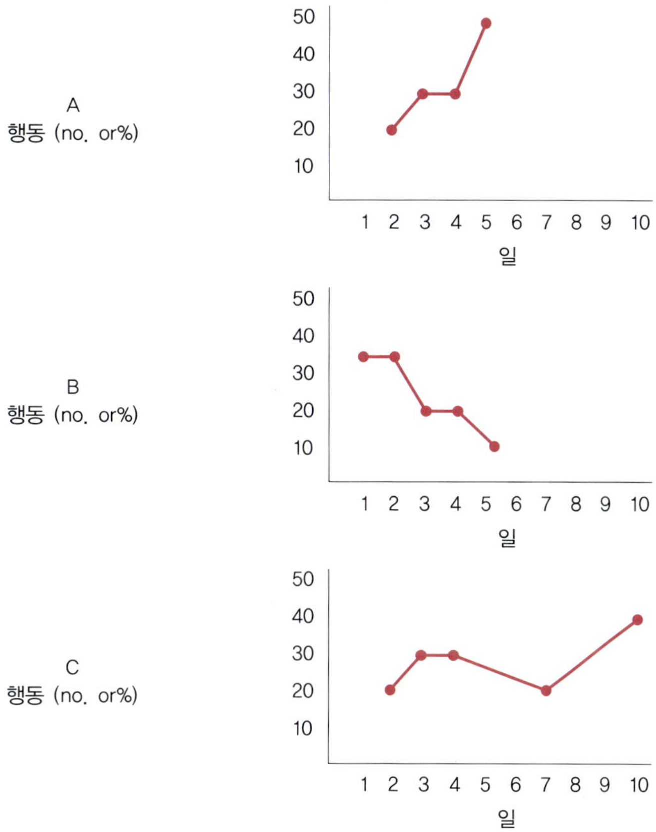


**그림 16-2 기초선의 세 가지 유형**

문제 행동을 보이지 않을 것이라고 생각할 수 있으나, 여러 가지 이유로 해서 그렇지 않다. 다음 절 참조).

기능적 행동사정은 다음을 필요로 한다.

- 목표행동의 확인
- 자료 수집
- 행동 전후의 사건 확인하기(표 16-2 참조)
- 행동기능에 대한 가설 형성

**표 16-2 ABC 도표**

| A(Antecedent, 선행사건) | B(Behavior, 행동) | C(Consequence, 결과) |
|---|---|---|
| 1. 읽기 교수 | 크게 고함지르기 | 언어적 질책 |
| 2. 쓰기 과제 | 복잡한 과제 수행 못함 | 휴식시간 동안 앉아 있기 |
| 3. 교수 시간 | 부주의 | 언어적 질책 |
| 4. 수학 교수 | 급우 괴롭히기 | 자리 이동 |
| 5. 학급에서 학습도움실로의 이동 | 학습도움실에 지각 | 경고주기 |

**교사를 위한 함의 : 학습장애 또는 정서장애(행동장애).** 학습장애를 지도하고 있는 많은 교사들은 만약 주된 관심을 행동적인 면에 둔다면, 학습장애는 정서장애 또는 행동장애로 분류될 것이라고 추측한다. 교사들은 심각한 행동적 문제 때문이 아닌 학습장애의 존재 때문에 사회적·정서적·행동적 중첩을 바랄지도 모른다. 이와 같은 가정과 기대는 적절한 행동 중재의 부족을 가져 왔고, 관련된 책임을 학교심리학자, 상담가 또는 사회사업가에게 전가하게 했다. 그러나 모든 학습장애 담당 교사들은 행동적 문제에 직면할 가능성이 높기 때문에 교실, 행동관리 원리, 기술들에 대해 정통해야 한다.

이러한 학생들은 왜 정서장애나 행동장애로 분류되지 않는 것일까? 한 가지 이유는 불균형적으로 많은 수의 학생들이 학습장애를 가진 것으로 분류되기 때문이다. 확실히 이와 같이 분류된 학생들 중에는 행동적 원인들에 대해 언급되는 경우도 있으나, 그들은 학습장애로 분류되고 있다. 부모들은 정서장애(행동장애)로 분류되는 것보다는 학습장애로 분류되는 것을 더 선호한다. 또한 지역 학군은 그 행동문제를 문서화하는 적절한 작업을 수행하지 않았을지도 모른다. 이유가 무엇이든 간에 행동과 관련한 이슈가 학업에 대한 이슈를 무색하게 할 경우에도 교사들이 놀라서는 안 된다. 학교를 다니는 동안 학생은 제한적인 학업적 성공에 의해서도 진보한다는 것은 아마도 사실일 것이다.

## 행동중재계획(행동중재계획) 개발

학생들의 행동에 관한 직접 측정과 관련된 많은 정보들은 기능적 행동사정에 적용할 수 있다. Shippen, Simpson 및 Crites(2003, pp.43~44)는 기능적 행동사정 개발에 이용할 수 있는 안내지침을 제공하였다(그림 16-3 참조).

일단 자료가 수집되고 분석되면, 행동 기능을 설명하기 위한 가설을 세운다. 학생들은 과제를 적절히 수행할 수 없기 때문에 그것들을 싫어하는 것인가? 학생은 교사의 관심을 끌기 위해 큰 소리를 지르는 것인가? 기능이 결정되면, 행동중재계획은 개발될 것이다.

실질적으로 이와 같은 과정을 혼자 수행하는 것은 불가능한 것으로 반드시 협력적 노력이 필요하다. Scott, Liaupsin, Nelson 및 Jolivette(2003, p.17)은 팀 중심으로 기능적 행동사정을 수행하는데 필요한 안내지침을 제시하였다(표 16-3 참조).

기능적 행동사정의 중요한 구성요소는 **명확한 결정**이다—행동은 장애와 관련되는가(또는 장애로 인한 것인가)? 학습장애와 주의력결핍 과잉행동장애 학생의 경우에, 부적절한 행동을 유발하는 충동을 억제하지 못하는 무력감은 장애로 인한 것인가? 학생들은 행동을 조절하고 학교 규칙을 따를 수 있는가? 이것이 대중적인 출판물에서의 주된 관심이며, 교사들은 학생들이 그들의 장애를 이유로 명확한 결정을 비난함으로써 그것을 피한다고 말한다. 또한 이것은 1977년과 2004년 재승인된 장애인교육법에서도 논쟁이 되는 이슈이다.

명확한 결정은 장애인교육법 2004의 정학 및 교육적 서비스와 관련된 추가적 조항에서도 계속 논의된다. 특별한 상황이라면 배치의 변경은 해당 학생이 학교 행동규칙을 위반했는지에 대한 개별적 근거를 고려해야 한다. 장애인교육법 2004는 증명의 책임을 학교에서 부모로 이양했다.

최근의 장소로 이동한 학생은 일반교육과정에 지속적으로 참여할 수 있도록 하는 교육적 서비스를 받아야 하며 개별화교육프로그램의 목표를 달성하기 위해 나아가야 한다. 또한 그들의 행동 문제를 설명하기 위한 기능적 행동사정과 행동중재계획도 이행되어야 한다.

학생 이름 : ____________ 학교 : ____________ 회의 일자 : ____________
제안 교사 : ____________ 시작 일자 : ____________ 검토/종료 일자 : ____________

**기능적 행동사정 예정 기록지**
**(결과 분석)**

| 선행사건 | 관련 행동 | 결과 |
|---|---|---|
| | | |
| | | |
| | | |
| | | |

위원회의 목표행동 결정
1.____________
2.____________
3.____________

기능적 행동사정 회의 참석자 :

| 이름 : | 직위 | 일자 |
|---|---|---|
| ____________ | 학부모 | ________ |
| ____________ | 지역교육기관 대표 | ________ |
| ____________ | 특수교사 | ________ |
| ____________ | 학생 | ________ |
| ____________ | 일반교사 | ________ |

학부모에게 과정 설명 방법 :
- ☐ 과정 보고
- ☐ 학부모 회의
- ☐ 기타

부모에게 과정을 보고하는 빈도
____________
____________
____________

II. 기능적 행동사정
목표 행동 1.____________

*기초선 사정 방법 :*
- 학부모 인터뷰
- 교사 인터뷰
- 검목표
- 체계적 관찰
- 목표행동 빈도 측정
- (요구되는)분석 결과
- 규준 지향 사정

*목표행동에 대한 기초선 빈도*
____________

**그림 16-3 기능적 행동사정 안내지침**

목표 행동 II. ______________________________

*기초선 사정 방법 :* *목표 행동에 대한 기초선 빈도 :*

학부모 인터뷰 ______________________________
교사 인터뷰 ______________________________
검목표 ______________________________
체계적 관찰 ______________________________
목표행동 빈도 측정 ______________________________
(요구되는)분석 결과 ______________________________
규준 지향 사정 ______________________________

목표 행동 III. ______________________________

*기초선 사정 방법 :* *목표 행동에 대한 기초선 빈도 :*

학부모 인터뷰 ______________________________
교사 인터뷰 ______________________________
검목표 ______________________________
체계적 관찰 ______________________________
목표행동 빈도 측정 ______________________________
(요구되는)분석 결과 ______________________________
규준 지향 사정 ______________________________

*목표 행동의 목적 I :*

1. 습득을 위해? 예 아니요 무엇? ______________________________
2. 도피/회피를 위해? 예 아니요 무엇? ______________________________
3. 기타 다른 요인? 예 아니요 무엇? ______________________________

가설 : ______________________________
대체 행동 목표 : ______________________________
*필요한 기술? 예 아니요, 요구되는 추가적 교수* ______________________________

*목표 행동의 목적 II :*

1. 습득을 위해? 예 아니요 무엇? ______________________________
2. 도피/회피를 위해? 예 아니요 무엇? ______________________________
3. 기타 다른 요인? 예 아니요 무엇? ______________________________

가설 : ______________________________
대체 행동 목표 : ______________________________
*필요한 기술? 예 아니요, 요구되는 추가적 교수* ______________________________

**그림 16-3 기능적 행동사정 안내지침(계속)**

*목표 행동의 목적 Ⅲ :*

1. 습득을 위해? 예 아니요 무엇?______
2. 도피/회피를 위해? 예 아니요 무엇?______
3. 기타 다른 요인? 예 아니요 무엇?______

가설 : ______

대체 행동 목표 : ______

*필요한 기술? 예 아니요, 요구되는 추가적 교수*______

**그림 16-3 기능적 행동사정 안내지침(계속)**

출처 : "A Practical Guide to FBA" by M. E., Shippen, R. G. Simpsan, and S. A. Crites. Teaching Exceptional Children, 35, 2003, 36~44. copyright © 2003. published by The Council for Exceptional Children. Reprinted with permission of publisher.

**표 16-3 팀 중심 기능적 행동사정을 위한 안내지침**

| 과제 | 고려사항 |
|---|---|
| 팀 만들기 | • 학생과 상호작용하는 인사들 소개하기<br>• 학부모 초대하기<br>• 적절한 학생 포함하기<br>• 적어도 한 명의 팀원은 기능적 행동사정에 능숙해야 함 |
| 문제행동 정의 | • 모든 팀원들이 문제를 정의하는 데 협력하기<br>• 관찰가능하고 측정 가능한 정의 만들기<br>• 문제가 발생한다는 조건하에서 정의하기 |
| 자료 공유 및 관찰 | • 기존 정보 요약하기(의뢰, 보고서, 등)<br>• 학생들과의 상호작용에 대해 팀원들과 토의하기<br>• 적절한 행동과 부적절한 행동에 대해 토의하기 |
| 유형 분석 | • 행동을 예측하는 환경 고려하기<br>• 예측할 수 있는 선행사건과 결과 확인하기<br>• 적절한 행동과 부적절한 행동을 함께 분석하기 |
| 기능 가정설정 | • 측정 가능한 행동 기능 용어 만들기<br>• 언제 행동이 일어나기 쉬운지 정의하기<br>• 결과가 어떻게 행동을 유지하는지 정의하기 |

출처 : "Ensuring Student success Through Team-Based FBA" by J. M. Scott, C. M. Nelson, and K. Jolinette. Teaching Exceptional Children, 35, 2003, 16~21. Copyright © 2003. Published by The Council for Exceptional Children. Reprimted with permission of the publisher.

## 중재

### 행동중재계획

일단 교사가 행동 기능을 사정했다면, 특정한 측정 가능한 목표를 포함하는 행동중재 계획은 반드시 개발되어야 한다. Salend(2001, p.236)는 교사들이 행동중재계획을 개발하는데 안내지침의 역할을 할 수 있는 다음과 같은 질문을 제시하였다.

1. 행동을 증가/감소시킬 수 있는 선행사건과 결과는 무엇인가?
2. 행동을 증가/감소시키기 위해 이용 가능한 전략, 교육과정 수정, 물리적인 환경의 수정은 무엇인가?
3. 이러한 변화는 다른 학생들과 학습 환경에 가장 효과적이고, 수용 가능하며, 사용하기 쉽고, 문화적으로 민감하며, 적게 방해되며, 유익한가?

기능적 행동사정과 마찬가지로 행동중재계획 역시 협력에 의해 개발해야 한다. Scott 등(2003, p.19)은 협력팀의 과제와 고려사항을 제공한다(표 16-4 참조).

### 사회적 기술 훈련

과거에 학습장애 학생들의 사회 · 정서적 그리고 행동 문제에 대한 중재방법으로 사회적 기술 훈련이 가장 널리 이용되었다. 이와 같은 중재방법의 유효성 관한 Kavale과 Forness(1995)의 메타분석은 고무적이지 않다. 즉 "훈련은 특정 학습장애의 사회적 기능에 유의미한 영향을 미치지 않는다(p.41)."는 것으로, 사회적 기술 훈련을 실험적으로 볼 것을 제안하였다. Weiner(2004)는 Weiner와 Sunohara의 연구(1998)를 인용해서, 학생들의 사회적 관계 개선을 위해 부모는 친구들을 초대할 수 있고 비학업적인 활동을 격려할 수 있는 집안 환경을 만들어 주는 것과 같은 방법을 사용할 것을 추천하였다.

Bryan 등(2004)은 (학급 중심의 중재보다는) 학생의 요구에 맞게 조정된 개별적인 중재가 더욱 효과적임을 언급하였으며, Cartedge와 Milburn(1995)은 개별적인 사회적 기술 훈련에 이용할 수 있는 5단계 모델을 제공하였다.

**표 16-4 행동사정 계획의 개발 : 과제와 고려사항**

| 과제 | 고려사항 |
|---|---|
| 대체행동 확인하기 | • 대체할 수 있는 적절한 행동 결정하기<br>• 대체행동이 동일한 기능에 접근할 수 있는지 확실히 하기<br>• 즉각적인 성공을 극대화하기 위한 기술 선택하기 |
| 교수 설계하기 | • 학생들이 대체 기술을 가졌는지에 대한 결정하기<br>• 교수의 예와 결과 선택하기<br>• 어떻게, 언제, 어디서, 왜 가르칠 것인지에 관한 교수 설계하기 |
| 성공촉진을 위한 환경 조정 | • 잠재적인 실패에 대한 고려와 예방하기<br>• 성공을 위한 자극, 단서, 일과 개발하기<br>• 학생들의 성공을 위한 환경 조정하기 |
| 강화 계획 | • 행동에 대한 자연적 강화 결정하기<br>• 직접적으로 이용 가능한 자연적 강화물 만들기 |
| 부정적 결과를 위한 계획 | • 부정적인 결과들은 기대되는 기능을 제공하지 않는다는 것 확신하기<br>• 기대되는 효과를 얻기 위한 최소한의 부정적 결과 이용하기<br>• 부정적 결과가 사라져서 자연적 결과에 이르게 하기 |
| 성공과 점검의 기준 정의 | • 기대되는 수행을 위한 측정 가능한 기준 정의하기<br>• 지속적인 행동 측정하기<br>• 기준에 따른 행동 비교와 중재 성공 평가하기 |

출처 : "Ensuring Student Success Through Team-Based FBA" by J. M. Scott, C. M. Nelson, and K. Jolinette. Teaching Exceptional Children, 35, 2003, 16~21. Copyright © 2003. Published by The Council for Exceptional Children. Reprinted with permission of the publisher.

- 교수 제공하기 : 학습장애 학생들에게는 학습자들이 즉각적인 학습을 가능하게 하는 그런 기술을 위해 직접교수가 필요하다. 여러분은 반드시 가르치는 기술에 대해 명확한 교수를 제공해야 한다. 교사들은 학생들에게 기대되는 것을 이해시키기 위해 충분한 정보를 제공해야 한다. 종종 학생들은 부적절한 방식으로 행동하는데, 왜냐하면 자신들이 어떻게 행동해야 하는지를 알고 있는 것으로 가정하기 때문이다. 이 접근법은 더 이상 이와 같은 가정을 하지 않는다. 이 접근방법은 학생들이 잘못된 사회기술을 사용하기 전에 기대되는 행동이 무엇인지를 이해하는 데 필요한 교수를 우선적으로 제공하기 때문이다.
- 모델에 노출시키기 : 교수만으로는 충분한 사회적 기술의 발달을 기대할 수 없다. 학생들은 적절한 행동을 하는 다른 학생들을 관찰할 수 있는 기회를 가져야 한다. 이것은 역할모델, 그림 보여주기, 영화, 슬라이드와 책 등을 통하여 할 수 있다. 적절한 모델들에 대한 경험은 학생들이 어떻게 사회적 기술이 다양한 환경과 다른 조건에서 명확해지는지를 알 수 있게 한다.
- 시연 : 학생들은 사회적 기술을 실제로 해 볼 수 있는 환경에 대해 생각할 수 있도록, 그리

고 실질적으로 그 기술을 활용할 수 있도록 격려되어야 한다. 일부 학생들에게는 시각적인 심상을 이용하는 것이 매우 유용한데, 교실에서 특정 상황을 상상하도록 하고, 그들이 스스로 적절한 사회적 기술을 성공적으로 수행하는 것을 마음속으로 그려보도록 한다. 역할 모델 또한 사회적 기술을 연습할 때 도움이 된다. 학생들은 교사와 다른 학생들의 역할을 수행함으로써 사회적 기술들을 익히는 노력을 할 수 있다.

- 수행 피드백 : 사회적 기술을 연습하는 동안 교사는 학생들의 수행을 평가해야 한다. 이러한 행위들은 그 자체로써 재미있기는 하지만, 목표는 사회적 기술에 대한 학생들의 능력을 향상시켜야 한다. 그러므로 피드백은 학생들이 과정에 대한 이해를 명확히 할 수 있도록 재정의되어야 한다. 피드백은 즉각적으로 그리고 긍정적으로 주어져야 하는데, 학생들은 그들의 수행에 대해 긍정적 피드백을 자주 제공받아야 한다. 특정 기술에 대해서는 중립적인 언급이 필요할 수도 있지만, 사회적 기술을 연습하는 능력에 대해서는 어떤 벌적인 보상도 받지 않는다는 것을 학생들이 확실히 인식할 수 있도록 하기 위한 모든 노력을 해야 한다.
- 실제 : 특수한 교육환경에서 그들이 사회적 기술을 실제적으로 수행했을 때, 학생들은 일반화를 준비해야 하는데, 이것은 사회적 기술 훈련의 목표임에 분명하다. 즉 연습만으로는 실질적으로 분리된 환경에서 그 행동들이 수행되기에 충분하지 않다. 사회적 기술의 연습을 위해서는 충분한 기회가 주어져야 하고, 훈련 과정 동안 사회적 기술을 수행하도록 하기 위해서는 강화가 주어져야 한다.

사회적 기술은 고립된 환경에서는 발달하지 않는다. 학생들의 지역사회 문화 양식은 학급에서 사용되는 기술들에 영향을 주어야 한다. 문화적 특성을 명확히 설명하기 위해, Cartedge, Lee 및 Feng(1995)는 미국의 주요 4개의 소수민족들에 대한 정보를 제공하였다. 즉 문화적, 언어적으로 다른 불균형적으로 많은 수의 학생들이 학습장애로 분류되었는데, 교사들이 이런 정보를 아는 것은 필수적이다.

## 응용행동분석

학급교사는 교실에서 바람직한 행동원리를 적용하는 것이 필요하다. 지난 40여 년의 연구들은 특별히 학습장애 학생들과 관련하여 다양한 교실환경에서의 행동 원리와 기술들의 적용을 지지하였다(McNamara,1998). 강화, 벌, 토큰경제와 행동계약은 아래서 논의될 것이다.

교사의 칭찬은 아마도 교사들이 가장 쉽게 접근할 수 있는 강화 기법으로, 학생들의 적절한 행동을 증가시키기 위해 특수학급 및 일반학급에서 이용될 수 있다. 적절한 행동의 강화와 부적절한 행동에 대한 (상당한 정도의) 무시는 모든 교사들이 이용하는 관리 도구가 되어야 한다. 통합학급에서 이용할 수 있는 다른 강화물들로는 자유시간, 특권, 스타 스티커, 편지, 부모를 위한 긍정적인 편지 등이 있다.

### 강화

행동을 증가시키는 어떤 한 것들을 강화자극이라 한다(McNamara, 1995). 아동들과 성인들에게 강화를 일시적으로 사용—적절한 행동 후의 강화 적용—하는 것은 광범위한 영역에서 다양한 행동을 증가시킨다. 교사의 주의집중(접근, 언어적 및 비언어적인 칭찬)은 취학 전 및 학령기 아동들에게 효과적인 강화제로 작용한다는 증거가 계속적으로 제시되고 있다.

### 벌

벌은 행동의 강도를 감소시키는 어떤 것들이다. 교사들은 벌의 부정적인 영향을 반드시 알고 있어야 하는데, 왜냐하면 학생들은 벌을 주는 사람과 벌을 연관짓는 경향이 있기 때문이다. 이것은 분명히 교사와 학생 사이의 긍정적인 공감대 형성을 방해는 요인이다. 또한 적절한 행동의 기준으로서 교사를 보는 학생들이 이와 같은 행동을 따라하는 것에 대한 효과도 고려되어야 한다. 이런 대부분의 경우에 있어 행동들은 강화 기법의 체계적인 사용을 통해 변화시킬 수 있다. 그러나 행동을 변화시키기 위해 부정적인 결과가 필요할 때도 있을 수 있다.

### 토큰경제

토큰경제는 교실을 포함한 다양한 환경들에서 적용되어 왔다. 간단히 말해 토큰경제는 학생들이 기대되는 행동을 했을 때, 학생들이 토큰(또는 점수, 별표 스티커, 체크 부호 등)을 얻는 것을 포함한다. 시간이 지난 후 보통 한 주의 마지막 날, 학생들은 토큰을 상품들—먹을 것들, 장난감들, 교실에서의 특권 또는 실질적인 강화제로서의 기능을 갖고 있는 실제적인 어떤 것—과 교환할 수 있다. 토큰은 모든 것을 해결할 수 있는 것이 아닐 뿐만 아니라, 그 자체가 목적도 아니다. 또한 교사들은 토큰의 사용은 광범위하지만, 토큰의 사용이 시간의 비용-효과적 이용을 나타내는 것이 아님을 알고 있어야 한다.

## 계약

만약 학생들이 성공하기를 원한다면, 일반교사와 특수교사 사이에는 적절한 행동을 강화하고, 학업적 그리고 사회적 행동을 증진시키기 위한 학생의 과제 계약서에 대해 의사소통이 있어야 한다. 계약은 특별한 주제, 학업적 주제, 숙제, 또는 특별한 주의를 요하는 다른 비슷한 교육적 영역에 이용할 수 있다. 그림 16-4는 과제 계약의 예를 제시한 것이다. 교사와 학생은 수행할 과제의 수와 후에 주어질 보상에 대해 함께 결정해야 한다.

학생 이름 ______________________

**과제**

| 과목 | 월 | 화 | 수 | 목 | 금 |
|---|---|---|---|---|---|
| 읽기 | | | | | |
| 수학 | | | | | |
| 철자쓰기 | | | | | |

나는 ______________________ 숙제를 마칠 것이다.
보상은 ______________________ 이 될 것이다.
교사 ______________________ 일자 ______________
(서명)
학생 ______________________ 일자 ______________
(서명)

그림 16-4 과제 계약서의 예

## 갈등 해결

Johnson과 Johnson(1995)은 학생들에게 갈등을 해결하기 위한 방법을 가르치기 위해 "학생들이 선도자가 되도록 지도하는 프로그램(Teaching Students to be Peacemakers Program)"을 개발했다. 그것은 6단계로 구성되어 있는데, 각 단계는 다음과 같다.

1. **협력적인 상황 만들기** : 상당히 많은 증거와 실질적인 경험에 의하면, 경쟁상황에 있는 개인들은 갈등상황에서 '이기기'를 희망하지만, 문제를 해결하려고 하지 않는 것으로 나타났다. 문제 해결 접근법은 논쟁자들은 그들의 장기간 상호의존성과 상호 간의 효과적인 관계의 유지 필요성을 요구한다—단지 협력적인 상황이 존재하는 조건.
2. **학생들에게 갈등상황이 언제 일어나는지와 언제 일어나지 않는지 가르치기** : 많은 학생들은 갈등을 항상 화냄, 적의, 폭력과 관련된 것으로 본다. 학생들은 그들을 웃음, 통찰, 학습과 문제해결로 이끌 경우 갈등이라고 인정하지 않는다.
3. **학생들에게 협상 합의를 위한 구체적이며 특별한 과정 가르치기** : 협력적인 관계를 유지하는 동안 관련된 모든 사람들은 그들의 목표를 달성할 수 있으며 또는 관계의 질을 증진시킬 수도 있다. 학생들에게 "친절하라." 또는 "말을 하라." 또는 "너의 문제를 해결하라."고 말하는 것으로는 충분하지 않다.
4. **학생들에게 구체적이며 특별한 중재과정을 이용하도록 가르치기** : 전문적 기술을 개발하기 위해 이 같은 과정이 사용되는 충분한 연습기회를 제공하라. 만약에 학생들이 학급 동료들의 갈등을 중재하고자 한다면, 그들은 반드시 어떻게 그렇게 하는지를 알아야 한다. 갈등의 특성, 협상 방법과 중재 방법에 대한 최초의 훈련은 대략 30분 수업으로 구성된다.
5. **동료 중재프로그램 수행하기** : 짝을 지어 과제를 수행할 때, 중재자 역할을 바꾸어 줌으로써 각각의 학생은 중재자가 된다.
6. **학생들의 기술을 세련되게 하고 향상시키기 위해 1학년부터 12학년까지 협상과 중재 과정에 대한 훈련을 매주 계속하기** : 갈등 해결에 유능하기 위해서는 많은 시간이 걸린다. 몇 시간의 훈련만으로도 구조적인 갈등을 충분히 관리할 수 있다는 생각은 매우 잘못된 생각이다.

프로그램의 효과에 대한 연구는 매우 긍정적이다. Johnson과 Johnson(1995)은 갈등은 구성적이고 가치있을 수 있다고 믿었는데, 이를 요약하면 다음과 같다.

- 갈등은 성취도와 학업자료의 장기 보유를 증가시킬 수 있다.
- 갈등은 고차원의 인지와 도덕적 이성 그리고 건전한 인지, 사회 · 심리적 발달을 이용하는 데 핵심이다.

- 갈등은 문제해결에 주의를 집중시키고, 문제들을 해결하도록 우리를 격려한다.
- 갈등은 당신이 누구인가? 당신의 가치관은 무엇인가? 당신이 고민하는 바는 무엇이며, 무엇을 하려고 하는지 그리고 당신은 어떻게 변해야 하는지를 명확하게 해준다.

### 학업적 중재

적절한 교수를 제공하는 것은 학습장애의 사회적 측면을 설명하는 데 있어 중요하다. 효과가 증명된 중재가 성실하게 수행된다면, 학업적 성공 가능성을 증가시킬 것이다. Elbaum과 Vaughn(2003)은 학습장애 학생들의 자아개념 중재에 대해 살펴보았다. 자신들의 학업적 기술을 낮은 것으로 인식하는 학생들은 자아개념의 다른 모든 영역이 평균 또는 평균 이상이었으나, 아마 상담보다는 학업적 중재를 필요로 한다는 것을 발견했다. 연구자들은 초등학교 수준에서는 학업적 중재가 효과적일 수 있으나, 중등학교 수준에서는 일정한 교육과정이 필요할 수 있음을 제안한다. 학교생활 전반에 걸쳐 어려움을 겪고 있는 여학생이 있다고 생각해 보자. 학습장애로 인해 수반되는 정서적 문제는 상당할 수 있기 때문에, 이 여학생은 학업적 중재를 넘어 상담이 필요할 수 있다(다음 절 참조).

**교사를 위한 함의 : 상담 또는 학업적 중재?** 침몰하는 보트를 그린 마크의 그림을 본 학교심리학자는 매우 당황스러웠다. 보트가 침몰하고 있는 동안 이를 기다리고 있는 것이 있었는데, 바로 엄청나게 큰 상어로 정상적인 것보다 무척이나 컸으며, 크게 벌려진 입으로 한 줄의 날카로운 이가 드러나 있었다. 만약 보트가 계속해서 가라앉는다면, 바로 상어의 입으로 들어갈 것이다. 학교심리학자들은 이 그림을 마크가 압도당함을 느끼고, 죽음을 두려워하는 것에 대한 신호로 해석하였다. 그들은 마크가 가급적이면 빨리 상담받기를 원했으며, 마크의 부모들에게 그의 문제에 대해 알렸다. 학급교사는 적게 놀랐다. 학급교사가 생각하기에 마크의 태도는 상당히 현실적인 것이었다. 마크는 3학년 교실에서 상당한 학업적 어려움을 경험하고 있다. 교사가 마크의 학교 기록들을 검토해 봤을 때, 마크에게 학교는 언제나 문제였었음을 알게 되었다. 마크는 항상 잘 행동했지만, 그가 아무리 열심히 하더라도 그는 읽을 수 없었다. 교사가 생각하기에 마크의 그림은 학교에서의 자신을 보는 방식을 나타낸 것이었다—계속해서 가라

앉기만 하고 결코 떠 있는 상태를 유지할 수 없는 것과 같은.

여러분은 무엇을 생각하는가? 학습장애 학생들의 정서적 및 행동적 문제들은 그들의 불충분한 학업적 수행의 결과라는 것을 믿는가? 또는 학습장애 학생들의 신경학적 기질의 일부라고 생각하는가? 마크는 읽을 수 없기 때문에 낮은 자아개념을 갖고 있는가? 만약 그렇다면, 중재는 반드시 읽기 교수여야 한다. 그러나 만약 여러분이 그 원인을 학습장애 학생들이 낮은 자아개념을 갖고 있기 때문이라고 믿는다면, 여러분의 중재는 달라질 것이다. 여러분은 결정할 필요가 있다.

## 교육과정을 통한 사회·정서적 행동 교수

집단 중심의 상업적인 사회적 기술 훈련(Social Skills Training) 프로그램의 제안에 대한 최근의 연구는 교사가 교실에서 긍정적인 사회 · 정서적 행동을 가르치려고 노력할 때 효과적이라는 것이다. 교사들이 걱정하는 한 가지는 사회 · 정서적 및 행동적 지원을 제공할 시간이 부족하다는 것으로, 이것은 특히 시험 및 학업적 교과를 강조하는 현대에서 더욱 그렇다. 문식성 교수를 통한 사회적 기술 훈련의 주입은 효과적이면서 효율적인 방법으로 나타났다.

교사들은 독서요법, 대중 문학, 경험적 학습 활동과 게임의 3가지 방법을 통해 이것을 할 수 있다(Forgan & GonZalez-DeHass, 2004). 독서요법은 문제를 해결하는 것을 돕기 위해 책을 이용하는 것을 포함한다. 교사는 해결하고자 하는 특정한 사회 · 정서적 또는 행동적 이슈를 확인할 수 있고, 그러한 문제를 설명하고 있는 책들을 선택할 수 있다. 독서요법은 문제 해결을 위해서도 활용될 수 있다(Anderson, 2000; Forgan, 2003 참조). Cartledged와 Kleefeld(1994)는 사회적 기술을 가르치기 위해 대중 문학을 이용했고, Forgan(2002)과 de la Cruz, Cage 및 Lian(2000)은 적절한 사회적 기술을 가르치기 위해 게임을 이용했었다. Forgan과 Gonzalwz-Dehass(2004, p.26)는 사회적 기술 훈련을 학업적 교육과정으로 주입하는 것에 대해 다음과 같은 문학적 개요를 제공하였다.

- 학업적인 것을 가르칠지 아니면 사회적 기술을 가르칠 것인지에 대한 딜레마를 극복하는

한 가지 접근법은 사회적 기술 교수를 학업적 교육과정(Sugai & Lewis, 1996), 특히 문식성 교수(Anderson, 2000; Bauer & Balius, 1995; Cartledge & Kiarie, 2001; Forness & Kavale, 1996; Gresham et al., 2001)에 주입하는 것이다.

- 사회적 기술을 학업적 교육과정에 주입함에 따라, 학생들은 전형적으로 30분 내외의 시간 동안 사회적 기술을 별도로 훈련받았을 때보다 훨씬 많은 시간을 투자해야 한다(Forness & Kavale, 1996; Gresham et al., 2001).
- 유의미한 환경으로부터 분리된 훈련 결과로 인해 사회적 기술의 전이 부족이 발생할 수 있다. 문학 활동은 학생의 삶에 유의미한 것으로 인식되는 매체를 통해 기술을 가르칠 이상적인 기회를 제공한다(Korinek & popp, 1997).
- 문식성 교육은 학생들에게 답변을 찾는 과정에서 책을 읽는 자연스러운 습관을 갖게 하고, 교사들은 문학 서적들을 이용하여 학생들의 문제해결을 도울 수 있으며, 자아개념을 강화시킬 수 있다. 독서요법은 그와 같은 문제에 직면한 학생이 그들만이 아니고, 문제해결 방법 또한 하나만 있는 것이 아님을 알 수 있게 한다. 독서요법은 학생들이 문제에 대해 의논하는 것을 도와줄 수 있거나 또는 문제해결을 위한 행동에 관한 구성적인 과정을 자유롭게 구안하도록 돕는다.
- 함께 일하기 : 문학을 통한 아동의 사회적 기술 습득은 학생들을 민속문학 속의 등장인물과 관련시킬 기회를 제공함으로써 기술들은 분리된 실체가 아닌 문식성의 맥락에서 자연스럽게 나타난다; 이 프로그램은 중학교에 재학 중인 행동장애 청소년의 사회적 기술을 향상시키는데 성공적으로 사용되었다(Blake, Wang, Cartledge, & Gardner, 2000).

Forgan과 Gonzalez-DeHass(2004, pp.26, 28~29) 역시 유용한 인쇄자료와 인터넷 자료를 제공하였다(표 16-5 및 16-6 참조).

## 친절하고, 돌봐 주는 학급환경 시범 보이기 및 강화하기

이 장의 앞 부분에서 살펴봤듯이, 학습장애 학생들은 피해의 위험에 처해 있다. 교실환경을 공감적이고, 친절하며, 돌봐 주고, 통합적인 친구관계를 강화하는 학급환경을 만드는 것은 중요하다. 응용행동접근을 활용함으로써 친절한 행동과 돌봐 주는 행동을 확인할 수 있으며, 여러분의 학급에서 그것들을 실행할 수 있다. 일부 교사들은 친절한 그리고 돌봐 주는 행동 전부를 학생들이 이용하는 플립차트에 목록화한다. 학급 구성원 누구라도 목록을 추가할 수 있다. 예를 들면 한 학생이 다른 동료 학생이 누군

**표 16-5 사회적 기술 주입에 관한 인쇄 자원들**

| 제목 | 저자 | ISBN # | 출판사 | 웹사이트 |
|---|---|---|---|---|
| Children's Literature : An Issues Approach(3rd ed) | Marsha Kabakow Rudman | 0-8013-1469-0 | Addison-Wesley | www.aw.com |
| Adventures in Peacemaking : A Conflict Resolution Activity Guide for School-Age Prog. | William J Kreidler And Lisa Furlong | 0-93438-711-7 | Project Adventure, Inc | www.pa.org |
| Teaching Conflict Resolution Through Children's Literature | William J. Kreidler | 0-590-49747-2 | Scholastic | www.scholastic.com |
| Teacher Problem Solving Through Children's Literature | James Forgan | 1-56308-981-5 | Teacher Idea Press | www.teachrideaspress.com |
| Silver Bullets : A Guide to Initiative Problems, Adventure Games, and Trust Activities | Karl Rhonke | 0-8403-5682-X | Kendall/Hunt Publishing | www.kendall-hunt.com |
| Quicksilver | Karl Rhoke and Steve Butler | 0-7872-0032-8 | Kendall/Hunt Publishing | http://www.kendall-hunt.com |
| Problem Solver | Patti Waldo | 0-930599-05-5 | Thinking publishing | www.thinking-publications.com |
| Communicate | Patty Mayo and Patti Waldo | 0-930599-04-7 | Thinking publishing | www.thinking-publications.com |
| Communicate, Jr. | Patty Mayo and Nancy Gajewski | 0-939599-68-3 | Thinking publishing | www.thinking-publications.com |

출처 : From "How to Infuse Social Skills Training into Literacy Instruction" by J. W. Forgan and A. Gonzlaez-DeHass. Teaching Exceptional Children, 36, 2004, 24~30. Copyright © 2004. Published by The Council for Exceptional Children. Reprinted with permission of the publisher.

가의 쓰기 숙제를 도와주는 것을 보았다. 이 장면을 본 학생은 플립차트로 가서 "루이스는 알란의 수필쓰기를 도와주었다."라고 쓴다. 매주 교사와 학생들은 목록을 검토하고 행동에 대해 언급한다. 일부 교사들은 친절한 행동과 돌봐 주는 행동의 특정 횟수를 조건으로 강화를 제공한다. 다른 교사들은 임의적이고 가끔 강화를 제공한다.

이러한 선행들에 대해서 언급하고 학생들이 서로 이야기하고, 서로 대우하며, 서로 돌봐 주는 친절함을 강화하는 것은 중요하다. 이 과정은 교사가 관련 행동을 우선적으

표 16-6 사회적 기술에 관한 인터넷 자원들

| 제목 | 사회적 기술 유형 | 웹사이트 |
|---|---|---|
| Carnegie Library of Pittsburgh | 독서요법 | www.clpgh.org/kids/booknook/bibliotheraphy |
| ERIC Digest on Bibliotherapy | 독서요법 | eric.indiana.edu/i대/digest/d177.html |
| International Reading Assoc. Bibliotherapy Special Interest Group | 독서요법 | www.reading.org/dir/sig/sigbibli.html |
| Project Adventure Inc. | 경험적 사회적 기술 | www.pa.org |
| National Association of School Psychologists : Infusing Social Skills | 대학에서의 사회적 기술 | www.naspcenter.org/factsheests/socialskills_fs.html |
| Infusing Social Skills | 대학에서의 사회적 기술 | www.nrel.org/sdrs/areas/issues/envrmt/drugfree/sa300.htm |
| Learning Disabilities On-Line | 대학에서의 사회적 기술 | www.ldonline.com |
| American Guidance | 사회적 기술 교육과정 | www.agsnet.com |

출처 : "How to Infuse Social Skills Training into Literacy Instruction" by J. W. Forgan and A. Gonzlaez-DeHass. Teaching Exceptional Children, 36. 2004, 24~30. Copyright © 2004. Published by The Council for Exceptional Children. Reprinted with permission of the publisher.

로 시범 보이는 것으로부터 시작하며 모든 학생들이 좋아하는 특히 항상 친화적이지 않는 학생들을 위한 학급환경을 만들 수 있다.

## 긍정적 행동지원 제공하기

장애인교육법 2004는 모든 학생이 무상의 적절한 공교육을 받는 것을 보장하기 위해 모든 학교가 '긍정적 행동지원'을 제공할 것을 요구한다. 긍정적 행동지원(Positive Behavior Support : PBS)을 정의하면, "학교 내에 허용적 문화를 확립하는 방식으로 적절한 행동을 가르치고 지원하는 것"이다(OSEP Technical Assistance Center, 2003, p.1). 긍정적 행동지원은 학령전 아동(Stormont, Lewis, & Beckner, 2005), 초등학년에서(Stormont, Espinosa, Knipping, & McCathren, 2003), 운동장에서(Lewis, Power, Kelk, & Newcomer, 2002) 그리고 학교 전반(Flannery, Sugai, & Eber, 2002; Lewia & Sugai, 1999; Lewis, Sugai, & Colvin, 1998)에 적용되어 왔다.

긍정적 행동지원의 주요 구성요소는 다음과 같다(OSEP Technical Assistance Center, 2003, p.2).

1. 기대되는 행동 정의하기 : 명확하게 정의된 기대되는 행동들은 긍정적이고 간단한 규칙들로 정의된다.
   예를 들면 다음과 같다.
   - 존중하라, 책임을 다하라, 신중하라.
   - 너 자신을 존중하라, 다른 사람을 존중하라, 그리고 다른 사람의 것을 존중하라.
2. 기대되는 행동 가르치기 : 기대되는 행동들은 학급에서와 실질적인 상황에서 모든 학생들에게 가르쳐야 한다. 교수의 목표는 광범위한 기대(존중하라 같은)를 선택해서 특별한 행동적 보기들을 제공하는 것이다(학급에서 : 존중하라는 의미는 네가 말하기를 원할 때 또는 도움을 필요로 할 때 손을 드는 것을 의미한다. 점심식사 동안 또는 강당에서 : 존중하라는 의미는 네가 동료들과 말을 할 때 그 아동의 이름을 사용하는 것을 의미한다.). 적절한 행동을 가르친다는 것은 단순히 학생들에게 그들이 하지 말아야 될 행동을 말하는 것 이상을 포함한다. 기대되는 행동은 다른 교육과정에 적용된 동일한 교수 규준들을 이용하여 가르쳐진다. 일반적인 규칙이 제시되고, 규칙의 원리가 논의되며, 긍정적인 보기들('올바른 방법')이 기술되고 연습되며, 부정적인 보기들('잘못된 방법')들이 기술되고 시범보인다. 학생들은 유창한 수행을 보일 때까지 '올바른 방법'을 연습할 기회를 갖는다.
3. 적절한 행동 인정하기 : 일단 적절한 행동이 정의되고 가르쳐지면, 그러한 행동은 일반적인 기초 위에서 인정되는 것이 필요하다. 어떤 학교들은 공식적인 체계(티켓, 보상)를 통하여 이것을 한다. 다른 학교들은 사회적 행사를 통하여 그것을 한다. 전형적으로 허용적 문화를 만드는 데 성공적인 학교들에서의 학생과 성인과의 상호작용 유형은 '긍정적'으로, 이는 '부정적인' 유형의 경우보다 4배 더 많다. 이러한 기준을 성취하기 위해서 학생들에게 긍징적인 성인 입문을 구축하고 유지하기 위한 어떤 전략이 필요하다(교실 안에서와 교실 밖에서 둘 다).
4. 미래지향적인 행동 오류 수정 : 학생들이 기대되는 행동을 위반할 때, 그들에게 그들의 행동은 받아들여질 수 없다는 정보를 제공하고, 부주의한 보상의 결과로 인한 수용할 수 없는 행동을 예방하기 위해서는 명확한 과정이 요구된다. 모든 학생, 교사 및 경영자들은 행동 오류가 확인되었을 때 어떠한 일이 발생할지 예언할 수 있어야 한다.

전형적으로, 학교 전체적인 긍정적 행동지원의 개발과 실행은 교수지원팀(제5장 참조)과 유사한 팀 접근을 이용할 수 있다. 이와 같은 통합적이며, 긍정적인 협력 모델은 학생의 행동적 요구를 설명하는 데 도움이 될 수 있다(긍정적 행동지원의 개발과 실행에 관한 특별한 정보는 Lewis & Sugai, 1999, and Scott, 2003 참조).

## 자기조정

학습장애 학생들은 그들 자신의 사회 · 정서적 행동을 사정하고 평가하기 위한 방법의 개발이 필요하다. 이러한 자기조정 과정은 4개의 일반적인 형식을 갖는다(Reid, Trout, & Schwartz, 2005)—자기점검, 자기점검과 강화, 자기강화, 자기관리.

**자기점검.** 학생들은 자신들의 행동을 관찰하고 기록하는 것을 배운다. 그들은 또한 그들의 수행이 행동적인지(예 : 큰 소리로 부르기) 아니면 학업적인지(예 : 쓰기 과제)에 대해 더 잘 알게 되는 것을 배운다. 여러분은 학생들을 위해서 언어적인 또는 그림 단서를 제공할 수 있다. 어떤 교사들은 디지털 카메라를 이용해 학생이 바람직한 행동을 하는 것을 찍는다. 다른 교사들은 학생이 그들의 행동을 관찰하고 기록할 수 있도록 단순한 차트를 학생의 책상에 놓는다. 예를 들면 한 교사가 원 10개가 그려진, "나는 나의 손을 들었습니까?"라고 이름 붙여진 간단한 차트를 만든다. 학생에게는 '손들기'를 확인할 것이 요구되었고, 그가 손을 들 때마다 원을 따라 선을 긋는다(그림 16-5 참조).

**자기점검과 강화.** 외적 강화는 학생이 자기점검 기술을 발달시킬 수 있는 가능성을 증가시킨다. 명확히 모든 학생들이 이러한 단계를 필요로 하는 것은 아니다. 그러나 자기조정 프로그램의 첫 단계에서 그것은 필수적일 수도 있다.

**자기강화.** 학생들은 특정 행동(또는 학업적) 목표를 스스로 점검하며 강화물을 확인한다. 일단 목표에 도달하면, 강화를 받는다. 예를 들면 학생이 손을 연속해서 10번 들었

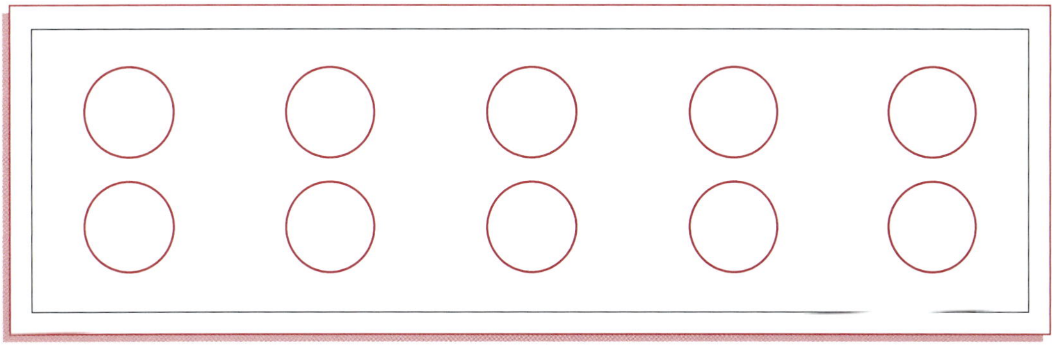

**그림 16-5** "나는 나의 손을 들었습니까?"

을 때, 나중에 보상과 바꿀 수 있는 쿠폰을 받는 것을 결정할 수 있다. 학생은 부모에게 목표의 성취에 대해 보고하는 것을 결정할 수도 있다. 이러한 학생은 목표와 강화물, 그리고 그것을 언제 받을 수 있을지 확인한다. 그녀는 그녀의 행동을 조정하는 데 있어 능동적으로 참여하게 된다.

**자기관리.** Mace, Belfioe 및 hutchinson(2001)은 이러한 자기조정의 자기관리 유형에 대해 기술하였다. 학생들은 목표에 대한 그들의 행동을(또는 처음에 동의한 목표) 점검하고 평가하며, 비교해야 한다. 그들은 또한 그들에 대한 교사평가와 자기평가를 비교해야 한다. 전형적으로 학생들은 교사평가와 자기평가 사이의 일치 정도에 따라 강화를 받는다.

자기조정 기법의 사용을 지지하는 주요 증거가 있다. 2편의 메타 분석이 수행되었다. Graham과 Harris(2003)는 학습장애 학생들에 관한 연구들을 검토하여 학습장애 학생들의 문어 기술을 향상시키는 데 자기조정 기법이 효과적이라는 것을 발견했다. Reid 등(2005)은 자기조정 기법이 "학생들의 과제 관련 행동, 학업적 생산성과 정확성의 유의미한 향상, 그리고 주의력결핍 과잉행동장애 학생의 부적절한 또는 파괴적인 행동의 감소를 가져올 수 있음"(p.374)을 발견했다. 학습장애 또는 주의력결핍 과잉행동장애 학생들에게 자기조정 기법은 효과적인 도구인 것으로 보인다.

## 요약

학습장애의 사회적은 측면은 무시될 수 없다. 이 분야의 지도자들은 시험과 학업에 대한 강조가 교사들을 이런 중요한 사회적 영역을 해결할 시간이 거의 없게 함을 염려한다. 또한 많은 사람들이 학습장애에 대한 연방정부의 정의에서 사회적 기술이 없음을 걱정한다. 이러한 문제들은 기록에 의해 충분히 입증되었다. 연구자, 교사, 부모는 학습장애 학생들의 사회·정서적 및 행동적 어려움들을 강조해 왔다. 그리고 일부 중재의 지원이 부족하지만(예 : 사회적 기술 훈련), 이와 같은 관심은 계속 강조되어야 한다. 이 장에서는 학습장애 학생의 사회·정서적 및 행동적 문제, 이와 같은 문제를 사정하는 방법, 최근에 사용된 중재들을 논의했다. 이 분야의 전문가들은 언제나 공공정책이 우리 실제에 영향을 준다는 것을 알고 연구와 연구 중심 중재 수행을 계속해야 한다.

## 숙고와 논의를 위한 발판

1. 학습장애 학생의 부모를 인터뷰하라. 장애의 사회적인 양상이 학생들의 삶에 어떻게 영향을 끼쳤는가? 그것이 가족들에게는 어떻게 영향을 끼쳤는가? 학교에서는 이것이 충분히 해결되었다고 부모들은 생각하는가?
2. 학습장애 학생의 교사를 인터뷰하라. 교사들은 사회 · 정서적 및 행동적 문제에 얼마나 많은 노력을 기울이는가? 교사들은 학업과 행동적 교수에서 어느 것을 우선시 하는가?
3. 학급에서 학습장애 학생을 관찰하라. 학생의 사회 · 정서적 행동은 그들에게 어떤 영향을 미치는가? 그들은 동료들에게 어떻게 영향을 미치는가? 이러한 사회 · 정서적 행동은 어떻게 해결되는가?
4. 정신건강전문가(심리학자, 학교상담가, 사회사업가)와 이야기하라. 그들은 학습장애 학생들의 사회적 문제를 어떻게 해결하는가? 그들은 학급교사와 어떻게 협력하는가?
5. 집단 따돌림에 관한 문헌을 조사하고 여러분의 학교에서 실행될 수 있는 집단 따돌림 반대 프로그램을 설계하라.
6. 교육과정 속에 사회적 기술 훈련(SST)을 주입할 수 있는 방법은 무엇인가?

# 참고문헌


Abel, E. L. (1995). An update on incidence of FAS: FAS is not an equal opportunity birth defect. *Neurotoxicology and Teratology, 17*(4), 437-443.

Abramowitz, A. J., O'Leary, S. G., & Rosen, L. A. (1987). Reducing off-task behavior in the classroom: A comparison of encouragement and reprimands. *Journal of Abnormal Psychology, 15,* 153-163.

Achenbach, T. M. (2000). *Caregiver-teacher report form for ages 1½-5 (C-TRF/1½-5).* Burlington, VT: ASEBA.

Achenbach, T. M. (2001a). *Child behavior checklist for ages 6-18 (CBC/6-18).* Burlington, VT: ASEBA.

Achenbach, T. M. (2001b). *Teacher report form for ages 6-18 (TRF/6-18).* Burlington, VT: ASEBA.

Achenbach, T. M., & Rescorla, L. A. (2000). *Child behavior checklist for ages 1½-5 (CBC/1½-5).* Burlington, VT: ASEBA.

Adam, M. J. (1990). *Beginning to read: Thinking and learning about print.* Cambridge, MA: MIT Press.

Adams, G., & Carmine, G. (2003). Direct instruction. In H. L. Swanson, K. R. Harris, & S. Graham (Eds.), *Handbook of learning disabilities* (pp. 403-416). New York: Guilford Press.

Adams, G. L., & Englemann, S. (1996). *Research as direct instruction: 25 years beyond DISTAR.* Portland, OR: Educational Achievement Systems.

Adelman, P. B., & Vogel, S. A. (1993). Issues in the employment of adults with LD. *Journal of Learning Disabilities,* 16, 219-232.

Advocates for Children. (1992). *Segregated and second rate: Special education in New York.* New York: Author.

Agran, M., King-Sears, M. E., Wehmeyer, M. L., & Copeland, S. R. (2003). *Student directed learning.* Baltimore: Paul H. Brookes.

Alberto, P. A., & Troutman, A. C. (1995). *Applied behavior analysis for teachers* (4th ed.). Upper Saddle River, NJ: Merrill/Prentice Hall.

Alberto, P. A., & Troutman, A. C. (2003). *Applied behavior analysis for teachers* (6th ed.). Upper Saddle River, NJ: Merrill/Prentice Hall.

Alex, N. K. (1993). *Bibliotherapy (*Report NO.EDO-CS-93-05). Bloomington: Indiana University, Office of Educational Research and Improvement, (ERIC).

Algozzine, B., Christenson, S., & Ysseldyke, J. (1982). Probabilities associated with the referral to placement process. *Teacher Education and Special Education, 5,* 19-23.

Allen, R. V., & Allen, C. (1982). *Language experience activities* (2nd ed.). Boston: Houghton Mifflin.

Allington, R. L. (1984). So what is the problem? Whose problem is it? *Topics in Learning Disabilities, 3*(4), 91-99.

Alternative Testing. (2002). National Council for Learning Disabilities. Retrieved October 12, 2003, from http://www.ldonline.org.

American Academy for Pediatrics. (1998). Learning disabilities, dyslexia, and vision. *Pediatrics, 102*(5), 1217-1219.

American Academy for Pediatrics. (2001). Clinical practice guide: Treatment of the school age child with attention deficit hypertension disorder. *Pediatrics, 108*(4), 1033-1044.

American Psychiatric Association. (1994). *Diagnostic and statistical manual of mental disorders* (DSM-IV; 4th ed.). Washington, DC: Author.

American Speech-Language-Hearing Association. (1999). *Guidelines for the roles and responsibilities of the school-based speech-language pathologists.* Rockville, MD: Author.

Anderson, P. L. (2000). Using literature to teach social skills to adolescents with LD. *Intervention in School and Clinic, 35,* 271-279.

Anderson, P. L., Cronin, M. E., & Miller, J. H. (1986). Referral reasons for learning disabled students. *Psychology in the Schools, 23*, 388-395.

Anderson, P. L., Kazmierski, S., & Cronin, M. E. (1995). Learning disabilities, employment discrimination, and the ADA. *Journal of Learning Disabilities, 28,* 196-204.

Anthony, R. J., Johnson, T. D., Mickelson, N. I., & Preece, A. (1991). *Evaluating literacy: A perspective for change.* Portsmouth, NH: Heinemann.

Apling, R. N., & Jones, N. L. (2005). *IDEA 04:Analysis of changes made by P. L. 108-446.* Washington, DC: Congressional Research Service, Library of Congress.

Arena, J. (1981). *Diagnostic spelling test.* Novato, CA: Academic Therapy Publications.

Artiles, A., & Ortiz, A. (Eds.). (2002). *English language learners with special education needs: Identification, assessment and instruction*. McHenry, IL: Delta Systems.

Artiles, A., & Trent, S. (1997a). Forging a research program on multicultural preservice teacher education in special education: A proposed analytic scheme. In J. Lloyd, E. Kame'enui, & D. Chard (Eds.), *Issues in educating students with disabilities* (pp. 275-304). Mahwah, NJ: Erlbaum.

Artiles, A. J., & Trent, S. C. (1997a). Overrepresentation of minority students in special education: A continuing debate. *Journal of Special Education, 27*(4), 410-437.

Ashlock, R. B. (1998). *Error patterns in computation* (7th ed.) Upper Saddle River, NJ: Merrill/Prentice Hall.

Association for Children with Learning Disabilities. (1985). Definition of the condition of specific learning disabilities. *ACLD Newsbriefs, 158,* 1-3.

Association for Children with Learning Disabilities. (1986). ACLD definition: Specific learning disabilities. *ACLD Newsbriefs,* 15-16.

Ausubel, D. P. (1960). The use of advance organizers in the learning and retention of meaningful verbal material. *Journal of Educational Psychology, 51,* 267-272.

Babbit, B. C. (1999). 10 tips for software rel for math instruction. Retrieved February 11, 2005, from http://www.ldonline.org/ld—indepth/technology/Babbitt_math_tips.html.

Baddeley, A. D. (1986). *Working memory.* London: Oxford University Press.

Bagnato, S. J., & Neisworth, J. T. (1990). *System to plan early childhood services (SPECS).* Circle Pines, MN: American Guidance Service.

Bailet, L. L. (2001). Development and disorders of spelling in the beginning school year. In A. M. Bain, L. L. Bailet, & L. C. Moats (Eds.), *Written language disorders:Theory into practice* (2nd ed., pp. 1-42). Austin, TX: PRO-ED.

Bain, A. M. (1995). *Handwriting survey.* Unpublished manuscript.

Bain, A. M., Bailet, L. L., & Moats, L. C. (2001). *Written language disorders: Theory into practice.* Austin, TX: PRO-ED.

Barkley, R. A. (1997). *ADHD and the nature of self-control.* New York: Guilford Press.

Barkley, R. A. (1998). *Attention deficit hyperactivity disorder:A handbook for diagnosis and treatment* (2nd ed.). New York: Guilford Press.

Barkley, R. A. (2003). Forward. In G. J. Du Paul & G. Stover, *ADHD in the Schools* (pp. ix-xi). New York: Guilford Press.

Bateman, B. (1965). An education view of a diagnostic approach to learning disorders. In J. Hellmuth (Ed.), *Learning disorders* (Vol. 1, pp. 219-239). Seattle, WA: Special Child Publications.

Batshaw, M. G. (2002). *Children with disabilities* (5th ed.). Baltimore: Paul H. Brookes.

Bauer, A. M., & Shea, T. M. (2003). *Parents and schools: Creating a successful partnership for students with special needs.* Upper Saddle River, NJ: Merrill/Prentice Hall.

Bauer, M. S., & Balius, F. A. (1995). Storytelling: Integrating therapy and curriculum for students with serious emotional disturbances. *Teaching Exceptional Children, 27*(2), 24-28.

Bayley, N. (1993). *Bayley scales of infant development* (2nd ed.). San Antonio, TX: Psychological Corporation.

Behrmann, M., & Kinas Jerome, M. (2002). *Assistive technology for students with mild disabilities.* Update (2002). ERIC Digest (E623).

Belson, L. (2003). *Technology for exceptional learner.* Boston: Houghton Mifflin.

Bender, W. N. (2004). *Learning disabilities: Characteristics, identification, and teaching strategies* (5th ed.). Boston: Allyn & Bacon.

Benz, M. R., Lindstrom, L., & Yovanoff, P. (2000). Improving graduation and employment outcomes with students with disabilities: Predictive factors and students' perspective. *Exceptional Children, 66,* 509-529.

Bernstein, D. K. (2002). The nature of language and its disorders. In D. K. Bernstein & E. Tiegerman-Farber (Eds.), *Language and communication disorders in children* (5th ed., pp. 2-26). Boston: Allyn & Bacon.

Bernstein, D. K., & Tiegerman-Farber, E. (2002). *Language and communication disorders in children.* (5th ed.). Boston: Allyn & Bacon.

Biklin, D., & Zollers, N. (1986). The focus on advocacy in the LD field. *Journal of Learning Disabilities, 19,* 579-586.

Blake, C., Wang, W., Cartledge, G., & Gardner, R. (2000). Middle school students with serious emotional disturbances serve as social skills trainers and reinforcers for peers with SED. *Behavioral Disorders, 25,* 280-298.

Bley, N. S., & Thornton, C. A. (2001). *Teaching mathematics to students with learning disabilities* (4th ed.). Austin, TX: PRO-ED.

Bligh, T. (1996). Choosing and using picture books for mini-lessons with middle school students. *Reading and Writing Quarterly: Overcoming Learning Difficulties, 12*(4), 333-349.

Block, A. K. (2000). *Special education law and delingual children: An overview.* Charlotte, VA: Institute of Law, Psychiatry and Public Policy.

Bloom, L. (1970). *Language development: Forum and function of emerging grammars.* Cambridge, MA: MIT Press.

Bloom, L. (1988). What is language? In L. Bloom & M. Lahey, *Language development and language disorders* (pp. 1-19). Needham, MA: Macmillan.

Bloom, L., & Lahey, M. (1978). *Language development and language disorders.* New York: Wiley.

Boehm, A. (2000). *Boehm test of basic concepts (Boehm—3)* (3rd ed.). San Antonio, TX: Psychological Corporation.

Boehm, A. (2001). *Boehm test of basic concepts—preschool* (3rd ed.). San Antonio, TX: Psychological Corporation.

Bos, C. S., & Vaughan, S. (1994). *Strategies for teaching students with learning and behavior problems* (3rd ed.). Boston: Allyn & Bacon.

Bos, C. S., & Vaughan, S. (1998). *Strategies for teaching students with learning and behavior problems* (4th ed.). Boston: Allyn & Bacon.

Bowman, B. T., Donovan, M. S., & Burns, M. S. (Eds.). (2001). *Eager to learn: Educating our preschoolers.* Washington, DC: National Academy Press.

Bracken, B. A. (1998). *Bracken basic concept scale* (rev.). San Antonio, TX: Psychological Corporation.

Bradley, R., Danielson, L., & Hallahan, D. P. (Eds.). (2002). *Identification of learning disabilities: Research to Practice.* Mahwah, NJ: Erlbaum.

Bricker, D. (Ed.). (1993). *Assessment, evaluation, and programming system (AEPS) for infants and children: Vol. 1*

*AEPS measurement for birth to three years.* Baltimore: Paul H. Brookes.

Bricker, D., & Pretti-Frontczak, K. (Eds.). (1996). *Assessment, evaluation, and programming system (AEPS) for infants and children: Vol. 3 AEPS measurement for three to six years.* Baltimore: Paul H. Brookes.

Bricker, D., & Squires, J. (1999). *Ages and stages questionnaire (AQS).* Baltimore: Paul H. Brookes.

Brier, N. (1989). The relationship between learning disability and delinquency: A review and reappraisal. *Journal of Learning Disabilities, 22*(9), 546-553.

Brier, N. (1994). Targeted treatment for adjudicated youth with learning disabilities: Effects on recidivism. *Journal of Learning Disabilities, 27,* 215-222.

Brigance, A. H. (1981). BRIGANCE® *inventory of essential skills.* No. Billerica, MA: Curriculum Associates.

Brigance, A. H. (1984). BRIGANCE® *assessment of basic skills—Spanish edition.* No. Billerica, MA: Curriculum Associates.

Brigance, A. H. (1991). BRIGANCE® *inventory of early development* (rev.). No. Billerica, MA: Curriculum Associates.

Brigance, A. H. (1994). BRIGANCE® *Life skills inventory.* No. Billerica, MA: Curriculum Associates.

Brigance, A. H. (1995). BRIGANCE® *employability skills inventory.* No. Billerica, MA: Curriculum Associates.

Brigance, A. H. (1998). BRIGANCE® *Preschool screen for three- and four-year-old children.* No. Billerica, MA: Curriculum Associates.

Brigance, A. H. (1999). BRIGANCE® *comprehensive inventory of basic skills—revised.* No. Billerica, MA: Curriculum Associates.

Brigham, F. J., Gustashaw, W. E., III, & St. Peter Brighan, M. (2004). Scientific practice and the tradition of advocacy in special education. *Journal of Learning Disabilities, 37,* 200-206.

Broadbent, W. H. (1872). On the cerebral mechanism of speech and thought. *Proceedings of the Royal Medical and Chirurgical Society of London* (pp. 25-29). London: Anonymous.

Broca, P. (1879). Anatomie Comparée des circonvolutions cérbrales. *Revue Anthropologique, 1,* 387-498.

Brooks-Gunn, J., & Duncan, G. J. (1997, Summer-Fall). The effects of poverty on children. *The Future of Children,* 7(2), 55-71.

Brophy, J., and Good, T. (1974). *Teacher-student relationships: Causes and consequences.* New York: Holt, Rinehart, and Winston.

Brown, A. L. (1978). Knowing when, where, and how to remember: A problem of metacognition. In R. Glaser (Ed.), *Advances in instructional psychology.* (Vol. 1, pp. 77-165). Hillsdale, NJ: Erlbaum.

Brown, A. L., Day, J. D., & Jones, R. S. (1983). The development of plans for summarizing texts. *Child Development, 54,* 968-979.

Brown, J. I., Fisco, V. V., & Hanna, G. S. (2000). *Nelson-Denny reading test.* Itasca, IL: Riverside.

Brown, V. L., Cronin, M. E., & McEntire, E. (1994). *Test of mathematical ability* (2nd ed.). Austin, TX: PRO-ED.

Brown, V. L., Hammill, D. D., & Wiederholt, J. L. (1995). *Test of reading comprehension—3.* Austin, TX: PRO-ED.

Brownell, K. D., Colletti, G., Ersner-Hershfield, R., Hershfiled, S. M., & Wilson, G. T. (1977). Self-control in school children: Stringency and leniency in self-determined and externally imposed performance standards. *Behavior Therapy, 8,* 442-455.

Brownell, R. (Ed.). (2000). *Expressive one-word picture vocabulary text.* Novato, CA: Academic Therapy.

Bryan, T. (1974) Peer popularity of learning disabled children. *Journal of Learning Disabilities, 7,* 621-625.

Bryan, T., Burstein, K., & Ergul, C. (2004). The social-emotional side of learning disabilities: A science-based presentation of the state of the art. *Learning Disability Quarterly, 27,* 45-52.

Buck, G. H., Polloway, E. A., Smith-Thomas, A., & Cook, K. W. (2003). Prereferral intervention processes: A survey of state practices. *Exceptional Children, 69,* 349-360.

Bulgren, J., & Lenz, K. (1996). Strategic instruction in the content areas. In D. D. Deshsler, E. S. Ellis, & B. K. Lenz (Eds.), *Teaching adolescents with learning disabilities* (2nd ed., pp. 409-473). Denver, CO: Love.

Bulgren, J. A., Schumaker, J. B., & Deshler, D. D. (1988). Effectiveness of a concept teaching routine in enhancing the performance of LD students in secondary-level mainstream classes. *Learning Disability Quarterly, 11,* 3-17.

Burnette, J. (2000). Assessment of culturally and linguistically diverse students for special education eligibility (604). Retrieved October 20, 2005, from http://www.Ericec.org/digests/e604.html.

Butler, A. (n.d.). *The elements of a whole language program.* Crystal Lake, IL: Rigby.

Calkins, L. M. (1994). *The art of teaching writing.* Portsmouth, NH: Heinemann.

Camp. R. (1992). Assessment in the context of schools and school change. In H. H. Marshall (Ed.), *Redefining student learning: Roots of educational change,* (pp. 241-263). Norwood, NJ: Ablex.

Cannon, L. (1997). Preface. *Learning Disabilities: A Multidisciplinary Journal, 8*(1), iii-iv.

Carnine, D. (1997). Instructional design in mathematics for students with learning disabilities. *Journal of Learning Disabilities, 30*(2), 134-141.

Carnine, D., Silbert, J., & Kame'enui, E. J. (1990). *Direct instruction reading.* Upper Saddle River, NJ: Merrill/ Prentice Hall.

Carnine, D., Silbert, J., & Kame'enui, E. J. (1997). *Direct instruction reading* (3rd ed.). Upper Saddle River, NJ: Merrill/Prentice Hall.

Carrow-Woolfolk, E. (1996). *Oral and written language scales.* Minneapolis: American Guidance Service.

Carter, J., & Sugai, G. (1988). Teaching social skills. *Teaching Exceptional Children, 20*(3), 68-71.

Carter, J., & Sugai, G. (1989). Survey on prereferral practices: Responses from state departments of education. *Exceptional Children, 55,* 298-302.

Cartledge, G., & Kiarie, M. W. (2001). Learning social skills through literature for children and adolescents. *Teaching Exceptional Children, 34*(2), 40-47.

Cartledge, G., & Kleefield, J. (1994). *Working together: Building children's social skills through folk literature*. Circle Pines, MN: American Guidance Service.

Cartledge, G., Lee, J. W., and Feng, H. (1995). Cultural diversity: Multicultural factors in teaching social skills. In C. Cartledge & J. F. Milburn (Eds.), *Teaching social skills to children and youth* (pp. 328-355). Boston: Allyn & Bacon.

Cartledge, G., & Milburn, J. F. (Eds.). (1980). *Teaching social skills to children.* New York: Pergamon.

Case, R., Kurland, M., & Goldberg, J. (1982). Operational efficiency and the growth of short-term memory span. *Journal of Experimental Child Psychology, 33,* 386-404.

Cass, M., Cates, D., Smith, M., & Jackson, C. (2003). Effects of manipulative instruction: Solving area and operative problems by students with learning disabilities. *Learning Disabilities Research and Practice, 18,* 112-120.

Catts, H. W., & Kamki, A. G. (Eds.) (1999). *Language and reading disabilities.* Boston: Allyn & Bacon.

Cavuto, G. (2003). *Naturalistic, classroom-based reading assessment: A problem solving, approach.* Dubuque, IA: Kendall/Hunt.

Cawley, J. F., & Foley, T. E. (2002). Connecting math and science for all students. *Teaching Exceptional Children, 34,* 14-19.

Cawley, J. F., & Reines, R. (1996). Mathematics as communication. *Teaching Exceptional Children, 28*(2), 29-34.

CEC Today. (April-May 1999). *Primer on IDEA'97*. Reston, VA: Council for Exceptional Children.

Chalfant, J. C., and Pysh, M. V. (1989). Teacher assistance teams: Five descriptive studies on 96 teams. *Remedial and Special Education, 10*(6), 49-58.

Chalfant, J. C., Pysh, M. V., & Moultrie, R. (1997). Teacher assistance teams: A model for within building problem solving. *Learning Disability Quarterly, 2,* 85-96.

Chard, D. J. (2004). Maintaining the relationship between science and special education. *Journal of Learning Disabilities, 37,* 213-217.

Chittenden, T. (1991). Authentic assessment, evaluation, and documentation of student performance. In V. Perrone (Ed.), *Expanding student assessment* (pp. 23-31). Alexandria, VA: Association for Supervision and Curriculum Development.

Choate, J. S. (Ed.). (2004). *Successful inclusion teaching: Proven ways to detect and correct special needs* (4th ed.). New York: Pearson Education.

Choate, J. S., Bennett, T. Z., Enright, B. E., Miller, L. J., Poteet, J. A., and Rakes, T. A. (1987). *Assessing and programming basic curriculum skills.* Boston: Allyn & Bacon.

Choate, J. S., Enright, J. S., Enright, B. E., Miller, L. J., Poteet, J. A., & Rakes, T. A. (1995). *Curriculum-based assessment and programming.* Boston: Allyn & Bacon.

Choate, J. S., & Evans, S. S. (1992). Authentic assessment of special learners: Problem or promise. *Parenting School Failure, 27,* 1, 6-9.

Choate, J. S., & Rakes, T. A. (2004). Reading to construct meaning to comprehend. In J. S. Choate (Ed.), *Successful inclusive teacher* (4th ed., pp. 86-129). Boston: Pearson Allyn & Bacon.

Chomsky, N. A. (1957). *Syntactic structures.* The Hague: Mouton.

Chomsky, N. A. (1965). *Aspects of the theory of syntax.* Cambridge, MA: MIT Press.

Cienion, M. (1968). Some aspects of a learning-resource room. In J. I. Arena (Ed.), *Successful programming: Many points of view*. Pittsburgh: Association for Children with Learning Disabilities.

Clare, P., & Leach, D. (1991). Classroom and playground instruction of students with and without disabilities. *Exceptional Children, 57,* 212-224.

Clay, M. (1985). *The early detection of reading difficulties* (3rd ed.). Portsmouth, NH: Heinemann.

Clements, S. D. (1966). Minimal brain dysfunction in children: Terminology and identification: Phase one of a three-phase project. *NINDS Monographs, 9,* Public Health Service Bulletin No. 1415. Washington, DC: U.S. Department of Health, Education, and Welfare.

Cohen, L. G., & Speciner, L. J. (2003). *Assessment of children and youth with special needs.* Boston: Allyn & Bacon.

Cohn, P. (1998). Why does my stomach hurt? How individuals with learning disabilities can use cognitive strategies to reduce anxiety and stress at the college level. *Journal of Learning Disabilities, 31*(5), 514-516.

Congressional Digest. (2005). *Special education reform*. Bethesda, MD: Congressional Digest Corporation.

Connell, P. J. (1986). Teaching subjecthood to language-disorderd children. *Journal of Speech and Hearing Research, 39,* 518-526.

Conners, C. K. (1997). *Conners' Rating Scales* (rev.). North Tonawanda, NY: Multi-Health Systems.

Connolly, A. J. (1998). *KeyMath—revised/normative update: A diagnostic inventory of essential mathematics.* Circle Pines, MN: American Guidance Service.

Conte, R. (1998). Attention disorders. In B. Y. L. Wong (Ed.), *Learning about learning disabilities* (2nd ed., pp. 67-105). San Diego, CA: Academic Press.

Cooney, J. B., & Swanson, H. L. (1987). Memory and learning disabilities: An overview. In H. L. Swanson (Ed.), *Advances in learning and behavioral disabilities: Memory and learning disabilities* (Suppl. 2, pp. 1-40). Greenwich, CT: JAI Press.

Cortiella, C. (2005). IDEA 04: Improving transition planning and results. National Center for Learning Disabilities. Retrieved June 22, 2005, from http://www.ld.org/newsletter/0205newsler/0205feature2.cfm.

Cortiella, C., & Horowitz, S. (2004). *The No Child Left Behind Act: Implication for students with learning disabilities.* Presented at the Learning Disability Association International Conference, Atlanta, March 17-20.

Council for Exceptional Children, Division for Children with Learning Disabilities. (1967). *Working definition of learning disabilities.* Unpublished manuscript.

Court, C., & Givon, S. (2003). Group intervention: Improving social skills of adolescents with learning disabilities. *Teaching Exceptional Children, 35,* 49-55.

Craig, S., Hull, K., Haggart, A. G., & Perez-Selles, M. (2000). Promoting cultural competence through teacher assistance teams. *Teaching Exceptional Children, 32,* 14-23.

Crockett, J. B. (2004). Taking stock of science in the schoolhouse: Four ideas to foster effective instruction. *Journal of Learning Disabilities, 37,* 189-199.

Cruickshank, W. M., Bentzen, F.A.,Ratzeburg, F. H., & Tannhauser, M. T. (1961). *A teaching method of brain-injured and hyperactive children.* Syracuse, NY: Syracuse University Press.

Cutting, L. E., & Denckla, M. B. (2004). Genetic disorders and learning disabilities: Closing remarks and future research questions. *Learning Disability Research and Practice, 19,* 174-176.

Davies, D. (1991). Schools reaching out: Family, school, and community partnerships for student success. *Phi Delta Kappan, 72*(5), 376-380, 382.

Davis, D.T., Kroth, R., James, A., & Van Curen, S. (1991). *Family involvement guides* (2nd ed.). Plantation, FL: South Atlantic Regional Resource Center.

Delacato, C. H. (1959). *The treatment and prevention of reading problems: The neurological approach.* Springfiled, IL: Charles C. Thomas.

Delacato, C. H. (1963). *The diagnosis and treatment of speech and reading problems.* Springfiled, IL: Charles C. Thomas.

Delacato, C. H. (1966). *Neurological organization and reading.* Springfiled, IL: Charles C.Thomas.

De la Cruz, R. E., Cage, C. E., & Lian, M. G. J. (2000). Let's play Mancala and Sungka! Learning math and social skills through ancient multicultural games. *Teaching Exceptional Children, 32*(3), 38-42.

Deno, E. (1970). Special education as educational capital. *Exceptional Children, 37,* 229-237.

Deno, S. L. (1985). Curriculum-based measurement: The emerging alternative. *Exceptional Children, 52,* 219-232.

Dent, H. (1994). Testing African American children: The struggle continues. *Psych Discourse,* 25, 5-9.

Denton, C., & Mathes, P. (2002, Summer). Reading Recovery. *Practice Alerts,* 7. Washington, DC: Council for Exceptional Children.

Deshler, D. D., Alley, G. R., Warner, M. M., & Schumaker, J. B. (1981). Instructional practices for promoting skill acquisition and generalization in severely learning disabled adoles cents. *Learning Disability Quarterly, 4*(4), 415-421.

Deshler, D. D., Ellis, E. S., & Lenz, B. K. (1996). *Teaching adolescents with learning disabilities: Strategies and methods* (2nd ed.). Denver, CO: Love.

Deshler, D. D., & Lenz, B. K. (1989). The strategies instructional approach. *Internatinoal Journal of Learning Disabilities, Development and Education, 36,* 203-224.

Deshler, D. D., & Putnam, M. L. (1996). Learning disabilities in adolescents: A perspective. In D. D. Deshsler, E. S. Ellis, & B. K. Lenz (Eds.), *Teaching adolescents with learning disabilities* (2nd ed., pp. 1-8). Denver, CO: Love.

Deshler, D. D., & Schumaker, J. B. (1988). An instructional model for teaching students how to learn. In J. L. Graden, J. E. Zins, & M. J. Curtis (Eds.), *Alternative educational delivery systems: Enhancing instructional options for all students* (pp. 391-411). Washington, DC: National Association of School Psychologists.

Deshler, D. D., and Schumacher, J. B. (1989). Learning strategies: An instructional alternative for low achieving adolescents. *Exceptional Children, 52,* 583-589.

Deshler, D., Schumaker, J., Lenz, B., Bulgren, J., Hock, M., Knight, J., & Ehren, B. (2001). Ensuring content-area learning by secondary students with learning disabilities. *Learning Disabilities Research & Practice, 16*(2), 96-108.

Dickinson, D. L., & Verbeek, R. L. (2002). Wage differentials between college graduates with and without learning disabilities. *Journal of Learning Disabilities, 35*(2), 175-184.

Dimino, J., Taylor, R., & Gersten, R. (1995). Synthesis of the research on story/grammar as a means to increase comprehension. *Reading and Writing Quarterly, 11,* 53-72.

DLD (Division for Learning Disabilities) and DR (Division for Research) of the Council for Exceptional Children. (2001, Spring). *Current Practice Alerts: High-Stakes Assessment, Alert 4,* 1-4.

Donahue, M., & Bryan, T. (1984). Communicative skills and peer relations of learning disabled adolescents. *Topics in Language Disorders, 4,* 10-21.

Donovan, M. S., & Cross, C.T. (2002). *Minority students in special and gifted education.* Washington, DC: National Academy Press.

Douglas, V. A. (1984).The psychological processes implicated in ADD. In L. M. Bloomingdale (Ed.), *Attention deficit disorder: Diagnostic, cognitive and therapeutic understanding* (pp. 147-162). New York: Spectrum.

Dowling, W. D. (1991). Learning disabilities among incarcerated youth. *Journal of Continuing Education, 42,* 180-185.

Duane, D. D. (1989). Comment on dyslexia and neurodevelopmental pathology. *Journal of Learning Disabilities, 22,* 219-220.

Dunn, L. M. (1968). Special education for the mildly retarded: Is much of it justifiable? *Exceptional Children, 35,* 5-22.

Dunn, L. M., & Dunn, L. M. (1997). *Peabody picture vocabulary test* (3rd ed.). Circle Pines, MN: American Guidance Service.

Du Paul, G. J., & Stover, G. (2003). *ADHD In the Schools* (2nd ed.). New York: Guilford Press.

Edge, D., & Franken, M. (1996). *Building parent and community involvement in education: Importance of research in parent involvement* (part one of three series). [video]. Louisville: Kentucky Education Television and University of Louisville.

Ehri, L., Nunes S., Willows, D., Schuster, B., Yaghoub-Zadeh, Z., & Shanahan, T. (2001). Phonemic awareness instruction helps children learn to read: Evidence from the National Reading Panel's meta-analysis. *Reading Research Quarterly, 36,* 250-287.

Elbaum, B., & Vaughn, S. (2003a). For which students with learning disabilities are self-concept interventions effective? *Journal of Learning Disabilities, 36*(2), 101-108.

Elbaum, B., & Vaughn, S. (2003b). Self-concept and students with learning disabilities. In H. L. Swanson, K. R. Harris, & S. Graham (Eds.), *Handbook of learning disabilities* (pp. 229-241). New York: Guilford Press.

Elksnin, L. K., & Elksnin, N. (1989). *Facilitating successful vocational/special education programs for mildly handicapped adolescents through collaborative consultation with parents.* Paper presented at the Fifth Annual Conference on Career Development, Atlanta (ERIC Document Reproduction Service No. ED 320-360).

Elksnin, L. K., & Elksnin, N. (2004). The social-emotional side of learning disabilities. *Learning Disabilities Quarterly, 27,* 3-8.

Ellis, E. S. (1989). A model for assessing cognitive reading strategies. *Academic Therapy, 24*(4), 407-424.

Ellis, E. S. (1994). An instructional model for integrating content-area instruction with cognitive strategy instruction. *Reading and Writing Quarterly: Overcoming Learning Difficulties, 1,* 63-90.

Ellis, E. S., & Colvert, G. (1996). Writing strategy instruction. In D. D. Deshler, E. E. Ellis, & B. K. Lenz (Eds.), *Teaching adolescents with learning disabilities: Strategies and methods* (2nd ed., pp. 127-209). Denver: Love.

Ellis, E. S., & Friend, P. (1991). The adolescent with learning disabilities. In B. Y. K. Wong (Ed.), *Learning about learning disabilities* (pp. 506-561). Orlando, FL: Academic Press.

Ellis, E. S., & Lenz, B. K. (1987). A component analysis of effective learning strategies for LD students. *Learning Disabilities Focus, 2*(2), 94-107.

Ellis, E. S., & Lenz, B. K. (1996). Perspective on instruction in learning strategies. In D. D. Deshler, E. E. Ellis, & B. K. Lenz (Eds.), *Teaching adolescents with learning disabilities: Strategies and methods* (2nd ed., pp. 9-60). Denver: Love.

Engelman, S., Becker, W. C., Hanner, S., & Johnson, G. (1978). *Corrective reading program: Series guide.* Chicago: Science Research Associates.

Engelman, S., Becker, W. C., Hanner, S., & Johnson, G. (1988). *Corrective reading program: Series guide* (rev. ed.). Chicago: Science Research Associates.

Englert, C. S., Mariage, T. V., Garmon, M. A., & Tarrant, K. L. 1998). Accelerating reading progress in early literacy project classrooms: Three exploratory studies. *Remedial and Special Education, 19,* 142-159.

Englert, C. S., Raphael, T. E., & Anderson, L. M. (1992). Socially-mediated instruction: Students' knowledge and talk about writing. *Elementary School Journal, 92,* 411-449.

Englert, C. S., Tarrant, K. L., & Mariage, T.V. (1992). Defining and redefining instructional practice in special education: Perspectives on good teaching. *Teacher Education and Special Education, 15,* 62-86.

Erford, B. T., & Boykin, R. R. (1996). *Slosson-diagnostic math screener.* East Aurora, NY: Educational Publications.

Eysenck, H. J., & Schoenthaler, S. J. (1997). Raising IQ level by vitamin and mineral supplementation. In R. J. Sternberg and E. Grigorenko (Eds.), *Intelligence, Heredity, and Environment* (pp. 363-392). Cambridge: Cambridge University Press.

Famularo, J. (2005). Preschool special education program. Bellmore, NY: Bellmore Union Free School District.

Farr, R., & Tone, B. (1994). *Portfolio and performance assessment: Helping students evaluate their progress as readers and writers.* Fort Worth, TX: Harcourt Brace.

Feingold, B. (1975). *Why your child is hyperactive.* New York: Random House.

Fernald, G. M. (1943). *Remedial techniques in basic school subjects.* New York: McGraw-Hill.

Fernald, G. M., & Keller, H. (1921). The effect of kinesthetic factors in the development of word recognition in the case of non-readers. *Journal of Educational Research, 4,* 355-357.

Ferri, B.A., Connor, D. J., Solis, S., Valle, J., & Volpitta, J. (2005). Teachers with LD: Ongoing negotiations with discourses of disability. *Journal of Learning Disabilities, 38,* 62-78.

Field, S., Martin, J., Miller, R., Ward, M., & Wehmeyer, M. (1990). *A practical guide to teaching self-determination.* Reston, VA: Council for Exceptional Children.

Field, S., Price, L., & Patton, J. R. (2003). Epilogue. *Remedial and Special Education, 24,* 380-383.

Field, S., Sarver, M., & Shaw, S. (2003). Self-determination: A key to postsecondary education for students with learning disabilities. *Remedial and Special Education, 24*(6), 339-349.

Flagler, S. (1996). *Infant-preschool play assessment scale.* Lewisville, NC: Kaplan.

Fleischner, J. E., & Manheimer, M. A. (1997). Math interventions for students with learning disabilities: Myths and reality. *School Psychology Review, 26,* 397-413.

Fletcher, J. M., Lyon, G. R., Baumes, M., Stueberg, K. K., Cranus, D. J., Olson, R. K., Shaywitz, S. E., & Shaywitz, B. A. (2002). Classification of learning disabilities: An evidence-based evaluation. In R. Bradley, L. Danielson & D. P. Hallahan (Eds.), *Identification of learning disabilities: Research to practice* (pp. 185-250). Mahwah, NJ: Erlbaum.

Fletcher, J. M., & Martinez, G. (1994). An eye-movement analysis of the effects of notopic sensitivity connection on passing and comprehension. *Journal of Learning Disabilities, 27,* 67-70.

Forgan, J. W. (2002). Using bibliotherapy to teach problem-solving. *Intervention in School and Clinic, 38*(2), 75-82.

Forgan, J. W. (2003). *Teaching problem-solving through children's literature*. Englewood, Co: Libraries Unlimited.

Forgan, J. W., & Gonzalas-De Hass, A. (2004). How to infuse social skills training into literacy instruction. *Teaching Exceptional Children, 36*, 24-30.

Forness, S. R., & Kavale, K. A. (1996). Treating social skill deficits in children with learning disabilities: A meta-analysis of the research. *Learning Disability Quarterly, 19,* 2-13.

Foster, G. G., Ysseldyke, J. E., Casey, A., & Thurlow, M. L. (1974). The congruence between reason for referral and placement outcome. *Journal of Psychoeducational Assessment, 2,* 209-217.

Fradd, S. H., & Cook, L. (2002). *Collaboration skills for school professionals* (4th ed.). Boston: Allyn & Bacon.

Fradd, S. H., & Hallman, C. L. (1983). Implications of psychological and educational research for assessment and instruction of culturally and linguistically different students. *Learning Disability Quarterly, 6,* 468-478.

Fradd, S. H., & Weismantel, M. J. (1989). Developing and evaluating goals. In S. H. Fradd & M. J. Weismantel (Eds.), *Meeting the needs of culturally and linguistically different students: A handout for educators* (pp. 34-64). Boston: College Hill.

Frankenburg, W. K., Dodds, J., Archer, P., Bresnick, B., Maschka, P., Edelman, N., & Shapiro, M. (1990). *Denver—II.* Denver, CO: Denver Developmental Materials.

Friend, M., & Cook, L. (2003). *Interaction: Collaboration skills for school professionals* (4th ed.). New York: Longman.

Frostig, M. (1973). Learning problems in the classroom. *Prevention and remediation.* New York: Grune and Stratton.

Fuchs, D., & Fuchs, L. S. (1989). Mainstream assistance team to accommodate difficult to teach students. In G. Stoner, M. R. Shinn, & H. M. Walker (Eds.), *Interventions for achievement behavior problems* (pp. 241-267). Washington, DC: National Association of School Psychologists.

Fuchs, D., & Fuchs, L. S. (1994). *Reintegration of students with learning disabilities into the mainstream: A two-year study.* Paper presented at the annual convention of the Council for Exceptional Children, Denver, CO, April 6-10.

Fuchs, L. S., & Fuchs, D. (2001). Principles for the prevention and intervention of mathematical difficulties. *Disabilities Research and Practice, 6,* 85-95.

Fuchs, L. S., Fuchs, D., & Speece, D. L. (2002). Treatment validity as a unifying construct for identifying learning disabilities. *Learning Disabilities Quarterly,* 25, 33-45.

Fulk, B. M., & Stormont-Spurgin, M. (1995). Spelling interventions for students with learning disabilities. *Journal of Special Education, 28,* 488-513.

Galaburda, A. M. (1988). The pathogenesis of childhood dyslexia. In F. Plum (Ed.), *Language, communication and the brain* (pp. 127-138). New York: Raven Press.

Galaburda, A. M. (1990). The testosterone hypothesis: Assessment since Geschwind and Behan, 1982. *Annals of Dyslexia, 40,* 18-38.

Galaburda, A. M. (2005). Neurology of learning disabilities: What will the future bring? The answer comes from the successes of the recent past. *Learning Disability Quarterly, 28*(2), 107-109.

Galda, L., Cullinan, B. E., & Strickland, D. S. (1997). *Language literacy and the child* (2nd ed.). New York: Harcourt Brace.

Gallagher, J. J. (2000). The beginnings of federal help for young children with disabilities. *Topics in Early Childhood Special Education, 20*(1), 3-6.

Garner, A., & Lipsky, D. K. (1987). Beyond special education: Toward a quality system for all students. *Harvard Educational Review, 37,* 307-395.

Garnett, K. (1998). Math learning disabilities: Discussion for *Learning Disabilities,* Journal of the Council of Exceptional Children. Retrieved April 14, 2003, from http://www.ldonline.org/ld_indepth/math_skills/garnet.html.

Garnett, K., & Fleischner, J. E. (1983). Automation and basic fact performance of normal and learning disabled children. *Learning Disability Quarterly, 6,* 223-230.

Geary, D. C. (1993). Mathematical disabilities: Cognitive, neuropsychological, and genetic components. *Psychological Bulletin, 114,* 345-362.

Geary, D. C. (2000). Mathematic disorders: An overview for educators. *Perspective, 26,* 6-9.

Geary, D. C. (2003). Learning disabilities in arithmetic: Problem-solving differences and cognitive defects. In H. L. Swanson, K. R. Harris, & S. Graham (Eds.), *Handbook of learning disabilities* (pp. 199-212). New York: Guilford Press.

Gelzheiser, L. M. (1987). Reducing the number of students identified as learning disabled: A question of practice, philosophy or policy? *Exceptional Children, 54,* 145-150.

Gerber, P. J. (1992). At first glance: Employment for people with learning disabilities at the beginning of the Americans-with-Disabilities-Act era. *Learning Disability Quarterly, 15*(4), 330-332.

Gerber, P. J. (2003). Adults with learning disabilities redux. *Remedial and Special Education, 24,* 324-327.

Gersten, R., & Baker, S. (1999). *Reading comprehension instruction for students with learning disabilities: A research synthesis.* Washington, DC: Keys to Successful Learning Summit.

Gersten, R., & Baker, S. (2001). Teaching expressive writing to students with learning disabilities: A meta-analysis. *The Elementary School Journal, 101,* 251-272.

Gersten, R., Jordan, N. C., & Flojo, J. R. (2005). Early identification and interaction for students with mathematical difficulties. *Journal of Learning Disabilities, 38,* 393-304.

Gersten, R., Schiller, E. P., & Vaughn, S. (Eds.). (2000). *Contemporary special education research: Synthesis of the knowledge base on critical instructional issues.* Mahwah, NJ: Erlbaum.

Gilliam, J. E. (1995a). *Attention-deficit/hyperactivity disorder test.* Austin, TX: PRO-ED.

Gilliam, J. E. (1995b). *Gilliam autism rating scale.* Austin, TX: PRO-ED.

Gillingham, A., & Stillman, B. (1960). *Remedial training for children with specific disability in reading, spelling, and penmanship* (7th ed.). Cambridge, MA: Educators Publishing Service.

Ginsburg, H. P., & Baroody, A. J. (1990). *Test of early mathematic ability* (2nd ed.). Austin, TX: PRO-ED.

Giordano, G. (1993). Fourth invited response: The NCTM standards: A consideration of the benefits. *Remedial and Special Education, 14*(6), 28-32.

Glatthorn, A. A. (1990). Cooperative professional development: A tested approach, not a panacea. *Remedial and Special Education, 11*(4), 62.

Gnagey, T. D. (1980). *Diagnostiic screening tests math.* East Aurora, NY: Slosson Education Publication.

Goforth, F. S. (1998). *Literature and the learner.* Belmont, CA: Wadsworth.

Goldman, S. R., Pellegrino, J. W., & Mertz, D. L. (1988). Extended practice of basic addition facts: Strategy changes in learning disabled students. *Cognition and Instruction, 5*, 223-265.

Gottlieb, J., Alter, M., Gottlieb, B. W., & Wishner, J. (1994). Special education in urban America: It's not justifiable for many. *Journal of Special Education, 27*, 453-465.

Gottlieb, J., Gottlieb, B. W., & Trogone, S. (1991). Parent and teacher referrals for psychoeducational evaluation. *Journal of Special Education, 25*, 155-167.

Graden, J. L., Casey, A., & Christenson, S. L. (1985). Implementing a prereferral intervention system: Part I. The model. *Exceptional Children, 51*(5), 377-383.

Graham, S. (1999). Handwriting and spelling instruction for students with learning disabilities: A review. *Learning Disability Quarterly, 22*, 78-98.

Graham, S., Berninger, V., Weintraub, N., & Schafer, W. (1998). The development of handwriting fluency and legibility in grades 1 through 9. *Journal of Educational Research, 92*, 42-52.

Graham, S., & Harris, K. R. (1988). Instructional recommendations for teaching writing to exceptional students. *Exceptional Children, 54*, 506-512.

Graham, S., & Harris, K. R. (2000). The role of self-regulation and transcription skills in writing and writing development. *Educational Psychologist, 35*, 3-12.

Graham, S., & Harris, K. R. (2002). Prevention and intervention for struggling writers. In M. Shinn, G. Stoner, & H. Walker (Eds.), *Interventions for academic and behavior problem II: Prevention and remedial approaches* (pp. 589-610). Bethesda, MD: National Association of School Psychologists.

Graham, S., & Harris, K. R. (2003). Students with learning disabilities and the process of counting: A meta-analysis of SRSD studies. In H. L. Swanson, K. R. Harris, & S. Graham (Eds.), *Handbook of learning disabilities* (pp. 323-344). New York: Guilford Press.

Graham, S., Harris, K. R., & Fink-Chorzempa, B. (2003). Extra spelling instruction: Improving spelling, writing and reading right from the start. *Teaching Exceptional Children, 35*, 66-68.

Graham, S., Harris, K., & Larsen, L. (2001). Prevention and intervention of writing disabilities. *Learning Disabilities Research & Practice, 16*(2), 62-73.

Graham, S., & Miller, L. (1979). Spelling research and practice: A unified approach. *Focus on Exceptional Children,*

Graham, S., & Weintraub, N. (1996). A review of handwriting research: Progress and prospects from 1980 to 1994. *Educational Psychology Review, 8*(1), 7-87.

Graham, S., Weintraub, N., & Berninger, V. (1980). Handwriting remediation and principles: A unified approach. *Focus on Exceptional Children, 12*, 2.

Graham, S., & Weintraub, N. (1996). A review of handwriting research: Progress and prospects from 1980 to 1993. *Educational Psychology Review, 8*, 7-87.

Graham, S., Weintraub, N., & Berninger, V. (1998). The relationship between handwriting style and speed and legibility. *Journal of Educational Research, 91*(5), 390-296.

Graham, S., Weintraub, N., & Berninger, V. (2001). Which manuscript do primary grade children write legibly? *Journal of Educational Psychology, 93*, 488-497.

Grant, R. (1973). Strategic training for using text headings to improve students' processing of content. *Journal of Reading, 36*(6), 482-488.

Graves, D. H. (1994). *A fresh look at writing.* Portsmouth, NH: Heinemann.

Gregg, N. & Scott, S. (2000). Definition and documentation: Theory measurement and the courts. *Journal of Learning Disabilities, 31*(1). 5-13.

Gresham, F. M. (1989). Assessment of treatment integrity in school consultation and pre-referral intervention. *School Psychology Review, 18*, 37-50.

Gresham, F. M. (1997). Social competency and students with behavioral disorders: Where we've been, where we are, and where we should go. *Education and Treatment of Children, 20*, 233-249.

Gresham, F. M., & Elliot, S. N. (1990). *Social skills rating system.* Circle Pines, MN: American Guidance Service.

Gresham, F. M., Watson, T. S., & Skinner, C. H. (2001). FBA: Principles, procedures, and future directions. *School Psychology Review, 30*, 156-172.

Grossman H. (1996). *Special education in a diverse society.* Boston: Allyn & Bacon.

Guralnick, M. J. (Ed.). (1997). *The effectiveness of early intervention.* Baltimore: Paul H. Brookes.

Hagen, J. W. (1967). The effect of distraction on selective attention. *Child Development, 38*, 385-694.

Hallahan, D. P., Gajar, A. H., Cohen, S. G., & Tarver, S. G. (1978). Selective attention and focus of control in learning disabled and normal children. *Journal of Learning Disabilities, 11*, 231-236.

Hallahan, D. P., Lloyd, J. W., Kauffman, J. M., Weiss, M., & Martinez, E. A. (2005). *Learning disabilities: Foundation, characteristics and effective teaching.* Boston: Pearson/ Allyn & Bacon.

Hallahan, D. P., & Mercer, C. D. (2002). Learning disabilities: Historical perspectives. In R. Bradley, L. Danielson, & D. P. Hallahan (Eds.), *Identification of learning disabilities: Research to practice* (pp. 1-67). Mahwah, NJ: Erlbaum.

Hallerick, R. L. (1969). The creative learning center. *Elementary School Journal, 69,* 259-264.

Hambleton, R. K., & Murphy, E. (1992). A psychometric perspective on authentic measurement. *Applied Measurement in Education, 5*(1), 1-16.

Hammill, D. D. (1990). On defining learning disabilities: An emerging consensus. *Journal of Learning Disabilities, 23,* 74-84.

Hammill, D. D., & Bartel, N. R. (Eds.). (1971). *Educational perspective in learning disability.* New York: Wiley.

Hammill, D. D., & Bartel, N. R. (Eds.). (1990). *Teaching students with learning and behavior problems* (5th ed.). Boston: Allyn & Bacon.

Hammill, D. D., Brown, V. L., Larsen, S. C., & Wiederholt, J. L. (1994). *Test of adolescent and adult language* (3rd ed.). Austin, TX: PRO-ED.

Hammill, D. D., & Larsen, S. C. (1974). The effectiveness of psycholinguistic training. *Exceptional Children, 41,* 514.

Hammill, D. D., & Larsen, S. C. (1996). *Test of written language* (3rd ed.). Austin, TX: PRO-ED.

Hammill, D. D., & Newcomer, P. L. (1997). *Test of language development—intermediate* (3rd ed.). Austin, TX: PRO-ED.

Hanson, F. A. (1993). Testing testing: *Social consequences of the examined life.* Berkeley: University of California Press.

Harcourt Brace Educational Measurement (1995). *Stanford diagnostic reading text 4* (4th ed.). San Antonio, TX: Harcourt Brace Educational Assessment.

Harris, K. R., & Graham, S. (1997). *Making the writing process work: Strategies for composition and self-regulation.* Cambridge, MA: Brookline Books.

Harris, K. R., & Graham, S. (1999). Programming intervention research: Illustrations from the evolution of self-regulated strategy development. *Learning Disabilities Quarterly, 22,* 251-262.

Harris, K. R., Graham, S., & Mason, L. (2003). Self-regulated strategy development in the classroom: Part of a balanced approach to writing instruction for students with disabilities. *Focus on Exceptional Children, 35*(7), 1-16.

Harrison, P. L., Kaufman, A. S., Kaufman, N. L., Bruininks, R. H., Rynders, J., Ilmer, S., Sparrow, S. S., & Cicchetti, D.V. (1990). *AGS early screening profiles.* Circle Pines, MN: American Guidance Service.

Harry, B. (2002). Response to learning disabilities: Historical perspective. In R. Bradley, L. Danielson, & D. P. Hallahan (Eds.), *Identification of learning disabilities: Research to practice* (pp. 75-79). Mahwah, NJ: Erlbaum.

Harry, B., Allen, N., & McLaughlin, M. (1995). Communication versus compliance: African-American parents' involvement in special education. *Exceptional Children, 61,* 364-77.

Hazel, J. S., & Schumaker, J. B. (1988). Social skills and learning disabilities: Current issues and recommendations for future research. In J. F. Kavangh & T. J. Truss (Eds.), *Learning disabilities: Proceedings of the national conference* (pp. 293-344). Parkton, MD: York Press.

Hearne, D., & Stone, S. (1995). Multiple intelligences and underachievement: Lessons for individuals with learning disabilities. *Journal of Learning Disabilities, 28*(7), 439, 448.

Heddens, J. W., & Speer, W. R. (1987). *Today Part II: Activities and instructional ideas* (9th ed.). Upper Saddle River, NJ: Merrill/Prentice-Hall.

Heddens, J.W., & Speer, W.R. (1997). *Today's mathematics: Part I concepts and classroom methods* (10th ed.). New York: Wiley.

Heiman, T., & Margalit, M. (1998). Loneliness, depression, and social skills among students with mild mental retardation in different educational settings. *Journal of Special Education, 32,* 154-163.

Henry, F. M., & Reed, V. A. (1995). Adolescents' perceptions of the relative importance of communication skills. *Language, Speech, & Hearing Services in Schools, 26,* 263-273.

Henry, N. A., & Flynn, E. S. (1990). Rethinking special education referral: A procedural manual. *Intervention in School and Clinic,* 26, 22-24.

Herr, C. M., & Bateman, B. D. (2003). Learning disabilities and the law. In H. L. Swanson, K. R. Harris, & S. Graham (Eds.), *Handbook of learning disabilities* (pp. 256-272). New York: Guilford Press.

Heubert, J. P., & Hauser, R. M. (1999). *High stakes: Testing for tracking, promotion and graduation.* Washington, DC: National Academy Press.

Hinshelwood, J. (1917). *Congenital word-blindness* London: H. K. Lewis.

Hobbs, N. (1978). Classification options: A conversation with Nicholas Hobbs on exceptional children. *Exceptional Children, 44,* 494-497.

Hocutt, A. M. (1996). Effectiveness of special education: Is placement the critical factor? *The Future of Children, 6*(1), 77-102.

Hoffman, A. J. (2000). Meeting the challenges of learning in adulthood. Baltimore, MD: Paul H. Brookes.

Hoffman, A. (2003). Teaching decision making to students with learning disabilities by promoting self-determination. ERIC Digest (ED 470036).

Hoffman, J. V., Roser, N. L., & Battle, J. (1993). Reading aloud in classrooms: From the modal toward the "model." *The Reading Teacher, 46*(6), 496-503.

Hofmeister, A. M. (1993). Elitism and reform in school mathematics. *Remedial and Special Education, 14*(6), 8-13.

Holloway, J. (2001, March). Inclusion and students with learning disabilities. *Educational Leadership,* 86-88.

Horowitz, S. H. (2005). Adolescents and young adults with LD: Transition and now. National Center for Learning Disabilities. Retrieved March 17, 2006, from http://www.ld.org/newsltr/0205newsltr/0205research.cfm.

House, J. E., Zimmer, J. W., & McInerney, W. F. (1991, Winter). Empowering teachers through the intervention team assistance team. *CASE in Point*, 5-8.

Hresko, W. P., Herron, S. R., & Peak, P. K. (1996). *Test of early written language* (2nd ed.). Austin, TX: PRO-ED.

Hresko, W. P., Reid, D. K., & Hammill, D. D. (1982). *Prueba del desarrollo inicial del lenguaje*. Austin, TX: PRO-ED.

Hresko, W. P., Reid, D. K., & Hammill, D. D. (1999). *Test of early language development*. (3rd ed.). Austin, TX: PRO-ED.

Hughes, C. A., Schumaker, J. B., Deshler, D. D., & Mercer, C. D. (1993). *Learning strategies curriculum: The test-taking strategy* (rev. ed.). Lawrence, KS: Edge Enterprises.

Hutchinson, N. L. (1993). Second invited response: Students with disabilities and mathematics education reform—Let the dialogue begin. *Remedial and Special Education, 14*(6), 20-23.

Hynd, G. W., Marshall, R., & Gonzalez, J. (1991). Learning disabilities and presumed central nervous system dysfunction. *Learning Disability Quarterly, 14*, 283-296.

Individuals with Disabilities Education Improvement Act (IDEA). (1997). P.L. 105-17. 105th Cong., 1st Sess.

Individuals with Disabilities Education Act of 2004. P.L. 108-446. 108th Cong., 2nd Sess.

Interagency Committee on Learning Disabilities. (1987). *Learning Disabilities: A report to the U.S. Congress*. Bethesda, MD: National Institute of Health.

Interagency Committee on Learning Disabilities (Ed.). (1988). *Learning disabilities: A report to the U.S. Congress.* Washington, DC: U.S. Government Printing Office.

Irlen, H. (1991). *Reading by the colors: Overcoming dyslexia and other disabilities through the Irlen method.* Garden City Park, NY: Avery.

Janiga, S. J., & Costenbader, V. (2002). The transition from high school to postsecondary education for students with learning disabilities: A survey of college service coordinators. *Journal of Learning Disabilities, 35*, 462-469.

Jenkins, J. R., & Mayhall, W. F. (1976). Development and evaluation of a resource teacher program. *Exceptional Children, 43*, 21-30.

Jimenez, J. E., del Rosario Ortiz, M., Rodrigo, M., Hernandez-Valle, I., Ramirez, G., Esteves, A., O'Shanahan, I., & Tralave, M. (2003). Do the effects of computer-assisted practice differ for children with reading disabilities with and without IQ-achievement discrepancies? *Journal of Learning Disabilities, 36*, 34-47.

Jimenez, J. E., Siegel, L. S., & Rodrigo Lopez, M. (2003). The relationship between IQ and reading disabilities in English-speaking Canadian and Spanish children. *Journal of Learning Disabilities, 36*, 19-33.

Johnson, D. J., & Myklebust, H. R. (1967). *Learning disabilities: Educational principles and practices*. New York: Grune & Stratton.

Johnson, D. W., & Johnson, R. T. (1995). Peacemakers: Teaching students to resolve their own and schoolmates' conflicts. In E. L. Myen, G. A. Vergason, & R. J. Whelan (Eds.), *Strategies for teaching exceptional children in inclusive settings* (pp. 311-329). Denver, CO: Love.

Johnson, E. R., Stodden, R. A., Emanuel, E. J., Luecking, R., & Mack, M. (2002). Current challenges facing secondary education and transition services. What research tells us. *Exceptional Children, 68*, 519-531.

Johnson, G. O. (1962). Special education for the mentally handicapped. *Exceptional Children, 29*, 62-69.

Johnson, L. J., Pugach, M. C., & Hammittee, D. (1988). Barriers to effective special education consultation. *Remedial and Special Education, 9*, 41-47.

Johnson, L. J., Zorn, D., Kai Yung Tam, B., Lamontagne, M., & Johnson, S. A. (2003). Stakeholders' views of factors that impact successful interagency collaboration. *Exceptional Children, 69*, 195-209.

Johnson-Martin, M. N., Attermeier, S. M., & Hacker, B. J. (1990). *The Carolina curriculum for preschoolers with special needs.* Baltimore: Paul H. Brookes.

Jordon, N. C., Levine, S. C., & Huttenlocher, J. (1995). Calculation abilities of young children with different patterns of cognitive functioning. *Journal of Learning Disabilities, 28*, 53-67.

Kalyanpur, M., & Harry, B. (1999). *Culture in special education: Building reciprocal family-professional relationships.* Baltimore: Paul H. Brookes.

Kalyanpur, M., & Rao, S. (1991). Empowering low-income black families of handicapped children. *American Journal of Orthopsychiatry, 61*(4), 523-532.

Kame'enui, E. J., Carnine, D. W., Dixon, R. C., Simmons, D. G., & Coyne, M. D. (2000). *Effective teaching strategies that accommodate diverse learners.* Upper Saddle River, NJ: Merrill/Prentice Hall.

Kandt, R. S. (1984). Neurological examination of children with learning disorders. *Pediatric Clinics of North America, 31*, 297-315.

Kass, C., & Myklebust, H. (1969). Learning Disability: An educational definition. *Journal of Learning Disabilities, 2*, 377-379.

Kaufman, A. S., & Kaufman, N. L. (1993). *Kaufman survey of early academic and language skills.* Circle Pines, MN: American Guidance Service.

Kaufman, J. M. (1993). How we might achieve radical reform of special education. *Exceptional Children, 60*, 6-16.

Kavale, K. A., & Forness, S. R. (1995). Social skill deficits and training: A meta-analysis of research in learning disabilities. *Advances in Learning and Behavioral Disabilities, 9*, 119-160.

Kavale, K. A., & Forness, S. R. (1996). Social skill deficits and LD: A meta-analysis. *Journal of Learning Disabilities, 29*, 226-237.

Kavale, K. A., & Mostert, M. P. (2004). Social skills interventions for individuals with learning disabilities. *Learning Disabilities Quarterly, 27*, 31-44.

Kephart, N. (1971). *The slow learner in the classroom.* Upper Saddle River, NJ: Merrill/Prentice Hall.

King-Sears, M. E. (2001). Three steps for gaining access to the general education curriculum for learners with disabilities. *Interactions in School and Clinic, 37*, 67-76.

King-Sears, M. E., & Mooney, J. E. (2004). Teaching content in an academically diverse class. In B. Lenz, D. D., Deshler, & B. R. Kissan (Eds.), *Teaching content to all: Evidence-based inclusive practices in middle and secondary school* (pp. 221-257.) Boston: Pearson Allyn & Bacon.

Kirk, S. A. (1962). *Educating exceptional children*. Boston: Houghton Mifflin.

Kirk, S.A. (1963). Behavioral diagnosis and remediation of learning disabilities. In *Proceedings of the conference on the exploration into problems of the perceptually handicapped child*. Evanston, IL: Fund for the Perceptually Handicapped Child.

Kirk, S. A. (1976). Samuel A. Kirk. In J. M. Kauffman & D. P. Hallahan (Eds.), *Teaching children with learning disabilities: Personal perspectives* (pp. 239-269). Columbus, OH: Merrill.

Kirk, S.A., & Chalfant, J. (1984). *Academic and developmental learning disabilities*. Denver, CO: Love.

Kirst, M. (1991). Improving children's services. *Phi Delta Kappan, 72*, 615-618.

Kline, F. M., Schumaker, J. B., & Deshler, D. D. (1991). Development and validation of feedback routines for instructing students with learning disabilities. *Learning Disabilities Quarterly, 14*, 191-207.

Kling, B. (2000). Assert yourself: Helping students of all ages develop self-advocacy skills. *Teaching Exceptional Children, 32*(3), 66-70.

Klinger, J. K., & Vaughn, S. (1999). Students' perceptions of instruction in inclusive classrooms: Implication for students with learning disabilities. *Exceptional Children, 66*, 23-27.

Klinger, J. K., & Vaughn, S. (2002). The changing roles and responsibilities of an LD specialist. *Learning Disabilities Quarterly, 25*, 19-32.

Knotek, S. (2003). Bias in problem solving and the social press of students' study teams: A qualitative investigation. *Journal of Special Education, 37*, 2-14.

Koegal, R. L., & Covert, A. (1972). The relationship of self-stimulation to learning in autistic children. *Journal of Applied Behavior Analysis, 5*, 381-387.

Kohler, P. D., & Field, S. (2003). Transition-focused education: Foundation for the future. *Journal of Special Education, 37*, 174-183.

Korinek, L., & Popp, P. A. (1997). Collaborative mainstream integration of social skills with academic instruction. *Preventing School Failure, 41*, 148-152.

Kortering, L. J., de Bettencourt, L. U., & Braziel, P. M. (2005). Improving performance in high school algebra: What students with LD are saying. *Learning Disabilities Quarterly, 28*, 191-203.

Kottmeyer, W. (1970). *Teacher's guide to remedial spelling* New York: McGraw-Hill.

Krackendoffel, E. A., Robinson, S. M., Deshler, D. D., & Schumaker, J. B. (1992). *Collaborative problem solving*. Lawrence, KS: Edge Enterprises.

Kroesberger, E. H. & VanLuit, J. E. H. (2003). Mathematics intervention for children with special education needs: A meta-analysis. *Remedial and Special Education, 24*(2), 97-114.

Kronick, D. (1973). *Social development of learning disabled persons*. San Francisco: Jossey-Bass.

Kroth, R. L., & Edge, D. (1997). *Strategies for communicating with parents and families of exceptional children* (3rd ed.) Denver, CO: Love.

Kroth, R. L., & Otteni, H. (1985). Parent education programs that work: A model. *Focus on Exceptional Children, 15*(8), 1-16.

Kruger, L. J., Struzziero, J., Watts, R., and Vocca, D. (1995). The relationship between organizational support and satisfaction with teacher assistance teams. *Remedial and Special Education, 16*,(4), 203-211.

Kussmaul, A. (1877). Word deafness and word blindness. In H. von Ziemssen & J. A. T. McCreery (Eds.), *Cyclopedia of the practice of medicine* (pp. 770-778). New York: William Wood.

Lahey, M. (1988). *Language disorders and language development*. Needham, MA: Macmillan.

Lapadat, J. C. (1991). Pragmatic language skills of students with language and/or LD: A quantitative synthesis. *Journal of LD, 24*, 147-158.

Larsen, S. C., Hammill, D. D., & Moats, J. C. (1999). *Test of written spelling* (4th ed.). Austin, TX: PRO-ED.

Learning Disability Roundtable. (2002). *Finding common ground*. Washington, DC: National Joint Committee on Learning Disabilities.

Lehmann, J. P., Davies, T. G., & Laurin, K. M. (2000). Listening to student voices about postsecondary education. *Teaching Exceptional Children, 32*(5), 60-65.

Lenz, B. K., Alley, G. R., & Schumaker, J. B. (1987). Activating the inactive learner: Advance organizers in the secondary content classroom. *Learning Disability Quarterly, 10*(1), 53-67.

Lenz, B. K., Bulgren, J., & Hudson, P. (1990). Content enhancement: A model for promoting the acquisition of content by individuals with learning disabilities. In T. E. Scruggs & B. Y. L. Wong (Eds.), *Intervention research in learning disabilities* (pp. 122-165). New York: Springer-Verlag.

Lenz, B. K., & Hughes, C. A. (1990). A word identification strategy for adolescents with learning disabilities. *Journal of Learning Disabilities, 23*, 149-158, 163.

Lenz, B. K., Schumaker, J. B., Deshler, D. D., & Beals, V. L. (1984). *The learning strategies curriculum: The word identification strategy.* Lawrence: University of Kansas Center for Research on Learning.

Leong, C. K. (1999). What can we learn from language in China? In I. Lundberg, T. T. Tonnessen, & I. Austard (Eds.), *Dylexia: Advances in theory and practice* (pp. 117-139). Dordrecht: Kluwer Academic.

Lerner, J. (2006). *Learning disabilities and related disorders: Characteristics and teaching strategies.* Boston: Houghton Mifflin.

Lerner, J., Lowenthal, B., & Egan, R. (2003). *Preschool children with special needs: Children at-risk and children with disabilities.* Needham Heights, MA: Allyn & Bacon.

Leung, B. (1996). Quality assessment priorities in a diverse society. *Teaching Exceptional Children,* 28(3), 42-45.

Lewis, R. B. (1998). Assistive technology and learning disabilities: Today's realities and tomorrow's promises. *Journal of Learning Disabilities, 31,* 16-26.

Lewis, R. B., & Doorlag, D. H. (2006). *Teaching special students in general education classroom* (7th ed.). Upper Saddle River, NJ: Merrill/Prentice Hall.

Lewis, T. J., Powers, L. J., Kelk, M. J., & Newcomer, L. (2002). Reducing problem behavior on the playground: An investigation of the application of school-wide positive behavior supports. *Psychology in the School, 39,* 181-190.

Lewis, T. J., & Sugai, G. (1999). Effective behavior support: A systems approach to proactive schoolwide management. *Focus on Exceptional Children, 31*(6), 1-24.

Lewis, T. J., Sugai, G., & Colvin, G. (1998). Reducing problem behavior through a school-wide system of effective behavior supports: Investigation of a school-wide social skills training program and contextual interventions. *School Psychology Review, 27,* 446-459.

Lewis-Palmer, T., Flannery, K. B., Sugai, G., & Eber, L. (2002). *Applying a system approach to school-wide discipline in secondary school: What we are learning and need to know.* Arlington, VA: Council for Children with Behavioral Disorders.

Lindsley, O. R. (1991). From technical jargon to plain English for application. *Journal of Applied Behavior Analysis, 24,* 449-458.

Lloyd, J. W., & Hallahan, P. P. (2005). Going forward: How the field of learning disabilities has and will continue to contribute to education. *Learning Disabilities Quarterly, 28,* 133-136.

Lochner, P. A. (2000). *Instructional support teams.* Seaford, NY: Executive Educational Solutions.

Lochner, P. A., & McNamara, B. E. (1989, April). *Meeting the needs of the atypical learner.* Paper presented at the annual convention of the Council for Exceptional Children, Toronto.

Lock, R. H. (1996, Winter). Adapting mathematics instructions in the general education classroom for students with mathematical disabilities. L. D. Forum: Council for Learning Disabilities, Winter. Retrieved June 15, 2004 from http:// www.ldonline.org/ld_indepth/math-skills/adopt_ld.html.

Lock, R. H., & Layton, C. A. (2001). Succeeding in secondary education through self-advocacy. *Teaching Exceptional Children, 34*(2), 66-71.

Locke, E. A., & Latham, G. P. (1990). A theory of goal setting and task performance: 1969-1980. *Psychological Bulletin, 90,* 125-152.

Losen, D., & Orfield, G. (Eds.). (2002). *Racial inequality in special education.* Cambridge, MA: Harvard University Press.

Lynch, E. W., & Hanson, M. J. (Eds.). (1998). *Developing cross-cultured competence: A guide for working with young children and their families* (2nd ed.). Baltimore: Paul H. Brookes.

Lyon, G. R. (1995a). Research initiatives in learning disabilities: Contributions from scientists supported by the National Institute of Child Health and Human Development. *Journal of Child Neurology, 10*(Suppl. 1), 120-126.

Lyon, G. R. (1995b). Toward a definition of dyslexia. *Annals of Dyslexia, 45,* 3-27.

Lyon, G. R. (1999). The NICHD research program in reading development, reading disorders, and reading instruction. Retrieved January 21, 2004, from http://www.ncld.org/research/keys99_nichd.cfm.

Lyon, G. R. (2001). Rethinking learning disabilities. In *rethinking special education for a new century.* Retrieved November 10, 2003, from: www.ppionline.org.

Lyon, G. R. (2002). *The current status and impact of U.S. reading research.* Keynote address at the meeting of the National Association of University Centers for Excellence in Developmental Disabilities, Bethesda, MD.

Lyon, G. R. (2005). Why scientific research must guide educational policy and instructional practices in learning disabilities. *Learning Disabilities Quarterly, 28,* 140-143.

Lyon, G. R., Fletcher, J. M., Shaywitz, S. E., Shaywitz, B. A., Torgessen, J. K., Woods, E. B., Schulte, A., & Olson, R. (2001). Rethinking learning disabilities. In C. E. Finn, Jr., A. J. Rotherham, & C. R. Hokanson, Jr. (Eds.), in *Rethinking special education for a new century* (pp. 259-288). Washington, D C: Thomas B. Fordham Foundation.

Maccini, P., & Hughes, C. A. (1997). Mathematics intervention for adolescents with learning disabilities. *Learning Disabilities Research and Practice, 12*(3), 168-176.

Mace, F. C., Belfiore, P. J., & Hutchinson, J. M. (2001). Operant theory and research in self-regulation. In B. Zimmerman & D. Schunk (Eds.), *Learning and academic achievement: Theoretical perspectives* (pp. 39-65). Mahwah, NJ: Erlbaum.

MacMillan, D. L. (1971). Special education for the mildly retarded: Servant or savant. *Focus on Exceptional Children, 29,* 1-11.

MacMillan, D. L., Gresham, F. M., & Bocian, K. M. (1998a). Discrepancy between definitions of learning disabilities and school practices: An empirical investigation. *Journal of Learning Disabilities, 31,* 314-326.

MacMillan, D. L., Greshman, F. M., & Bocian, K. M. (1998b). Curing mental retardation and causing learning disabilities: Consequence of using various WISC-III IQs to estimate aptitude of Hispanic students. *Journal of Psychoeducational Assessment, 16,* 36-54.

MacMillan, D. L., & Saperstein, G. N. (2002). Learning disabilities as operationally defined by schools. In R. Bradley, L. Danielson, & D. P. Hallahan (Eds.), *Identification of learning disabilities: Research to Practice* (pp. 287-333). Mahwah, NJ: Erlbaum.

Madaus, J. W. (2005). Navigating the college transition maze: A guide for students with learning disabilities. *Teaching Exceptional Children, 37,* 32-37.

Madaus, J. W., Folley, T. E., McGuire, J. M., & Ruban, L. M. (2002). Employment self-disclosure of postsecondary graduates with learning disabilities: Rates and rationales. *Journal of Learning Disabilities, 35*(4), 364-369.

Madaus, J. W., & Shaw, S. F. (2004). Section 504: The differences in the regulations regarding secondary and postsecondary education. *Intervention in School and Clinic, 40,* 81-87.

Magiera, K., Smith, C., Zigmond, N., & Gerbauer, K. (2005). Benefits of co-teaching in secondary mathematics classes. *Teaching Exceptional Children, 37*(3), 20-24.

Maheady, L. Towne, R., Algozzine, B., Mercer, J., & Ysseldyke, J. (1983). Minority overrepresentation: A case for alternative practices prior to referral. *Learning Disabilities Quarterly, 64,* 448-456.

Maher, C. A., & Bennett, R. E. (1984). *Planning and evaluating special education services.* Upper Saddle River, NJ: Merrill/Prentice Hall.

Maher, C. A., & Illback, R. J. (1985). Implementing school psychological programs: Description and application of the DURABLE approach. *Journal of School Psychology, 23*(1), 81-89.

Maldonado-Colon, E. (1991). Development of second language learners' linguistic and cognitive abilities. *The Journal of Educational Issues of Language Minority Students, 9,* 37-48.

Malian, I. M., & Nevin, A. (2002). A review of self-determination literature: Implications for practitioners. *Remedial and Special Education, 23,* 68-74.

Malmgren, K., Abbot, R. H., & Hawkins, J. D. (1999). Learning disabilities and juvenile delinquency: Rethinking the link. *Journal of Learning Disabilities, 32,* 194-200.

Mann, L. (1979). *On the trail of process.* New York: Grune & Stratton.

Mann, L., & Phillips, W. A. (1967). Fractional practices in special education: A critique. *Exceptional Children, 33,* 311-317.

Manset, G., & Semmel, M. J. (1997). Are inclusive programs for students with disabilities effective? A comparative review of a model program. *Journal of Special Education, 31,* 155-180.

Marchand-Martella, N. E., Slocum, T. A., & Martella, R. C. (Eds.). (2004). *Introduction to direct instruction.* Boston: Pearson.

Mardell-Czudnowski, C., & Goldenberg, D. S. (1998). *Developmental indicators for the assessment of learning—3 (DIAL—3)* (3rd ed.). Circle Pines, MN: American Guidance Service.

Martin, E. W. (2002). Response to learning disabilities: Historical perspective. In R. Bradley, L. Danielson & D. P. Hallahan (Eds.), *Identification of learning disabilities: Research to practice* (pp. 82-87). Mahwah, NJ: Erlbaum.

Mastropieri, M. A., & Scruggs, T. E. (1998). Constructing more meaningful relationships in the classroom: Mnemonic research into practice. *Learning Disabilities Research and Practice, 13*(3), 138-145.

Mastropieri, M. A., & Scruggs, T. E. (2005). Feasibility and consequences of response to intervention: Examination of the issues of scientific evidence as a model for the identification of individuals with learning disabilities. *Journal of Learning Disability, 38,* 525-531.

Mastropieri, M. A., Scruggs, T. E., & Fulk, B. J. M. (1990). Teaching abstract vocabulary with the keyword method: Effects on recall and comprehension. *Journal of Learning Disabilities, 23,* 92-96.

Mastropieri, M. A., Scruggs, T. E., Graetz, J., Norlad, J., Garchizi, W., & McDuffie, K. (2005). Case studies in co-teaching in the content areas: Successes, failures, and challenges. *Intervention in School and Clinic, 40,* 260-270.

Mayan, I., & Nevin, A. (2005). A review of self-determination literature: A guide for practitioners. *Remedial and Special Education, 23,* 68-75.

Mayer, R. E. (1987). *Educational psychology: A cognitive approach.* Boston: Little, Brown.

McConaughy, S., Mattison, R. E., & Peterson, R. L. (1994). Behavioral/emotional problems of children with serious emotional disturbances and L.D. *School Psychology Review, 23,* 8-15.

McCoy, E. M., & Prehm, H. J. (1987). *Teaching mainstreamed students. Methods and techniques.* Denver, CO: Love.

McGhee, R., Bryant, B. R., Larsen, S. C., & Rivera, D. M. (1995). *Test of written expression.* Austin, TX: PRO-ED.

McGrady, H. J. (2002). A commentary on empirical and theoretical support for direct diagnosis of learning disabilities by assessment of intrinsic processing weaknesses. In R. Bradley, L. Danielson, & D. P. Hallahan (Eds.), *Identification of learning disabilities: Research to practice* (pp. 623-633). Mahwah, NJ: Erlbaum.

McIntosh, R., Vaughn, S., & Zaragoza, N. (1991). A review of social interventions for students with LD. *Journal of Learning Disabilities, 24,* 451-458.

McLesky, J., & Waldron, N. L. (2002). Inclusion and school change: Teachers' perceptions regarding curricular and instructional strategies. *Teacher Educational Special Education, 25,* 41-54.

McNamara, B. E. (1989). *The resource room: A guide for special educators.* Albany: State University of New York Press.

McNamara, B. E. (1999). *Learning disabilities: Appropriate practices for a diverse population.* Albany: State University of New York Press.

McNamara, B. E., & McNamara, F. J. (1993). *Keys to parenting a child with A.D.D.* Hauppauge, NY: Barron Educational.

McNamara, B. E., & McNamara, F. J. (1995). *Keys to parenting a child with a learning disability.* Hauppauge, NY: Barron Educational.

McNamara, B. E., & McNamara, F. J. (1997). *Keys to dealing with bullies.* Hauppauge, NY: Barron Educational.

McNamara, B. E., & McNamara, F. J. (2000). *Keys to parenting a child with A.D.D.* (2nd ed.). Hauppauge, NY: Barron Educational.

Meisels, S. J., Marsden, D. B., Wiske, M. S., & Henderson, L. W. (1997). *Early screening and inventory (ESI—R)* (rev.). Ann Arbor, MI: Rebus.

Mellard, D. F. (1998). Screening for learning disability in adult literacy programs. In B. Lenz, N.A. Sturomski, & M.A. Corley (Eds.), *Serving adults with learning disabilities: Implications for effective practice* (pp. 13-28). Washington, DC: National Adult Literacy and Learning Disability Center, Academy for Educational Development.

Mellard, D. F., & Lancaster, P. E. (2003). Incorporating adult community resource in students' transition planning. *Remedial and Special Education, 24,* 359-369.

Menchetti, B. M., & Garcia, L. A. (2003). Personal and employment outcomes of person-centered career planning. *Educational and Training in Developmental Abilities, 38,* 145-156.

Mercer, C. D. (1997). *Learning disabilities.* Columbus, OH: Merrill.

Mercer, C. D., Jordan, L., Allsopp, D., & Mercer, A. (1996). Learning disabilities definitions and criteria used by the state education departments. *Learning Disability Quarterly, 19*(2), 217-232.

Mercer, C. D., & Mercer, A. R. (2001). *Teaching students with learning problems* (6th ed.). Upper Saddle River, NJ: Merrill/Prentice Hall.

Mercer, C. D., & Mercer, A. R. (2005). *Teaching students with learning problems* (7th ed.). Upper Saddle River, NJ: Merrill/Prentice Hall.

Mercer, C. D., & Pullen, P. C. (2005). *Students with learning disabilities* (6th ed.). Upper Saddle River, NJ: Merrill/Prentice Hall.

Messick, S. (1987). *Assessment in the schools: Purposes and consequences.* (Research Report RR-87-51). Princeton, NJ: Educational Testing Service.

Miller, L. J. (1992). *First STEPS: Screening test for evaluating preschoolers.* San Antonio, TX: Psychological Corporation.

Miller, L. J. (1995). Spelling and handwriting. In J. S. Choate, B. E. Enright, L. J. Miller, J. A. Poteet, & T. A. Rakes (Eds.), *Curriculum-based assessment and programming* (3rd ed., pp. 241-285). Boston: Allyn & Bacon.

Miller, L. J., Sanchez, J., & Hynd, G. W. (2003). Neurological correlates of reading disorders. In H. L. Swanson, K. R. Harris, & S. Graham (Eds.), *Handbook of learning disabilities* (pp. 242-255). New York: Guilford Press.

Miller, S., Butler, F., & Lee, K. (1998). Validated practices for teaching mathematics to students with learning disabilities: A review of the literature. *Focus on Exceptional Children, 31*(1), 1-24.

Miller, S., & Mercer, C. (1997). Education aspects of mathematics disabilities. *Journal of Learning Disabilities, 30*(1), 47-56.

Minskoff, E. H., & DeMoss, S. (1993). Facilitating successful transition: Using the TRAC model to access develop academic skills needed for vocational competence. *Learning Disability Quarterly, 16,* 161-170.

Mishna, F. (2003). Learning disabilities and bullying: Double jeopardy. *Journal of Learning Disabilities, 36,* 336-347.

Monroe, M. (1928). Methods for diagnosis and treatment of cases of reading disability. *Genetic Psychology Monographs, 4,* 341-456.

Monroe, M. (1932). *Children who cannot read.* Chicago: University of Chicago Press.

Montague, M. (1997). Cognitive strategy instruction in mathematics for students with learning disabilities. *Journal of Learning Disabilities, 30,* 164-177.

Montague, M., Applegate, B., & Marquard, K. (1993). Cognitive strategy instruction and mathematical problem-solving performance of students with learning disabilities. *Learning Disabilities Research & Practice, 8,* 223-232.

Morgan, W. P. (1896). A case of congenital word blindness. *British Medical Journal, 2,* 1378.

Moses, N., Klein, H. B., & Altman, E. (1990). An approach to assessing and facilitating causal language in adults with learning disabilities based on Piagetian theory. *Journal of Learning Disabilities, 23,* 220-228.

Moses, S. (1990). School psychologists raise sights. *APA Monitor, 21*(11), 36.

Mull, C., Sitlington, P. L., & Alper, S. (2001). Postsecondary education for students with learning disabilities: A synthesis of the literature. *Exceptional Children, 68*(1), 97-118.

Mullen, E. M. (1995). *Mullen scales of early learning.* Circle Pines, MN: American Guidance Service.

Murawski, W. W., & Swanson, H. L. (2002). A meta-analyses of co-teaching research: Where are the data? *Research and Special Education, 22,* 258-267.

Murray, C. (1976). *The link between learning disabilities and juvenile delinquency: Current theory and knowledge* (Grant No. 76JN-99-0009). Washington DC: Juvenile Justice and Delinquency Prevention Operative Task Group, Law Enforcement Administration, U.S., Department of Justice.

Myers, P., & Hammill, D. D. (1990). *Learning disabilities: Basic concepts, assessment practices, and instructional strategies.* Austin, TX: PRO-ED.

National Advisory Committee on Handicapped Children. (1968). *Special education for handicapped children* (First Annual Report). Washington, DC: Department of Health, Education, and Welfare.

National Center for Learning Disabilities. (2002). No child left behind and students with learning disabilities: Ensuring full participation and equal accountability: Retrieved May 1, 2004, from http://www.ld.org/advocacy/nclb_ policy.cfm

National Center for Learning Disabilities. (2004). IDEA 2004: Changes to the identification and eligibility procedures for specific learning disabilities. Frequently asked questions. Retrieved March 19, 2005, from http://www.ld.org/advocacy/IDEA04FedReg.CFM.

National Center for Learning Disabilities. (2005a). Changes to the identification and eligibility procedures for specific learning disabilities: Frequently asked questions. Retrieved March 19, 2005, from http://www.ld.org/advocacy/IDEA04FedReg.cfm.

National Center for Learning Disabilities. (2005b). *Guide to frequently asked questions: Individuals with Disabilities Education Improvement Act.* Washington, DC: Author.

National Council of Supervisors of Mathematics. (1988). *Twelve components of essential mathematics.* Minneapolis, MN: Author.

National Council of Teachers of Mathematics. (2000). *Principles and standards for school mathematics.* Reston, VA: Author.

National Information Center for Children and Youth with Disabilities (NICHCY). (1997). Module 8: Least restrictive environment background text. Retrieved April 12, 2004,fromhttp://www.nickey.org/Trainpkg/traintext/8txt.htm.

National Joint Committee on Learning Disabilities. (1981). *Learning disabilities: Issues and definition.* Unpublished manuscript. (Available from The Orton Dyslexia Society, 724 York Road, Baltimore, MD 21204. Reprinted in *Journal of Learning Disabilities, 20,* 107-108.

National Joint Committee on Learning Disabilities. (1988). Letter to NJCLD member organizations.

National Joint Committee on Learning Disabilities. (2001). *Collective perspectives on issues affecting learning disabilities: Position papers, statements, and reports.* Austin, TX: PRO-ED.

National Joint Committee on Learning Disabilities. (2002). *Finding common ground.* Washington, DC: The 2002 Learning Disabilities Roundtable.

*National longitudinal transition study-2 (NLTS2).* (2005). Menlo Park, CA: SRI International.

National Reading Panel. (2000). Teaching children to read: An evidence-based assessment of the scientific research literature on reading and implications for reading instruction. Washington, DC: National Institute of Child Health and Human Development. Retrieved April 12, 2004 from: www.nichd.nih.gov/publications/nrp/smallbook.htm.

Neil, M., & Medina, N. (1989). Standardized testing: Harmful to educational health. *Phi Delta Kappan, 70,* 689-697.

National Research Council. (2000). *Neurons to neighborhoods.* Committee on Integrating the Sciences of Early Childhood Development, Board on Children, Youth and Families, J. P. Shonkoff and D. A. Phillips (eds.). Washington, DC: National Academy Press.

Neubert, D. A., & Moon, M. S. (2000). How a transition profile helps students prepare for life in the community. *Teaching Exceptional Children, 33*(2), 20-25.

Neufeld, P. (2006). Comprehensive instruction in content area classes. *The Reading Teacher, 59,* 302-311.

Newcomer, P. L. (1999). *Standardized reading inventory—2.* Austin, TX: PRO-ED.

Newcomer, P. L., & Hammill, D. D. (1997). *Test of language development primary* (3rd ed.). Austin, TX: PRO-ED.

New York State United Teachers. (2000, December), *Consultant teacher services.* (Information Bulletin 990038.) Albany, NY: Author.

Nippold, M. (1993). Developmental markers in adolescent language: Syntax, semantics, and pragmatics. *Language Speech and Hearing Services in Schools, 24,* 21-28.

Office for Civil Rights (1989). *The civil rights of students with hidden disabilities under Section 504 of the Rehabilitation Acts of 1973.* Washington, DC: Author.

Office for Civil Rights (1998). *1997 Elementary and secondary schools civil rights compliance report: National state projections.* Washington, DC: Author.

Olweus, D. (2003). A profile of bullying at school. *Educational Leadership, 60*(6), 12-17.

Orton, S. (1937). *Reading, writing, and speech problems in children.* New York: W. W. Norton.

OSEP Technical Assistance Center on Positive Behavioral Interventions & Supports. (2003). *Schoolwide PBS.* Retrieved January 21, 2005, from http://www.pbis.org/english/Schoolwide_ PBS.htm.

Overton, S. (2005). *Collaborating with families.* Upper Saddle River, NJ: Merrill/Prentice Hall.

Palincsar, A. S., & Brown, A. L. (1984). Reciprocal teaching of comprehension fostering and comprehension monitoring activities. *Cognition and Instruction, 1*(2), 117-175.

Parent Center, Albuquerque Public School. (1995).

Park, J., Turnbull, A. P., & Turnbull, H. R. (2002). Impacts of poverty on the quality of life in the future of children with disabilities. *Exceptional Children, 68*(2), 151-170.

Pastor, P. N., & Reuben, C. A. (2002). Attention deficit disorder and learning disability: United States, 1997-98. In *National Center for Health Statistics: Vital Health Statistics* (DHHS Publication No. PHS 2002-15 34). Hyattsville, MD: Department of Health and Human Services.

Patton, J. R., & Polloway, E. A. (1992). Learning disabilities: The challenge of adulthood. *Journal of Learning Disabilities, 25,* 410-416.

Pearl, R., Donahue, M., & Bryan, T. (1985). The development of tact: Children's strategies for delivering bad news. *Journal of Applied Developmental Psychology, 6,* 141-149.

Pedrotty Bryant, D., Bryant, B. R., & Hammill, D. D. (2000). Characteristic behaviors of students with LD who have teacher-identified math weakness. *Journal of Learning Disabilities, 33,* 168-178.

Peenan, J. (1995, September). Danger signs of overrepresentation of minorities in special education. *C.E.C. Today,* p. 7.

Pemberton, J. B. (2003). Communicating academic progress as an integral part of assessment. *Teaching Exceptional Children, 35,* 16-29.

Pennington, B. F., & Gilger, J. W. (1996). How is dyslexia transmitted? In C. H. Chase, G. D. Rosen, & G. F. Sherman (Eds.), *Developmental dyslexia: Neural, cognitive, and genetic mechanisms* (pp. 41-61). Baltimore: York Press.

Perlmutter, B. F. (1983). Sociometric status and related personality characteristics of mainstreamed learning disabled adolescents. *Learning Disabilities Quarterly, 6,* 20-30.

Pertsh, C. F. (1936). *A comparative study of the progress of subnormal pupils in the grades and in special classes.* Unpublished doctoral dissertation, Teachers College, Columbia University.

Pffifner, L. J., & O'Leary, S. G. (1993). School-based psychological treatments. In J. L. Matson (Ed.), *Handbook of hyperactivity in children* (pp. 234-255). Boston: Allyn & Bacon.

Phelps-Terasaki, D., & Phelps-Gunn, T. (1992). *Test of pragmatic language.* Austin, TX: PRO-ED.

Pike, K., Compain, R., & Mumper, J. (1994). *New connections: An integrated approach to literacy.* New York: HarperCollins.

Pike, K., Compain, R., & Mumper, J. (1997). *New connections: An integrated approach to literacy* (2nd ed.). New York: Longman.

Pike, K., & Salend, S. J. (1995). Authentic assessment strategies. Alternative to norm-referenced testing. *Teaching Exceptional Children, 28* (1), 15-21.

Pollitt, E. H., Ma, H., & Harahap, H. (1994). Stunting and delayed motor development in rural West Java. *American Journal of Human Biology, 6*(5), 627-635.

Polloway, E. H., & Patton, J. R. (1996). *Strategies for teaching learners with special needs* (6th ed.). Columbus, OH: Merrill.

Ponte, C. R., Zins, J. E., & Graden, J. L. (1988). Implementing a consolidation-based service delivery system to decrease referrals for special education. A case study of organizational considerations. *School Psychology Review, 17,* 89-100.

Poteet, J. A., Choate, J. S., & Stewart, S. C. (1993, October). Performance assessment and special education: Practices and prospects. *Focus on Exceptional Children*, 1-13.

Poteet, J. A., Choote, J. S., & Stewart, S. C. (1996). Performance assessment and special education: Practices and prospects. In E. L. Meyer, G.A. Vergasor, & R. J. Whelan (Eds.), *Strategies for teaching exceptional children in inclusive settings* (pp. 209-242). Denver, CO: Love.

Pressley, M. (1986). The relevance of the good strategy user model to the teaching of mathematics. *Educational Psychologist, 21,* 139-161.

Pressley, M. (1994). Embracing the complexity of individual differences in cognition: Studying good information processing and how it might develop. *Learning and Individual Differences, 6,* 259-284.

Pressley, M., Cariglia-Bull, S. D., & Schneider, W. (1987). Short-term memory, verbal competence, and age as predictors of an imaginary structural effectiveness. *Journal of Experimental Child Psychology, 43,* 194-211.

Price, L. A., & Gerber, P. J. (2001). At second glance: Employers and employees with learning disabilities in the Americans with Disability Act era. *Journal of Learning Disabilities, 34*(3), 202, 211.

Pugach, M. C., & Johnson, L. J. (1989). Preferred interventions: Progress, problems, and challenges. *Exceptional Children, 56,* 217-226.

Quality Education for Minorities. (1990). *Education that works: An action plan for the education of minorities.* Cambridge, MA: Quality Education for Minorities Project.

Quenneville, J. (2001). Tech tools for students with LD: Infusion into inclusive classrooms. *Preventing School Failure, 45,* 167-170.

Ramp, A. (1999). How to tell parents their child has a disability. *CEC Today, 5*(8), 6.

Rapport, M. D. (1987). *The attention training system: User's manual.* DeWitt, NY: Gordon System.

Rapport, M. D., Stover, G., Du Paul, G. J., Birmingham, B. K., & Tucker, S. (1985). Methylphenidate in hyperactive children: Differential effects of dose on academic, learning, and social behavior. *Journal of Abnormal Child Psychology, 13,* 227-244.

Raskind, W. H. (2001). Current understanding of the genetic basis of reading and spelling disability. *Learning Disability Quarterly, 24,* 141-158.

Raskind, W. H., Goldberg, R. J., Higgins, E. L., & Herman, K. L. (2006). Predictors of success in individuals with learning disabilities: Results from a twenty-year longitudinal study. Retrieved January 7, 2006, from http://www.ldonline.org/ld_indepth/general_info/predictor_of_success.html.

Rea, P. J., McLaughlin, V. L., & Walther-Thomas, C. (2002). Outcomes for students with learning disabilities in inclusive and pull-out programs. *Exceptional Children, 68,* 203-222.

Reger, R. (1969). *Resource room program: Outline and concept.* Erie County, NY: BOCES 1.

Reger, R. (1972). Resource rooms: Change agents or guardians of the status quo? *The Journal of Special Education, 6,* 355-359.

Reger, R. (1973). What is a resource room program? *Journal of Learning Disabilities, 6,* 607-614.

Reid, R., Trout, A. L., & Schwartz, M. (2005). Self-regulation intervention for children with ADHD. *Exceptional Children, 71,* 361-378.

Reiff, H. (2004). Reframing the learning disability experience redux. *Learning Disabilities Research and Practice, 19,* 185-198.

Reiter, D. (1986). *The role of the resource room teacher.* Master's thesis, Hofstra University.

Reith, H., & Polsgrove, L. (1994). Curriculum and instructional issues in teaching secondary students with learning disabilities. *Learning Disabilities Research and Practice, 9,* 118-126.

Reschly, D. J. (2005). Learning disabilities identification. Primary intervention, secondary intervention, and then what? *Journal of Learning Disabilities, 38,* 510-515.

Rhodes, L. K., & Shanklin, N. L. (1993). *Windows into literacy: Assessing learners k-8.* Postmouth, NH: Heinemann.

Rice, D., & Zigmond, N. (2000). Co-teaching in secondary schools. *Learning Disabilities Research and Practice, 15,* 190-197.

Rivera, M. D. (1993). Third invited response: Examining mathematics reform and the implications for students with mathematics disabilities. *Remedial and Special Education, 14*(6), 24-27.

Robbins, M., & Glass, G. V. (1969). The Doman-Delacato rationale: A critical analysis. In J. Hellmuth (Ed.), *Educational therapy: Vol II* (pp. 321-377). Seattle, WA: Special Child Publications.

Rodis, P., Garrod, A., & Boscardin, M. L. (2001). *Learning disability and life stories.* Needham Heights, MA: Allyn & Bacon.

Roffman, A. J. (2000). *Meeting the challenges of learning disabilities in adulthood.* Baltimore: Paul H. Brookes.

Rosen, L. A., O'Leary, S., Joyce, S. A., Conway, G., & Pfiffner, L. (1984). The importance of prudent negative consequences for maintaining the appropriate behavior of hyperactive students. *Journal of Abnormal Child Psychology, 12,* 581-604.

Ross, A. O. (1976). *Psychological aspects of learning disabilities and reading disorders.* New York: McGraw-Hill.

Rourke, B. P. (1989). *Nonverbal learning disabilities: The syndrome and the model.* New York: Guilford Press.

Rourke, B. P. (1995). *Syndrome of nonverbal learning disabilities: Neurodevelopmental manifestations.* New York: Guilford Press.

Russell, R. L., & Ginsberg, H. D. (1984). Cognitive analysis of children's mathematical difficulties. *Cognition and Instruction, 1,* 217-244.

Sabatino, D. A. (1972). Resource rooms: The renaissance in special education. *The Journal of Special Education, 6,* 335-347.

Salend, S. J. (1983). Self-assessment: A model for involving students in the formation of their IEPs. *Journal of School Psychology, 21,* 65-70.

Salend, S. J. (1994). *Effective mainstreaming: Creating inclusive classrooms* (2nd ed.). Upper Saddle River, NJ: Merrill/Prentice Hall.

Salend, S. J. (2001). *Creating inclusive classrooms: Effective and reflective practices for all students* (4th ed.). Upper Saddle River, NJ: Pearson Education.

Salend, S. J. (2005). *Creating inclusive classrooms: Effective and reflective practices for all students* (5th ed.). Upper Saddle River, NJ: Pearson Education.

Salend, S. J., & Salinas, A. (2003). Language differences or learning difficulties. *Teaching Exceptional Children, 35,* 36-43.

Salvia, J., & Ysseldyke, J. E. (1995). *Assessment in special and remedial education* (5th ed.). Boston: Houghton Mifflin.

Salvia, J., & Ysseldyke, J. E. (2001). *Assessment* (7th ed.). Boston: Houghton Mifflin.

Sax, C. L., & Thoma, C. A. (2002). *Transition assessment: Wise practices for quality lives.* Baltimore: Paul H. Brookes.

Scarborough, H. S. (1990). Very early language deficits in dyslexic children. *Child Development, 61,* 1728-1743.

Scarborough, H. S. (1998). Predicting the future achievement of second grades with reading disabilities: Contribution of phonemic awareness, verbal memory, rapid memory, and I.Q. *Annals of Dyslexia, 48,* 115-136.

Schensul, J. J. (1995). *Comments on ethnicity, culture and cultural competence.* Hartford, CT: Institute for Community Research.

Schneider, W. (1993). Acquiring expertise: Determinants of exceptional performance. In K. A. Heller, F. J. Monks, & A. H. Passow (Eds.), *International handbook of research and development of giftedness and talent* (pp. 311-324). New York: Pergamon.

Schor, D. P. (1983). The neurological examination. In J. A. Blackman (Ed.), *Medical aspects of developmental disabilities in children birth to three: A resource for special-service providers in the educational setting* (pp. 173-177). Iowa City: University of Iowa Press.

Schrag, J. A. (2000, October) *Discrepancy approaches for identifying learning disabilities.* Alexandria, VA: National Association of State Directors of Special Education, Project Forum, Quick Turn Around.

Schumaker, J. B., Nolan, S. M., & Deshler, D. D. (1985). *Learning strategies curriculum: The error monitoring strategy.* Lawrence: University of Kansas Center for Research on Learning.

Schwartz, A. A., Jacobson, J. W., & Holburn, S. C. (2002). Defining person centeredness: Results of two consensus methods. *Education and Training in Mental Retardation and Developmental Disabilities, 35,* 235-249.

Scott, J. M., Liaupin, C. J., Nelson, C. M., & Jolinette, K. (2003). Assuring student success through team-based FBA. *Teaching Exceptional Children, 35,* 16-21.

Scott, S. S., McGuire, J. M., & Shaw, S. F. (2003). Universal design for instruction: A new paradigm for adult instruction in postsecondary education. *Remedial and Special Education, 24,* 369-379.

Scott, T. (2003). Making behavior intervention planning decisions in a schoolwide system of positive behavior support. *Focus on Exceptional Children.* Retrieved August 18, 2005, fromhttp://www.findarticles.com/p/articles/mi_qu3813/is_200309/ain9280001.

Scruggs, T. E., & Mastropieri, M. A. (1989). Mnemonic instruction of LD students: A field-based evaluation. *Learning Disability Quarterly, 12,* 119-125.

Scruggs, T., & Mastropieri, M. A. (2000). On babies and bathwater: Addressing the problems of identification of learning disabilities. *Learning Disability Quarterly, 25,* 155-168.

Scruggs, T., & Mastropieri, M. A. (2004). Science and schooling for students with LD: A discussion of the symposium. *Journal of Learning Disabilities, 37,* 270-278.

Semel, E., Wiig, E. H., & Secord, W. (1996). *Clinical evaluation of language fundamentals* (3rd ed.). San Antonio, TX: Psychological Corporation.

Shankweiler, D., Liberman, I. Y., Mark, S. L., Fowler, L. A., & Fischer, F. W. (1979). The speech code and learning to read. *Journal of Experimental Psychology: Human, Learning & Memory, 5,* 531-545.

Shapiro, B., Church, R. P., & Lewis, M. E. B. (2002). Specific learning disabilities. In M. L. Batshaw (Ed.), *Children with disabilities* (5th ed., pp. 417-422). Baltimore: Paul H. Brookes.

Share, D. L., & Silva, P. A. (2003). Gender bias in IQ-discrepancy and post-discrepancies definitions of reading disabilities. *Journal of Learning Disabilities, 36,* 4-14.

Shattuck, M. (1946). Segregation versus non-segregation of exceptional children. *Journal of Exceptional Children, 12,* 235-240.

Shaw, S.F., Cullen, J. P., McGuire, J. M., & Brinckerhoff, C. C. (1995). Operation analyzing a definition of learning disabilities. *Journal of Learning Disabilities, 28*(9), 586-597.

Shaywitz, S. E. (2003). *Overcoming dyslexia.* New York: Alfred A. Knoff.

Shaywitz, S. E., Fletcher, J. M., Holahan, J. M., Shneider, A. E., Marchione, K. F., Stuebing, K. K., Francis, D. J., Pugh, K. R., & Shaywitz, B. A. (1999). Persistence of dyslexia: The Connecticut longitudinal study at adolescence. *Pediatrics, 104*(6), 1351-1359.

Shaywitz, S. E., & Shaywitz, B. A. (1988). Hyperactivity attention deficits. In J. K. Kavanagh & T. J. Truss (Eds.), *Learning disabilities: Proceedings of the national conference* (pp. 369-523). Parkton, MD: York Press.

Shaywitz, S. E., & Shaywitz, B.A. (2003). Neurobiological indices of dyslexia. In H. L. Swanson, K. R. Harris, & S. Graham (Eds.). *Handbook of learning disabilities* (pp. 514-531). New York: Guilford Press.

Shippen, M. E., Simpson, R. G., & Crites, S. A. (2003). A practical guide to FBA. *Teaching Exceptional Children, 35,* 36-44.

Siegel, L. (1989). IQ is irrelevant to the definition of learning disabilities. *Journal of Learning Disabilities, 22,* 469-479.

Siegel, L. S. (2003a). Basic cognitive processes in reading disabilities. In H. L. Swanson, K. R. Harris, & S. Graham (Eds.), *Handbook of learning disabilities,* (pp. 158-181). New York: Guilford Press.

Siegel, L. S. (2003b). I.Q. discrepancies and the diagnosis of L. D. Instruction to the special issue. *Journal of Learning Disabilities, 36,* 2-3.

Sigafoos, J. (1995). Factors associated with aggression vs. aggression and self-injury among persons with intellectual disabilities. *Developmental Disabilities Bulletin, 23,* 30-39.

Sigman, M., & Whaley, S. E. (1998). The role of nutrition in the development of intelligence. In U. Neisser (Ed.), *The rising curve* (pp. 155-182). Washington, DC: American Psychological Association.

Silver, L. B. (1987). The "magic cure": A review of the current controversial approaches to treatment of learning disabilities. *Journal of Learning Disabilities, 20,* 498-504.

Silver, L. B. (1995). Controversal therapies. *Journal of Child Neurology, 10*(Suppl 1), 96-100.

Simmons, D. C., Gunn, B., Smith, S. B., & Kame'enui, E. J. (1994). Phonological awareness: Applications of instructional design. *LD Forum, 19*(4), 9-13.

Sitlington, P. L. (1996). Transition to learning: The neglected component of transition programming for individual with learning disabilities. *Journal of Learning Disabilities, 29,* 31-39.

Skinner, B. F. (1957). *Verbal behavior.* New York: Appleton-Century-Crofts.

Smith, B. J., Strain, P. S., Snyder, P., Sandall, S. R., McLean, M. E., Broudy-Ramsey, A., & Sumi, W. C. (2002). DEC recommended practices: A review of 9 years of E1/ECSE research literature. *Journal of Early Intervention, 25,* 108-119.

Smith, C. R. (2004). *Learning disabilities: The interaction of students and their environment* (5th ed.) Boston: Pearson Education.

Smith, T. E. C. (2002). Section 504: What teachers need to know. *Intervention in School and Clinic, 37,* 259-266.

Smith, T. E. C., Dowdy, C. A., Polloway, E. A., & Blalock, G. E. (1997). *Children and adults with learning disabilities.* Boston: Allyn & Bacon.

Sousa, D. A. (2001). *How the special needs brain learns.* Thousand Oaks, CA: Corwin Press.

Sparks, R. L., & Javorsky, J. (1999). The Boston University lawsuit: Introduction to the special issues. *Journal of Learning Disabilities, 32,* 284-285.

Sparks, R. L., Philips, L. G., & Jarvorsky, J. (2002). Students classified as LD who received course substitutions for the college foreign language requirement: A replication study. *Journal of Learning Disabilities, 35*(6), 482-499.

Sparrow, S. S., Balla, D. A., & Cicchetti, D. V. (1998). *Vineland social-emotional early childhood scales (SEEC).* Circle Pines, MN: American Guidance Service.

Spekman, N. J., Goldenberg, R. J., & Herman, K. L. (1993). An exploration of risk and resilience in the lives of individuals with learning disabilities. *Learning Disabilities Research and Practice, 8,* 11-18.

Spekman, N. J., Herman, K. L., & Vogel, S. A. (1993). Risk and resilience in individuals with learning disabilities: A challenge to the field. *Learning Disabilities Research and Practice, 8,* 11-18.

Stage, S. A., Abbot, R. D., Jenkins, J. R., & Berninger, V. W. (2003). Predicting response to early reading intervention from verbal IQ, reading-related language disabilities, attention ratings and verbal IQ-reading discrepancies: Failure to validate discrepancy model. *Journal of Learning Disabilities, 36,* 24-33.

Stanton-Chapman, T. L., Chapman, D. A., & Scott, K. G. (2001). Prediction of learning disabilities from information available on birth records. *Journal of Early Intervention, 24,* 193-206.

Steere, D. E., & Cavaiuolo, D. (2002). Connecting outcomes, goals, and objectives in transition planning. *Teaching Exceptional Children, 34*(6), 54-59.

Steinberg, J. (1997, June). Special education practices in New York faulted by U.S. *New York Times,* pp. 1, 22.

Stern, D. (2002, Spring). Building the bridge between community college and work for students with learning disability. *Perspective,* 17-20.

Steward, S. R., & Cegelka, P. T. (1995). Teaching reading and spelling. In P. T. Cegelka & W. H. Berdine (Eds.), *Effective instruction for students with learning difficulties* (pp. 265-301). Boston: Allyn & Bacon.

Stormont, M., Espinosa, L., Knipping, N., & McCathren, R. (2003, Fall). Supporting vulnerable learners in the primary grades: Strategies to prevent early school failure. *Early Childhood Research & Practice, 5*(2). Retrieved January 21, 2005, from http://ecrp.uiuc.edu/v5n2/stormont.html.

Stormont, M., Lewis, T. J., & Beckner, R. (2005). Positive behavior support systems: Applying key features in preschool settings. *Teaching Exceptional Children, 37,* 6, 42-49.

Strauss, A. A., & Kephart, N. C. (1955). *Psychopathology and education of the brain-injured child, Vol. II: Progress in therapy and clinic.* New York: Grune & Stratton.

Strauss, A. A., & Letinen, L. E. (1947). *Psychopathology and education of the brain-injured child.* New York: Grune & Stratton.

Sugai, G., & Lewis, T. J. (1996). Preferred and promising practices for social skills instruction. *Focus on Exceptional Children, 29,* 1-16.

Swanson, H. L. (1983). Relations among metamemory, rehearsal activity and word recall in learning disabled and nondisabled readers. *British Journal of Educational Psychology, 53,* 186-194.

Swanson, H. L. (1986). Do semantic memory deficiencies underlie disabled readers' encoding processes? *Journal of Experimental Child Psychology, 41,* 461-488.

Swanson, H. L. (1987). Verbal coding deficits in the recall of pictorial information by learning disabled readers: The influence of a lexical system. *American Educational Research Journal, 24,* 143-170.

Swanson, H. L. (1988). Learning disabled children's problem solving: Identifying mental processes underlying intelligent performance. *Intelligence, 12,* 261-278.

Swanson, H L. (1999). Reading comprehension and working memory in skilled readers: Is the phonological loop more important than the executive system? *Journal of Experimental Child Psychology, 72,* 1-31.

Swanson, H. L., Ashbaker, M., & Lee, C. (1996). Working memory in learning disabled readers as a function of processing demands. *Journal of Child Experimental Psychology, 61*(3), 242-275.

Swanson, H. L., Cochran, K., & Ewers, C. (1989). Working memory and reading disabilities. *Journal of Abnormal Child Psychology, 17,* 745-756.

Swanson, H. L., & Cooney, J. (1985). Strategy transformations in learning disabled children. *Journal of Learning Disabilities, 8,* 221-231.

Swanson, H. L., Cooney, J. D., & O'Shaughnessy, T. E. (1998). Memory and learning disabilities. In B. Y. Wong (Ed.), *Learning about learning disabilities* (2nd ed., pp. 107-162.) San Diego, CA: Academic Press.

Swanson, H. L., Cooney, J. D., & O'Shaughnessy, T. E. (2004). In B.Y.L. Wong (Ed.), *Memory and learning disabilities,* (3rd ed., pp. 41-92). Amsterdam: Elsevier/Academic Press.

Swanson, H. L., Cooney, J. D., & Overholser, J. D. (1988). The effects of self-generated visual mnemonics on adult learning disabled readers' word recall. *Learning Disabilities Research, 4,* 26-35.

Swanson, H. L., Hoskyn, M., & Lee, C. (1999). *Intervention for students with learning disabilities: A meta-analysis of treatment outcomes.* New York: Guilford Press.

Swanson, H. L., & Malone, S. (1992). Social skills and learning disabilities: A meta-analysis of the literature. *School of Psychology Review, 21,* 427-443.

Swanson, H. L., & Rathgeber, A. J. (1986). The effect of organizational dimension on memory for words in learning-disabled and nondisabled readers. *Journal of Educational Research, 79,* 155-162.

Swanson, H. L., & Rhine, B. (1985). Strategy transformations in learning disabled children's math performance: Clues to the development of expertise. *Journal of Learning Disabilities, 18,* 596-603.

Swanson, H. L., & Saez, L. (2003). Memory difficulties in children and adults with learning disabilities. In H. L. Swanson, K. R. Harris, & S. Graham (Eds.), *Handbook of learning disabilities* (pp. 182-198). New York: Guilford Press.

The Center for Universal Design. (1997). *Environments and products for all people.* Raleigh: North Carolina State University Press.

Thomas, C., Correa, V. I., & Morsink, C. V. (1995). *Interactive teaming: Consultation and collaboration in special programs.* Upper Saddle River, NJ: Merrill/Prentice Hall.

Thomas, S. B., & Rapport, M. J. K. (1998). The least restrictive environment: Understanding the direction of the courts. *The Journal of Special Education, 32*(2), 66-78.

Thomas, C., Rogan, P., & Baker, S. R. (2001). Student involvement in transition planning: Unheard voices. *Educational and Training in Mental Retardation and Developmental Disabilities, 36,* 42-54.

Thomas, P. J. (2004). Language: The foundation of learning. In J. S. Choate (Ed.), *Successful inclusive teaching* (pp. 152-177). Boston: Pearson Allyn & Bacon.

Thompson, J. B., & Raskind, W. H. (2003). Genetic influencies on reading and writing disabilities. In H. L. Swanson, K. R. Harris, & S. Graham (Eds.), *Handbook of learning disabilities* (pp. 256-272). New York: Guilford Press.

Tiegerman-Farber, E. (2002). Interactive teaching: The changing role of the speech-language pathologist. In D. K. Bernstein & E. Tiegerman-Faber (Eds.), *Language and communication disorder* (pp. 354-386). Boston: Allyn & Bacon.

Tierney, R. J., Carter, M. A., & Desai, L. E. (1991). *Portfolio assessment in the reading-writing classroom.* Norwood, MA: Christopher-Gordon.

Tomlinson, C. A. (2002). Invitation to learn. *Educational leadership, 60*(1), 6-10.

Tomlinson, C. A. (2003). Deciding to teach them all. *Educational Leadership, 61,* 6-11.

Tomilson, C. A., & Doubet, K. (2005). Reach them to teach them. *Educational Leadership,* 62, 8-15.

Tomlinson, C. A., & Eidson, C. C. (2003). *Differentiate in practice: A resource guide for differentiating curriculum.* Alexandria, VA: Association for Supervision and Curriculum Development.

Torgesen, J. K. (1979). What shall we do with psychological processes? *Journal of Learning Disabilities, 12,* 514-521.

Torgesen, J. (1998). Catch them before they fall. *American Educator, 22*(1&2), 32-39.

Torgesen, J. K. (2002). Empirical and theoretical support for direct diagnosis of learning disabilities by assessment of intense processing weaknesses. In R. Bradley, L. Danielson, & D. P. Hallahan (Eds.), *Identification of learning disabilities* (pp. 565-613). Mahwah, NJ: Erlbaum.

Torgesen, J. K. (2004a). Learning disabilities: An historical and conceptual overview. In B. Y. L. Wong (Ed.), *Learning about learning disabilities* (3rd ed., pp. 3-40). Amsterdam: Elsevier/Academic.

Torgesen, J. K. (2004b, Fall). Preventing early reading failure—and its devastating downward spiral: The evidence for early intervention. *American Educator,* 6-9.

Torgeson, J. K., & Bryant, B. R. (1994). *Test of phonological awareness.* Austin, TX: PRO-ED.

Tucker, D. L., & Bakken, J. P. (2000). How do your kids do at reading? And how do you assess them? *Teaching Exceptional Children, 32*(6), 14, 19.

Turnbull, R. H., & Turnbull, A. (2001). *Exceptional lives: Special education in today's schools* (3rd ed.). Upper Saddle River, NJ: Merrill/Prentice Hall.

Turnbull, A., & Turnbull, R. H. (2005). *Families, professionals, and exceptionality: Collaborating for empowerment* (5th ed.). Upper Saddle River, NJ: Merrill/Prentice-Hall.

Ullmann, R. K., Sleator, E. K., & Sprague, R. L. (1991). *ADD-H: Comprehensive teacher's ratings scale (ACTeRS)* (2nd ed.). Champaign, IL: Metritech.

U.S. Department of Education. (2000). *To assure the free appropriate public education of all children with disabilities* (Twenty-Second Annual Report to Congress on the implementation of the Individual with Disabilities Education Act). Washington, DC: U.S. Government Printing Office.

U.S. Department of Education. (2002). *To assure the free, appropriate public education of all children with disabilities* (Twenty-Fourth Annual Report to Congress on the implementation of the Individual with Disabilities Education Act). Washington, DC: U.S. Government Printing Office.

U.S. Department of Education, Office of Civil Rights. (1999). *1988 elementary and secondary school civil rights compliance report projected values for the nation.* Washington, DC: Author.

U.S. Department of Education, Office of Special Education and Rehabilitation Services, Office of Special Education Program. (2003). Identifying and treating attention deficit hyperactivity disorder: A resource for school and home. Washington, DC: Author.

U.S. Office of Education. (1976). Education of handicapped children. 41 Federal Register, *41*(230), 52404-52407.

U.S. Office of Education. (1977). Definition and criteria for defining students as learning disabled. Federal Register, *42*(250), 65082-65085.

Usnick, V. E. (1992). Multidigit addition: A study of an alternative sequence. *Focus on Problems in Mathematics, 14,* 53-62.

Van Etten, C., & Adamson, G. (1973). The fail-save program: A special education continuum. In *Instructional Alternatives for Exceptional Children* (pp. 156-165). Reston, VA: Council for Exceptional Children.

Van Reusen, A. K., Bos, C. S., Schumaker, J. B., & Deshler, D. D. (1987). *The learning strategies curriculum: The educational planning strategy.* Lawrence, KS: Edge Enterprises.

Vaughn. S., & Elbaum, B. (1999). The self-concept and friendships of students with learning disabilities: A developmental perspective. In R. Galliune (Ed.), *Developmental perspectives on children with high incidence disabilities* (pp. 81-107). Mahwah, NJ: Erlbaum.

Vaughn, S., & Fuchs, L. S. (2003). Redefining learning disabilities as inadequate response to instruction: The promise and potential problems. *Learning Disabilities Research and Practice, 18,* 137-146.

Vaughn, S., Gersten, R., & Chard, D. J. (2000). The underlying message in LD intervention research: Findings from research syntheses. *Exceptional Children, 9,* 47-66.

Vaughn, S., & Klinger, J. K. (1998). Students' perceptions of inclusion and resource room settings. *The Journal of Special Education, 32,* 79-88.

Vaughn, S., & Linan-Thompson, S. (2003). What is so special about special education for students with learning disabilities? *The Journal of Special Education, 37,* 140-147.

VORT Corporation. (1995). *Hawaii Early Learning Profile (HELP) for preschoolers.* Palo Alto, CA: VORT Corporation.

Voress, J. K., & Maddox, T. (1998). *Developmental assessment of young children.* Austin, TX: PRO-ED.

Vygotsky, L. S. (1978). *Mind in society: The development of higher psychological processes.* Cambridge, MA: Harvard University Press.

Wagenberg, R. (2003). *Classroom modifications.* Dix Hills, NY: Half Hollow Hills Central School District.

Wagner, M., Newman, L., Camero, R., Garza, N., & Levine, P. (2005). *After high school: A first look at the postschool experience of youth with disabilities*. A report from the National Longitudinal Transition Study-2 (NLTS2). Menlo Park, CA: SRI International.

Waldron, N. L., & McLeskey, J. (1998). The effects of an inclusive school program on students with mild and severe learning disabilities. *Exceptional Children, 65*, 395-405.

Wallace, G., & Hammill, D. D. (2002). *Comprehensive receptive and expressive vocabulary test* (2nd ed.). Austin, TX: PRO-ED.

Weiner, J. (2004). Do peer relationships foster behavioral adjustment in learning disabilities? *Learning Disabilities Quarterly, 27*, 21-30.

Weiner, J., & Sunohara, G. (1998). Parents' perceptions of the quality of friendships of their children with learning disabilities. *Learning Disabilities Research and Practice, 13*(4), 242, 257.

Weintraub, N., & Graham, S. (1998).Writing legibly and quickly: A study of children's ability to adjust their handwriting to meet common classroom demands. *Learning Disabilities Research and Practice, 11*, 295-305.

Weiss, A. L. (2002). Planning language intervention for young children. In D. K. Bernstein & E. Tigerman-Farber (Eds.), *Language of communication disorders* (pp. 256-314). Boston: Allyn & Bacon.

Weiss, M. P., & Lloyd, J. W. (2002). Congruence between roles and actions of secondary special educators in co-taught and special education settings. *The Journal of Special Education, 36*(2), 58-68.

Weiss, M. P., & Lloyd, J. W. (2003). Conditions for co-teaching: Lessons from a case study. *Teacher Education and Special Education, 26*, 27-41.

Welsh, M. (1992, Spring). The PLEASE strategy: A metacognitive learning strategy for improving the paragraph writing of students with mild learning disabilities. *Learning Disabilities Quarterly, 12*(2), 119-128.

Wesson, C. L., & King, R. P (1996). Portfolio assessment and special education students. *Teaching Exceptional Children, 28* (2), 44-49.

Wiederholt, J. L. (1974). Historical perspectives on the education of the learning disabled. In L. Mann & D. Sabatino (Eds.), *The second review of special education* (pp. 103-152). Philadelphia: JSE Press.

Wiederholt, J. L., & Bryant, B. (2001). *Gray oral reading test-4*. Austin, TX: PRO-ED.

Wiederholt, J. L., Hammill, D. D., & Brown, V. (1983). *The resource room teacher* (2nd ed.). Boston: Allyn & Bacon.

Wiig, E. H., & Semel, E. M. (1980). *Language assessment and intervention for the learning disabled* (2nd ed.) Boston: Allyn & Bacon.

Wiig, E. H., & Semel, E. M. (1984). *Language assessment and intervention for the learning disabled* (2nd ed.) Boston: Allyn & Bacon.

Will, M. C. (1986). Educating children with learning problems: A shared responsibility. *Exceptional Children, 52*, 411-415.

Williams, K. T. (1997). *Expressive vocabulary test*. Circle Pines, MN: American Guidance Service.

Wisconsin Education Association Council. (1996). Special education inclusion (updated 2001). Retrieved May 2, 2005, from http://www.weac.org./resource.

Witte, R. H., Philips, L., & Kakela, M. (1998). Job satisfaction of college graduates with learning disabilities. *Journal of Learning Disabilities, 31*(3), 259-265.

Witzel, B., Mercer, C., & Miller, M. (2003). Teaching algebra to students with learning difficulties: An investigation of an excellent instructional model. *Learning Disabilities Research and Practice, 18*, 121-131.

Wolf Nelson, N. (2002). Language intervention in school settings. In D. K. Bernstein & E. Tigerman-Faber (Eds.), *Language and communication disorders in children* (pp. 315-353). Boston: Allyn & Bacon.

Wolf Nelson, N. (2005). The context of discourse difficulty in classroom and clinic: An update. *Topics in Language Disorders, 25*, 322-331.

Wong, B. Y. L. (Ed.). (2004). *Learning about learning disabilities* (3rd ed.). Amsterdam: Elsevier/Academic Press.

Wong, B. Y. L., Butler, D. L., Ficzere, S. A., & Kuperis, S. (1997). Teaching adolescents with learning disabilities and low achievers to plan, write, and revise compare-contrast essay. *Learning Disabilities Research and Practice, 9*, 78-90.

Wong, B.Y. L., & Donahue, M. (Eds.).(2002). *The social dimensions of learning disabilities*. Mahwah, NJ: Erlbaum.

Wong, B. Y. L., & Jones, W. (1982). Increasing metacomprehension of learning disabled and normal achieving students through self-questioning training. *Learning Disability Quarterly, 5*, 228-240.

Wood, F. B., & Grigorenko, E. L. (2001). Emerging issues in the genetics of dyslexia: A methodological review. *Journal of Learning Disabilities, 34*, 503-511.

Woodcock, R. W. (1991). *Woodcock language proficiency battery—revised English form*. Itasca, IL: Riverside.

Woodcock, R.W., McGrew, K. S., & Mather, N. (1998). *Woodcock-Johnson psychoeducational battery—III*. Itasca, IL: Riverside.

Woodcock, R. W., & Munoz-Sandoval, A. F. (1995). *Woodcock language proficiency battery—Spanish form*. Itasca, IL: Riverside.

Woodcock, R. W., & Munoz-Sandoval, A. F. (2001). *Woodcock/Munoz language survey, normative update*. Itasca, IL: Riverside.

Worrall, R. S. (1990). Detecting health fraud in the field of learning disabilities. *Journal of Learning Disabilities, 23*, 207-212.

Ysseldyke, J. E. (1983). Current practices in making psychoeducational decisions about learning disabled students. *Journal of Learning Disabilities, 16*, 209-219.

Ysseldyke, J. E. (2002). Response to learning disabilities: Historical perspectives. In R. Bradley, L. Danielson, & D. P. Hallahan (Eds.), *Identification of learning disabilities: Research to practice* (pp. 185-250). Mahwah, NJ: Erlbaum.

Ysseldyke, J. E. (2005). Assessment and decision making for students with learning disabilities: What if this is as good as it gets? *Learning Disabilities Quarterly, 28,* 125-128.

Ysseldyke, J. E., & Algozzine, B. (1995). *Special education: A practical approach for teachers* (3rd ed.). Boston: Houghton Mifflin.

Zigmond, N. (1995). Models for delivery of special education services to students with learning disabilities in public schools. *Journal of Child Neurology, 10*(Suppl 1), S86-S91.

Zigmond, N., & Magiera, K. (2001, Autumn). *Co-teaching. Practice Alerts, 6.* Washington, DC: Council for Exceptional Children.

Zimmerman, B. (2000). Attaining self-regulation: A social cognitive perspective. In M. Boekaerts, P. Pintrilk, & M. Zeidner (Eds.), *Handbook of self regulation* (pp. 13-29). San Diego, CA: Academic Press.

Zimmerman, I. L., Steiner, V. G., & Pond, R. E. (1992). *Preschool language scale-3.* San Antonio, TX: Psychological Corporation.

# 찾아보기

ㄱ

# 역자 소개

## 김용욱

미국 오레곤주립대학교 전산학과 졸업
미국 네바다주립대학교 대학원 특수교육학 석사
미국 유타주립대학교 대학원 특수교육학 박사
현재 대구대학교 사범대학 특수교육과 교수

**[주요 저서]**

학습장애아교육의 이론과 실제, 장애학생을 위한 특수교육공학의 활용
통합교육, 교육방법과 교육공학의 이해, 수학학습장애아동 교육

## 변찬석

중앙대학교 영어교육과 졸업
미국 부이주립대학교 특수교육학 석사
대구대학교 대학원 문학박사
현재 대구대학교 사범대학 초등특수교육과 교수

**[주요 저서]**

학습장애아교육의 이론과 실제, 최신 특수아동의 이해

## 우정한

공주교육대학교 초등교육학과 졸업
대구대학교 교육대학원 교육학 석사
대구대학교 대학원 문학 박사
현재 대구사이버대학교 특수교육학과 교수

**[주요 저서]**

학습장애아교육의 이론과 실제, 동영상으로 배우는 생활수화, 수학학습장애아동 교육

## 김남진

동아대학교 사회학과 졸업
제주대학교 대학원 문학석사
대구대학교 대학원 문학박사
현재 가야대학교 초등특수교육과 교수

**[주요 저서]**

특수교육공학, (특수)교육연구방법론, 교육에서의 보편적 설계(역)

## 이창섭

대구교육대학교 초등교육학과 졸업
대구대학교 교육대학원 교육학 석사
대구대학교 대학원 특수교육학과 박사과정 수료
현재 대구효성초등학교 교사

**[주요 저서]**

수학학습장애아동 교육

## 이근용

미국 루이스 국립대학교 심리학과 졸업
미국 노스이스턴 일리노이 대학교 특수교육학 석사
대구대학교 대학원 문학박사
현재 대구대학교 재활과학대학 직업재활학과 교수

**[주요 저서]**

학습장애아교육의 이론과 실제

## 박정식

대구대학교 영어교육과 졸업
대구대학교 대학원 문학석사
대구대학교 대학원 문학박사
현재 우석대학교 사범대학 유아특수교육과 교수

**[주요 저서 및 역서]**

최신 특수아동의 이해(저), 특수아동의 이해(저), 긍정적 행동지원(역)